桑兵　著

庚子勤王与晚清政局

凤凰出版社

图书在版编目（CIP）数据

庚子勤王与晚清政局 / 桑兵著. -- 南京：凤凰出版社，2025. 3. -- ISBN 978-7-5506-4351-2

Ⅰ. K256.9

中国国家版本馆 CIP 数据核字第 2025E6Y986 号

书　　　名	庚子勤王与晚清政局
著　　　者	桑　兵
责 任 编 辑	黄如嘉
装 帧 设 计	观止堂＿未泯
责 任 监 制	程明娇
出 版 发 行	凤凰出版社（原江苏古籍出版社）
	发行部电话 025-83223462
出版社地址	江苏省南京市中央路 165 号，邮编：210009
照　　　排	南京凯建文化发展有限公司
印　　　刷	安徽新华印刷股份有限公司
	安徽省合肥市庐阳区砀山路 10 号，邮编：230041
开　　　本	890 毫米×1240 毫米　1/32
印　　　张	22.25
字　　　数	496 千字
版　　　次	2025 年 3 月第 1 版
印　　　次	2025 年 3 月第 1 次印刷
标 准 书 号	ISBN 978-7-5506-4351-2
定　　　价	98.00 元

（本书凡印装错误可向承印厂调换，电话：0551-65859128）

目 录

绪　论

一

　　人生有缘。生长于人杰地灵、山水甲天下的桂林,偶然机会,到过雁山公园。在风景如画的环境里建造园林,胜意处自然只能求诸山水之外。当时羡慕的是园中一株既高且大的相思古树,据说十分名贵,后来才知道那座园本是晚清名臣、民国元老岑春煊的一处私宅。几十年过去,园主已然成为游园少年研究的对象。

　　1993年在日本访问研究期间,曾由久保田文次教授引导游览镰仓江之岛,霞光水色,景色绮丽,令人胸襟一阔,特意请十分熟悉近代中国人在日本活动史事遗迹的久保田教授指路,来到岛上的金龟楼前流连片刻。1899年7月,梁启超等12人结义于此,有心反清,并与乃师康有为立异。光阴似箭,百年将过,人去楼非,只有楼名依旧。斜阳之下,令人顿生几分苍凉,无限感慨。这两件事,或无心,或有意,由一缘字连接,百年时空,刹那接近。

　　研治庚子勤王史事,开始可谓误打误撞。本来师友相邀,分工合作,撰写一部较为详尽的孙中山传记。因为前此参与编撰《孙中山年谱长编》,分得1895—1905年部分,这一段自然归我起稿。用数月之功，得十万余字，将乙未至庚子一节草就。但渐渐发觉，比照新出材料，既有思路破绽百出，难以弥缝，于是抛开原稿，不循旧路，重新由解读材料入手，以去心中疑惑。因为有了前段的教训，对于新旧材料的区别以及旧说与历史本相的差异，感觉格外敏锐。通过比勘参证各类新旧材料，相关人事及其复杂关系逐渐清晰，历史本相的脉络轮廓日益显现。当时隐隐察觉揪住一桩历史大案，剥茧抽丝，可以发覆。不曾想仍须再用十余年苦功，才能大体作一收束，并且不少问题还须留有以待。治史之难，局外人何尝能够体会万一，其中的艰辛与乐趣，何足为外人道哉。

二

治史首要，在于史料与问题的配合恰如其分。就史料而言，应恰当把握新旧材料的关系。近代学人多偏于用新材料研究新问题，一味重视发现新材料，而置基本史书史料于不顾，难免离开大体，纠缠枝节，失之于隘，最终陷入凿空蹈隙的偏窄境地。只有熟悉既有史料、基本史实与研究对象的整体，才能将新史料安放于适当的位置，并据以判断研究的进展是否恰当。而没有新史料的发现，一味用后来外在的系统条理对现成史料与问题重新解释，也容易翻云覆雨，流于牵强附会。①研究晚近史事，上述规则尤为重要。

治学途则，一为先因后创，一为不破不立，前者可以得道，后者易于成名，恰如武侠小说中练习正宗武功与旁门左道之别。晚近以来，

---

① 参见拙文《陈寅恪与中国近代史研究》，《晚清民国的国学研究》，第 161—191 页。

学人多以打倒前人立异，然后借助根在外面的西学竖起标杆，以代际兴替之名，行派系分立之实，独树一帜，唯我独尊的大言之下，不过想争取一定的生存空间。以当下的时髦语，便是要取得话语霸权。而群雄并起，各不相下，均将一孔之见放大为整体趋势，反而导致乱哄哄你方唱罢我登场的局面，暴雨横潦，难得持久，易于过时。其实，国人竭平生之力以治中学，尚难识大体，游学海外，除陈寅恪等少数遍学者外，大都只得一端，甚至只得一学位而已，更不用说通过国际交流得来的道听途说，或读西书摸着石头过河的个人体验。盲人摸象，不得不以偏概全，又急于贡献于国人，只好放大本位，以欺世而自炫。即使侥幸遭遇学术主流，而以欧洲为中心的学术思维又大别为人本与科学两大流派，定期轮回，用于欧美得其所哉，移植中土则未必适宜。费孝通教授晚年回顾其经历的三大导师，反而对史禄国赞词稍多，决非同情弱者。①

就此而论，近代学人善于以革命手法争取话语霸权者，首推梁启超，20 世纪初年他在思想学术各个领域吹起的一阵革命狂飙，不仅令广大青年感到振聋发聩，许多饱学之士也是耳目一新。然而，后来梁启超却深自忏悔，在《清代学术概论》中有一大段语重心长的自我解剖：

> 启超之在思想界，其破坏力确不小，而建设则未有闻。晚清思想界之粗率浅薄，启超与有罪焉。……彼尝言：我读到"性本善"，则教人以"人之初"而已。殊不思"性相近"以下尚未读通，恐并"人之初"一句亦不能解，以此教人，安见其不为误人。启超平素主张，谓须将世界学说为无制限的尽量输入，斯固然矣。然必

---

① 参见费孝通：《师承·补课·治学》。

所输入者确为该思想之本来面目，又必具其条理本末，始能供国人切实研究之资。此其事非多数人专门分担不能。启超务广而荒，每一学稍涉其樊，便加论列；故其所述著，多模糊影响笼统之谈，甚者纯然错误；及其自发现而自谋矫正，则已前后矛盾矣。平心论之，以二十年前思想界之闭塞委靡，非用此种卤莽疏阔手段，不能烈山泽以辟新局，就此点论，梁启超可谓新思想界之陈涉。虽然，国人所责望于启超者不止此，以其人本身之魄力，及其三十年历史上所积之资格，实应为我新思想界力图缔造一开国规模；若此人而长此以自终，则在中国文化史上，不能不谓为一大损失也。①

梁启超的这一番话，悔其少作之余，也不乏针砭时势之意。五四新文化时期的胡适以及新文化派，在治学途径的大体方面显然步了梁的后尘。梁启超逝世后，缪凤林为文悼念，就曾直言不讳："今日者，不学逞臆之夫，肆其簧鼓，哗众取宠，亦且因缘时会，领袖群伦焉。吾人惓怀梁氏，尤欷歔慨叹而不能自已者。"②今人常常叹息学术不兴，并多方面查找原因，鄙意以为，与其说是借自外国或相关学科的框架不佳，不如反躬自省，主要问题恐怕还是出在百年以来学风流弊，治史者越来越不会研究历史。所谓邯郸学步，反失其本。

今人读史，常呈现一怪相，若不借助于后来外在系统，则几乎无法读懂材料，或者说不知材料有何意义。而一旦以后来外在系统为指导，又难免观念先行，肢解材料本身的联系与意思。也就是说，今人的

---

① 梁启超：《饮冰室合集·专集》之34，第65页。
② 缪凤林：《悼梁卓如先生》，夏晓虹编：《追忆梁启超》，第119页。

问题意识,往往不从材料及其所记述的历史而来,而由后出外来的理论而生。对此学人有所争议,或以为凡问题皆后出,无所谓陷阱。不过,治史先要探究问题如何从无到有,并教人如何从无到有地去看,否则,一切史事皆只有必然性的一面。果真如此,治史于人类的自我认识将变得毫无意义。

导致上述怪相的要因之一,是中西冲撞下的社会文化变形,以及随着社会分工日趋精细而来的学术分科的日益细化。由细分化训练出来的学人中西两面均只得一知半解,甚至一科一段的知识也难免门户之见,更不用说望文生义的格义附会。而学人越是不识大体,越是敢于放大一孔之见,所谓盲人摸象,坐井观天。细分化所造成的学术侏儒化,导致学术领域的无序竞争,各人既然分不出高下,索性就不分高下,且自我开脱,美其名曰见仁见智。学不成则术大行其道,用种种非学术手法将有限的所知放大为整体,以误导判断力和鉴赏力不足的青年乃至资源掌握者。晚清以来的中国学术,不断趋时,又不断过时,症结之一,就在于此。

今人关于近代中国史的许多观念,建立在似是而非的史料史实之上,好比沙上筑塔,难得稳固。而历史教学又一味偏重于灌输知识,将教科书当作历史。实则若教以如何认识历史,则历史不仅丰富生动,而且富于智慧。否则不仅索然无味,最多谈资而已。结果后学者学得不少套话,看不懂材料本身的意思,却讲了许多"言外之意",翻来覆去,对历史的认识根本得不到深化。尝戏言以中国学人之众,若下功夫精研各自专攻,后人与外人恐怕难有下嘴的余地。可惜学人不愿下笨功夫,甚至不知如何下功夫,底盘不稳,又好高骛远,但以轻功,如天马行空,高来高去。看似飘忽不定,实则原地踏步,进展甚微。加以学问以外的种种影响，令学人分心于术而不能倾心于学，成就难得较已有为大。或许人多畏苦，又欲名利，只好借助于术，于学反而有害无益了。由此圈内外人对于学术渐失敬畏之心，因为不知深浅，也就无所谓高低。

不知古今中外学术渊源流变的大势主体，凡事截断众流，横逸斜出，不妄者几稀。连技术层面的东西尚未掌握，就试图独辟蹊径，自习则误己，教人则害群，放言高论，更加自欺欺人。若自以为是，开卷即立意超越前人，不看前人书，或但以己意度之，以为有思想出新意，不知尚在前人笼罩之下，甚至未及前人已明之事理。所谓著述，不过将古文变成时文，以唾余为发明。自晚清学人以"中国无史论"将既有史书打入另册①，中国似乎只有史料而无史书，只有官史，而无民史。在"新史学"的框架下，历朝历代之史均需重起炉灶，研究者似乎处于同一起跑线。可是，尽管新史学以不破不立将新旧学术截然分开，治学必须先因后创的规则依然制约着学术发展的进程。整体而论，接续既有传统的人文学科较移植而来的社会科学程度略高；就史学而言，国史与外国史差别甚大。至于本国史，上古部分经历清代学人由经入史的全面整理，基础较为扎实；中古部分由海内外前贤倾力所注，又得史料之多寡与立论之难易配合适当之便，很快走上正轨，养成循正途而守轨则的专业自律，虽然这两部分也存在不断用外来框架重新条理本土材料，以及褒之则附庸蔚为大国，贬之则婢作夫人的偏弊。而晚近史一方面背负繁重的史料，另一方面其发端又主要是为了解决学术以

---

① 王汎森《晚清的政治概念与"新史学"》对此有所论列，《中国近代思想与学术的系谱》，第 165—196 页。

外的社会问题,结果对于史料的重视以及运用史料的慎重,反而有所欠缺。于是只能较多地依赖于外来的解释框架,以便将有限的材料组合成条理系统,解决材料纷繁和缓不济急的难题。如此一来,所建立起来的"大体",难免存在与史料史实不相符合的诸多问题。

要克服此类弊端,一般以为应当求助于宏观,即变换解释系统。实则凡后来与外在系统,均与当时当地不相凿枘,强求则势必削足适履。此虽为近代以来欧洲以外文化系统普遍面临的不得不然的尴尬,如果没有充分自觉,容易误将后来外在系统当成历史的本相,本末倒置为研究的前提。当务之急,反而是不可操之过急,只有对大量史料史实进行具体研究,积累到一定程度,才有可能归纳或总结出所谓一般。今人常说治史不能仅仅求真,其较高一级的目标当是寻找规律。其实二者本来统一。规律者,事物之普遍联系也。治史所凭借的天然时空联系,与逻辑联系往往一致,环环相扣,无限扩展。而且求真不仅要实事求是,更可以深入心境,探寻心路历程。求真的过程,适为不断延伸地解开个人、社会与自然连环相扣的普遍联系。在此过程中,规律将逐渐显现。

以此为准的,中国近现代史可以拓展的空间十分广阔,即使过往重点研究的部分,也大有深入的余地。从学术史的角度看,近代中国号称史料大发现的时代,因此前贤提出以新材料研究新问题为预流。虽然就声势影响而论,甲骨、简牍与敦煌遗文最为显赫,但无论数量之多还是种类之繁,清代以来的晚近史料无疑最为巨大纷繁。除了数以万计的各种刊印书籍,还有中外公私藏档、报纸杂志、函札电稿、日记年谱、家族系谱、契约文书等等,其数量远远超过历代文献的总和。其中相当大量的部分属于未刊,或是根本不欲示人的秘籍;有的虽曾刊行,但流通量小;有的当年流行一时,时过境迁,已成难得一见的稀世珍本。目前所据条理系统,是在这些史料大都未曾寓目的情况下,利用可见片断,依据后来外在理论的逻辑系统,发挥想象,以点成面,因陋就简勾勒而成。其因应时势需要的历史作用自然不可低估,但联想与历史是否吻合,还有待于史料的进一步发掘与解读。

三

近二十年来,相关资料以前所未有的规模大量出版或公布开放,可谓再一次史料大发现。而且与此前不同,除了浮出水面者,学人还注意到水面以下冰山的巨大。例如学人素以《越缦堂日记》《翁同龢日记》《湘绮楼日记》和《缘督庐日记》为四大日记,以凸显其关系近代史事的重要,而近年出版的多种日记,于近代史事的重要性决不在四大日记之下,甚或在其上。据说这一时期已知未刊的日记稿本至少逾千种,其中不少以主人的地位而言,重要性亦复与上述相近。时势也为学人提供了可以从容向学的外在环境,不必仓促应急。两相配合,逐渐发现,以往所勾勒的线索脉络与历史本相之间颇有距离,有的甚至为假象所遮盖扭曲。如果充分解读史料,不为成见所囿,晚近历史的各章各节大都可以重新改写,有的恐怕将变得面目全非。其中以康有为和梁启超等维新派为中心的历史尤具典型意义。

康、梁一派活跃于历史舞台中心的时期,主要是戊戌与庚子。康有为是以公羊学疑古的大家,相信史学之于政治有着密切关系,自然重视历史记忆影响后世的巨大作用。梁启超则是"新史学"的倡导者,知道改变历史的重要途径之一便是改写历史。戊戌政变后不久,梁启超就写了《戊戌政变记》，以当事人的身份对那一段历史作了记述，成为后来学人研究相关史事的重要依据。然而，梁启超的记录并非历史真实的完整影印，其中不仅因为立场利害的关系，对于诸多事实的陈述带有一面之词的偏见，而且出于后来某些政治目的的需要，有意掩饰或扭曲真相，使得历史记载适合其当下的政治需要。①1920年代梁启超撰写《中国历史研究法》时曾直言不讳："吾二十年前所著《戊戌政变记》，后之作清史者记戊戌事，谁不认为可贵之史料。然谓所记悉为信史，吾已不敢自承。何则，感情作用所支配，不免将真迹放大也。"②

　　所谓感情支配，还可以说是无心之失，更为严重的是，康、梁等人常在材料上大做手脚，使得文献的主次真伪发生混乱。因此，研究戊戌维新的历史，必须综合比勘朝野上下禹内海外各派人物公私明暗的种种记录，不仅注意材料署明的时间，还须注意材料何时问世及其保存和公布的背景。近年来，随着相关资料的陆续披露，其不尽不实之处逐渐显露，一些学人对于某些问题作了认真探究，还有许多背后的东西尚未得到澄清，需要等待更多的新材料，或是对新旧材料作进一步的梳理。历史的本相究竟如何，目前还宜粗不宜细。可以肯定的是，至少在许多方面与康、梁的描述大相径庭。

四

　　如果说康门师徒旨在通过重述戊戌变法的历史来突出自己，贬抑

---

①　参见杨天石：《康有为"戊戌密谋"补正》，《文汇报》1986年4月8日；戚学民：《〈戊戌政变记〉的主题及其与时事的关系》，《近代史研究》2001年第6期。

②　梁启超：《饮冰室合集·专集》之73，第91页。

他人,对庚子勤王则刚好相反,极力掩饰其在武力行动中实际扮演过的主角作用。

庚子年在近代中国史上的地位极其重要,作为新旧世纪的转折,本来世纪末情结就容易引起普遍的焦虑,加上一年多前为中国带来一线生机的变法革新不幸夭折,全社会还在倒行逆施的压抑与痛苦中挣扎,新与旧的矛盾冲突使得政治天平不断向保守的一方倾斜。这一变化所引发的严重问题之一,便是中外矛盾的激化。由保守派官僚掌控权力的清政府试图利用义和团来达到其政治目的,结果导致列强联手入侵,中国陷入空前的亡国灭种民族大危机。当时中国迫切需要解决两大难题:其一,避免瓜分和奴役;其二,扭转倒退趋势,重上革新轨道。对于前者,北方的义和团只是本能地反抗,能够将中国从深渊的边缘挽救过来的希望,还须通过后一途径。就此而论,庚子年中国趋新各派在南方展开的各种救亡振兴的努力,手段虽然多样,但均与这一总体目标并行不悖。迄今为止,学人对于庚子的关注仍以北方的义和团为重,而对南方趋新各派的努力,则置于次要或旁支的地位。若从历史发展的方向看,南方趋新各派的勤王运动,其意义远在义和团之上。因为北方的义和团毕竟是民众自发的抗争,而南方的勤王运动则是趋新各派的自觉努力。尤其是各派联合欲在长江流域实行民主变政,更被视为立国之基。这一努力不仅吸引了中国的各派趋新势力,所动员的范围还包括全球的华侨华人,引起全球华人的民族和群体意识的首次普遍觉醒。

庚子勤王,早已受到海内外学人的注目,发表了不少论著,也引起过一些争议。不过,直到1980年代,都是将两湖当作保皇会勤王的基地,而以自立军为主力正军。①造成这一误解的重要原因之一,是康门师徒故布迷局,有意掩饰其以两广为主要活动基地的事实,在此后的记述中,完全回避有关的方略计划与实际作为,极力突出长江流域的自立军。保皇会当时秘而不宣,固然出于形势的需要,后来则对家乡父老不愿承担"惊粤"的罪名,对海外华侨必须展示用款的实效,对朝野官绅还要保持君子的形象。时间越久,改口越难,谎言说多了自己也信,只好弄假成真。包括革命党在内的其他派系成员,鉴于后来形势的发展变化,也不愿提及当年合作反清之事。

造成误解的另一重要原因,是在革命史的框架之下,保皇派乃至其他维新人士的历史得不到应有的重视,即使有所涉及,也用固定的眼光对待,成见过甚。康有为、梁启超之于近代中国的影响之大,与现有的研究状况完全不相匹配。至于众多的草堂弟子,关注研究者更加

---

①　参见菊池贵晴《唐才常的汉口起义》(《福岛大学学艺学部论集》4,1953 年)、《唐才常的自立军起义》(《历史研究》第 270 号,1954 年),小野川秀美《义和团时期的勤王与革命》(《清末政治思想研究》,さ さ ざ书房 1969 年版),手代木公助《戊戌至庚子期间革命派和变法派的交涉》(《近代中国研究》7,1966 年),李守孔《唐才常与自立军》(《中国现代史丛刊》6,台北文星书店 1964 年版),汤志钧《戊戌政变后的唐才常和自立军》(《近代史研究》1979 年第 1 期),金冲及《略论唐才常》(《近代史研究》1980 年第 4 期),皮明庥《唐才常与自立军》(湖南人民出版社 1984 年版)。庚子勤王运动,虽然从1950 年代开始,相继被国内外学术界视为从维新到革命的转折点而受重视,基本格局却长期误以汉口自立军为中心。有关研究迄今大体可分为三个阶段。1950—1960年代,日本的菊池贵晴、小野川秀美、手代木公助及中国台湾的李守孔等围绕自立军事件撰文探讨从变法派转换到革命派的发展过程。1970 年代末起,中国大陆学术界改变以往对维新派以批为主的态度,承认唐才常的自立军是迈向革命运动的一个里程碑。汤志钧、金冲及、李泽厚、皮明庥、蔡少卿、胡珠生等人分别探讨了有关人物和问题。1990 年代开始,在解读 1970 年代以来陆续出版或公布的中国、日本、美国、新加坡有关保皇会和革政派士绅的新资料的基础上,国内外学人陆续发表了一批论文,庚子勤王运动的真相逐渐浮现。

鲜少。因此对于有关人事的追寻探究，相当困难。保皇会当年隐秘的各种文献，偶尔也有传布于世，如张篁溪编《自立会始末记》下卷所收康有为致邱菽园书，以及丁文江、赵丰田编《梁任公年谱长编初稿》节录庚子前后梁启超与同门及各派同人的若干通信，但在既有的框架之下，其中许多重要信息难以充分解读。学人只能摘录一些片断，去丰富原有的认识，而难以纠正由假象所导致的变形。由杜迈之、刘泱泱、李龙如辑录的《自立会史料集》（岳麓书社 1983 年版），体现了学人在当时条件下的勤奋和严谨。不过，史料对于学人的认识能力具有极大的制约作用，其努力就自立会的研究而言固然大有裨益，整体上仍然只能强化原来被扭曲的印象。

五

发覆有待于新史料的问世，正是新史料的整理和编辑出版，为充分解读既有史料的完整信息，重建史实或还原历史本相，并且进一步回到历史现场，深入体察相关人事背后的复杂关系和人物的心路历程提供了契机。

有关新资料的公布，从 1970 年代后期开始，1980—1990 年代最为集中。大致可以分为几类，其一，保皇会的文献。主要有蒋贵麟编《康南海先生遗著汇刊》（台湾宏业书局 1976 年版）和《万木草堂遗稿》、《万木草堂遗稿外编》（台北成文出版社有限公司 1978 年版）；上海市文物保管委员会编《康有为与保皇会》（上海人民出版社 1982 年版）和《戊戌变法前后康有为遗稿》（上海人民出版社 1986 年版）。另外，《梁启超年谱长编》（上海人民出版社 1983 年版）是在原来《梁任公年谱长编初稿》的基础上改订,后者虽有油印本,流传不广,运用不易。该书的优长之一,是大量选用了梁启超的往来书信。以后台湾地区又分别出版了《梁任公先生知交手札》(沈云龙主编《近代中国史料丛刊续编》第10辑之97,文海出版社影印)和《梁启超知交手札》("中央图书馆"特藏组编,张子文主编,"中央图书馆"1995年版),大陆方面则有中华书局1994年出版的《梁启超未刊书信手迹》。杨天石、孔祥吉、郭世佑分别披露过一些保皇会会员的通信。

其二,其他维新人士和朝野官绅的文集书信日记。其中关系最为密切的有孙宝瑄《忘山庐日记》(上海古籍出版社1983年版)、《郑孝胥日记》(中国历史博物馆编,中华书局1993年版)、《汪康年师友书札》1—4册(上海图书馆编,上海古籍出版社1986—1989年版)、《宋恕集》(胡珠生编,中华书局1993年版)。重新编辑的《张之洞全集》(河北人民出版社1998年版)和《李鸿章全集》(上海人民出版社1987年版),虽然仍非完璧,毕竟较旧编提供了更多的资料。上海及港台地区出版的多种盛宣怀藏档,也保存了相关信息。

其三,海外公私藏档及相关外国人士的书信日记。庚子勤王运动是对海外华侨的一次政治总动员,保皇会设在世界各地的分会多达百余处,尤其是美洲和南洋,华侨的作用极大,保留的材料也多。方志钦主编了《康梁与保皇会——谭良在美国所藏资料汇编》(天津古籍出版社1997年版),新加坡邱菽园家藏资料则由王慷鼎、汤志钧、赵令扬、张克宏等人分别披露。日本是保皇会的重要基地,不少日本人士又参与了中国各派维新人士的密谋。东亚同文会编《对支回顾录》及续编(东京原书房1968年、1973年版),不仅提供了日本当时各种对华团体和个人的历史,而且保留了不少书信日记史料。东亚文化研究所编集的《东亚同文会史》（霞山会 1989 年版），也提供了大量该会的文献。久保田文次对外务省文书的有关部分作了初步清理（《清末·民国初期，日本における中国革命派·变法派の活动》，昭和 63 年度科学研究费补助金研究成果报告书，平成元年自印本），狭间直树则主持编制了《梁启超与日本关系日表（1898—1903 年）》（平成 6—7 年度科学研究费补助金研究成果报告书，平成 9 年自印本）。中村义整理出版了《白岩龙平日记》，近藤邦康发表了《井上雅二日记》，汤志钧、杨天石和廖梅则利用或发表了《井手三郎日记》以及宗方小太郎、柏原文太郎、犬养毅等人的文书。①

新史料的问世，不仅填补了历史拼图的缺失，刷新或恢复了历史图像，而且造成进一步解读旧史料的契机。治上古史所谓识一字成活一片，在晚近史的研究中只要肯用心苦读，当时有所悟。只是史料愈近愈繁，搜罗不易完全，熟记更加困难，或然性又大为增多。如果不能将各类新旧史料融会贯通，则无法将史料安置于适当位置，难免偏于一端，放大或缩小其于认识史实的价值。

六

随着相关史料的整理出版，蒙在庚子勤王之上的幻影逐渐褪去，历史的本相渐渐显露。

对于庚子勤王运动的重新认识，大致循着两条路径展开：一是对

---

① 参见汤志钧编著《乘桴新获》（江苏古籍出版社 1990 年版）、杨天石《寻求历史的谜底》（首都师范大学出版社 1993 年版）、廖梅《汪康年：从民权论到文化保守主义》（上海古籍出版社 2001 年版）。

自立会的历史进一步深究。胡珠生在编辑《宋恕集》的基础上，参照《汪康年师友书札》等资料，撰写了《正气会及其〈会序〉三题》(《历史研究》1984 年第 6 期)、《自立会历史新探》(《历史研究》1988 年第 5 期)，强调江浙派士绅在正气会到自立会发展脉络中所起的重要作用，由此可对长江流域的联合大举局面重新认识。二是发现保皇会勤王的主力正军在两广而非两湖。1982 年出版的《康有为与保皇会》，选录康氏家属后人捐赠的康有为遗稿和保皇会会员的来往函札，其中关于庚子勤王运动的数量较多。这些未经改篡的原始文献，为了解保皇会的勤王方略和实际运作，提供了重要依据。但由于解读困难，以及原有认识的偏差作祟，迟迟未能得到有效运用。直到 1990 年代，才逐渐为学界所重视和破解。林克光在所撰《革新派巨人康有为》(中国人民大学出版社 1990 年版)中对保皇会两广兴师的战略有概括性描述；汤志钧《孙中山和自立军》(《历史研究》1991 年第 1 期)、《自立军起义前后的孙、康关系及其他——新加坡丘菽园家藏资料评析》(《近代史研究》1992 年第 2 期)[1]，也提及保皇会在两广的布置；稍后，陈长年和我分别撰文详论保皇会庚子勤王的谋略与运作(陈长年：《康梁在两广的勤王活动》，《北京大学学报》1992 年第 6 期；桑兵：《庚子保皇会的勤王谋略及其失败》，《历史研究》1993 年第 1 期)，至此，与保皇会相关的庚子勤王史的轮廓大体显现。

---

[1]　据王慷鼎《丘菽园的报业活动》(林徐典编：《汉学研究之回顾与前瞻·历史哲学卷》，第 188 页)，丘菽园的姓氏"丘"字，清雍正以还，为了避孔子的圣讳，改作"邱"。丘家循俗，直到丘菽园。五四运动后，丘菽园逐渐改用"丘"字。后人为其编集，一律改用"丘"字。王文即径称"丘"，只在引文或书目中保留原文。本书所涉时间在邱菽园改姓字之前甚多，故正文用邱，引文或书目则照原样。

在此前后,海内外一些学人如汤志钧、王慷鼎、赵令扬、杨天石、孔祥吉、黄宇和、中村哲夫、藤谷浩悦以及稍后容应萸、邱捷、郭世佑、廖梅等,不断发掘各种散见的史料,以求更多地将已有史料所蕴含的信息解出,从不同方面对于相关问题进行深入探讨,程度不同地有所贡献。拙著《清末新知识界的社团与活动》(生活·读书·新知三联书店1995 年版)一书,前四章《兴汉会的前因后果》《保皇会庚子勤王谋略及其失败》《勤王运动中各政治团体的关系》《保皇会的暗杀活动》,在解读新旧史料的基础上,分别从不同角度试图重建庚子勤王运动的史实。另有一些相关研究的进展,对某些具体细节的认识提供了帮助,如叶钟铃的《黄乃裳与南洋华人》(新加坡亚洲研究学会1995 年版)、邱新民的《邱菽园生平》(胜友书局1993 年版)、陈善伟的《唐才常年谱长编》(香港中文大学出版社1990 年版)等。随着研究的深入,一些既有著作,不仅有助于新史料的解读,本身也显现出新的含义,如张朋园的《梁启超与清季革命》。这使得因资料不足以及保皇会故布迷局而形成的有关勤王运动的诸多假象相继被勘破,真相逐渐显现,原来争议较多的保皇会与各派政治力量的关系也日渐清晰。

不过,相关史料的确难读,虽经海内外众多学人的持续努力,还是有不少内容未能完全读懂,已经解读的部分间或有误。随着新史料的陆续披露,不断与既有史料比勘对读,时有心得收获,笔者又相继撰写了十篇论文,并不断依据学界同好的研究和进一步的史料研读,随时修订旧稿。自觉在现有史料的基础上,已尽可能地加以解读连贯,至于未能读出的部分,则信守阙疑,留有以待。

就目前情形而论,仍有两方面遗憾:其一,关于保皇会海外活动的资料。保皇会成立于海外,分会组织遍布世界各地,参与者大都是华人华侨,勤王运动的主要财政支持也来自华侨的捐款。在美洲、南洋、日本及港澳地区,保皇会和华侨创办了数十种报刊,除少数几种流传较广或已影印重版之外,多数难得一见庐山真面。参与保皇会的华侨后人及其团体,可能还保存有不少文献,目前见到的只有谭良和邱菽园的藏件。有此缺憾,迄今为止,关于海外各地保皇会的组织、人事和活动,大都语焉不详。近年来,日本、澳洲、南洋部分已有学人从不同方面加以研究①,而更为重要的美洲部分,虽有若干论文论及其中的一些人事,整体而言,缺漏尚多。若能汇集掌握相关资料,可以深入认识近代华侨华人的民族和群体自觉的进程,这也是保皇会影响近代中国历史最为重要的部分之一。此事限于条件,非不为也,是不能也。

其二,一些重要收藏,其中可能包含不少关键信息,由于存在多方面限制,无法解读。如赵凤昌藏札。其人原为张之洞幕府的要员,后来尽管因故退出,但仍然参与晚清乃至民国的各种大事的暗箱操作,从东南互保到南北议和的许多重大事件,均在其寓所接洽磋商,然后形成正式文件,因此有人称之为天下幕府之枢机。还有一些重要人物的资料正在编辑整理之中,暂时不便查阅。另有为数不少的未刊日记、函札、文集、笔记等,无缘得见。将来公之于世,对现有材料还可以作进一步的印证解读,以扩大研究的范围。

---

① 澳洲部分,参见刘渭平《澳洲华侨史》(香港《星岛日报》出版社 1989 年版)、《清末保皇党在澳洲侨界的活动》(《传记文学》第 59 卷第 6 期,1991 年 12 月);赵令扬、杨永安《晚清期间澳大利亚的保皇活动及其与革命思潮间的矛盾》(香港大学中文系《明清史集刊》第 4 卷,1999 年 10 月)。南洋部分,以新加坡为主,对邱菽园、黄乃裳等人的生平交往研究较多,王慷鼎对邱菽园的报业活动有多篇论文,张克宏则分专题研究庚子勤王前后康有为与邱菽园等新加坡华侨的关系。

七

前贤治史,讲究搜罗材料要竭泽而渔,治晚近史事者对此应当全力以赴,但真正做到恐怕绝难。历史人事的联系无限延伸,又难以完整保存,而史料愈近愈繁,公私收藏不知界限,要想穷尽,再小的题目也无可能。因此,在具体研究时,掌握史料到何种程度方可出手,必然因事而异。这虽然是技术问题,却很难设立一定的科学尺度。今人将学问看得太过容易,著书立说,必看的相关资料尚未读过,已经放言高论者不在少数;有的虽然看过,却未必读懂;甚至有声明未曾读过,仍然要发表大通意见之人,高谈阔论,言不及义,全然外行话。

民国以来,学人多用外来系统重新条理固有材料,犹如将亭台楼阁拆散,按西洋样式将原有的砖瓦木石重新组装,虽也不失为建筑,可是材料本来所有的相互关系及其所起的作用,已经面目全非,其整体组合所产生的意境韵味,更加迥异。这类论著用外来成见取舍本土材料,即使所用条理系统,因根源在外,国人难以验证,但若认真追究,出入也相当明显。经历了近代史料大发现的时代,今人能够看到的材料远过于前人,读懂材料的能力则尚不及前人。而且史料的价值愈高,愈是难读,利用者反而日趋鲜少。以今日的情形而论,"做什么"当然不可忽视,"怎样做"更加重要;"看得到"即发现资料还需努力,"读得懂"更加迫在眉睫。否则,家有金山,沿门托钵,入山探宝,却拾得破铜烂铁的情况将愈演愈烈。

材料之于治史,有主料与辅料之分。主辅之别,虽然可以从材料的类型上大致分开,也不能一概而论,而要具体问题具体分析。小说稗史所记,时有正史所遗漏或掩饰的事实。而档案运用不当,无非官样文章。书信日记,号称个人隐秘,近代却不乏有意留作史料之用者,不仅当时留心权衡,事后更有所删改,每每关键之处便有缺漏。近代报刊众多,往往党派牵连,所报道开始常由道听途说而来,后来也不过一面之词。但小道消息,未必不实,冠冕堂皇的内政外交,有时反而是欺世的幌子。许多后来人视为秘档的文件,当时传媒早有披露。

乾嘉考据,讲究信而有征,近人治史,重视第一手资料。其实,实事往往难得实证,即使亲身经历的所谓当事人,因利害各异,关系不一,无论当时的记录还是事后的陈述,都难免偏见。即使主观没有成见,对相关人事的了解掌握,也受所见所闻的限制,只能反映其所见所闻的一面,而无法全面展示本相。通过观照立场不同的各种记录陈述,一方面可以认识其中真实反映的部分和程度,逐渐接近事实本相,另·方面可以了解各人如此记录陈述的原因,进而探讨相关各人与此人事的关系及对此人事的态度。所以,资料的主次轻重,从类型判断只能相对而言,关键是看反映事实的程度和怎样反映事实。而这只能出现在研究的结尾而非前提。以晚近史料的繁复,如以能够自圆其说为标准,则但凡先立一说,大抵均能找到若干可以支撑的史料。成说固然容易,反证亦多。这种似是而非的论证,不足征信,适以乱真,久而久之,习以为常,似乎治晚近史事者毫无规矩可言,也无训练的必要,信口开河,反而美其名曰见仁见智。研究历史,不仅所论必须有据,更重要的是,作为论据的材料首先应当经过内证与外证的一套复杂检验程序,而检验的目的,不单是判断该史料是否可信,而要具体把握其可信的方面与程度,即在哪些方面多大程度上反映了事实,以及为何这些方面近真,其他方面则不能,何以不能。断真伪之于历史研究,还是相对简单的问题。

八

在革命史的框架下,庚子勤王运动的政治倾向成为学人关注的重大问题。尽管论点不一,普遍的看法是将自立军视为从维新到革命的重要转折,分歧在于自立军本身的取向究竟如何,是否存在自相矛盾,自立军与革命、保皇双方的关系如何。而事情并非如此简单。各派之间的关系错综复杂,各派内部也存在种种分歧和矛盾,甚至同一人的言行也因人因时因地因事而异,不可一概而论。当年朝野官绅固然有派系之分,但如果用后来的概念标准作教条式区分,尤其简单地以政治派属来判断人物的言行,强求明暗等不同场合下态度的一致,难免陷入曲解材料以就观点的误区。

不要简单地用后来形成的革命史框架看待当时人的言行,并非放弃革命的观念。20世纪中国的历史,最典型的概括或许还是"革命"。对于大多数研究者而言,辛亥革命的"革命"内涵及其概念似乎不言而喻。在原有的认识框架中,太平天国也被赋予农民革命的标签,因而轮到辛亥,人们更加重视的是"革命"的属性,而不大关注辛亥革命之于"革命"的划时代意义。近年来,有学者对"革命"话语的现代性进行了极富启示性的考论,令人思路为之一转。①如果说20世纪中国可以用"革命"来标名,那么庚子勤王则被视为这一时代的发端。通过辛亥革命,"革命"的话语实现了中西古今的融合,用时下的套语,即完成了

---

① 参见陈建华:《"革命"的现代性——中国革命话语考论》。

由传统而现代的转型。再经过国民革命的洗礼，革命的发动者不仅实现了"革命"，而且建立起"革命"的话语权势。谢文孙认为，此后中国的一系列冲突，对立各方往往在同一套"革命"话语之下展开斗争，所争在于各自"革命"的正统性。①当"革命"成为政治正确的价值判断标准时，革命与否，已不再具有对等的资格。

循着思想史的路线考论"革命"话语的历史演进过程，作为长时效的趋向固然不错，总体方向上的确提供了新的议论空间，但要落实到具体的时地人，却令人感到几分愈有条理系统，离事实真相并不愈近的似是而非，像是"古史辨"的现代翻版。相比之下，仅凭头脑的睿智似乎难以应付史实的极端复杂，显出理论的苍白。从这一探索的观念启示回到丰富的史料与史实之中，可见"传说"的叠加不同于作伪，许多的"不知"会显露出"可能"，而更加近真。

从治史的角度看，关于"革命"话语现代性的考论，值得注意的是将"革命"一词的诠释意义和历史意义相区别，并从分辨汉语的革命、英语的 revolution 和日语的かくめい三者复杂的语境关系入手，仔细探讨"革命"一词的语义转化及其具体运用过程。②由此反观中国近代史的现有框架，不仅太平天国的"革命"是诠释分析的结果，孙中山也不得不将"革命"先行者的头衔让给梁启超。

---

① 参见 Hsieh, Winston, *Chinese Historiography on the Revolution of 1911*, *A Critical Survey and a Selected Bibliography*, Hoover Institution Press, Stanford University, 1975。

② 陈建华:《"革命"的现代性——中国革命话语考论》，第 63 页。该书所收各文发表的时间先后不一，论点和论据也有所不同。我关心的重点，恰是其中最后写成，此前从未刊发的《孙中山与现代中国"革命"话语关系考释》，作序者李欧梵称此文引用史料最详尽。

　　然而,再好的观念假设也要经受历史的验证,庚子勤王的史实表明,趋新各派和日本人士,都已将孙中山视为革命党的代表。因此,对于许多人来说,庚子勤王运动的确是他们走向革命的分水岭。而对于孙中山而言,却是以革命首领的身份参与庚子勤王运动。更为重要的是,反满固然是孙中山政治主张的重要内容,仅此而已,则不能脱离旧式以改朝换代为革命的窠臼,甚至不能与怀有帝王野心的刘学询等人划清界限。孙中山有其顺应世界潮流的新追求,当时各派人士或怀疑其是否真心实意,却也知道他与一味反满者不同。就此而论,中国革命的起点显然不应定在庚子。

　　不过,革命与否,此时显然还没有成为政治正确的标志,甚至“革命”一词的含义也相当不稳定。一些人依然强调革命原有的改朝换代意义,而主张实际改变社会政治制度的革政。因此革命与不革命,还处于革新进步的同一阵营之内,可以平等地进行对话。就多数趋新士绅而言,革政较革命更容易接受。其原因并不一定是前者的方式较为温和,反倒是所带来的变化更具实质意义,而且不必给社会造成巨大灾难。戊戌前章太炎的区分是:“变郊号,柴社稷,谓之革命;礼秀民,聚俊材,谓之革政。今之亟务,曰:以革政挽革命。”①戊戌后汪康年、曾广铨主持的《中外日报》刊登《革政论》,批评守旧、维新两派各持己见,各分门户,所争不过意气。施政犹如衣食住房,必须因时制宜,与岁更易,短期可以修而新之,历久则不如改易之为愈也。“物敝则易,法敝则改制,同此一理也。”②庚子夏曾佑主张联络外强,以兵力胁退慈禧,

---

①　《论学会有大益于黄人亟宜保护》,《时务报》第19册,1897年3月3日。
②　清华大学历史系编:《戊戌变法文献资料系日》,第1226页。

请光绪亲政,再行新政,认为此举有形势极便、全体振动、下合人心、少
杀人等四项好处。如革命党人不愿,可设法将革命、革政二党人化合
为一宪政党人,具体办法是宪法规定凡满人所得之权利,汉人均能得
之。①夏氏将革命与革政的区别仅仅定于是否反满,太过表面,当时革
命党人并不以"革命"自囿,排斥其他方式和派系。内外交迫的危机局
势使各派宗旨手段的分歧有所缩小,共识明显增加,所以孙中山可以
接受长江流域用勤王名义实现大合,趋新各派在迫不得已的情况下也
纷纷联合秘密会社,准备动武。

九

治学当然要与时俱进,只是不一定因时而异,陷入趋时与过时的
轮回,而是随着年龄的增长,知识、阅历、悟性,乃至智慧,不断地开发
扩充,对于社会人生的领悟自然不同,学术品位和境界随之变化。孔
子所谓:三十而立,四十而不惑,五十而知天命,六十而耳顺,七十而从
心所欲,不逾矩。能够超越年龄限制者当然是少年老成;不然,后知后
觉,悔其少作,也可以不断提升。治学无常法,就此而论,学问必然分
层分等,方法越好,难度越大,善用者越少。在学术领域,真理果然往
往掌握在少数人手中,所以学术应当自由而不能民主。不同的学术品
位与境界之下,对历史的判断与鉴赏,差异极大,难以沟通。凡治学
者,当有自觉,以免名不符实。

近人好分纯学术与致用之学,至今犹然,而美其名曰思想与学术

---

① 上海图书馆编:《汪康年师友书札》二,第 1363 页。

之别。仔细观察，所分不在内容形式，而在难度。真正高明的学人必须对社会历史人生有着超凡的真知灼见。只是水至清则无鱼，看得过于透彻，反而不愿亲临现场。而所治学问，又为凡人难于理解企及，于是视为无用；流于泛滥者反而易于为多数人所用。其实，曲高和寡固然不为当下所认同，却往往切中时弊，指引正轨，流传久远。不幸人类尚在茫然，需要时间去领悟其中真义。凡人认识的滞后，是庸人甚至骗子成为头羊的基础。社会常常因此而不得不如履薄冰，或如临深渊。如果思想不仅是畅所欲言，甚至信口开河，还须讲究言之成理，则此一理字，必然与学理相关，不可能无源无本，为所欲为。不少以思想家自居的人却要标明身份为学者，恐怕还是希望将自己与一般同样会思想的大众加以分别，以显示其价值的无可替代。只是如果其所本之学尚且不能胜人一筹，从学理看非常识即笑话，则赖以产生的见识居然能够高人一等，岂非自欺欺人？

　　自"新史学"倡行以来，政治史的研究颇受非议，实则中国固有史学以政治史为大宗，是受历史文化的特性所制约，并非统治者的个人好恶所致。政治以胜负为基准，必须讲究权术。尽管后人多以顽固腐朽目之，近代好参与政坛角逐的官绅，大都心术极深，难以探测。非心智过之且能由政治角度予以理解同情，无法透视其内心思维，也就无从判断其外在言行。这可以说是对学人智慧耐力的极大考验。学人不察，一味借"新史学"开辟新领域之名，实则避难趋易，而心存取巧。凡事标新立异，大抵与表浅为伍，虽然易于出人头地，稍不留神，也容易误入邪魔外道。庚子勤王不仅是隐秘的政治，而且要武力谋国，所谓兵行诡道。学人须以同情理解政客与兵家之心，才能不为各种表象所惑，以免重蹈古今多少帝王为奏折所误的覆辙，为史料的表面字义所蒙蔽,令研究对象取笑于九泉。

十

笔者研治近代学术与学者的历史以来,每有著述,则于绪论中略记心得,大都是力图与古往今来的中外前贤心灵沟通的学术独语,下笔时间或涉及当下,或褒或贬,心中偶尔隐有所指。不过,褒有具体,贬则往往泛论。读书不必与人较,要较起码应与古人较,因为古人的东西已经留了下来,今人的东西却未必留得下去。与今人较,如何取法乎上?近贤治学论人,对同时代者应尽量避免擅加褒贬,否则批评固然动辄得咎,赞誉也难免厚此薄彼,容易招致非议。所以凡论一般规则,并不指明(具体论点论据例外),所谓对事不对人。但如此一来,也有麻烦。读者有心,常常揣测,所指人事,与当时心中所想,不仅相去甚远,甚至截然相反,迄今未有中的者。其实,只要稍加留意,即可于文中发觉预设的解扣。若无成见,一点即明。此类误会,已经数起,当面问及,不难解释,背后揣度,则渐行渐远,看朱成碧。由此可见,欲对前人了解同情,深入心境,谈何容易?差之毫厘,谬以千里,极易似是而非。为免他人窝心,自己蒙冤,日后若有误解,当于下一著述的绪论中略加解说。旨在申明己意,以免殃及无辜。

凡讨论学术,对于时贤,应取其所长,而不必究其所短,庶不至埋没其苦心孤诣。要在他人眼中脑际当得起,诚非易事。所以主张学术批评,首先在丁对象是否值得,打假之类,一言以蔽之足矣。前议孙中山研究,用后出孙中山各传与史扶邻书相较,即特意指出限于全传。若以部分,则至少沈渭滨先生一书进展明显,更不必说各种专题之作。

治学为极难之事，非长期积累，并全力以赴，难得成就。即使孙中山研究这类学人以为新意不易多得的领域，迄今尚无一本完整的传记得到公认，可见空间仍然不小。窃以为两类人或可胜出前人一筹，一是长期研究者十年磨一剑，将各种成果综合吸收，并对所有史实再作详究，可惜无人肯做此事。二是见识不凡者慧眼独具，对材料和史事全无成见，融贯大体，亦可别出心裁，言人所未言。本来对后一法缺乏信心，因罗志田教授著《胡适传》，后出而突前，颇得胡学专家好评。可见仅凭工夫，不足以成事。若学有传承，体大思精，超迈时流，自然出手不凡。但此法仍须慎重，不可随意追仿，否则容易弄巧成拙。至于在下，既深陷其中，又不愿尽力，最多不过尚能信守阙疑，自然不在论列。

所谓著述可分四等，又论高明与否，不仅一人，当时心中潜影，主要为王学庄教授。王先生书香门第出身，遭遇坎坷，沉潜达观，所见往往高出一筹。此说并非与他人比，而是作为后学的在下屡有不及。可记者数事，均与本书主题相关。其一，参加日本土地同志复权会的几位中国人，学界鲜知其名，而王先生可为之一一作传，本书所记张寿波即其一。十余年来搜集此人资料，为了力求穷尽，广泛求教，难得回应。偶与王先生谈及，告以《虚云法师年谱》中有传，一查果然。此书曾经翻阅，竟然遗漏！此为其读书多而广。其二，关于春柳社，史学及艺术界所论，多据几位当事人的后来回忆。王先生遍阅该社成员在日本所办各种刊物，并就革、保两派宣传活动的短长作连续性论述。此为其治学不以分科为限。其三，关于留日学界的癸卯元旦排满演说，曾为文考证并非孙中山策划。自觉下功夫不少，相关材料几乎穷尽。不料王先生于直接材料之外，更能辗转周折，别具洞见，不仅令人意想不到，简直就是匪夷所思！此事既经点破，看似轻而易举，不经历身陷山重水复的迷阵之中，很难体会其举重若轻的功力见识。学术史上，须有如此天分加勤奋之人突破瓶颈，后学者才能豁然开朗。而质的提升与量的增长，的确不可同日而语。后人受益匪浅之时，切不可故意埋没，甚至毁尸灭迹。经此一事，益信学问之道，高深莫测。曾告诉门下诸生，不要仅凭著述妄议前人，治学为己之后方可为人，"述"而不作者往往更加可畏。可否出手，须事先掂量是否经得起彼等法眼。今日学界为量化所误导，一般作者，稍有心得，即须出手，易于见底，难以深入。而高明者冷眼旁观，潜心读书，神游冥想，其发明若不写出，不知何时可以再发现。近日撰写一篇关于"中等社会"缘起的论文，王先生二十年前即已经几度提及相关史事，始终未见后续者。直到十余年后，才有美国学者季家珍关于《时报》的著述，对1904年以后的中等社会观念与运用详细讨论，并与时髦的公共空间、市民社会等新说作一对应，以为不如首先以前人的观念理解其言行。[1]如今，海内外学人对"述"而不作者多有误解，殊不知学问之事，为己者多，为人者少，大半只可宣之于口，而不宜诉诸笔墨的。

十一

　　本书截取历史的一个断面，从不同角度展开对同一事件的多方位、多层面探究，相关人事错综复杂，互相纠葛，无论从任何一面入手，均须牵涉其他各面。而有关史料必须前后左右互为参证，跳跃联想，

---

[1]　Joan Judge, *Print and Politics: "Shibao" and the Culture of Reform in Late Qing China*, Stanford University Press, 1996.

才能彼此连贯,形成线索条理,进而透视表象,显其本真。加之各章的写作历时十余年,情节与论据的安排难免有所重复,成书时尽力做了调整。其中的三章十年前曾载《清末新知识界的社团与活动》一书,其他若干章节多陆续发表于有关的学术刊物。随着资料的增加和研究的深入,不断有所签注,此次一并做了增补删改。此类增改,不仅为研究进展所必需,而且可以验证前此的论说与证据。凡他人研究有所贡献处,均一一称引,不敢掠美。至于对史料及史实的判断理解间有异议修订,也予以注明或略加申论。治史必须后来居上,因所见材料多于前人,解读自然过于前人,此为理所应当,否则即为废词,在学术史上无任何价值意义。承蒙生活·读书·新知三联书店大度,同意在协议期满前夕将有关三章的修订本收入本书,以成全璧。这一课题的研究过程历时甚久,收罗资料颇为不易,其间先后得到久保田文次、中村义、狭间直树、容应萸、久保纯太郎、赵令扬、陈福霖、吕芳上、蔡志祥、王学庄、方志钦、李鸿生、朱英、蔡乐苏、莫世祥、马忠文、关晓红、彭海铃、黄菊艳、谭群玉、张克宏、陈志雄等多位师友的指点和帮助,谨致谢忱。

第一章　从救上到勤王

——戊戌庚子间的朝野政局

研治近代中国的政治史事，常有事出隐秘，相关各人均不留记录，公开文书又多为官样文章，欲求实证，戛戛乎其难。而愈隐秘之事，因为事关重大，又不得确切的消息来源，坊间传闻愈多，相互歧异，真伪难辨。戊戌庚子间的朝野政局，接连发生废立、归政、建储、保皇、勤王等多项秘事，即使在风云变幻、绝不寻常的近代中国史上也显得相当异常。若以派分将人物关系截然分割，凡划定为某派者，必凸显其对待各种人事的思维行为与别派的相异之处，而忽视彼此的联系甚至沟通。戊戌政变之后，新旧矛盾极端尖锐，为了维护各自的权势地位，在扑朔迷离的政局变化中保持政治天平上砝码的分量，朝野上下，国内海外派分复杂的各种政治势力，竭力拓展各自的活动空间，为存在多种或然性，难以把握的局势发展留下回旋周转的余地。后人很难依据某一方面的表现，判断其看起来相当复杂矛盾的言行究竟是属性抑或谋略的体现。加之事出隐秘，直接证据往往不易得，官方文献或公开表白多为故作姿态，坊间传闻则系道听途说。公私文档如日记、书信等，一般来说可信度相对较高，至少能够反映事实的一面，而这一时期所留此类文字比较稀疏，朝野人士，或当时已不敢记录，或事后再作清理，缺漏极多。掌故笔记或许透露出若干实情，内容却相互抵牾，甚至张冠李戴,难以征信。欲得大体和全面,实属不易。因此,史事的本相固然应当努力显现,而当时人心目中各不相同的时势呈像,亦为历史真实的一种;况且根本而言,各人对同一史事的记录记忆本来就不一致。探讨不一致的表现及其成因,或者较追求本相更有助于洞穿历史。

第一节　救上

戊戌政变骤然发生,得知光绪和维新派蓄谋异动的西太后盛怒之下,不仅杀人泄愤,而且一度有废止新法之意,只是保留了部分经济、教育和军事方面的成果。[①]不过,西太后及其所谓后党,最重要的目标还是清除异己。但凡通过政变形式来解决政见与派系矛盾,首当其冲的必然是将政敌尽可能地赶尽杀绝,以绝后患,坚决杜绝任何秋后算账的可能性。对于戊戌政变后的权力执掌者而言,其政坛异己包括三类:一是最高权力象征的光绪皇帝,二是拥帝的所谓"帝党"官员,三是鼓动变法的维新人士。除被处决者外,光绪囚禁于瀛台,帝党官员或流放或革职或软禁,变法派则或逃亡或隐匿。对此,当朝执政分别采取了不同的处置办法。

光绪是帝党官员和变法派的政治依靠与精神寄托,政变后西太后

---

① 参见蔡乐苏、张勇、王宪明:《戊戌变法史》第 8 章第 3、4 节。西太后杀人,公开宣示的理由不一定完全反映真实想法。据说"皇上谋围颐和园谋杀太后,人人言之,若追究所据,则言人人殊;变衣冠亦有言者,追究之亦如此;是以知皆莫须有也"。(苏继祖:《清廷戊戌朝变记》,中国史学会主编:《戊戌变法》一,第 351 页)从近年所发现的毕永年《诡谋直纪》可见,当年坊间传闻,事出有因,当局知而不言,另有隐情。

重新训政,他虽然被剥夺了实权,并遭幽禁,形同傀儡,名义上仍是皇帝。只要光绪的身份不变,甚至只要他本人依然在世,就是帝党和变法派政治上卷土重来的希望,也是令旧党如坐针毡的一大心病。西太后在生前固然能够控制局面,却不能不为自己的百年之后忧心忡忡。旧党官僚尤其害怕光绪长命于慈禧的潜在威胁。苏继祖《清廷戊戌朝变记》谓:

> 八月,有问皇上消息于当轴者曰:"已皆问明,尽招认矣。"又问:"终久如何了局?"曰:"俟稍停数日,定有办法。"问:"皇上尚能放出否?"曰:"怕不能。"问:"如此囚禁,无异犯人,实属难过。"曰:"自作自受。"九、十月,有问皇上病者,某大臣曰:"吾料断无病好之日。"又有问枢臣者曰:"皇上如此囚禁,倘太后千秋万岁后,再出来,更不好。"曰:"幸病尸深,恐非药石可能奏效。"①

日本《时事新报》据北京特派员报告:政变后"满洲人之意,以为西后既老,光绪方壮,若太后一旦死,恐光绪复政,不利于己,故不如及西后在时,绝其根也。然彼辈之所恐者,一旦废立,国人必有兴师问罪,而外国亦必责问之,故尚犹豫"②。执政者一直蓄谋废光绪乃至将其置之死地。西太后开始大概只想废去光绪的帝位,但担心外强干预,于是试图造成光绪病重的假象,趁机去之甚至除之。对于已被革职流放的帝党官员,当朝执政也千方百计要斩草除根而后快。至于对各地的

---

① 中国史学会主编:《戊戌变法》一,第351页。
② 宋玉卿编:《戊壬录》,辜鸿铭、孟森等:《清代野史》第1卷,第259页。

维新人士,更欲大肆株连,一网打尽。

在政变后极度压抑的气氛中,对于当朝执政的上述企图,地方大员即使有所不满,一般也不敢表达。两江总督刘坤一是个别敢于直言的重臣。赵柏岩记:

> 两江总督刘坤一累电请保全皇上。仓卒政变,海内皇然。有谓皇上已大行者,志士聚海上而泣。坤一闻之,流涕曰:"上一片热心,惜无老成主持之,故致蹶败,此大臣之过也。"因三电政府请保全上,以免天下寒心。①

所说三电,可以查实两次。一为张謇拟稿的致总署电。政变时清廷诬指康有为等人进药毒害光绪,以便一石二鸟,既追究维新派,又加害于光绪。9 月 25 日,清廷明诏急征名医。10 月 13 日,刘坤一致电总署:"国家不幸,遭此大变,经权之说须慎,中外之口宜防。现在谣诼纷腾,人情危惧,强邻环视,难免借起兵端。伏愿我皇太后我皇上慈孝相孚,尊亲共戴,护持宗社,维系民心。"他还请总署代奏,查照 9 月间的两次谕旨,"曲赦康有为等余党,不复追求,以昭大信,俾反侧子自安,则时局之幸矣。坤一受恩深重,图报无由,当此事机危迫之际,不敢顾忌讳而甘缄默,谨披沥具陈,伏乞圣明俯赐采纳"②。在当时环境下,如此表态,的确需要勇气。据张謇《啬翁自订年谱》:"为新宁拟《太后训政保护圣躬疏》,大意请曲赦康、梁,示宫庭之本无疑贰,此南皮所

----

① 《赵柏岩集》,引自清华大学历史系编:《戊戌变法文献资料系日》,第 1168 页。有关记载,该书多已排列。
② 《寄总署》,中国史学会主编:《戊戌变法》二,第 631 页。

不能言。刘于疏尾自加二语,曰:'伏愿皇太后皇上慈孝相孚,以慰天下臣民尊亲共戴之忱。'乃知沈文肃昔论刘为好幕才,章奏语到恰好,盖信。"[①]则是电当出于张謇之手。

另一次为陶森甲拟稿的复荣禄电,胡思敬记:

> 戊戌训政之后,孝钦坚欲废立。贻毂闻其谋,邀合满洲二三大老联名具疏请速行大事,荣禄谏不听,而恐其同负恶名于天下也,因献策曰:"朝廷不能独立,赖众力以维持之。疆臣服,斯天下莫敢议矣。臣请以私意先觇四方动静,然后行事未晚。"孝钦许之,遂以密电分询各省督臣,言太后将谒太庙,为穆宗立后。江督刘坤一得电,约张之洞合争。之洞始诺而中悔,折已发矣,中途追折弁回,削其名勿与。坤一曰:"香涛见小事勇,见大事怯,姑留其身以俟后图。吾老朽,何惮?"遂一人挺身独任,电复荣禄曰:"君臣之义至重,中外之口难防,坤一所以报国者在此,所以报公者亦在此。"道员陶森甲之词也。荣禄以坤一电入奏,孝钦惧而止,逾年乃建东宫。[②]

---

① 张謇研究中心、南通市图书馆编:《张謇全集》第 6 卷,第 858—859 页。
② 胡思敬:《国闻备乘》卷三《刘、张优劣》,第 58 页。据王照《方家园杂咏纪事》:"戊戌八月变后,太后即拟废立。宣言上病将不起,令太医捏造脉案,编示内外各官署,并送东交民巷各国使馆。各使侦知其意,会议荐西医入诊。拒之不可。荣禄兼掌外务,自知弄巧成拙,又尝以私意阴示刘忠诚公。忠诚复书曰:君臣之义已定,中外之口难防。坤一为国谋者以此,为公谋者亦以此。荣禄悚然变计,于是密谏太后,得暂不动。"(荣孟源、章伯锋主编:《近代稗海》第 1 辑,第 6 页)王树槐《外人与戊戌变法》第三章《政变之后》第二节《法医入诊》和第三节《己亥建储》,叙述相关各事最为详尽。其判断后一事在 1898 年冬,当据王照之说。

政变骤起,光绪缺乏可以应对的力量,只能设法保住康有为等人,密诏让其迅速逃走,留有以待。而康有为则深知没有光绪做后盾,自己就失去权力来源,因此出逃之前,于 9 月 19 日匆匆拜访李提摩太和伊藤博文,希望通过他们探询向英、日两国政府寻求帮助的可行性。①救主不及,康有为等人被迫逃亡海外,途中即设法谋求复辟之道。政变后局势的急转直下,以及关于光绪病重和废立的种种传闻,尤其是 9 月 25 日清廷公开向各省急征名医,使得康有为等人感到光绪危在旦夕,救上迫在眉睫。在稍后草拟的《奉诏求救文》中,康有为强调:光绪亲政之时,康强无疾:

> 乃废立次日,忽矫诏书,称四月以来圣躬不适,求医天下,布告四方……其如何鸩毒,虽不可知,而预为谋弑,道路共见。……自古废立,岂有免于幽弑之祸者哉!此则神人之所共悲,友邦之所同愤者矣。近见西报传闻,立穆宗嗣以为亲王,将来少帝,必是晋明,以吕易嬴,用牛继马,祖宗血食从此不祀,神州疆土自尔陆沉。

在变生不测、事起仓促的情况下,求助于外强仍是首选,康有为决心效申包胥痛哭秦廷,向友邦求援。为此,他将所奉第二道密诏中"汝可速出外"改为"汝可迅速出外国求救",为"奉诏求救"的行为张本②,使救主言行蒙上一层正统性色彩。

---

① 王树槐:《外人与戊戌变法》,第 179—180 页。
② 汤志钧:《关于光绪"密诏"诸问题》,《乘桴新获》,第 39—61 页。

在康有为等人看来,英、日两国支持变法维新的态度较为积极,因此开始主要是向英、日求救,希望由他们出面,联约德、美等国,借助外力保全光绪,并进而迫退慈禧。这方面康、梁无形中有所分工,前者主要与英国人士交涉,后者则展开对日联系。9 月 25 日,康有为与英国驻上海领事班德瑞(Baurne)谈话时,热切地请求英国政府拯救光绪,他说:光绪已经没有保护自己的力量,除非英国出面干涉,一位小孩子将继承皇位。"假如英国肯派两白名(?)军队帮忙,就可以扶持他重新执政。"①到香港后,又试图说服英国议员贝斯福相信英国应出面拯救被守旧派幽禁的光绪,帮助他实行变法②;并且面晤提督白丽辉,请求援助③;还屡次致函李提摩太,请其代向英国求助,主持公义,保全皇上。④

9 月 27 日,梁启超和王照在日本军舰上听说《国闻报》刊登光绪病重,清廷明诏征集名医的消息,担心光绪不堪忍受或旧党暗下毒手,致函伊藤博文、林权助,告以"寡君现时闲居南苑一室,名瀛台者,四周环以水,行坐饮食皆有人看管,命在旦夕。一二志士妄思援手者,皆已计穷力竭,呼吁无由。若贵邦及诸大国不救之,则为绝望矣"。到日本后,两人又不断与日本外务省官员联络,"深望贵邦之助我皇上复权也"。⑤

如何实现借助外国力量达到光绪复辟的目的,有所谓"公明正大

---

① 王崇武译:《戊戌政变旁记》,中国史学会主编:《戊戌变法》三,第 527 页。
② 齐赫文斯基:《中国变法维新运动和康有为》,引自清华大学历史系:《戊戌变法文献资料系日》,第 1099 页。
③ 《戊戌变法》一,第 416 页。
④ 同上书,第 413—416 页。
⑤ 《戊戌变法文献资料系日》,第 1082、1209 页。

之策"和"隐微之工夫"两种办法。所谓隐微之工夫,亦分两类:一是康有为所希望的由英、日等国派少数奇兵再度发动政变,迫退西太后;二是如康有为与宫崎寅藏在香港所讨论的,派日本壮士刺杀西太后。[①]此类计划在戊戌政变发生不久,局势混乱之际或可趁乱实行,一旦慈禧控制住局面,就不是少数兵力或侠士可能做到。梁启超等人认为:"仆等初时欲主隐微之工夫,此乃贵邦一国之力即可办,无俟再约他国者。然恐贵国未必肯出此策,且此策于半月前当易行,今已难行矣。"

所谓公明正大之策,即梁启超对日本人士所说:

> 望与英、米诸国公使商议,连署请见女后或致书总署,揭破其欲弑寡君之阴谋,诘问其幽囚寡君之何故。告之曰:若大皇帝有大故,某等各国将下国旗,绝邦交,兴问罪之师,代支那讨弑君贼云云。则彼等或有所惧,而不敢肆其荼毒。

也就是以武力为后盾,通过外交途径进行干预,达到政治解决的目的。而这样做单独一国的威力不足,需要数国联合施压。除英、日两国外,进入康、梁视野之内的还有德国和美国。"若仆倾所谓仗义执言者,则公明正大之策,然似必联英、米始能有效。借此事以成日、清、英、米四国联盟之局,亦地球之一好机会也。若贵政府肯相助,则仆等将再航米、英而乞之。"[②]11月康有为再度致函李提摩太,提及"近闻贵国大集兵于威海,并议联约德、日、美各国,仗义执言,将以救我敝国皇

---

① 宫崎滔天:《三十三年之梦》,第137页。
② 清华大学历史系编:《戊戌变法文献资料系日》,第1210、1082页。

上复辟。"①10月31日,有人以"中国各省士民"的名义发布"合呈上海英总领事禀",呼吁其电达英京,扶持光绪恢复皇图,"退衰谬而进贤良,斥金壬以安社稷,革除旧习,重布新猷",再造中国。②

政治交易,首要原则是避害趋利,仅仅靠施助的一方仗义执言和接受的一方心存感激,往往并不可靠。康、梁等人主要从三方面设法打动英、日。其一,强调恢复新政有利于各国尤其是英、日两国的利益。康有为告诉李提摩太:如果复辟成功,"我皇上必将有格外图报,以扶亚东大局,抑贵国实利赖焉"③。梁启超则一再强调中日两国利害相关:

> 盖东方之安危,全系乎敝邦之能自立与否。敝邦立则日本之边防、商务、工艺皆受其利,敝邦危则皆受其害……然敝邦之能立与否,全系乎改革不改革。敝邦之能改革与否,又全系乎皇上之有权无权,然则我皇上今日之失权,其牵动于日本之国础者,甚相切近矣。④

其二,突出俄国与守旧派的关系,或明或暗地指示光绪如果不能复政,亲俄派的守旧党将使中国日益为沙俄所控制。9月25日康有为在与班德瑞会谈时就言词闪烁地将政变与沙俄拉上关系,指"皇上与西太后的冲突是无法调和的了,因为皇上是为了英国而西太后则是为

---

① 中国中学会主编:《戊戌变法》一,第415—416页。
② 《知新报》第74册录上海《中外日报》,1898年12月13日。
③ 《戊戌变法》一,第414页。
④ 清华大学历史系编:《戊戌变法文献资料系日》,第1209页。

的沙俄",甚至称西太后为"沙俄的走狗"。虽然英国政府并不认为政变有任何外国的影响,班德瑞还是得出结论:"西太后的重新当政是一种退步,且对沙俄有利。"①梁启超致函李提摩太,也刻意指出:"惟东方之局日急,若贵邦与美、日两国不早为计,他日俄羽翼既成,无复可望耳。"②不无巧合,《知新报》刊登的"中国各省士民合呈上海英总领事禀"同样有此内容:"中国之势,现分二党,旧党恃俄之力,俄得旧党附和,必得中国。新党望英美之援,实欲力保主权,以与泰西均势而底太平。"③

相比之下,梁启超更加强调俄国对日本的威胁。9 月 27 日他致函伊藤博文时称:

> 今者强俄眈眈,视东方诸邦如彼囊中之物,苟敝国不克自立,虽贵邦欲提而挈之以同敌俄,恐力量必有所不给矣。欲敝国之自立,舍寡君而外,他无可冀者。……女后及满洲党死心塌地愿为俄人之奴隶,托庇于其宇下,只求区区之北京无事,他非所计也。呜呼! 自此以往,敝国其折而入于俄矣。

他进而表示:

> 启超等明知他邦干预内政,非本邦之福,然日暮途远,不得不倒行逆施。彼女后及满洲党执国权则亡也,诸邦群起干预内政亦

---

① 中国史学会主编:《戊戌变法》三,第 527—528 页。
② 蒋贵麟主编:《康南海先生遗著汇刊》第 17 册,第 164—166 页。
③ 《知新报》第 74 册,1898 年 12 月 13 日。

亡也,其为亡一也,宁借日本、英、美之维持,不甘为露西亚之奴隶。①

一个月后,梁启超致函日本外务大臣大隈重信,更将政变原因归纳为帝后、新旧、满汉、英俄之争,"然要而论之,实则只有两派而已。盖我皇上之主义在开新、用汉人、联日英以图自立,西后之主义在守旧、用满人、联露西以求保护"。中日辅车相依,唇亡齿寒:

> 今西后与贼臣荣禄等之主义,一意求露国之保护,甘心为其奴隶,(虽未定有密约,然)露人外交政策最险而最巧,常以甘言美语钓饵人国,所墟之邦不知几何姓矣。今诸邦虽持均势之主义,各谋在我邦得额外之利益以抵制之,然我之伪政府惟露人之言是听,露人直欲以我政府为傀儡,而暗中一切举动将悉阴持之,以他日必至之势也。故使伪政府不更易,主权不能复,则于东方之局,各邦常为客而露人常为主。以客敌主,常处于不能胜之势,恐支那之全折而入于露,为时甚近矣,何均势抵制之可言? 且即使能均势,能抵制,而亦非日本之利也。②

其三,利用英、日两国彼此竞争的心理。康有为在香港见宫崎寅藏时就故意显示英国对其如何热情,试图以此作为与日本讨价还价的筹码。③而写信给李提摩太,则称:"仆将诣贵国求救,道过日本,其国民

① 清华大学历史系编:《戊戌变法文献资料系日》,第 1082 页。
② 同上书,第 1193—1196 页。
③ 宫崎滔天:《三十三年之梦》,第 139 页。

思救我国情意踊跃,故暂勾留。"①梁启超在致大隈重信函中,也谈到国际局势的消长变化与各国的战略方针息息相关:"仆尝观英国近年来政策着着退让,未尝不为之顿足。见露、独之政策,或如鸷鹰,或如瘈狗,未尝不为之震惊。欧洲未来之胜负决于是矣,窃知贵国政府之必慎所择也。"②意在刺激日本大胆进取。

康、梁等人的言行如此协调一致,当是经过协商。如他们担心西太后和守旧党拒不还政,为了减少阻力,降低列强出面干涉取得成效的难度,提出赎买对策。康有为向英国人建议:

> 西后之废立,但为群小所牵率,以保全性命耳。若有大国剀切解谕,与之立约归政,请皇上待以不死,厚与数百万之供给,亦非不归政也。③

梁启超的主张与之相同,陈说则更为详尽,认为政变并非尽为西后之初意,而是满洲党担心改革不利于己,必须去皇上,才能阻止改革。

> 今若骤胁逼之,使归权于皇上,彼将恐皇上复权之后,必不容之,则必以死力相争矣。且如此则友邦之措词亦甚难也。今若能与英、米同仗义干预,令其归政,而复合散邦每岁出五百万金之俸以供给之,诸国为之认保,然后可责之大义也。西后之见识,惟知

---

①　中国史学会主编:《戊戌变法》一,第416页。
②　清华大学历史系编:《戊戌变法文献资料系日》,第1196页。
③　《戊戌变法》一,第416页。

有纵欲、娱乐耳,其揽国权亦为娱乐计也。苟既给以厚俸,有诸国为之认保,彼既有娱乐之可图,加以仗义执言,外之有友邦之义举,内之有志士之同愤,彼或不敢不复权,然后事可图也。①

英、日等国为了维护自己的在华利益,防止俄国的势力因亲俄守旧派掌握政权而坐大,以不同方式保护被追究处分的变法派官员和绅士,也设法阻止当朝执政谋害光绪的企图,一些朝野政治人物甚至谋划过改变政变结局的可能性。据说日本的大隈重信、犬养毅和矢野文雄,就曾为光绪谋复权之策。但要通过外交途径正式出面甚至不惜使用包括出兵在内的政治手段为复辟开辟通道,则牵扯过大。况且,英、日两国朝野之间对于中国的维新变法和政变的相关各派,看法并不一致,有的认为康有为的改革过激而西太后不至于全面倒退,政变只不过使改革的速度有所放缓。当权者尤其慎重,其采取何种对策,主要还是出于本国利益的考虑。②

英、日等国政府发现慈禧很快便控制住了局势,而且并没有如康有为等人所指陈的,采取排外的政策,于是非但没有出面为帝党和变法派讨回公道,反而很快开始协调与清政府的关系。9 月 30 日,俄国驻伦敦大使斯塔利报告外交部:

最近两周,英国对中国的态度完全改变了。政变后之所以立即散布开来的惶惶不安的情绪,主要是由于事件发生得突然,从

①　清华大学历史系编:《戊戌变法文献资料系日》,第 1209 页。
②　参见王树槐:《外人与戊戌变法》第三章《政变之后》。

而引起了惊讶心理。现在情况已经大白,慈禧太后过去执政时期的经验表明,没有理由可以预料她将会敌视欧洲人到底……英国人总是本着他们做事情的惯例,抢先站到势力最强的一边。……伦敦内阁对于北京这次政变从一开始就非常审慎,看来它现在是把这次政变看成中国的内政。

其后,英国驻华外交官因为得到来源各异、判断不一的报告,对于形势的估计有过一些波动,但基本趋向是稳定与训政者的关系而不是改变它。11月5日,巴夫罗福报告俄国外交部:

> 英国迅速地改变了对北京的政策的方向,最近急剧地转向慈禧太后及其同党一边,日本目前的态度极端审慎和矜持,这些看来已经使康有为深信他的指望落空了。①

第二节　归政

政变当局对于英、日等国干预中国的政局,保护变法派和阻挠废立虽然感到几分恼火,但种种迹象表明,经过一段时间的混乱和互相猜忌,清廷与外强的紧张关系逐步缓和,形势并未像康有为等人所期望的那样发展,反而越来越不利于他们自己。

在地方重臣和外强的双重压力下,政变后的当朝执政担心事急有

---

① 清华大学历史系编:《戊戌变法文献资料系日》,第1098、1213页。

变,不得不设法调解与各方的关系。既然光绪的生死存亡成为焦点,首先就从这方面做文章。10月16日,奕劻等人主动告诉英国公使窦纳乐,他们知道关于光绪健康和阴谋杀害他的谣言,并正式通知窦纳乐,光绪的健康大为改善,且常和西太后一同听政;西太后并不完全反对改革,不过以为中国的准备条件不够,不适宜于像光绪那样操之过急而又规模过大的改革;还询问如何使目下动乱的情形平静下去的办法。窦纳乐建议找一位外国医生为光绪看病,并签署一份光绪的健康证明书。尽管窦纳乐预料他的建议不会被执行,奕劻等人还是极力表示赞同,并要求其代为辟谣,确保谣言是假的。①此举虽然是迫于各方压力,却表明当朝执政的一种意向,即他们的确很想改变外界的看法和自身的形象。两天后,清廷果然安排了法国使馆的德对福(Dr. Detheve)医生为光绪诊视,诊断书公布后,有关传言逐渐平息。

荣禄是戊戌政变的关键人物之一,也是康有为一派全力攻击的主要对象,他对官场权术相当稔熟,鼓动政变者是他,阴谋废立者有他,设法调和者也是他。10月中旬,在华西方传媒称:"据我们所听到的,荣禄是在使用他权力以内的一切力量来缓和太后对维新党的震怒。"②《申报》的报道也说:政变后曾列名保国会者防有株连,颇多危恐,言官亦有及之者,"后得荣仲华中堂奏明,康有为本籛仕京中,不能禁京官及公车不与往还,但问是党不是党耳。……现今风浪胥平,皆中堂保全善顾之力"③。政变后慈禧有废立之意:

---

① 中国史学会主编:《戊戌变法》三,第538页。
② 《列强在北京》,1898年10月14日《字林西报》周刊,《戊戌变法》三,第498页。
③ 《胁从罔治》,《申报》1898年11月12日。

故以兵柄尽付荣仲华。荣惧而泣,计无所出。夜得右帅电云:"慈圣训政,臣民之福。而尊主庇民,全仗中堂主持。万代瞻仰,在此一举。"岘帅亦有电云:"君臣之分当尊,夷夏之防当严。某之所以报国者在此,所以报公者亦在此!"荣天明以二电面奏,长信惧,乃辍计,而心衔二人。①

据说当时因外间督抚只有刘坤一力争废立:

深宫震怒,即欲革职。而荣禄言于太后曰:"坤一,湖南老帅,骤革之,恐激湘军之怒而生变。宜优容之而阴掣其兵柄,则彼无能为,而可以牵住湖湘之心。"太后从之,不加谴责,即刻下密旨驻防将军,令其节制江南诸军;又下密旨湖北总督,令其严密防勤王之师。②

所以刘坤一称:"现在两宫慈孝相孚,诚为宗社苍生之福,而其枢纽,全在荣相,内则设法调停,外则勉力撑持,宁国即以保家,此公解人,当见及矣。"③对荣禄有所寄望。

1898年底,康有为所抨击的"伪临朝"对内对外接连作出姿态,似乎有意努力改善政变在国际社会所造成的不良影响。12月13日,西太后特意安排和光绪一起在宫内召见英、美、德、法、俄、奥、荷、日等各国驻京使臣的夫人,"由英使命妇领班朗朗宣祝词,皇上起而握手为

①　皮锡瑞:《师伏堂日记》,《湖南历史资料》1981年第2期,第144页。
②　1900年2月《致孙仲恺书》,胡珠生:《宋恕集》下册,第696页。
③　中国史学会主编:《戊戌变法》二,第634页。

礼,既而皇太后亦一一握手,并以珠约指分带诸命妇指上,命庆王福晋带出赐宴。宴毕,皇太后率皇后出,命入座观剧,设茗果款之,极道辑和之谊。及诸命妇退出,皇太后又分赐绸缎、书画各一分,雍雍肃肃,穆穆皇皇,诚中外一家之盛事也。"①此举不一定能完全打消外国人士的疑虑,但显然引起了期待中的反响。②

对内方面,由于政变后给康有为等人定立的罪名之一是结党营私,牵连广泛,势必人人自危,上下浮动,为了安定人心,清廷宣布对官绅中与其有关联者政存宽大,"概不深究株连"③。这是在没有确切证据的情况下所定的一般性原则。后来两广总督谭锺麟从康有为本籍抄出"逆党"往来信函多件并石印呈览,其中"悖逆之词,连篇累牍",牵涉多人。清廷发布上谕,仍然宣称不予追究,而且公示已将原信悉数焚毁,同时告以各函均已石印,似仍保留。④既示以宽容,又捏住把柄,真是一举两得。

荣禄等人态度的变化,除自身的利害权衡外,与日本方面积极施加影响不无关系。政变后,日本担心守旧官僚亲俄,危及东亚局势和日本的利益,设法说动当路大臣继续变法图强的政策。1899 年 3 月,伊藤博文致函奕劻,"示以近日利病之所在,练兵理财为治国首务……

---

① 《申报》1898 年 12 月 29 日。
② 几天后姬乐尔致函莫理循:"我很相信你的判断,但是我必须说,还没有发生什么事情足以动摇我的这种信念:维新派的倒台不符合我们的利益。就连为外交使团夫人们举行的招待会,也不足以动摇我的信念!"(骆惠敏编,刘桂梁等译:《清末民初政情内幕——莫理循书信集》上册,第 130—131 页)另据苏继祖《清廷戊戌朝变记》:"太后觐见各国使臣夫人,特备二人尤作瑾、珍二妃,防人问也,足见未尝不心虚也。"(中国史学会主编:《戊戌变法》一,第 352 页)
③ 清华大学历史系编:《戊戌变法文献资料系日》,第 1074 页。
④ 朱寿朋编,张静庐等校点:《光绪朝东华录》,总 4279 页。

宜早画定规模"。4月底,又再次致函奕劻,"示时局艰难,务图富强,以固邦基"。同时致函荣禄,"备言欧亚情形,谓敝国(按即中国)不图自强,贵国(日本)亦成孤掌,谆谆以整军丰财为急务,善哉言乎!"伊藤博文的门生、日本驻华使馆参赞楢原陈政拜访荣禄和奕劻,也转达此意。

7月,日本驻上海总领事小田切万寿之助与奕劻会晤,"谈次纵论亚东大局,输忱解带,披胸同心,忠告之言,良用欣感"。对此,荣禄和奕劻至少作出赞同姿态,复函分别表示:

> 子产之告羊舌,未能若是之深切也。方今敝国情势,早在鉴中,执事不姗笑之,而必欲策励之,使尽去积习,而臻于富强,非深维唇齿之义,力顾中东大局者,何能及此。

> 但念方今环球强国,鹰瞵虎视,皆狡然思逞。惟我国与贵国同处一洲,辅车相依,关系尤重,急欲认真联络,借助他山以成众,建不拔之势。

并表示:"迩来于整练营伍、开通商务诸事,凡可以致富强者,皆次第举行。"

当然,荣禄、奕劻对于伊藤博文的意见,也有所保留和辩解。荣禄认为:

> 夫中国非真不可为也,积习相仍,骤难移易。譬之起虚羸,而仁瘘痹辅,以善药效,虽缓而有功;投以猛剂,病未除而增剧。客秋之事,略可睹矣。仆世笃忠贞,忝膺重寄,练兵筹饷,日切图维,执事知我爱我,必更有以教我也。……第练兵不可无饷,求财过

急),则恐失民心。变法在乎得人,用人不当,则反滋流弊。仆以为
法无新旧惟其是,国无强弱存乎人,事业出于精神,国是不争意
气,诚得年少有才气者,从老成人翼导策驭之,破除锢习而不失中
和,共立功名而不伤元气。

奕劻虽然同意"谋国之术,因时消息",需要学习外国,扩商利,练
精兵,对于时趋却不以为然,所谓:

　　方今地球强国环峙,日夜以修制战备,扩充商务为能,尚诈
力,贱仁义,不务广德与民休息,而专恃攻取角胜,实千古未有之
变局。……敝邦恪守祖宗宽大爱民之制,故赋额轻减,蠲振频施,
不肯竭泽而渔。从前封桩羡余厉民之政所不敢出现。[1]

与此同时,清政府还通过各种途径,与向康、梁等流亡者提供庇护
的英、日等国交涉,使之不再提供保护或迫使流亡者离境,以便实行暗
杀绑架。11 月 30 日,日本驻上海总领事小田切万寿之助到武汉,张之
洞与之会谈时要求后者密告日本政府,如果不将康有为等人驱逐,他
无法实施由日本军事教官训练军队等计划,又提出要日本政府与总理
衙门交涉,让南北洋和湖广尽快派出留学生赴日。[2]日方权衡利弊,
答称:

---

[1] 《伊藤博文关系文书》,汤志钧:《乘桴新获》,第 187—191 页。
[2] 清华大学历史系编:《戊戌变法文献资料系日》,第 1244 页。张之洞报告总署时,
未提及聘请日本军事教官和派遣留学生之事(中国史学会主编:《戊戌变法》二,第
618—619 页)。

　　日本政府极不愿为康及其党徒在日本提供政治庇护,但由于国际上通行之惯例,又无法违反本人之意愿而将之遣送出境,但日本政府愿采取一切努力以便达此目的。①

　　奕劻在赞成伊藤博文关于中日两国合力维持东方大局意见的同时,趁机要求日本将康有为、梁启超、王照等人驱逐出境。②经过一段时间的讨价还价,日本终于借故将康有为礼送出境。

　　在这样的背景下,舆论和传闻的风向发生了微妙的变化,1899年6月起,连续出现多宗关于西太后准备再行新法的消息报道。如6月26日香港《士蔑报》称:

　　　　西后因时事孔亟,急欲购求新法,又使人调查康有为奏折,一一呈览,不许留匿。又由天津、上海等处,购得当世政论各书,其值约三千两。

7月1日东京《时事新报》报道:

　　　　西后每日必数遣内侍往问皇上病状,闻少痊,即慈颜大喜。且尝云:观今日之势,不能不行新政。又北京来信云:西后之急欲变法,事系的确,并非风影之谈。闻西后近日尽发康有为前后所上条陈览之曰:康有为之话,实在句句不错。

<hr>

① 清华大学历史系编:《戊戌变法文献资料系日》,第1247页。
② 《伊藤博文关系文书》,汤志钧:《乘桴新获》,第190—191页。

7月3日伦敦《泰晤士报》报道：

近有中州某公于召对时，西后询以行新政与按步就班孰善。某公奏祖宗成法，历久不敝，自以按步就班为善。西后顾谓皇上曰：然则外间亦不以新法为然。皇上敬对曰：乾嘉时，西人尚未如此相逼也。西后颔之。

7月4日东京《日本报》报道：

日前西后以国事日亟，强邻逼处，特召李合肥傅相垂诹一切。傅相以力行新法为请，返覆辩难，几历时许。西后颇为之动听。

7月10日香港《士蔑报》报道：

近日西后又饬军机处进呈去岁康、李、杨、宋诸臣条陈，详细阅览。又近数日有二翰林召见，西后问以亦曾看时务书否。对曰：臣从不敢看。西后谕曰：时务书岂可不看，将来何以应变耶？二人恭聆之下，不觉惶悚。

7月11日香港《西报》引述北京友人来函称：

西后近来颇以康有为等所上条陈甚善，命左右将康、梁诸人奏章进呈慈览，恒阅至中宵不辍。一夕，阅至京卿林旭所上条陈，不禁拍案称善。次日召见某邸，询问康有为一干人究竟如何。某

> 邸对曰：皆是大逆不道。西后曰：其言亦多可采，特诸臣不善奉
> 行矣。

1899年7月28日出版的《知新报》第94册汇辑了上述消息，表明康有为一派注意到这一新动向。尽管他们并不相信西太后的诚意，还是作出了积极的反应。同日《知新报》发表《论今日变法必自调和两宫始》，一改政变以来对西太后口诛笔伐的态度，将攻击的矛头首先指向荣禄，将戊戌政变说成是贼臣从中离间，两宫失和所致。文章认为，政变后为使光绪复辟而采取的革命或勤王方略，均不可行，因为两策均可能为光绪带来杀身之祸，"事未举而中国之亡已久矣。窃以为定今日之政策，措天下于泰山，变法自强，当以调和两宫为第一义"。两宫不和，起于贼臣谗间之口和贼臣篡夺之谋，"实荣禄一人言之而一人为之矣"。皇帝、太后的安危与中国及人民的安危密切相连，西后欲谋自安，必须诛贼臣，和两宫。否则，荣禄可以借西后以除皇上，他日必以皇上之故而除西后。

> 迩来各报流传，谓西后遍阅新党诸奏折，因而谓之句句不错。又勉诸小臣以阅时务书，而使某亲王将神机营以敌荣禄，又将采用新党之言而讲求变法，一似重悔前此之孟浪，遽尔幽闭圣主，诛逐忠臣者。事出传闻，并非确据，然外侮之日甚，内臣之日专，苟有人心，无不悚然而怵惕临之矣。夫中国今日不能变法，由于皇上之无权，实由于两宫之不和。而究其纪极，则由于贼臣之构祸也。

西后如果"诛贼臣以谢天下,下明诏以复新政,起新党以图大业,而勤王之论不作,可以自保其身;革命之说不行,可以长享其国"。

针对情况的变化,康有为等人调整了策略。四个月前,梁启超发表《论保全中国非赖皇上不可》,批评当时关于保全中国的各种意见,甲说望西后、荣禄、刚毅等他日或能变法,乙说望各省督抚有能变法之人并进入政府,丙说望民间革命军起,仿效美、法实行共和独立,参照中国的实际,各说均不可行。"故今日议保全中国,惟有一策,曰尊皇而已。"①至于保全之道,《知新报》的《保身保家说》主张其道有三:一是尊皇,二是养才,三是合众。②欧榘甲《论救中国当以救皇上为本》,更直接呼吁"我同胞忠君爱国之士,其可以拔剑而起矣,其可以投袂而兴矣"③,重心显然在于依靠民间力量勤王举义。

康有为离开日本后,向英国求助不果,1899 年 7 月,在美洲成立保皇会。8 月 4 日,光绪三十岁寿辰,美洲、南洋各埠华商,纷纷发电至总署祝皇帝万寿。④其间再次提出光绪复政的要求。康有为的《美洲祝圣寿记》称:

> 美洲各埠,曰域多利、曰湾高花、曰裒花士眠士打、曰舍路、曰砵伦、曰砵当臣,并燃灯升旗,各以电致于四万里外之故国总署,问圣躬安否,祝圣寿万年,愿皇上复政以保中国。语虽不同,而义

---

① 《清议报》第 9 册,1899 年 3 月 22 日。
② 《知新报》第 90 册,1899 年 6 月 18 日。
③ 《清议报》第 20 册,1899 年 7 月 8 日。
④ 《北京要事汇闻》,《知新报》第 98 册,1899 年 9 月 5 日。

不出此也，此海外未有之举也。①

这显然是保皇会统一部署的结果，表明其尝试通过动员海外民众施加压力的办法来达到保皇复政的目的。此举引起西太后的注意。总署将各埠来电汇集上闻，"西后因询本年十月与及甲午年时，外洋华旅亦有如此电词祝贺否。金答曰无"②。

稍后，新加坡华侨邱菽园、林文庆等人接读9月4日上谕，"惟朕躬服药日久，未见大效"，联络阖埠华商，于10月12日致电总署，奏请圣安。③外报报道：南洋新加坡、吉隆等埠清国绅商，咸联名电请皇帝安，"清民归附皇帝，如赤子之恋慈母，此清国不亡之象也"④。

11月12日，为西太后寿辰，南洋各埠华民又一次借贺寿之名，致电总署，指太后耄期已届，不宜过劳，而皇上圣体大安，应当归政颐养。⑤一时间各埠华商纷纷继起发电。据《天南新报》报道：

> 本坡闽商邱君菽园等首倡电请圣安之举，京师震动，内外向风，南洋一带，如吉隆埠、如八打威埠，皆起而抒依归圣主之诚，电请圣安，并请太后归政颐养。又香港教士及横滨商民，亦有电请

---

① 《清议报》第27册，1899年9月5日。

② 《北京要事汇闻》，《知新报》第98册，1899年9月5日。

③ 《记南洋电请圣安事》《新加坡阖埠华商电达总署奏请圣安折稿》，《知新报》第103册，1899年10月25日。丘逢甲复邱菽园函谓："恭请圣安之举，内地闻之，人心为之一震。内地不能有此，以电局皆由官主，决不肯代发商民电奏，非督抚代奏，总署亦不敢收译也；督抚亦无肯代奏者。阅邸抄，见九月初八日上谕，有特褒海外商民忠义之语，当系电奏到后所发。"（广东丘逢甲研究会编：《丘逢甲集》，第794页）

④ 《北京要事汇闻》，《知新报》第103册，1899年9月25日。

⑤ 《京外近事》，《知新报》第107册，1899年12月3日。

圣安并归政之举。可知人心思主，讴歌讼狱，各有同情。天若祚汉，我皇谅必不长此终古也。兹复接美洲友人来信，述及美洲属地，凡华人通商之埠，皆有呈请圣安并请西后归政之电，统计一十三封。

所开列的 13 埠为："满地河、锦录、湾果华、域多利、二埠、乃公埠、舍路、气连拿、砵伦、罗省忌列、波布顿、正埠、连拿仔。"此外，"尚有多埠续起者"①，如越南的海防、河内、南定，秘鲁的利马等地。

12 月 27 日《东京日日报》报道："支那居留外国之商人，近数月纷纷联名奏陈于西后，请其归政于光绪皇帝，共三十余起，已叠纪前报。顷又得北京米信，暹罗居留华人，亦有此举。"该埠华商陈斗南、王珏潘、于炯、吴添发等 3 万余人联名奏请太后撤帘，皇上亲政，速行新法，以洽群情而救危局。②"因月前星嘉坡各华商奏请归政，太后甚怒，故此次不敢进呈，恐遭谴责。"③

国内随之有了反应。1899 年 9 月 15 日出版的《知新报》第 99 册刊登了《杭州驻防瓜尔佳拟上那拉后书》，提出"和两宫以图自存，和两党以策自强，和四彝以求自保，而其功则必自杀贼禄始"，并历数荣禄欺太后的十大罪状，认为所以能和之道，"则必以复位归政为第一义"。此文在《国闻报》也刊出，注云七月廿二日（8 月 27 日）呈刚钦差（毅）代

---

① 《咸思圣主》，《知新报》第 112 册，1900 年 2 月 14 日。

② 《北京近事要闻》，《知新报》第 111 册，1900 年 1 月 11 日。关于各地华侨要求归政之事，郭嵒荣《海外华侨对康梁及保皇会态度的演变》论及祝圣寿和为慈禧祝寿两次（中山大学孙中山研究所编：《孙中山与华侨——"孙中山与华侨"学术研讨会论文集》，第 144 页）。

③ 《格抑电奏》，《知新报》第 112 册，1900 年 2 月 14 日。

奏。严复阅后函告张元济：

> 其中词语最足惊人，兄如未见，亟取观之。"中外时事，非杀贼某不可"。此所谓某者，不知所指何人，然观后文所列十款，似是当今首相；盖非首相，他人无节制南北水陆各军事也。书言其人强悍无识，敢无[为]不道，包藏祸心，乘间思逞；维新不可不杀，守旧更不可不杀。言语激烈，可谓至矣、尽矣。①

其实原文直书荣禄之名，作者应为金梁。

主要面向中国内地读者的香港《华字报》刊登了以"大清国十八行省等臣民"的名义撰写的《拟布告各国公请皇上力疾亲政文》，呼吁英、俄、德、法、美、日等国驻华公使，"申明大义，速提劲旅，驰赴燕京，公请敝国皇上力疾亲政，以顺人心"②。《中外日报》《汇报》等刊物连续发表论说，公开要求慈禧归政，光绪复权，重行新政。③当年京畿一带大旱，祈雨久无灵验，坊间也传言是幽囚圣主，且有废立之心，触天之怒所致，预言必将有忠直臣僚抗疏请太后撤帘，皇上复政。④

英国方面似也有所反响，当月伦敦《国家温故报》刊登左治安的意见，提出：

> 我外部衙门，可递一国书与中朝，痛陈中国之危，力请归政光

---

①　王栻主编：《严复集》第 3 册，第 533—534 页。

②　《知新报》第 100 册，1899 年 9 月 25 日。

③　侯宜杰：《二十世纪中国政治改革风潮》，第 15 页。

④　《北京要事汇闻》，《知新报》第 104 册，1899 年 11 月 3 日。

绪君,复行上年新政之令,并宜通知美、日两国,同时上此式国书,三国合力如此,西后虽顽,未必敢逃公道,或可不复阻挠新政。皇帝既复其位,自必召还各逋臣,并请外国精明之士为客卿,则不难振起老睡之国。彼之国权不失,我之商利亦不失,自然化却许多难案。①

西太后作出复行新政的姿态,或许只是施放烟幕,朝野内外的反响则显得多少有些信以为真。其时清廷派刘学询等人赴日考察商务,暗中交涉订约、"交康"或"除康"事宜,坊间传闻,却是要重新起用康党。皮锡瑞在日记中记道:

闻朝议召日本小田七及刘学询、李徵庸管度支,有"新政可望复行,新党可望复用"等语。周郢生家信,长信授意李,使康、梁返国,伊藤入辅。……夏子翁来拜,嘱觅先生。询以时事,云杨崇伊所奏,庆王、小李从中主持,派刘学询、庆长与日领事小田七同往东洋,请伊藤与水师提督某某来中国。②

张之洞幕下的陈庆年也说:

知此次庆宽自日本还,有条陈十二则呈庆王进呈朝廷,均允行。是又有维新之机矣,甚美事也。③

①《论各国宜干预中国新政》,《知新报》第 104 册,1899 年 11 月 3 日。
②皮锡瑞:《师伏堂日记》,《湖南历史资料》1981 年第 2 期,第 171—172 页。
③陈庆年:《戊戌己亥见闻录》,《近代史资料》总 81 号,第 138 页。

对此当朝执政的后党官僚感到几分惶然：

> 某邸出语人曰：上年主子讲什么变法，咱们几乎没有饭吃，幸
> 亏老佛爷扳过来。今年连老佛爷亦讲什么维新，看来不久康有为
> 一班人就要开复起用，那时还有咱们走的路吗？[①]

形势走向的不确定令传媒无所适从，对于西太后的好恶尤其难以
捉摸。《知新报》第 95 册转载了 7 月 22 日香港《士蔑报》的一则报道，
可以视为当时传媒揣摩不定上意的体现：

> 北京内廷大乱，西后、荣禄、庆亲王、李鸿章各分党羽，密布计
> 策。西后始倚荣禄为心腹，任其练兵，今见其弄权，恐其逼己，以
> 庆邸亲贵，故用以抑荣禄。且以李鸿章有才，凡与俄交涉，皆经其
> 手，故西后重之。荣禄虽顾盼自雄，亦不过如小子，凡与外国交
> 涉，皆守向来憎恶外人之故态，以遗西后忧。庆邸虽较忠于荣禄，
> 亦无远知识，……李鸿章今日即能办事，想不过自清首尾，未必于
> 太后之命有所加。李权全得自交涉，与荣禄不同，故人皆欲去荣
> 禄。荣禄节制北洋，凶戾之气，遍于北京，与刚毅之南下两江，其
> 凶戾遍于南洋相等。太后今亦知之，故回心易虑，假意向慕康有
> 为之说，欲讲变法，尽购康有为所著之书及奏折，览之称善。然此
> 计太浅，非有勇决之诚意，何能动人。即向之归心西后者，亦疑其
> 不至前后相反若是。昨年政变，西后尽反新政，以为康有为之议，

---

① 《北京要事汇闻》，《知新报》第 94 册，1899 年 7 月 28 日。

为害于国，复旧政，戮新党。然西后本非守旧，亦非维新，只求权势平稳逸乐，非此三者，不能得其心也。今虽观览新党之书及奏折，然既死之士，不能复生，六人本皆为国变法者，今已死矣，况西后之意，究不知何如乎？然其准人读康所著书，其转化人心者不少。吾今虽不知两党将何结局，但宫廷之内，必将有不测之变，愿我国人定睛以伺之。

11月15日《知新报》第102册转载8月30日伦敦《中华驿务报》的评论，也依据该报天津访事人所说，认为：

> 西后之变机甚少，论其人原属聪明，不比北京之守旧党呆同木偶，但其知识，又未能行维新之政以致康氏所条陈之境地。他用守旧党之力以复其权柄，惟同时又嫌守旧党之首领不识事务，反足以生乱，故又假作与维新者和商，其实不知所措，只欲求自己安固，未尝识维新之益，守旧之害也。

据说慈禧开始对各埠华民纷纷请求归政的反应还算平和，"自汉人大官以下及多等人民，同情推戴光绪皇帝，若强行废立，必生内乱。故西后待皇帝，近亦略宽，召见大臣，亦许同见。"[1]"天坛祈雨，圣主竟得同往，当亦两宫渐和之机也。"[2]甚至个别官员当面要求归政也不以为忤。10月2日香港《孖喇报》报道，据北京来电：

---

[1]　《北京要事汇闻》，《知新报》第103册，1899年9月25日。
[2]　广东丘逢甲研究会编：《丘逢甲集》，第794页。

　　　　山西知县宓昌墀召见时奏对于西后,侃侃而谈,特请其撤帘,
　　归政皇上,又谓不可用荣禄练兵,不可用刚毅筹饷等语。情辞恳
　　切,两宫大为感动。皇上恐西后动怒,叱其不得妄语。西后亦不
　　怒之,但目为疯子。而该县令仍言言痛切,毫无顾忌。①

　　据说宓氏奏对时还称康有为才不可没。此事未必真确,《天南新
报》却为此发表评论,盛赞其言为"人人有是心,人人不敢出诸口"的
"天理人心之公",可以唤醒人心,"上足以措皇上于安,中足以寒奸臣
之胆,下足以苏士民之气。"②

　　相比之下,担心大权旁落的后党官僚更为不安。前此西太后有意
趋新,守旧官僚即有种种异动的传闻,甚至有消息说奕劻、刘坤一和小
田切万寿之助密谋策划推翻西太后,恢复光绪的帝位。③这种以进为退
的可能性当然极小,他们最可能采取的对策,是一方面加紧迫害变法
派,另一方面设法将西太后拉回保守的轨道。而复政危及西后的地
位,无疑是最好的口实。西后明白不识时务很难生存,不能一味恪守
祖宗成法,但绝不能容忍海内外商民合力要挟,更不会迫于社会压力
而轻易交出手中的权力。西后万寿时,"各埠华商均发电恭祝,惟末语
皆有请西后归政者。电到总理衙门,大臣竟将末语删去,乃进呈。后
刚毅欲激怒西后,故将其事而直陈之,西后为之变色"④。

───────────

① 《北京要事汇闻》,《知新报》第 102 册,1899 年 10 月 15 日。
② 《论汉阳宓大令奏请太后撤帘皇上亲政事》,《知新报》第 104 册,1899 年 11 月 3
日。1901 年 5 月 11 日郑孝胥称:"过关道,见所议十条及密[宓]昌墀《戊戌奏稿》,空
疏而守旧之言也。"(《郑孝胥日记》第 2 册,第 794 页)
③ 骆惠敏编:《清末民初政情内幕——莫理循书信集》上册,第 150 页。
④ 《北京要事汇闻》,《知新报》第 111 册,1900 年 1 月 11 日。

流亡海外的康有为等逋逃客,依然是当朝执政的心腹大患。政变以后,清廷虽然宣告概免株连,暗中却加紧严拿深究。1898 年秋冬间,密饬各督抚查拿新党,1899 年 7 月 5 日,又申电沿江沿海各省督抚严办康、梁党羽,并饬招商局于各埠细心访拿。[①]康有为几度隐约声称,各地华侨电请归政由保皇会所鼓动,只是对结果的判断在立储前后截然不同,此前以为:"此事但请归政,并无得罪,宜争忠义,万世流芳。"[②]此后则说:"及仆游海外,人心咸戴圣主,创为保皇会,从者数百万人。六月、十月纷纷电请太后归政于皇上,诸贼忌之。"[③]可见,保皇会开始是想借助西太后有意趋新之机,鼓动海外商民造成巨大的社会压力,以达到归政的目的。不料此举反而勾起西太后的心病,触犯了守旧党的大忌。尽管康、梁等人提出过赎买政策,但是,要西太后和守旧党在这种形势下放弃权力,无异于让他们走上政治的不归路。于是后者选择了与保皇党人的预期完全相反的应对之策。

第三节　立储

1899 年上半年,表面看来政变后尖锐的矛盾和紧张的局势似乎有所缓和,暗地里新旧各方的较量仍在继续,因此不时还有废立的消息传出。5 月《字林西报》报道:"北京纷纷传说,谓西六月二十号中朝另立新君,闻践位者为恭王之孙,又有谓为五王爷之孙者,西后恐不能复

---

① 天游先生(唐才常):《答客问支那近事》,《亚东时报》第 13 号,1899 年 8 月 15 日。引自清华大学历史系编:《戊戌变法文献资料系日》,第 1392—1393 页。

② 《保救大清皇帝会例》,汤志钧编:《康有为政论集》上册,第 420 页。

③ 《致濮兰德书》,《康有为政论集》上册,第 424 页。

秉大权,实深焦虑。"《知新报》转载这一消息时,将信将疑。①

9月4日,清廷发布上谕,因光绪服药日久,未见大效,将通晓医学被征召来京随同太医院诊脉的山西汾州府同知朱焜、广东驻防汉军监生门定鳌饬往原籍。此事非同寻常,引起海内外颇多猜疑。郑孝胥在9月8日的日记中判断:"此事何用宣诏? 恐朝中有变。"②门定鳌回粤后声言:皇上实系无病,所有脉案,俱系太后令其照开,故门君愤愤请回。③同日香港《士蔑报》报道:

> 据上海某报之言,谓得接北京消息,知西后所造之铁屋,乃所以监禁光绪皇帝于其中,定于本月废位,而另以一九龄童子继位,仍以西后训政,此童子名溥巺,乃澜公之子云。

9月10日该报又报道:

> 中国皇帝阴令心腹内监持密诏往与日本公使,求其转达日皇,设法相救,谓事机极急,稍迟则不独政权无再操之日,即身命亦恐不保。④

这时京师内外,传言纷纷,互相歧异,真伪莫辨。或谓光绪病重,

---

① 《知新报》第89册,1899年6月8日。
② 中国历史博物馆编,劳祖德整理:《郑孝胥日记》第2册,第735页。
③ 《谕旨照录》按语,《知新报》第112册,1900年2月14日。1898年底清廷就曾更换医治光绪有效的医生,令刘坤一感到疑惑(光绪二十四年十一月《复彦咏之太守》,中国科学院历史研究所第三所主编:《刘坤一遗集》第5册,第2240页)。
④ 《北京要事汇闻》,《知新报》第100册,1899年9月25日。

陷于慢性肾脏及心脏之痼疾①；或称春明大有佳音,康有为将归国②；或"都中消息,极为骇人",令人不明就里,忧心忡忡,四处打听,"实在如何,尚望详示。外患如此,而继以内忧,恐人将乘吾隙矣";甚至有传闻说,"庆王之意欲皇上让位,荣禄之意欲皇上亲政,两人大相龃龉,不能相容,大约俟迁居雍和宫后,必须有一番争论"。朝内各官分为两派,刚毅若回京,必然助庆。③

在传言四起、朝野上下惴惴不安和海外商民接连不断的归政呼声中,旧历己亥年即将过去。光绪二十五年十二月二十四日,即公历1900年1月24日,清廷突然发布上谕,宣布立端王载漪之子溥儁为皇子,是为己亥建储。此举几乎在所有人看来,都是废除光绪的前兆,其实际目的之一,可能也的确在此。

建储似乎出乎人们的意料,既没有保皇会所要求的归政,也没有守旧党所期望的废立。就前者而言,或认为政变后西太后一直蓄谋废立,并无归政打算,海外商民的归政诉求,只是延缓了废立的时间。1899年6月20日,宋恕函告孙仲恺:

> 近闻政府已与鄂帅议定:"将行大事,先集兵二十万于京畿。"
> 再与鄂帅订定:"如南洋刘帅有异言,即以湖北兵制其上游,事成,
> 以两江总督永归鄂帅。"大约大事不能出今年以内。其大事为何,
> 则心领神会而已,不忍言也!

---

① 《支那朋党论》,日本《东邦协会报》1899年9月10日,引自《知新报》第102册,1899年10月15日。
② 孙诒让致汪康年,上海图书馆编:《汪康年师友书札》二,第1480页。
③ 《清议报》第29册,1899年10月5日。

12月30日，他再次函告孙仲恺：

> 太后万寿，海外数百万商民合词电致译署祝寿，并热切请归政皇上。京师大事之举，部署本已大定，因此之故又暂从缓。执政者言于太后曰："海外数百万商民之请归政，皆康、梁所指使也。故非先杀康、梁不可行大事。"因此有发明谕购康、梁之举也。①

不过，另一种可能性同样存在，即正是大批海外商民要求复政，并与康、梁连成一气，令西太后感到恐惧，于是重下决心，再行废立。而其间当朝执政的守旧官僚起了推波助澜甚至决定性的作用。

1899年10月上旬，清廷两度发布上谕，因旱灾将成，诏诸臣各抒谠论。25日，翰林院编修沈鹏应诏草天灾直言折，矛头直指后党要员荣禄、刚毅和李莲英，认为清朝官制，内外相维，军机大臣，不掌兵权，而荣禄既掌枢机，又握兵权，北洋各军、武卫五军乃至江南练兵，均归节制，南北重权，集于一身，如果其或生异心，难免为曹操、董卓再世。刚毅奉旨筹饷，到处搜刮，民怨沸腾。"凡此二臣所为，皆足感召天灾，诚收荣禄之兵权，以杜异谋；黜刚毅之言利，以平民怨，则人祸息而天灾纾。"太监李莲英私窃威福，天下公愤，应明正典刑，以震慑权奸而风厉天下。折送至总署，总署以体制不合，格不得上。

一个月后，沈鹏再上应诏直言折，正式要求如今"为皇太后计，则归政之时也"，同时指荣禄、刚毅、李莲英等"三凶"在朝，上倚慈恩，下植徒党，权震天下，威胁士民，隐与君上为仇雠，"不杀三凶，以厉其余，

①　胡珠生编：《宋恕集》下册，第690—694页。

则将来皇上之安危,未可知也"。而"此三人者,惟皇太后能操纵之,生杀之,皇上之才,非其敌也"。要求太后乘训政之时,"分荣禄之权,惩刚毅之暴,戢李莲英之毒,以绝一切不轨之谋,弭将来无穷之祸"。①

沈鹏的两次奏参,"直声震天下,虽格于堂官不得上,而海内外传诵,译稿通于外洋,几乎洛阳纸贵"。上海《中外日报》《沪报》皆登其文。②11月中旬,南下筹款的刚毅回到北京,趁机将海外商民请求归政的消息透露给慈禧,并且作出了一系列安排。宋恕称:

> 己亥秋后,刚毅又力请速了大事,献策曰:但以虚美名目削坤一之兵权,则必不至激变。坤一既解兵权,则大事可速了。……而刘坤一"着即来京陛见"之旨不久而下矣。军机传电:"太后深念老臣,渴欲见面一谈劳苦。"以此虚优,骗安湖湘之心。一面命新署督于封印时候赶接印,印已交,而京师大事之公文即刻办齐,将于廿七八日下禅位诏于天下,改元保庆而弑旧君。盖从某大臣计:待于岁晚书信鲜通、报纸停刊、人事鲜暇之机会,赶了此一大事,可以万全。③

刚毅回京后递手折开列各省督抚从违之意,"极言惟刘坤一最与圣上意合",又"谓去年政变时,刘独有电阻梗废立,今议立嗣大事,不

---

① 《知新报》第 108 册,1899 年 12 月 13 日。

② 胡珠生编:《宋恕集》下册,第 693 页。另据 12 月 22 日日本《东京日日报》报道:"丁部尚书廖寿恒革去军机之职。闻廖为翁同龢门生,前日翰林院沈鹏参劾三凶之折,为刚毅等见,以沈为常熟人,疑为翁党,遂追寻原由,谓廖主使,迁怒于廖,故设法逐之也。"(《北京要事汇闻》,《知新报》第 110 册,1900 年 1 月 1 日)

③ 1900 年 2 月《致孙仲恺书》,《宋恕集》下册,第 696—697 页。

先去之,彼必有碍大局。故太后立意解其兵权"。①其时荣禄曾密电试探刘坤一的口风,后者答称"以君臣之礼来,以进退之意上"②,仍然坚持反对废立。

召刘坤一进京陛见在 12 月 24 日,在此之前,主要是设法除康。是年 10 月,康有为以探望母亲病重为名,从美洲东返香港,令清廷感到紧张,加紧行刺计划。其时刚毅恰好在广东,忧虑颇深。皮锡瑞记文廷式所言:

> 党祸不足虑。现在空捕康、梁,并王照不问。因康到澳门之故,二人讪长信太甚。长信宁亡大清,必诛康、梁,不至株连他人。③

刚毅返京后,"常常专注拿康,危言耸论,不知又加几许"④。在其推动下,清廷先派李鸿章为商务大臣,前往通商各埠考察商务,其实是"西后因各外埠华商电请归政之事,特命李赴南洋,借查察商务为名,欲以观商人之意向,设法劝诱,使向西后而背皇上"⑤。继而改派李鸿章署理两广总督,暗中主持绑架暗杀康有为以及抓捕保皇会会员亲属之事。又发布上谕,悬赏购线,以除康、梁。鉴于环境日趋恶劣,康有

---

① 《英人公论》《深畏老臣》,《知新报》第 112 册,1900 年 2 月 14 日。
② 张謇研究中心、南通市图书馆编:《张謇全集》第 6 卷,第 432 页。参见黄濬《花随人圣庵摭忆》第 308 页所引赵凤昌语,但赵将刘坤一此时的复词与戊戌相混淆。
③ 皮锡瑞:《师伏堂日记》,《湖南历史资料》1981 年第 2 期,第 180 页。
④ 上海图书馆编:《汪康年师友书札》一,第 812 页。
⑤ 《北京要事汇闻》录 1900 年 1 月 3 日香港《士蔑报》,《知新报》第 111 册,1900 年 1 月 11 日。

为只得远避新加坡。

派李鸿章署理两广总督的另一原因，据说是为了试探各国对于废立的态度。其时李鸿章赋闲贤良寺宅，一日，荣禄过访，

> 深谈晚餐，屏退左右，从容言太后将行大事，天位当易，惟亡命者肆意鼓吹，恐友邦为所惑。夙知公娴习外情，烦一探其向背。李对曰："我办外交数十年，皆人先谒我，且此系内政，先询人，失国体。如必欲询，当授我以两广总督，我先于《泰晤士报》传其风说，届时外宾必来贺我，询我以国事，我可就而探之。"荣喜，报太后，乃命督两广，外宾果来贺，且询报言。李文忠转叩其意，外宾谓理无干涉，唯国书系致光绪帝，今易帝位，是否继续承认，尚须请示本国云。当时政府多旧人，不习外交，李文忠又或权词以保帝位，故只立大阿哥，内禅之议暂止。①

① 章华：《语林》，《戊戌变法》第 4 册，第 321—322 页。《知新报》称："据京友传说，在太后之意，本欲选溥儁入承大统，当时单召荣中堂入见，曾议及此事。荣中堂深恐外国干预，求之再三，太后遂令荣中堂探各国公使语意。荣禄商之于李鸿章，李鸿章亦以为难。不数日，李鸿章简任粤督，将行之前一日，各公使往谒，询及废皇上之信是否确实。李答以不知，即乘机进言曰：设有此事，各国将如何？某国公使首先曰：此贵国事，吾国何得干预，惟以后不认中国有新皇帝耳。他国公使有谓然者，有只笑不言者。李得此消息，遂混以他语而散。次日临行，因不及见荣禄，使人告之。荣禄知不可，而太后之意，又执不能回，因急与崇绮谋。崇绮入宫求太后数次，于是太后改为建储之命。"（《废立要闻汇志》，《知新报》第 113 册，1900 年 3 月 1 日）黄濬《花随人圣庵摭忆》引赵凤昌语："西后急欲行废立。己亥，合肥在大学士任，一日法使访询果有此事否？外国视一国君主无端废立，决难承认。午后荣禄往访，传西后意旨，欲探外使口气。合肥即以今晨法使言述之。合肥知都下不可居，谋出外，旋督两粤。"（第 308 页）李鸿章外放原因，歧说甚多。亦有指其预闻废立之事，而借故脱身，避开浑局。

不过,改废立为立储,并非仅仅由于外人的干涉。至少到 1899 年
12 月初,废立之议,已经成为公开的秘密:

> 上海各报接北京来耗,均言伪政府确已决计明年改元,另立
> 新主。京官不预其谋者,闻之皆惊骇,深虑大局之难挽。李鸿章、
> 徐桐、崑岗数人,各效忠诚,苦谏西后,谓倘必废立,则请先行斩彼
> 老臣,以免干涉此悖乱取危之事。是时张之洞、刘坤一、谭锺麟皆
> 有亲信人在京探传消息,一闻此耗,登即飞报。故西后正在踌躇
> 未决之际,忽接刘、张各来一电文,又刘、谭二人联名来电一纸,均
> 切谏废立,奏请勿为此举,以免国家分裂更早于外人之瓜分也。
> 有此诸电,西后乃暂罢议。①

张之洞、谭锺麟反对废立,未见其他证据。让慈禧改变决定的关
键人物,看来还是荣禄。经过一段时期的准备,废立之事开始提上日
程。王照称主动者为刚毅、徐桐、崇绮、载漪等人,己亥冬,他们在北方
五省安插好同党,载漪的胞弟载澜出任京师步军统领,内外一切布置
就绪:

> 于是徐桐、崇绮拟就内外大臣联名吁请废立奏稿,先密请太
> 后一阅。太后可之,谕曰:你两人须先同荣禄商定。是时荣总统
> 董、马、张、聂、袁五军,势最大也。二人往见荣,口称奉太后旨意,
> 以此稿示尔。荣相接稿,甫阅折由,以手捧腹大叫曰:啊呀! 这肚

---

① 《北京要事汇闻》,《知新报》第 108 册,1899 年 12 月 13 日。

子到底不容啊。适才我正在茅厕，泻痢未终。闻二公来有要事，提裤急出，今乃疼不可忍。言毕踉跄奔入，良久不出。天正严寒，二人纳稿于袖，移座围炉。荣相之入，乃寻樊云门议答法也。及出，曰：适才未看明何事，今请一看，复接稿阅数行，急卷而纳诸炉中，以铜筋拨之，焰腾起，口中呼曰：我不敢看哪。徐桐大怒曰：此稿太后阅过，奉懿旨命尔阅看，何敢如此。荣相曰：我知太后不愿作此事。二人言实出太后之意。荣相曰：我即入见，果系太后之意，我一人认罪。二人怏怏而去。荣相见太后，痛哭碰头言：各国皆称皇上为明主，非臣等口辩所能解释。倘行此事，老佛爷的官司输了。老佛爷辛苦数十年，完全名誉，各国尊仰。今冒此大险，万万不值。倘招起大变，奴才死不足惜。所心痛者，我的圣明皇太后耳。言毕碰头作响，大哭不止。太后惧而意回，劝令勿哭，另作计划。于是改命新皇帝溥儁暂屈为大阿哥。①

恽毓鼎的记载少了些笔记小说的渲染，而显得比较实在：

时承恩公崇绮久废在私第，大学士徐桐觊政地綦切，尚书启秀在枢廷与徐殊洽，咸思邀定策功，而大学士荣禄居次辅，虽在亲王下，最为孝钦所亲信，言无不从，大权实归之。三公者，日夕密谋，相约造荣第，说以伊霍之事，崇、徐密具疏草，要荣署名，同奏永宁宫。十一月二十八日，启朝退，先诣荣，达二公意。荣大惊，诇侦违其间，速启去，戒阍者毋纳客。二公至，阍者辞焉。次日朝

---

① 王照：《方家园杂咏纪事》，《近代稗海》第 1 辑，第 7—8 页。

罢,荣相请独对,问太后曰:"传闻将有废立事,信乎?"太后曰:"无有也,事果可行乎?"荣曰:"太后行之,谁敢谓其不可者?顾上罪不明,外国公使将起而干涉,此不可不慎也。"太后曰:"事且露,奈何?"荣曰:"无妨也,上春秋已盛,无皇子,不如择宗室近支子,建为大阿哥,为上嗣,兼祧穆宗,育之宫中,徐篡大统,则此举为有名矣。"太后沉吟久之,曰:"汝言是也。"①

上述各说,虽为相关者的记录,却并非出自直接当事人之手,而是辗转传闻,或事后回忆,其中难免真假混杂。内廷之事,历来隐秘,致使坊间传闻多歧。戊戌庚子之间,朝局动荡,令人无所适从,朝野官绅,更加小心谨慎。即使在日记书信等私下文字中,也颇多保留。事后往往还要再加处理。因此与这一时期政局的复杂多变相比,相关史料相当稀疏。如被严复指为"纯乎痛痒不关,以瓦全为政策"的王文韶②,其日记刚好缺政变至立储部分。刘坤一、李鸿章等人的文电,不仅量少,有的后来出版时还有所删节。综合各说,清廷再议废立与保皇会及海外华人要求复政直接相关,刚毅在其中起了重要作用;由于荣禄等人的反对或居间调解,废立改为立储,可进可退。

① 中国史学会主编:《戊戌变法》一,第477—478页。另据吴庆坻《蕉廊脞录》:王文韶"生平相业无可称述,然当己庚之间东朝意主废立,尝示意文勤,文勤力陈不可;庚子拳匪之讧,亦颇谏诤,几为端王诸人所诬陷,微荣文忠力保全之,亦与袁、许诸公同弃柴市矣"。(第80页)
② 王栻主编:《严复集》第3册,第549页。

第四节 保皇

从清廷方面看,立储较废立固然是退了一步,而在保皇会和维新人士看来,却与复政的诉求南辕北辙,立储即是废立,因而立即引起轩然大波。以电报局沪局总办经元善为首、1231人联名合词的上海绅商首先发难。1900年1月27日《苏报》报道此事称:

> 本埠自接奉本月二十四日电谕,一时绅商士庶纷然哄动,皆谓名为立嗣,实则废立,我朝二百五十余年积德累仁,我皇上二十五[年]励精图治,深入人心,沦肌浃髓。皆有奋不顾身,与君存亡之志。昨日赴电局请列名电求总署代奏者至千余人之多,且闻各国均已电调兵舰,将挟公义以清君侧。沪局总办经莲山太守,见群情迫切,外衅纷乘,遂率同绅商允为电恳。

电禀曰:

> 王爷、中堂大人钧鉴:昨日卑局奉到二十四电旨,沪上人心沸腾,探闻各国有调兵干预之说,务求王爷、中堂大人公忠体国,奏请圣上力疾监御,勿存退位之思,上以慰太后之忧勤,下以弭中外之反侧,宗社幸甚,天下幸甚。

联署签名者多为沪上士绅名流。[1]

关于此事经过,据经元善1901年《上外务部王大臣禀》:

---

[1] 《上总署转奏电禀》,《苏报》1900年1月27日。引自虞和平编:《经元善集》,第309页。

……卑府前于光绪二十五年十二月廿五日接北京电报,钦悉圣躬不豫,将有禅位之举。卑府自以市井微臣,中心感戴,愧无折槛当熊之责,俾竭倾葵慕蚁之诚,闻报惊疑,莫知所措。次晨各日报亦刊登此事,更极危言耸论。于是各省绅商之寓沪者,麇集于卑局,佥谓莫非臣子,岂忍漠然。且自维新以来,樵夫牧竖,皆得上言。兹者大局攸系,亟应合词吁请皇上力疾视事,俾安薄海臣民之心。以卑府职司电务,怂令领衔。爰遵例电达总理各国事务衙门,呈请代奏。……当即公凑电资,用三等急报发出。①

而是年11月,经元善在澳门会晤日本东亚同文会原广东支部负责人原口闻一时,谈到一些内幕:

去腊二十五日下午,接到立储电诏后,顿觉风云惨淡。又闻西人得信,有元旦改元保庆之说,中外人心惶然,来局问讯者户限为穿。仆见情事已亟,宗社可危,行乎其所不得不行。然尚不敢位卑言高也,夜半先电北京某大臣,请其联合朝士力诤。次晨复云:大厦将倾,非竹头木屑所能支。夫大臣不言,则小臣言之,况仆仰邀十一次传旨嘉奖,受恩深厚,奚忍默置。适寓沪维新志士,开名单亦来发电,不期而合,并作一气。仓猝急遽,不遑瞻顾。仆若不在电局,谅未必有此举也。②

————————

① 虞和平编:《经元善集》,第370页。
② 《答原口闻一君问》,《经元善集》,第340页。

所说"北京某大臣",经氏前后皆未指名,据赵凤昌《惜阴堂笔记》:
经元善不慊立储之举,"其时盛杏生在京,即电请上言挽回。杏生复电
仅一语,云:'大厦将倾,非一木能支。'莲珊得此电,以为大局垂危,乃
以候选知府衔名,径电总理衙门王大臣"①。

经元善此举,如平地惊雷,打破了戊戌政变以来局势的沉闷,令沪
上乃至国内外维新人士的心绪为之一快。② 有人来函赞许道:

> 今者天命未改,正朔依然,敷天志士,欢呼万岁,思为我皇进
> 无疆之祝,痛定思痛,惟公一电实发其凡。盖自瓜尔佳氏后,有沈
> 编修鹏,得公而成鼎足之三人者。虽为说不同,其忠于君一也,其
> 不忍见中土瓜分豆剖,神明之胄夷为奴隶一也。然而二氏建言,
> 未获上达,公志竟伸,若雷之震于昼冥,闻者惊心,当者褫魄,谁为
> [谓]我朝必无气节哉。

远在檀香山的梁启超也致函表示钦佩:

> 从报纸中得悉先生近事,气贯云霄,声震天地,岁寒松柏,肖
> 然独存。国家养士数百年,得一先生,可以不恨矣。虽为权奸所
> 忌,流离播越,一生九死,然操莽之谋,卒因之而暂沮。今年之仍

---

① 庄练:《端王、刚毅与荣禄》,《中国近代史上的关键人物》下册,第30页。
② 宋恕自叙其心情与境遇道:"政变以后,弟等为犯世忌之人,故交或死,或入海外,或回内地,青昔穷巷儿绝人迹,寂泠之状不堪形容。而去年八月以后又复病与愁兼,终日闷闷,欲久居此间,恐难寻久计,欲回乡里,则又不忍闻法贼之恶状,进退踌躇,心绪纷乱已极!"(胡珠生编:《宋恕集》下册,第691页)

得为光绪二十六年者,皆先生之力也。一言重于九鼎,先生之所以报君国者,所造实多矣。今者薄海侨民,乃至碧眼红髯之异族,无不敬慕先生,尸祝而歌泣之。先生内之既不负初心,外之复不负舆望,此正孔子所谓求仁而得仁,又何怨者。

希望其"将息道履,善自摄任,留此参天两地之心力,以为他日旋乾转坤之用"。①宋恕则称:

> 谁知今上天命未绝,浙江突出大义士,飞电谏阻,电动全球……此实古今少有之非常义举,东西各国画影图形以识此大义士大忠臣为荣焉!……要之,经元善之舍身为国,实我浙江数百年来仅见之气节大儒矣!②

更令清政府感到震惊的,无疑是千余位士绅聚众联名抗争的行为。士林结党,为清朝严禁。经氏自许"群而不党",由他领衔发电,不过是"当日诸君子牵率"③,实属偶然。而其时寓沪维新志士,既已开列名单,当先期有所接洽磋商。联名者共1231人,除经元善外,各报列出姓名者50人,其中不少人在戊戌庚子间的各项大事中扮演重要角色,如叶瀚、张通典、丘震、章炳麟、汪诒年、丁惠康、沈荩、沈士孙、沈兆

---

① 1900年2月14日《王君来书》、1900年3月28日《梁君来书》,虞和平编:《经元善集》,第374—376页。后一函当为梁启超作。其中"参天两地",编者校改为"叁天两地",误。

② 胡珠生编:《宋恕集》下册,第697页。

③ 《经元善集》,第310页。此言出自庚子中秋经元善为《上总署转奏电禀》所写按语。

祎、唐才常、欧阳柱、吴瀚涛等。通过历次政治活动和社会交往,他们已经逐渐形成经常性的联系。政变前汪康年与康有为一派的关系一度相当紧张,政变后,在共谋大局的形势下,梁启超与汪康年恢复了通信联系,并且尝试再度合作。1900年3月28日梁启超致函汪康年:

> 废立伪诏下,举国震动,而上海一隅,义声尤烈。逆谋稍敛,皆赖此举。兄与颂谷、浩吾、伯忠诸公提倡之功,不在禹下,但此后我辈责任日益加重,非片纸空文可以谢天下也。日所擘画,想日有进步,幸常见告。弟足迹不能及禹域,已如废人。所勉效一二者,惟竭力募化,以助内地诸豪而已。①

电争废立虽由经元善领衔,汪康年等江浙派维新人士在其中起了重要作用。同籍浙江的宋恕欣然道:

> 此次首次名皆浙人,又如汪穰卿之弟诒年及章枚叔等浙中名士颇多列入,于是政府内外始有"浙中帝党"之目而忌及浙人,海外则亦因之看重浙人焉。②

除与经元善联名发电外,叶瀚等人还以"上海合埠士商"的名义发

---

① 上海图书馆编:《汪康年师友书札》二,第1870页。
② 1900年2月《致孙仲恺书》,胡珠生编:《宋恕集》下册,第698页。康有为事后试图将此事与保皇会拉上关系,称"唐才常在上海与知府经元善纠合千人联名电争"(《驳后党张之洞于荫霖伪示》,汤志钧编:《康有为政论集》上册,第442页)。当时还有人怀疑此事由文廷式、张元济、宋伯鲁等人主使(王栻主编:《严复集》第3册,第538页)。

布泣血公启,呼吁:

> 仿照南洋华民及暹、美各国电请亲政一举,亦为稍尽臣子之
> 心。不然,事机决裂,瞬息万变,若再优游不决,移时即与京师逆
> 党,同为无父无君之贼,而各国亦将出为干预,瓜分之局遂成,各
> 省之会匪,亦将乘风而起,内外之乱交作,吾恐中国之地,无尺寸
> 安乐土焉。当此之时,凡吾士商之财产,皆不能保全,骨肉不能完
> 聚,呼天无路,入地无门,岂不哀哉,岂不痛哉。

并提出几项简明办法:1.接到公启后,工商人等,合帮集议,分头
拟电阻止立嗣,要求复政。2.以会馆公所为集议之所,分省分帮进行。
3.仿寓沪士绅及教民办法,集资发电。4.如朝廷置之不理,则工商通
行罢市集议,并敦请外人函请领事致电北京公使,向总署诘问。

上海绅商的义举,在国内各地官绅商民各界迅速引起相当普遍的
反响。同日寓沪各省耶稣教民叶志芳、寓沪各省商民鲍士腾等785人
联名致电总署,恳请皇上速即亲政,兼行新法,以免因废立导致乱象潜
滋,教堂受累,瓜分在即。津沪流寓各省义民则公发传单,谨告十八行
省文武大宪,誓与权奸不共戴天,请一面电奏阻止成命,一面会同速
奏,将权奸全行诛斥。

1月27日,各省旅沪人士聚议光绪废立之事,决议布告天下,认光
绪为真主,请绅商士庶,合力匡扶。若势不容已,则执戈前敌亦可;并
印制檄文万张,分播扬子江上下,计划到2月6日为止,共印派200
万张。

广西桂林绅民陈自任、何庆寿等386人,从香港电局致电总署,要

求太后归政,以挽救危局。湖北、广东等地,绅民均有要求电争或躁动之举。①四川绅商除要求电阻废立外,还决议约集陕西绅民人等,合力抗争。②湖南绅士陈范等亦上电奏,"其语意较之经,尤为激烈"③。"杭州省城于廿九日始闻变,于正月初二日即发传单,拟连数百人伏阙上书,力求上之复政。浙江士气素号柔靡,今忽振兴,为各省之最焉。"④保皇会夸张的说法是:"上而官吏,下而士民,外而洋商,纷纷联名电奏力争,数日之间,总署接电至千余起,几于激成大变。"⑤还有人提出乘光绪三旬万寿之际,各省各埠同志会议集资,公推名望素隆之士绅,每府数人,进京祝贺,并吁陈民情,以弭祸乱,事先刊发传单,约定五月底到京取齐。⑥

内地各省毕竟在清政府的统治之下,要与当局公开对抗,难度颇大。总署鉴于各地不断来电抗争,饬电报局"凡民间四等报有关涉国家大事者,概不准发,否则官报委员,必与严处"。海内外各种报刊关于此事的报道,尤其是保皇会所办各报,不免夸张。香港《士蔑报》报道:

> 废立消息传至湖北,各官绅之有血性者,闻此耗如空中下一霹雳,是夕即纠合同志,拟抗伪旨力争,其首倡忠愤者则现任按察司岑春明[冀]、道员郑孝胥,疏中所言,皆抗争篡贼为穆宗立嗣事。疏就即率同志往见巡抚于荫霖,请其署名。于公签名毕,又

---

① 《废立要闻汇志》,《知新报》第112册,1900年2月14日。
② 《废立要闻汇志》,《知新报》第115册,1900年3月31日。
③ 《废立要闻汇志》,《知新报》第117册,1900年4月29日。
④ 胡珠生编:《宋恕集》下册,第698页。
⑤ 《论立嗣即已废立》,《知新报》第112册,1900年2月14日。
⑥ 《方君来函》,《知新报》第115册,1900年3月31日。

往见总督张之洞。不意之洞竟甘为贼党,力梗其议。岑君愤甚,怒掷所戴冠于之洞案上,大骂曰:予不能臣事伪朝,汝不愿署名,宁甘心从逆,余等亦不屑强汝。此种人少一个未为少,吾等惟有伏阙力争而已。之洞笑慰之曰:愿公等将此事三思,少安毋躁。岑等遂拂衣而去,即日就道,由汉口出上海,直趋北京,其同行官绅,凡五十三人,拟拼命力争云。①

而据郑孝胥日记,其1月27日阅报及电报知立嗣之事,虽有"亡矣"之叹,并与岑春煊等人有所会晤,2月7日,又从汪康年来函所附寄的报纸得知经元善等电请亲政事,似并无激烈言行,岑亦没有离鄂意向。②

另据《清议报》报道:

[湖北]官场中最能激发大义者自巡抚于中丞荫霖外,更有三员,一为署理鄂藩岑方伯春莫,乃甘肃布政岑方伯春煊之弟,一为芦汉铁路总办张观察,一为两湖书院监督已革翰林梁太史鼎芬。闻该员等既得北京消息,即拟就折稿,恳鄂督张制军电请总署代奏,并求张制军及鄂抚于中丞一并会衔。迨二十六日梁监督亲谒张制军告以前事,制军面聆之下,不以为然,且谓其徒取罪戾。梁监督犹力争不已,谓我等如不获命,则必刻日入京上奏,决不迟疑。张制军谓监督果如此妄行,必无生还之望,请先赠以万金,俾

_____

① 《废立要闻汇志》,《知新报》第 112 册,1900 年 2 月 14 日。
② 中国历史博物馆编,劳祖德整理:《郑孝胥日记》第 2 册,第 747—753 页。其时任湖北学政的王同愈于 1900 年 1 月 31 日"接上海寄来义民檄文",他与岑春煊、梁鼎芬等人均有来往,亦未见异动(《栩缘日记》卷 2,顾廷龙编:《王同愈集》,第 340—342 页)。

作安家之计。监督却不受，即与各员航海入都云。[1]

与《士蔑报》的报道差距不小。即使如此，恐怕也不属实。张之洞告诉钱恂：

> 《清议报》为唐才常事极口诬诋鄙人：一、朝廷电询废立于鄂，我允之。一、鄂电请诛戊戌六人。一、于中丞、梁星海及鄂官五十人谏阻立嗣，我力阻之。可骇，可怪。阁下在京在鄂久，果有此事耶？[2]

相比之下，海外各埠华人商民的反应要强烈得多。自 1 月 27 日总署接到经元善等人的电稿后，"谏阻废立之电，踵接于道，至有四十六次之多。某日政府接电，一日竟有十二道"[3]。暹罗、新加坡、巴城、檀香山、金山、吉隆、海防、河内、南定、新金山、雪梨、菲律宾、仰光等地华侨再次发电总署，阻止立储。

关于此事，康有为的表述显然并不以经元善为发端首义，他开始一味强调保皇会的作用：

> 至十二月，决行废弑皇上，而立端王之子溥儁，以绝天下之望。乃尚未举行，消息甫传，薄海内外保皇会众，先为力争，先后发电者四十六处，一电皆数万千人，多言若果废上，另立新主，必

---

[1] 《再纪京外官民公愤》，《清议报》第 37 册，1900 年 3 月 1 日。
[2] 苑书义等编：《张之洞全集》第 10 册，第 8341 页。
[3] 《废立要闻汇志》，《知新报》第 115 册，1900 年 3 月 31 日。

皆不认,且必合众讨贼。太后及端王、荣、庆、刚诸贼皆畏慑,不敢
遽行废弑,改为立嗣。故虽改元为普庆,而未能颁也。

后来虽提及经元善等人,但列在海外保皇会电请之后,且故意突
出与之关系密切的唐才常,所谓立嗣以后,

> 幸康有为早在海外,联结各埠咸开保皇之会,凡数百万人,驰
> 电京师,请救皇上而废伪嗣,凡四十六埠,共四十六电。一埠之
> 中,多者至八万人,唐才常在上海与知府经元善纠合千人联名电
> 争,那拉乃畏人心,不敢遽发,否则今年已为普庆元年矣,皇上不
> 知何在矣。

以后更索性改为上海方面的行动也由其发布指示:

> 及去年十二月贼臣载漪、荣禄、刚毅等同谋废弑,更立溥儁。
> 臣遽听闻,忧惧无措,乃电告各埠,驰电力争,莫不眷念圣主,同心
> 愤怒。一埠之中,多者数万人,少者数百人,奔走联名,若失慈母。
> 举人邱炜蒌忠义愤发,实总其事。臣时在港,又电属上海各省同
> 志,并驰电争救,薄海震怒,咸欲致死,诸贼遂生畏惮,未敢遽惊乘
> 舆,改名皇嗣,饰以恩科。①

---

① 《致濮兰德书》《驳后党张之洞于荫霖伪示》《托英公使交李鸿章代递折》,汤志钧
编:《康有为政论集》上册,第 424、441—442、454 页。后者即《公请光绪复辟还舆京师
折》,见上海市文物保管委员会编:《康有为与保皇会》,第 4—7 页,文字略有不同。

1901 年，康有为致函赵曰生，对此事的描述已经变成未卜先知，他说：

> 己亥立嗣之事，吾适先返港，廿日阅报，知崇绮起用，吾即知废立，即预各埠，得以力争，皆于廿三四到京，故得不废。不然今为保庆二年，上亦废弑久矣。①

不经意间，康有为与保皇会的作用越来越大。以致 1924 年为唐才常撰写墓志铭时，康有为进一步放大自己：

> 己亥十二月二十一日，吾居港，阅报，见崇绮预备召见，知德宗将废弑，以崇绮为穆宗毅后父，向为那拉后所恶，光绪二十五年来，未尝一召见也；今特召，必为穆宗立嗣，则德宗危。先是，吾开保皇会于美洲、亚洲、澳洲，至是凡四十地。乃遍电各会，告以将废弑，令各电各国驻京公使，求阻废立。二十三日，各使得电，而无此事，咸嗤其妄。翌日二十四日，溥儁立，各使大惊华侨之先知，各持电质外部。时李文忠公主外部，持各地保皇会数十电及《霍光传》示荣禄，荣禄惧色变，乃弭不弑，遂与载漪、刚毅等仇外，决用拳匪，逐戮外人。②

很难说清楚康有为到底是记忆有误还是故意为之，保皇会在电争

---

① 蒋贵麟:《万木草堂遗稿》，第 601—602 页。
② 杜迈之等辑:《自立会史料集》，第 220 页。

复政反对立嗣一事上确实起了重要作用,只是过程并非尽如康有为所述。康有为组织保皇会的目的之一,就是动员海外华侨商民,对清政府施加压力。该会甫一成立,就掀起新一轮的电请复政热潮。1899 年10 月,新加坡华侨邱菽园等人电请复政,引起保皇会的注意,徐勤等人遂前往南洋活动。11 月后,康有为等人见沈鹏请杀"三凶"及金梁请诛荣禄各书,感到"诛奸救皇,肇其端矣,吾党勉之"①,开始有计划地组织各地保皇会电请复政。为此,保皇会草拟了《保救大清皇帝公司序例》,还编制了格式化的《商民请慈禧归政折》,其制于具体地名、人名、时间留空,以便填写。②

　　1899 年12 月17 日邱菽园函告康有为:"君勉君在暹罗孟谷城……君勉密报,暹中同志,颇慕星洲电安之举,欲踵行请后归政故事。菱即寄红白禀与之矣。暹多潮人,君勉言语不通,亦一憾事。"③康有为致函邱菽园时则提道:"公真有回天之力矣,望即联各商人(另函望抄示各埠,并告雪厂),各商埠轮流致电。"④

　　这时康有为对于局势变化的把握还不确定,一方面对西太后有意新政的传闻抱有希望,"迩闻那拉后有一言曰:荣禄误我。又与皇上求雨,指天自誓曰:吾他日必以政权还汝。是显有悔心,而不即归政者,阻于贼臣故也"。认为只要先行除去荣禄等篡废之贼,"则上位立复,

---

①　1899 年12 月7 日《康有为致谭张孝书》梁应骝附笔,方志钦主编:《康梁与保皇会》,第26 页。
② 　上海市文物保管委员会编《康有为与保皇会》所收《英属等埠商民请慈禧归政折》(第3 页),即为一例。
③ 　蒋贵麟:《万木草堂遗稿外编》,第872 页。
④ 　引自汤志钧:《自立军起义前后的孙、康关系及其他》,《近代史研究》1992 年第2 期。原文注此函末署"十五日",应写于光绪二十六年二月后。当以1899 年底为妥。

新政立行,中国立救","若我同胞四万万人同心发愤,以救圣主易易耳"。同时又对光绪病重的传闻再度增多和清廷不时披露一些负面信息十分担心,于是决定:

> 本公司先上书太后,请归政皇上,各埠分上,次则电奏,再次则合各埠签名千百万,公请归政,陈说利害,人心拥戴。西后已悔,当肯相从。否则亦畏人心,不敢害皇上。同志再行设法签名,以多为贵。①

正当保皇会组织海外各地华侨接连不断地电请归政之际,清廷宣布立储,经元善等人发电谏阻,声震海内外。保皇会对此反应极为迅速和强烈,《清议报》印制《保救大清皇帝公司序例》,随报派送,其中夹传单一纸,即1月27日上海合埠士商泣血公启。②先此海外华侨要求复政,有的已经含有反对废立之意,如美洲各属保皇会的电文称:

> 顷阅西报,谓皇上将有逊位之变,于今岁元旦,别立孺婴,以继大统。民等远闻之下,惊疑沸腾。伏思我皇上君临天下二十五年,功德在民,绝无过举。皇太后仁慈天纵,为国忧劳。当兹外患交迫之时,何至为此不祥之举。西报虽传是说,识者信其必无。但小民浅虑,惟抱愚忠,一纸传闻,万家号哭,仓皇奔告,吁地呼天,咸谓历朝权奸篡逆,皆先立幼主,遂移山河。民等受今上皇帝

---

① 上海市文物保管委员会编:《康有为与保皇会》,第247、262—263页。
② 邓之诚《骨董琐记全编·骨董三纪》卷4《保皇会》记录此事,见汤志钧编:《康有为政论集》上册,第420—421页。

之恩二十余年，唯知有今上，不知有他，宁为鲁连蹈海之奇冤，诚不忍见汉献禅让之惨变。绅商等随处晓谕，力争其诬。无奈万口沸腾，惊疑难释，为此联名叩禀代达圣慈，恳请即降懿诏，归政圣皇，屏斥权奸，复行新政，庶几解海外之忧疑，免强邻之借口，商民等不胜大望。①

将要求复政与反对立储联系起来。

新加坡、暹罗、新金山、雪梨、温哥华、二埠、巴城、檀香山、海防、河内、南定等地华侨，先此本已电请归政，闻讯再度致电，反对立储，新加坡华侨还致电英、日、美三国驻华公使以及英国外交部，恳请保全皇帝，出力救上。仰光华侨则致电日本天皇和英国驻华公使。② 暹罗华侨分别致函李鸿章、张之洞，鼓动响应。但也有部分地方的华侨在立储之后才开始电请复政。《知新报》报道：

接外埠访事来函云：加拿大属二埠、温哥哗埠，于去腊十九日已发电请圣安，并请太后归政。又闻美国各埠亦决意发电，以继其后，统计其时之电致北京者，二十三日有苗屑地，二十四日有气嗹拿，二十五日有抓厘抓镡，啤灵埠则准于二十六日发电，市卜坚与砵伦与及舍路，二十七日、二十八日亦陆续而电达总署，其大埠与二埠、温哥华等，尚拟元旦之日，电贺皇上新禧，并请归政。

① 《海外输忠》，《清议报》第 37 册，1900 年 3 月 1 日。
② 《同伸公愤》，《清议报》第 40 册，1900 年 3 月 31 日。

其中二埠、温哥华等,"当立嗣之诏未下,则频请圣安,请归政,既闻立嗣,则电危言于政府,使收成命,其立词之严厉,以此两埠为最"①。由于复政与反对立储之间牵连甚多,难免相互混淆。

第五节 勤王

立储使得保皇会复行新政的期望几乎完全破灭,清政府与维新派的矛盾急剧激化。上海绅民除电阻外,已经提出罢市集议,要求诛斥权奸,表示与贼臣不共戴天,并以各国干预瓜分,会匪乘风而起为警示。而中国内地尤其是长江一带确有异动迹象。据说1月25日金陵得电,湘军统领多人密见刘坤一,

> 告奋勇,请举义旗勤王。时岘帅已交印,不敢举非常之事,婉谢之,但痛哭而已。湖湘义士顿足长吁,曰:"公守区区而甘解兵柄,公即不自计,独不为上之安危所系,四万万人性命所关计乎?公,前明之史阁部也。惜哉胡文忠、左文襄已死矣!使其尚在,则李莲英等逆贼早已除灭,而圣主早已复政矣!惜哉痛哉!"②

有人以"寓沪各省会党头目"的名义致函某西人,

> 略谓我等虽草莽英雄,颇知大义,因中国贪官污吏,不恤民

---

① 《不忘君国》,《知新报》第113册,1900年3月1日。
② 胡珠生编:《宋恕集》下册,第698页。

隐,故逼迫至此耳。会中党羽在长江一带,约有十数万人,久仰先生爱护中国,我等从不与贵国教士为难。去岁八月以后,我等即思起义,因皇上安然无恙,冀中国尚有富强之日,故未敢多事。今读二十四日上谕,知皇上废立之事,已不能免,我等不能再行忍耐,要叩求先生设万全之策,阻止废立一事,仍请圣上复辟,大政亲操,以救中国。如蒙赐复,请登报章,五日后无回信,则亦不能久待,恐中国从此无安靖之日也。①

其时恰值正气会成立不久,此函极可能和与会的会党首领有关。武汉有人遍贴匿名揭帖,"论废立之事,语多骇听,并谓太后如不撤帘,我等忠义党人数万,定当举兵勤王,并不与各西商及教堂为难,各西人毋庸疑惧云"②。四川绅民则表示:"若朝廷果有变故,即当恃其险固,自据全省,奉光绪之年号,举诛奸之义旗。"③江西南昌绅民亦谓:废立果行,"则该处必起勤王之师"④。

海外保皇会员的情绪更加激烈,暹罗华侨陈斗南等人上书李鸿章和张之洞,告诫其切勿继续叛国叛君,应立即举兵勤王,清君侧,复大仇,立大业。他们继发电力阻废立后,听说光绪被毒咳血,再度电告清廷:"若遇弑害,勤王之师立至,决斩庆、刚两贼种,以泄天下之愤。"⑤新加坡华侨致总署电文则直接提出:"大众骇怒,同心欲起师勤王,而诛

① 《密函骇听》,《知新报》第113册录《同文沪报》。
② 《谣言可骇》,《知新报》第114册,1900年3月15日。
③ 《废立要闻汇志》,《知新报》第115册,1900年3月31日。
④ 《汇纪立嗣事及京内外近日情形与外人议论》,《清议报》第38册,1900年3月11日。
⑤ 《暹商第三次奏稿》,《知新报》第115册,1900年3月31日。

逆贼。"①

保皇会的机关报《知新报》和《清议报》先后发表论说《论立嗣即已废立》《论建嗣即为废立》，断言立皇嗣的目的在于立新君，废立既定，联电抗争或责望于督抚均难以奏效。

> 为今之计，惟有民办民事而已。……凡我大清士民，联合大群，驰檄内外，公认光绪皇帝为真主，虽至不讳，必奉光绪正朔，无论所立何人，誓不承认，然后布告各国外部，执公法以申之。……若其不行，则惟有合众力以正朝廷，举大义以清君侧，宾王之檄，柬之之师，必有怀忠抱义，响应从之者。如此则皇上虽危，犹可望生；皇上虽往，犹可复仇。②

康有为也认为：自电争废立以来，海外各埠皆问勤王之师，以往空电相争，后此则必须具有应变实力，才能于事有济。③《清议报》甚至提出：光绪废与不废，均在我臣民，"民所归往，匹夫可蹑帝位，民所离畔，帝王亦为独夫。"④这很可能反映了保皇会内部激进一派的观念，照此看来，光绪复辟与否，已非最关紧要。等到北方义和团蜂起，保皇会更以勤王讨贼为"再造中国之第一要策"，而且认为"今日而望各疆臣勤王，是真望梅止渴也"，呼吁国民以独立自主之精神兴师勤王。⑤

———————————

① 《废立要闻汇志》，《知新报》第113册，1900年3月1日。
② 《论立嗣即已废立》，《知新报》第112册，1900年2月14日。
③ 1900年6月1日康有为致柏原文太郎函，东亚同文会编：《续对支回顾录》下卷，第652页。
④ 佩弦生：《论建嗣即为废立》，《清议报》第37册，1900年3月1日。
⑤ 《论各省亟宜勤王讨贼以造中国》，《知新报》第122册，1900年7月11日。

　　清廷立储，有两种可能：一是鉴于内外反对，不得已而求其次，一是以立嗣为踏板，试探各方反应，适时再行废立。在保皇会看来，无疑是后者，因此异口同声，认定立嗣即已废立，建储即为废立，并将筹划已久的勤王谋略推上实际运行轨道。而在清政府方面，无论是退而求其次，还是以退为进，立嗣引起举国上下、海内海外如此广泛而强烈的公开反对，的确出乎意料，令其政治权威大为动摇，戊戌政变以来的不安心理严重膨胀，为了挽回面子，反而进一步倒行逆施。其反弹表现有三：

　　其一，加紧镇压保皇会和国内维新人士。宣布立嗣的同一天，清政府再度颁布悬赏购线拿办康、梁的上谕，迫使康有为离开香港，前往南洋。看过经元善等人的奏电，慈禧勃然大怒，较诸康有为事败时犹觉利害，连在场的各太监及进呈电报的礼亲王亦惊慌异常，恐遭怒及。据太监旁观，其所怒不在电稿，仍归怒于康有为及其维新之党羽。事后慈禧告诉奕劻：康有为、经元善等须设法除去，然后政府可以安然无虞。①清廷随即下旨捉拿经元善，经氏避走澳门，清方仍穷追不舍，以亏空电局经费为名，试图引渡，必欲置之死地而后快。②又下令密拿发电

_____

①　《废立要闻汇志》，《知新报》第 115 册，1900 年 3 月 31 日。关于清廷的反应，盛宣怀电告李鸿章："总署函嘱南洋严劾治罪，并不廷寄。闻政府以立储喜庆，不欲杀人，似系充发牌子。数日间，洋电之外尚有湖南联名公电，亦未发动。宣因经系电员，即请署电沪道看管。经家属先报病回籍，嗣闻赴港，即电钧处。廷意初不甚重，因余诚格奏劾电员，聚众妄为，危词挟制，请严旨勒交，以伸国宪。即奉寄谕，有责成宣怀认真设法购拿，毋任远扬，致干重究之语。"（顾廷龙、叶亚廉主编：《李鸿章全集》三，第886 页）

②　主办此事的李鸿章据说并不积极，赵凤昌致函李鸿章幕僚，"劝合肥勿承内降。合肥云：我决不做刀斧手。此语真爽快，使人放心，即延为宕案。"（黄濬：《花随人圣庵摭忆》，第 308 页）其实李鸿章不肯出力实办，也是因为新党与港澳及国际社会多方救助，不易得逞。

谏阻列出姓名的 50 位士绅,尤其是叶瀚、王季烈、汪诒年三人,

> 以叶、王二君草创《至各省大吏禀稿》,请谏阻废立;汪则为《中外日报》主笔,发传单、集义士之故也。五十人之外又开新党,闻有二百余人,何人在内,何人不在内,尚未能得其信消息。前数日,上海道拜各国领事,请签名协拿,诸领事斥绝不应许,始得保全此数百人性命。然发之五十人均不能回家乡矣,忠名震于地球,而身家之际可悲甚矣! ……闻此外各省指拿名士又共有三百余人(此信已确,惟名单未传于外),但未知地方大吏实在举行否耳? 情形已与明代末年无异。①

其二,诛杀戊戌被贬的帝党大臣,以防止其为新党拥戴,根除后患。清廷既行立嗣,“又谕各省督抚,将前岁政变已获咎诸臣再行拿究,牵连之人,闻颇不少”②。

> 内有有名望者数人,即翁师傅、沈鹏、前湖南巡抚陈宝箴、御史宋某、翰林张某等。沈鹏前已被拘,翁师傅住宅,现亦派人严行看守,以防逃脱。观其情形,未必敢将翁师傅正法,以犯众怒。惟其必逼使之自尽,而后乃能绝皇上之羽翼也。至两江总督鹿传霖者,效忠于西后者也,接谕后,即密电上海道,促其将彼党设法拿获,又密派委员八九人至沪,探查维新党中人之寄居租界者,共有

---

① 胡珠生编:《宋恕集》下册,第 700—701 页。
② 《汇纪立嗣事及京内外近日情形与外人议论》,《清议报》第 38 册,1900 年 3 月 11 日。

几何人。闻所欲拿者多皆系前经莲珊电争废立有名诸人云。①

沈鹏奏请诛三凶，因其为常熟人，"刚毅见此稿大怒，曰：'此必翁同龢主使，吾必先杀翁同龢，再杀此人。'自有此折，翁师傅之性命盖危于累卵矣。自去年八月以后，翁公日居破山寺，非僧人不敢接见，然犹密旨再三着督抚严密查看，幸两江督抚尚肯保全正类耳"。

己亥建储之时，刚毅再次提出："'……翁同龢不死则祸根不除，必先急除！'于是主者即饬拿翁。旨未下而廖大臣寿恒力争，求免其拿，遂蒙斥出军机之谴。王大臣文韶继以苦求，李合肥亦求免其死，于是暂得免拿。"此后清廷追拿经元善不得，"于是下密电两江，着将翁师相、沈太史立刻就地斩决以绝帝党之领袖。（沈鹏）现已监禁苏狱，陆中丞欲免其死，电奏假报疯求宽，未知得免否？翁师相住宅已发兵围守（数日内事），闻有日本义士救之出难，或云已逼令自尽，二说未知孰实？荣、刚又下密电于江西，着将陈宝箴中丞就地正法，其余稍涉帝党，无不着令严拿。上海派密差七八人专拿帝党"，要将文廷式、宋伯鲁、张元济指拿立决，"看来陈中丞如不出亡海外，必不能免死"。②此后清廷果然加紧迫害，终于借义和团大乱和八国联军入侵之机，为了防止后患，下毒手将张荫桓、陈宝箴饬死。翁同龢虽然屡次避过大难，西太后一直不肯放过，逃到长安后，"即欲以待张南海者待翁常熟，荣（禄）垂涕而言不可。既至今年（辛丑）正月初六，老西之念又动，荣又力求，西云：直便宜却此獠"。③

---

① 《续志立嗣事及境内外近日情形与外人议论》，《清议报》第 39 册，1900 年 3 月 21 日。
② 胡珠生编：《宋恕集》下册，第 693—701 页。《翁同龢日记》记相关各事，不无隐词。
③ 王栻主编：《严复集》第 3 册，第 549 页。

其三,废立之谋不能得逞,当朝执政迁怒于保皇党人鼓动外国横加干预,而西太后又特别担心列强干涉,于是设计排外。关于此事,保皇会指为"贼臣载漪、荣禄、刚毅等,内不得逞,外欲示威,以为外能排逐强邻,而后内可压抑民庶,于以肆行废弑,莫敢谁何,乃抚用拳匪,杀逐外人"。具体情形为:

> 端逆以其子既立,而内畏保皇会数百万众,外畏各国,不得逞,又虑废弑皇上,各国或行干预,故于十二月欲行废立,先于十一月下一伪谕,言各国以强力压中国,各督抚皆存一私字于胸中,后此若各国有事,各督抚当即开伏逐敌,无得畏蒽。此时中外无故,忽下此谕,中外惊矣。……逆端王欲觊觎神器,庆王、荣禄、刚毅既为首谋废弑皇上,赞助立端子之人,事难中止,故皆辅媚端逆,欲成此废弑之举,而虑保皇会新党人数之多,非另结民间一大党无以敌之。董福祥部下素多拳匪,于是二月之时,荣禄献策,逆端决计,通拳匪以敌保皇会,以恶仆变用西法之故,而恶及各国人,更虑废弑而各国干预之,于是端、荣、刚诸逆决计攻杀西人,以绝其干预,而千端百计,皆为废弑皇上而起。[①]

更为生动的描述则是:

> 立嗣之诏既下,载漪谓其仆曰:"各国公使将于今日来贺溥儁为大阿哥事,汝等宜预备茶点。"至夜寂然。初二日载漪又命仆备

---

① 汤志钧编:《康有为政论集》上册,第454、424—425页。

茶点,至夜又寂然。初三日载漪复命仆备茶点,至夜复寂然。自是载漪之痛恨外人也,几于不共戴天之势。凡有满汉官员之谒见载漪者,载漪辄谓之曰:"予见中国说部中,恒有剑仙侠客,何至今寂寂无闻?"谒者叩之曰:"汝欲剑仙侠客何用?"答曰:"吾欲用其力以杀尽外国人。"谒者乃笑谓之曰:"世无剑仙侠客久矣,汝将安所求? 即求而获之,只杀一二外人,安能将外人尽杀之耶? 汝欲杀尽外人,不必求诸剑仙侠客也,但求诸义和团可耳。"于是义和团之祸,胎于此矣。①

保皇会认定立储为废立之先机,而一般传闻,也指立储是不得已求其次,因而主张废立的守旧大臣对这一结果极为不满。据说1月24日宣布立嗣后退朝,"刚毅、赵舒翘颇有后言,大意谓立嗣而不废立,非计之得云"②。"徐、刚、漪、崇辈稔知太后久已褫魄于洋人,非先制洋,不能振太后之气。于是急煽拳匪,不数月而燎原势成。"③成因虽异,结局却大致相同,在排外复旧的鼓噪声中,中国一步步陷入内外交迫的亡国危机。戊戌政变以后本来就十分紧张的社会矛盾,终于无法化解缓和,不得不以外在冲突的形式来解决。

当朝执政的倒行逆施令一班宦术娴熟、守成持重的老臣感到左右为难。李鸿章、刘坤一、张之洞等人,或本人多少了解国内实情和世界大势,或受身边幕僚的影响,主张中国实行变法维新,但反对康有为等人的操之过急,不能容许变法的结果导致其权力的削弱丧失。虽然张

---

① 宋玉卿编:《戊壬录》,辜鸿铭、孟森等:《清代野史》第1卷,第260页。
② 《废立要闻汇志》,录自《上海日报》,《知新报》第113册,1900年3月1日。
③ 王照:《方家园杂咏纪事》,《近代稗海》第1辑,第8页。

之洞、李鸿章曾一度表示对变法派的善意,通过政变将康有为等一班日益受到重用的新进赶下台,也符合他们的利益,因而亦与赞同。但是政变后当朝执政日趋明显的排外复旧,却势必危及他们的根本利益,同时经验告诉他们,任何正常的执政者,都不能与人心大势背道而驰,因此他们有的甚至不惜与朝廷正面抗争。戊戌变法期间,刘坤一态度消极,抵制躁进,用他自己的话说:

> 弟于新法初行,即拟奏请熟思审处,勿过纷更,忽涉急遽。旋奉严旨申饬其泄沓因循,则前折不敢上陈矣。新法如改练洋操、设添学堂,实为当务之急。至欲改变衣冠,以新耳目,未免有拂人情。而康有为等遂进离间之言,敢为挟制之计,若非立时破败,大局尚堪问乎![1]

政变后他却敢于抵制停罢各项新政事业的朝旨,主张"书院不必改,学堂不必停",农商类的学会、学报不应在禁止之例。[2]

为了应变,他们或对当朝执政若即若离,阳奉阴违,或在执行镇压保皇党的朝旨同时,又与保皇会及维新人士暗通消息。尤其是李鸿章,各方敷衍,到处示好,几乎千人千面。[3]立储宣布,李鸿章认为:"为毅皇立阿哥,并无太子之名,似不应贺。"同时又指责"康党造言生事,

---

[1]　光绪二十四年九月二十日《复冯莘垞》,中国科学院历史研究所第三所主编:《刘坤一遗集》第 5 册,第 2233 页。

[2]　光绪二十四年十月初三日《书院学堂并行以广造就折》,《农商报馆会名不在禁例片》,《刘坤一遗集》第 3 册,第 1066—1067 页。

[3]　有关戊戌庚子间李鸿章的政治权术,前此各种相关著述多已提及,但往往各看一面,未能彼此打通。

鼓惑各埠愚民,嚣然不靖,借以敛资,实为乱根"。①张之洞则犹豫不决,先后咨询闽浙总督许应骙、湖南巡抚俞廉三、署理陕西巡抚端方、署理两江总督鹿传霖的意见,并观察其他督抚的反应,又要等待部文,对于贺折的内容形制,也颇费踌躇。他还特别担心保皇党借机对其进行攻讦,专电驻日公使馆的钱恂,告以"立嗣乃本光绪五年懿旨上谕,京师并无他说,各使馆亦具[俱]安静。康党造谣煽乱,诬诋慈圣,各报妄传,深恨仆之攻驳康学,故于仆极口诬诋,谓京城有大举,鄙人已允,骇愕已极。中国体制,岂有一外臣与秘谋之理?"希望日本政府出面干预在华各日系报刊,阻止发表于之不利的报道。②反倒是被暂时解除兵权的刘坤一,较早具折叩贺天喜。③

保皇会和其他维新人士对于南方几位重要疆吏的态度颇为矛盾,双方旧日互相交往,政变后仍然保持千丝万缕的联系,甚至暗中有所交易。趋新各派显然知道这几位督抚与守旧党的主张不同,在自身力量严重不足的情况下,想方设法地试图分化利用,不断通过各种机会和形式劝说各督抚改变立场,举兵勤王,同时又不相信这些位居显要已然老迈的封疆大吏有此胸怀抱负,内心仍将其视为守旧后党的同道。在他们确定的勤王政治道路上,这些清廷大员如果不能给予支持或表示赞同,就只能被当作绊脚石,列入扫除的名单。

位居中枢、掌控大权的荣禄,被保皇党认为是戊戌政变的罪魁祸

---

① 顾廷龙、叶亚廉主编:《李鸿章全集》三,第 882 页。李鸿章对于镇压保皇党一事,暗中有所动作,公开则小心翼翼。他迟迟不执行清廷铲除康、梁祖坟和捉拿海外保皇会会员亲属的旨令,并奏请"缓平坟"(《李鸿章全集》三,第 902 页),经清廷一再申斥,才不得不有所敷衍。

② 苑书义等主编:《张之洞全集》第 10 册,第 7900 页。

③ 中国科学院历史研究所第三所主编:《刘坤一遗集》第 3 册,第 1206—1207 页。

首,但其人"险而巧",与"悍而愎"①的刚毅又有宿怨,用骑墙政策②,表面虚饰,这是造成戊戌后中国政局异相的重要一环。康有为对荣禄深恶痛绝,而刘坤一、李鸿章等人与荣禄沟通协调,张之洞则与之不相往来,很难用某一方的态度立场作为观察甚至评判的标准。可以说,经历了戊戌到庚子的一系列政治风波,鼎足而三的政治格局逐渐形成,庚子年南北朝野之间政治势力的分化组合,北方拳变、东南互保和勤王运动局面的出现,正是那一历史时期错综复杂的政治生态演化的产物。

---

① 《戊己间训政诸大臣论略》,《中外日报》1900 年 11 月 23 日。
② 王栻主编:《严复集》第 3 册,第 549 页。

第二章　保皇会的勤王谋略

清廷宣布立储并加紧迫害帝党和维新人士,使得康有为意识到指望当朝执政自行回到变法的道路上的可能性甚微,终于将保皇会筹划年余的勤王推入实际运行的轨道。历来论及保皇会的勤王运动,受康有为、梁启超等人有意掩饰和放大相关史实的影响,都以唐才常和自立军为主。20世纪70年代以来海内外陆续披露的资料动摇了这一看法的基本论据,一些学者对其中的有关问题进行了深入探讨。①由于这些以函札为主的新资料夹杂大量隐语代码,而且内容杂乱,解读相当困难,迄今未能有效应用。以往围绕这一事件的聚讼纷纭,主要源于对史料史实的误判,一方面不能正确释读原始资料,另一方面又受事后回忆的误导。从目前情况看,进一步发掘新资料固然重要,对已经公开的各种资料进行认真的考校参证,更为迫切。因为这不仅可以澄清基本史实,在此基础上,重新勾画出保皇会勤王战略及其行动和结果的轮廓,而且有助于防止对新史料的再度错解,以免以讹传讹。

---

① 深泽秀男:《自立军起义について》,辛亥革命研究会编:《中国近代史研究入门》,汲古书院1992年版;汤志钧:《孙中山和自立军》,《历史研究》1991年第1期;《自立军起义前后的孙、康关系及其他》,《近代史研究》1992年第2期;赵令扬:《辛亥革命期间海外中国知识分子对中国革命的看法》,《近代史研究》1992年第2期。

第一节 重在两广

武力勤王计划动议于唐才常,湘鄂又最具声势,但在保皇会的战略框架内,自立军只是"数路大举"中的一路,而且不是主力正军。

当勤王运动偃旗息鼓,而部分保皇会军将仍不肯善罢甘休之际,康有为致函坚持要继续尝试在广东举事的"井上",即梁炳光,其中谈到整个勤王谋略的发端及其变化。他说:

> 自去年决计用兵以来,仆家本将门,又少知地理,综揽大局,专意桂湘,以为桂乃空虚无人之地,湘乃入鄂扼要之枢。吾新造之师不能当整兵,而只可乘虚势。以湘多义士,故嘱戴谋湘,而起点自桂。至于故乡,则兵力甚厚,且有交涉,除逼胁外,无用兵理。故任与诸子,及一切京中诸士,皆主谋粤,而仆前后皆决弃之。任前后十余书,皆已驳斥。是时惟戴赞此议,诚为绝识也。……前后同仆议者,惟一戴丞,而其后来经营六省,亦竟忘专力于湘之一义矣。以戴之才识绝人,而犹如此,盖久则易移也。即仆虽见及此,卒亦不能力持,而为众所夺,是亦仆之罪也。①

据此可知,一、保皇会决定具体的用兵方略,应是 1900 年 2 月的事。二、其主要战略方向是"专意湘桂"。三、梁启超对此计划不以为

---

① 《致井上君》,蒋贵麟编:《万木草堂遗稿》,第 279—280 页。编者系是函为"光绪二十六年作",然函中有"自去年决计用兵以来",以及"惟恐正月十三日君遂返港",当写于 1901 年 2 月底 3 月初。

然，其他康门弟子乃至京中诸士，也主张谋粤为先。四、唐才常是唯一支持康有为决策之人，但他后来也转而经营长江流域中下游六省，并非专力于湘。揆诸史实，其说多能得到印证，尽管其中也有若干不尽不实之处。

戊戌政变后不久，康有为等人很快决定以勤王为救上复政的重要途径。1898 年 11 月初，康有为发布"奉诏求救文"，明确发出"勤王"号令：

> 同举敌忾勤王之义，咸厉奔问官守之心，名义正则天助其顺，圣主存则国赖以兴。①

这一武力倾向的呼吁，改变了空言复辟和一味依赖外援的被动。此一变化，很可能与唐才常的到来有关。

1898 年 10 月 31 日，宗方小太郎"与柏原（文太郎）同至加贺町访问康有为，湖南［南］学会代表人唐才常在座。唐系湘中志士，声言因拟发动义兵，来日借兵并兼请声援。康有为频频乞求援助。余（宗方）称：日本政府决不轻易出兵，但如时机到来，不求亦将提供援助。目前，只有我辈能为义军增添力量，期望使诸君之志愿得以实现。康称：南学会员约一万二千名，均为上流士子。前任湘抚陈宝箴为会长，徐仁铸、黄公度为首领。湖南势力实在此会。一旦举事，将引军直进，略取武昌，沿江东下，攻占南京，然后移军北上。官军能战者仅袁世凯、聂士成、董福祥三军，合计不过三万人。义军倘能进入湖北，当可得到

---

① 汤志钧：《乘桴新获》，第 60 页。

张之洞之响应云云"。次日,唐才常与毕永年专门拜访宗方小太郎,仍要求日方援助湖南举义。[①]梁启超与志贺重昂笔谈时所称:"南部各省之志士,咸动义愤,将兴师清君侧,仆等亦不能阻之"[②],主要即指湖南方面。

或许出于巧合,1898 年 10 月 31 日出版的《知新报》第 74 册刊登《中国各省市民合呈上海总领事禀》,呼吁英国"劝令太后归政,保护皇上,俾皇上下诏布告天下,则志上仁人共起勤王,驱除奸佞,时哉时哉,不可失矣",也呼吁勤王兴师。

尽管康门师徒政变前就不排除以武力为手段,要想大规模地展开军事行动,并没有现成的人财物力准备。因此,康有为一派的所谓"勤王",除了鼓动民气,开始一方面是向各地督抚呼吁,另一方面则要设法筹饷,以运动组织内地各种可以利用的力量,在相当长的一段时间内,不过是纸面的口号而已。

1899 年 7 月,保皇会在加拿大成立,对遍布全球的华侨社会进行政治总动员。这时清政府表示出一些复行新政的意向,令康有为看到一线曙光,于是发动各地华侨要求撤帘归政,同时继续以勤王名义在海外鼓动筹款。1899 年 10 月 2 日,他告诉准备游说全美进行筹饷的华侨人士,内地已聚兵 70 余万,

勤王之举,汲汲欲行。方今西后病危,荣禄与庆王争权,万一有变,中国立亡,故今日救火追亡,未有所急,所以待之者,专待饷

---

① 东亚同文会编:《对支回顾录》下卷,第 381—382 页。译文见杨天石《寻求历史的谜底》,第 51 页。

② 《光明日报》1959 年 7 月 9 日。

耳。美洲多富商,若有愿为国出力者,封侯之赏在今日,望劝之得
千数百万,乃可举动。①

　　其实这时保皇会在国内准备用于武装勤王的人马尚未联络妥当,
许多不过还在计划之中。

　　倡议勤王的唐才常决心为谭嗣同复仇,他绝不指望以西太后为首
的清王朝能够主动改邪归正。在与康有为等人约定武力勤王之后,他
回到国内,在长江中下游一带从事组织联络。1899 年 11 月 15 日,唐
才常向康有为报告其活动的成效,并提出政略方面新的建议:

　　　去秋匆匆拜别,数月之内,奔驰粤桂吴楚间,未得一当,以慰
慈廑,愧悚不可言状! 惟幸南方党人日有联合之机,类皆摩拳擦
掌,隐伺时变,以图大举,且彼中智识亦渐开拓,其机有五:一渐知
尊王之义。二减其仇视外人之心。三欲得吾辈中人主持其事。
四湘粤之气日通一日。五于改革主义渐能相容。似此情形,将来
必有可大用之日。惜手中支绌异常,不能大施鞭策,为可惜耳。
然此等南部联合之机关,实为他日安内攘外根本,或吾圣主万一
不讳,即不计成败而用之。而此时欲行尊王之实事,则究当以多
购死士伺衅京师为主义,惜常等于北方情形太不熟悉,左袒为刘,
夺门复辟,徒悬其事于心目,而无下手之地,未审夫子有何方法能
用燕赵健儿否? 然现在用力于北,以行尊王之实事,与用力于南,
以为立国之根基,二者并行不悖,似分实合,均宜竭全力以图之,

————————————

① 《复腾芳书》,上海市文物保管委员会编:《康有为与保皇会》,第 90 页。

而宗旨归本于变法改制,以救我四万万黄种之民。何者? 天下未有无大党会而能倡发大难,以树非常之义者,即未有不因人心易于趋向之鹄的,而能驱策天下以收旦夕之功者。尊王者,中国二千年来国民脑性最合之质点而驱策之易为力也;社会者,今日无政府党即异日之大宪政党,而奉我皇上为社会领袖,以除去天下之公贼也,一顺天下之自然,一以萃天下之豪杰,如是而数千年来之秕政瘝制,可得而次第更张矣。……于此而多遣死士,乘机救上,外协舆论之公,内寒奸雄之胆,归政之期,或不远乎! 若夫社会既立,权力恢复,至于事机决裂之会,从容举事,进可以勤王而清君侧,退可以植国而结东邻,而其要在使人人开其独立自由之性质,以为无理压制者之大抵力,而后可以自存于二十纪世界中,故曰二者并行不悖,似分实合,均宜竭全力以图之者也。

是函末有"余事云樵——代禀"①,则其时唐才常应与梁启超等人讨论过合作大举的计划。商议的结果,尊王不过手段,自立才是立国基本,即使光绪不讳,也可以赖此安内攘外。这与康有为一味寄希望于光绪复辟不无区别,而与梁启超、欧榘甲等江岛结义一派乃至江浙维新士人如汪康年的认识相通。

值得注意的是,此时正值兴汉会成立,红叶馆送别,正气会筹组之际,"正气会之宗旨,以纠合爱国正气仁人君子为主,此虽空空漠默之主意,然欲集结全国之同胞,运动革新之大业,不得不宽其区域,广其

---

① 蒋贵麟编:《万木草堂遗稿外编》下,第 870—871 页。

界限,以其合群"①。唐才常正是有了合群大举的基础,用力于南北的分别,才将专意湘桂改为经营六省,因为湘桂是北上勤王的要道,而六省则是南方立国的根基。康有为说唐才常支持其战略决策,未免曲解人意。

康有为对清廷所抱的万一期望自然会破灭,盼来的是当朝执政不断加紧迫害维新势力,密令各地搜捕保皇会成员及其亲属。1899 年 12 月 20 日和 1900 年 2 月 14 日,清廷两度发布上谕,悬赏银 10 万两捕杀康、梁,又于 1900 年 1 月 24 日宣布立新储。保皇会明白双方的矛盾已至生死存亡,感到危机日迫,时不我待,非速以武力大举,不足以救燃眉之急。1900 年 1 月底,康有为离开香港,移居新加坡,为了便于其遥控指挥内地的勤王行动,保皇会在澳门设立总局,"以便办事"②。

康有为所说的"去年决计用兵",具体而言是"自正月发策"③,即 1900 年 2 月才决定用兵方略。按照唐才常的设想,长江、珠江应同时起兵,而后者由保皇、兴中两会共同发动。康有为否决了这一计划,另行制定了一套两广起兵、袭湘攻鄂、席卷长江、直捣京师的战略部署。其基本方针,如所定《勤王行师议》:

> 除别有所图经营外,以全力取桂、袭湘、攻鄂而直捣京师焉。④

---

① 田野橘次:《最近支那革命运动》,第 11—12 页。
② 《保皇会草略章程》,上海市文物保管委员会编:《康有为与保皇会》,第 264—265 页。
③ 康有为致邱菽园函,汤志钧:《自立军起义前后的孙、康关系及其他》,《近代史研究》1992 年第 2 期。
④ 《康有为与保皇会》,第 45 页。

尤以广西为勤王正军的发难之地。

为了实现该计划，保皇会全体动员，由康有为坐镇南洋，率梁铁君、汤叡（觉顿）组成指挥中枢，背靠侨商邱菽园等；梁启超、梁启田（君力）主持美洲、澳洲华侨的捐款事务；罗普（孝高）、黄为之、陈国镛（侣笙）、麦孟华（孺博）、麦仲华（曼宣）等驻东京，负责购械运货，兼向日本朝野寻求援助；容闳办理外交；徐勤（君勉、雪广）、王觉任（镜如）、叶湘南（觉迈）、陈士廉（介叔）、韩文举（树园）、欧榘甲（云樵）、刘桢麟（孝实）、邝寿民、何树龄（易一）、何廷光（穗田）等驻澳门，与港商何东（晓生）合作，协调内外；梁炳光（子刚）、张学璟（智若）经营广东，陈廉君经营梧州；长江流域由唐才常、狄平等在上海主持调度，以为响应，大有一鼓而成之势。

然而，随着情况的变化，具体方案不断有所调整，贯彻主要战略意图的决心始终摇摆不定。最初，康有为认为："大举必从闽粤发难，以长江响应而掣中原之肘。"因为广东"多人才而民强悍，且风气已开"，其难在"许应骙党羽颇盛，而又有李鸿章为之督"；福建官场人才绝少，帑项支绌，只要能招抚南北洋海军管驾，招募湖南游勇，拥立有声望者，亦可号令下属。[1]不过，康有为言及福建，多半是敷衍邱菽园，其心目中理想的发难地还在两广，而具体部署则有东西倚重与两粤并举的权衡选择。

康有为自称："仆前后俱注意于西（自正月发策），而以江、粤展转相牵，西事未成。"[2]的确，保皇会一开始便注重广西，其"所最足恃者，

①　上海市义物保管委员会编：《康有为与保皇会》，第 93 页。
②　康有为致邱菽园函，汤志钧：《自立军起义前后的孙、康关系及其他》，《近代史研究》1992 年第 2 期。

为南关一路,以为正兵,道桂、湘窥鄂"①。所谓南关一路,指广西南关游勇大头目陈翼亭。②田野橘次《最近支那革命运动》第四章《广西两革命家》称:

> 聋翁陈氏,广东人也。明治二十三年(即光绪十六年)予与彼会于上海之客舍,身长六尺余,眼光如炬,无一言苟且,举动甚沉重,盖革命中之极有手段者也,驻广西南关□□,方今南清所沸起之乱匪,或即彼部下之壮士欤?③

康有为对其极为器重,委以专办广西军务以及勤王正军主将的重任,让他率部取道钦廉入桂,与龙州、梧州、思恩等地会党游勇配合,攻占桂林,进袭湘鄂。

对于上述计划,梁启超略有异议。他虽称"此诚第一著",但"以为未得广东,而大举进取,终是险着",主张"必先取粤"④,以立根本,壮士气,开新府,示文明,办外交,防止孤军深入,列强干涉,尽早打出新政

---

① 1900 年 4 月 12 日《致南海夫子大人书》,丁文江、赵丰田编:《梁启超年谱长编》,第 216 页。

② 《井上雅二日记》,明治 33 年 7 月 30 日,汤志钧:《乘桴新获》,第 356 页。1900 年 4 月 9 日梁启超致梁启田函中提道:"紫云、翼亭在南关大开门面。"(《梁启超年谱长编》,第 215 页)南关即广西镇南关,当时驻镇南关清军多为广勇,保皇会也在龙州一带联络游勇。但《井上雅二日记》称广东南关。另据 1900 年 6 月 27 日康有为致叶湘南书,陈部驻广湾(上海市文物保管委员会编:《康有为与保皇会》,第 137 页)。所以康言及陈的正军行动时,屡用"捣西""往西"字样。而且陈部运械用轮船,经梧州上下往返。

③ 田野橘次:《最近支那革命运动》,第 53 页。

④ 1900 年 4 月 12 日《致南海夫子大人书》,《梁启超年谱长编》,第 216—221 页。

权的旗帜。考虑到保皇会人力财力有限，而广东准备不足，梁启超接受几位美国人的意见，提议用百万筹款之半数招募菲律宾散勇，以图广州，收"大壮军容"①，节省费用，"东西兼顾"，"不分翼军之力"②的奇效，与原定方案相辅相成。为了抓住这"第一绝大机会"③，梁启超一面亲自物色人选，一面请容闳出面接洽。此外，他还通过叶湘南、罗普等人向柏原文太郎、犬养毅打听，能否雇佣 500 名日本将士，携带武器，由港取省。④

其实，康有为和澳门总局对广东另有一番部署。康有为后来称：

> 向者长江之事，付之绂丞；广西之事，付之羽异；广东之事，付之井上。此当时鄙人苦心精择，而后以大事托之，推心信之。

绂丞，唐才常；羽异，陈翼亭；井上，应为梁炳光。⑤康先后派梁炳

---

① ②　1900 年 4 月 12 日《致南海夫子大人书》，丁文江、赵丰田编：《梁启超年谱长编》，第 220 页。

③　1900 年 3 月 13 日《与叔子书》，《梁启超年谱长编》，第 202 页。

④　1900 年 4 月 12 日《致叶二麦三君书》，《梁启超年谱长编》，第 222 页；1900 年 5 月 25 日《致罗孝高老弟书》，《梁启超年谱长编》，第 231 页。

⑤　1900 年 11 月 26 日《康有为致邱菽园书》，杜迈之等辑：《自立会史料集》，第 330 页。汤志钧先生认为井上即日本东亚同文会干事井上雅二，实为梁炳光。理由是：1. 梁启超称："粤之冈，沪之佛，皆我党长城。"（《梁启超年谱长编》，第 214 页）所发各函又多次提到主持广东军事者为刚、智，则广东领兵之人系梁炳光。2. 康有为等人信函中，常将"井上"与"刚"混用。如 1900 年 6 月 20 日思庄函责徐勤"令井上枯坐月余而不应之"，"长者特为井上事，怒气如山"。同函又称："此次之事全在不能应刚，至失机月余，故长者盛怒大责。"康有为告诉徐勤："吾累得刚追款之书，而大怪于汝等。"思庄函则称："至若海、雄、颖初诸公欲款不得，皆由井上函来言之。"（上海市文物保管委员会编：《康有为与保皇会》，第 147、193 页）可见井上与刚为同一人。（注转下页）

光、张学璟、叶湘南到新安、东莞等地聚人办团,联络"潮勇、惠州嘉应州勇、客勇、高州钦廉勇、肇庆广州勇"①,以及各地的会党绿林,并争取由潮汕赴新加坡考察的丘逢甲"归统","并与版成一军"②。1900 年 3 月,康有为和来访的容闳向新加坡殖民当局发出试探:5 月底中国"假如发生起义,英国政府是否愿意支持?"③其意并不专指汉口,而是从两广发动的整个勤王起义。

当时陈翼亭准备起自南关,而负责广东军务的梁炳光则抵达香港,要求在总局的援助下采取行动。梁启超迭函康有为和澳门总局,请以经营内地为头等大事,尤应注意广东。他认为:"今日事势之迫,已到极地,刚等所谋,岂尚能迟。""所最忧者,吾党于粤中一切毫无准备,现时驻粤之人才力甚单薄,办事极散漫,难望前途之大进步。"并建议派徐勤、郑藻常回粤,"与刚、智协办","以全权交此四人最善,即不然而会款所得,亦必当接济刚、智"。④

（续上页注）3. 从井上雅二日记看,他对广东情况不知其详,显然未与机要。1901 年 5 月 25 日,井上雅二赴欧洲途中在庇能拜访康有为,见面时称:"别来已两年,世态几度变更。"而康有为则说:"自北京初次见面,既已四年。"计算方法虽有虚实之别,但都明言是 1898 年由平山周引荐相识于北京后的再次会面。从会谈内容看,井上对保皇会勤王运动的内情也不甚了然（井上雅二:《康有为访问记》,《大阪每日新闻》明治 34 年 6 月 27—28 日）。保皇会通信中的"井上",当为梁炳光的日文名字或代号。他只是康有为的拜门弟子,所以思庄说:"以长者令井上办一事,而井上生死任之,至为难得。"

① 《致办事诸子书》,上海市文物保管委员会编:《康有为与保皇会》,第 149 页。

② 1900 年 6 月 2 日《致徐勤等书》,《康有为与保皇会》,第 99 页。版即版筑,广东会党首领;函中的"仙",即仙根,丘逢甲字。

③ 英国外交部第 17 种文件 1718 卷,第 310—312 页,斯威特南致沙士勃雷的报告,1900 年 3 月 29 日。引自黄宇和:《三位流亡的理想主义者:容闳、康有为及孙中山,1894—1911》,《国外中国近代史研究》第 12 期。

④ 1900 年 3 月 28 日《致康南海先生书》,丁文江、赵丰田编:《梁启超年谱长编》,第 209—210 页。

但是，澳门总局为"取粤"而"养侠"，"故杂进群才，致妄支如是之多"①，造成财政匮乏，"不惟无以应之，而来函并不将此事原委详陈长者。长者欲为布置，不知澳门存款若干，无从遥断"②。后来更具函"驳以不可行，遂致令井上闲坐月余"③。康有为大为震怒，严厉申斥。他本来就认为徐勤"性疏而直，于兵事非宜，于驾驭尤非其长"，只因王觉任母病归省，梁启超又极力举荐，不得已让他暂时承乏。徐被逼过甚，要求辞职。到六七月间，康有为"虑其疏，已电镜强出任事，而使他往美。经十余督责，而勉以粤东时时欲举，故恋而迟迟不奉命"④。

这时保皇会自觉实力有限，总体战略虽以直捣京师为目的，但具体行动方略还徘徊于第一阶段的取粤或取桂，作战意图只决定夺取武汉后顺江而下攻金陵，下一步行止则无定议，直捣北京恐兵力不敌荣禄的武卫五军，又担心俄、英、法等国趁机插手干涉；"若先画江以待力足"⑤，则光绪危在旦夕，难以救急。为了摆脱两难境地，梁启超托人与柏原文太郎、犬养毅协商："我师若得武昌或南京之后，隈、犬之力能使日政府出而代我胁和，使还我皇上否？"⑥以勤王军为倚靠，而引外强为奥援，双管齐下。

关于正月发策后的战略方向选择，康有为后来对梁炳光解释道：

① 《致徐勤书（一）》，上海市文物保管委员会编：《康有为与保皇会》，第105页。

② 1900年6月20日《思庄致徐勤书》，《康有为与保皇会》，第193页。

③ 1900年6月27日《思庄致徐勤书》，《康有为与保皇会》，第196页。

④ 1900年11月26日《康有为致邱菽园书》，杜迈之等辑：《自立会史料集》，第332页。

⑤ 1900年4月12日《致南海夫子大人书》，丁文江、赵丰田编：《梁启超年谱长编》，第221页。

⑥ 1900年4月12日《致叶二麦三君》，《梁启超年谱长编》，第222页。

所定专意湘桂之策，

> 足下南来时，亦曾谋告，而足下以为然，岛公亦然之。不幸孔
> 青南关事泄，故迟延少有支离。至五月时薄伐不成，仆又决策，主
> 将所有人才饷项兵械，尽从事于西。故五、六月前，凡林玉之将
> 才、子盈之客人，所有请饷欲办惠事者，皆不发，盖欲聚而致力于
> 西也。①

实则决定向西，与广西人士的要求关系密切。5 月底，唐景崧派人
到新加坡与康有为联系，请约期发动。②唐自 1897 年在康有为的协助
下举办团练于桂北③，这时已与王庆延、王颖祁、王第等人在郁林、浔
州、平乐等地设立根据地。④康有为认为，广西方面"一有小山坐镇，滇、
黔皆来，一有版筑，一有廉之商务，一有思恩之康四，其余尚甚多"。
"若能西栈开张，大做鄂湘生意，真天赞也"。⑤恰好在日本购械之事也
峰回路转，联系到大批旧枪。于是，6 月 2 日，康有为下令改变战略方
向："拟百事捐弃"，"一以全力、全饷、全才注西；一以全饷购械，成西

①　《致井上君》，蒋贵麟编：《万木草堂遗稿》，第 279 页。岛公，即邱菽园。
②　1900 年 6 月 2 日《致徐勤等书》，上海市文物保管委员会编：《康有为与保皇会》，
　　第 99 页。
③　《康南海自编年谱》，中国史学会主编：《戊戌变法》四，第 137 页。此事当时桂人即
　　疑心其别有所图。
④　《井上雅二日记》，明治 33 年 8 月 7 日。引自汤志钧：《乘桴新获》，第 362 页。另
　　参见近藤邦康教授整理的日文本，《国家学会杂志》第 98 卷 1、2 号合刊。
⑤　1900 年 6 月 5 日《致徐勤等书》，《康有为与保皇会》，第 100 页。小山，应为唐景
　　崧，其旧部有在滇、黔者。另外唐与岑春煊交善，对西南颇有影响。廉为陈廉君，曾在
　　梧州办盐务。康四为思恩会党首领。

事。但得五千洋枪队,数万附从人,大事成矣"。①其实,前此广东办"刚事",目的仍在广西,"原以候刚事如何,乃专定西栈"。为避免再度坐失良机,康有为反复强调:"但吾视西事最重,故欲尽所有人才,全付之耳。"②

针对"北机极好",江淮徐怀礼、山东大刀王五又率部归附,长江中下游联成一片的局势,康有为制定出相应的完整方略,由陈翼亭、区新、陈紫瀛、傅赞开、叶湘南、李立亭、陈廉君、康四、林玉等几人率兵改装,由粤入桂③,以陈翼亭正军加上版筑劲旅为前锋,与梧州陈廉君所部合兵袭取桂林。届时广西各路伏莽"已全归我牵制",驻桂清军唯一可调之兵为戍边的苏元春部,鞭长莫及,由唐景崧驻守桂林,正军"大声勤王之师以收桂省"。随即陈、区、傅、李各军分梯队经全州趋袭长沙;另遣陈廉君统领后军收柳州、大黄江,集款购械,接济长江,攻略广东。同时令康四出而骚扰,牵制粤军来援。唐景崧招抚桂北湘南会党万人成立后队,亲率入湘接应,担任统帅,坐镇中军。这时湘鄂两省清军兵力或分散或单薄,在黄忠浩所部防营及新党志士的内应下,破长沙,下武昌,策反长江沿岸各部湘军。接着,勤王军以两万装备优良之精兵,数十万附从,长驱襄阳,冲入直隶,山东大刀王五、镇江徐怀礼部

① 1900 年 6 月 2 日《致徐勤等书》,上海市文物保管委员会编:《康有为与保皇会》,第 98 页。据李鸿章、刘学询及清驻柏林公使查报,当时有大批枪械由香港经澳门运往内地。保皇会还有意从德国购械(顾廷龙、叶亚廉主编:《李鸿章全集》三,第 897—923 页)。

② 《致徐勤书(一)》,《康有为与保皇会》,第 105 页。

③ 陈紫瀛列名富有山堂正龙头,李立亭为广西会党首领,林玉为广东会党首领。

亦分路北上,趁清军腹背受敌,一鼓攻破京师,完成勤王大业。①

按照这一详细的用兵方略,起于南关,经桂、湘、鄂、豫、直进入京师的陈翼亭正军,乃是勤王主力,而广东、长沙、武昌、江淮、山东等地,则是响应之师。

为实现上述计划,康有为重新调整部署,他力劝邱菽园"不办闽生意,专做西生意"②,将原定用于福建的 5 万元改办西事,以后又争取邱在捐款 10 万元之外,再借款 10 万元捐赠;变散财招伙,聚人为上的办事方针为全款购械,因械得人;指派与黄忠浩、熊铁生等湘籍人士熟识的叶湘南、韩文举随正军兼管粮台,让欧榘甲任文书;等到因家事暂归的陈翼亭、丘逢甲复出,以及完成购械运货,即于 6 月底正式发动,"备十八日粮交羽异。凡港中各雄各才愿往者皆宜同行,扫地卷众袭桂,速即举事"。"诸将全行,诸众并上,必取之也。"③大有破釜沉舟,灭此朝食之概。

第二节　东西无常

6 月中旬,北方形势骤变,联军开始水陆进攻。清廷于 6 月 18 日急电李鸿章北上。虽然李借故拖延,保皇会得知的消息却是"北乱李行"。李鸿章的生死去留,一直是影响保皇会广东方面行动的要素之一,开始试图以暗杀除去,以后又一度计划"得省城不必戕肥贼,但以

---

① 《致办事人书(二)》,上海市文物保管委员会编:《康有为与保皇会》,第 116—119 页。

② 1900 年 6 月 5 日《致徐勤等书》,《康有为与保皇会》,第 100 页。

③ 《致徐勤等书(五)》,《康有为与保皇会》,第 111 页。

之为傀儡最妙",借以收示人文明,"寒奸党之心"①,易办外交,安静地方等四利。

6月初保皇会全力向西,但仍留连于东,派眼线住关房,"打探实真(二九)情形,若必不能,则专西事";同时继续要求澳门总局对"刚事必极力招呼"。②康有为所发指令表明他依然举棋不定,既要求"先将全款办翼军事,一文不留,一事莫支","聚精神,聚全款,聚人才,专应翼军,赶速应之",又声称:"军事难定,原难遥制,汝等可相机酌之。若廉处一举,当此人心,可四处应,如火燎原,惟今之时为然。如此,又不必泥翼之一军耳。或粤中可取,则先图之。计二九当此必大动心,或可为也。"③

李鸿章北上的消息传出,保皇会在广东举事的顾忌大为减轻。"李去,广东各事自较易办。"④6月20日,康有为指示欧榘甲等:"前书条理稍异,可与诸子竭力图粤事。"广东方面仍由梁炳光统大局,林玉、版筑、三品等伏兵于广州近郊的狮岭或曹涌,假清军刘永福旗号,奔袭

---

① 1900年4月12日《致南海夫子大人书》,丁文江、赵丰田编:《梁启超年谱长编》,第220页。

② 1900年6月2日《致徐勤等书》,上海市文物保管委员会编:《康有为与保皇会》,第99页。"二九",即李鸿章。

③ 1900年6月20日《致徐勤等书》,《康有为与保皇会》,第144页。原函仅署"廿四日",今据内容确定日期。康有为后来称:"于时李文忠失粤督,丧权位,三令人促吾举兵。"(《唐烈士才常墓志铭》,湖南省哲学社会科学研究所编:《唐才常集》,第266页。杜迈之等辑《自立会史料集》此处标点有误)戊戌政变后李鸿章与康有为、梁启超等人暗通消息,据康有仪说:"李文忠公督粤时,查办逆党。适该逆在港谋内乱。小儿同和,以被其破家,致母、妻染伤以死,阴欲报之。曾托刘公慎初,禀商李督,并得其花红。李文忠不答,其事遂寝。盖亦疑为贼主使未定。"(《致节公先生函》,孔祥吉:《晚清史探微》,第222—223页)

④ 1900年7月5日《陈国镛致谭张孝书》,方志钦主编:《康梁与保皇会》,第281页。

劫城,并一度有调驻广州湾的陈翼亭部奔袭省城的动议。

不惜动用广西一路的勤王正军,反映出康有为有过弃桂图粤的念头。但同时他又表示:"若仍用前议图湘、桂,则汝偕翼行可也。"①集中一路变成两地并举,相机行事。这时海外华侨捐款既多,历时又久,对保皇会迟迟不举啧有烦言。康有为迫于压力,在毫无把握的情况下,令各路人马迅速发动。其"总以速为主,然又不可因我催而乱来也"②的两可指令,让各路统领进退两难。

取粤的最终目标是北上勤王,6月下旬,康有为函示徐勤等人:"若布置停妥,则并力西向,较为长策。"③广东"有刚统大局,有版、品、林诸人,或可以守,则羽异往西亦极稳"④。视取粤为巩固后防,袭桂才是勤王进取。

7月18日李鸿章北上后,保皇会更加偏重取粤,并进一步制订出具体计划:挑选精勇选锋分队入城埋伏,首先袭夺水师舰船,以舰炮轰击城池;于观音山五层楼及各城门遍插预先制作的清军旗帜灯笼,布为全城兵变疑阵,趁乱夺城;然后"挟德寿出示遍谕勤王"⑤,传檄州县,夺饷械,募款项,练精兵,安商旅,设民政局,照会各国领事。可是康有为还在犹豫不决。他指示办事人:"此刻专注东省(以李去之故),若得

---

① 上海市文物保管委员会编:《康有为与保皇会》,第124页。是函的直接收信人疑为叶湘南。
② 1900年6月27日《致叶湘南书》,《康有为与保皇会》,第136—137页。"岛",即星洲岛主,邱菽园号。
③ 《致徐勤等书》,《康有为与保皇会》,第127页。
④ 1900年6月27日《致叶湘南书》,《康有为与保皇会》,第137页。
⑤ 《致徐勤等书(二)》,《康有为与保皇会》,第106—107页。编者判定是函写于6月20日前,据内容应在此后。

手,则取其军械、财富,天下不足定。倘度不能得手,则切勿发也,必聚全力于西省,直趋湖南。""或全力取东,或全力趋西,此间不能遥断。或两粤并举。""务求一发必中,便宜办理,不拘一说,避实击虚。"①

与此同时,唐才常电催康有为还港,"预备入江入津,因外国欲救上也"②。康遂通电各国,探测其对于营救光绪的态度,以便相机决定"还港调度"还是随英国军舰"赴京救上"。虽然他曾经指望依赖外强保救光绪,甚至公然号召"助洋人攻团匪以救上",但对列强仍然怀有戒意,担心一君一臣孑然在北,即使侥幸南渡,订立和约时,"既受彼厚恩,又绝无势力,只得俯首,一切惟命。是吾为安南也,是卖国自吾也,不然亦为波兰、为埃及,恐土耳其亦不可得也"。在他看来,救上的目的在于变法,而变法"非经雷霆扫荡之威,未易行也。即论救上,亦须我军威既立,能直捣京师,然后请西人从中调和,成之和议乃易。不然南还,亦必吾南中亲军已立,然后可靠。不然。则李催、郭汜之流,可夺上而生他变耳"。③将保救光绪的重心由倚赖外强转到建立勤王武装之上。后来英国政府提出,以得到光绪的求救手谕为出面干预的先决条件,北上化为泡影。而还港"明购械治兵"之举,也担心刺激广州清军加强戒备,城"反难取,故不还港"④。

正当保皇会在两广左顾右盼之际,汉口自立军已如箭在弦上,不得不发了。这时保皇会用兵的重心仍在两广,梁启超赶赴自立军起义

①　《致办事诸子书(一)》,上海市文物保管委员会编:《康有为与保皇会》,第149—152页。
②　1900年7月4日《致妙华夫人书》,《康有为与保皇会》,第174页。
③　《致唐才常书》,《康有为与保皇会》,第142—143页。
④　1900年6月27日《致叶湘南书》,《康有为与保皇会》,第138页。

不及，在上海即表示："也许将去两广。似乎与两广的唐景崧已经联系好了。"①除原定计划外，5月间，保皇会日本总部以"今日办事，不能不借外力"，指示洛杉矶分会，以矿物、铁路为报酬相诱，游说"既知兵，而且有此志"的美国人荷马李（Homer Lea）在保皇会举事时，募集美兵相助，并通知其来游时"顺道往见长者，商办一切"。②荷马李赶到澳门，准备召集 2.5 万名苦力组成军队，由美国军官率领，从澳门攻打广州。③康有为认为其"来助甚好"，但碍于"饷薄难供养"④，"我力未厚，顷难即用之，须少待耳。"⑤因而澳门总局将此方案暂时搁置。

康有为虽然声称将长江之事托付唐才常，实则主要关注取道湘鄂北上，对唐才常将注意力转向长江中下游六省不以为然，因而对后者所筹备的各项事宜并不热心。保皇会中对于联合大举方略与唐才常共鸣最多的是梁启超。他一再函告港澳总局："伯忠在沪至为关键，此间款又尚未能接济之，如有急需，尊处想必能应手"，希望同门能够"不分畛域"。⑥由于保皇会的勤王战略以两广为重心，长江方面财政上很难分得一杯羹，考虑到"今日最急者转饷之事，而此涓滴之数，实难遍资各路"⑦，他准备孤注一掷，托人向美商大笔借贷，并分别致函康有为、

① 《井上雅二日记》，明治 33 年 8 月 22 日，汤志钧：《乘桴新获》，第 371 页。

② 1900 年 5 月 19 日《陈国镛致谭张孝书》，谭精意供稿，阮芳纪、黄春生、吴洁整理：《有关保皇会十件手稿》，《近代史资料》总 80 号，1992 年 1 月。

③ 史扶邻：《孙中山与中国革命的起源》，第 182 页。

④ 1900 年 6 月 27 日《康有为致谭张孝书》，《有关保皇会十件手稿》，《近代史资料》总 80 号，1992 年 1 月。

⑤ 1900 年 8 月 11 日《与同薇书》，上海市文物保管委员会编：《康有为与保皇会》，第 177 页。

⑥ 1900 年 4 月 13 日《致总局诸兄书》，丁文江、赵丰田编：《梁启超年谱长编》，第 224 页。

⑦ 同上书，第 240 页。

唐才常和孙中山，劝各派"不可轻于一掷"，待其借款到手，再同时发动，以求必胜。但又担心"气机已逼，不可能挫其一鼓之勇，贻悔将来"，让唐才常"与诸豪随时行事"。①继而鉴于"我辈与贼党今日既已成短兵相接之势，想亦已待无可待"，对唐的"速发之议"亦表示"附和"。

在这一战略框架内，梁启超与康有为讨论举兵时后者应入何军，提出开府于广州、武昌或金陵的选择。长江流域分为以上海为基地的唐才常和以汉口为基地的林圭，其计划原不限于湘鄂，除安庆、芜湖、铜陵外，由于哥老会首领辜人杰等随湘军移防南京，以及盐枭徐怀礼来附，唐才常等又将势力扩展到南京、镇江、扬州。梁启超与唐才常、狄平商议："若用虎威，两公入虎穴与否，是一大问题。"不入则事权全在彼辈，而彼不解文明举动，必坏大事；即使小成，也难以控制。入则势孤力单，难以接应。"然两者比较，似人之较为害少利多。"如果徐怀礼与湘鄂的杨振鸿、李云彪能够团成一军作为正兵，梁启超建议唐、狄二人以一人入之，一人在外观察接应，并建议入军后简其勇诚者练百人作为亲卫。②

徐怀礼字宝山，绰号徐老虎，庚子年仅 35 岁，丹徒县南门内人，向开竹店生意，因犯抢案被当局捕获，逃脱后投入盐帮，聚众万余，私盐船 700 余号。1899 年 6 月 20 日在七濠口设立春宝山堂，将素来争斗不已的青红两帮统一麾下，"时假仁义煽结人心，赈济贫民，收纳亡命。凡营中弁兵被革者，该匪必罗致之，或以资财恤其家室，或派盐船使其管驾，顺之则生，逆之则死"。1900 年 2 月，"忽来二人到七濠口与徐怀

①　1900 年 4 月 4 日《与忠雅两兄书》，丁文江、赵丰田编：《梁启超年谱长编》，第 213 页。
②　1900 年 4 月 20 日《致忠雅两兄书》，《梁启超年谱长编》，第 224 页。

礼说话，自言系康有为一党，闻徐怀礼是个英雄，前来相邀，如愿合伙，即与他同到广东香港见康有为商量，银子军火皆是现成。闻徐怀礼已派郑大发与康党前往探听虚实，至今未回"。[①]

康有为决策用兵后，徐怀礼居然别出心裁地致函江苏巡抚鹿传霖，义正辞严地加以斥责，并通告其准备举兵勤王的计划，函谓：

> 鹿兄阁下：盘踞贵治久矣，恨不得一睹尊范为结。足下赫赫重名，当此巨任，而以苟且禄位，因循时日，坐视荣禄等窥窃神器，挟太后以驭天下，而囚我圣皇，独不闻主忧臣辱之义乎？仆一介武夫，目不睹诗书之陈迹，然窃信君臣二字之义，较公等为稍明者。且吾与子有何仇雠？公等联络二凶，甘心弑主，非仆之所与闻也；而遽加仆匪名，若必得吾首而甘心者。仆具有天良，不忍坐视皇上罹戾太子之戚，已定于秋间整我六师，会师江淮，取道北上，以清君侧，而枭奸宄。大丈夫作事光明磊落，况救吾圣主乎？特此布闻，附呈谕稿。

所附谕稿为以"两江两湖兵马大元帅"名义发布的告示，宣称：

> 本帅近奉光绪皇帝密诏：朕自戊戌八月以来，坐受太后凌辱幽禁，惨无天日，其各奸臣荣禄、奕劻等，尤狼子野心，忘恩反噬，日日以谋弑朕躬为事。尔军民人等世受国恩，各有天良，亟宜戮

力同心,翦除奸党,以救朕躬。将此通谕知之。为此特布告两江两湖豪杰之士,速速遵诏行事,约于本年秋间,听候本帅军令,即率本部人马会师江淮,取道北上,以清君侧而奠国基,尔公尔侯,爵赏在即,河山带砺,决不食言。若犹执迷不悟,坐失事机,滔天祸起,玉石同焚,悔不可追。

徐宝山此举,不无蹊跷,等于将自立军的举兵计划公开。当局开始打算"密寄责成江苏皖鄂各督及李秉衡并请交片奴才转饬张春发、陈泽霖二军,不动声色,设法擒拿"①。因为当地"水陆各营多受匪贿,暗通消息,长江水师尤甚。惟此两军新募之众,设有事端,可期得力"。荣禄接报,认为"不便令其办理徐匪,恐祸激酿为患"。鹿传霖鉴于"该匪党羽甚众,消息极灵,历年贩私,获利甚厚。以多贿勾通营弁,以小惠要结人心,与各枭争利互斗,杀伤甚多,皆投之江中,无人报案。近复向洋行私购精利快枪数千枝,情殊叵测,隐患实深",决定"不时侦探,其赴香港沟通康逆之事究竟如何,并密遣妥人,许收重赏优保,授计歼之"。②

---

① 《江苏民变档案》光绪二十六年失名奏片,中国史学会主编:《中国近代史资料丛刊·辛亥革命》三,第402—404页。参见闵斗基:《徐宝山与辛亥革命——从徐宝山之活动看辛亥革命之一些性格》,中华书局编辑部编:《辛亥革命与近代中国——纪念辛亥革命80周年国际学术讨论会文集》下册,第1458—1459页。据1900年5月24日鹿传霖致荣禄函:"昨交卸南洋时,该匪忽有逆函伪示,当密探情形,一并钞折,寄由云门转呈鉴察。"(杜春和、耿来金、张秀清:《荣禄存札》,第172页)
② 1900年5月24日《鹿传霖札》,《荣禄存札》,第172页。

6月,张謇得知大沽口失守,拜见刘坤一献策招抚徐怀礼。[①]据井上雅二"从徐的部下一个姓熊的人那里得到的消息","徐老虎的降伏是一时的计策。随时行动的准备工作已就绪"。[②]但是徐反复无常,诈降变成倒戈,反而协助清军破坏自立军的行动,唐才常等人不得不舍弃江淮而专注于湘鄂。

自立军失败使保皇会士气受挫,随之而来的严防搜捕又加大了再举的难度。不过,保皇会人力物力集于两广,并未伤着元气。康有为虽然痛感"大功未成,元勋先陨,失我良将",仍坚持发动,甚至为各地

① 张謇研究中心、南通市图书馆编:《张謇全集》第 6 卷,第 436—437 页。其记为:五月"二十二日,见新宁……陈招抚徐老虎策。二十三日,新宁招抚徐老虎。二十四日,上新宁书,论招抚宜开诚布公,昭示威信,不可使疑,不可使玩。""抚徐之说,荷赐施行,内患苟弭,可专意外应矣。此辈如乱柴,徐则约绐柴之绳也。引绳太紧,绳将不堪;太松则枝梧,宜得有大度而小心之统将处之。俾不猜而生嫌,不轻而生玩。若予编伍饷额,宜檄统将发原封令徐自给,但绐饷不可逾守备以上,不可便单扎,且令一善言语、有计略之道员前往宣示诚信,以开谕之,令专镇缉沿江诸匪。若请来谒,宜即听许。不请勿遽强。此人闻颇以胆决重于其党,控驭得宜,安知不有异日之效。"唯董玉书《芜城怀旧录·补录》记:"庚子,北方拳祸起,沿江戒严。传言宝山集有徒众数万人,有举足轻重之势。时陈观察彝卿读礼家居,闻之,以为可抚为我用,足以屏蔽东南,上书当道十数次,报可。以其部下编为缉私营,畀以都司职衔,统带缉私。"(第192—193 页)则主张招抚徐怀礼者不止一人。徐怀礼就抚后不久,有巢湖帮枭匪犯案,或疑徐所为。1900 年 7 月 15 日刘坤一致函安徽巡抚聂缉椝:"徐宝山颇有智略,且知大义,前未就抚,除贩私外,尚无别项恶迹,敝处是以决计招之,甫经就抚数日,何至如此妄为? 详察情形,似系嫁祸。"并同意黄少春的安排,令徐赴扬拜各官绅,以定人心。复指示黄:"以后应请推诚相待,无论别处盐枭之案,不与相干,即其部下有在外生事者,亦只是约束不严公罪,决不疑其有他。"稍后黄少春派徐怀礼到安徽巡抚王之春处效力,以助其搜捕富有票会党。其密友张某助清军诱拿萧子云和沈荩(中国社会科学院历史研究所第三所主编:《刘坤一全集》第 5 册,第 2267—2279 页)。镇江知府向万荣函告荣禄:"盐枭徐怀礼,众号老虎者,黄宫保招服,饬带炮船,每于因公来见时,以忠义勖之,尚知奋勉。"(杜春和等编:《荣禄存札》,第 173 页)
② 汤志钧:《乘桴新获》,第 359 页。

会党蜂起勤王的传闻所鼓舞。9月间,他在家书中不断提道:"得上海电来,知长江上游三处起,下游六镇即发,麻城大军入河南迎驾。"①"幸麻城一军有十万人北上迎驾,又湖南藩司锡良所带伪勤军为我所袭,力颇厚矣。今变为第二队之勤,若天相助,可望成也。"②"长江有人卅万,今下游尚有大力,即决日再起,北上入晋矣。广西亦有布置。"③

然而,这时李鸿章电告驻英公使罗丰禄照会英国外交部:"康、梁布散党徒,暗结广东著匪区新、三合会首潘新桂、刘福等,联各省会匪,约在两湖、三江、两广起事,名为保国,阴图扰乱。""枪炮由南洋用棺装运入粤。若不查办,有碍东南商务大局。"④英国政府担心其在长江及广东的利益受到影响,指示殖民部电饬新加坡、香港等地总督查办,使保皇会失去了外部支持的便利条件。

9月,梁启超和容闳先后抵香港,分别会见港督,欲与之"定约取粤",港督坚决反对,警告"尔等切勿起事"。⑤康有为深知"区区乌合之众,实不能敌港兵",暗中放弃取粤。但又担心"损办事者之气也",故秘而不宣,仅"大力令取西"。澳门总局的徐勤、欧榘甲等对此底蕴"亦未之知",拒绝了港督卜力的请愿建议,继续"眷恋东省"⑥,造成统帅部与前敌指挥所在调度指挥上的严重抵牾,令保皇会的行动陷入混乱。

---

① 1900年9月3日《与同薇书》,上海市文物保管委员会编:《康有为与保皇会》,第183页。

② 1900年9月20日《与同薇同璧书》,《康有为与保皇会》,第184页。

③ 同上书,第185页。

④ 光绪二十六年九月九日(1900年10月31日)《张之洞奏宣布康党逆迹并查拿自立会匪首片》,《张文襄公全集》卷51,奏议51。

⑤ 《与同薇书》,《康有为与保皇会》,第182页。是函应写于1900年9月。

⑥ 1902年6月3日《致罗璪云书》,《康有为与保皇会》,第160页。

后来康有为函告邱菽园道：

> 仆意今专注于西，而办事人所用者皆东人也（数月相牵，致两无成功，在办事皆东人想东故，以此故处之甚难），以西中人地不宜，皆不欲西而欲东，又有含怒之心也。仆以西人虎视于东，汉事可鉴。即得之，恐为他人作嫁耳。又攻坚非宜（彼备既严，吾实力未足），不若攻虚。累书劝告，而井上未以为然也。以东故费极多矣。今更难继，公谓如何？若以绝东专西为宜，亦望公发一长书劝井上。井上甚称林玉才（林已归井，同办一路）。
>
> 井上屡请添械，仆以井上不欲西，故不欲添之。若欲东则添械，不知如何乃为止境。甚恐虽添亦复不足，仍无用。而累月以来，老师糜饷，未得一当。况即得当，尚恐西人不允借为定乱而取之乎？秦西亦极以此为言，戒勿浪举，俟其往英伦订约后乃可行。仆深然其说。然仆此非数年不可，数年之费饷无数，变又无限，安能久待？故不如先西为之愈也。若西既得，遂而取东，其于外交易矣（望同苦劝之，以彼日间迫于举也）。①

———————

① 引自汤志钧《自立军起义前后的孙、康关系及其他》，《近代史研究》1992 年第 2 期。汤文判定是函写于自立军起义之前，但函中有"汉事可鉴"一句，应指自立军失败事。惠州起义后康于另一致邱菽园函中亦称："今当绝意于东耳。且东事有外人窥伺，虽得而不易守乎？（汉事可鉴。）"秦西即容闳，其于 9 月 11 日由日本航抵香港，随即赴英国办理外交。是函言及此事，则应写于此后。误判的关键，在于将"井上甚称林玉才"认作林圭。据 11 月 26 日康有为致邱菽园函："林玉同办，井甚称之。"（杜迈之等辑：《自立会史料集》，第 330 页）林玉原为广西统军九将之一，后与版筑、三品等随梁炳光办粤事。井上，仍为梁炳光。据井上雅二日记，1900 年 8 月他已有赴欧洲计划，10 月 24 日曾到北京，随即回国。11 月 14 日参加东亚同文会会议，次年 4 月赴欧，不可能在此期间南下广东，主持数月用兵大事。

对主持粤事的梁炳光,康有为更是满腹怨言,他说:

> 以吾当时人才及饷力,专意于空虚之西,必有所得。而足下当时恋恋于粤,以十八新去,可以窃图,来书必欲试一办东事,不成乃从西,刻日可起。东中议论纷纷,皆和君,仆无如何。十二月事未成,而君以刻日可起,姑听君为之。然君日日皆云能起,终以事机之误,自六月至闰八月,皆不能起。当时给饷与林玉、子盈、云樵,皆因君故,留为接应,不然仆必不发也。①

由于调度乖方,保皇会的东西两军始终筹而不举,莫衷一是。10月6日,兴中会却在惠州树旗起义。清政府因汉事甫平,惠事又起,加上接连收到孙、康两派购械运货的密报,"防戒极严,查搜益密,攻击更甚"②。"粤事大局,翼、刚两大路皆为惠局所累。"叶湘南在东莞所办团练被查出,陈翼亭虽得密报出走,"然梧州以其频上卞,缉之甚严",其运械小轮也被迫停开,"部下因此有散者"。康有为"决意令停办东事(日间已累飞书停绝东事),专意西机",以免"饷累无穷(粤累饷最大),终为所牵"。③

此后,粤中党祸益甚,保皇会一些骨干及其亲属被捕。陈翼亭"大为其乡人所攻,致共[其]寄顿之械多致发露,轮不能行,械不能运",

---

① 《致井上君》,蒋贵麟编:《万木草堂遗稿》,第279页。
② 1900年11月20日康有为致邱菽园书,汤志钧:《自立军起义前后的孙、康关系及其他》,《近代史研究》1992年第2期。是函仅署"廿九日",据内容定为九月,即公历11月20日。
③ 康有为致邱菽园书,汤志钧:《自立军起义前后的孙、康关系及其他》,《近代史研究》1992年第2期。是函提及惠州起义,应写于10月。

"不能举事,恐此与江事无异"。康有为再度表示:"既决为之弃粤。"①

11 月 26 日,康有为函告邱菽园:

> 并统五军,治事甚密,前得一营,既泄,而不能内举,泄后又不
> 能不待军备。仆惟恐其妄动,今仆被执,恐死矣,其一军恐散。若
> 不能西,已令向北,免久糜饷。此皆他人所不知者。若羽昇之先,
> 原得三万,起自南关;后泄,则力有未逮,已交四万余,改请七万;
> 今又泄,而前途戒严,又索十数。……今轮被停,而械亦少矣,幸
> 虽泄而其人尚无恙。②

虽未明言放弃,却已在为勤王运动作收场总结了。

虽然汉口、惠州的失败导致局势日益恶化,康有为又几度下令停
办粤局,梁炳光等人"尚固持欲办"③,仍然不肯罢手。康有为后来函告
梁炳光:

> 故东事泄后,八、九月间,仆再发人才兵械饷力全西之说。当
> 时默筹更熟,词意更决,而足下以数者措置有绪,益眷恋不能舍。
> 君勉、镜如、易厂之流,皆力赞成足下,谓足下自有妙筹。仆无如
> 何,辄又听之君,概不专制。五月、八月二次令停东局,扫境而西,

① 康有为致邱菽园书,汤志钧:《自立军起义前后的孙、康关系及其他》,《近代史研究》1992 年第 2 期。是函提及惠州起义,应写于 10 月。
② 1900 年 11 月 26 日《康有为致邱菽园书》,杜迈之等辑:《自立会史料集》,第 330—331 页。
③ 康有为致邱菽园书,汤志钧:《自立军起义前后的孙、康关系及其他》,《近代史研究》1992 年第 2 期。

皆为君而留。①

惠州起义失败后,梁炳光等人还想放手一搏。这从康有为写给梁炳光的一封信可以窥见大致轮廓,函曰:

闻君来,欢喜无极,扫径久待,消息寂然。十余日后,得岛公书,知欲还港,而不竟来,为之大惊。因足下近来军谋,秘不告仆,仆未敢专制,故不敢请。闻高山言,公等方略,欲取惠州,故惊惧极;尚幸君即来,得共商榷。若遂不来,则无从商之,而君等之策将陷于绝地。是以不能不惊痛欲绝,而旁皇电催也。尚恐别有故不来,今特痛切相告。凡兵事以方略为第一,苟方略少误,则全局皆败。……(惠州事败),前车可鉴,而诸子复欲践覆辙,则是徒令仆旁皇哭祭,哀赋大招,使人财俱尽而已。诸公虽忠义舍身,仆则爱才如宝,实不欲听之蹈兹绝地,以覆我人才。且大事岂可再坏?此事得失,仆以生死任之,国之存亡系焉。他日败后,仆固难任机宜乖误之咎,而人财两尽,何能数数起耶?仆与公等义同存亡,实不能塞耳拱手,而坐听公等倾覆,而任其咎。

迄今经年,西事无绪,东事既泄,复若去年正月创议之时。惟专意闭眼高歌,付之吾子。若足下之秘谋,又必欲蹈李之败辄,而不欲使仆闻,徒令仆想像招魂,吁嗟生祭。……孝高之来,述其所见,及日与粤人士议论,莫不注意于粤,此等贪想,人人同之。而于统筹全局,如何择地,则皆不及。以力山之奇才,仆日日与言大

---

① 《致井上君》,蒋贵麟编:《万木草堂遗稿》,第 279 页。

局，谈桂湘，而力意不属。盖甚矣，统筹大局之难也。……今甚望与公等统筹之，俾彼此同心，议论定一，乃克省济。若各行其志，则我等区区数人，亦已焉哉。今日大局舍桂湘外，无从下手。桂湘亦舍胁及省垣，无从下手。若舍是，则惟有人才[财]俱尽而已。若在外府动，而听督抚坐会垣，以指挥诸将，更无有不破败者。今日已非弓刀之世，望揭竿相应如洪家时，甚至舍空虚而不计，仅恃桂兵千数百，以攻兵力全盛之区，又犯其州县，击其诸军，则仆诚不知其所终极也。诸君胆勇亦至矣，然当有以统筹之，何必置之无用必败之地哉？兵有胜于未战之先，亦有败于未战之先者，此类是也。仆固无一能，然于阅历及地理方略，则于诸公有一日之长，诸公得无笑其夸乎？高山亦言，大众看地图，无有及西南一角者，今乃知其非也。尚有许多谋议，非西不谋，望即惠然，无吝尔音，惟恐正月十三日君遂返港，故尽所怀，不能复隐。①

据此，康有为与其门人的异议，除东西之分外，还有外府与省垣之别。东事一停，广西方面的发动之机也日见其微。办事人无心恋战。到11月下旬，"若港澳之间，前已令停，粤局但资通信之人耳"②。澳门总局的徐勤等人陆续撤离，仅留王觉任、叶湘南、刘桢麟等办理善后。

实际上，澳门总局办事诸人在汉口兵败之初还情绪激昂，日夜密谋纠合长江同志再举。后来见国内外形势恶化，感到轻举难以奏功，

---

① 《致井上君》，蒋贵麟编：《万木草堂遗稿》，第278—280页。高山，即罗普。
② 1900年11月26日《康有为致邱菽园书》，杜迈之等辑：《自立会史料集》，第330—331页。

便转而采取慎重态度,仅以养成实力为名聚集力量,暗中放弃起义计划。①惠州起义的影响,不过是保皇会体面下台的借口。停办东事,早在惠事前已经明朗化。1901 年康有为致函港澳总局,言及其中曲折:

一、高之西也,定于正月初间,君尚在庇,特未相告耳。当时以候江来,乃提菽款,黄汉元之与高办事也,乃高二月四日出坡面约之。高到坡专为向菽提款,当正月四日之前,吾既不知,菽决不提款与高,及高在坡行时,乃函告我,我得函,知无款与桃,乃决撤澳局,是二月廿间也。至令卓汇款与高,是正月十二日所写之书(君亲见高所写者),当时不知菽、桃、汉元一切也。……

一、君之归也,与桃相见,言语多不合,桃来书,极愤君,谓破家不足道等语,此诛君之误也。人至破家极苦,只有慰之,万无斥之之理。自此桃极怒,及有撤局之事,故怒君益甚。而开端自君与桃言语不谐始,其后桃愈怒,而君亦怒,仆累以书复之。

一、撤局之说去年八月、十二月两说命行,十二月之书,君所见也。所撤在澳局,欲省费耳。若避难之人,则必养之。办事固分为二,君误会以为撤局即停事,至桃大愤。

一、桃来书,仆即复之,朱、龚书亦皆复。覆云缓办而非停办,撤局而非停事,其义至明,可安桃心,乃君一切搁之,致桃等以为吾绝彼,彼已绝望,谚所谓"赶狗入穷巷,必反噬",宜其谓见康氏必杀也。夫办事用不用皆可,然无绝人而树敌之理。他人犹可,我今地位则不能。况彼避难而来,无所归,又一失此数人,湘即尽

① 松冈好一:《康孙两党之近情》,《东亚同文会第十三回报告》,明治 33 年 12 月。

失乎？他人绝人无损，仆为会长，一绝之，则一切皆绝望矣。天下无此办法，彼即极不妥，亦当优容。君是老友，又自南归，彼已大疑，又累书不复，非绝之而何？宜其无不至也。君谓若与我书，彼亦骄之，既搁书不交，何以复至殴打家叔之事乎？是绝之之所生，而非不复书所能戢其骄至明矣。故一搁书其祸至此。介二叔谓君过烈，亦必有故，若早与吾书，必不至是，而适有汉元、孝高之事，嫌疑遂不可解。然大要在搁书一事，君误认题目，以为等于外省无赖，故以决绝，绝则一纸书六个字，告以汝事难办，可去澳足矣，何劳君等如是之苦哉？仆未绝彼，不意君忽为我绝之，天下万无此办法。君之至忠，彼之横绝，岂复待言。而此事办得极谬，致生此波，今君更以相责，仆亦不能隐，想谅之。局事合众甚是，同商甚是。至于办此密举，万无众议之理。澳局多费，内讧如此，惟有撤之一法。[1]

桃，陈犹龙，字桃痴；朱，朱菱溪；龚，龚超；均为自立军将。据冯自由《革命逸史》第3集《兴中会时期之革命同志》，陈、朱失败后率亡命客多人向梁启超算账，后参加支那亡国纪念会，龚超则参与洪全福起义。由此可知，庚子八月、十二月，康有为两度下令停止澳局运作，以省费用。而陈犹龙等人到港澳总局求款，罗普赴新加坡向邱菽园提款未得，康有为只得命梁启超汇款给罗，并再次令停澳局。澳局负责人以为撤局即停事，令避难前来求援的陈犹龙等人怀疑其故意排拒，双

---

[1] 1901年6月18日《致铁君书》，蒋贵麟编：《万木草堂遗稿外编》下，第586页。是函收信人并非梁铁君。

方发生激烈冲突。此后自立军余部倒向革命党，这是一大关键。其中变化，清方也相当了解。1901 年 5 月 18 日两广总督陶模复电张之洞，告以：

> 南方会党宗旨不一，亦有欲解散流血之谋者。湘楚少年托名保皇会出洋，讹索巨款，闻徐勤等不耐骚扰，暂多远离。今少年不尽信康而信革命党之说。我不变法，若辈日多，非杀戮所能止，请吾师勿再捉拿。湖北书院事，亦勿深求，恐为丛驱爵。①

随着时间的推移，废立之争带给勤王运动的声势已经掩饰不住保皇会漏洞百出的组织准备，这必然从根本上动摇康门师徒大举兴师的信心。即使没有惠事的影响，保皇会也难以支撑下去。暂停澳门总局，正是全盘放弃勤王运动的表征。

1901 年 5 月，井上雅二赴欧途中在香港、澳门、新加坡等地走访康派志士，了解保皇会的动向，并到庇能拜访康有为，康表示以"蓄力""筹饷"②为长久之策。他还拒绝了荷马李等人"大集众埠"华侨精英再度起义的建议。③邱菽园因保皇会停办粤局而对康有为失去信任，亲自出马掌管粮台，并截留海外各埠捐款；后又与康决裂，提出再捐款

---

① 苑书义等编：《张之洞全集》第 10 册，第 8574 页。

② 井上雅二：《康有为访问记》，《大阪每日新闻》明治 34 年 6 月 27—28 日；《井上雅二日记》，明治 34 年 5 月 5 日、22 日。

③ 1901 年 7 月 5 日《康有为致谭张孝书》，谭精意供稿，阮芳纪、黄春生、吴洁整理：《有关保皇会十件手稿》，《近代史资料》总 80 号，1991 年 1 月。

10万，请梁启超回日本主持全局，重整旗鼓。①虽然1901—1902年广西会党起义时，仍有一些保皇会会员入桂联络，无奈大势已去，回天乏术了。

第三节　秀才用兵

保皇会的勤王运动，历时两年，波及多省，动员大量人财物力，又趁清廷自顾不暇之机，结果却不战自溃，草草收兵。事后人们纷纷追查败因咎责，保皇会内部也互相猜疑推诿，或称告密牵累，或谓饷械失济，或指中饱私囊。然而，检验保皇会的组织指挥系统及其实际运作，可见其中存在严重痼疾，使整个战略准备停留于计划的一纸空文，没有落到实处，因而注定了失败的命运。

大规模的武装起义，贵在组织严密，指挥果断，办事有效，令行禁止。否则，计划再周详，也是纸上谈兵。但保皇会骨干多为士子书生，情急而言兵，从个人素养到组织功能，都与军事行动的要求严重不符。正所谓秀才造反，夸夸其谈，成事不足。康有为身为统帅，长时间对主攻方向举棋不定。虽然他后来声称"前后俱注意于西"，但未能坚决贯彻实施。在华侨督催、属下意见分歧，以及客观形势千变万化等因素的干扰下，一年之内，几易方略，最终也没有注全力于西，主攻策应流于相机速发。帅无定见，乃兵家大忌。

---

① 1901年6月3日《与南海夫子大人书》，丁文江、赵丰田编：《梁启超年谱长编》，第261—263页。1900年梁启超到南洋时，邱、康关系尚融洽。后因财政问题，邱疑心于康，1901年更公开撰文自辨非康党，解脱"叛逆"罪名之外，更指责康结党欺人（《北京群报》1901年8月13日）。

　　此外,由于澳门总局办事不力,康有为无法切实掌握各路勤王军情,却坚持"大事仍由南佛主断"①,所定用兵方略悖离实际。如黄忠浩5月前已移防湖北,而6月他还郑重其事地将其巡防营作为长沙内应的主力。而且康缺乏军事常识,其决策有时令人啼笑皆非。保皇会在日本订购旧枪,他只图引诱群豪,指示多购价廉质次者。甚至听信陈翼亭别有用心的胡说,认为"不如土货之善矣"②,要少购洋枪,多购土制抬枪线枪"以省费"③。他自诩知人善任,却往往用人不当,信任夸夸其谈的富商子弟和心怀叵测的游勇头目,埋下致败祸根。更有甚者,他极力举荐侄子康同富办理广东军务,理由之一,竟是后者"且能熟《三国演义》"④。加上康有为缺乏勇气胆识,远居南洋养尊处优,不敢亲入内地统军,平时还要众多卫士洋兵保驾,很难应付瞬息万变的局面。难怪一位久慕其名的加拿大华侨指责其"有救世之力,而无救世之勇",只知"舞文弄墨,视中国濒危于不顾"。⑤

　　先生如此,门生更其。澳门总局担负着聚人联络、收拨款项、购械运货等项重任,相当于前敌指挥部。照梁启超的说法:"现时先生既远在海外,其居港澳总持此事之人,即是当天下最要之冲"⑥,"内之布置

────────────

①　1900年5月19日《致湘曼孺孝诸兄书》,丁文江、赵丰田编:《梁启超年谱长编》,第226页。

②　1900年6月5日《致徐勤等书》,上海市文物保管委员会编:《康有为与保皇会》,第101页。

③　《致办事诸子书》,《康有为与保皇会》,第152页。

④　1900年6月23日《致徐勤等书》,《康有为与保皇会》,第128页。

⑤　黄宇和《三位流亡的理想主义者·容闳、康有为及孙中山》所引英国外交部档案藏原函。

⑥　1900年4月23日《致南海夫子大人书》,《梁启超年谱长编》,第230页。

义举,外之联络各埠,责任至重至大"①。康有为手定的《保救大清皇帝公司序例》也称之"握外洋之枢,尤为办事之主"②。后来因两广行动虎头蛇尾,康有为声称:"若镜、勉等,不过为通信驿卒,看店之等,非因大得失也。"③表面贬低总局的地位作用,其实是为弟子们开脱咎责。

该局实际主事者为《知新报》同人,如王觉任、陈士廉、刘桢麟等,而由王觉任总办。梁启超屡次用"散漫异常""极其散漫""未有人克称其职"等词句形容总局状况,批评其"不举行总会之实事"。他到檀香山两月余,"寄澳门书六、七封,而彼中无一字之答"。"金山来函,亦言久不得总会来信。各处皆然。"④梁启超连"港澳近日布置"亦"丝毫不能与闻"⑤,根本无法协同动作。为此,他建议加派人手,健全机构,分工负责,但情况不见改善。到 4 月下旬,他仍然批评"总会之事甚散漫,绝不成中央政府之形"⑥。自己"有事欲与总会相商,不知商于何人乃有力量"⑦。

王觉任母病归省后,徐勤接任总办,叶湘南、欧榘甲、罗伯雅、张棠荫、王颖初、韩文举、陈继俨、陈默庵、邝寿民、梁应骝(少闲)、何树龄等保皇会精英汇集澳门,人才济济。但直到 5 月下旬,梁启超还在抱怨

---

① 1900 年 3 月 28 日《与〈知新〉同人书》,丁文江、赵丰田编:《梁启超年谱长编》,第 207 页。

② 上海市文物保管委员会编:《康有为与保皇会》,第 259 页。

③ 1900 年 11 月 26 日《康有为致邱菽园书》,杜迈之等辑:《自立会史料集》,第 332 页。

④ 1900 年 3 月 28 日《与〈知新〉同人书》,《梁启超年谱长编》,第 199、207 页。

⑤ 1900 年 3 月 13 日《与夫子大人书》,《梁启超年谱长编》,第 199 页。

⑥ 1900 年 4 月 29 日《致雪兄书》,《梁启超年谱长编》,第 239 页。

⑦ 1900 年 4 月 22 日《致南海夫子大人书》,《梁启超年谱长编》,第 229 页。

"澳人不肯与我辈通一字"①。

梁启超与《知新报》诸人有些过节,受到慢怠,还算事出有因。然而后来康有为也同遭冷遇。"刚事"康再三函嘱,总局月余不应,"十七书皆不复,可怪。但言支款及加拿大事,四信皆然,如此哓哓,反置它要事于不理"。徐勤还以写信则不能睡觉为托辞,"但言不暇复信"。②甚至如何写信汇报情况,也要康有为反复指教:"不得轻率苟简,令吾无从揣测调度。"③而且"自正月以来,所有澳中存款若干,支出若干,并无报销。偶一问及,即以为有人攻击,申辩无穷"④。且不发各路军饷。康有为嘱购一幅地图,亦前后"五、六函追不得"⑤。急得他大骂徐勤:"汝既总办,我为总持,喉舌所通,事关至要,岂得以不暇委哉!""如此做法,非小儿即是心乱,令吾忧极。"⑥

6月中旬,北方形势骤变,海外各埠及上海电函纷至沓来,唯独澳门音信杳然。邱菽园"日来问消息布置",康有为无词以对,"消息且绝,况丁起乎?"保皇会倾全力注西,而正军主将陈翼亭的行踪,主帅竟毫无所知,令"各人日夜狂思乱想,皆如梦中"。康有为气急败坏地迭函斥道:"天下岂有办事若此者乎!开小铺尚有所禀承,报信尚当详明。"⑦"开一剃头铺,尚有铺章,安有如许大事,而绝无章法如是乎!"⑧

①　1900年5月25日《致罗孝高老弟书》,丁文江、赵丰田编:《梁启超年谱长编》,第231页。

②　1900年6月2日前《致徐勤书(一)》,上海市文物保管委员会编:《康有为与保皇会》,第104页。

③　1900年6月27日《致徐勤等书(二)》,《康有为与保皇会》,第131页。

④　1900年6月27日《思庄致徐勤书》,《康有为与保皇会》,第196页。

⑤　《致办事人书》,《康有为与保皇会》,第123页。

⑥　《致徐勤书(一)》,《康有为与保皇会》,第104页。

⑦　1900年6月27日《致徐勤书(二)》,《康有为与保皇会》,第134页。

⑧　《致办事诸子书》,《康有为与保皇会》,第153页。

"今吾负天下之责望,当非常之机会,而消息绝塞,号令不行,一辈愚生以其愚忠如骄子之专恣乱舞,吾不知死所矣。"①迫不得已,他只好强命王觉任复出,总管内政,由叶湘南负责内事筹划、接复函电及综核理财,徐勤专办外交,应接志士,抚绥豪杰。可是局面仍无根本改观。

办事不力缘于能力不强。保皇会骨干大都长于文笔而拙于任事,梁启超因而慨叹"同门无人才"②。徐勤、王觉任等抱病节哀,用功勤苦,无奈心有余而力不足。麦孟华、罗普及澳门总局先后主持策划暗杀行刺,费时年余,或一筹莫展,或击而不中。尤其是缺乏统揽全局,独当一面的将帅之才。韩文举"谨有余机变不足";欧榘甲"文字之才也,难于共事"③,"于报才为长,而任事则非其长"④;何廷光笃信扶乩算卦;王觉任、陈士廉善决断,但或才短或量浅。

鉴于"港澳同门无一可以主持大事之人",梁启超"以阅历稍多,似胜于诸同门"⑤,主动请缨,要求前往主持大局。但康有为认为他"颇有轻听人言,因人之短而轻信之弊"⑥,未予批准。而且保皇会正副会长的用人意见不一,康有为、徐勤称麦孟华为天下才,梁启超则指其"太密而沉,此可以当一面自成一事之人,而非能统全局之人也"⑦。梁推

①　1900 年 6 月 27 日《致徐勤书(二)》,上海市文物保管委员会编:《康有为与保皇会》,第 134 页。

②　1900 年 3 月 13 日《与夫子大人书》,丁文江、赵丰田编:《梁启超年谱长编》,第 199 页。

③　1900 年 3 月 28 日《致康南海先生书》,《梁启超年谱长编》,第 210 页。

④　1900 年 11 月 26 日《康有为致邱菽园书》,杜迈之等辑:《自立会史料集》,第 333 页。

⑤　1900 年 3 月 13 日《与夫子大人书》,《梁启超年谱长编》,第 200 页。

⑥　1900 年 11 月 26 日《康有为致邱菽园书》,《自立会史料集》,第 331 页。

⑦　1900 年 4 月 29 日《致雪兄书》,《梁启超年谱长编》,第 239 页。

崇徐勤,康有为又认为"实非镜之宽博沈密有谋之比"。① 康重用王觉任,可是不仅梁启超颇有微词,各同门也觉得其"为人虽佳,然究短于才"②,难以服众。

办事无能,偏又个个自以为是,使得保皇会意见歧出,行动起来无所适从。梁启超催促容闳前往美洲协助借款,待其出发后,又函阻"以勿来为宜"。③ 澳门总局对康有为的指令也阳奉阴违。甚至对康有为本人的行动,众门生还纷纷指手画脚,"如径电勿来新坡,卓径电勿上香港",则康只能"死于海中矣"。对于这种轻率随意地发号施令,康有为十分恼火,曾向徐勤抱怨道:

> 汝视吾行事,如学台看童生卷,随意批诘驳落。汝等稍自立,数人近皆如此。我一童生,而涂等无数学台吹毛求疵,吾一老童之卷,年老手颤,其必下第固矣。而无如汝数学台或仅阅破承,或但观起笔,不阅全卷,即已抹落。又汝等诸学台本不读书,侥幸放差,阅历极少,乃遂妄行。吾一童既落,而全棚之不卷哗罢试者几希。④

康有为屡次告诫弟子:"今日办事,非读书时可比"⑤,"办事与论学不同。汝等落吾卷,尚可他年再考,今若落吾卷,无再考之日"。⑥希望

---

①　1900 年 11 月 26 日《康有为致邱菽园书》,杜迈之等辑:《自立会史料集》,第 332 页。

②　1903 年 2 月 16 日《高山致康有为书》,上海市文物保管委员会编:《康有为与保皇会》,第 216 页。

③　1900 年 4 月 23 日《致南海夫子大人书》,丁文江、赵丰田编:《梁启超年谱长编》,第 230 页。

④⑥　《致徐勤书》,《康有为与保皇会》,第 148 页。

⑤　1900 年 6 月 27 日《思庄致徐勤书》,《康有为与保皇会》,第 196 页。

弟子们抹掉头巾气,可他自己却难去迂腐习。他指示总局健全文书制度,"各种部箱皆宜备",理由之一居然是"今日军谋即为它日考据"①,真是三句话不离本行!

保皇会奉行办事同门人、打仗子弟兵的封闭式组织方针,以君、亲、师的旧式纽带定亲疏,令人才不足的痼疾更加严重。梁启超对此早有不满,认为:"举此大事,非合天下之豪杰不能为功",既然同门之人才不能"扛起天下事",则"同门不同门之圈限,必当力破"②,"兼收并蓄,休休有容乃第一要着"③。主张以"阔达大度,开诚布公"为不二法门,"必出尽方法以收罗难驾驭难节制之人",而批评"吾党之手段,每每与此八字相反"。④尽管"此种言论,最为同门所不喜,而南海亦不甚许可"⑤,他仍然坚持已见,"不敢因噎废食",并反驳康有为"不同门多误事"的责难:"前此同门之误事者,又岂少乎?"⑥可惜这一批评不为师友接受。他视梁炳光、唐才常为"吾党长城",屡次函嘱澳门总局"与之和衷,勿使英雄无用武之地"。"今日欲成大事,万不可存一同门不同门之界。"但二人均非万木草堂嫡系,总局并未切实接济。梁启超对

---

① 《致徐勤等书(三)》,上海市文物保管委员会编:《康有为与保皇会》,第109页。
② 1900年3月28日《与〈知新〉同人书》,丁文江、赵丰田编:《梁启超年谱长编》,第207—208页。
③ 1900年4月23日《致南海夫子大人书》,《梁启超年谱长编》,第230页。
④ 1900年3月28日《与〈知新〉同人书》,《梁启超年谱长编》,第207—208页。康门派系之见,由来已久,不少与之有过交往的人士均有体验。朱淇函告汪康年:"康君在沪则弃君,在粤则弃弟,此乃康门第一件失策之事。如此度量,断不能办事。长素未必至此,此乃其门弟子所构成者也。彼以为揽尽中国之权,尽出康门,凡有不在弟子之列,则十数年之笃交如弟者,亦应在非种必锄之列也,而不知其败处即在于此。"(上海图书馆编:《汪康年师友书札》一,第237页)
⑤ 《梁启超年谱长编》,第208页,何擎一夹注。
⑥ 1900年4月29日《致南海夫子大人书》,《梁启超年谱长编》,第232—233页。

刚、智二人"以百口保之",认为"同门无及之者"。①徐勤却甚不满"子刚
为人"②,令梁启超担忧"刚与澳人不水乳"③。

康有为虽然关注刚事,对长江流域却未予同等重视。保皇会海外
筹款 30 万元,长江方面只分到 4 万,其中 3 万还是邱菽园直接赠与唐
才常,由保皇会分拨的仅 1 万。④自立军失败后,唐才常声名远播,康有
为诡称:"安徽、广西、广东三省皆密布兵,期武昌举义而响应"⑤,故意
将湘鄂偏师说成主力,以掩人耳目,敷衍塞责。实际上,当时保皇会的
决策是:款多"自当全局并举,即不尔而专事故乡"⑥。康、梁眼中的徐
敬业,至少并非"舍唐莫属"⑦。直到 6 月,康有为还认为只要"多得数
万金购数千械,分给翼亭、区、傅、徐老虎数军,则横行江湖,可操必
胜"⑧。方略中没有湘鄂的显要位置。

保皇会坚持两广发难,明显带有畛域之见。康有为不肯北上,原
因之一是南中亲军未立,不能驾驭群雄。其战略主攻方向虽定在广
西,所依靠的正军还是广东游勇,领兵将帅也大都为粤人。康有为明

---

① 1900 年 3 月 28 日《致康南海先生书》,丁文江、赵丰田编:《梁启超年谱长编》,第
210 页。

② 1903 年 10 月 26 日《徐勤致康有为书》,上海市文物保管委员会编:《康有为与保
皇会》,第 231 页。

③ 1900 年 4 月 29 日《致南海夫子大人书》,《梁启超年谱长编》,第 233 页。

④ 《致办事诸子书(三)》,《康有为与保皇会》,第 154 页;田野橘次:《最近支那革命运
动》第 1 章《哥老会巨魁唐才常》。

⑤ 康有为:《唐烈士才常墓志铭》,杜迈之等辑:《自立会史料集》,第 221 页。

⑥ 1900 年 3 月 20 日《致康南海先生书》,《梁启超年谱长编》,第 204 页。

⑦ 冯自由:《中华民国开国前革命史》上编,第 66 页。

⑧ 《致办事人书(二)》,《康有为与保皇会》,第 118　119 页。直到 6 月下旬,港澳已
能购械,康有为才让日本总会将余款拨往上海或代为购械(1900 年 6 月 23 日《致麦来
年等书(一)》,《康有为与保皇会》,第 125 页)。

确指示总局：

> 我广勇为最精最勇之军，且言语相通，倚为心腹必广勇。厚集
> 其势力……合为一大团体，乃可制外省湘、鄂、淮、皖诸军也。①

其防止各路诸侯趁乱生变的用意不无积极一面，但以地缘定亲
疏，狭隘性明显可见。更有甚者，他自吹"我家将才极多"，推举曾跟随
从祖康国器镇压太平军的几位亲戚在袭取广州后出而领兵②，并轻信
侄子康同富"于办军务及兵法滔滔可听，皆可施行"，立即派归任用，认
为他们忠信可靠，"且极可托，必不患其泄"。③以血缘关系作为区分忠
奸的标准。

然而，旧式纽带并不能保障保皇会的战略行动，其勤王计划迟迟
不能付诸实现的原因之一，恰好是"办事皆东人"。保皇会内部也矛盾
重重。梁启超与《知新报》因故失和，港澳之间则"气味不甚相投"④。
王觉任等行为慎密，在澳同门刘桢麟亦不能预闻机要，办起事来互相
掣肘。而一旦误事，又彼此猜疑推诿。康有为因"刚事"延误责怪徐
勤，徐怀疑王觉任、欧榘甲告密状，力辩之外，且加攻讦。罗普也怀疑
梁启超海外筹款"有不实不尽之言"⑤。

勤王不成，耗资无数，华侨责难日至，为了维系派别私利，康有为

---

① 《致办事诸子书》，上海市文物保管委员会编：《康有为与保皇会》，第149页。
② 《致办事人书（三）》，《康有为与保皇会》，第120页。
③ 1900年6月23日《致徐勤等书》，《康有为与保皇会》，第128页。
④ 1900年4月23日《致南海夫子大人书》，丁文江、赵丰田编：《梁启超年谱长编》，
第229页。
⑤ 1901年6月3日《与南海夫子大人书》，《梁启超年谱长编》，第262页。

不惜嫁祸于人，他声言："然今大事之付托，全在统兵之人"①，表面承担用人失察之责，其实是委过于领兵将帅，以解脱草堂弟子的干系。当有人追究海外捐款的用途去向时，康竟栽赃于何廷光。秦力山等专程赶到澳门查阅收支账册，才知何"仅为一挂名之总会财政部长，事实上与总会财务丝毫不能过问"②。何氏所扮演角色，本系康有为一手操纵。6月，何廷光无意中得知康因支款事责备徐勤，亦具函申辩。康为此函责徐勤："此等内事，岂可告穗而生支离乎？"③排斥于前而嫁祸于后，为自保不惜害人，心术险恶，无过于此。

保皇会倚为心腹的广勇头目，多为骗棍赌徒，贪图利诱而来。康有为称正军主将陈翼亭之才为"众口交推，非独仆所信保。但太稳求全，非冒险家耳"④，对其笼络有加。其父病故，在保皇会财政十分拮据的情况下，康有为指示总局奉以厚奠。⑤但事到临头，陈却不断抬高要价，"借运动为名骗去六万元"⑥。其他如版筑、三品等，康视为得力干将，为网罗到手，"所费不赀"，后来却"不能得其用，弃之难塞"。⑦梁炳光更指三品为"虎狼"，"今以供应不足，几有胁制反噬之心"⑧。另如梧州二陈，保皇会曾派陈默广、叶湘南专程前往调查，"大称其有人确凿。其头目数人来港索款数万为军装，不能应之"。事后康有为承认对他

① 1900年11月26日《康有为致邱菽园书》，杜迈之等辑：《自立会史料集》，第330页。

② 冯自由：《革命逸史》第4集，第74页。

③ 《致徐勤书》，上海市文物保管委员会编：《康有为与保皇会》，第147页。

④⑦ 1900年11月26日《康有为致邱菽园书》，《自立会史料集》，第331—332页。

⑤ 1900年6月5日《致徐勤等书》，《康有为与保皇会》，第103页。

⑥ 丁文江、赵丰田编：《梁启超年谱长编》，第215页，原初稿批注。

⑧ 康有为致邱菽园书，汤志钧：《自立军起义前后的孙、康关系及其他》，《近代史研究》1992年第2期。

们"未能深知"。①另外,从清方详细查处的情况看,思恩康四也没有自报的聚众三万的实力。②

惨痛教训令徐勤三年后仍然心有余悸,认为:"今日外人皆存一利用吾党之心,除了骗钱之外无他事,故不可不慎之,免蹈庚子故事也。"③梁启超更将"数年来供养豪杰之苦况",比作孝子事父母,狎客奉妓女,指"用钱以购人之死力"为"最险最拙之谋"。④

康有为的父子兵同样不可靠。康同富奉命到广州后,与"必败事"的无用之辈交往,且十余日即滥用数月经费,令康有为大失所望,斥责其"糊涂若此,安能任事"⑤。他极力拉拢的堂兄弟康有仪父子,还向清方告密。保皇会从檀香山、加拿大、日本等地粤籍华侨中罗致的所谓军事人才,从未受过军事训练,只不过略具胆识。就连梁启超极力举荐、统兵一路的横滨福和商店少东家梁炳光,也是"好作高论,无所表见"⑥。5月以前广东失机,总局固有援助不力之责,梁炳光本人亦仅谋及"可以聚多人"之法,还是梁启超提醒他:"徒聚之无益,当谋练之。"⑦

---

① 1900年11月26日《康有为致邱菽园书》,杜迈之等辑:《自立会史料集》,第332页。

② 清驻新加坡领事曾侦知保皇会扬言康四"在思恩府诱众三万,候中堂启节即起事"(光绪二十六年六月七日《寄广西凭祥苏提督》,顾廷龙、叶亚廉主编:《李鸿章全集》三,第981页)。经苏元春详查,"并无逆党诱众思逞之事"(光绪二十六年六月九日《苏提督南宁来电》,《李鸿章全集》三,第987—988页)。

③ 1903年10月26日《徐勤致康有为书》,上海市文物保管委员会编:《康有为与保皇会》,第232页。

④ 1903年11月18日《与夫子大人书》,丁文江、赵丰田编:《梁启超年谱长编》,第332页。

⑤ 1900年8月27日《与同富书》,《康有为与保皇会》,第180页。

⑥ 冯自由:《革命逸史》第2集,第31页。

⑦ 1900年4月4日《与梁子刚书》,《梁启超年谱长编》,第212页。

保皇会借重的另一力量，是原台湾民主国内渡以及参与变法维新的官绅，如唐景崧、丘逢甲、俞明震、康吾友、陈宝箴、岑春煊、熊希龄、郑孝胥、黄忠浩、张棠荫等。他们具有反清（或当朝执政）变政意向，要求改变政变后的政治现状，但并无义无反顾之志，与保皇会同道而不完全同心。如黄忠浩虽在反复劝说下同意加盟自立军，担任前军统领，却认为这种行动"目的虽对，方法不行"①，态度消极。这些人在顺利时表现活跃，积极参与筹划，掌握地方枢要，唐景崧、俞明震分别担

---

① 唐才质：《自立会庚子革命记》，杜迈之等辑：《自立会史料集》，第 92 页。关于黄忠浩与自立会的关系，各种记载不一，唐才质《自立会庚子革命记》："唐（才常）以松坡在同学中年龄最小，不欲其担负艰巨，即备一函，嘱赴湘见黄君忠浩，面商机要。黄君原在湖南训练新军，亦为同志，此时已奉令移鄂，认为此种革命，目的虽对，方法不行，结果使许多青年志士，白白牺牲，未免可惜，于是挽留松坡，暂住家内，从长计议。"吴良愧《自立会追忆记》："前军统领以前本另有人，后来调动，拟定以张之洞威字营统领黄忠浩为前军统领。……以前他并没有参加自立会，及至移驻龟山后，自立军右军统领沈克诚再三向他劝说，他才承认加入。当时克诚天天过江找他谈话，经常从早到晚，一连说了有一个星期，方才得到他的允许参加自立会。"（《自立会史料集》，第 106 页）刘成禺《世载堂杂忆》则认为："予与（戴）元丞，首谒洪山忠字五营统领黄忠浩，元丞说其响应。时张通典伯纯在座，即止之曰：汝幸在黄泽生处言之，在他处殆矣。此何等事，而随便商议乎？真洋学生也。"（第 153—154 页）不过，康有为拟定的勤王方略，一直对长沙的黄忠浩部寄予厚望，他指示韩文举随陈翼亭正军行动，也是因为韩氏"通长沙人士，又解言语，又识黄、熊二将"（上海市文物保管委员会编：《康有为与保皇会》，第 112 页）。唐才常准备发难时，"泽公来此一次，意殊关切"（《唐才常致沈荩书》，《自立会史料集》，第 320 页）。所以"当于荫霖讯知自立会下层干部为威字营中人，因而转脸向黄忠浩说道：'一拿是你黄中书营内人，再拿又是你黄中书营内人，然则你黄中书营内占得好多份子呀！'黄答道：'不但中书营内人在会，应请中丞办，就是中书也在会，也请中丞办！'"后因张之洞庇护，才免于追究（《自立会史料集》，第 110 页）。周善培则称，正气会成立时他建议运动湘军将领，并举黄忠浩、熊希龄出面联络。唐才常答道："泽生是只知道忠于国家，不分别西太后和光绪皇帝谁是谁非的。秉三是赞成变法的，但是想作官，不是革命的。"（《旧雨鸿爪》，中国人民政治协商会议全国委员会文史资料研究委员会《文史资料选辑》编辑部编：《文史资料选辑》第 3 辑）

任广西、江宁的联络主持人，丘逢甲亦自愿具名于勤王檄文。一旦形势危迫，则或蛰伏不出，或袖手旁观，或但求自保，有的后来还参与镇压广西会党起义，屠杀昔日的同道。

第四节　聪明反被聪明误

用人不当，调度乖方，使保皇会的筹备工作大都停留于口头纸面，这是始终筹而不举的真正原因。然而，康有为一味虚张声势，自高身价，外借勤王军威鼓动捐款，内以财源充裕招诱群豪。在毫无头绪的情况下，他妄称："内地已有兵七十余万，新安廿余万，台湾万余人（百战之兵），南关万余，湖南廿余地人，长江各省卅余万，勤王之举，汲汲欲行。""所以待之者，专待饷耳。"呼吁美洲华侨捐款"千数百万"①。梁启超对其"常作大言"，吹嘘"在外得金几何，拥兵几何"的做法极为不满，认为"徒使人见轻耳"，劝以"权术不可不用，然不可多用也"。②但梁自己也不能洁身自好，他让澳门总局多致函各埠，"于筹款聚众两事，不妨稍铺张扬励也"③。

此风相沿成习，同门之间照样浮夸谎报。如康有为以"介、闲、勉合成一军"，应对梁启超关于粤事的询问，而当时徐勤尚未返港，陈士廉则滞留北京，"其所谓军者，必仍是识想所构造而已"，"实未有人

---

①　1899 年 10 月 2 日《复李腾芳书》，上海市文物保管委员会编：《康有为与保皇会》，第 90 页。

②　1900 年 3 月 20 日《致康南海先生书》，丁文江、赵丰田编：《梁启超年谱长编》，第 205 页。

③　1900 年 4 月 4 日《致康南海先生书》，《梁启超年谱长编》，第 214 页。

也"。①后来徐勤三次就粤事答复梁启超,都说:"百事俱备,只欠东风。"梁直言不讳地批道:"弟窃疑其夸也","今东风固欠,而百事之未备者亦正多也"。从康有为的两次复函看,广东方面连最起码的购械运货之事"尚全无布置"②,的确"去事尚远"③。

虚张声势的结果,虽得进款聚人之利,也令广大华侨的期望值与江湖豪强的贪欲心同步增长,大大超过保皇会的负荷力。华侨以捐款将个人利害与祖国安危相联系,"其数虽微,然其望则厚",视勤王成败为民族存亡的关键。这种"捐钱则不能多,责望则极其大"④的局面,令保皇会势成骑虎。梁启超担忧:"今海外之人,皆以此大事望我辈,信我辈之必成,而岂知按其实际,曾无一毫把握,将来何以谢天下哉?""我若做事不成,犹有词以谢彼。我若无事可做,更何面目复见江东父老乎?"⑤

5月以前,华侨对勤王运动进展迟缓已有怨言,保皇会解释道:"今所以迟迟未发于者,以筹款、选将二者皆极要,而款未甚备,将未得人,故将有所待也。"⑥趁机要求华侨罗致人才,募集巨款。

6月以后,中外交战,华侨更加迫不及待,康有为担心再不举事,华侨群情激愤,但仓促行动,"又虑条理未备,而不能妄起"。为了摆脱窘

①　1900年4月12日《致南海夫子大人书》,丁文江、赵丰田编:《梁启超年谱长编》,第217页。

②　1900年4月29日《致雪兄书》,《梁启超年谱长编》,第239页。

③　1900年4月29日《致南海夫子大人书》,《梁启超年谱长编》,第231页。

④　1901年7月5日《康有为致谭张孝书》,谭精意供稿,阮芳纪、黄春生、吴洁整理:《有关保皇会十件手稿》,《近代史资料》总80号,1991年1月。

⑤　1900年3月13日《与大子大人书》,《梁启超年谱长编》,第199页。

⑥　1900年5月19日《陈国镛致谭张孝书》,《有关保皇会十件手稿》,《近代史资料》总80号,1991年1月。

境,他一面谎称广西容县会党暴动是保皇会举事,搪塞一时,哄骗邱菽园汇出余款,一面指示各路人马"总以速为主","不妨冒险"。"故在西起,虽败犹胜,以可得人心,又可筹饷也。"①关乎民族兴衰存亡的勤王大业,开始蜕变为招财进宝的障眼戏法。唐才常"徒以保皇会内外各人迫逼而举事,其时亦极多攻者,若不死亦见疑耳,今死后乃多称之。"②事后保皇会承认:"唐死,由日日接电催促起事,然实布置未周也。"③两广更加准备不足,连孤注一掷的本钱也没有,只能徒叹奈何。

保皇会盲目张大声势,坚持数路大举,又不肯与他人合作,且急于发动,只好走捷径图侥幸,实行"散款招伙"之策,"意在收罗豪杰,自不能无所滥竽,拔十得五,千金市骏马之骨,是亦不得已之事"。除心腹死士外,还要"旁收偏裨,以备牵应,或虽未深信,而不得不羁縻用之,免资敌致祸"。④结果"杂进群才","愈益滥支"。到6月报账时,"所开各人数,实堪骇异"。⑤实际收到的海外捐款10万元已用去8万。康有为不得已,下令"尽购货不招伙","不须预招",使"神不外散",并改变前此"曲体人情,不必尽责高义"⑥,补贴办事人小费家用的做法,紧缩开支。

7月,各路人马将起,纷纷催请饷械,保皇会支绌异常。康有为以

① 1900年6月27日《致叶湘南书》,上海市文物保管委员会编:《康有为与保皇会》,第137页。
② 1900年11月26日《康有为致邱菽园书》,杜迈之等辑:《自立会史料集》,第330页。
③ 丁文江、赵丰田编:《梁启超年谱长编》,第332页,原初稿批注。
④ 1900年11月26日《康有为致邱菽园书》,《自立会史料集》,第330—332页。
⑤ 《致徐勤书》,《康有为与保皇会》,第105页。
⑥ 1900年6月5日《致徐勤等书》,《康有为与保皇会》,第102页。

"大事为杂款所累,竟不能举,失时失机。散漫不节甚矣",进一步明确指示总局将所存 9 万元以 7 万购械,2 万运动,并且"定束水刮沙之法,汰无要之款,以专济赴机之用,一切截止各事,亦截止各款",办事人"但支月费","专办一事之人支二十金,书札奔走之人支十金"。①

然而,因摊子铺得过大,虽然"名出二三十万,而存款常乏,皆有饷无现款,皆应急而发,备左支右,备右支左,得前失后,后者未足,前者已尽,故空费极多",根本无力兼顾长江。到 11 月,"大局虽未全失,然饷源实匮"②,只得停办"累饷最大"③的粤局,以节靡费。

资财耗尽,一事无成,当时事后各方纷纷猜测指责康门师徒中饱舞弊。康有为顾及派别私利,不敢直言相告,其自相矛盾的种种辩解推诿,反而加重了人们的疑心,坐实这一桩公案。其实,保皇会或有挪用部分款项于不急之务,如办学校、书局、报刊、公司等,军情紧迫之际,梁启超曾以在港办铁器公司为名,倡议从檀香山、香港、新加坡"集股二十万",称"此事乃两便之道,以生意而论,亦不坏。而借以助我正事,为香港聚集同志之地,尤大便也"④。对勤王大计三心二意,不免自私自利之嫌。但保皇会款绌的主要原因在于虚靡太甚,"空费极多"。该会原计划筹款百万,实际到手 30 余万。截至 6 月底,除邱菽园的 12 万外⑤,各地捐款汇到香港的仅 5 万 5 千。

①　《致办事诸子书》,上海市文物保管委员会编:《康有为与保皇会》,第 154 页。

②　1900 年 11 月 26 日《康有为致邱菽园书》,杜迈之等辑:《自立会史料集》,第 331、333 页。

③　康有为致邱菽园书,汤志钧《自立军起义前后的孙、康关系及其他》,《近代史研究》1992 年第 2 期。

④　1900 年 4 月 23 日《致南海夫子大人书》,丁文江、赵丰田编:《梁启超年谱长编》,第 229 页。

⑤　先捐 10 万,3 万付给唐才常,7 万陆续汇往澳门总局。后又捐 5 万。

　　海外募捐，往往认捐快而缴款慢，费用又高。康有为曾抱怨道："计檀山及南中各埠可得廿余万，惟皆未交（今一切全借邱力，可以此动大众）。美埠甚多，何所得之区区乎？"①梁启超在檀香山筹款八九万，到6月中旬，实际收集的不过4万，寄往港澳和日本的只有2万。

　　鉴于"似此尺进寸退，终不能成大事"②，梁启超只好转而设法通过美国人借贷，先联系名鲁云之人，后以其不甚诚实，又以2万金委托美国人赫钦到纽约办理千万元的巨额借贷，并以此为大举成功的希望。③他一再函告康有为、邱菽园、唐才常、梁炳光和澳门总局，建议等到8

---

① 1900年6月27日《康有为致谭张孝书》，谭精意供稿，阮芳纪、黄春生、吴洁整理：《有关保皇会十件手稿》，《近代史资料》总80号，1991年1月。

② 1900年4月5日《与湘孺两兄书》，丁文江、赵丰田编：《梁启超年谱长编》，第215页。1900年6月21日梁启超函告柏原文太郎：现在款资不足，南洋约10万，布哇六七万，桑港加奈陀不过四五万，实际不足30万，南美或10万内外，澳洲两三万之间，不得已，与一二美人商议，募集外债（东亚同文会编：《续对支回顾录》下卷，第656—657页）。

③ 赫钦为檀香山有望商家，曾在北京李鸿章座中见过梁启超，戊戌政变时亦在北京。梁启超到檀香山后，即与之交往，考察月余，乃与商大事。"彼发大心，肯偕往纽约，谓若弟子（按即梁启超）往见各豪富，肯签名许以非常利益，事之成可望八九。弟子决于下月偕往，惟彼在檀，薪工甚昂，与之同行，六月须万金（美国纸）乃能尝其利益。既与檀中同志共商，皆谓此人可信，孤注一掷亦无妨。现决意以本会所收得美金万余充此事之用，带一极精密之译人同往。"后因疫防未解，梁启超不能赴美国大陆，只好专托赫钦（丁文江、赵丰田编：《梁启超年谱长编》，第204、213页）。1899年底谭张孝函告康有为："华盛顿有美人富绅伊士打，愿以一二千万助长者救中国。"后者以为"此为救中国一大举，当亟亟细细查之"（方志钦主编：《康梁与保皇会》，第25—26页）。4月梁启超函告康有为："弟子之欲言有待者，实因有可待之道也。即前日所言某西人之事是矣。此人昔曾与于古巴之役者也，与今之美外部大臣同事者也。彼今受吾二万金之重托，弃其现做之商务而奔走此举，彼之意谓事之成可以十有八九也。虽属意外之望，然既有此布置，似不得不待。且此事若成，不特得其资财，亦且得美政府之助，又得人才之助也。盖其人既能出此巨金者，必在美为有望之人。而彼既有有所利而为，则必欲其底相成，其必不能不设种种法以助我，此人情也。故弟子之意，欲待此举之成否，然后举其他。尽六月杪必有实消息矣。"（《梁启超年谱长编》，第219页）

月借款事成再行发动。然而,款未到手,2 万本金也付诸东流。平心而论,康有为的辩解虽暗藏损人利己之心,关于捐款用途的说明则大体属实。

康门师徒是论学才子而非办事能人,他们知道"当乱世终非挟兵力不可立也"①,也懂得"凡办事与谈道不同,谈道贵阳,而办事贵阴,况兵者诡道乎! 从草泽而与朝廷抗,又阴之阴者"②。但行动起来却力不从心,先定大而无当的计划,继以浮而不实的筹备,以同门人办天下事,结果四处碰壁,焦头烂额。相比之下,兴中会人少财乏,而惠州起义从筹划组织到指挥行动,却要严密有效得多。所以梁启超不顾师尊同门的责怪,一再肯定孙中山一派致力于武力反清之事,"实娴熟过于我辈远甚也"。③

这种由地位、经历、社会交往等因素综合而成的能力差异,对今后各自的走向不无影响。康有为表示:经此一役,"自后不敢言兵",不仅是害怕流血牺牲,痛恻于"株连死者无算"④的惨状,更重要的是绝望于保皇会的军事能力,言兵无异于送死。他们并非根本反对动武,而是担心玩火自焚。倒是徐勤说得坦白:"若欲起事,必不能成,故亦无容议及。"⑤从此,保皇会除以金钱收买死士密谋暗杀外,将光绪复辟付诸

① 1900 年 10 月 17 日《与同薇同璧书》,上海市文物保管委员会编:《康有为与保皇会》,第 187 页。
② 1900 年 6 月 27 日《致徐勤书(二)》,《康有为与保皇会》,第 134 页。
③ 1900 年 3 月 13 日梁启超致康有为函,引自郭世佑:《筹划庚子勤王运动期间梁、孙关系真相》,王晓秋主编:《戊戌维新与近代中国的改革——戊戌维新一百周年国际学术讨论会论文集》,第 811 页。
④ 康有为:《唐烈士才常墓志铭》,杜迈之等辑:《自立会史料集》,第 221 页。
⑤ 1903 年 10 月 26 日《徐勤致康有为书》,《康有为与保皇会》,第 231 页。

卦象,以"待时听天""坐待复辟"①,自欺欺人。

不过,海外华侨并不因此而见谅保皇会。庚子后,徐勤每到各埠,华侨均要求自立、起兵。"若云起兵不可,自立不可,则人必曰:开会何用,又何必筹款乎!"②为了稳固财源声势,保皇会开始自觉地以勤王名义为谋财手段。1901年初,美洲华侨响应荷马李的倡议,企图大集各埠精英归国举义,康有为坚决反对,认为:"假若纷召各埠,则所捐得之款,尚不足养各埠议事之人,况言办事乎?"

荷马李的建议当然不足取,问题是康有为已经放弃了勤王计划,不是从军事的成败来考虑,而是以利益的得失为权衡,勤王只是幌子,敛钱才是目的。为此,他提出"开新埠,筹新款"的方针,要求"今日务以开新埠为主,必开新埠乃可有款,若旧埠则虽苏、张之舌无能为也,徒生是非耳"。③此举用意,无非是旧埠已生戒心,且力已用尽,新埠则易于行诈,以防泄露天机。

1902年广西会党起义,张学璟等人前往龙州、南宁与其首领联络。康有为、徐勤既不赞同,也不相信有成功希望,但鉴于"言西事,各埠皆欣喜,散岛会友每人捐一月工银,即□言西事得来。若禁言西事,而日诩复辟,令人冷齿而灰心也"。"今若不言自立,不言西省之事,则实无从下手运动"④,因而未加阻拦。

---

① 1903年11月18日《与夫子大人书》,丁文江、赵丰田编:《梁启超年谱长编》,第333页。

② 《徐勤致康有为书》,上海市文物保管委员会编:《康有为与保皇会》,第201页。

③ 1901年7月5日《康有为致谭张孝书》,谭精意供稿,阮芳纪、黄春生、吴洁整理:《有关保皇会十件手稿》,《近代史资料》总80号,1991年1月。

④ 《徐勤致康有为书》,《康有为与保皇会》,第201—202页。

庚子以后，保皇会关注武装勤王的活动仍持续了一段时间，主要是对广西的民变有所寄望。此事的真实情形，据 1902 年 9 月 23 日港澳总局的何廷光、王觉任等通告美洲分会：

> 本月初十日，张、罗两君由南宁回，述及官兵始终未尝与游勇开仗，所报毙若干人，夺得枪械若干枝，皆是统带冒认胜仗，欺蒙公司也。惟六月廿间马盛治亲率千人往马鞍山围剿，该党预伏兵于树林之间，俟马盛治过，即放枪轰之，当堂毙命，并杀毙官兵百数十人。若使该党枪炮充足，此一千人皆无命回也。现新任巡抚王之春不敢进兵，只驻梧州，商量剿抚之法，一因兵饷不足，一因山路崎岖也。[①]

直到 1904 年七八月间，梁启超致函蒋智由还提到：

> 西省前半月亦曾一人来，惟彼与柳党不相属，且极诋柳党之无用，仍主持重蓄势之说也。……顷有一大失望之事，友人有罗璞士者，前曾与涣卿言其人，想公间接闻之。此公去年来东学爆物及催眠术，学成归，方将实行。而此公昔本在广西运动占势，近在粤与西党中一重要头目通电，为吏调悉，客月初间被逮，此间极力营救无效，于月之廿三，继两浏阳而去。弟为此事苦痛不可言状。此才真不易得，蓄志十年，一事不就，竟以此死，彼苍之虐，一

何甚耶。公闻之,想亦为一哭也。①

梁启超虽然认为"苟非有兵力,亦安所得行其所志"②,继续支持张学璟、罗孝通等人桂起事,可是急切间难以再举,只好借办学名义遮掩,"免使外人谓我一事不办,谤为棍骗也"③。

勤王军兴之际,已有人怀疑保皇会"依于救支那帝国计其隆盛之名义,以募集数十万圆之寄附金(寄附金也),于支那之政治改革毫无所用,而但为自己等之赘泽(赘泽即骄奢也),或为旅行费,彼等之所作几于诈伪"④。后港沪各报更"谓保记款若干十万,尽为某某吞噬者,日日以吸国民之血,吮国民之膏相诟詈"。各埠保皇会会员"亦日相与窃窃私议"。梁启超因"未能做成一二实事",不得不"直受之","恨不得速求一死所,轰轰烈烈做一鬼雄,以雪此耻"⑤。康有为则一意孤行,坚决反对再用武力。无怪乎与保皇派关系极深的田野橘次慨叹道:

> 康等在北京政变以前,为非常之精神家。至其亡命,而其人格同时堕落焉。……呜呼! 康梁及今不改,到底不能免为东亚之亡国虫!⑥

---

① 丁文江、赵丰田编:《梁启超年谱长编》,第342—343页。
② 1903年11月18日《与夫子大人书》,《梁启超年谱长编》,第333页。
③ 1903年9月1日《与穗田二兄书》,《梁启超年谱长编》,第324页。
④ 田野橘次:《最近支那革命运动》,第113页。
⑤ 1903年11月18日《与夫子大人书》,《梁启超年谱长编》,第332页。
⑥ 田野橘次:《最近支那革命运动》,第113—114页。

第三章　中国议会

保皇会无疑是庚子勤王运动的要角，不过，勤王并非只是保皇会一家上演的独角戏。唐才常的战略目标由北上勤王转而南方立国，重要原因是南方党人不仅有联合之意，而且出现了联合之机。从正气会到中国议会等一系列组织的成立，体现了各派联合的共识。戊戌政变以后，内乱外患交乘，国家民族的生死存亡悬于一线，社会矛盾日趋激化。在严峻形势的逼迫下，各种势力竞相登台，试图救亡变政。1900年成立于上海的中国议会（亦称国会），得到趋新各派的支持赞同，更具声势。只因国会的内外关系错综复杂，当时资料又付诸阙如，事后回忆则真伪莫辨，一直难以了解周详。

1929年丁文江等人为梁启超编年谱，辗转托人在杭州抄录了孙宝瑄日记中的有关部分，立即认识到这是关于国会"最详细、最忠实的叙述"。因为对此重大事件，"《申报》上没有一个字的记载"，询问当事人如张元济、狄平等，竟也"都不得要领"。①可惜抄录仅十余页，后来日记的己亥、庚子等册又不幸毁于兵燹，难以释读其中的人与事。有人视抄件为孤证，将信将疑，或依然引述其他回忆，而不以日记为定凭，订讹补阙。

---

① 中国社会科学院近代史研究所中华民国史组编：《胡适往来书信选》上册，第518页。

1980 年代以来,随着日本井上雅二日记的发现和中国《忘山庐日记》《汪康年师友书札》《康有为与保皇会》《宋恕集》等资料的出版,使得有关史料大为充实,有关人事的明暗各面逐渐显现。一些学者对此作了进一步研究。[1]不过,因事出极密,当事人的函电大量使用隐语暗码[2],所涉及的人事至为复杂,各记述不一,加上后来人为因素作祟,阅读理解诚非易事,迄今未能充分利用。或者虽然使用,也难免各取所需。有的则为表面意思所迷惑,不能以公私明暗各种记载相互参证,读出史料所隐含的本相。在解读史料、考辨史实的基础上重建国会的历史,对于全面认识和理解庚子勤王运动,极为必要。

第一节　组织与人员

关于国会开会的时间、地点、次数等问题,汤志钧先生据井上雅二日记,做了仔细考证。[3]至于与会人数,7 月 29 日第二次会议孙宝瑄与井上雅二所记相同,均为 60 余人。而 7 月 26 日第一次会议则孙记为 80 余人,井上记为 52 人,难以确认。国会后来在沪、宁等地继续发展成员,最多时达一百余人。[4]其中有名可考者为容闳、郑观应、丁惠康、

①　胡珠生:《正气会及其〈会序〉三题》,《历史研究》1984 年第 6 期;《自立会历史新探》,《历史研究》1988 年第 5 期。

②　如夏曾佑嘱咐汪康年:"以后通书有碍字面,诚恐未便,若作隐语,又易误会。今拟于信中极要字面,即用电报新编之号码,每码移上三字。"(上海图书馆编:《汪康年师友书札》二,第 1353 页)

③　汤志钧:《乘桴新获》,第 343—345 页。

④　井上雅二:《维新党的失败及其将来》,《东亚同文会第十一回报告》,明治 33 年 10 月。田野橘次的《最近支那革命运动》第 1 章"哥老会巨魁唐才常"(收入杜迈之等辑:《自立会史料集》)第 5 节"维新党的失败与其将来"据此译成,略有增删。

温宗尧、陈锦涛(以上籍贯广东)、叶瀚、汪康年、汪有龄、汪立元、孙宝瑄、胡惟志、宋恕、张元济(以上浙江)、唐才常、沈荩、张通典、陶森甲、唐才质、林圭(以上湖南)、丘震、狄平、马良(以上江苏)、吴保初、孙多森、孙多鑫(以上安徽)、赵从蕃、文廷式、陈三立(以上江西)、严复(福建)、龙泽厚(广西)、戢元丞(湖北)、宋伯鲁(陕西)、王照(直隶)、沈士孙(江西)、李学孝(不详)。另外沈兆祎(江西)、伍光建(广东)、周善培(四川)、陈季同(福建)、方城、蒋新皆、王修植、夏曾佑(以上浙江)等可能入会。章炳麟(浙江)、毕永年(湖南)两人开始入会,后分别因故退出。而康有为等保皇会首领,虽在海外,显然被列入会籍。[①]

国会第二次会议时,章炳麟提出不准满蒙人入会。其所排之满人,据他的《请严拒满蒙人入国会状》:

> 或谓十室之邑,必有忠信,虽在满洲,岂无材智逾众,如寿富、金梁其人者。不知非我族类,其心必异,愈材则忌汉之心愈深,愈智则制汉之术愈狡,口言大同而心欲食人,阳称平权而阴求专制,今所拒绝,正在此辈。[②]

似非意指光绪。寿富受业于张佩纶、张之洞,"治经不局汉宋,惟

---

① 据《井上雅二日记》(汤志钧:《乘桴新获》,第 348—380 页)、孙宝瑄《日益斋日记》、唐才质《自立会庚子革命记》、冯自由《中华民国开国前革命史》上编第 9 章、田野橘次《最近支那革命运动》第 1 章(均见《自立会史料集》)等资料整理。张元济两次会议均与会,第二次会议决定干部人选,容闳指定其与孙宝瑄掌会计,力辞不就。井上日记称宋伯鲁、张元济、王照等没有加入,似指未加入国会的中心机构。

② 《中国旬报》第 19 期,1900 年 8 月 9 日。

是之程，论天下大势，以力泯满汉畛域为先"①，曾与康有为等人在北京发起知耻学会，主张变法，令天下维新人士刮目相看。②政变后他与张謇谈，告以"康、梁盖我政府尊奉而保护之也"，张以为"甚当"。③庚子联军陷京，拒降自缢。梁启超称："宗室寿伯福太史富，可谓满洲中最贤者矣。其天性厚，其学博，其识拔，爱国之心，益睟于面。乙未秋冬间，余执役强学会，君与吴彦复翩然相过，始定交，彼此以大业相期许。"④

世为杭州八旗驻防的金梁（字息侯）与国会确有直接关系。唐才质《自立会庚子革命记》将他列入该会文事会员表，称：

> 戊戌己亥期间，与唐才常在沪相识，意气尚洽。戊戌政变后秋祀孔子，约同人会祭于杭州。是日先到者为唐才常、沈荩，自沪来会，密议结合会党，起义救国。息侯为介绍青帮首领张啸林，是为联络青红帮哥老会之始。初以孙中山先生力持排满，不能明合。及容闳博士自美国回沪筹商，主张团结力量，绸缪国是，而孙、唐合作之议始定，盖合君宪、革命及哥老会青红帮而为一也。自立会将起义，唐本约息侯同赴武汉，赞政事，旋以他故，请息侯留守上海，帮同照顾后方事务，得免于祸。……以余所知，满人有

---

① 《赠光禄寺卿翰林院庶吉士宗室寿富公行状》，林纾：《林琴南文集》，第35页。
② 高凤谦函告汪康年："寿伯弗先生创知耻会，所撰序文辞意俱好，忠君爱国之心，跃于纸上。宗室有此人才而废弃不用，可叹可叹。"（上海图书馆编：《汪康年师友书札》二，第1635页。参见吴保初：《宗室寿富告八旗子弟书书后》，吴保初撰，孙文光点校：《北山楼集》，第88—89页；宋恕：《书宗室伯福君知耻学会叙后》，胡珠生编：《宋恕集》上册，第278—279页）
③ 张謇研究中心、南通市图书馆编：《张謇全集》第6卷，第416页。
④ 梁启超著，舒芜校点：《饮冰室诗话》，第15页。

意勤王，亦不反对革命，除息侯外，实不多见。[1]

所述与史实大体相符。章氏特意提出寿富、金梁，要求与会员歃血为盟，“如有引蒙满人入会者，同会共击之”，以断绝各种借口托词，似有实事，而非虚指。

金梁在所撰《瓜圃述异》中，记述了他与章炳麟的交往：

章太炎少以排满名，而与余一见如故交，往来无忤。《苏报》陈君父女及张伯纯、吴彦复等，皆其介见。尝偕访宋燕生恕，宋素谨密，见而骇曰：“二君何可同游耶？”亟托词引余出，品茗市楼，切劝至夜午不止，垂涕而道：“盖虑二人争意见，终恐不免一伤也。”余笑谢之。未几日，太炎开会演说，主排满，当首诛金某，谓：“但愿满人多桀纣，不愿见尧舜。满洲果有圣人，革命难矣。”于是众皆戏称余为满洲圣人。而二人交往如常。忆一日，偕访唐佛尘才常，未遇……。及党祸既作，太炎返里，不敢宁于家，寓凤林寺。吾营少

① 杜迈之等辑：《自立会史料集》，第93—94页。另据金梁《光宣小记·送考》条：“廷式听点，乡友多至殿门送考。朝考日，余方与众立谈，见汪伯唐先生（大燮）送汪穰卿同年（康年）入。伯唐与余向未识面，问余名。穰卿曰：‘予昔识金君于广坐，尔亦试觅之稠人中。’伯唐四顾及余，趋前曰：‘昂昂千里，卓立不群，其此君耶？’众皆引以为异。穰卿曰：‘此君自有异人处，不难识也。昔访君西湖，君方品茗三雅园，座客已满，予觉君小异，执手问讯如故交。及君至海上，予集友宴之，数十人皆一时知名士，文芸阁（廷式）后至，予亦嘱觅诸座上。芸阁一顾即得。吴彦复、欧阳石芝继至，亦然。金君不凡，故易识也。’时闻者皆传为美谈。忆昔唐佛尘（才常）、沈愚溪（荩），至杭见访，余侍父立柳堤，唐君一见即呼曰：‘金君是耶？’亦可异。客去，父曰：‘唐军顾盼非常，必立功名，恐遭非命，沈亦似不能免。’后庚子起义，唐君果于汉口被害。时余下榻上唐寓，得报大恸。未几，沈君亦仗死北京，果皆验。”（章伯锋、顾亚主编：《近代稗海》第11辑，第289页）

年,共约邀击之。余闻讯,急驰往,强众散归。太炎始终未知也。①

此说可与上述推测相印证。

1899 年底唐才常函告康有为,言及金梁在戊戌政变后的态度表现,作为南方舆论普遍主张尊王,"海内士夫之议论黑白渐著,而彼元奸巨憝之不敢遽动于恶,以撄天下之怒"的力证,他说:

> 杭州驻防瓜尔佳氏,且敢明目张胆上书那拉,以膺权贵之锋。其人名金梁,满洲生员,年二十余,慷慨有大节,昨常亲至杭州,径造其庐与谈半日,闻渠日砺一剑,为杀荣、刚之用。又孔子生日亲率满人设主大祭,而以去秋殉难六君子配之,见者愕然。②

其时章炳麟《訄书》刊行,"此书汉人虽读之感痛快,但畏祸,不敢多为传布;而杭州驻防金梁,乃购数十部分赠满人之识字者,说:'汉人已如此,我们还可不振作吗?'金君倒真是章君的知己了"③。章氏的意

---

① 沈云龙主编:《近代中国史料丛刊续编》第 24 辑之 238。
② 蒋贵麟编:《万木草堂遗稿外编》下,第 871 页。谭献《复堂日记》1899 年 10 月 3 日记:"六桥来,询悉驻防上书者瓜尔佳氏金梁字息侯,诸生,年未三十,昨举孔子生日会者即其人。"(谭献著,范旭仑、牟晓朋整理:《复堂日记》,第 405 页)后来康有为反对扑满之说,所举例证之一,即"满人亦有佳者,如瓜尔佳力言民主者也,何必尽攻之"(1902 年 6 月 3 日《致罗璪云书》,上海市文物保管委员会编:《康有为与保皇会》,第 159 页)。
③ 蔡元培:《自写年谱》,高平叔编:《蔡元培全集》第 7 卷,第 290 页。另据 1901 年 4 月 4 日蔡元培日记:"晤伯绚、仲昭,见示章枚叔所为《訄书》,宗旨在帝孔氏,逐满洲。伯绚言,瓜尔佳锡侯,满洲之言维新者,见此书因立一扶满抑汉宗旨,以与枚叔争。嘻,黄种方绌于白种,而种之中乃自相与争,此何异汤沐之具,而群虱乃斗于裈中也。然满汉之界,祖宗立法未善有以启之,二百余年无大争,故界不破。今乃有以争为宗旨者,此满汉大同之基也。"(中国蔡元培研究会编:《蔡元培全集》第 15 卷,第 327 页。编者校改"大同"为"大乱",误)

见未被接纳,国会要人又主张大合而反对排满,金梁直接间接参与其事,亦非没有可能。

国会成立后,领导层托日本东亚同文会干事井上雅二到南京联络同人,扩展组织,经过一番活动,俞明震(浙江)、刘世珩(安徽)、易顺鼎(湖南)、傅苔生(江宁)、顾云(江苏)、薛华培(四川)等人表示赞同附和。①

除南京的响应者外,国会会员主要分为四部分:其一,以唐才常为首的康、梁派,包括张通典、狄平、沈荩、唐才质、龙泽厚等;其二,以汪康年、叶瀚为首的江浙派,有汪立元、汪有龄、丘震、孙宝瑄、宋恕、夏曾佑、胡惟志,以及与之关系密切的旅沪人士沈士孙、孙多森、孙多鑫等;其三,因义和团事件由京津等地避乱南来者,如严复、王修植、伍光建、陈锦涛、方城、蒋新皆、温宗尧、赵从蕃等;其四,其他新学名士,如容闳、郑观应、文廷式、陈三立、丁惠康、吴保初等。后两类虽各有政见,却较少派系意识,周旋于康、梁派与江浙派之间。可以说,乔清康、梁派与江浙派的关系,是把握国会内部派系组合的关键,也是探讨分析国会宗旨主张与实际活动的前提。

国会领导层的基本情况如下:

职务	姓名	字号	籍贯	年龄	学历出身	备注
会长	容闳	纯甫	广东香山	72	留美	
副会长	严复	又陵	福建侯官	46	留英	

---

① 《井上雅二日记》,汤志钧:《乘桴新获》,第366—367页。

续表

职务	姓名	字号	籍贯	年龄	学历出身	备注
书记	叶瀚	浩吾	浙江仁和	37	上海格致书院毕业	
书记	丘震	公恪	江苏元和	22	秀才	丘玉符子
书记	汪有龄	子建	浙江钱塘	21	留日	
干事	郑观应	陶斋	广东香山	58	捐纳	
干事	唐才常	佛尘	湖南浏阳	33	贡生	
干事	沈士孙	小沂	江西南昌①		举人	
干事	汪康年	穰卿	浙江钱塘	40	进士	
干事	汪立元	剑斋	浙江钱塘	30	附贡	
干事	丁惠康	叔雅	广东丰顺	32	荫生	丁日昌子

---

①　沈小沂,又作晓宜、小宜、晓沂,胡珠生《自立会历史新探》定为沈兆祎,《宋恕集》
（胡珠生）编）姓氏索引及简注以小沂、幼沂为同一人。均误。沈兆祎字幼沂,江西南昌
人,清优贡生。戊戌官候选训导,曾上书奏请"广邮政,裁驿站"。后从张百熙办京师
大学堂。民国曾任山东临沂县长。据《汪康年师友书札》,1899 年 9 月 28 日夏曾佑来
函:"新见《五洲大事报》,当即是沈晓宜所为,其首《平等说》一篇,当是浩吾之笔。"同
年 10 月 12 日章炳麟来函:"八月三十日曾寄《究移植论》《翼教丛编书后》两首,托转
致小沂。嗣在穗公处,得君赴鄂之耗,今复将《藩镇论》一首寄奉,亦望转致小沂。《五
洲报》馆设在何处,务望示悉,以便他日径寄。"1900 年 5 月 16 日周善培来函:"晓沂报
犹出否? 何以二月皆不一寄。"（见上海图书馆编:《汪康年师友书札》二,第 1344、
1957、1195 页）《五洲大事报》,即《五洲时事汇报》,半月刊,1899 年 9 月创刊于上海。
该报原题"本馆社主日本佐原笃介,支配人中国沈士孙,创设《苏报》馆内"。则沈小沂
名沈士孙。据 1900 年 1 月 27 日《苏报》所载上海绅商反对清廷立储的联名电禀,签名
者中沈士孙、沈兆祎并列,实为两人。另据郑孝胥日记,沈小沂本名兆祎,是沈幼沂的
弟弟(中国历史博物馆编,劳祖德整理:《郑孝胥日记》第 2 册,第 866、872 页)。庚子
后他亦曾参与京师大学堂事,因遭时忌,回沪办译书局。井上雅二日记明治 33 年 8
月 6 日、23 日所提到的沈少伟兄弟、沈小伟,当指沈兆祎、兆祉兄弟。

续表

职务	姓名	字号	籍贯	年龄	学历出身	备注
干事	吴保初	彦复	安徽庐江	31	荫生	吴长庆子
干事	赵从蕃	仲宣	江西南丰		进士	保国会员
干事	胡惟志	仲巽	浙江吴兴			胡惟德弟
干事	孙宝瑄	仲愚	浙江钱塘	26	荫生	孙宝琦弟
会计	孙多森	荫亭	安徽寿州	32	贡生	孙家鼐侄孙
会计	唐才常					兼

据此，江浙派在国会中占有明显优势。国会两次集会，第一次叶瀚任主席，第二次确定干部，属于这一派的有书记叶瀚、丘震，干事汪康年、沈士孙、汪立元、胡惟志、孙宝瑄，另外干事郑观应、会计孙多森与该派关系密切，副会长严复和干事丁惠康、吴保初较为中立。赵从蕃的组织活动与唐派联系较多，但观点与汪派一致。只有会长容闳偏袒唐才常。与正气会时期相比，唐才常派的地位明显下降。原来唐才常任正气会干事长，沈荩任事务员，加上张通典、狄平，虽无地利之便，势力却略占上风。

两派人物相比，各有所长。1900 年 4 月 17 日，严复曾致函章炳麟，对沪上新学名士逐一评点：

> 苟自所见者言之，则好学竺义，用情恳恻，吾敬张鞠生（元济）；知类通达，闻善必迁，吾敬汪穰卿；湛厚质重，可与主权，吾推张伯纯（通典）；黾勉事功，蔚为时栋，吾爱唐后丞；左矩右规，好善（惆）固，吾服丁叔雅；深躬尔雅，自振风规，吾见吴彦复；渊种埋照，种德俊时，吾敬沈小宜；慕道乐善，能自得师，吾推胡仲巽；天

资开明,乐游胜己,吾望狄楚青(平);至于寒寒孜孜,自辟天蹊,不可以俗之轻重为取舍,则舍先生吾谁与归乎?①

张通典、狄平等未能进入国会的领导中枢,当是所属派系影响削弱的表现。

第二节　正气会

国会两派的分合消长,始于正气会。关于正气会、自立会与中国议会的联系及区别,长期语焉不详。早在 1901 年 4 月 23 日,夏曾佑致函汪康年已谈及此事,他说:

> 今日至难处之事,乃上之人不能分新党之派别,以自立会混之国会,又以爱国会混之自立会,转展相牵,葛藤何已。然亦何怪其然,立会之地同,入会之人亦半同,何怪不并为一谈也。此宜作文一篇,表明新党有若干派,各派之政策若何,则界限明矣。窃意此时是政党萌芽之时,故泾渭未分,将来必各各分别不自讳,如东西各国之政党者也。②

1984 年胡珠生先生发表《正气会及其〈会序〉三题》,利用宋恕日记信函等资料,力证《正气会序》为丁惠康所撰,强调丁惠康、汪康年在创

---

① 朱维铮、姜义华编注:《章太炎选集》注释本,第 112—113 页。
② 上海图书馆编:《汪康年师友书札》二,第 1378 页。

立正气会过程中的重要作用,以及汪康年、唐才常两派的分歧和影响。①但在匡正张难先、冯自由等人记载之误的同时,忽略了其他文献,过分侧重于从宋、丁相交的角度立论,完全否认唐才常的地位作用,不免以偏概全。

对此,陶季邑教授提出不同意见,认为正气会的创建者不能排除唐才常。其考证仍嫌粗疏,未能从时间、组织上划清正气会、自立会和中国议会的界限。②充分利用各种新出史料,考校比勘既有著述,在正气会成立的时间、人员、宗旨、活动,正气会、自立会与国会的关系,以及汪、唐两派的分歧联系等方面,仍须进一步澄清史实,探索脉络。

正气会的成立,应在 1899 年 12 月 22—25 日之间。研究该会的历史,首先应区别史料的性质和价值。就目前所见,田野橘次的《最近支那革命运动》《汪康年师友书札》和宋恕的日记信函距事最近。田野橘次记:

> 于时天下英雄来集者甚众:其由哥老会来者,即张某、辜某、要某、容某等也;由革新派来者,即周某、汪某、欧某、丁某、叶某等也;而湖南青年党首领唐才常及沈克诚,实膺此会首领,沈为事务员。

有人怀疑此说的可靠性。为证实其说的可信程度,首先讨论以下问题:其一,哥老会首领是否加入正气会;其二,唐才常是否正气会首领;其三,田野橘次与正气会的关系。

---

① 《历史研究》1984 年第 6 期。
② 《历史研究》1990 年第 6 期。

　　所谓哥老会来者,应为张灿(尧卿)、辜人杰。容某可能指容星桥,
要某不详。张、辜二人主要是 1899 年 10 月上旬在香港与兴中会、三
合会合组兴汉会的两湖哥老会首领的代表。唐才常得知兴汉会成立,
函邀林圭回国,准备依靠被兴汉会排斥在外的谭嗣同旧部师襄,以湖
南为中央本部和活动基地,伺机起事。

　　11 月中旬,林圭等人抵达上海。下旬,和沈荩、田野橘次等出发赴
湘。因白岩龙平、宫阪九郎、荒井甲子之助等人的阻挠,赴湘计划无法
实现,临时改到武汉寻求发展。这一变化,导致两方面结果:

　　其一,在毕永年、容星桥的帮助下,以开设旅馆名义,在汉口设立
联络机关,与参加兴汉会的哥老会首领建立关系。12 月,林圭、田野等
与张、辜等一众哥老会首领 26 人聚会于汉口扬子江干第一酒楼。

　　其二,组成正气会。哥老会首领加入正气会,并无所谓阶级基础
之类的限制,因为正气会同样有联络会党武力变政的秘密宗旨和活
动。汪康年等人也因此而结识张、辜。只是革新派的活动可以公之于
世,为外圈;与哥老会的联系必须暗中进行,为内圈(详见下节)。

　　至于唐才常,确曾担任正气会首领,其正式名称为干事长。1900
年 6 月 18 日,周善培致函汪康年,谈到正气会时问:"浩务任干事长,
绂臣顷复何如?"①则正气会前期干事长为唐才常,后改由叶瀚担纲。
不少资料说唐才常担任国会总干事,实际上国会并无此一职位,当是
与正气会干事长相混淆。

　　周本人是正气会的发起人之一,而且始终关注该会活动。田野橘
次所说"周某",即周善培,字孝怀,思想新颖,议论豪爽,历任数省督抚

---

①　上海图书馆编:《汪康年师友书札》二,第 1196 页。汪康年来函写于 3 月 27 日。

幕僚。他于 1899 年 10 月赴日本考察学务，出国前在上海与唐才常、汪康年、文廷式等人有所交往。[①]在日期间，曾与梁启超、孙中山等人晤谈。[②]是年 12 月 19 日，梁启超赴美洲，周善培随即离日归国，恰好赶上正气会的成立。他后来回忆唐才常道：

> 十二月初，我由日本回到上海，表面是住栈房，实际在他家里睡了十几夜，都是谈到深夜，不能走了，就留宿下来。他的实际行动就是富有票的办法。基础是建筑在结合一般帮会朋友之上，每天往来的尽是四方帮会的朋友。他说四川帮会是几百年来具有组织的团体，要我到四川去担任四川哥老会的责任。

周善培告以帮会有形式无组织，没有政治思想，附和者无非为了升官发财，且不能保守秘密。他本人年轻，又是官场子弟，与哥老会难以接近，即使设法入会，要熬到大哥，需要十年。因此联络会党只能作响应，基本的工作应运动军队，如湘军等。沈荩表示已有联络湘军的

---

① 中村义：《白岩龙平日记》，第 311—312 页。周善培《旧雨鸿爪》记：唐才常"从政变起就想替复生报仇。己亥（一八九九年）八月，我由四川赴日本，路过上海，知道他在上海，就去访他。他就把报仇的实际行动对我说了大略。"（中国人民政治协商会议全国委员会文史资料研究委员会《文史资料选辑》编辑部编：《文史资料选辑》第 3 辑，1985 年）

② 周善培《谈梁任公》记："己亥（一八九九年），我到日本调查，过上海遇见时务学堂的两个学生同船到日本。在路上谈起他们要到日本找梁先生，我就托他们转达任公，我要去访他。到了东京，任公就由横滨来信约定日子，他来东京访我。见面唏嘘感慨良久以后，我就提出他们对政变应负责任的意见，任公当时诚恳地深自引咎。……我在东京住了一百二十天，与他见面在十次以上。"（文史资料研究委员会编：《文史资料选辑》第 3 辑，1960 年）

途径。①

　　田野介入正气会事务很深,作为该会掩护的东文译社,即以田野的名义登记,所记有关正气会的活动多为其亲历之事。他指出汪康年、欧阳柱、丁惠康、叶瀚为与会的革新派成员,还不足为奇。但知道在沪时间很短的周善培,则必定深悉内情。②此外,田野在武汉结识了两湖哥老会首领,1900 年初唐才常曾打算让他率人北上实行暗杀,时任驻南京湘军营官的辜人杰又告以长江举义计划,这样,他对正气会两派的内圈外圈活动均知之甚多,所记可与其他资料相印证,非道听途说可比。

　　由此引出的问题,是正气会成立的时间。胡珠生据宋恕日记,定为 1900 年 2 月 22 日正式召开大会于绳正学堂。而从周善培、唐才常等人的行踪看,正气会的成立不会晚于 1899 年 12 月 25 日。根据之一,周善培是 12 月 26 日离开上海的,次日他曾在镇江于舟中致函汪康年,请其代收遗落之物汇寄汉口。③根据之二,田野橘次称,正气会成立后,唐才常即赴香港,从香港银行领取邱菽园的三万元赠款。据唐才质《唐才常烈士年谱》,唐才常和狄平、师襄等一行三人,于 1900 年 1 月 5 日购船票出发。此事有周善培函为旁证。1899 年 12 月 31 日,周归途于九江函询汪康年:"佛尘行乎?"④白岩龙平 1 月 11 日的日记称:

---

① 　周善培:《旧雨鸿爪》,中国人民政治协商会议全国委员会文史资料研究委员会《文史资料选辑》编辑部编:《文史资料选辑》第 3 辑,1985 年。

② 　周善培致汪康年函中提道:"田野在浏阳许否? 译书局如何?"(上海图书馆编:《汪康年师友书札》二,第 1195 页)

③ 　《汪康年师友书札》二,第 1190 页。

④ 　同上。据白岩龙平日记,1 月 11 日唐才常从广东归沪(中村义:《白岩龙平日记》,第 349 页)。

"唐才常从广东归,来访。"①1900 年 9 月 3 日康有为致康同薇函也提到,唐才常"去年十二月来盘桓数日,今遂永诀"②。

其实,胡文所引宋恕等人的记述,已清楚表明正气会成立于 1899 年底。如海州黄受谦于 1900 年 1 月初致函汪康年,告以"海上新创正气会,睹斯会,心焉喜之,特未知宗旨耳"③。宋恕 1899 年 12 月 30 日与孙仲恺书称:"丁中丞之公子字叔雅者,在上海与汪君穰卿等创立正气会,已刊章程,其意欲联络海内志士共图振兴中国之策。曾以章程见邀入会,弟力谢之,不敢列名。……且力阻诸君之从速解散,未知诸君之肯从忠告否也。"④

由此反观宋恕日记摘要各条,己亥(1899 年)十一月下旬,"汪穰卿送正气会章程来,我不敢入会"。实为记述该会的成立。十二月初九(1900 年 1 月 9 日),"候穰卿,劝勿开正气会,以免风波。同日,候石芝(欧阳柱),石芝所见与我同"。应指劝告正气会不要继续活动。至于其庚子正月廿三日(1900 年 2 月 22 日)在"绳正学堂大会,始识丁叔雅",并未指明此会与正气会有何关系。

宋恕生性畏怯,不敢列名反对立储通电,与唐才常、丁惠康等又不熟悉,他于 1899 年 5 月 23 日在亚东馆认识唐才常,整整四个月后还是"得见尚希,其深未悉"⑤。加上日记仅存摘要,所记只能反映他本人

---

① 中村义:《白岩龙平日记》,第 349 页。
② 上海市文物保管委员会编:《康有为与保皇会》,第 183 页。
③ 上海图书馆编:《汪康年师友书札》三,第 2290 页。
④ 胡珠生编:《宋恕集》下册,第 695 页。
⑤ 《宋恕集》上册,第 604 页。宋恕自称:"生今日而犹欲恢复清议,虽诚壮不可及,百恐其将得大祸;即不得祸,亦决不能兴旺也。上海志士皆笑弟为畏怯无胆气,但有空识解,无足当于天下兴亡之数,弟亦嗢然受之。"夏曾佑则说:"宋馁、章憨,(注转下页)

对正气会情况了解的程度，而不足以确证正气会的组织活动。况且他既不赞成立会，似不会出席正气会的成立大会。胡文力图匡正张难先、冯自由等著述的谬误，但片面从宋恕的角度立论，不免矫枉过正，反倒难以辨清事实。后来廖梅依据井手三郎日记，确定正气会的具体成立日期应为 1899 年 12 月 24 日。①

　　正气会成立不久，唐才常、汪康年两派就发生摩擦。②该会依会章选举汪康年为会长，实权却握于唐才常之手。井上雅二稍后忆道：

　　　　去冬兴起正气会，汇集四十余人，汪康年为会长，不任办理之事，实权差不多集于才常一人。③

（续上页注）皆大奇。"（上海图书馆编：《汪康年师友书札》二，第 1366 页）

①　廖梅：《汪康年：从民权论到文化保守主义》，第 252 页。

②　《汪穰卿笔记》载一事，可见汪康年与唐才常不和的一些前因："光绪己亥冬，余忽见《同文沪报》载湘人叶某一事。谓叶守旧，于行诣必端，不意竟大荒谬，给其妹嫁浙盐商朱某为妾。逮妹返而哭诉，伊乃戏言曰：'为妾何害，今人皆宠妾，得子捐诰封，与妻何异。'余见报大骇，乃袖报往见报馆主人井手君，曰：'叶君为人如何，吾不置一辞，若此事则绝与事实相反。'盖朱余戚，此事余知之极详。朱为余再从妹婿，妹死，或为媒叶之妹。朱年少佻薄，知叶富，且女颇有才名，亟许之。既订姻，朱有事至杭，馆其母舅赵氏家，又艳其表妹之美，则匿订姻叶氏事而媒娶之，置于扬，遂至湘娶叶氏。已而迎赵至，叶女知而诟，遂常家居。是时余适以事至湘，诣余弟家，廉知其事颠末。余谓此事极难办，盖于叶则先订而后娶，于赵则后订而先娶，假令朱返至湘时，有人知其事而告诸，使退婚，尚可及，今则难矣。顾无论如何，此事咎在朱，何关叶也。井手君曰：'是浏阳唐某属登者，其所属多矣，他事关系尤巨，余择其事至小至无关系者乃登此。'余曰：'此事颠倒太甚。'乃作更正数十字，请井手君登之。越数日则报忽又载一段，仍伸前说，谓叶为此者，实以欠朱三千金，故暗以妹为抵。余走谓井手君曰：'此说更谬，朱虽盐商，中实栲，安能有三千金借叶。'井手君乃劝余不必与若辈辨，此故小事也。余因思彼等方盛有组织，而乃为此无谓之播弄，足知吾国人意皆止此而已，可叹也。"（章伯锋、顾亚主编：《近代稗海》第 11 辑，第 398 页）

③　井上雅二：《忆唐才常》，《日本人》第 126 号，1900 年 11 月 5 日，引自廖梅：《汪康年：从民权论到文化保守主义》，第 252 页。

唐才常既握实权,又得到邱菽园的大笔赠款,避开汪派,暗中从事内圈的活动,令汪康年感到不快。1900 年 2 月 11 日邹代钧致函汪康年:"公在沪既无意趣,虽不因人言而离沪,又何不自为而离沪?"[①]汪康年开始打算另立门户。3 月 12 日,夏曾佑从安徽祁门函询:"公与浩公私之计若何? 正气全[会]无恙否? 更别立会否? 公有他图否?"以后又迭函询问:"别会成否? 中有西人,则有宗教可淘气耳。""正气能又摇身一变否?"[②]

五六月间,远在四川的周善培辗转接到汪康年 3 月底的两封来信,对于"正气不张,不幸如仆往日所料",大感"太息"。并说:"仆于四川叹其孤立,然见君辈之龃龉,则孤立者又仆之幸也。"[③]这时两派的冲突已经表面化,唐才常平息不了人多势众的江浙派的不满情绪,干脆将干事长的位置让给江浙派领袖之一、性喜任事的叶瀚,集中精力筹划自立会和长江大举。于是汪康年等改变初衷,试图在东西外人的帮助下,改造扩充正气会。[④]

经过正气会时期的角逐,中国议会成立时,汪康年一派乘势抢占上风。他们在上海活动已久,交游甚广,彼此间有着同乡、同窗、同年、同僚、同宗、姻亲、世交等多重社会纽带关系,结成连环相扣的大网,不仅对沪上士林举足轻重,而且广泛结交往来于上海的各省新党志士。

---

① 上海图书馆编:《汪康年师友书札》三,第 2792 页。
② 《汪康年师友书札》二,第 1353、1358、1360 页。
③ 同上书,第 1194 页。
④ 汪康年曾将正气会章程寄给日本的近卫笃磨、大隈重信和犬养毅等(《汪穰卿先生传记》卷 3,章伯锋、顾亚主编:《近代稗海》第 12 辑,第 231 页),又请西人相助。6 月 18 日周善培来函询问:"正气会西人肯助,其旨若何? 扩充又如何?"(同上书,第 1196 页)

国会核心成员中,汪有龄、汪立元是汪康年的同宗(一为族叔,一为族弟);叶瀚与汪康年同乡,少年时结识汪康年的表弟夏曾佑,又与汪康年为挚友,1894 年由汪康年引荐,入湖广总督张之洞幕府,与陈三立、邹代钧、谭嗣同等深相结纳。1897 年在上海与汪康年等筹开蒙学会,创办《蒙学报》。① 孙宝瑄也是汪的同乡,曾任《时务报》撰稿人,戊戌前,他和另一干事胡惟志与汪康年、宋恕、梁启超、谭嗣同、吴嘉瑞等自比竹林七友。②

赵从蕃的情况较为复杂,他曾参加公车上书及保国会,与康、梁一派颇有渊源,井上称之为唐才常派的驻京代表。但他 1895 年即在江西结识汪立元、狄平,到沪后与孙宝瑄交善。1898 年 12 月,与孙宝瑄、胡惟志等重开雅集,谈论新学。③

沈士孙(兆祉)与谭嗣同同为欧阳中鹄弟子,

> 于考据学致力颇深,词章绵缈处大似嗣同,亦好格致算学,时时谈西法。往与同学京师,渠治目录,嗣同治纬,相得欢甚。但稍觉其不脱经生气。东事后,久不相闻,迩忽得其书,言于《时务报》见嗣同著有《仁学》,为梁卓如所称,不知中作何等语? 渠意以为学西法,惟平等教公法学最上;农矿工商有益于贫民者,亦不可缓;兵学最下。不审《仁学》颇及上一路否? 此正嗣同蚤暮惓惓焉欲有事者也,不图小沂猛进乃尔。

---

① 叶瀚:《块余生自纪》,《中国文化研究集刊》第 5 辑,第 478—484 页。
② 孙宝瑄:《忘山庐日记》上册,丁酉三月二十八日,第 94 页。
③ 同上书,戊戌十一月十三日,第 282 页。

　　谭嗣同为此函告唐才常："足下闻同门有此人,亦必为轩渠一乐。"①戊戌皮锡瑞往江西,与沈兆祉"谈时事,甚壮,劝彼力开学会、报馆"。随即在江西会馆开会演说,"小宜说得甚畅快……出与小宜诸人谈时势",讨论办报和阅报事宜②;又与之创立废时文会,提倡废八股改科制,并欲将章程等文献刊登于《知新报》《时务报》③;并共同"创设茶会,借曾文正公祠为会讲堂,仿照西法讲论一切时务时事,使士农工彻中外大局,复劝勉多购各报,互相会议,俾知万物本有合群之理"④。从人脉渊源看,赵从蕃、沈士孙与唐才常关系较深,但据井上雅二称,两人"与汪观点一致"⑤。

　　书记丘震的父亲丘玉符原为清驻日本神户领事,后归国旅居沪上,与汪康年有所交往,丘震因而得以结识汪康年、叶瀚等人,并参与雅集,曾致函汪康年,告以"公之报馆,浩吾之学堂,此二事无日不回九肠,足准交情之深,痛痒相关,虽欲置之不见不闻,不能也"⑥。1897年他与同人合组苏学会,会员中其年最少,与章炳麟甚相得,"时赴沪访君(章炳麟),称述其言行"⑦。戊戌后集资刊印《天演论》。⑧丘震病故

---

①　《与唐绂丞书》,蔡尚思、方行编:《谭嗣同全集》上册,第265—266页。

②　皮锡瑞著,湖南历史考古研究所近代史组整理:《师伏堂未刊日记》,《湖南历史资料》1959年第2期,第124、128页。

③　上海图书馆编:《汪康年师友书札》二,第1958页。

④　《豫章西学盛行》,《国闻报》1898年9月12日,引自清华大学历史系编:《戊戌变法文献资料系日》,第975页。

⑤　《井上雅二日记》,明治33年7月30日,汤志钧:《乘桴新获》,第355页。

⑥　《汪康年师友书札》一,第198页。丘氏父子与汪康年等人的交往,参见中国历史博物馆编,劳祖德整理:《郑孝胥日记》。

⑦　张仲仁:《纪念太炎先生》,陈平原、杜玲玲编:《追忆章太炎》,第29页。

⑧　《郑孝胥日记》第2册,第706页。

时,叶瀚挽联云:"中国少年死,知己一人亡。"①

　　江浙派士绅不但有社交密网,而且在独立自治思想的影响下,地域意识有所强化。戊戌期间,浙江学人即有兴浙学以结浙人的愿望。尤其是废立之争天下耸动,通电者"首次名皆浙人,又如汪穰卿之弟贻年及章枚叔等浙中名士颇多列入,于是政府内外始有'浙中帝党'之目而忌及浙人,海外则亦因之看重浙人焉"②。后来孙宝瑄不无自豪地说:

　　　　盖我国开化之志士,广东、湖南而外,惟吾浙最盛。③

　　他们在为国家民族利益奋斗的同时,借助地缘纽带增强巩固集团势力。同时,汪康年个人又长于社交,汪诒年称:

　　　　先生好客,出于天性,在两湖书院时,凡名流之客于张文襄者皆与纳交。其后设《时务报》于上海,则凡在上海之名人,于政治、学术、艺能、商业负有声誉与夫来上海者,无不踵门投刺求见。先生亦无不迎候访问,夕则设宴以款之,相与谈天下大计,或咨询其所长,或征求其所闻见,故于各地之人情风俗,与其人之性情品行,无不明瞭。尝手辑一书,取平日所见之人,分省隶录,并详著其所长,题曰:曹仓人物志。其留意人材如此。先生好客之名既

① 梁启超著,舒芜校点:《饮冰室诗话》,第18页。
② 1900年2月《致孙仲恺书》,胡珠生编:《宋恕集》下册,第698页。
③ 孙宝瑄:《忘山庐日记》上册,辛丑二月二十三日,第324页。

著,故四方人士无不愿一见先生。①

相比之下,唐才常在社交方面明显处于劣势。这不仅因为戊戌前在上海与江浙派交往的湘粤人士为谭嗣同、梁启超等,与之相较,唐才常、沈荩的资历、根柢稍浅,而且由于唐为人"深鸷"②,"素不习外交"③,单凭个人活动,很难打开局面。

第三节　汪、唐之争

正气会两派的分歧摩擦,并未因国会的成立而消除。双方的矛盾,不仅一直妨碍彼此间有效的协调合作,而且最终导致国会瓦解。井上雅二曾叹息道:

> 要而言之,议会之始,康、汪两派之间,互有阻隔,且于经费甚支绌,竟因是迟迟迁延时日。及至唐等之败,而两派之间遂截然分途,不能化合。夫两派既经破裂,则议会亦由是散耳。④

---

① 汪诒年纂辑:《汪穰卿先生传记》,章伯锋、顾亚主编:《近代稗海》第12辑,第342页。梁启超《创办时务报原委记》:"盖穰卿宗旨谓必须吃花酒,乃能广通声气,故每日常有半日在应酬中,一面吃酒,一面办事。"(丁文江、赵丰田编:《梁启超年谱长编》,第96页)
② 毕永年《诡谋直纪》引述梁启超语,汤志钧:《乘桴新获》,第27页。
③ 汤志钧编:《章太炎政论选集》上册,第314页。
④ 《维新党的失败及其将来》,《东亚同文会第十一回报告》。译义用田野橘次《最近支那革命运动》。据井上雅二日记:"汪康年、唐才常等一个月以前提出的所谓国会,今天终于在愚园召开了。"(《乘桴新获》,第353页)可见双方不和造成的消极影响。

导致两派矛盾的主因,通常认为是宗旨不合。关于国会成员政见与方略的差别,亲历其事的章炳麟有如下记述:

> 海上党锢,欲建国会。然所执不同,与日本尊攘异矣。或欲迎跸,或欲□□[排满],斯固水火。就迎跸言,信国[文廷式]欲借力东西,铸万[唐才常]欲[翁同龢]、陈[宝箴]坐镇,梁公[狄平]欲密召昆仑[康有为],文言[汪康年]欲借资鄂帅[张之洞]。志士既少,离心复甚,事可知也。①

章氏从排满的角度立论,主张"不允许满人入会,救出光绪帝为平民"②。因不为同人接受,愤而退会。他在致孙中山的信中,指责"同会诸君,贤者则以保皇为念,不肖者则以保爵位为念,莫不尊奉满洲如戴师保,九世之仇,相忘江湖"③。

不过,这种分歧不能简单地理解为革命与保皇的对立。孙宝瑄稍后曾对革新势力加以区分,他说:

> 今日海内,党派有四,曰变法党,曰革命党,曰保皇党,曰逐满党。变法党者,专与阻变法者为仇,无帝后满汉之见也。保皇党者,爱其能变法之君,舍君而外,皆其仇敌也。革命党者,恶其不能变法之政府,欲破坏之,别立政府也。三党所持,皆有理。惟逐

---

① 《章太炎选集》注释本,第 115 页。注释参见姜义华《章太炎思想研究》,第 137 页;朱维铮《〈訄书〉发微》,《学术集林》卷 1,第 203 页注 12。

② 《井上雅二日记》,明治 33 年 7 月 30 日,汤志钧:《乘桴新获》,第 355 页。

③ 《请严拒满蒙人入国会状》,《中国旬报》第 19 期。函称"□□先生阁下",应指孙中山。

满党专与满人为仇，虽以变法为名，宗旨不在变法也，故极无理，而品最下。[①]

如此，则排满不等于革命。孙宝瑄与章炳麟争论满族当逐与否，认为：

> 枚叔深于小学，力持逐满之议，以夷狄为非人类，谓《说文》西羌从羊，南蛮从虫，北狄从犬，东貉从豸……然向来人多称东夷、西羌、南蛮、北狄，称东貉者殊少。如以东夷而论，则《说文》夷从大，大，人也，不得与羊犬虫相比。又云夷俗仁，仁者寿，有君子不死之国。……满洲处东方，正是东夷，则自古称仁人，称君子，岂在当逐之列乎？余素无种族之见，因枚叔善言小学，严种类之辨，故即据小学与之争。[②]

并函告章氏："法果变，公再谈逐满，当以乱民相待。"上海新党闻知，"皆哗然"，谓其"改节，贡媚朝廷"。其实孙、章私交甚笃，在学友之列，章氏断发之后，两人仍时相往还。这一次章颇震怒，示意绝交，而孙则表示："扶桑一姓，开国至今，谈革命者，犹所不禁。宗旨不同，各行其志，伍员包胥，不闻绝交。前言戏之，公毋怒我。"

孙宝瑄戊戌后虽由主张民权退到君宪，但对清廷的变法并不轻信，曾与王修植讨论政府变法而不变心术之故，指出："心术者，即君权之代表也。彼惧法变而民权之说起，故以心术二字压倒之"[③]，认识不

---

①　孙宝瑄：《忘山庐日记》上册，辛丑十月四日，第 422 页。
②　同上书，辛丑八月初二日，第 393 页。
③　同上书，辛丑九月十四、十七日，四月十三日，第 412、413、347 页。

可谓不深刻。叶景葵说,孙"佩太炎之文学,而反对其逐满论,但未尝
不主革命。尝读《明史》,谓如王振、汪直、刘瑾、严嵩、魏忠贤之跋扈,
当时拥强兵如孙承宗者,倘兴晋阳之甲入清君侧,即并暗君黜之,亦无
愧于名教,病在胶执程朱之说,拘守名分太过"[1]。联想到国会成员易
顺鼎早在甲午之际就提出不惜诉诸兵谏、废立以图救国,其革命概念
虽由古训,毕竟不拘泥于保皇,更不是一味维护清朝统治。

汪派的另一要人夏曾佑也认为:

> 夫逐满之说,谓满不同种乎? 则满亦黄种也。日本可联,安在
> 满洲不可联? 谓满愚民之政乎? 则愚民者我之旧制,不创自满人也。
> 谓满为曾暴吾民乎? 则革命之际何人不暴? 既不能因朱元璋而逐淮
> 北人,因洪秀泉[全]而逐广东人,而独逐满,亦非持平之道矣。[2]

排满当否在学理与方略上的关系至为复杂,否定的态度不可一笔
抹杀,何况国会确有满人革新进取的实例,而不赞成排满者同样主张
革新变政。

章炳麟的主张在国会中几乎绝无仅有。国会的政治分歧,一般认
为主要是"迎跸"派中唐才常与汪康年的对立。而对立的表现,一是政
治上汪为"依仗湖广总督张之洞的关系和康梁唐狄对抗的一派人的政
治代表",二是行动方略上联络会党武装勤王为参与议会的士绅名流

---

① 叶景葵:《忘山庐日记》序,第 1 页。
② 上海图书馆编:《汪康年师友书札》二,第 1390—1391 页。夏曾佑还反对与"翘然
为首""帝制自为"之人合作,不赞成恢复汉族帝制(同上书,第 1363 页)。

所难梦见。①胡珠生先生表达得十分清楚：

> 由于汪康年派旨在发扬清议，徐图振兴中国之策，并依靠张之洞等督抚保障东南，并没有与清廷决裂的勇气；而康有为派则痛恨后党，坚决勤王起事，部署即将就绪，召开国会旨在取得合法依据。因此两派意见始终无法统一，矛盾日益尖锐。②

诚然，汪派成员多与南方各督抚保持复杂关系，如汪康年、叶瀚与张之洞，孙宝瑄与李鸿章，但这不能完全左右他们的政见及态度。孙宝瑄"与合肥虽至戚，甲午以前每每痛诋之。自审知中外政务以来，始不敢厚非，稍稍敬重之。凡遇訾议合肥者，必为力辨，非祖其私，欲伸公义于天下也"。他对李鸿章的过失并不曲意偏袒，庚子后指责李在对俄交涉中为俄国所愚弄。③而夏曾佑对于张之洞的态度是："夫南皮者，鄙人所不快之人也。"他虽不赞成公开抨击，以免其狗急跳墙，却对《清议》《知新》等报揭露张的鄙见丑态，使之"名士、名臣两无所得"而感到"足以蔽其辜而快我意矣"。④视汪派为张之洞的政治代表，除历史渊源外，缺乏直接证据。其实，唐派的张通典等与刘坤一也是关系匪浅。

---

① 郭汉民、迟云飞：《建国以来中国近代史实考辨成果述要》，《中国近代史实正误》，第42页。
② 胡珠生：《自立会历史新探》，《历史研究》1988年第5期。
③ 孙宝瑄：《忘山庐日记》上册，辛丑正月二十一日，第310页。当时人对李鸿章的态度，陈寅恪曾有评议："同光时代士大夫之清流，大抵为少年科第，不谙地方实情及国际形势，务为高论。由今观之，其不当不实之处颇多。……浊流之士大夫大略具才实，然甚贪污。"（石泉整理：《寒柳堂记梦未定稿（补）》，王永兴编：《纪念陈寅恪先生百年诞辰学术论文集》，第36页）
④ 上海图书馆编：《汪康年师友书札》二，第1377页。

　　更为重要的是,汪康年等人的宗旨主张和行动方略,与张之洞大相径庭,甚至背道而驰。国会的宗旨,孙宝瑄和井上雅二两位当事人的日记有明确记载,综合为:一、不认通匪矫诏之伪政府。二、保全中外交涉和平之局。三、平内乱。四、保全中国疆土与一切自主之权。五、推广中国未来之文明进化。在此宗旨下,实行三点:一、尊光绪帝;二、不认端王、刚毅等;三、力讲明新政法而谋实施之。但不一定排除满人。不过,这只是向全体会员公布的宗旨。据井上雅二记:"中国议会的真正宗旨,绝密。很多会员是不知道的。"井上没有引述秘密宗旨的内容,但提到国会对外简明章程的要点:

　　　　根据十二条,废弃旧政府,建立新政府,保全中外利益,使人民进步。[1]

　　关于"建立新政府",康有为在一封致各埠保皇会公函中称:由于各省督抚抵制清廷伪谕,后者必将垮台。"伪府既倒,新党已于上海设立国会,预开新政府,为南方立国基础。"[2]另据唐才质说,国会会议后唐才常曾告以"议会设立之意图,欲俟起事成功,即暂以此会为议政之基础。自立会同人,除争取民主权利与政治革新而外,制度如何树立,政府如何组织,均待选举程式确定,正式议会成立,合全国人民,五族俊乂,协商处理,期于至善"[3]。这一设想并非唐才常一派所独有。井

① 汤志钧:《乘桴新获》,第 356 页。
② 冯自由:《革命逸史》第 6 集,中华书局 1981 年版,第 30 页。
③ 《唐才常烈士年谱》,湖南省哲学社会科学研究所编:《唐才常集》,第 277 页。唐才质《自立会庚子革命记》称:"庚子将起义时,主持武汉自立军文事李炳寰 （注转下页）

上了解此项机密,是通过与汪康年的谈话。后者表示:

> 中国议会有两个办法。一是推一大名人为总统。二是中国各省自行治理。趁现在民心大乱之机,派人去各省,与土匪联合起来以成一派势力。民间各处都有私党,各种流派,有些纪律严明,而有些纪律松懈。他们有力量,联合起来也是可能的。[①]

由此可见:一、国会的目的,在于开创新国(首先在南方),废弃旧政府,建立新政府。二、新政权将采用民主制度,实行总统制、议会制和地方自治,国会即为开国议政的基础。三、总统将推举一位名人出任,人选包括光绪,却不以此为限。四、实施途径之一是派人到各省联络会党土匪武装。这个得到各方认同的计划及其实施办法,与唐才常派的宗旨手段没有根本不同。和章炳麟的分歧,也只在后者基于排满而排斥光绪为总统候选人以及满人加入国会。

有学人依据汪康年在《中外日报》的公开言论和对中国议会所定第一法"似易却难"、第二法"似难却易"的表态,认定"汪康年的基本见解一直未变,那就是始终把关注点放在南方,始终主张南方处理自己的政治,建立武装力量也是为了保证南方的安全稳定,对北方和全国将来的政治、清中央政府的正统地位不发表意见。而中国议会中的唐

(续上页注)告我曰:'吾辈举义,惟求福民利国而已。新旧更迭能成事实,似应东南各省为试行新政之重点,而遍及于全国,则革命之目的可达,统一之大业立定,此外一切政治措施,有国会决议与政府执行,非吾辈职责所在,可以不必预为参订也。'"(杜迈之等辑:《自立会史料集》,第62页)

① 《井上雅二日记》,明治33年8月4日,汤志钧:《乘桴新获》,第360页。

才常则想推翻眼前的清政府，创设全国性的新政府"。并据此将汪康年联络各地秘密社会的活动统统解释成依靠民间力量由士绅主持改革，似与史实本相不相吻合。

对于任何政府而言，秘密社会都是危及其合法统治的异端，何况联络组织各地的各类私党，必定对现政府的正统性构成直接威胁，因而当局绝对不可能容忍。对此汪康年不至于无知到失去基本判断。他从事此类活动均以秘密形式，即表明其十分清楚所具有的极端危险性。可以说，联络民间私党的行为本身就意味着否定现存各级政府的合法性。要想将此类行为解释为不触动北方中央政府的地位，就不得不曲解材料和前人心意，甚至将后来汪康年、叶瀚等人欲收拾自立军余部进入湖北宜昌、恩施一带深山的计划，也说成"大概是想辟地自行改革"①。若非太过书生气，未免有强史料以就我之嫌。除非证明汪康年缺乏远大抱负，因而不作全国政权之想，或者其政治目标不出于东南互保的界域，否则，其行为与任何土匪一样，已是对于清政府的公然反叛。近代中国的一般士绅，非到万不得已，当然不肯出非常手段，但当形势迫使其必须在国家社稷与君王之间权衡选择时，任何举动都在意料之外，情理之中。何况汪康年结交三教九流，角逐政坛，这种万一的选择，不可能不在其考虑之列。政海之中，结交愈广者，心术往往愈深，其言行难以常理度之。

汪康年与唐才常之间，确存在不少分歧，但关键何在，是否为战略方向的南北之分，则不无可议。最初康有为与唐才常为勤王制定的战

---

① 廖梅：《汪康年：从民权论到文化保守主义》，第268—269页。《井上雅二日记》有两译本，与原文对照，均有误译之处。《乘桴新获》所录稍差，但就此处论点而言，于原意的领会并无实质影响。

略目标,当然是北上救主,复行新政。可是后来唐才常的观念有所变化,1899 年 11 月 15 日,他致函康有为,鉴于"南方党人日有联合之机",建议成立南部联合机关,以为他日安内攘外的根本;并且认为北方尊王宜购死士实行暗杀,而自己于北方情形太不熟悉,无从下手,将责任委与康有为,同时强调:

> 现在用力于北,以行尊王之实事,与用力于南,以为立国之根基,二者并行不悖,似分实合,均宜竭全力以图之,而宗旨归本于变法改制,以救我四万万黄种之民。……若夫社会既立,权力恢复,至于事机决裂之会,从容举事,进可以勤王而清君侧,退可以植国而结东邻,而其要在使人人开其独立自由之性质,以为无理压制者之大抵力,而后可以自存于二十纪世界中。[①]

北上尊王,是康有为的固有旨意,南方自立,则是唐才常的新进见解。据此,一、所谓南方党人,既包括趋新士绅,也涵盖秘密社会。二、推光绪为社会领袖,恰是南方自立的举措,而非北上勤王的目标,前者为总统,后者为复辟。三、北上尊王为手段,南方自立则是立国根基,二者虽然并行不悖,似分实合,主次轻重仍然有别。唐才常之意,显然旨在说服康有为接受南方自立。四、南方自立的更深目的,在于防止事机决裂,进退得宜。唐才常没有明言决裂为何事,据当时情形以及相关者的看法,不难判断意指万一光绪发生不测,尊王失去对象,自立依然可以进行。

---

① 蒋贵麟编:《万木草堂遗稿外编》下,第 870—871 页。

唐才常的这一意见,与梁启超、汪康年的主张大体一致。只是后者更加偏重于各省自治,对于建立统一的南方政府心存顾虑。1900 年 4 月,梁启超分别向康有为和孙中山进言,说服他们同意借勤王以行民政,举光绪为总统,并预防光绪万一不讳。汪康年认为推名人为总统的办法难以实行,其实在唐才常等人的计划中,名义上固然与康有为的主张不相冲突,实际只不过遥奉光绪为尊,重心还在经营长江流域六省自立政府。梁、唐、汪的政治倾向激烈程度有别,对于他们而言,希望政府能够顺应形势,主动改革,无疑都是首选。除非万不得已,他们不会选择与政府公然对立甚至推翻政府的立场。但戊戌至庚子清廷的种种倒行逆施,不仅将趋新士绅逐一推向反面,而且令清政府自己走向崩毁的边缘。于是士绅不得不在朝廷政府与国家兴亡之间作出选择。像汪康年这样惯于结交九流者,政治权变远较一般人的幅度为大,不可以坐而论道者视之。

汪康年等人不仅参与制定联合民间私党武力变政的计划,而且积极实行。国会一成立,即“不断接受带兵的官”①。7 月 29 日会议后,汪立即派人到扬州运动联络民间武装。最初计划争取盐枭徐怀礼②,后因其“近日举动皆官气(此与我辈之宗旨反对矣),大为彼辈所垢,刻下与邵伯镇之私枭有交讧情事,其党羽皆有涣散之心,此人绝非我辈

---

① 《井上雅二日记》,明治 33 年 8 月 30 日,汤志钧:《乘桴新获》,第 355 页。

② 上海图书馆编:《汪康年师友书札》四,第 3684 页。来函云:“初五日杏花楼一别,七夕抵扬,因琐事牵涉,日来始略询端绪。把剑处须转觅二三居间者,方可到题。惟此君之外,不乏可取裁者,弟稍迟一二日即至郡城,广为收罗,以待尊意会同办理。”把剑,当指盐枭徐怀礼。中国议会第二次会议于七月初四(7 月 29 日)举行,则此举可能是国会领导层内定的计划。

药笼中物也"①，遂转而运动其他方面。

为了迅速打开局面，所派之人提议：

一、以实利办下交，"必须本会有一定凭及利益何如，方足以鼓动众心，使为我用，否则樽酒往还，中无实在，徒贻耳目之累，无裨爪牙之用"。因为"寻常之招集联络甚易，而欲其临时必为我用，必平日以利结之，方可得其死命"。

二、"文必己出"，"若以他人之文使为我用，其难与自撰无异，而流弊滋甚，自主无权，我有可以自立之道，则比比者皆为我之犄角，否则空为大言，求为彼隶卒且不录，遑言其他乎！"

三、要求"本会同人派一干练之员，驻镇江以通扬、沪消息，又宜赶紧编排隐语暗码"，并加速筹款。②

汪康年本人还准备亲赴镇江、扬州办理各事。不到半月，扬州的下交之事"颇得大凡，有一友人，此君为足下会榜之年侄，可力任其难。……大约凭此君之能事，可撰出佳文二千言，字字皆能得力"。"执鞭之士，系寿州产，靖节为北固山中人。彼中大率目异而纲同，故虽间有龃龉，终归于好也。"③

此外，国会还试图向湖北发展势力，通过派往扬州之人了解到，"本店伙计黄小琴，渠在宜昌，情形最熟，愿办宜、荆一带下交事宜"，希望"本店再派伙计一人到鄂，与渠会同办理"。据说"小琴人极有肝胆，此次尤忠愤填膺，寝食不安，又兼将门之子，其先公旧部颇多，又久于

---

① 上海图书馆编：《汪康年师友书札》四，第 3687 页。井上雅二日记称："由于徐独自被任命招抚官，而部下没有得到恩惠，徐老虎的部下有怨气，出现骚乱的征兆。"（汤志钧：《乘桴新获》，第 366 页）

②③ 同上书，第 3686—3687 页。

襄鄂,实是本店一得力伙计也,不可不重用之"。① 汪康年等采纳这一建议,与黄小琴取得了联系。

事实表明,汪康年一派决非仅以清议为变政手段。而且,至少在办事人看来,上述活动都应通过容闳、严复两位正副会长。扬州方面负责人要求派人驻镇江,即称:"此事乞与正副会长一商之。"与黄小琴联络,也说:"惟必须本店正副管事知道,派渠专干此事。"②则其作为应视为国会的组织行动,而不是其中某些派系的举措。

第四节　自立会

汪康年等人联络民间势力武力变政,并非一时愤激冲动之举。早在1895年对日战败后,汪康年、夏曾佑、胡惟志等就决心破党会禁令,继明末遗风,仿泰西新法,结合士林正业,创立中国公会,联络举国人心志气,兼利天下谋裨国是。并力反文武士商暌隔之弊,接纳武侠商贾入会。③1897年德国占据胶州湾,黄中慧建议汪康年"纠合山东豪杰倡举义党,以与德抗"。戊戌后,矛头转向顽固政府。

汪康年对章炳麟"无兵枋者之不能变政"的见解及其称赞孙中山"不瓜分不足以恢复"之说"可谓卓识"④的评语颇有同感。与汪康年熟识的吴桐林投入刘永福营中,招募散勇,"所遇各处有肝胆有血气之人

---

① 上海图书馆编:《汪康年师友书札》四,第3685页。函谓:"敬如兄熟知小琴,可详询之也。"敬如,陈季同字。

② 同上书,第3685—3687页。

③ 汪诒年纂辑:《汪穰卿先生传记》卷2,年谱一,章伯锋、顾亚主编:《近代稗海》第12辑,第198—202页。

④ 《汪康年师友书札》三,第2267页;《汪康年师友书札》二,第1951、1956页。

不少,与渠辈相交,时时勉以信义,将来若有变故,渠辈咸大有可为。昨得台北义士来函,欲为中国洗耻。桐急驰函令其勿轻动,勿妄为,且劝渠等善留身体,以为保华之用"。他函告汪康年,拟借团练保甲名目组织保华会,求人心合一,设学堂练兵,又格外筹款,多买好枪炮,实施操练,"一旦有变,方足以备一战"。[①]

汪康年东游归来,又计划作湘中之行,"尽心察访彼间一切新政,纲举目张,天下之望,颇欲以此为汉河内、晋建业"[②]。正气会成立后,唐才常等计划一面派人率海贼赴京刺杀西太后,逐尽顽固亲贵大臣,一面发动长江会党举义于南京、武昌,进而号令天下。对于正气会的组织决策和行动,汪康年一派不仅参与了解,而且实际介入。周善培回四川后即加紧运动会党,"日日求通"而"力不能通之",他函告汪康年:

> 吾党所议公司,此间伙计不少,然其规模狭隘,不掠人以为利,则老守其至微之本钱,不肯争天下之利。仆极意招徕,渠辈又谓是老酸者,不足与谈生意。此四方公司大兴之时,四川又商务最盛之地,仆用四五月之力,了无成效,不胜忧念。浏阳前有要湖南伙计来川之说,此事甚不可迟。学堂之事以规矩束脩之故,应者绝少。仆之初意,本意即学堂为公司章本,今日公司既难,学堂又窘,仆又不忘东南之事,或者秋间闭门南来也。[③]

---

①　上海图书馆编:《汪康年师友书札》一,第 356—358 页。
②　1898 年 3 月 7 日汪大燮来函,《汪康年师友书札》一,第 773 页。
③　《汪康年师友书札》二,第 1194—1196 页。

据此,以办学堂、开公司名义在各地联络会党,显然经过包括两派骨干在内的正气会领导层定议。国会筹备期间,虽然唐才常避开汪派经营自立会,但汪派内部商讨的行动方略,却与之不谋而合,这从夏曾佑措辞隐讳的信函中可以探知一二。7月3日、6日,夏曾佑两度致函汪康年,答复其五六月间的7封来信,中谓:

> 此一新天地之方针,必须决定。二十周之大事即作此,几个土匪开头,不亦异哉。
>
> 各省分办,此事甚大,而公若言之甚易者,将有何条理乎? 山中太深沮,若能有一人来最妙。
>
> 公所言见异人甚多,望一一考定其来历与前途,即为将来九合诸侯之地,其本人之有无作为,似不必深考也。
>
> 尊函所商之事,今已十日,想形势大换矣,不知有何校[较]有把握之政策也。不得见面,言无可言,总以摆脱文士,疾忙下手八字望公而已。①

仔细品味,与后来汪康年所说国会秘密宗旨完全吻合。由此可见,两派的主要目标和手段并无根本分歧。正是宗旨方式的一致,使心存芥蒂的双方达成妥协,维系联合局面。如果政见截然不同而汪派又控制国会大局,那么虽有容闳的支持,成立国会非但不能带给唐派合法依据与庇护,反倒成为束缚的羁绊,并增加暴露的危险,此举岂非有害无益?

---

① 上海图书馆编:《汪康年师友书札》二,第 1365—1367 页。

　　汪、唐之间的矛盾摩擦，集中体现于自立会的活动。诚如胡珠生先生《自立会历史新探》所揭示，该会是唐才常继承谭嗣同遗志而倡议，1899 年 5 月与梁启超等人共同创立于日本横滨。不过，唐才常开始并未以自立会的名义在国内展开组织长江会党的活动。直到 1900 年 3 月以后，他因与汪派的矛盾，让出正气会干事长的位置，专心致力于策划会党起义，自立会的名目才出现于长江大举的筹备日程。这大概是不少当事人颠倒两会顺序的原因。4 月，李金彪、杨鸿钧、林圭等人到沪，与唐才常计议，刻制富有票，散放邀人。①6 月初，梁启超复函狄平，同意将富有票的灭洋改为自立或救国。②这些均未通知汪派。

　　国会成立后，派往扬州之人惊奇地发现，"此间竟有散给标识多人，云系长素所使，此事是否属实？抑系赝鼎？兄处乞为一探真伪为要"。"现在探得有托名新党，在江北散给票布，有两种之多，一黄绫写诗四句，一小白绫如官钱票之式，上刻富有号字样，仍有西字两排，皆以所编号头作重。弟密访其首事之人尚未得，不知何以托名新党也。"③汪康年等对此极为不满，怨气透过远在川、皖的夏曾佑、周善培等人的复函也反映出来，"浏阳之事，闻之长叹，当今日同志孤危之际，所以处朋友者，亦不能不筹完全之法。大抵不外遇事叫穿，胸无蓄怨，而出之以婉。人以离，我以合，如是庶几持久哉"。"唐近事可怪可笑

<hr>

①　《唐才中供词》，杜迈之等辑：《自立会史料集》，第 150 页。
②　丁文江、赵丰田编：《梁启超年谱长编》，第 245 页。函谓："来函所论甚当，吾辈宗旨既专在救国，会名既已定，改为自立甚好。其票间宗旨下，原只灭洋二字者，可易以自立或救国二字；至其四字八字者，则于救国自立等字外，加用作新保种等字，均可请兄等酌定可也。"
③　上海图书馆编：《汪康年师友书札》四，第 3685、3686 页。

甚矣！其他不足惜，所可惜者，此三万块头耳。"[1]所以井上雅二认为：

> 自立会之设也，有康有为、梁启超等通其气脉，有容闳等赞其
> 运动，有唐才常等为其主力……全由康派与唐才常相往来，相计
> 划而成立；汪康年深以为非，实有分道扬镳之势。[2]

不过，长江哥老会首领加入正气会，汪康年等人是知情者。国会派往扬州之人两度询问："所候之张君已到沪否？""所云紧要之人，是否君在轮船所遇之古辛否？"[3]当指张尧卿、辜人杰。汪派的不满，主要是针对唐才常不通声气，而不是政见方略。他们知道唐的密谋，既未叫破，也没有出手干扰。所以，当汪康年等为自立会事抱怨时，周善培劝解道：

> 浏阳之有可疑，仆意此浏阳之隐苦。盖其所谋内圈之事，不
> 如正气之可一一告人。而某君者又为公等所不乐，既得其资，则
> 势不能以告，此其有所难者。特于足下可一直言之而不言，则可
> 惜者。总之，吾党既欲有所营于天下，则凡小疑小嫌，肠胃之间，
> 皆当设一消化之力以待之，乃能相合于永远。[4]

国会成立后，因会长容闳"深爱康有为之为人"，早在 1900 年 3 月

---

① 上海图书馆编：《汪康年师友书札》二，第 1196、1372 页。

② 田野橘次：《最近支那革命运动》，第 33—35 页。

③ 《汪康年师友书札》四，第 3685、3688 页。

④ 《汪康年师友书札》二，第 1194 页。

访问新加坡时,即与康合作,代表保皇会试探英国殖民当局对可能发生的起义的态度,加上其族弟容星桥参与汉口自立军,唐才常开始将自立会的情况有意识地传递出来。井上雅二多次记道:

> 唐还打算设立中国自立会。

> 唐才常一派的计划,建立中国自立会,纪律严格、铲除泄露军事机密者和奸淫者。像哥老会那样,以暗号对答。宗旨在于中国的自主独立。不允许虐杀外国人,盼望与外国人和睦相处。

> 固然,中国自立会与中国议会是一致的,自立会已有了会印,数万人已签名。

井上雅二到南京,即分别通过俞明震联络绅士和官僚,"使之与中国议会作一致而努力";通过辜人杰联络武官,"使之为自立会的事而尽力"。[1]

成立国会,唐才常得到的最大实惠,是获得会长容闳的支持,将自立会与国会扭在一起,同时又能避免派系纠纷掣肘。他将自立会作为国会的分支、将自立军作为国会的武装,并未经过国会领导层集体公决,所以汪康年等人不知道富有票的派属和内情。自立军失败后,孙宝瑄与孙多森兄弟"谈及汉口之役,相与太息,谓新党即欲举事,宜俟东南腹地土匪遍起,官军不暇兼顾,乃借团练为名,扫除一[净?]土,渐扩充其权力,如是或能保卫一隅,立自主之国,未可知也。今者南部大吏,方与外联和同之约,镇卫长江一带,而土民又无蠢动者,新党竟先

---

① 《井上雅二日记》,汤志钧:《乘桴新获》,第 365—368 页。

为祸首,乱太平之局"①。这大致反映了汪康年一派的意见。可见国会与自立会的确存在隔膜。

目前所见汉口自立军文件最早使用国会名义的,始于庚子七月初八(1900 年 8 月 2 日),内容为以"总会理事员"名义发布篆刻关防,任命国会自立各军统带。文中说明:

> 照得本国会驻汉总会,业经报明沪会,篆刻关防一颗,内刊"中国国会督办南部各省总会"字样,于庚子年七月初八日开用。②

但这应是唐才常在上海制作,或抵汉口后刻制而倒填日期(以征得容闳等同意的时间为准),以后一种可能性为高。因为第一,这时国会第二次会议决定领导机构仅两天,汉口方面不可能知悉。

第二,8 月 9 日起义的大通自立前军,所发文告中没有中国议会字样,只标明自立会。③唐才常于 8 月 9 日乘船离开上海,8 月 13 日(一说 14 日)抵达汉口,在此之前,汉口方面显然不知道唐已将自立会与国会挂钩。

第三,担任文书的汪楚珍供称,七月十四日(8 月 8 日)与林圭等人刻制官防戳记及札稿凭单,仍写"中国自立会汉口总会所字样"。而唐才常到汉口后,七月二十六日(8 月 20 日)他与沈荩等赴新堤再次赶写札稿,"札内伪衔系'中国国会自立右军总统'字样,伪关防宽约二寸,长

---

① 中国史学会主编:《戊戌变法》一,第 540 页。
② 《湖北藩臬二司札》附《照抄伪札稿》,杜迈之等辑:《自立会史料集》,第 145—147 页。
③ 参见皮明庥:《唐才常与自立军》,第 53—54 页。

约四寸,刊'中国国会自立右军总统之关防'十三字"①。另据赵必振《自立会纪实史料》,刻有中国国会字样的自立军 8 种印信官防,"乃汉口铸就刻就,将颁发各路者,未及施行,已为清吏所抄获"②。

唐才常与容闳的默契,加剧了汪派的不满。"容本来与康关系较好。因此,汪康年一派厌恶他的袒护。"③立会之初,汪派还认为:"国会容首而副以严,可谓得人。"只是觉得"二公进化太高,不合于天造草昧之事,且下又多,必不能合之",希望"有一种专任作机器皮带之人",从中调节。④不久,汪、唐之争变成汪与唐、容的摩擦。"汪与唐心中互不合拍。唐认为汪不可信赖,而汪认为唐有野心。汪不知自立会的事。而容闳好像是知道的。""容与汪不合拍。容认为汪有私心。"⑤夏曾佑接到汪康年的几封来信后,问以"容、严之举若何",表示"深为公等忧之",断言"容断不能任国会之事"。⑥

不过,尽管汪、唐两派"固属莫不相关,各成派别",仍有沟通协作的基础。汪康年称正气会"本以友辅仁之旨,寓人贵自立之思"⑦,不仅显示了汪、唐两派的思想共鸣,也表明正气、自立两会的精神相通。后来汪康年等始终关注自立会的成败。大通起义失利,汪派虽然事先不

---

①　杜迈之等辑:《自立会史料集》,第 177—178 页。

②　同上书,第 37 页。

③　《井上雅二日记》,明治 33 年 8 月 26 日,汤志钧:《乘桴新获》,第 374 页。

④　上海图书馆编:《汪康年师友书札》二,第 1368 页。

⑤　《井上雅二日记》,明治 33 年 7 月 31 日、8 月 1 日,《乘桴新获》,第 356—359 页。

⑥　《汪康年师友书札》二,第 1370—1371 页。

⑦　汪诒年纂辑:《汪穰卿先生传记》卷 3,年谱二录汪康年致近卫笃麿等日本人士函。函称"立会以后,来者颇多"(章伯锋、顾亚主编:《近代稗海》第 12 辑,第 231 页),应写于 1899 年底以后。

甚了解情况，叶瀚却主动让狄平致电康有为，"希望筹集资金帮助唐率兵西上保皇"。汉口失事，汪康年等"想收拢唐等的败兵并利用他们"。为此汪还专程赶赴汉口①，计划在湖北的宜昌、恩施及安徽祁门一带寻找"未开辟而无主名"的深山，将余众拉进去潜伏待机。②

　　稍后，自立军余部在清政府的严密搜捕下，纷纷逃往上海，以图设法转赴港澳和海外，汪康年冒险暗中大力相助。《汪康年师友书札》第四册所收"□翘生"的三封来函，当为张尧卿所写。其第一函谓：

　　　　弟伴十余人来沪日久，颇难支持。况本酷暑而来，又值天气渐冷，啼饥号寒之声不绝于耳，寤寐反侧，如何如何。久欲于先生前一筹良策，知海清、和生、春池、孟青等前在此地，以及去港累先生者已深，而先生又非扩充之时，何暇顾及。每欲启口，转觉赧然，所以屡次沉吟而辄止。兹明日有友往他处，急要之件刻不能延，四处张罗，毫无门径，不得已于先生之前一借箸焉。敢烦先生于他处代借洋蚨四五十元，济此眉急。一俟源头水活，定当合浦珠还，大丈夫磊落光明，断不至使先生为难矣。想先生热肠慷慨，古道照人，而又交广知深，虽在窘乡，断不以区区之数码难。倘蒙

---

①　明治33年8月26日《井上雅二日记》提到汪康年时道："现在他（指汪康年）是中人。他将收拾败兵，以利他日使用。听说他是哥老会中的有力者，现已去汉口。"（汤志钧：《乘桴新获》，第374—375页）据《自立会庚子革命记》，汪有龄也赶到汉口。
②　上海图书馆编：《汪康年师友书札》四，第3688、3689页。函谓："入山一节，顷已致函小琴，询以宜、施一带有无未开辟而无主名者，嘱其切速作覆。祁门一路不妨兼筹，何处较易即可先筹之，如力量充足时，亦不厌其多也。""入山一节，何尝迟缓，正谓空拳赤手，无益有害，故为此十年生聚，十年教训之计耳。（拂尘事可为鉴，况我辈之资财万不及拂，人力亦孤穷，奈何。）设目下有可借手，谁甘此寂寂耶？"

慨允,筹归自不必说,尤不仅弟感隆情于不置焉。

第二函谓:

　　翁辈阴图之事,早为俞兄代达。洞中虽骀台不足为灾,然亦
不可稍疏防范。人心之险巇如此,良用浩然。弟等之事,彼等尚
在狐疑,时密派人暗中窥探。……兼以同志多人,皆为弟罗致在
此,日用一切颇难支持,层筑债台,时形支绌。所以前日之请,实
出于万不得已之苦衷。承先生热肠慨允,感不去心。兹以日内偪
仄非常,如在荆棘丛中,无一刻之安,非得先生手援,倒悬莫解。
可否于他处代筹,济我眉急。人非木石,当思所以图报焉。倘蒙
赐示,即乞交俞兄为祷。

第三函谓:

　　两奉手札,得悉一是。先生高谊,感激涕零。知先生身在窭
乡,而竟请出不情者,实迫于势之急于不得已也。张罗之学,素不
讲求,又适此急难之时,所有同志能为助者远不能济。而现在此
者,同是天涯。至于平日交游之辈,闻弟声名狼借,各省被拿之
人,恐惹身灾,见而掉臂。知先生热肠,故敢冒昧。卒至以琐琐而
累及先生,弟之罪也。先生之心,铭之肺腑也。①

---

①　上海图书馆编:《汪康年师友书札》四,第 3744—3746 页。

虽然其中尚有一些情节难以体会贴切，大体可见此事原委。汪康年接济逃亡到沪的自立军余党，并帮助他们出亡，不止一批，因此受累不小。只是"汪亦非举大事之人"，其"朋友中没有决心死战"者①，"及今纵令能代唐等收其余烬，然时运不来，终难收效"②。夏曾佑甚至对联络会党之计也感到懊悔，他说："民会魁桀必皆旧党，因稍新者必不能与众相合也。故前所著之论云云（在申所呈者），今日观之，都是废话。总之，我辈所志之事，与小民所乐从者，其中尚隔十余重，如何做得到！"③

第五节　康有为的阴影

国会内部分歧主要不在宗旨手段，而在人事派系。其中重要因素，便是周善培函中提到的"某君"，即康有为。汪、唐两派的门户之见，与保皇派关系密切，特别是汪康年与康有为、梁启超之间的宿怨。

汪、康结仇，主要源于两件相互关联的事，一是《时务报》之争，一是汪康年与孙中山的交往。

汪康年与梁启超、康有为在《时务报》问题上的争执，历时近两年④，背后的确有张之洞的压力和影响。但汪康年等人除奉命办事外，也有自己的看法或主见。对此不能以康、梁之是非为是非，一言以蔽之曰洋务与维新之争。陈寅恪说："当时之言变法者，盖有不同之二

① 《井上雅二日记》，明治33年8月1日，汤志钧：《乘桴新获》，第359页。
② 田野橘次：《最近支那革命运动》，第33页。
③ 上海图书馆编：《汪康年师友书札》二，第1372页。
④ 参见汤志钧：《戊戌变法史》，第179—197页。

源,未可混一论之也。"此二源即"治今文公羊之学,附会孔子改制以言变法"与"历验世务欲借镜西国以变神州旧法"。①

清末治今文经者,除皮锡瑞外,语多妖妄,容易引起非议。加上康有为曲解孔学,自命教主,党同伐异,早已引发与章炳麟的冲突。②戊戌时叶瀚、陈汉弟等鼓动汪康年组织浙学会,认为:"方今各省学会,舍湘学而外,无人创设。湘学已为康教所惑,浙学汲汲宜办,以杜其萌芽,先发制人","欲与同志独立一帜,昌浙学之宗派,绝粤党之流行"。③因汪康年不肯出头,叶瀚便代而倡兴浙学,

> 以浙学会为总目,而以时、格、农、蒙四会为体。且南海伪学,其势虽昌,其存不久,然逆料将来,必一败涂地。但目今其声气可席卷天下,被累不少,故弟与同志约,不容彼党侵入浙界,务须仿日本进步党所为,留以有待。众佥谓然。故浙学速成,则彼党来,公逐之可矣。④

这种学派分歧,实属维新势力内部不同派系之争。

百日维新期间,康门师徒以布衣沐皇恩,不免"有腾驾云雾之势"⑤,倚仗皇权,飞扬跋扈,四面树敌,不仅遭到后党和洋务派官僚的疾视,也得罪了不少往日的同道旧友。如横滨的孙中山、陈少白,港澳

---

① 陈寅恪:《读吴其昌撰梁启超传书后》,《寒柳堂集》,第148—149页。
② 参见姜义华:《章太炎思想研究》。章太炎与汪康年有亲戚关系,由汪康年派叶瀚请入《时务报》馆,后反对康有为自命教主,被康党围殴,愤而退出。
③ 上海图书馆编:《汪康年师友书札》二,第2045页。
④ 《汪康年师友书札》三,第2600页。
⑤ 同上书,第2763页。

的王质甫，湖南的邹代钧等。康有为借光绪龙威压制《时务报》，排挤汪康年，"南北诸报，纷纷评议，皆右汪而左康"①。即使调和派也不满梁启超等始则挟诏旨与汪为难，"继又腾书各报，极力痛诋"，以为"迩年以来，言新法者群推汪、梁，若一旦为人所轻，则凡言新法者皆将见轻于人，守旧者有所借口，而维新之机失矣"。②

维新派的内讧甚至惊动海外，日本人评论道：

> 日清交战后接踵而起者，在民间有广东的康长素派和上海的《时务报》馆派等，这两派表面相结托，其实完全不同，如广东人与江苏一带中国人的差别。特别是康派稍带宗教味，外面观之，有东林党之嫌。③

占据政治中枢的康有为党同伐异，导致维新势力四分五裂，是加速变法失败的重要原因。

正当两派因《时务报》而龃龉横生之际，出现了汪康年与孙中山交往的一段插曲，令双方关系进一步恶化。1897年底德国强占胶州湾后，汪康年愤于清廷"弭患无术，善后无方"④，借考察报务为名，和曾广铨一同赴日，遍历东京、横滨、大阪、神户、长崎，与日本朝野各方磋商中日同盟挽救危局之计，决心结合两国民间势力，救亡图存。在日

---

① 《王照复江翊云兼谢丁文江书》，中国史学会主编：《戊戌变法》二，第573页。
② 上海图书馆编：《汪康年师友书札》二，第1649页。
③ 草胜：《改革的气运》，《大阪朝日新闻》1898年6月10日。引自藤谷浩悦：《戊戌变法与东亚会》，《史峰》第2号，1989年3月31日。
④ 《时务报》第52册，1898年2月21日。

期间,曾与孙中山有所交往。1898年1月,孙还专程陪同其到大阪,与白岩龙平、山本宪及侨商孙实甫、留学生汪有龄、嵇侃等会见《大阪每日新闻》记者。[①]有的日本人士遂将汪、孙并称。[②]

　　此番东游,会见孙中山似在日程安排之内。[③]此事缘起,当在1897年孙中山返回日本之后,"欲发信上海,请梁启超或其亲信一人到此一游,同商大事"[④]。是年冬,曾有一陶姓之人到沪访康有为,"穗卿、菊生往康处适见之,此人即行者遣以召康者,其言甚诞。菊生以告兄,穗卿未尝言也"[⑤]。所以汪、曾东渡,事先曾向梁启超函商进止日程。[⑥]但归国后,汪认为"行者之无能为",且将此意"遍喻于人"。[⑦]

　　汪康年了解孙中山,最早还是从梁启超处得到若干信息。1895年3月,梁函告汪康年:

　　　　孙某非哥中人,度略通西学,愤嫉时变之流,其徒皆粤人之商

---

① 　《清国新闻记者》,《大阪每日新闻》1898年1月17日。参见藤谷浩悦:《戊戌变法与东亚会》,《史峰》第2号,1989年3月31日。

② 　上海图书馆编:《汪康年师友书札》二,第1951页。

③ 　吴以棨来函谓:"穰公到东,不及廿日返华,何如是之速? 孙公消息已得否?"《汪康年师友书札》一,第295页。

④ 　广东省社会科学院历史研究室、中国社会科学院近代史研究所中华民国史研究室、中山大学历史系孙中山研究室合编:《孙中山全集》第1卷,第179页。

⑤ 　《汪康年师友书札》一,第783页。

⑥ 　1898年1月1日梁启超来函,《汪康年师友书札》二,第1852页。函谓:"东行事弟亦刻不能忘,惟前往之人,必须极老诚、慎密、镇静者乃可。意中之人实无几,兄自往则弟以为不可,不可轻于一掷也。然今日实到山穷水尽之时,更雍容一刻,不知又作何了结,此惟兄相时而动。若此信到时,而德事尚未了,则往复之变,殆不可问,兄或以春初姑往一观之,以未为不可。惟切须慎密,无待多嘱。"

⑦ 　《汪康年师友书札》一,第782页。

于南洋、亚美及前之出洋学生,他省甚少。①

此后,维新人士一直关注孙中山的动向。1897年,吴樵致函汪康年,几度提及:

> 孙氏(即孙文)闻已设议院,制船械,沪上有闻否?
>
> 久不得湘中书,不审彼中如何? 都中、粤中(逸仙先生近状如何?)又不审如何? 念之辄为焦急。②

汪康年东渡见孙中山,本来是国内维新人士的共同意愿,但恰在此时,汪、康双方关系恶化。1898年3月,梁退出《时务报》,以后又与康有为试图借光绪龙威夺回报馆。而《时务报》馆与孙中山暗中接触之事为驻日公使裕庚告发,汪大燮函告汪康年:

> 昨日菊生来言,译署接裕朗西函,言孙文久未离日本,在日本大开中西大同学校,专与《时务报》馆诸人通。近以办事不公,诸商出钱者颇不悦服等语,即日由总办带内回邸堂云云。当即往见樵,言狱不可兴。樵颇深明此意,惟谓长、卓二人在此设堂开讲,颇为东海所不悦,有举劾之意。而译署有东海,弟设以此言告之,即增其文料。如果发作,则两邸皆旧党,虽瓶公不能遏,无论樵矣。此时两公能为掩饰计,但又虑朗西归来,直燃之恭,亦甚足

---

① 上海图书馆编:《汪康年师友书札》二,第1831页。
② 《汪康年师友书札》一,第484、503页。

虑。此间已密嘱长、卓诸人弗再张皇，并致电尊处，未知作何动
静，鄙意且弗张皇为妙。君客腊神山一夕之谈及交姚某带去之
函，均登东报，此间颇有人知之，行事如此，真可谓不慎矣。如有
主意，望密示，惟断不可瞎撞瞎跑。卓有令君出游之说，未见高
妙，似且以镇定为主，弗再自蹈虚步。

稍后汪大燮又来函，告以：

裕事近已无复言者，惟恭邸病则又愈矣。前此所以询君且急
急者，其时菊生言译署人颇有讶之者，且欲兴风作浪，而清河告
康。康、梁终日不安，到处瞎奔。此事宜静不宜乱，诚恐其奔出大
乱子也。梁自抵京后，与兄未一晤。渠来两次未值，而兄去四次
亦不值。因此事又往访之，亦不见。其弟康、麦见兄垂首速去，似
不欲见兄者，是以愈疑之。

康门师徒的怪异行径，反映其心中确实有鬼。很快京师就有种种
关于汪康年的传言，如"湘帅过申而君匿避，有谓君席卷而逃者，有谓
湘帅欲杀君而君避至东洋者，有谓君尽以报馆存款畀孙文作乱者"。
汪大燮函告汪康年：

裕函到京，闻康、梁去皆支吾，欲归咎于弟。兄往访三次不
见，有一次正投刺，见康之弟及麦孺博出门，门者以兄刺示之，二
人俯首速行，并不请见。兄知若辈终日营营，不知所为何事，大惧
大惧。其欲借题陷弟，告子封、菊生，子封又为嘱菊生及他人察其

举动。①

康有为一方面担心汪、孙交往之事传扬开来，牵累于己，另一方面则企图借机打击汪康年和《时务报》，密谋举报。徐勤函告韩文举：汪"东见行者，大坏《时务报》馆声名"。要黄遵宪、梁启超"速致书都中士大夫，表明此事为公（指汪康年）一人之事，非《时务报》馆之事"。又指汪"荒谬"，目为"小人"。邹代钧担心康门师徒施展"同我者党之，异我者仇之，势可杀则杀之"的惯用手段，牵诬构陷，飞函告急。②此事进一步加深了汪、康的裂痕。此外，因汪大燮的关系，汪康年间接与刘学询引渡绑架康有为的密谋有了牵连，无疑也会加重后者的恶感。

对于上述种种过节，汪康年等人耿耿于怀，并影响到国会的人事安排。早在国会成立前，汪派讨论办事方略时，夏曾佑便感到"有一极难对付事，即是安插对山"。国会成立之始，再度提出："国会中有几个极难安顿之人。"以后进一步明确道："至于某某之名一节，弟前曾言，此中有极难位置之人，即指此而言也。然此次尚不过列名，若其人真归，则费事之极耳。"③唐才常深知双方宿怨极深，不便将与康有为的关

---

① 上海图书馆编：《汪康年师友书札》一，第 775—782 页。

② 《汪康年师友书札》三，第 2756—2758 页。邹代钧函复谓："东游事，公之心鄙人与伯严都知之，惟若辈甚欲以此相陷。公度已将此电节庵，伯严极言公度不可如是，公度始改悔，而康党用心尚不可知（徐勤屡械言）。鄙人甚不愿闻有此事，若辈陷公固不可，若辈自陷亦不可，惟愿其以后无事也。"陈庆年《横山乡人日记》5 月 20 日记："闻节庵说，黄公度复电，以路远不及商量为词，且诬汪入孙文叛党，其实公度欲匈匈挟湘人以行康学，汪始附终离，故群起攘臂。爰发其隐情以复公度。公度嘱陈伯严电复，谓其徇人言逐汪太急是实，并无欲行康学之事云。"（陈庆年：《戊戌己亥见闻录》，《近代史资料》第 81 号，第 111 页）

③ 《汪康年师友书札》二，第 1364、1368、1371 页。

系和盘托出。所以周善培劝道："而某君者又为公等所不乐,既得其资,则其势不能以告,此其有所难者。"

其实,汪、唐两派对待康有为的态度本质上也是异曲同工。据了解内幕的井上雅二称,按照自立会的布置,因大多数人不赞同康有为的言行,"只是要利用他的筹饷",而不打算让他出头任事。[①]这一说法可找到相应证据。其一,据章炳麟所述,唐才常主张由翁同龢、陈宝箴坐镇,只有狄平想密召康有为归国主持。不料 1900 年 7 月 21 日陈宝箴被西太后赐死,使自立军的周密布置为之一挫,失去援助。[②]

其二,保皇会中赞成支持唐才常联合大举计划并与之宗旨相通的梁启超,曾提议让康有为"闭门著书",息影林泉,又认为可以推光绪为总统[③],与唐才常的主张无不吻合。后来梁不惜犯险亲赴长江,准备参与起义,说明唐的主张很大程度上代表了他俩的共识。由此看来,汪、

① 《井上雅二当用日记》附件,《中国自立会的布置》,汤志钧:《乘桴新获》,第 379—381 页。
② 1900 年初废立之争后,清廷即有绝帝党领袖之说,欲将陈宝箴就地正法(1900 年 4 月《致孙仲恺书》,胡珠生编:《宋恕集》下册,第 700 页)。陈三立《巡抚先府君行状》:"二十六年四月,不孝方移家江宁,府君且留崝庐,诫曰:'秋必往。'是年六月廿六日,忽以微疾卒,享年七十。前数日,尚为《鹤冢》诗二章;前五日,尚寄谕不孝,勤勤以兵乱未已,深宫起居为极念。不孝不及侍疾,仅乃及袭敛。通天之罪,锻魂剒骨,莫之能赎,天乎痛哉!……不孝既为天地神鬼所当诛灭,忍死苟活,盖有所待。"(陈三立著,钱文忠标点:《散原精舍文集》,第 77 页)据戴远传《文录》手稿:"光绪二十六年(庚子)六月二十六日,先严千总公(名闿炯)率兵弁从巡抚松寿驰往西山崝庐宣太后密旨,赐陈宝箴自尽。宝箴北面匍伏受诏,即自缢。巡抚令取其喉骨,奏报太后。"(见宗九奇:《陈宝箴之死的真象》,《文史资料选辑》第 87 辑,1983 年 4 月,第 223 页。另参见邓小军:《陈宝箴之死考》,中山大学历史系编,胡守为主编:《陈寅恪与二十世纪中国学术》,第 531—552 页)在此之前,流放新疆的张荫桓被清廷处死,翁同龢因护理苏抚陆元鼎力保,得免于难。陈宝箴之死对自立会的影响,参见《井上雅二日记》,明治 33 年 8 月 4 日(汤志钧:《乘桴新获》,第 360 页)、田野橘次:《最近支那革命运动》,第 33 页。
③ 陈少白:《兴中会革命史要》,中国史学会主编:《辛亥革命》一,第 57—64 页;冯自由:《革命逸史》第 2 集,第 29 页;丁文江、赵丰田编:《梁启超年谱长编》,第 258 页。

唐两派的冲突摩擦，虽然有康有为的关系从中作梗，但唐本人缺少联络沟通的主动，又没有作机器皮带之人居间调解，致使双方貌合神离，无法真正做到求同存异，联合中枢终究难以稳固。

第六节　各方关系

中国议会存在前后不过月余。自立军败，清政府从查抄的文件中发现大量牵及国会的证据，指名通缉，容闳、汪康年、吴保初、丘震等被迫出亡或隐匿，国会即告解体。但由于它集合了国内主要的新党势力，又得到海外革命、保皇两大政派的支持，计划以民间力量组织新政府，对中国近代历史进程的影响相当重大。这从国会与各方的关系可见一二。

保皇会方面，虽然康有为列名国会，但始终将重心放在两广，对自立军未予全力援助。他和容闳关系较好，对唐才常借勤王以兴民政的联合大举方针予以默认，对汪康年等人则心存芥蒂。自立军失败后，康有为听信传闻，认为："汉事之败，由汪康年一人之泄。而诛死数千人，惨不可言！"①"此事全由汪康年之泄，或以为出邱震来，硬坐东文译社，考察踪迹，故致泄露。""汪尾唐后而入鄂，一搜而得据，故尽败。"其实汪再度入鄂的目的，应是设法收拾自立军余烬。保皇会的徐勤等人更因此而试图毒杀汪康年，因康有为不赞成而作罢。②汪康年的确因自

---

① 1900 年 11 月 26 日《致谭张孝书》，方志钦主编：《康梁与保皇会》，第 29 页。

② 1900 年 11 月 26 日《康有为致邱菽园书》，杜迈之等辑：《自立会史料集》，第 330 页。章炳麟《革命之道德》称："庚子保皇之役，康有为以其事属唐才常，才常素不习外交，有为之徒龙泽厚为示道地。其后才常权日盛，凡事不使泽厚知，又日狎　（注转下页）

立军一些头目的投诚行为与清政府有些瓜葛。张尧卿致汪康年函谓：

> 前呈辜君之函，未及晤谈，甚为歉仄。如执事饬人去宁，必须秘密，恐为作恶辈所知，又多一番疑忌也。余道宪所禀弟等之事，已奉刘岘帅批准，免于追究，咨请鄂督湘抚销案。至发给公文护照至各处解散胁从，尚在酌议。颜梓琴统领今日去宁见制军时，必面陈一切，俟乃君返沪，再定行止。①

在此前后，张尧卿帮助清方诱捕师襄，汪康年也是知情者。

不过，汪康年暗助张尧卿，别有隐情。罗振玉记：

> 有湘人李某者，任上海某局文案，亦与闻长江事，惧连染，乃诣江督告密，谓事变由会匪煽动，簿其名以上，且自请捕之。江督许焉。时汪君穰卿主《中外日报》馆，已练达世事，议论日趋稳健。顾平日负侠气，闻而不平，谓会匪诚可诛，然既与同谋，败而下石倾险，孰甚焉？乃阴资诸会匪纵之去。某愤甚，于是又以汪某实为首领告。穰卿时方在白下，不知已遭刊章。其友陶矩林观察（森甲）知之，不义其乡人所为，密卫穰卿出险，并以实语江督，某

（续上页注）妓饮燕不已，泽厚愤发，争之不可得，乃导文廷式至武昌发其事。"（汤志钧编：《章太炎政论集》上册，第314页）而康有为是函予以否认："唐、狄皆未告龙，今亦何由知？亦不过与邱揣摩耳。"

① 上海图书馆编：《汪康年师友书札》四，第3744页。

乃接浙去沪。①

自立军失败后,汪康年帮助到沪的会党成员逃往香港,因此遭到清方的追究。

　　闰八月,先生因事至南京,江督刘岘庄制军忽误信蜚语,疑先生有异图,遣一武员率兵至先生寓所之客栈,闭门大索。幸先生先已得讯,急微服出通济门,附内河航船,由句容、丹阳经常州达苏州,改附小汽船至上海。事后始知刘制军既索先生不得,复派数十人至下关,遇有登汽船之旅客,均加以穷诘,期于必获云。先生后致书刘制军,辨明其诬。刘制军亦知为人所误,其事乃已。②

　　夏曾佑认为汪康年"得罪两面,实可虑。当设法散释一面,择其急者"。"我等总以二面均绝不与闻为长策耳"。同时感到"彼党仇公,毫不足虑,并防备亦不必。彼不能刺双火、君瑞而能刺公哉?刺贵人,勿刺平民"。③戊戌后,保皇会中只有梁启超经人调解,与汪康年尽释前嫌,极力支持唐才常的中原联合大举。汉口自立军败,他刚好抵达上海,和国会的狄平、赵从蕃、丁惠康及井上雅二等人积极设法营救被捕人员。

----

① 《集蓼编》,罗振玉著,黄爱梅编选:《雪堂自述》,第14页。廖梅书已引及此条。
② 汪诒年纂辑:《汪穰卿先生传记》,章伯锋、顾亚主编:《近代稗海》第12辑,第248页。
③ 上海图书馆编:《汪康年师友书札》二,第1374页。得罪两面,指清政府和保皇会;双火,荣禄;君瑞,张之洞。

　　国会与孙中山革命党的关系值得深究。该会中容闳、汪康年、汪有龄、周善培、文廷式、郑观应、唐才常等前此与革命党人有过交往，这为他们提供了一种政治选择。唐才常最早向革、保两派提出求同存异、联合并举的纲领计划，并得到孙中山、梁启超的支持拥护。1900 年 5 月，孙中山接受梁启超的劝说，同意联合阵营顺应时势，使用借勤王以兴民政的旗号。8 月，他与归国参加长江起义的梁启超协调步骤，决定暂停广东军事行动，亲赴卜海，参与中原大举。同行者还有化名张浍、高绣延的唐才常派成员。则孙中山赴沪，不仅出于先期约定，很可能还是自立会或国会的邀请。

　　汪康年一派也考虑过与孙中山的联合。东游归来，汪虽然认为孙中山无能为，但并未断绝与革命党的联系。1898 年六七月间，还会见了孙的日本友人平山周、末永节等。①这与百日维新期间康有为因平山周是孙文党而不愿相见形成鲜明对照。②与汪关系密切的周善培，1899 年在日本经梁启超介绍结识孙中山，他得知汪、唐有隙，不能通力合作，劝解之外，建议汪康年"中山许公宜常与之通消息，缓急亦有用者也"③。

　　国会筹备期间，汪派认真讨论过与各种力量的关系组合。夏曾佑关注"中山酒店重开否？对山文集重刻印否？"他认为不能指望张之洞、梁鼎芬，也反对依靠"欲翘然为首""帝制自为"之人，而"自成一队，力既不能，时又不及"。对于革命党，他虽说"与中山合，此较妥"，但担心"事败则与俱败，事成则北面而侍人（中山处大约人材较众，皆教中

---

① 　《汪康年致宗方小太郎函》，汤志钧：《乘桴新获》，第 203 页。
② 　毕永年：《诡谋直纪》，《乘桴新获》，第 26 页。
③ 　上海图书馆编：《汪康年师友书札》二，第 1197 页。

人，非士大夫，故我辈不知）。唉使武负，此策无从行"。因而提议：

> 为今之计，与英、美、日相商定策，以兵力胁退□□，请□□亲
> 政，再行新政。……若有革命党人不愿，可用意将革命、革政二党
> 人化合为一宪政党人可矣。（只须宪法上立一条曰：凡满人所得
> 之权利，汉人均能得之。如此则革命党又何求乎？）①

惠州起义时，周善培仍坚持"中山既有所举，吾党不可不赞之，不
可复有嫌疑"，"中山倘西顾，必使人来而为恃……果有徒，仍宜赞中
山"。②此后汪康年还向留日学生监督钱恂打听："二雄合一，是否？二
雄能再雄鸣否？"③则汪派与革命党虽然政见不尽相同，行动上却屡有
合作的需求与愿望。

国会会长容闳与革命党的关系，始于和杨衢云、谢缵泰一派商议
联合计划。1900 年 3 月底到 4 月初，他在香港与谢、杨二人多次会晤，
设法促成趋新各派的合作。4 月 4 日，容闳离港赴美，谢缵泰致函孙中
山，建议其在容途经日本时与之会晤。"为了防止各党派领导间的自

---

① 上海图书馆编：《汪康年师友书札》二，第 1367、1363 页。此函系回答汪康年来信
所询问之事。夏曾佑原准备赴沪面议，因沿途耳目众多，恐引起疑议，故以信作答。
1900 年 5 月下旬夏曾佑曾提议："菀生此时有一奇事可做，是合双火与对山之交，此事
有奇验，惜菀生不肯为，不敢为耳。"想让王修植作中人，撮合康有为与荣禄。前引书，
第 1360 页。

② 《汪康年师友书札》二，第 1202 页。

③ 《汪康年师友书札》三，第 3009 页。钱恂答称："门下士极力图合，然孙昏而康诞，
均非豪杰。"此条附于 1900 年 6 月 13 日所收第 26 书，而内容提及杨衢云被刺事，应写
于 1901 年。

私竞争和妒忌"，谢还推举容闳"为维新联合党派的主席"。①4 月底杨衢云赴日与孙中山协商，6 月孙中山赴新加坡与康有为洽谈，举容闳为联合党派主席当在议程之内。

尽管谢缵泰的提议既针对康有为等人阻挠合作，又含有报复杨衢云与孙中山争夺兴中会会长失势之意，但孙中山本人对此表示赞同。8 月孙中山赴沪前，不仅对各派联合的前景充满信心，而且特别对新当选的国会会长容闳表示支持，称之为"众望所归的领袖"②。以后容闳还担任了兴中会的外交代表。至于文廷式，他于 1900 年春访日时，曾与孙中山讨论国事和起义事宜。③国会成立后，他还到长沙，在张尧卿的协助下，为兴中会散票。④

国会与南方几大督抚的关系耐人寻味。井上雅二曾作如下评论：

> 初，刘坤一与李鸿章等于中国议会之事，不甚注意，亦甚不阻止。及后支那官吏之入会者渐多，而唐等又一败而不可收拾，于是刘、李二人皆有阻止之议。李尝正言曰："破坏内阁，创立新政府，今之所谓维新党者，吾决不登庸之。"张之洞则自始至终与议会大相嫉恶，尝以解散及破坏为宗旨。及党祸频兴，唐才常等被

① 谢缵泰著，江煦棠、马颂明译：《中华民国革命秘史》，广东省政协文史资料研究委员会编：《广东文史资料·孙中山与辛亥革命史料专辑》，第 309 页。
② 广东省社会科学院历史研究室、中国社会科学院近代史研究所中华民国史研究室、中山大学历史系孙中山研究室合编：《孙中山全集》第 1 卷，第 198 页。
③ 罗刚：《中华民国国父实录》第 1 册，第 509 页。关于文廷式访日事，1900 年 5 月 16 日周善培致汪康年函中问道："萍乡东游还否？游有益否？"（上海图书馆编：《汪康年师友书札》二，第 1195 页）
④ 杜迈之等辑：《自立会史料集》，第 149 页。

获,议会因之解散,而张之心始快。盖张素与西太后有不可离之因缘,而议会之宗旨,即以排斥太后,扶掖皇上亲政,为唯一之要件。此为其所以深恶痛绝之一原因。彼之观念,以谓皇上亲政,则康党必见登庸,康党登庸,则岂能容彼等之老朽据封圻、序朝班哉? 故不得不竭其心,尽其力,摧之戮之,而不留余地也。[①]

在此期间,张之洞、刘坤一、李鸿章等人实行东南互保,抵制清廷与列强开战的旨意,表面似与国会的宗旨吻合。国会成立时,不仅李鸿章不见怪,刘坤一不妨碍,就连张之洞也未加干预,张的亲信陶森甲还加入了国会。[②]

张之洞后来在《劝戒上海国会及出洋学生文》中说:

> 六月间,上海设立国会,其规条甚秘,未经刊布。初闻之,以为此殆会集同人,考求时事,发为议论,以备当事采择,略仿外国下议院之例耳。[③]

这不过是表面态度,至于内心考虑,则复杂得多。清政府为守旧党所把持,自乱天下,引起内外矛盾大爆发,造成空前危局。如何在各种政治势力的冲突较量中保存和发展力量,对于各人的政治智慧和手

---

① 田野橘次:《最近支那革命运动》,第 36—37 页。
② 日本驻上海总领事小田切万寿之助认为,陶"是为探得中国议会的内情而入会的侦探"(《井上雅二日记》,明治 33 年 8 月 4 日、24 日,汤志钧:《乘桴新获》,第 359、372—373 页)。
③ 杜迈之等辑:《自立会史料集》,第 169 页。

腕构成严峻考验。作为地方大员,既要保证辖区的利益不受侵害,又要防止个人权力流失,这些角逐政坛多年的官僚采取静观与敷衍的策略,力求立于不败之地。他们一方面对时局大事不轻易明确表态,另一方面与各种政治势力交往应酬。自立会在长江一带的活动早已无密可保,不少文武官员卷入其中,张、刘二人不会毫无所知。之所以置若罔闻,一是政局尚不明朗,二是尚未对自身利益构成威胁。

国会中不少人是张、刘、李等大吏的戚友僚属,政治上有不同程度的共识,因而往往互相借重利用。汪康年曾先后专程赴汉口、南京,向张之洞、刘坤一进言,以后又与郑观应等15人联名上书李鸿章,请求他们"剿匪劾政府",或"率兵入都,以剿匪为议和之根本"。国会成立后,他再赴江宁,与同志商量,请刘坤一"举兵入都,护卫两宫,因以弹压西兵,主持议和"。①张、刘虽然拒绝,但未追究。而李鸿章曾自认是康党,接到汪康年等人的上书,只以"乳臭小儿焉知国家大事"一笑置之。②

国会与督抚的最大分歧,在于对待西太后和端王、刚毅等当朝执政的态度,国会要求督抚实行北上勤王或"自建帅府"之策③,"不奉贼臣之矫诏",诛杀"捏造诏旨,力行阻挠""不顾国家,不明大局之贼臣"④,公开反对顽固重臣把持下的中央政府。而张、刘对西太后"仍感佩服",李鸿章也与之"有缘难分"。在大乱局势下,他们不能不考虑万

---

① 《上江都刘岘庄制军书》,汪诒年编纂:《汪穰卿遗著》第4册。
② 丁文江、赵丰田编:《梁启超年谱长编》,第197—198页;《上海维新党重要人士上李鸿章意见书》,《东亚同文会第十回报告》,明治33年9月1日。
③ 章炳麟:《来书》,《中国旬报》第19期。
④ 《上海维新党重要人士上李鸿章意见书》,《东亚同文会第十回报告》,明治33年9月1日。

一中枢既倒的善后,但其权力的合法化基础来自朝廷的任命和西太后的信任,同时又心存自保善终之意,"因而毫无自立或北上的意气"。① 尽管张之洞见恶于康、梁,而刘坤一在戊戌政变后曾抵制慈禧尽废新法的谕旨,反对重立新储,对待清廷的态度刘却更为消极。陈三立等人为此致函梁鼎芬,强调"方今国脉民命,实悬于刘、张二督之举措(刘已矣,犹冀张唱而刘和可也),顾虑徘徊,稍纵即逝",希望其鼓动"由张以劫刘,以冀起死于万一"。②不过,"借资鄂帅"在国会也是不得已而为之。夏曾佑对汪康年直言相告:

> 武昌之行本无谓,赤股本是烧料,刘表必不能听先主之言,而其左右之人无一可商者,不独大胡子也。此等事岂可与名士老爷商者。……公武昌之行无为之极,弟在申必阻之。今日可将此一章书除去,不必再说矣。③

国会与督抚之间存在着根本的利害冲突。井上雅二认为:

> 中国议会与张、刘难以并存,如果不废除长江保约,难以推动国民运动,而且无法与各国进行协商。

---

① 《井上雅二日记》,明治33年7月22日,汤志钧:《乘桴新获》,第351页。
② 周康燮:《陈三立的勤王运动及其与唐才常自立会的关系——跋陈三立与梁鼎芬密札》,《明报月刊》第9卷第10期,1974年10月。
③ 上海图书馆编:《汪康年师友书札》二,第1362—1363页。刘表,张之洞;大胡子,梁鼎芬。

国会是政局大乱的特定情况下民意浮升、民权提高的表现，它以勤王为旗号，要通过北上清君侧或南方割据，进而达到变政目的。除反对排外一点，与东南互保的承认西太后、保全清朝一统天下及地方安定之旨格格不入。当形势不明朗之际，双方尽量避免直接冲突，以集中精力对付北方乱局。但国会在争取和利用督抚的同时，又设法联合革命党，运动江湖客。张之洞破获自立军，拿到确证，除"令其军以自立为名"外，

其汉洋文规条，有指定"东南各省为新造自立之国，不认满洲一朝为国家"等语。其逆党逆信，有"皇上仓皇西窜，此时此机，万不可失"等语。其康、梁会衔伪通饬文，又有"欲图自立，必自借遵[尊]皇权始"等语。夫尊皇权，明言是借，且明言图自立，明言不认国家，甚至以逃窜等字加诸至尊。如此情词，尚有丝毫爱戴我皇上之意乎？①

自立军失败后，容闳等人仍准备组织团练，实行民间用兵的明暗二法，"明的是以北上西指为名，暗的是组织团练以保护长江一带"②。后来汪康年遭到刘坤一缉捕，上书自辨："或电称康年勾结革命党人，又或指康年勾通江湖中人，非特诬蔑之无因，抑亦侪偶之不类，非意存

---

① 《伊藤博文关系文书》，汤志钧：《乘桴新获》，第 196 页。据《中国国会自立军勤王讨贼檄文》，除鼓吹自立、国民，抨击独夫民贼外，尤其强调"我士、我民、我汉族"与"逆后、逆土、逆臣"不共戴天（陈旭麓等土编：《盛宣怀档案资料选辑之七·义和团运动》，第 204—207 页）。
② 《井上雅二日记》，8 月 26 日，《乘桴新获》，第 375 页。

倾陷，即缘于误会"，指蜚语为保皇会捏造，自称前此所为"大率归重于朝廷，致望于督抚"。[①]其实，保皇会固有挟嫌报复之意，所说则不无实据。

由于新党与督抚本旨冲突，公开翻脸在所难免。而具体契机，一是7月22日清廷谕令各督抚保护外国人，谋求和局，重新赢得官场的支持；二是自立会起义在即，各地督抚如果继续依附清廷，势必处于敌对立场。唐才常赴汉口之际，在轮船上对井上雅二说：

> 此行专欲纠合武汉之同志，巩固自立会之根底。张之洞倘奉北廷之伪敕，以出于排外之举动，则余惟先一蹶彼，而自任保护外人之权利耳。[②]

张、刘出手镇压大通、汉口自立军，也是势所必然。而在处理方式上，则试图区别对待。被清政府缴获的文件及被捕诸人的供词"颇牵涉国会诸人"，张之洞鉴于"国会人数颇多，并非尽系康党。其皆通谋知情与否，不敢臆断"，所涉"大率诵读诗书，或且挂名仕籍，其中多才能文，讲求时务者，颇为不少"，表示"其谋乱已成者，不得不捕诛；而其

---

① 《上江都刘岷庄制军书》，汪诒年编纂：《汪穰卿遗著》第4册。
② 田野橘次：《最近支那革命运动》，第28页。另据张篁溪《自立会始末记》，唐才常以"北方无政府为词，借日本人为通殷勤于鄂督张之洞，讽以自立军将拥之据两湖而宣布独立。张之洞犹疑莫决，同时对会党之运动虽有所闻，未尝予以压抑，似非全无好意者。唐才常多方设法促张之洞自决，张无所表示。唐才常以为无望，乃扬言于外人曰：倘张之洞奉清廷之命以排外，吾必先杀之，以自任保护外人之事。张之洞闻而深恨之，乃决计先发制人，将党人一网打尽，以绝祸根"（杜迈之等辑：《自立会史料集》，第9—10页）。

附和同声者,犹望其改悔"。他以"尚未得有实据"为词,隐去各人姓名,并亲自撰写《劝戒上海国会及出洋学生文》,大量印制,寄往各地,随宜散布,"庶几多一人省悟,即少一人陷溺,亦即少一人株连"。[1]这虽有祖护旧属之意,但也表明其不为已甚,不愿树敌过多的用意。他告诉刘坤一:

> 此次国会中前列查出各省文武官绅甚多,鄙人不肯株累,一线可原,务从保全。若逆乱之尤确有实迹者,不敢不极力访拿,以杜再举而保大局。[2]

他致函伊藤博文,也说:

> 弟于此辈少年文士,极愿培养其才,开通其智,勖以忠爱,进诸文明,储备国家他日缓急之用。不意康、梁从而煽惑之,得罪名教,干犯王章,鄙人当执法之时,未尝不深悯其愚,而惜其为奸人所绐误。爰特刊发告示,晓谕两湖士民,并于百忙中,别草《劝戒国会文》一通,广为传布,冀有以平其矜心,发其深省。……能少一人附和,极少一人株连,告诫谆谆,亦保全之微意也。[3]

---

[1]　杜迈之等辑:《自立会史料集》,第167—169页。张之洞作文前曾问郑孝胥国会兴起原因,郑答称:"旧党蔽塞,功名路绝,躁进之徒,逼而思乱,此其故也。"张"击节称善"。后来张之洞还再三请高梦旦代拟指驳国会文,高写成《劝戒国会第二书》,继而称病力辞(中国历史博物馆编,劳祖德整理:《郑孝胥日记》第2册,第771页)。
[2]　苑书义、孙华峰、李秉新主编:《张之洞全集》第10册,第8394页。
[3]　《伊藤博文关系文书》,汤志钧:《乘桴新获》,第196—197页。

容闳亡走日本后,沪宁等地的国会人士大都没有遭到穷追严查。

庚子后,张之洞成为众矢之的,虽咎由自取,也别有原因。正如当时人所论:

> 今中国之大臣,其可恶甚于南皮者何限!只以彼等皆与文士绝交往,故遂无私愤。而南皮则喜与文士往来,又往往其交不终,于是私仇公义合为一谈,而南皮之身遂为天下所不容矣。①

国会既然自认为民意代表机关,又计划建立新政府,与列强的关系必然成为交际重心。容闳、唐才常等人与驻沪英、美、日等国领事联系密切,国会成立后,由严复、容闳分别起草中英文电报,通告各国,国会宗旨又将联邦交、保全中外交涉和平之局置于重要位置。而以东亚同文会为主的日本人士,则有组织地介入了从正气会到国会的核心机密。国会的一些秘密电文,还通过各国领事传送出去,国会的一切用款及电报各费七千余元,据说"均是英、美、日各国帮助的"②。但这并不意味着双方关系良好。英、日驻沪领事内心轻视国会,而容闳等人则"不大喜欢在上海的外国人中官场的人。因为各国领事等只是利用他们来维持秩序"③。而且,照夏曾佑看来,"新党见疾于西人,此是定理。和局若果成,必有大不便于此党人者"④。

国会与督抚冲突加剧的潜因之一,是因为张、刘等人断然拒绝列

---

① 上海图书馆编:《汪康年师友书札》二,第 1377 页。
② 杜迈之等辑:《自立会史料集》,第 150 页。
③ 《井上雅二日记》,明治 33 年 8 月 1 日,汤志钧:《乘桴新获》,第 359 页。
④ 《汪康年师友书札》二,第 1370 页。

强军队侵入长江,并表示不惜背水一战。而全面和局维持了清政府的统治,压抑了新党的变政要求,局部的东南互保成为督抚出手镇压自立军的重要依据。列强则借此采取袖手旁观的态度,坐视对其寄望甚殷的新党惨遭屠戮。

中国议会起到动员和组织趋新势力的作用,对中国后来的政局发展产生了积极影响。1901 年 3 月,拒俄运动初兴,原国会成员汪康年、孙宝瑄、温宗尧、吴保初、蒋智由、陈锦涛等发起推动,在上海绅商两次张园集会上发表演说,并组织拒俄会。丘震因咳疾不能登台演讲,引为憾事,后来致函《申报》,批驳该报载文"隐以张园两次之集议为干预国政,而坐以主张民权之罪"①。钱恂以为:"张园大会为补救国会之要点,敬佩敬佩。无此举,则真四万万人无一有脑气者矣。"②张之洞得知"新党因俄约事在张园集议,初次尚无谬处。二次集议,数百人满口'流血、自主、自由、仇俄'等说。张园悬有各国旗帜,当场将俄旗撕毁,并欲立仇俄会",函告刘坤一、盛宣怀等人:"此等议论举动,不过借俄约为名,阴实是自立会党,借端煽众,以显国会权力,能把持国家政事,蓄谋甚深甚险"。③

1901 年,严复、孙宝瑄、胡惟志、吴保初等组织名学会。1902 年春,中国教育会成立,叶瀚、龙泽厚、蒋智由等人加入,叶还成为其中温和派的领袖。由于国会承上启下,戊戌辛亥间趋新势力社团组织的发展保持了一脉相传的继替关系。清末宪政运动兴起,民初实行政党政

---

①　《中外日报》1901 年 3 月 30 日。
②　上海图书馆编:《汪康年师友书札》三.第 3013 页。
③　苑书义、孙华峰、李秉新主编:《张之洞全集》第 10 册,第 8542 页。

治,中国议会成员中不少人成为各种团体党派的活跃分子。①

第七节　国民发动

庚子中国议会及其政治行为,有几个明显的特征:一、民间和民主色彩;二、行动方式不拘一格;三、组织上兼收并蓄。

国会存在的时间虽短,但反映出新学士绅对欧美近代民主宪政的接纳,显示出由他们代表的民权力量的增长。如果说,1895年的台湾民主国很大程度上还是由官员来表达兴民政的意愿,那么国会的民间性则成主导特征,即使策略上对官依靠利用,也有其他选择作为支撑或后备。这种民间性既有传统民本观主导下绅权制约皇权、独立于官权的延续,又有近代欧美民主精神所激励的国民意识的增长。

在中国既有的政治框架内,皇权必须承担各种责任,而不能一味为所欲为,否则士绅将不得不在君民社稷间作出两难选择。维新运动兴起,新学士绅日益认识到救亡振兴只能依靠民间力量,并开始用西法进行实际的政治动员和组织。中国士绅有民重君轻、天下己任的观念以及异端结交江湖的传统,又受近代民主思想的影响,如果朝廷政府一意孤行,不顾社稷苍生,他们便不约而同地寄望于国民。汪有龄说:

> 大局日非,伏莽将起,我辈愿为大局效力,必须联络人才,以

---

① 参见宗方小太郎《一九一二年中国之政党结社》(章伯锋、顾亚主编:《近代稗海》第12辑)和《郑孝胥日记》。

厚其势。……即有事起，各竭其力。①

夏曾佑认为：

> 观官场之习，灭种已定，万不可救，然此只可归之为政府之末
> 流。举国之民分数大支，今不过可决政府一支之必死耳，其他之
> 人尚不忍尽弃之也。②

与国会关系密切的经元善表达得最为明确：

> 堂堂中国政府，惑邪肇衅，无事自扰，以致宗社为墟，此上下
> 五千年历史所未有，逆藩权奸之肉，其足食乎。此后欲望支那自
> 立图存，全在国民联群一致，并胆同心。舍此外，无可救药之
> 仙丹。③

他们虽以勤王为号召，但倡建国会，在清政府之外自行组成权力
机关，并实际发挥对内对外职责，确如梁启超所说，是乘势借勤王以兴
民政。而且作为未来政府的首脑，光绪只是最佳人选之一，真正的权
力机构在国会。直到1901年拒俄运动兴起，汪康年等结拒俄会，周善
培还认为："夫推会之宗旨，固以拒俄，然亦假借以为国民发动力之起

①　上海图书馆编：《汪康年师友书札》一，第1058—1059页。
②　《汪康年师友书札》二，第1345页。
③　《汪康年师友书札》三，第2429页。

点,夫其圈线固不限于俄之拒而已也。"①可见以民权兴民政已经成为有意识的行动。

政见宗旨相近,方式手段趋同,一旦当道的所作所为严重危及国家社稷的安危,革新势力的不同政派便会与一切反政府势力联合,以武力求变政,在宗旨和手段上,很难发现原则区别或有什么不能跨越的界限。戊戌政变后,顽固亲贵把持下清朝中央政府的倒行逆施,在士绅们看来,已到丧心病狂的地步,为泄一己私愤,不惜将国家民族引向灭亡的边缘。迫在眉睫的亡国危机,促使他们采取非常手段,以拯救危亡。陈三立说:

> 今危迫极矣,以一弱敌八强,纵而千古,横而万国,无此理势。若不投间抵隙,题外作文,度外举事,洞其症结,转其枢纽,但为按部就班,敷衍搪塞之计,形见势绌,必归沦胥,悔无及矣。②

汪有龄认为:

> 得死君国,不失为忠;委屈求济,不失为智;稍有建树,不失为勇;扶顺抑逆,不失为义。左之右之,惟其是而已。否则事不阅历,趑步荆棘,一腔热血,无处施展,岂不惜哉。③

① 上海图书馆编:《汪康年师友书札》二,第 1198 页。
② 周康燮:《陈三立的勤王运动及其与唐才常自立会的关系——跋陈三立与梁鼎芬密札》,《明报月刊》第 9 卷第 10 期,1974 年 10 月。
③ 《汪康年师友书札》一,第 1058—1059 页。

孙宝瑄也说：

> 国家不变法，则保皇者忠臣也，革命者义士也。①

无论他们原来的政治主张和方针如何，都尽可能动员和利用各种社会关系，尝试各种方式，以解救燃眉之急。夏曾佑建议借列强兵力使光绪复辟时说：

> 鄙人向不持此策，然今日除此别的都来不及，且行此策则尚有后文可做。若不行此，则别事既不及行，各国权力界一定将忍而终古矣。②

在民族生死存亡的紧要关头，各派的政见分歧对其行动方式并未构成约束，既不能以政见规范手段，也不应以一时一事的手段来断定政见。

当然，各派进行军事行动的能力大有差别，与清政府的关系也各自不同，这对各派的政治动向产生了重要影响。庚子后，保皇会不敢言兵，国会成员不少人赞成清廷变政，反对革命排满，声称："国家果变法，而此辈党人犹不解散，则皆乱民也，可杀。"③但又认为清廷的体制内改革难以成功，民众暴动不可避免，陷入绝望，逐渐远离政治中心。他们不是因为宗旨有异根本反对动武，而是尝试过使用武力，证明自

---

①③　孙宝瑄：《忘山庐日记》上册，辛丑六月五日，第 368 页。
②　上海图书馆编：《汪康年师友书札》二，第 1363—1364 页。

己缺乏相应的能力,只得改行和平变革方式。况且,对于他们而言,只要不到绝望境地,就不愿意社会流血。

方式手段趋同,与各派公认以兴民政为救亡图存大计密切相关。亡国危机令各派政见的相同处凸显,分歧则退而居其次。近代中国的趋新人士本来为数不多,开始的政见分歧与派系界限又不甚分明,一些因利害而起的冲突摩擦,往往令旁观者为之痛心。戊戌汪康年与康、梁不合,许多人出面劝说,力图化解矛盾。汪有龄认为梁启超以意见不恰而独树一帜,为开风气起见,固无不可,但不应争闲气,"中国所谓卓卓者尚且褊私如此,夫复何言"。他虽然主张全力相争,"然所谓争者,不在诉曲直,不在记恩怨,惟在报己而已矣。问心无愧,可以大度处之,将来渠当自悔其卞急也。龄所切望着,倘现在可以转圜,使各立后不伤和气,则请阁下为大局计,屈己下之。或托人调停,或自行陈谢。气虽折矣,理则益壮,阁下之苦心更为人所钦仰,而大局亦不至稍有摇动,似为正策。否则使将来共事者咸引汪、梁以为殷鉴"。并希望汪康年"现在如有诉卓如短处者,乞阁下一笑听之,有为持平之论者,请阁下改容纳之。龄非欲阁下自屈,乃望阁下以屈为伸也"。①

高凤谦得知梁启超挟诏旨与汪康年为难,以为"迩年以来,言斯法者群推汪、梁,若一旦为人所轻,则凡言新法者皆将见轻于人,守旧者有所借口,而维新之机失矣"。曾致函汪康年加以劝解。戊戌政变,高凤谦"痛心疾首于发难之人,而康、梁之短长,固不暇计较也。夫康、梁平日举动,固无可议,即康之书、梁之诗,辞气间少忠爱诚恳之意,弟亦不以为然。惟此番祸变,君国之事,非康、梁之事,即必归咎于康、

---

① 上海图书馆编:《汪康年师友书札》一,第 1075 页。

梁，则恨之可也，嘲之不可也；恶之可也，幸之不可也"。对于"《中外日报》时时丑诋康、梁，颂扬逆党。若甚愿其有此事者，弟所不能无疑于足下也（彼时未知足下及尊嫂之病与昆仲不与《日报》事，故甚怪足下）。今《日报》虽属曾君，足下有可以规益者，似当尽言，力持清议，勿为守旧者所笑"。①

后来汪康年与梁启超化解前嫌，陈锦涛闻讯来函志贺：

> 吾人同处支那，实如同舟共济，今舟已遇风浪矣，舟中之人当泯其私嫌，得以同力合作，以度苦海。不然则是者亦死，非者亦死，长长太空，料不于此千百万微生物之大没日，而特设一审判日也。来信云今之嫌隙已泯，是公有至人之量，可谓公幸，亦可为吾人之幸也。②

夏曾佑认为满汉平权即可化合革命与革政两党，颇有代表性。其中一些活跃人物认为各派根本目标一致，"何必故画鸿沟，使彼此永远不相合哉"③。加上每一派的实力都严重不足，不能应付全国性危局。而且派系之分未久，宗旨差别若隐若现，人们对此认识尚属朦胧。各派内部的小集团，又往往与别派有所共识和联系。在这种情况下，有人调节沟通，有人积极呼吁，有人从旁协助，有人众望所归，"必当合而

---

① 上海图书馆编：《汪康年师友书札》二，第1649—1650页。
② 同上书，第2085页。
③ 丁文江、赵丰田编：《梁启超年谱长编》，第258页。

不当分"①,"必大合而后能办妥"②,成为大势所趋,人心所向。"既欲合,则必多舍其私见,同折衷于公义,商度于时势,然后可以望合"③。这一大合局面,以长江为中心,以国会为最高组织形式。其作用如田野橘次所说:

> 予初闻中国议会之名目,但知其不过为庞然无序之团体耳,至于实力,则未必有也。然时势之所变,几咸驱在野之志士而成合一团体。……而一时感动奋发之气象,理想知识之发达,实足令人敬仰。且彼等之心,皆出自一片爱国之热诚,非所顾于成败利钝也。故万一事成,不特称霸于中国,雄飞于亚东,固将摧狮威,折鹫翼,握全球之霸权,执万国之牛耳,而为世界主人翁也。④

当然,各派的分歧依然存在,加上复杂的人事纠葛,合作时冲突不断。大合阵营中不同派系互争雄长,同一派系里小集团彼此掣肘,由此开近代中国政坛无谓党争的恶例。

> 自武汉事败之后,康、汪两派竟至各为秦越,而终不能调和,自余各派,亦互相排击。此不特新党志士之忧,而于全国前途之影响,有大不利焉。

---

①③　丁文江、赵丰田编:《梁启超年谱长编》,第258页。
②　杜迈之等辑:《自立会史料集》,第322—323页。
④　田野橘次:《最近支那革命运动》,第35页。这段文字较井上原文增加很多,当反映田野或译者的意思。

大敌当前而内部纠纷不已，令参与其事的日本人士大为叹息：

> 且今日当道之官司，满清之奴隶，无论若何党派，凡为维新之士，一概严捕而诛戮之。在新党能合力一心，以谋抗拒之策，以图自立之机，犹且不暇，况或自相冲突相解散，其不为异族所戮辱，则为顽固者之话柄而已。

他们"亟望新党之化意气而谋合群，图大业而忘小嫌"。①

朱淇鉴于"今日维新志士已不可多得，若伤残一人，则是中国志士少一人，残害国家元气，莫甚于此。他日中国终不能不维新，若此时已将志士残害，则将来维新之时，恐人材不足用矣"，特撰《圣朝无党祸论》，欲为党人作大解脱，以免当道以"康党"二字罗织中国志士而聚歼之。②可惜良好愿望未成现实，此后进步势力的朋党之风不绝，内讧不断，不仅妨碍直接目标的达成，更使中国民主进程受到严重干扰，形象大受损害，步履维艰。如何发扬政治精英的国家民族观念而抑制其宗派意识，遵循民主制的规则，成为中国民主政治成败的一大关键。

剖析庚子中国议会的史料与史实，启示颇多。对此事件看法的诸多分歧，主要来自两方面的影响：一是后来政局的变化和研究中两极对立的观念，妨碍了全面、历史、细致地观察问题，革命与保皇的概念，显然不能涵盖当时趋新势力的派系关系；而由此产生的简单正邪观，

---

① 田野橘次：《最近支那革命运动》，第36页。
② 上海图书馆编：《汪康年师友书札》一，第234页。

更无法判断各派政治行为的是非正误。那种戊戌以康、梁为准绳,庚子以团民为尺度,辛亥以革命党为天平的评判,很难深入认识复杂的历史。

参加国会的人士固然不乏主张激烈者,如唐才常,另如丘震,梁启超称之为"当代青年中一有望之人物也。……固夙以为国流血自祝,吾亦冀其为铁血派中一伟人也"①。而多数人属于革政势力的渐进派,"平日绝不主张激烈之行动,以为天下大器,破坏滋易,建设实难。以吾国之人材、财政、内忧外患而论,尤不当虚作一建设之理想,轻言破坏",希望"政府之能自改革,勿自蹈于危亡之域,以致危及天下"②,政治表现鲜有大放异彩之时。有的后来更趋于保守颓唐,绝足政坛,袖手神州。但在国家民族陷于危难之际,他们一片天下己任的抱负热忱,不仅毫不逊色于革命先驱、维新志士,而且曾经实实在在地携手合作,共赴国难。

二是受主客观条件的限制,对史料的掌握理解和运用存在片断与片面的弊病,很难把握事件的全部内外联系。有关结论逻辑上似能自圆其说,但往往是由于看不到材料,或以舍弃、蒙蔽部分史实为代价。以为正气、自立、国会的纲领以及纲领与行动之间根本自相矛盾,便是从后来的观念逻辑出发,依据片断史料而形成,与当时人的理解及真实全貌相去甚远。如果说以前主要是资料所限,那么随着新材料的不断问世,如何解读史料,了解史实更显重要。只有在全面掌握史料史实,把握和揭示其本来内在的各方联系的基础上,才能认识历史。从

① 梁启超著,舒芜校点:《饮冰室诗话》,第17—18页。
② 汪诒年纂辑:《汪穰卿先生传记》卷5,年谱四,章伯锋、顾亚主编:《近代稗海》第12辑,第315页。

史料中读出历史真相,了解流变因果,进而重建信史,绝非仅对上古史才有意义。近代史虽时隔不久,但史料太多,难以掌握周全,而且政局变幻多端,当事各方出于种种原因,有意无意地制造、隐瞒、曲解、放大或缩小史料史实,研究工作整体上又未经疑、考过程,如果研究者不能严格从学术史出发,充分吸收已有成果,尽可能将所有新旧史料排比考校,进一步解读,结果必然观点先行,史料填充,呼卢喝雉,图画鬼物之弊在所难免。与历史所蕴藏的丰富可能性相比,任何理论与逻辑都显得苍白无力。

第四章　兴汉会

兴汉会是庚子前兴中会与长江流域秘密会社结交的组织形式,又与汉口自立军密切相关,为长江流域联合大举的重要支撑。有关资料多属事后回忆,因而长期语焉不详,且多舛错,很难据以判断孙中山和兴中会的宗旨策略及其与各方的关系。1980 年代中期,日本的上村希美雄先生根据东京对阳馆所藏与会人员的题词,撰写了《从旧对阳馆所藏史料看兴汉会的成立》一文[①],对该会的成立日期、与会人员等问题进行了详细考证。我在参与编辑《孙中山年谱长编》时,利用上村先生赠给中山大学孙中山纪念馆的对阳馆藏史料照片,参照其研究成果以及其他资料,对有关问题做了进一步探讨,并撰写《孙中山生平活动史实补正:1895—1905 年》一文略加论述。[②]近年来,围绕此事的新史

---

① 日本辛亥革命研究会编:《辛亥革命研究》第 5 号,1985 年 10 月。赵军的译文载中南地区辛亥革命史研究会、武昌辛亥革命研究中心编:《辛亥革命史丛刊》第 8 辑,据译者附注,刘望龄、严昌洪根据所附照片,对个别原文的解读提出了若干改动意见。

② 《中山大学学报论丛·孙中山研究论丛》第 4 集,1986 年。关于照片所影诗词的判识,拙文《孙中山生平活动史实补正:1895—1905 年》和所承担的《孙中山年谱长编》相关部分,未经本人最后校对,手民之误甚多,后来在《兴汉会的前因后果》(《中山大学学报论丛·孙中山研究论文集(9)》,1992 年 10 月)中予以纠正,收入《清末新知识界的社团与活动》一书时再次校改。同年刘望龄撰《日本对阳馆所藏兴汉会史料补识》(广东省社会科学院孙中山研究所编:《孙中山与近代中国论集》,第 137—158 页),对上村希美雄著、赵军译《从旧对阳馆所藏史料看兴汉会的成立》和《孙中山年谱长编》中的有关错漏予以校正。

料不断有所发现,在排比考校的基础上,对兴汉会的缘起、组成、演变、归宿及其内外关系进行综合论述,已有可能而且必要。

第一节　缘起

兴汉会由兴中会、哥老会、三合会联合组成。此事缘起,据林圭说:

> 满事未变以前,中峰主于外;既变而后,安兄鼓于内。考其鼓内之始,安兄会中峰于东而定议,与平山周游内至汉会弟,乃三人同入湘至衡,由衡返汉。其中入湘三度,乃得与群兄定约。既约之后,赴港成一大团聚,于是本公司之名大噪,而中峰之大英豪,人人始得而知仰企矣。[①]

中峰,孙中山;安兄,即毕永年,当时其易名为安永松彦。[②]两人是兴汉会成立的关键人物。

戊戌前孙中山主于外,含义有二:其一,孙中山一直主张利用和改造民间会党武装进行反清革命。1896—1897 年滞留伦敦时,他"每日入图书馆,考查欧洲会党发达之历史,思为本国人谋其改良进步,知其不可以压制除也,冀有以利导之"。他认为:"我国虽式微,即彼野蛮会

---

① 《林圭致孙中山代表容星桥书》,杜迈之等辑:《自立会史料集》,第 322 页。
② 古哀州死者(林绍先)辑:《自立会人物考》,《自立会史料集》,第 300 页。在庆祝兴汉会成立宴会上为宫崎寅藏题词时,毕自署安永生。

党,其初起时曷尝非政治上之目的,抑亦有种族之观念存也。"①与其关系密切的大英博物馆东方部主任道格拉斯,对中国秘密结社的情形相当熟悉。伦敦蒙难事件后,记者曾采访他对中国会党的看法,他说:"中国私会在在皆是,推原私会之起,大半因政府所致。官长贪暴,故百姓结成私会,为自护计。""其中最强者为哥老会。此会结成已久,入会之人,现在约计一兆名。其结会之意,专与官长相敌。而会势之所以强者,以会首有所晓谕,会中之人莫不唯命是听,而生杀之权,操自会首一人。"②孙中山可能与他讨论过哥老会的问题。据南方熊楠称,他最早就是从道格拉斯处得知孙中山其人的。③

其二,孙力图将兴中会的组织与活动扩展到长江流域。兴中会虽以粤籍人士为主,但孙中山决非自囿畛域,其大中华观念使之一开始就以建立全国性组织为目标,以拯救中国为目的,兴中会章程明确表达了这种意向。广州起义失败后,孙中山一度想把发难之地向北推移。1897—1898年间,他与宫崎寅藏讨论过四川、河南、山东、江苏等省的地利人和,虽然认为广东利于聚人,也同意海州利于接济和进取。同时他还注意到湖南的社会变化,既觉得湘鄂"多是粗蛮之人,虽富豪子弟,亦不读书,多尚拳勇之徒",又赞叹:"湖南一省昔号为最守旧之地,今亦改变如此,真大奇也。"④

---

① 秦力山:《说革命》,彭国兴、刘晴波编:《秦力山集》,第142—143页。

② 《中国私会》,译自1897年11月6日伦敦《东方报》,《时务报》第17册,1898年1月13日。

③ 《南方熊楠日记》,《南方熊楠全集》别卷2,第231页。

④ 广东省社会科学院历史研究室、中国社会科学院近代史研究所中华民国史研究室、中山大学历史系孙中山研究室合编:《孙中山全集》第1卷,第183、180页。

作为鼓于内的关键人物，毕永年"八岁即随父叔来往军中"①，又夙具种族观念，早已暗中与会党有所联系。戊戌之际，康、梁等翻然变计，而毕氏坚持"非我族类，其心必异之说"，与湖南各地哥老会首领杨鸿钧、李云彪、张尧卿等往来，且投身会中，被封为龙头。政变前夕，康有为以其为会党好手，命他率兵督袁世凯军围颐和园杀西太后。毕认为袁不可信，予以拒绝，离京至沪，闻政变，"自断其尾，火其贡照，示不复再隶于满清之治下"②。然后径赴日本，见孙中山，入兴中会。不久，唐才常亦东渡日本。

1898 年 10 月 31 日，唐才常、毕永年向流亡日本的康有为、梁启超进言勤王举义，争取日本的援助。次日，唐、毕二人专门拜访宗方小太郎，要求援助湖南举义。③经毕永年介绍，唐才常又与孙中山会晤，"对于湘、粤及长江沿岸各省之起兵策划，有所商榷"④。11 月 24 日，杨衢云函告谢缵泰："我们的计划获得成功，和湖南的维新派取得合作。……但由于自私妒忌，两党联合可能有困难。"⑤前者指唐才常、毕永年等人，后者则指康、梁一派。到日本后，毕永年的反满情绪激化，与康有为已生隔阂，而与孙中山结识，却受到重视。

是年 11 月，唐才常奉康有为之命归国运动起兵勤王，临行告诉平

---

① 毕永年：《诡谋直纪》，汤志钧：《乘桴新获》，第 28 页。

② 民表：《毕永年传》，杜迈之等辑：《自立会史料集》，第 229 页。

③ 东亚同文会编：《对支回顾录》下卷，第 381—382 页；明治 31 年 10 月 24 日东京警视总监西山志澄致外相大隈重信甲秘第 155 号。

④ 冯自由：《革命逸史》初集，第 74 页。

⑤ 谢缵泰著，江煦棠、马颂明译：《中华民国革命秘史》，中国人民政治协商会议广东省委员会文史资料研究委员会编：《广东文史资料·孙中山与辛亥革命专辑》，第 302—303 页。

山周,湖南哥老会有起事之兆。毕永年虽不知湘中实情,也接到湖南"飞电急催",感到形势"已箭在弦上,不得不发"。他告诉犬养毅:"湘人素称勇悍,仿佛贵邦萨摩,今回因西后淫虐已极,湘人激于义愤,咸思一旦制其死命"[1],请求犬养毅鼓动日本政府出面干预。平山周闻讯,以为起事应四方同时并举,独湖南一隅兴师必不利,因而与孙中山等商议。孙乃趁机派毕永年、平山周赴湘鄂考察哥老会实力。出发前,诸同志为其设宴饯别,席间毕永年赋诗叙怀:

> 日月久冥晦,川岳将崩摧。中原羯虏沦华族,汉族文物委尘埃。又况惨折忠臣燕市死,武后淫暴如虎豺。湖湘子弟激愤义,洞庭鼙鼓奔如雷。我行迟迟复欲止,蒿目东亚多悲哀。感君为我设饯意,故乡风味俨衔杯。天地澄清今有待,大东合邦且徘徊。短歌抒意报君贶,瞵看玉帛当重来。[2]

抒发表达了强烈的反清情绪和坚定的赴义决心。11 月 15 日,宫崎寅藏特赴横滨为平山周等人送行。[3]

毕永年、平山周经上海行抵汉口,与林圭相会。平山对林十分器重,赠以宝刀,并偕游长沙、浏阳、衡州等地,访晤哥老会头目李云彪、杨鸿钧、李堃山、张尧卿等人,向他们讲解兴中会宗旨及孙中山生平。[4]

①　《毕永年与犬养毅笔谈》,汤志钧:《乘桴新获》,第 402 页。
②　《留别同志诸君子》,《乘桴新获》,第 407 页。
③　据明治 31 年 11 月 28 日东京警视总监大浦兼武致青木外相乙秘第 655 号,平山周等人于 11 月 15 日由横滨出发。
④　冯自由:《中华民国开国前革命史》第 1 册,第 306 页。

毕永年"因谭（嗣同）死而九世之仇益横亘于胸中，遂削发往来江湖间，欲纠集同志。林尝左右之，一至上海，自此而其政治思想为一大变"。以前"林囿于欧（榘甲）说，其崇拜康氏有如星日。然至见闻既广，乃自笑其前此之私淑，真为井蛙夏虫。由是废弃文学，以实行家自任，不欲其能力伸畅于理想之一途。乃与毕氏谋纵火于长沙，因而袭取之，沿江而下"。[①]

　　一些史料和著述称毕、林偕游及谋攻长沙发生于毕氏东渡前，其实政变后毕即径赴日本，上述事件应在其从日本返国之后。可惜林圭年少，阅历不足，而毕永年理想虽高，却缺乏条理，计划不克成就。行动失利，毕氏到汉口任《汉报》笔政，等待孙中山的指示。毕、林之谋表明，湖南人士曾一度想独力举兵，未达目的，更加重了对孙的寄望。

　　平山周回到日本，向孙中山报告视察的结果，认为维新势力已经寂寞无足观，而哥老会"必可为他日革命军之一势也"[②]。1899 年 2月，毕永年因事与康有为决裂[③]，回到日本向孙中山复命。孙中山得知湖南会党的详情，力主湘、鄂、粤同时大举。是时唐才常再次东渡，与康、梁筹划起兵勤王事宜，复与孙中山筹商长江各省与闽粤合作之事。由于康有为坚持不与革命党合作，唐才常的态度较前消极，经毕永年、平山周等多方斡旋，始订殊途同归之约。[④]为此，孙中山派毕永年返回国内，联络湖南会党头目，伺机偕各龙头赴香港与陈少白协商

---

①　民表：《林锡圭传》，杜迈之等辑：《自立会史料集》，第 231 页。
②　《湖南现状》，《知新报》第 85 册，1899 年 4 月 30 日。
③　参见杨天石：《毕永年生平事迹钩沉》，《民国档案》1991 年第 3 期。
④　冯自由：《中华民国开国前革命史》上编，第 66 页。

合作办法。①这时张之洞严厉镇压两湖的哥老会，"杀了数人，故湖南诸公奔走出沪"②。1899 年 5 月 16 日，作为毕永年的朋友，张尧卿和谭祖培、李心荣等拜访宗方小太郎，谈及要尽快在湖南发动起义。宗方认为三人均为江南地方难得的少年才俊。③

这时粤港兴中会会员静极思动，屡请行动，孙中山传令不得轻举。其用意显然是想突破 1895 年广州起义囿于一隅的局限，掀起全国大风潮。为此，他提议先派兴中会会员去菲律宾"参与阿氏军队，帮助他迅速成功，然后将余势转向中国大陆，在中原发动革命军"④。这里中原并非泛指，而是对湘鄂有所布置期望。

1899 年 7 月 11 日，宫崎寅藏奉孙中山之命前往广东视察地方帮派情况，7 月 28 日抵达香港。⑤这时湖南哥老会首领在上海"遇文廷式，交信嘱其来港觅宫崎"⑥。6 月，宫崎寅藏赴港途经上海时，与文廷式结识⑦，后者对哥老会诸雄所说赴港觅宫崎，应是兴中会一派的意思。不久，陈少白接到毕永年的来信，知其"将率领哥老会的首领数人到香港"，因而让宫崎寅藏暂缓进入内地。9 月，哥老会首领持毕永年介绍函先到，其中两位骨干主动向陈少白等表示："现今世运大开，国

---

① 《毕永年削发记》，冯自由：《革命逸史》初集，第 74—75 页。陈少白赴港筹款办报，在 1899 年四五月间。孙中山指示毕永年率哥老会首领赴港，应在此后。其间毕氏任《汉报》笔政。

②⑥ 1899 年 9 月 19 日梁铁君致康有为函，引自孔祥吉：《晚清佚闻丛考——以戊戌维新为中心》，第 8 页。

③ 东亚同文会编：《对支回顾录》下卷，第 383 页。

④ 宫崎滔天著，佚名初译，林启彦改译、注释：《三十三年之梦》，第 156 页。

⑤ 近藤秀树：《宫崎滔天年谱稿》，宫崎龙介、小野川秀美：《宫崎滔天全集》第 5 卷。

⑦ 《文廷式年表稿》，汪叔子编：《文廷式集》下册，第 1505 页；中村义：《白岩龙平日记》，第 295 页。

事亦非昔比,我国岂能固步自封?"提议合并三合、兴中、哥老三会以及拥立孙中山为首领,并说:"现在,如不了解国际情势,贸然揭竿而起,则将遗祸于百年之后。而我们会党之中无人通晓外国情况,所以,对孙先生期待甚切。希望毕先生到后共商此事。"①宫崎寅藏闻听之下,大喜过望,立即汇款给因阮囊羞涩而滞留上海的毕永年,促其速来。②

毕永年赶到香港后,不数日,举行了合并会议。与会者共 12 人,其中哥老会 7 人,三合会 2 人,兴中会 3 人。属哥老会者为李云彪、杨鸿钧、辜人杰、柳秉彝、李堃山、张尧卿、谭祖培,属三合会者为曾捷夫、郑士良,属兴中会者为陈少白、毕永年、王质甫。③因事先酝酿成熟,很快便接受毕永年的提议,决定公推孙中山为总会长,会名"忠和堂兴汉会",以兴中会"驱逐鞑虏,恢复中华,创立合众政府"的纲领为总会政纲,并歃血盟誓,刻制印信奉呈孙中山。④

10 月 11 日晚,为庆祝合并成功,宫崎寅藏在香港的日本饭馆设宴招待众人,出席者除参加合并会议的 12 人外,另有 4 人。席间宫崎按日本武士出征的礼仪,为每人摆上一尾生鲤鱼,并解释道:"现在诸位已将三会合而为一,行将一举推翻满虏,岂不也是要走上新战场吗?"⑤

---

① 宫崎滔天著,佚名初译,林启彦改译、注释:《三十三年之梦》,第 168 页。

② 一说其时毕永年易名安永松彦,"遍游福建等处,日本领事万岛舍松,合中日旋[旅]志士大开欢迎会以张之"(《自立会人物考》,杜迈之等辑:《自立会史料集》,第 300页)。另据林圭致容星桥书,毕永年曾在两粤、闽浙一带进行鼓动。

③ 参见拙文《孙中山生平活动史实补正》,《中山大学学报论丛·孙中山研究论丛》第 4 集,1986 年。

④ 冯自由:《革命逸史》初集,第 75 页;《三十三年之梦》,第 170 页。

⑤ 《三十三年之梦》,第 171 页。

遂与众人大杯豪饮尽欢。宾客纷纷为宫崎题词赋诗作画于短外衣上，王质甫诗曰：

> 英杰聚同堂，诗酒记离觞。从今分别去，戎马莫仓皇。

陈少白诗为：

> 温温其人，形影相倚。昔有书绅，今昧此意。

毕永年诗：

> 金石之交，生死不渝。至情所钟，题此襟裾。

柳秉彝诗：

> 将相之才，英雄之质。至大至刚，惟吾独识。

李权杰诗：

> 牡丹花伴一枝梅，富贵清闲在一堆。莫羡牡丹真富贵，须知梅占百花魁。

辜人杰诗：

负剑曾来海国游,英豪相聚小勾留。骊歌一曲情何极,如此风光满目愁。

张灿(尧卿,名光曦)诗:

久聚难为别,秋风咽大波。柔肠君最热,离绪我偏多。恨积欲填海,心殷呼渡河。如胶交正好,此去意如何。

谭祖培诗:

天假奇缘幸识荆,话别怵然万念生。感君厚意再相见,且将努力向前程。[1]

湘鄂会党首领多为粗人,而与会者除杨、李两位山主外,个个能诗,应是经过刻意挑选,以便与知识人居多的兴中会打交道。但这样一来,代表的权威性便要打些折扣。

兴汉会成立后,与会者分三路赴两粤、闽浙和上海,将结果向各地同志汇报。宫崎寅藏放弃了进入广东的计划,于 10 月 21 日与陈少白离开香港[2],返回日本,以便向孙中山报告情况,呈献兴汉会会长印信。11 月 9 日,舟抵横滨,两人径往孙的寓所。[3]善于把握机会的孙中山趁势逼杨衢云让出兴中会会长的位置。

---

[1] 据上村希美雄赠中山大学孙中山纪念馆原件照片。
[2] 上村希美雄:《宫崎兄弟传》亚洲篇上,第 273 页。
[3] 明治 32 年 11 月 21 日神奈川县知事浅田德则致青木外相秘甲第 589 号。

广州起义前,兴中会内部两派曾就这一位置的人选安排发生纠纷,杨衢云虽然当上会长,在海内外的影响却远远不及孙中山,无论是清政府还是国际社会,都视孙为首领。伦敦被难事件后,陈少白在日本《神户新闻》撰文《中国的改革》,称孙中山"是唯一具体把握局势,又具有能使民族更新的一往无前的勇敢精神的人"。谢缵泰即致函转载该文的《中国邮报》,声明:"改革派的领袖是杨衢云","孙逸仙仅仅是改革运动的重要组织者之一"。① 这种名实不符与内耗的情况,不利于兴中会的活动和组织发展。孙中山的要求与杨衢云的让步,都是顺乎情合乎理之事。

第二节　维新派介入

兴汉会的缘起,与维新派也有一定关系。戊戌政变后,康、梁等一批维新人士亡走东瀛。孙中山屡次主动前往拜访,希望洽商合作事宜,均遭康有为拒绝。先此,1898年七八月间,东亚同文会的井手三郎等人与孙中山、陈少白、宫崎寅藏、平山周、犬养毅、中西正树、菊池谦让、神鞭知常等频繁往来,"商议联合各派力量"②,试图利用变法维新之机,加紧对华行动。因而孙、康合作也一度为日本人所关注支持。无奈康有为十分顽固,担心与反清人士交往,有损其忠臣形象,危及权力来源。早在政变前,他就因平山周是"孙文党"而不愿相见,并指责

① 《中国邮报》1896年11月30日。引自黄宇和:《分析孙中山伦敦被难及其影响》,J. Y. Wong, *The Origin of An Heroic Image:Sun Yat-sen in London*, 1896—1897. 1986,pp. 119—122。

② 《井手三郎日记》,明治31年7月29日,汤志钧:《乘桴新获》,第382页。

引荐的毕永年，令毕觉得"殊可笑矣"①。到日本后，康有为又因毕永年先访孙中山，且不赞成保皇主张，而"顿起门户之见，闭门不纳"。彼此的矛盾日趋尖锐。据说康因毕永年在某报播扬其阴谋，"益深切齿毕"，收买亡命，企图将其刺杀②，双方可谓势不两立。

然而，唐才常的介入使得关系复杂化。唐才常虽有种族意识，却对康有为十分钦佩。戊戌后，他力主起兵勤王，并希望联合各派势力大举兴师，游说孙中山接受两党联合进行的建议。孙表示："倘康有为能皈依革命真理，废弃保皇成见，不独两党可以联合救国，我更可以使各同志奉为首领。"③唐才常得到这一允诺，邀梁启超同向康有为进言。尽管后者固执己见，联合努力一再受挫，孙中山并未就此放弃。他一面与唐才常订约合作，一面努力争取梁启超。而唐、梁等人在合作问题上并不以康有为的顽固立场为然，比较热衷于联合。到 1898 年 11 月，兴中会与湖南维新派合作的计划即获得成功。

谢缵泰从 1896 年起就与康有为、康广仁兄弟有所接触，洽谈过联合与合作。无论从宗旨的分歧程度还是声望的高下着眼，康有为都宁肯接受杨衢云而避开孙中山。在谢缵泰的劝说下，他表示赞同在维新工作中联合与合作。1899 年 3 月，康有为离开日本后，梁启超等与兴中会的交往明显增多。湖南维新派与兴中会的成功合作，对于梁启超无疑有所触动。而孙、梁关系的发展，又对唐才常、毕永年的交往产生

---

① 《诡谋直纪》，汤志钧：《乘桴新获》，第 26 页。
② 民表：《毕永年传》，杜迈之等辑：《自立会史料集》，第 229—230 页。所播扬之事，当为密谋包围颐和园、捕杀西太后及伪造密诏、软禁光绪等。参见杨天石：《毕永年生平事迹钩沉》，《民国档案》1991 年第 3 期。
③ 冯自由：《革命逸史》初集，第 74 页。

影响。

唐才常、毕永年二人的宗旨立场明显有别，因此杨衢云称前者为湖南维新派，而后者为湖南革命党。但两人都是谭嗣同的旧交挚友，政变后一勤王一革命，很大程度是要为谭烈士复仇还愿，实现其未竟夙志。同时，他们彼此也堪称生死之交。政变前夕，毕永年请康有为急催唐才常入京，与自己同担捕杀西太后的重任。仅此一事，可见两人肝胆相照的互信程度。毕永年虽与康有为反目成仇，对唐才常却深信不疑。而唐才常为实现大举计划，既要借重康有为的声望资财，又要依靠毕永年的会党武装，同时还要与以孙中山为首的革命党，以汪康年、叶瀚为首的江浙开明士绅等各种政治派别沟通合作。

1898 年 11 月，毕永年与平山周抵达上海后，得知唐才常与康有为保持联系，颇为不满，但并未因此产生戒心。次年夏，他和湖南哥老会首领同赴上海，继续与唐才常交往。5 月 27 日，宗方小太郎、中西正树等人假座一品香宴请文廷式、汪康年、唐才常、张通典、狄平等人，毕永年也在座。[①]兴汉会成立后，宫崎寅藏、陈少白赴日途经上海，曾登岸拜访唐才常于其寓所，并将史坚如托付给他，请其设法引至湖北。所以，毕永年联络湘鄂会党成功的消息，唐才常早应获悉。

保皇会中对合作一事反应积极的只是梁启超等人，兴中会对于康有为一派染指兴汉会的企图不无警惕。毕永年到港，而合并会未开之际，湖南哥老会首领师襄也从上海赶来香港。师襄字仲吉，浏阳西乡人，尝跟随谭继洵仕清，以军功保都司，任谭继洵的卫队长。后弃官随

---

① 　东亚同文会编：《对支回顾录》下卷，第 383 页。此事应在明治 32 年，该书误植为明治 33 年。或据以断定 1900 年 5 月毕永年在上海活动，误。

谭嗣同四处奔走,戊戌前曾与谭嗣同、唐才常等人商议,招募百余勇力果敢之士,由其带往省城黄忠浩营中训练,以备不时之需。[1]政变后师襄改投唐才常。他素为会党中人,是哥老会的股肱,兴中会怀疑他私通康派,欲将其排斥于会议之外,经宫崎寅藏劝说才改变态度,好意款待,以促成合作大局。

会议前夕,师襄忽然潜往广东,此行极可能是与当地保皇会或澳门总局接洽,归来后即诈称在粤接到急信:"说我党已在长江一带起事。目下众首领皆在此处,而部下竟轻举妄动,若不赶紧前去领导,只怕要惹起不测的祸患",使得同寓的会党首领人心浮动。幸而宫崎寅藏当即指出:"这是别有用心的人散布的谣言",才稳住军心。宫崎寅藏察觉到师襄"勾结康派,企图从孙派手里夺取这些帮会的领导"的用心,与陈少白商议,以托其照顾内地同志为名,将他支走。师襄临行表白:"心里并没有孙、康之别,只愿能同心合力早日起义。"[2]

尽管帅襄信誓旦旦,他与保皇会的确有阻挠联合之意。1899 年 9 月 19 日梁铁君函告康有为:

> 师中吉偕湖南志士九人(皆哥老会头目也)来港,已分往潮州及福建各处,师暂住两礼拜亦往别处矣。师云:湖南内地有九万余人,独无军械粮饷,不能举动,拟候君勉南洋筹款。然君勉初到南洋,一切布置未定,奈何,奈何! 在澳门,何穗田亦曾见此数人,晚生亦见之,然筹款一节亦甚难耳。……诸公到港亦曾识宫崎及

---

① 谭嗣同:《上欧阳中鹄》之 20,蔡尚思、方行编:《谭嗣同全集》(增订木)下册,第 473—474 页。

② 宫崎滔天著,佚名初译,林启彦改译、注释:《三十三年之梦》,第 169—170 页。

少白等人也。惟师则主意极定，外联宫崎、少白，而内防之。湖南诸公亦深信服师。师且云：文廷式有异志，欲自立者。师之忠勇可爱，诚不愧复生之友耳。①

　　师襄到港，与参加兴汉会的其他哥老会首领并不同路，他所携湖南志士，如于9月中旬已分赴潮州、福建，则未参与兴汉会，是否为同一批人，或梁铁君函署期有误，待考。或据此函判断兴汉会成立于光绪二十五年七月底到八月初，实误。这样一来，师襄的影响力要较梁铁君所说打些折扣。他（1899年）此去即赴上海，参加唐才常的活动。

　　值得注意的是，唐才常正是通过上述途径得知兴中会与湘鄂会党结盟的确信后，函邀林圭等人归国筹备起事的。先此，林圭"以急激故，亦为乡里所不容"②，1899年7月，应梁启超之招赴日，肆业于东京高等大同学校。因费用仰给于粤商，横遭他人白眼，又受日本报刊辱骂中国人的刺激，加上他以实行为目的，读书非其所好，遂向梁启超请求归国。恰值唐才常函邀，于是趁机踏上归途。

　　11月13日，梁启超、沈翔云、戢元丞等人在东京红叶馆为其饯行。是日上午7时，孙中山和陈少白由横滨赶赴东京，与大隈重信、犬养毅等会晤后，出席红叶馆送别会，平山周、宫崎寅藏等也在座。席间各人举杯预祝前途胜利，大有风萧萧兮易水寒之慨。"梁启超还把合作的话，殷殷商酌。"③林圭出发前亲诣孙中山请益，孙为之介绍在汉口俄商

---

① 孔祥吉：《晚清佚闻丛考——以戊戌维新为中心》，第8—9页。
② 民表：《林锡圭传》，杜迈之等辑：《自立会史料集》，第231页。
③ 陈少白：《兴中会革命史要》，中国史学会主编：《辛亥革命》一，第60—64页。

顺丰茶行当买办的兴中会员容星桥。①这时孙已经接到陈少白、宫崎寅藏送来的印信，是以兴汉会总会长的身份与会。而林圭回国的目的，正是到湖南联络会党。所以，孙中山允诺提供帮助，无疑具有重要意义。

红叶馆送别会出现于孙、梁合作的高峰期，当时双方进入洽商联合行动的关键阶段。唐才常虽与孙中山订约合作起兵，只限于殊途同归。而孙、梁关系不断受到其他因素的干扰，在康有为阻挠、华侨中两派冲突及诸同门掣肘的影响下，梁启超的态度时冷时热，不仅曾明确表示暂时不愿合作，甚至一度"踪迹不得不疏"②。况且梁启超本人也有宗旨利益私见，因而双方联合中竞争时起，共事时摩擦不断。唐才常让林圭回湘，显然是想利用毕永年取得的成果，增强己方实力，与兴中会保持均衡。

本来毕永年赴湘联络会党，即与唐才常协商确定，只是他不满于唐才常与康有为来往，而奉孙中山为领袖。所以唐才常也不便直接找毕，要拉林圭代为出面。由于唐才常戊戌后并未到湖南从事组织发动，只能提供一纸计划，而无任何实际准备。孙中山答应与梁、唐合作而非合并，他不会轻易将刚刚到手的组织成果拱手送人。他答应向林圭提供的，只是外部帮助，而不是奉上兴汉会的组织系统。

红叶馆送别会后，林圭当晚乘船前往神户，与田野橘次同赴上海。和他同时接到唐才常邀请的"尚有四人，十日前已先发"③。此四人应为李炳寰、田邦璇、蔡钟浩、唐才中。宋恕日记载：己亥十月，"晤湖南

---

①　冯自由：《中华民国开国前革命史》上编，第65—69页。

②　《梁启超与犬养毅笔谈》，汤志钧：《乘桴新获》，第406页。

③　田野橘次：《最近支那革命运动》，第7页。

自东回田、李诸君"①。冯自由《中华民国开国前革命史》称："唐既有志
于湘鄂,以林与会党素有关系,乃约林及秦、蔡、田、李等回国大举,复
由林邀鄂人傅慈祥、粤人黎科、闽人郑葆晟、燕人蔡丞煜等相助。"林圭
等人系高等大同学校同学,行动自如,而傅慈祥等分属成城学校、东京
帝国大学和日华学堂,不能无故离校,直到次年暑假才归国参与自立
军事。据黄鸿寿《清史纪事本末・自立军之失败》记,林圭"偕行者慈
利李炳寰、田邦璇、武陵蔡钟浩、长沙秦鼎彝、及才常之弟才中,共五
人"。另据黄中黄(章士钊)《沈荩》:"己亥冬,林圭乃返国,偕之者五
人,即李炳寰、田邦璇之流也。"②而秦力山《说革命》称:他于旧历腊月
往天津,次年2月,经上海至汉口③,似不在同行之列。即使其余四人,
所谓偕行也是大概言之。

　　林圭抵沪后,与唐才常、张通典相会,在唐的寓所住了一星期,然
后与沈荩及东亚同文会上海支部的田野橘次等一起出发赴湘。11月
20日,田野橘次、唐才常、沈荩等曾在上海拜访白岩龙平,当是接洽赴
湘事宜。④唐才常于1899年11月21日手书一函,托林圭带到汉口面
呈东亚同文会支部长宗方小太郎,函谓:

　　　　兹有沈君愚溪、林君述唐拟与田野桔治君同往湖南,开办学
　　堂、报馆等事。此举颇系东南大局,至为紧要。必须开创之时,极

---

① 胡珠生:《宋恕日记摘要笺证》,《中国哲学》第11辑。
② 中国史学会主编:《辛亥革命》一,第290页。
③ 彭国兴、刘晴波编:《秦力山集》,第158页。
④ 中村义:《白岩龙平日记》,第322页。

力冲破，以后举行诸事，自然顺理成章。①

此行的真实目的，三年后田野橘次在所著《最近支那革命运动》一书中予以披露：

> 湖南以长沙为首府，据湘江之委流，帆樯殷阗，百货充斥，固支那革命之一大市场也。爰拟于此设哥老会之中央本部，以为革命之运动。惟哥老会名目，不可公然发表，而为满清官吏之所侧目，故使予开学校，并设新闻社，暗中盛为运动。

他们准备途经汉口时，知会张之洞，利用其为保护。不料"当时上海有日本愚物三人也，竟向予等之计画直开反对之运动，以阻挠之不使行"。所谓"三愚物"，当指白岩龙平、宫阪九郎和荒井甲子之助。据前引唐才常致宗方函：

> 顷悉白岩、荒井、宫阪诸君，皆于日内来汉妥商一切，务乞先生与数君子及沈、林二人公同会议，谋定后动，但求挟一必行之志，毋为浮议所移，湖湘幸甚，大局幸甚。

白岩龙平等人入湘，目的在于乘岳州开港之机，将大东汽船公司的航运业扩张到洞庭湖，进而与半个世纪以来未经欧洲列强染指的湖南全省直接联系，开发湖南的对外贸易，为将来与列强争夺在华利益

---

① 汤志钧：《乘桴新获》，第 200 页。

做准备。这显然与田野等人欲在湖南联络哥老会密谋起义的计划存在冲突。

1899 年 12 月 1 日,白岩龙平和荒井甲子之助从上海抵达汉口,与宗方小太郎、田野橘次等人会面。次日,宗方小太郎一行三人着中装由水路入湘,白岩龙平、荒井甲子之助等候宫阪九郎,定于 4 日启程。出发之日,沈荩、林圭"来见,并带与湖南朋友书数通转交",田野橘次还到武昌码头送行。此行历时 20 天,归来后白岩龙平即赴上海,又返回日本,运动开发湖南航路。①

据田野橘次称:由于白岩龙平等人从中播弄,"因不能笼络张之洞,倘往湖南,则予辈之生命,恰如风前之灯,其危险不可言喻"②,林圭只好放弃原定计划。直到这时,唐才常与兴汉会的关系,仍是相当表浅的外在间接联系。误认为林圭等人一开始就以汉口为目的地,则不免夸大唐派勤王计划的组织准备程度。实际上,戊戌后唐才常只是短期回乡省亲,因遭顽固党纠集无赖围殴,即匆匆离去,并未与会党建立密切关系。③其主要的活动舞台是上海。

_____

① 中村义:《白岩龙平日记》,第 324—380 页。

② 田野橘次:《最近支那革命运动》,第 11 页。关于此事,中村义教授疑田野的指责有误(《白岩龙平日记》,第 106 页),杨天石教授则认为白岩等人的态度是宗方小太郎态度的反映(《唐才常佚札与维新党人的湖南起义计划》,《历史档案》1988 年第 3 期),均无确证,有待于进一步探讨。

③ 唐才质:《唐才常烈士年谱》,湖南省哲学社会科学研究所编:《唐才常集》,第 274 页。

第三节 意外之果

田野橘次说："予于湖南计画之运动既为三愚物所破坏，其反动之势力遂转而成两方面，一曰汉口之旅馆，二曰上海之正气会是也。"①这两方面都导致唐才常、林圭与兴汉会中哥老会首领的加速结合。

"湖南之行既不果，少年林君留汉口，谋为哥老会之所寄宿者。开一旅馆，平时以为生业，而阴以便其党徒，实以为会合商议之聚点。盖哥老会员常集于此，以计东西之联络也。"②林圭临时改变计划，原来的中转站成了目的地，一时间财政上"穷无所告"③，人事上无从措手，不得不求助于毕永年和容星桥。本来孙中山介绍容星桥给林，不过是便中相助，现在却成为林圭的主要依靠。而容星桥也积极施助。他和毕永年分别捐助林圭三百金、二百元，以解燃眉之急，使之站稳脚跟。又与林屡次商议，认为"必大合而后能办妥"，在汉口设立公所一处，一则为群兄议会团聚之地，以免人心涣散，二则便于掩人耳目。

开始容星桥欲将公所设在租界，因房价太贵，改在僻静的老官庙择上首小房一所。同时，林圭还与容星桥、张尧卿计划开银矿轮栈以筹款聚人，并派人到各路探险联络，以"义群公司"名义相号召。唐才常邀林圭回湘，既有利用毕永年所招会党势力之意，又想通过师襄等以本派名义重新聚合。至此，则只能依靠兴汉会的现成力量了。好在毕永年、林圭原有合谋长沙之议，而兴汉会又因毕永年移居汉口而将

① 田野橘次：《最近支那革命运动》，第 11 页。
② 同上书，第 10 页。
③ 民表：《毕永年传》，杜迈之等辑：《自立会史料集》，第 230 页。

活动重心转到湖北。

　　和毕永年、容星桥的联系使林圭等人与已经相识的兴汉会哥老会首领的关系进一步密切。1899年12月下旬,辜人杰、张尧卿及其同志26人在汉口扬子江干第一酒楼宴请田野橘次,其中半数以上是会党头目。他们刚刚从香港聚会归来,一见田野橘次"即奋呼曰:'日本豪杰来!'"以玻璃大杯豪饮数十杯。田野以此非中国习俗,不胜奇异,乃叩问张尧卿。张大笑答道:"此是香港流行之饮酒法也。吾尝在香港,与日本豪杰宫崎滔天会饮,即是滔天之传授也。"酒至酣时,哥老会员"裂眦大骂,放歌高谈,颇有无赖汉之状。惟张君震声高吟亡国之诗云:'神州若大梦,醉眼为谁开?湖海诗千首,英雄酒一杯。'"[1]

　　这一结合对双方均发生重要影响。林圭方面,开始将自己与孙中山、兴汉会相联系,认为所从事的是继续两年以来由孙中山筹划,毕永年、平山周实行的事业,遥奉孙为首领;派张尧卿与容星桥一起专程赴日,向孙中山汇报有关情况,请其务必商定办事的方针规则,以便加速开展活动;人事安排上也十分重视孙的态度意见。孙中山方面,林圭的转向和汉口的进展,促使其相应调整对策,委派容星桥"专办湘汉之事"。尽管在具体方针上与张尧卿等"所商尚无一定之规"[2],但已不仅是从旁协助,而视为自己的事业。至此,双方都倾向于真正的合作大举,并将长江中游作为重心。

　　然而,正气会的成立却对汉口方面林圭与兴中会的合作产生牵制

---

① 　田野橘次:《最近支那革命运动》,第9页。
② 　《林圭致孙中山代表容星桥书》,杜迈之等辑:《自立会史料集》,第322页。一些论著根据吴良愧《自立会追忆记》,称容闳为孙中山代表,显系与容开(星桥)相混淆。孙中山以容闳为外交代表,在自立军失败之后。

作用。湖南计划放弃后，唐才常召沈荩回沪，加紧筹办正气会。先此，唐在沪已开始联络各方人士，其寓所中"海内外之有志者，日日相续而来"①。只是因为行动重心定在湖南，暂时未在东南一带筹建组织。湖南计划受阻，唐才常决定汉口、上海并重，发动长江中下游一带的会党和革新志士，由林圭负责汉口，运动湘、鄂、皖、豫、川各省；他本人则负责上海，主要运动江淮地区。

1899 年 12 月 24 日，正气会成立于上海。此事关系到兴汉会中哥老会首领"倒戈"的时间及程度，有必要略加申论。

据直接介入唐才常等人活动的田野橘次称，正气会是林圭等湖南之行受挫的产物之一。其筹划或早已开始（《正气会序》写于 1899 年夏），但未付诸行动。湖南之行不果，唐才常加快了组织步伐。兴汉会成立后，部分成员奔赴上海，风闻唐才常得到康有为的资助，掌握海外华侨大笔捐款，不免心有所动。加上一些首领随湘军驻防南京，张尧卿、辜人杰等遂与江浙革新派人士汪康年、丁惠康、叶瀚以及周善培等共结团体。不过，上海的士绅对于成立正气会意见不一，欧阳柱（石芝）、宋恕等对于正气会不以为然，后者说："生今日而犹欲恢复清议，虽诚壮不可及，吾恐其将得大祸。即不得祸，亦决不能兴旺也。上海志士皆笑弟为畏怯无胆气，但有空识解，无足当天下兴亡之数，弟亦唔然受之"②，因而并未参与。

唐才常匆匆赶建正气会，目的之一，是便于赴港之际向华侨及港澳人士募捐，以吸引会党豪强。而他担任正气会首任干事长，除个人

---

① 田野橘次：《最近支那革命运动》，第 7 页。
② 《宋恕日记》1900 年 1 月 9 日，1899 年 12 月 30 日宋恕致孙仲恺书，《中国哲学》第 11 辑。

影响和实际作用外,强劲的财政后援无疑是重要因素。正气会成立后,邱菽园向唐才常赠金三万元,唐即日出发赴香港受领。[1]唐才质所编《唐才常烈士年谱》记:

> (己亥)十二月初三日(1900 年 1 月 3 日),师中吉自湘来,拟在湘组织机关,与汉口相接应。公以经费无着,乃谋至香港筹款。初五日买船票,狄葆贤拟买二等票,公云:"我辈个人用费,宜省得一文是一文。且我既任此等事,尤宜以吃苦为前提,不可图舒服也。"于是乃购三等票三张。船客多,已无余位,只得在船尾近舵之货舱角落,借以安身。又值风浪大作,师中吉生平未坐海轮,呕吐不堪。三人皆三日夜未进食也。在港华侨无以为意者,再三设法,仅得二千元。香港用小角,实仅千八百余元也。直至明年庚子七月,新加坡邱炜萲(菽园)始汇二万元来,此时沪款已将罄矣。公乃亲携此款往汉,后又凑一万元由禹稽梅带往。[2]

邱菽园赠款给唐才常,沪上人所共知,唐也以此自傲。夏曾佑曾对汪康年说:"唐近事可怪可笑甚矣!其他不足惜,所可惜者,此三万块头耳。"[3]

当时汪康年、丁惠康、叶瀚等人经济上均感拮据,维持生计尚可,出钱搞政治活动则心有余而力不足。财政优势不仅扩大了正气会的组织声势,吸引哥老会首领归附,也使林圭等人更加倚赖唐才常。因为财政

---

① 田野橘次:《最近支那革命运动》,第 20 页。
② 湖南省哲学社会科学研究所编:《唐才常集》,第 274 页。
③ 上海图书馆编:《汪康年师友书札》二,第 1372 页。

困难恰好也是兴中会的一大弱点，很难在这方面展开竞争。师襄鼓动唐才常去香港筹款，目的之一就是在湖南组织机关，与汉口接应。他已被排斥于兴汉会之外，只能借助于海外捐款与旧日的同党沟通。

否认唐才常在正气会中的地位与作用，使得许多相互关联的问题难以解释。唐才常为人"深鸷"①，"固非轻卒[率]举事之人，常取沉重之态度，决不至为众人所煽动也"②。正气会事务又分为内圈外圈，唐才常主要关注内圈的人与事，以举兵勤王为职志。他虽与宋恕相识，但也知其为人怯懦，缺少胆识，不肯与之深交。两人自 1899 年 5 月 23 日在亚东馆结识，整整四个月后，9 月 23 日宋恕致函梁启超时还说："拂尘信不愧复生之友，但得见尚希，其深未悉"③，只能从唐才常所著《内言》中窥见其性情见解。唐才常当然不会因这种泛泛之交而出面联络。所以，争取宋的使命由汪康年承当。而汪与唐矛盾甚深，言语间自然多揭丁惠康，使宋恕产生错觉。宋恕连正气会是否成立，具体何时成立亦不知其详，所记只可证实丁、汪的作用，而不足以否定唐才常。

"义群公司"和正气会的设立，形成长江流域革新势力联合大举的雏形，也奠定了唐才常等人在趁时而起的中国各派革新势力阵营的中枢地位。

第四节　天平倾斜

证实唐才常在正气会中的地位作用，可以说找到了正气会与兴汉

---

① 《诡谋直纪》所引梁启超语，汤志钧：《乘桴新狄》，第 27 页。
② 田野橘次：《最近支那革命运动》，第 7 页。
③ 《中国哲学》第 11 辑。

会中哥老会首领联系的关键。正气会的目标,并非如公开文字所表述的,只讲"爱国忠君",意在恢复清议。唐才常等人是要借此聚人筹款,密谋起义。领到邱菽园的三万金赠款后,唐于 1900 年 1 月"蓬蓬然归于上海",并携归海贼数十人,计划一面由田野橘次率海贼入京,刺杀西太后,驱逐奸臣,"打碎北京政府",一面率辜人杰等会党首领于"来月下旬,一举而屠南京,再举而略武昌","据长江之险,以图天下"[①],内圈之事大张旗鼓。

唐才常在江淮地区依靠的会党,一是徐怀礼、张金山、宋刚涛、黄金满等地方豪强,二是辜人杰、杨金龙等驻防湘军将领。而辜正是结盟兴汉会的哥老会首领之一。

兴汉会成立后,毕永年一度对在湖南发动起义满怀希望,他函告宗方小太郎:

> 弟因诸友牵帅,遂遽弃贵馆之委任而相随伊等至香港,鄙怀实所歉仄,幸先生谅焉。此间一切情形,高桥先生当已面述尊听,弟不赘陈,惟勉竭绵力细心组织之,以俟机会而已。然尚冀先生不忘畴昔之言,生民幸甚。[②]

正气会成立时,毕永年亦参与其事,这说明兴汉会成立前逐走师襄,主要是反映兴中会的态度。这种差异客观上为哥老会首领与唐才常结缘创造了条件。不过,毕永年对唐才常坚持忠君爱国,反对顽固

① 田野橘次:《最近支那革命运动》,第 20—21 页。
② 杨天石:《毕永年生平事迹钩沉》,《民国档案》1991 年第 3 期。

党而拥戴光绪的宗旨强烈不满，与孙中山一样，他强调排满革命的重要性。而且他与康有为的关系势同水火，坚持要求唐才常改宗旨为排满非君，断绝与康有为的联系。唐才常坚不肯从。

参与兴汉会的会党首领本来与澳门保皇会有所联系，又接受康有为的赠款，转而事人，使毕永年大受刺激。他早与佛门有缘，起初不过剃发绝清，伪装和尚，后在香港邂逅同乡前辈释紫林，与结弟子之缘。[1]这时更愤而弃事为僧，易名悟玄，贻书平山周志别：

> 第惜吾中国久成奴才世界，至愚且贱。盖举国之人，无不欲肥身赡身以自利者。弟实不愿与斯世斯人共图私利，故决然隐遁，归命牟尼。

他声称："日内往浙江普陀山，大约翌年华三月，由五台、终南而入峨嵋。从此萍踪浪迹，随遇可安，不复再预人间事矣。"[2]打算云游四海，老此一生。

毕永年出家入山，除了与唐才常及会党首领的冲突外，别有隐情。1900 年 1 月 26 日林圭致函容星桥谈及此事：

> 知者以安兄之急于办事，一有不获，则不免于燥，而出此无益之为，然终无死心，必仍起而救世；不知者以安兄如此热肠，尚欲弃而为僧，其事必有因，则难免因而解体。[3]

---

① 宫崎龙介、小野川秀美编：《宫崎滔天全集》第 2 卷，第 560—561 页。
② 冯自由：《革命逸史》初集，第 76 页。
③ 《林圭致孙中山代表容星桥书》，杜迈之等辑：《自立会史料集》，第 322 页。

　　个中原因,1903 年秦力山写《庚子汉变始末记》为毕氏作传时,曾有所提及:"顾毕尝与兴中会事,其后亦卒不合。"①至于其中具体过节,1901 年,秦力山在《国民报》上发表《中国灭亡论》,对保皇、革命两派均予抨击,显然是针对庚子之事而发。他指责"以颠覆政府自命者"为"老于世故者流",逆知世界大势不允许改朝换代,另立新皇,"于是开创君主之念遂绝,乃阳袭民权革命之名号以自便其私图"。其证据是,华盛顿、鸦军阿度等倡革命求自立,不亡他邦匿异国,其人却"艰难风雨人尝之,而他日之万古隆名吾将一人当之","并非有公理公义之不容己而为斯民奔走者。其笼络人才,假仁假义,口是心非,则梁山泊宋江之替人也"。②这番话很可能是代毕永年传言。

　　其后秦力山对孙中山的认识加深,又读了《三十三年落花梦》,心目中的孙文已由"广州湾之一海贼"变成"异乎寻常之志士"③,于是写《庚子汉变始末记》时有意隐去毕氏因误解而生的责难。此说若能成立,则毕永年出家的原因之一,当为其急于办事,而孙中山则"尚无一定之规",疑心后者不敢举事,故意拖延。

　　孙中山虽然为兴汉会的成立感到欣慰,委任容星桥专办湘汉之事,又殷切款待远道专程来见的张尧卿,但对于将组织活动重心转向湘鄂,的确没有充分准备。其本意在于扩张势力影响,以广东为立足点,而以长江为响应。加上听到一些关于张尧卿的流言蜚语,毕永年又弃事为僧,更不敢倾全力投向长江。孙中山与湘鄂的联系主要得力

---

①　民表:《毕永年传》,杜迈之等辑:《自立会史料集》,第 230 页。
②　彭国兴、刘晴波编:《秦力山集》,第 69—70 页。
③　中国史学会主编:《辛亥革命》一,第 91 页。

于毕永年,他听说毕"愤世远遁,如失左右手,尝四处访寻不获"①。

从自立军后来失败的情形看,孙中山的谨慎事出有因。但如此一来,开始倾向兴中会一方的林圭,不得不再次调整对策,平衡于唐才常、孙中山之间,以维系共同大举的原案。由于双方实力在许多方面存在明显差距,这种平衡政策必然有利于强劲的一方,无形中增强了唐才常的影响,使保皇会的支配力相应增长。加上1900年1月令海内外震动的废立之争骤兴,起到动员整个革新势力的作用,使勤王声势暴涨,长江流域的活动更加向着保皇会一方倾斜。

然而,正气会的外圈之事却时生阻隔,会中唐才常和汪康年两派之间一直不和。双方分歧的原因,主要不在宗旨策略,而在派系人事,特别是与康有为关系的亲疏。

唐才常以正气会联络各方,密谋兴师,与汪康年等人并无矛盾。甲午之后,中国迭遭重创,戊戌变法的一线曙光又被扼杀。开明士绅受传统民本观念和天下己任抱负的熏染激励,加上近代西方民权思想的影响,对皇权的离异心增强,而民权的代表性扩张。从汪康年师友书札中可见,当时与之交往的士人官绅普遍怀有怨清反清的意识情绪。身为留学生监督的钱恂,认为中国士气扼于满人压制,1901年底拒俄运动兴起时仍说:"新政必无望,要此东三省何用?"②以彻底变革为图存先机。他还指刚毅等顽固党为"中国之忠臣",因为他们的倒行逆施反激出新政议论,甚至说,俄国"近来学生囚三百余人,请看五年之内,俄国必有起色"。"去年汉口止杀二三十人,故士气不振。若尽

---

① 冯自由:《革命逸史》初集,第76页。
② 上海图书馆编:《汪康年师友书札》三,第3013页。

杀容闳、严复、张通典、陶森甲辈,今日士气必大盛。"[1]他们纷纷采取行动,以拯救危亡。其不顾朝廷禁令,毅然集会结社这一事实,已经表明了独立立场和行动方针。

在争取合法地位的同时,他们试图结交下层秘密社会,以达到政治目的。尽管多数人不赞成排满,主张以革政代革命,却并不反对动用武力,也不排除宪政,甚至可以接受共和及联邦体制。用《正气会序》这类公开文献来否认有关组织或个人反清密谋的可能性,甚至否认中国议会成员的武装勤王宗旨,都不免忽略了政治文件所含宗旨与策略的两重性,低估了绅权与皇权在相互依存之外还有彼此制衡的一面,由此产生的忠君观与圣王观也是互为联系约束。正气会之下,不仅唐才常努力联络会党豪强,汪康年、叶瀚、周善培等也积极发动江淮川鄂的民间武装。其行动在某种意义上是历代士大夫在国难当头之际常规表现的重演,只是受西方近代政治观念的影响,增加了新的取向。他们觉得保皇、革命均有所偏颇,虽然奉光绪为趋新象征,却并无保皇派的固执,既可推之为总统,也准备弃而另选其他有声望之人。[2]康有为的存在,反而成为他们任意发挥的障碍。

正气会内部的派系矛盾以及由此引起的组织分化,对该会和与盟兴汉会的哥老会首领的关系产生很大影响。由于正气会组织发展艰难,唐才常不久即将干事长一职让给叶瀚,自己为避免行动掣肘,避开汪康年等人,全力经营内圈之事。以后又将筹备活动一分为二,用1899 年 5 月与梁启超等人共同创立于日本横滨的自立会的名义,联络

---

① 　上海图书馆编:《汪康年师友书札》三,第 3015—3016 页。
② 　见《井上雅二日记》,汤志钧:《乘桴新获》,第 360 页;1900 年 6 月 22 日《夏曾佑来书》,《汪康年师友书札》二,第 1363—1364 页。

组织长江会党,设中国议会联络开明士绅。汪康年等则自行其是,在川、鄂、皖、江淮等地联络会党。因此,后来与盟兴汉会的哥老会首领主要是与唐才常等联系,而与江浙派士绅的关系相对较少。

一时冲动而弃事的毕永年果然"终无死心",再度"起而救世",参与筹划自立会。因唐才常依然坚持与康有为保持关系,毕永年又一次愤而离去,南下福建、广东,联络会党,参与兴中会的起义密谋。1900年7月15日他致函宗方小太郎,提出:

> 惟台湾之事,全赖先生注意成之,或乞先生偕中山氏往台一行,或即留中山寓于台地。彦愿力任闽中之事,而与服部君及粤中诸豪联为一气,或不甚难。因彦之友多在五虎口、华秋、屯电、射马、长门、金牌、闽安诸炮台及马尾、南台诸营中者,但得佳果五千枚,便可消暑热。彦虽无救焚拯溺之材,然台中既得先生及中山之布署,而粤中又有服部之肆应,或者其有成乎?

孙中山与刘学询、李鸿章等人密谋广东独立,毕永年有所响应,他函告平山周:"李鸿章氏已出条教,大有先事预防之意,或纳粤绅之请,其将允黄袍加身之举乎?然天命未可知也。日内又查察满洲人之流寓户口,未审有何措施?此公老手斫轮,如能一顺作成,亦苍生之福。"[①]据说还一度参与惠州起义的筹划。

不过,毕永年与兴中会之间似乎总有些隔阂,终因不合,跑到广

---

① 杨天石:《毕永年生平事迹钩沉》,《民国档案》1991 年第 3 期。服部二郎,陈少白日文名。

州,卖掉西服,着僧装,寄身某禅林。留书同志曰:"他日有奇虬巨鲸,大珠空青,任吾大陆破坏之责者,其人今或为僧也耶? 吾方入其群以求之。"①"实寓革命于僧界中"。不久以病殁,葬于广东罗浮山。民国成立后,1913 年 1 月,由其后人徙骨殖返湘。途经上海时,同志曾假湖南会馆开会追悼之。②

毕永年离去后,孙中山与湘鄂哥老会的联系有所削弱。加上康有为的阻挠和康门弟子的傲慢,两派合作计划一再受挫,孙中山更集中精力筹备惠州起义。不过,孙看出康与梁启超、唐才常之间有异,将他们区别对待,又希望联合大举成功。即使从策略上考虑,他也需要多一条办事途径,以为回旋余地和政治筹码,而不能死守惠州一隅。这是自身力量严重不足的孙中山在风云诡谲,各派纷起竞逐的庚子政局中,保持独立地位,并设法追求实现宗旨目标,扩大影响的要诀。而林圭等人的态度及其与容星桥的协调合作,使孙中山感到汉口仍有可图。因此,尽管新加坡宫崎寅藏等人被捕事件使孙、康两派势如水火,直到惠州起义前夕,兴中会仍然试图争取澳门保皇会总局的支持。汉口自立军更包含于兴中会的方略计划之中。

第五节 影响犹存

1900 年 8 月底,孙中山由日本冒险回到上海。此行目的之一,应是践梁启超前约,相机参与长江大举。

---

① 民表:《毕永年传》,杜迈之等辑:《自立会史料集》,第 230 页。
② 《毕烈士追悼会记》,《民立报》1913 年 1 月 7 日。

　　6 月,孙中山决定赴新加坡,与宗旨相乖的康有为洽商合作事宜。值得注意的是,孙中山很可能接受了梁启超等人的劝说,同意联合阵营采用勤王旗号,没有坚持要求康有为放弃保皇,皈依革命,而是在承认双方宗旨分歧的前提下,寻找共同路线。同时,孙中山又并非容纳康的保皇主张,而是接受梁启超、唐才常等人的借勤王以兴民政。现行专制制度必须改变,实行宪政,至于具体形式,则依据形势的变化而定。而且兴中会本身不使用勤王旗号。惠州起义时,义军借诸报端,宣称:"发誓驱逐满洲政府,独立民权政体。"①

　　当联合请求再度遭到康有为拒绝时,孙中山暂时打消了对康本人的寄望,却依然对其他维新志士抱有信心。七八月间,梁启超归国参加自立军起义,途经日本,与孙中山会晤。②恰好这时孙中山因广东经略受挫,处境艰难,"心中对南方之事似早已感到绝望,想亲自在中央地区掀起波澜"③,遂决定暂停广东行动,赶赴上海。临行前发表谈话,希望"设法将各派很好地联成一体"。尽管他声称此行"不抱任何危险激烈的企图,而是考虑始终采取温和的手段和方法"④,实际上准备自立军大举后相机加入或响应。

　　孙中山欲亲自参与长江联合大举的意向和行动,表明他对兴中会在汉口的影响力抱有信心。从实际情况看,此举并非病笃乱投医,更不是弃兴中会而转靠他人。要弄清这一点,找出兴汉会的作用当是

①　《广东惠州乱事记》,《中国旬报》第 27 册,1900 年 10 月 27 日。

②　《井上雅二日记》,明治 33 年 8 月 22 日,汤志钧:《乘桴新获》,第 371 页。

③　宫崎滔天著,佚名初译,林启彦改译、注释:《三十三年之梦》,第 218 页。

④　广东省社会科学院历史研究室、中国社会科学院近代史研究所中华民国史研究室、中山大学历史系孙中山研究室合编:《孙中山全集》第 1 卷,第 198—199 页。

关键。

　　有学者认为，到 1900 年春，兴汉会事实上就消亡了。[1]形成这种看法，一是由于冯自由等人的著述夸大了唐才常与康有为的一致性，以及唐与孙中山的政治分歧，忽视了孙、唐之间的政治妥协及其既合作又竞争的关系（包括与梁启超），将哥老会首领加入正气会、自立会，简单地视为倒戈或被保皇派夺走。其实，会党首领一般不重视宗旨分歧与政治派属关系，只能依据其具体活动与各派联系的程度来判断定位。二是对兴汉会的组织有所误解。与以新兴势力为主体的政治团体不同，兴汉会作为兴中会与下层秘密会社的结盟，除了名义上奉孙中山为总会长以及奉行兴中会的纲领外，并未组建统一机构，其他未参与结盟会议的首领会众，也无须履行入会手续。既然根本没有过组织实体，也就无所谓消亡。而林圭和容星桥的存在，构成这些哥老会首领与兴中会联系的牢固纽带。

　　如前所述，林圭到汉口后，与容星桥合作创办义群公司，联络会党，其基础就是与盟兴汉会的各位首领，因此林圭奉孙中山为该公司的领袖。可以说，义群公司在一定程度上就是兴汉会系统在汉口的组织机构，只是由林圭、容星桥等人主持。

　　1900 年 4 月，为解决经费困难，林圭、李云彪、杨鸿钧到上海与唐才常计议，创开富有山树义堂，散布富有票。[2]票据上所写内外号中的绝句，据说就是孙中山为兴汉会所拟起义时的联络暗语。[3]这至少表明

①　手代木公助：《戊戌より庚子に至る革命派と变法派の交涉——当时の日清关系の一断面》，近代中国研究委员会编：《近代中国研究》第 7 辑。
②　《俞廉三奏报唐才中供词二则》，杜迈之等辑：《自立会史料集》，第 150 页。
③　陈旭麓、郝盛潮主编，王耿雄等编：《孙中山集外集》，第 600 页。

他们无意割断或摆脱与孙中山、兴中会的联系。

　　结盟兴汉会的成员当中,杨子严(鸿钧)、李金彪(云彪)在富有山堂位居正龙头,兴中会广东分会负责人王质甫和毕永年列名副龙头[①],辜仁杰任总堂。仁杰即人杰,字洪恩,是驻南京湘军总兵杨金龙部的副将。或谓人杰与洪恩为二人,实为一人。据《自立会人物考》,有辜万年者,字鸿恩,长沙人。井上雅二明确记道:辜人杰改名万年。[②]另外,列名盟堂的柳启宾、谭鬻,当为柳秉彝、谭祖培。柳秉彝为宫崎题诗时自署长沙人氏。据张篁溪辑《戊戌政变后继之富有票党会》:"柳启宾,长沙人,年四十余岁,身材中等,与辜人杰即鸿恩一路的。"[③]谭字凤池或凤墀,长沙人。另有名谭树者,乃靖江口人。列名盟证者为张尧卿,即张灿,名光曦,又名张义年。《自立会人物考》称其"名未详,以字行"。但据李英供称:"张尧卿即张义,去年由香港、汉口回长沙。"[④]李权杰似为李埜山,又名李正山,岳州人,未列山堂名单,张篁溪称其总办岳州、华容、平江、羊楼峒一带。这批人地位的显要,表明兴汉会的基本格局得到了肯定与维护。

　　冯自由说,因保皇会没有及时汇款,"李云彪、杨鸿钧等先离异,辜鸿恩则发贵为票,李和生则发回天票,各自为谋"[⑤]。因而有人认为与盟兴汉会者后来逐渐脱离了自立军。细查史料,事实并非如此。

---

① 《光绪二十六年九月张之洞进唐才常等组织哥老会名单》,中国史学会主编:《辛亥革命》一,第276—277页。另据《历史研究》1956年第8期载《光绪二十六年十月二十一日为密札巴县附抄原粘单》,毕永年任总堂。

② 《井上雅二日记》,明治33年8月11日,汤志钧:《乘桴新获》,第365页。

③ 《戊戌变法》四,第287页。

④ 《俞廉三饬把总崔鹏举密拿各犯札》,杜迈之等辑:《自立会史料集》,第134页。

⑤ 冯自由:《中华民国开国前革命史》上编,第76页。

　　据井上雅二日记,中国自立会的部署,长沙为首者杨鸿钧、张灿,岳州、新堤为首者谭凤池,均为结盟兴汉会之人。另据唐才中供称:李金彪、杨鸿钧一直在上海办事。1900 年 4 月 20 日梁启超致函唐才常、狄平,仍以杨、李作为与徐怀礼对应的湘鄂义军首领。7 月,兴中会与李鸿章、刘学询等合谋广东独立,李云彪、杨鸿钧等也到广东、香港。毕永年函告平山周:

> 　　李胡子已去肇庆、广安水军中,大约一二礼拜可回省城。……闻杨胡子偕萧姓到港,必谒仁兄,未知有何言,乞勿以秘密告之,因杨材劣,而萧姓又新交也。弟日内集诸同志,咸踊跃听命,弟欲乘此机,一一深结之,俾勿冷其心意。①

　　这两人年长位尊,但不通文墨,实际负责的是张灿。张"本世家子,而又通会门"②,"工书法,能文章","为人饶有才具,深通军事,在会党中甚有声望"。③林圭称其"足智多谋,遇事有把握,实驾群兄而上之",向孙中山力保,请其用而不疑。④谭翳亦为"江湖豪杰中甚热心任事者"⑤。辜人杰更是自立会在南京的关键人物,"在武官方面,由辜人杰作中介,联络了杨金龙、赵云龙等,使之为自立会的事尽力"⑥。当时会中人戏称之为"五省钦差大人"⑦。他们不但没有脱离自立会,而且

---

① 杨天石:《毕永年生平事迹钩沉》,《民国档案》1991 年第 3 期。
② 《自立会人物考》,杜迈之等辑:《自立会史料集》,第 314 页。
③⑤ 唐才质:《自立会庚子革命记》,《自立会史料集》,第 95 页。
④ 《林圭致孙中山代表容星桥书》,《自立会史料集》,第 323 页。
⑥ 《井上雅二日记》,明治 33 年 8 月 18 日,汤志钧:《乘桴新获》,第 367 页。
⑦ 吴良愧:《自立会追忆记》,《自立会史料集》,第 105 页。

始终扮演重要角色,担负重大使命。自立军兵败,谭翯就义于长沙,辜人杰在江宁自首,被押解到湖北处决。①李云彪、杨鸿钧亡走广东,后被捕圉死狱中。柳秉彝、李堑山则下落不明。②

一些会党首领在筹备自立军起义的同时,继续为兴中会办事。七八月间,张尧卿曾协助文廷式到长沙"办孙革命党的事"③。可见兴汉会成员参加自立军,不等于倒向保皇派。自立军失败,张尧卿曾助清政府诱捕师襄。④1900 年 12 月 22 日刘坤一复谭锺麟函称:

> 承示富有票匪张尧卿、易敬臣、李和生三人,现在上海投诚,拿获盗匪数名,并帮同诱获大头目师中吉以自赎罪。旋因湘、鄂饬缉甚紧,密电余道将该三人镣钉解宁监禁,听候迎提,一面据该道禀转电香帅、虔帅为之乞恩。嗣得虔帅复电,免其解湘,始行释回上海,仍交余升道督拿要犯,此时未便再由散处拿解,有失大信而碍政体。如经湘省续获解到江宁,谨遵台命,即饬沿途水师递护,以免疏虞。⑤

----

① 1900 年 11 月张之洞致函刘坤一:"辜人杰系最大头目,无论在押在保,均请解鄂审办。尊意如欲贷其一死,俟解鄂后自当酌办。现在康党时图大举报复。……非多办紧要匪首,即不足以保长江。两湖既乱,三江断不能独完。故辜人杰一匪,更不能以自首而宽之也。"(苑书义等编:《张之洞全集》第 10 册,第 8394 页)另据《知新报》第 133 册《又戮名人》:"探得湖北所捕之帝党辜人杰,闻业已解到鄂省,旋即被杀。"
② 参见《自立会人物考》《自立会庚子革命记》,杜迈之等辑:《自立会史料集》,第 98、315 页。
③ 《唐才中供词》,《自立会史料集》,第 149 页。
④ 参见孔祥吉:《晚清佚闻丛考》,第 12 页。
⑤ 中国社会科学院历史研究所第三所主编:《刘坤一遗集》第 5 册,第 2278 页。

《汪康年师友书札》第四册所收"□翘生"的三封来函,当为张尧卿所写。其中第二函提道:"昨师中吉之事,如此办法,时懔冰渊,欲去不行,欲留不得,进退维谷,如何如何。"

张尧卿此举,别有隐情,有关资料,还有不少难以解读的情节,似不能简单地目为降清。他关注的是如何让带来沪上的十余位同党逃往香港和日本,"惟现在香港、东京,均未奉到回信"①,所带诸人又来沪日久,举目无亲,难以支持。无奈之下,除了求助于汪康年,也与史坚如被捕后牵连保皇会一样,利用革、保两派的矛盾,以换取多数人能够脱离险境。所以张尧卿并未因此而免于清廷追究,"屡被捕入狱,屡以计脱"②。辛亥后出狱,一度鼓吹反袁革命。

在自立军中,林圭与唐才常的政见不尽相同。秦力山说:

> 林之目的与唐异,唐崇拜康,林崇拜公理;唐为帝党,林为民党;唐主立宪,林主共和。然以唐见信于康,林苟欲以间接见信于康而得其接济,则势不得不枉己以从人。其实林无时无刻不欲出唐之范围外,因其组织多近于美国制度,与唐每多冲突。唐终不化,屡掣林肘。唐于会中,几激成内讧,林又起而调和之。③

林圭的态度:一是出于宗旨分歧,二是受毕永年、容星桥等人的影响。他在汉口寓所内陈列《民约论》《万法精理》《自由之路》《社会平权论》等书籍,"有同志来访,则相与纵谈自由平等共和之说,悲满清之暴

① 上海图书馆编:《汪康年师友书札》四,第3744—3746页。
② 《自立会人物考》,杜迈之等辑:《自立会史料集》,第314页。
③ 民表:《林锡圭传》,《自立会史料集》,第232页。

政,说革命之急潮,其意气甚激昂也"①。

唐才常长期活动于上海,起义前夕才赶赴汉口,对自立军只能给予有限的经济资助。组织活动方面,林圭主要依靠毕永年、容星桥的帮助。这无疑会加强其与兴中会的联系,而削弱唐才常的影响。至于保皇会的间接作用更形微小。保皇派事后的记述有意无意地夸大自己对自立军的控制力,而革命党则想回避与维新派合作"上当受骗"的事实,更清楚地划分楚河汉界,结果造成错觉假象。平心而论,尽管哥老会会员一般"不知国民道义为何物"②,由毕永年精心挑选出来参加兴汉会的人表现还是比较好。可惜他们不能有力地控制其他会众,使林圭难以统辖调度。

从兴中会方面看,虽然毕永年离去,会党首领又缺乏明确的政治宗旨,但容星桥始终支持配合林圭的行动。8 月 9 日,唐才常从上海出发赴汉口,同行四人中,有兴中会广东负责人、曾与盟兴汉会、又列名富有山堂副龙头的王质甫。③他们于 8 月 13 日抵汉,由容星桥出面具保,以 150 两银子在汉口租界租下一处大屋,60 余人合居。④事发之际,清军包围顺丰茶行名捕容星桥,容化装逃脱。王质甫则辗转逃回香港,岁暮,曾与秦力山在港晤面。秦赋诗唱和道:

　　　　头颅大好价三千,生不封侯死不仙。但有文章供笑柄,断无

---

①　田野橘次:《最近支那革命运动》,第 10 页。
②　井上雅二:《维新党的失败及其将来》,《东亚同文会第十一回报告》。
③　《井上雅二日记》,明治 33 年 8 月 9 日,汤志钧:《乘桴新获》,第 364 页;张伯桢:《张篁溪遗稿》,《戊戌变法》四,第 283—292 页。
④　明治 33 年 9 月 5 日驻上海总领事小田切万寿之助致青木外相机密第 100 号;《容星桥讣告》。

毛雨焕奇妍。我身欲葬曾无地,君算成胸别有天。沦落莫添同病感,众生普渡在来年。

　　血战成红热大千,又从徐福访神仙(时将重游日本)。八千弟子能无恨,五百童男别有妍。铸铁铸金难铸错,知生知死不知天。嗟君险阻今尝遍,已到文候十九年。①

既有对自立军失败的慨叹,又表达了愈挫愈奋的决心。

史坚如与自立军的关系同样值得注意。在兴汉会成立前夕,经日本东亚同文会广东支部长高桥谦介绍,他认识陈少白,加入兴中会。听说哥老、三合、兴中三会合并成立兴汉会,他感到"非常欣快",借名与宫崎寅藏、陈少白同船北上,到上海后由唐才常托人携往两湖,观察哥老会实情,"建立亲密的关系,为日后打下基础"②。抵汉皋后,游览形势,与湘鄂会党豪杰志士周旋,莫不倾结。③随即又与张尧卿、容星桥等赴日拜晤孙中山,奉孙之命深入长江联络会党④,在华中活动数月,然后由上海转赴香港。⑤自立军失败后,史坚如曾到在澳门《知新报》任职的东亚同文会会员松冈好一寓所,与之纵谈唐才常之死,慷慨悲切,十天后即谋炸德寿,毅然赴死。⑥

――――――――――

① 遯公:《庚子岁暮香港和王质甫》,《开智录》第5期,1901年3月5日。
② 宫崎寅藏:《支那革命军谈》,第52—53页;宫崎滔天著,佚名初译,林启彦改译、注释:《三十三年之梦》,第172页。
③ 冯自由:《革命逸史》第5集,第25页。
④ 中山大学历史系孙中山研究室、广东省社会科学院历史研究所、中国社会科学院近代史研究所中华民国史研究室合编:《孙中山全集》第6卷,第234页。
⑤ 宫崎龙介、小野川秀美编:《宫崎滔天全集》第2卷,第555页。
⑥ 松冈好一:《康孙两党之近情》,《东亚同文会第十三回报告》。

容星桥、王质甫、史坚如以及与盟兴汉会的会党首领的行动表明，兴汉会在汉口自立军中始终发生重要影响。自立军不仅是与保皇会关系密切的自立会的武装，也是与兴中会结盟的哥老会首领的武装，兴汉会的功能作用并没有消失。因此，孙中山准备亲自参加中原大举，决不是个人的一时冲动，而是与王质甫等人协调一致的有计划有组织的统一行动，是两年以来联合大举计划的最终实现。由此可见，孙中山组建兴汉会，决非权宜之计，而是始终给予一定程度的重视，并几乎使之发生实际效用，将兴中会的活动与革命风潮推向长江流域。考虑到保皇会坚持以两广为重心，对长江流域并未切实支持，以及各方各派的分歧纠葛，如果起义成功，自立军究竟朝着什么方向发展，兴中会与兴汉会的组织影响至少具有与勤王口号及财政空头支票的蛊惑作用相抗衡的支配力。

第五章　革命党

　　庚子勤王运动并非汉口自立军一枝独秀,而由保皇会的两广战略、江浙士绅的江淮密谋以及汉口自立军三股势力结合而成。三者从宗旨政略到组织系统既互为联系,又各自独立,彼此交错,为了改变戊戌政变以来中国上下萎靡不振的局面,造成全国大举的形势,进行联合角逐,关系十分复杂。合组兴汉会的湖南哥老会首领不仅始终在自立军中扮演重要角色,而且是革命派的依靠力量。孙中山与兴中会为了趁乱争胜,接受梁启超的意见,同意用借勤王以兴民政作为联合阵营的旗号。他们不仅与自立军的行动保持一致,相互呼应,还努力争取保皇会澳门总局的协助,并与汪康年等江浙士绅协议合作。包括保皇会在内的各派均参与发起以反对当朝执政、革新变政为宗旨的行动。只是在实行以武力扫清变政障碍的过程中,一些派系感到实力不足,不能适应,遂放弃使用武力的企图,并极力将有关史实隐讳掩饰。以孙中山为首的革命党与庚子勤王运动的关系,构成庚子勤王阵营及其运作的重要一环。

第一节　自立军与革政派

　　讲到孙中山及兴中会与庚子勤王运动的关系,首先应当注意兴汉会在自立军中的地位和作用。

兴汉会是兴中会与湖南、广东会党的旧式结盟，与盟兴汉会的会党首领多为挑选出来的代表，他们在自立军系统中的地位一直未被动摇。同时，尽管这些会党首领接受过康有为的赠款，令毕永年一度失望而削发为僧，唐才常与林圭等人的政治宗旨义不尽一致，兴中会对自立军系统的影响却一直赖以保持。

汉口义群公司成立后，容星桥、张尧卿到日本与孙中山商议行动计划，"中峰待之甚恳挚，然所商尚无一定之规"，只是委派容星桥专办湘、汉之事。林圭从返回汉口的张尧卿处获悉有关情况，致函容星桥，请其：

> 此次与中峰必须商定一是，否则本公司之名已流播四方，而实在尚未起蒂。今日之事，我辈如大舟已行至江中，舵不灵稳，则舟将覆；人工不力，则将退而不前。倘尚有翻覆而解散之，则不惟贻笑目前之大众，即后来传道亦属难堪。[①]

由此可见，至少在义群公司时期，汉口的兴中会、兴汉会和湖南维新派联成一体，而视孙中山为舵手和引导。

12月下旬，唐才常等人在上海成立正气会，参与者除了湖南维新派和江浙革新士绅外，还有与盟兴汉会的哥老会首领张尧卿、辜人杰以及容星桥等人，则正气会可以视为兴中会与湖南维新派的合作向着长江下游的扩大。毕永年弃事为僧不久，终无死心，仍起而救世，1900年1月24日，杨衢云告诉谢缵泰："湖南革命党人在湖南和湖北省，假

---

① 《林圭致孙中山代表容星桥书》，杜迈之等辑：《自立会史料集》，第322页。

装和尚正积极地进行组织工作"①，即指毕永年。

1900 年 3 月以后，为避免在正气会中与汪康年一派的摩擦升级，唐才常让出干事长的位置，用前此与梁启超等人创立于横滨的自立会的名义，展开联络聚合长江流域秘密会党的活动，4 月，开办富有山树义堂，参与兴汉会的哥老会首领在其中占据重要位置。这等于再度肯定兴汉会成员的代表作用以及兴中会在长江流域联合阵营中的地位。冯自由说这些会党首领后来各自发展，脱离自立军，与史实不符。直到七八月间，与盟兴汉会的杨鸿钧、李云彪、张尧卿、辜人杰、谭翥等人，在自立会的部署中仍然担任重要角色。

兴汉会成员积极参与自立军的活动，正是孙中山与湖南维新派合作战略的重要体现。不仅如此，在毕永年的影响下，兴汉会成员还努力直接配合兴中会的行动。毕永年劝唐才常脱离保皇会关系，改奉排满宗旨不成，痛哭而去，到广东全力投入兴中会。孙中山与刘学询、李鸿章等人密谋广东独立，毕永年有所响应，李云彪、杨鸿钧等也赶到广东、香港。张尧卿的动向尤其值得注意。林圭称其"达变通才"，决非有事而乱为的无用才，义群公司的决策机要，主要由林圭、容星桥和张尧卿三人协商制定。后来张尧卿被人谗谤，林圭还致函容星桥向孙中山进言，希望孙"择用自有定见。倘其信任不专，易为人动者，则他人一语而误大事，亦常应有之义"②。直到七八月间，张尧卿一直为兴中会办事。兴中会会员的动向与此相印证。容星桥、王质甫在自立军起义及其筹备中担任重要角色。

① 谢缵泰著，江煦棠、马颂明译：《中华民国革命秘史》，中国人民政治协商会议广东省委员会文史资料研究委员会编：《广东文史资料·孙中山与辛亥革命专辑》，第 305 页。
② 《林圭致孙中山代表容星桥书》，杜迈之等辑：《自立会史料集》，第 323 页。

8 月下旬,孙中山冒险归国,虽身兼多项使命,主要还是应梁启超之约,准备与之发动中原大举。①明治三十三年八月二十七日山口县知事古泽兹密报,与孙中山同船赴沪的还有 8 月 7 日由上海来日的改革派人士张浍、高绣延。据容应萸教授考证,自立军失败后,唐才质化名高打,狄平可能化名高德②,则高绣延或为高打、高德二者之一,两人在自立军起义时负责调度后方。由此可见,孙中山赴沪很可能是应自立军的邀请。综观以上情况,这显然是兴中会有计划有组织的统一行动,说明孙中山视自立军起义为本派参与的联合反清大举。所以自立军失败后,史坚如赴广州谋炸德寿前夕,还到任职《知新报》馆的松冈好一宅中长谈,发誓为唐才常报仇。③

维新势力历来派系林立。戊戌政变后,除康、梁的保皇会外,其余各派维新党人也在寻求组织结合,以图群策群力,挽救内外危局,正气会和中国议会即聚合在上海的各派人士而成。他们不像康有为那样死守保皇立场,而以革新变政为宗旨,手段方式因时变通;与革命派的分歧,主要在于排满一点,至于兴民政则并无二致。因此可以统称之为"革政派"(夏曾佑语)。孙中山与革政派的关系同样值得注意。

长江下游方面,以汪康年为首的江浙士绅的实力远过于唐才常。由于各自与康有为的关系亲疏有别,双方联合中摩擦不断。戊戌变法前,唐才常的活动范围基本不出湖南,勤王运动以上海为根据地,不得不借重原来谭嗣同、梁启超的人脉关系。他组织正气会和中国国会,

① 丁文江、赵丰田编:《梁启超年谱长编》,第 258 页。
② 《自立军起义前后的容闳与康梁》,《历史研究》1994 年第 3 期。据包天笑《钏影楼回忆录》,狄葆贤逃走日本时确曾改姓高(第 421 页)。
③ 松冈好一:《康孙两党之近情》,《东亚同文会第十三回报告》,1900 年 12 月。

便要依靠汪康年等江浙士绅。正气会由会党首领及革新派人士组成，虽然唐才常任干事长，沈荩任事务员，实际上汪康年、叶瀚一派的影响力更大。正气会成立不久，双方发生矛盾，分别准备另立新会。唐才常为了避免与汪康年冲突，辞去正气会干事长之职，凭借自立会，以便组织起义。

作为湖南、江浙维新党人联合以及哥老会与革新派合作的组织形式，正气会所采取的方针正是唐才常、梁启超、孙中山等人商定的"大合"主张，即所谓"欲集结全国之同胞，运动革新之大业，不得不宽其区域，广其界限，以期合群"①。其中汪康年、周善培等人，与孙中山还有过交往。

汪康年一直密切注意中国各界的动向，早在1895年3月，他就向梁启超打听过孙中山的情况，对后者有所了解，这应是孙中山伦敦被难事件发生后，《时务报》连续译载海外报刊有关消息评论的重要契机。德国强占胶州湾后，汪康年借考察报务为名，和曾广铨一同赴东，与日本朝野各方磋商中日同盟挽救危局之计，决心结合民间力量救亡图存。在日期间，曾与孙中山有所交往。此行目的之一，很有可能是应孙中山与国内维新人士接洽的要求，商谈有关联合革新救国之事。

东游归来，汪康年仍与兴中会有所联系。1898年六七月间，他会见了孙中山的日本友人平山周、末永节等人，批评"今人大率识短胆小，稍闻要之便掩耳却走"②，与百日维新期间康有为因平山周是孙党而拒绝相见形成鲜明对照。他还与加入兴中会的毕永年交往，1899年

---

① 田野橘次：《最近支那革命运动》，第11页。
② 1898年6月25日《汪康年致宗方小太郎函》，汤志钧：《乘桴新获》，第203页。

5 月 27 日,汪康年与毕永年、唐才常、宗方小太郎、中西正树等聚餐。①
正气会期间,由于自身实力不足,又不能与唐才常通力合作,汪康年等
人探讨过联合革命党的可能性。参与正气会的周善培在日本考察期
间,经梁启超介绍,曾走访孙中山,"商量一切事务"②。他建议汪康年
与孙中山保持联系,以备不急之需。③夏曾佑也关注孙中山的动向,主
张设法争取革命党参与新政事务。④

中国国会成立时,汪派的势力进一步增长。尽管其内部各派的政
见、方略不一,大抵均为戊戌政变以来主张联合救国的有志之士,具有
很强的革新变政甚至反对当朝执政的倾向。因提倡变革而与清政府
为敌的孙中山及其革命党,自然为其成员所重视,或者说在共同的救
国革新道路上,彼此或迟或早已经有所联系。

1894 年孙中山想通过盛宣怀上书李鸿章,郑观应曾为其作书介
绍。⑤1898 年汪康年在日本见孙中山时,正留学日本的汪有龄也在座。
戊戌政变后,遭到清廷通缉的文廷式在陈宝箴和日本人士的帮助以及
刘坤一的故纵下,辗转逃到上海。⑥对康有为有所不满的日本驻上海代
理总领事小田切万寿之助愿意予以援手,他说动刘学询为文廷式提供
资助,而自己则利用租界提供政治庇护。⑦1899 年 5 月,汪康年与毕永

---

① 东亚同文会编:《对支回顾录》下卷,第 383 页。
② 冯自由:《革命逸史》初集,第 64 页。
③ 1900 年 6 月 18 日《周善培来书》,上海图书馆编:《汪康年师友书札》二,第 1196—
1197 页。
④ 1900 年 6 月 22 日《夏曾佑来书》,《汪康年师友书札》二,第 1363—1364 页。
⑤ 详见沈渭滨:《孙中山与辛亥革命》,第 45 页。
⑥ 《日本驻上海代理总领事小田切万寿之助致外务次官都筑馨六关于救助前翰林院侍读
学士文廷式之件》,清华大学历史系编:《戊戌变法文献资料系日》,第 1237—1238 页。
⑦ 《对支回顾录》下卷,第 416 页。

年、唐才常聚会,参与者还有文廷式、张通典、狄平等人。6月,文廷式
与宫崎寅藏在上海结识。1900年春,文廷式到日本时,与宫崎寅藏几
度会饮①,并与孙中山会晤,谈论国事和起义事宜。②回国后,文廷式还
与张尧卿一起到长沙为孙中山散票。《井上雅二日记》提到,8月
21日,文廷式归自湖南,"似乎事情没有成功"③。

国会会长容闳与杨衢云、谢缵泰等人从1900年3月起即多次会商,
设法促成维新各派的合作,并取得孙中山的同意。8月,孙中山赴沪前,
再度呼吁各派联合,特别对新当选的国会会长容闳表态支持,声称:

> 在中国的政治改革派的力量中,尽管分成多派,但我相信今
> 天由于历史的进展和一些感情因素,照理不应争执不休,而可设
> 法将各派很好地联成一体。作为众望所归的领袖,当推容闳,他
> 曾任驻美公使,在国内也颇孚人望。④

由于容星桥的关系,容闳对自立军可能已经有所了解,但他对素
未谋面的孙中山开始印象不太好,"认为孙不怎么样,因为他太轻率
了"⑤。1900年9月1日,孙中山响应自立军起义不成,返回日本,与
逃避清廷缉捕的容闳、容星桥同船东渡,由容星桥居间引荐,到长崎后

①　文廷式:《东游日记》,汪叔子编:《文廷式集》下册,第1116—1174页。

②　罗刚:《中华民国国父实录》第1册,第509页。文廷式与孙中山会面时间,为3月
5日。见中村义:《白岩龙平日记》,第362页。

③　《井上雅二日记》明治33年8月18日,汤志钧:《乘桴新获》,第367页。

④　广东省社会科学院历史研究室、中国社会科学院近代史研究所中华民国史研究
室、中山大学历史系孙中山研究室合编:《孙中山全集》第1卷,第198页。

⑤　谢缵泰著,江煦棠、马颂明译:《中华民国革命秘史》,中国人民政治协商会议广东省
委员会文史资料研究委员会编:《广东文史资料·孙中山与辛亥革命专辑》,第308页。

孙中山又两度前往容闳下榻处拜访,秘密晤谈[1],容闳因而改变成见,表示:"欲帮助孙遂其宿志。"[2]

不久,容闳接到上海密电,于 9 月 7 日由长崎启程赴香港。与孙中山一同前往东京活动的容星桥闻讯,也于 9 月 14 日由横滨赴港。[3]平山周曾于 8 月 20 日在上海声言,预定三周后赴香港举事,容氏兄弟的行动与梁启超所说要与孙派在两广合作的话,似非偶然巧合。此后,容闳一面继续为保皇会办外交,"首途往英、美、日办汉事,并与英外部订明"[4],一面被孙中山举为代理使职于外国之人[5],分别成为革命、保皇两派的外交代表。由于保皇会勤王虎头蛇尾,兴中会举义虽败犹荣,容闳逐渐疏远前者。

主张排满的章炳麟也一度参与中国国会,早在《时务报》时期,他就从梁启超处得知孙中山主张武力反清,"心甚壮之","窃幸吾道不孤"。[6]但开始对孙中山的评价不高。1899 年初,他函告汪康年:"东人言及公名,肃然起敬,而谬者或以逸仙并称,则妄矣。"[7]意下孙不及汪。1899 年 7 月 8 日,经梁启超介绍,他和孙中山相见于横滨。也许是初识,交谈不够深入,章炳麟对孙中山的看法仍不甚佳。7 月 17 日,他函

---

① 明治 33 年 9 月 4 日长崎县报高秘第 329 号。

② 明治 33 年 9 月 4 日长崎县报高秘第 329 号,9 月 22 日福冈县报高秘第 971 号。

③ 明治 33 年 9 月 7 日长崎县报高秘第 336 号,9 月 18 日长崎县报高秘第 361 号,9 月 14 日神奈川县报秘甲第 385 号。

④ 1900 年 11 月 20 日《康有为致邱菽园书》,引自汤志钧:《自立军起义前后的孙、康关系及其他》,《近代史研究》1992 年第 2 期。

⑤ 《孙中山全集》第 1 卷,第 202 页。昰函写于 1900 年 10 月中上旬。

⑥ 章太炎:《口授少年事迹》《民国光复》《致陶亚魂柳业庐书》,引自汤志钧编:《章太炎年谱长编》上册,第 39—40 页。

⑦ 上海图书馆编:《汪康年师友书札》二,第 1951 页。

告汪康年：

> 兴公亦在横滨，自署中山樵，尝一见之，聆其议论，谓不瓜分
> 不足以恢复，斯言即流血之意，可谓卓识。惜其人闪烁不恒，非有
> 实际，盖不能为张角、王仙芝者也。①

1900 年 7 月 29 日，中国国会第二次集会，章炳麟提出《请严拒满
蒙人入国会状》，主张"不允许满人入会，救出光绪为平民"②，"会友皆
不谓然，愤激蹈厉，遽断辫发，以明不臣满洲之志，亦即移书出会"，后
致函孙中山，称：

> 去岁流寓，于□□□君座中得望风采，先生天人也。鄙人束
> 发读书，始见《东华录》，即深疾满洲，誓以犁庭扫闾为事。自顾藐
> 然一书生，未能为此，海内又鲜同志。数年以来，闻先生名，乃知
> 海外自有夷吾，廓清华夏，非斯莫属。去岁幸一识面，稠人广众中
> 不暇深谈宗旨，甚怅怅也。

他虽然认为容闳"天资伉爽，耄益精明，诚支那有数人物，而同会
诸君，贤者则以保皇为念，不肖者则以保爵位为念，莫不尊奉满洲，如
戴师保，九世之仇，相忘江湖"。

对于兴中会的事业，章炳麟也表示关注，寄予期望，"□□处知

---

① 上海图书馆编：《汪康年师友书札》二，第 1956 页。
② 《井上雅二日记》，汤志钧：《乘桴新获》，第 355 页。

□□有意连衡,初闻甚喜,既知复以猜疑见阻,为之惘然。时遭阳九,天下事尚有可为,惟为四万万人珍摄"[1]。

国会成员的政见与方略,虽有"排满"与"迎跸"的分歧,不能简单地理解为革命与保皇的对立。章炳麟提出《请严拒满蒙人入国会状》,直接针对参与其事的金梁,以及主张变法的寿富。他说:

> 本会为拯救支那,不为拯救建虏;为振起汉族,不为振起东胡;为保全兆民,不为保全孤偾;是故联合志士,只取汉人,东西诸贤,可备顾问,若满人则必不容其阑入也。[2]

其主张与孙中山的意见接近,但在国会中只是极少数。由于得不到响应,他本人退出,"排满"与"迎跸"的矛盾不复存在。汪康年与唐才常的矛盾,主要源自人事及利益。唐才常与康有为联系紧密,势必引起戊戌变法以前就与康有为结怨的汪康年、叶瀚等人的不满,担心康有为归国,引起麻烦。因此唐才常别创自立会,以防掣肘。

其实,自立会同样觉得安排康有为是一件棘手之事,只想利用其筹饷,而不让他出面任事。[3]这种架空康有为的设想,与孙中山、梁启超谋求联合时所拟让康息影林泉的主意惊人地相似,是不谋而合抑或暗通声气,值得玩味。由此可见,汪、唐之争还是派系利益,无关政见宏

---

① 1900年8月8日《来书》,《中国旬报》第19册,1900年8月9日。
② 《中国旬报》第19期,1900年8月9日。
③ 井上雅二:《当用日记》附件《中国自立会的布置》,汤志钧:《乘桴新获》,第379页。关于如何处置康有为,孙中山、梁启超、唐才常之间似有某种默契。梁启超曾劝告康有为退隐林泉,闭门著书。这与汪康年一派的想法不谋而合,各派均不希望康有为归国。这也是自立会与保皇会的明显不同。

旨。惠州起义期间及此后，周善培、汪康年等人仍然关注孙中山的动向，表示要予以支持响应。与江浙派的诸多联系，应是8月间孙中山敢于赴沪的潜因之一。

第二节　兴中会与维新派

兴中会以及兴汉会的势力影响能够始终保持，也由于自立军并非保皇会勤王的主力正军，康有为等人没有重视（或许尚未意识到）在自立会方面与革命党的竞争，梁启超则支持各派的联合大举。

勤王动议最早由唐才常提出，他主张在长江流域联合各派大举起义，宗旨和组织均采取兼容并蓄之策。本来康有为没有大规模动武的勇气，流亡之初，寄希望于列强干涉，以助光绪复辟，后来知道"与日本社会相合，而政府未必肯听其请……然至此亦悟无兵枋者之不能变政矣"[1]，才顺势打出勤王旗号。不过，康有为和保皇会澳门总局对唐才常联合大举、南方自立计划的反应不甚积极，而另行制定了一套两广起兵、袭湘攻鄂、席卷长江、直捣京师的战略。

康有为后来为了应付华侨的追究，将失败的责任归咎于在长江、广西、广东方面担当大任的唐才常、陈翼亭、梁炳光等统兵之人，其实保皇会真正重视和全力投入的还是两广，尤其以陈翼亭一路为主力正军。所依靠的力量有三：一是康有为的草堂系骨干，云集澳门总局；二是两广的会党、游勇、绿林，除陈翼亭外，如广东的区新、傅赞开、林玉、

---

[1]　1900年2月6日章炳麟来书，上海图书馆编：《汪康年师友书札》二，第1951页。其时章与康、梁均有通信，此为概述来信大意。

"版筑"、"三品"等，以及广西的李立亭、康四、李立及梧州二陈等；三是原台湾民主国内渡官员以及各地原来支持戊戌变法的官绅，如唐景崧、丘逢甲、俞明震、康吾友、陈宝箴、熊希龄、黄忠浩等。至于汉口自立军、江淮徐怀礼、山东大刀王五等部，则是呼应的偏师。①财政上主要依赖南洋、美洲的华侨捐款。

康有为在人、财、械各方面集中全力投向两广，海外筹款由保皇会拨给长江的仅1万元（另外3万元由邱菽园交给唐才常），而在两广前后共投入了20余万元。这些款项大都为会党首领骗取滥用，保皇会虽然没有贪污侵吞，但缺乏军事行动能力，组织调度混乱，勤王密谋始终未能正式发动。正因为保皇会的行动重心不在汉口，革、保双方在此没有展开激烈争夺，自立会才能自行其是，与革命党联合。以后康有为故意掩饰真相，抹杀事实，令人产生种种误解。

与康有为不同，梁启超主张全力支持唐才常的中原大举计划。他多次写信要求澳门总局给唐以财政援助，总局均坚持办事同门人、打仗子弟兵的组织方针，不予响应。所谓中原大举，组织上要联合各派反清势力，包括与康有为早有积怨的江浙士绅以及孙中山的革命党，政治上则打出以勤王兴民政的旗号，准备废弃君主专制，视情况举光绪为总统甚至另举他人。这与康有为有所区别。康虽然说过"上不能救，则必自立"②，也有"定勤宗旨方易办事"之外"定革宗旨方易集事"③的策略权衡，其心理障碍和利害计较使之更为依恋光绪，不肯放

① 《致办事人书（二）》，上海市文物保管委员会编：《康有为与保皇会》，第116—119页。
② 《徐勤致康白为力书》，《康有为与保皇会》，第202页。
③ 《康有为与保皇会》，第548—553页。是为保皇会电报密码中的办事暗码第434、435条。

弃复辟。

实力不足而灵活务实的孙中山对于联合不同党派共同行动可以说一贯态度积极。他从来主张"联络四方贤才志士"①,早在1895年筹划广州起义时,就努力争取维新派的支持,邀请康、梁及陈千秋等加入农学会。是年3月,孙中山拜访日本驻香港领事中川恒次郎,请其援助即将发生的起义,声称统领有四人,康有为是其中之一。②此事显然是故作大言,也可以反映出孙中山对维新派的态度。

广州起义失败后,兴中会从两条线试图与康、梁一派建立联系。1896年2月,谢缵泰在香港与康广仁等人会面,双方讨论了维新须联合与合作的重要性。谢缵泰自称一贯主张"联合各党派,统一中国",极力劝告各政党要联合与合作以救中国。10月,谢缵泰又与康有为约见,讨论了中国的政局,同意在维新工作中联合与合作,由康有为拟定维新计划大纲。

次年3月和9月,谢缵泰与康广仁两度会谈,建议召集两派领导层开会,实行"对王朝和千百万民众都有好处的'和平'革命"。关于合作对象,康广仁表示:

> 象孙逸仙那样的一些人使我惊骇,他们要毁坏一切。我们不能同这样的轻率鲁莽的人联合。杨衢云是个好人,我想见见他。

关于政治宗旨,康广仁强调是"和平"革命,既非亲满,也不是"反

---

① 《香港兴中会章程》,广东省社会科学院历史研究室、中国社会科学院近代史研究所中华民国史研究室、中山大学历史系孙中山研究室合编:《孙中山全集》第1卷,第22页。
② 《原敬关系文书》第2卷书翰篇,第392页。

朝廷的或革命的运动"。会谈后,康广仁赴上海向康有为、梁启超汇报有关情况,谢缵泰则写信通告在南非的杨衢云。所得到的反应,梁启超表示赞成联合与合作,杨衢云则从南非返回日本。[1]这时维新运动进入高潮,受到清帝重用的康有为等人对兴中会兴趣不大,尽管康广仁还想和杨衢云会面,始终未能如愿。

戊戌政变,康广仁等六君子作了牺牲,谢、康主导的这一条联合路线遭受重挫。一方面,回到日本的杨衢云不能不依靠孙中山、陈少白等人已经开创的局面;另一方面,梁启超取代康广仁,成为维新派主导联合路线的中坚。两派洽谈联合的主角自然变成孙中山和梁启超。由于时势和观念有别,在同样对合作持积极态度之下,梁启超对孙中山了解较多而成见较少。早在1895年,他就函告汪康年:孙中山略通西学,愤嫉时变,并非哥老会中人,"闻香帅幕中有一梁姓者,亦其徒也,盍访之,然弟度其人之无能为也"[2]。伦敦被难事件发生后,《时务报》译载了英国和日本的有关报道[3],梁启超答复询问孙逸仙情况的章

---

① 谢缵泰著,江煦棠、马颂明译:《中华民国革命秘史》,中国人民政治协商会议广东省委员会文史资料研究委员会编:《广东文史资料·孙中山与辛亥革命专辑》,第308页。

② 上海图书馆编:《汪康年师友书札》二,第1831页。梁姓者,疑为梁敦彦,广东顺德人,字崧生,1872年首批留美幼童,1878年入耶鲁大学,1881年回国。辜鸿铭记:"忆昔年张文襄督鄂时,督署电报房有留学生梁姓者,领袖电报房诸生,专司译电报事,向例朔望行礼,署中文案委员与电报学士分班行礼,梁学生固与电报房诸生同立一处,立案委员无一与交语者。一日文襄出堂受礼,见梁学生与电报房诸生同立,则亲携出班外,置诸文案委员班曰:'汝在此班内行礼。'大众愕然,此后文案委员见梁学生则格外殷勤,迥非昔日白眼相待可比。昔日之梁学生,即今日之外务部梁崧生尚书也。"(《张文襄公幕府纪闻·爱才》,黄兴涛等译:《辜鸿铭文集》上,第471页)

③ 《时务报》第14、15、17、19、21、28册分别转载《伦敦东方报》、日本《国家学会志》、《温故报》的有关报道评论,如《某报馆访事与麦参赞问答节略》《英国律师论孙文被禁事》《中国私会》《论传言英将控告孙文一案》《论孙逸仙》《论中国内腐之弊病》等。

炳麟道:"孙氏主张革命,陈胜、吴广流也","此人蓄志倾覆满洲政府"。①这对于国内有志之士冲破清政府的封锁和歪曲、认识和了解孙中山,起了一定的作用。

其实,在谢缵泰之外,孙中山、陈少白等人也一直与维新派有所联系。1897年孙中山从欧美返回日本后,主动函邀梁启超或其亲信赴日"同商大事",希望借此了解中国现在的情形,并派人赴上海见康有为。②当时省港澳一带的革命、变法两派关系不错,陈少白、区凤墀等与康门弟子、澳门《知新报》主笔何树龄以及赵兰生、张寿波等有交。后者认为:"内有康有为先生,外有孙逸仙先生,中国之事,还不能说是毫无希望。"③前此孙中山虽然断言康有为名声太大,"断不能来",接到何树龄的来函,却认为"信内所陈之意,必商之同志多人,并为康先生所许,方敢发此言也。是则此意非一人之私,实中国群贤之公意也"④。稍后汪康年、曾广铨的日本之行,与此不无关系。

宫崎寅藏称:"在当时,康有为和革命党的关系是非常接近的",双方都主张民权共和,康有为在万木草堂有如卢梭,对门徒鼓吹以美国的自由共和政体为理想,推荐他们阅读中江笃介翻译的《民约论》《法国革命史》《美国独立史》和《万国公法》等书籍,又以华盛顿为理想人

---

① 章炳麟:《口授少年事迹》《民国光复》,引自汤志钧编:《章太炎年谱长编》上册,第39—40页。章氏称其闻言应道:"果主张革命,则不必论其人才之优劣也。"其实梁启超并无贬意,他曾对严复说:"然启超常持一论,谓凡任天下事者,宜自求为陈胜、吴广,无自求为汉高,则百事可办。"(梁启超:《饮冰室合集·文集》之1,第107页)

② 1898年6月2日汪大燮来函,上海图书馆:《汪康年师友书札》一,第783页。

③ 宫崎滔天著,佚名初译,林启彦改译、注释:《三十三年之梦》,第114—115页。

④ 《与宫崎寅藏等笔谈》,广东省社会科学院历史研究室、中国社会科学院近代史研究所中华民国史研究室、中山大学历史系孙中山研究室合编:《孙中山全集》第1卷,第180页。

物,还时以吉田松阴自任。①孙、康的分别在于:

> 孙立基于西学,康则因袭汉学。一个受耶稣教的培养,一个受儒教的教育。前者质而后者华。质则重实行,华则喜议论。二者见解虽然一致,其教养和性格却不同如斯。这就是孙所以为革命的急先锋,康所以为教育家的原因。②

双方合作的具体成果之一是横滨大同学校,该校由陈少白发起,孙中山接手筹办,他推荐梁启超担任总教习。经侨商持孙中山函往见康有为协商,改派徐勤代替。③徐勤到日本之初,还与孙中山时相过从,讨论时政得失。

戊戌变法令康有为一派青云直上,也引起顽固派的嫉视,攻击的口实之一,便是与革命党的关系。有传闻指徐勤到日本"与叛贼孙文设立大同会。自去年以来,人言啧啧,皆谓此辈谋为不轨"④。康有为害怕牵连变法大业,动摇已经取得的地位,函告徐勤与革命党断绝往来,言论也一改救亡图存的慷慨激昂,一味歌颂圣君,赞扬新政。戊戌政变前夕,毕永年约井上雅二、平山周等人到译书局会见康有为,"康

---

① 1899年2月18日宫崎寅藏致平冈浩太郎、犬养毅函,陈鹏仁:《论中国革命与先烈》,第24—28页。

② 宫崎滔天著,佚名初译,林启彦改译、注释:《三十三年之梦》,第116—117页。

③ 何檠—称设学之议不闻发起于孙中山(丁文江、赵丰田编:《梁启超年谱长编》,第73页),实则此事确由孙中山、陈少白等人而起(陈锡祺主编:《孙中山年谱长编》,第152页)。

④ 《福建道监察御史黄桂鋆折》,国家档案局明清档案馆编:《戊戌变法档案史料》,第467页。

但欲见井上,而不愿见平山。谓平山乃孙文党也",连毕永年也觉得
"殊可笑也"。[1]两派在日本、广东等地的联系顿时疏远。革命党"把他
们看做是放弃了共和主义、投降异族帝王的变节分子。因而互相对
抗,彼此倾轧,已达极点"[2]。

尽管百日维新之际康有为翻脸无情,戊戌政变后孙中山仍几次登
门拜访。这时维新派对于合作一事态度分歧,康有为、梁启超、唐才常
各自不同。唐主张"孙、康两派,亟宜牺牲小异,同力合作,如保皇或排
满名词,皆可摒弃"[3],得到孙中山的赞同。唐才常遂约梁启超向康有
为进言。康有为坚决不肯与革命党来往。他到东京的次日,孙中山托
宫崎寅藏介绍与康会晤,后者托词拒绝。孙前后"三次造访,康皆拒不
见。后孙之友某日人与康笔谈,偶及拒孙之故,康曰:'我是钦差大臣,
他是著名钦犯,不便与见。'盖康是时方自称奉衣带诏也"[4]。

康有为拒绝孙中山,一则彼此宗旨不同,康依然眷恋于清帝;二则
他自认为可以说服日本朝野帮助光绪复辟,希望和与清廷势不两立的

---

[1] 毕永年:《诡谋直纪》,汤志钧:《乘桴新获》,第 26 页。

[2] 宫崎滔天著,佚名初译,林启彦改译、注释:《三十三年之梦》,第 129 页。1899 年 2
月 18 日宫崎寅藏致平冈浩太郎、犬养毅函称:变法期间,"在野的革命党才与他(案指
康有为)完全绝交,更骂他为贱骨头的变节分子"。

[3] 唐才质:《自立会庚子革命记》,杜迈之等辑:《自立会史料集》,第 67 页。

[4] 《钦差大臣》,《大陆》第 2 年第 8 号,1904 年 12 月 3 日。《大陆》第 2 年第 5 号
(1904 年 7 月 8 日)刊登题为《赦诏》的寓言:"南海有鲲,嬖于龙,旋得罪于龙母,窜南
洋,匿某鳞家。一日,有狒踵门求见,鲲辞之,如是者三。狒乃告鳞曰:'吾少游大西
洋,见某洲一种族,以共和为主义,上下一体,其族大治。今吾族所居地位,大势岌岌
不可终日,吾欲与鲲谋,出翻江搅海之手段,鼓动大风潮,破坏龙宫,建设独立厅,步武
某洲。事成之后,谁为之长,自有公论。愿为我介绍于鲲。'鳞乃告鲲,鲲力却之。鳞
问其故,鲲曰:'吾之宗旨,至死不变者也。吾得宠于龙,因欲保之,他日总有用我之
期。且外间谣言,皆谓我潜谋不轨,倘从狒言,是所以证实其事,可奈何?'鳞出辞狒,
狒怏怏而退。"

革命党保持距离。这一指导思想在徐勤控制的横滨大同学校得到贯彻。1898 年 12 月 7 日,梁启超访问大同学校,受到师生的欢迎,在接待室与来访者会谈时,门口挂出"闲人免进"的牌子。①而孙中山前往大同学校,却被挡了驾,据说校方还贴出"孙文到不招待"的字条,双方发生口角。横滨兴中会会员原来多为上层侨商,康、梁等人到日本后,纷纷倒戈,这时更指责孙中山,袒护徐勤,与孙中山一派势成水火。这一冲突扩大到整个横滨华侨界。

1899 年 1 月,大同学校职员任期届满,支持兴中会的一派华侨要求改选,拥护康有为的一派则主张连任,几经冲突,由于孙派仅 70 余人,康派达到 300 人,而且多为中等以上人家,结果最终兴中会一派失去了原来的位置。日本人士因此对徐勤极为不满,纷纷指责其攻讦孙中山,徐勤不得不致函宫崎寅藏自我辩解,函谓:

> 前闻田野氏云,贵邦人士咸疑仆大攻孙文,且疑天津《国民[闻]报》所刊《中山樵传》出自仆手。闻言之下,殊甚惊异。仆与中山樵宗旨不同,言语不合,人人得而知之。至于攻讦阴私之事,令人无以自立,此皆无耻小人之所为,仆虽不德,何忍为之? 而贵邦人所以致疑者,此必有一二人造为浮言,以惑贵邦人听闻耳。仆绝无此事也。今支那之局,譬之海舟遇风,其势将覆,而舟人犹复互相争斗,以任其溺灭,虽下愚之人,不致若是。②

---

① 明治 31 年 12 月 10 日浅田神奈川县知事致青木外务大臣秘甲第 823 号。
② 冯自由:《中华民国开国前革命史》上编,第 42—43 页。

　　值得注意的是,在拒绝孙中山的同时,康有为对杨衢云、谢缵泰的联合请求却予以积极回应。1898 年 12 月,谢缵泰得知两党联合有困难,即致函康有为,力劝其在争取自由和独立的运动中应当联合和合作。康有为很快回信表示赞成。谢缵泰显然希望康有为以杨衢云为主要联合对象,加强后者的地位,以便与孙中山争夺兴中会的领导权。而康有为则在以"维新"为联合的基础方面与谢存在共识。①

　　戊戌政变后,逃亡日本的康门师徒在宗旨和手段上出现分歧,对与其他派别合作的认识也不一致。与康有为不同,梁启超对于联合一事的态度要积极灵活得多。从 1897 年起,他对与兴中会合作就一直予以肯定,多次表态赞同,并愿意就此向康有为进言劝说。康有为拒绝会见孙中山之事为犬养毅所知,犬养欲促成两派联合,共任国是,特于 1899 年 2 月邀请孙中山、陈少白、康有为、梁启超四人到早稻田自己的寓所会谈。届时康有为托故不到,梁启超自称被委派为代表。双方竟夜长谈,商议合作利弊及办法,相当融洽。据说梁启超对孙中山的言论异常倾倒,有相见恨晚之慨,答应与康有为商量后回复。陈少白等人问以合作之后如何对待康有为,梁答称"唯有请其闭门著书,由我们出来做去。他要是不答应,只好听之任之"。

　　不久,陈少白奉孙中山之命与平山周回访。康有为虽与梁启超等人出见,仍坚持保皇宗旨,话不投机。其间在座的王照又忽然声称被人监视约束,后来更在平山周等人的帮助下抖出康有为作伪衣带诏的内幕,康有为因此迁怒于革命党,双方关系更加紧张。但维新派内部

---

①　谢缵泰著,江煦棠、马颂明译:《中华民国革命秘史》,中国人民政治协商会议广东省委员会文史资料研究委员会编:《广东文史资料·孙中山与辛亥革命专辑》,第303 页。

仍然有人希望响应合作的动议。

3月初,欧榘甲到东京对阳馆宫崎寅藏寓所,托其约孙中山商量合作事宜。孙中山同意于3月3日见面。双方讨论良久,欧凡事均须请示康有为,不能做主,会谈毫无进展。孙中山表示"已应言尽言,倘能如弟言去办,则于中国前途大有补益也。余则非弟力所能及,似可毋容再见"①。

正当合作之事陷入僵局之际,康有为被日本政府要求离境,于1899年3月22日前往加拿大。②这给两派合作带来转机,成为维新派在日核心的梁启超显然加快了合作的步伐。1899年3月28日,梁启超致函谢缵泰,通知康有为离日赴美消息的同时,表示赞成联合与合作的主张。4月23日,杨衢云函告谢缵泰:"康有为党的成员同意联合与合作,日本朋友和支持者亦曾劝告两党联合起来。"5月1日,孙中山到东京访梁启超不值。

6月,杨衢云和梁启超在横滨文经商店会晤,尽管梁启超表示现在还不愿意同革命党合作,却与杨约定继续做好各自党派的工作。这次两党领导人会晤的结果令谢缵泰大失所望,不过此后孙中山与梁启超的交往一直延续,频繁互访,就办事宗旨、方略、社会经济理论等事多

---

① 1899年4月1日《复宫崎寅藏函》,广东省社会科学院历史研究室、中国社会科学院近代史研究所中华民国史研究室、中山大学历史系孙中山研究室合编:《孙中山全集》第1卷,第186页。

② 康有为离日,原因甚多。其一,伊藤博文访华时,李鸿章提到日本保护清国流亡者,对外交有所影响(明治31年12月23日东京警视总监大浦兼武致青木外相乙秘第932号)。其二,1898年11月日本宪政党与进步党分裂,大隈内阁瓦解,山县有朋的新内阁对流亡者的兴趣降低,不愿因此影响邦交。其三,继续接济康有为的进步党和东亚同文会中的有关人士,认为保皇成功的可能性不大,希望两党合作进行反清(详见陈锡祺主编:《孙中山年谱长编》,第175—177页)。

次在横滨《清议报》馆、文经商店、东京上野精养轩等处会晤，各倾肺腑，开怀畅谈。

前此杨衢云指责"康有为党太傲慢，妒忌我们这一班贯通中英的学者。他们不愿意同我们平等相处，他们一心想控制我们，或者要我们服从他们"。据说好几位博学的湖南人对康党作过类似的评述。①孙中山与梁启超晤谈时，坦诚批评其"狭隘""盈满"，并于宗旨方略有所进言。对此梁启超答称：

> 自问前者狭隘之见，不免有之，若盈满则未有也。至于办事宗旨，弟数年来，至今未尝稍变，惟务求国之独立而已。若其方略。则随时变通，但可以救我国民者，则倾心助之，初无成心也。②

7月8日，梁启超还在横滨介绍来访的章炳麟与孙中山相识。这可以说是彼此来往最为密切、交谈也最为深入的时期。

与维新派的联系对孙中山及革命党的事业产生了一定的影响。首先，通过梁启超创办的东京高等大同学校，孙中山开始与留日学生接触。该校学生来自湖南时务学堂和横滨大同学校、神户同文学校，教材多用英法名儒之自由平等天赋人权诸学说，学生高谈革命，各以欧美革命家相期许，并与其他各校留学生时相聚谈，成为留学界的政

---

① 谢缵泰著，江煦棠、马颂明译：《中华民国革命秘史》，中国人民政治协商会议广东省委员会文史资料研究委员会编：《广东文史资料·孙中山与辛亥革命专辑》，第303页。
② 冯自由：《中华民国开国前革命史》上编，第44—45页。

治中心。[①]

其次，充实和完善革命理论。过去兴中会缺少饱学之士讨论各种革命和建设的理论，孙中山多与外国友人切磋，难以得到国内学者的印证。在与梁启超的交往中，孙中山谈及土地国有、耕者有其田的主张，梁启超认为"颇有合于古者井田之意，且与社会主义之本旨不谬"[②]，进一步促使孙中山注意中国历代的相关土地问题。再次，开始重视宣传。兴中会成立以来，一直没有正式宣传机关，也缺乏适宜人才，而康、梁等人到日本刚刚两个月，就开办《清议报》，继续政治宣传，影响广泛。有鉴于此，孙中山于1899年四五月间派陈少白回港筹款办报[③]，后来陈少白在港接收维新派的《通报》，开办《中国报》，担任笔政的杨肖欧原来也属于维新派的《岭海报》。尽管《中国报》开始还有较浓厚的维新色彩，毕竟是兴中会独立进行舆论宣传的开端。

此外，通过梁启超，孙中山还扩大了与趋新人士的联系交往。1899年秋冬，周善培赴日考察学务，与梁启超多次会晤，后者两度致函孙中山，告以"有四川一豪杰周君孝怀，弟欲与之同见足下，商量一切事物"[④]。庚子勤王期间，周善培关注孙中山的动向，并希望汪康年等人与之配合。

---

①　冯自由：《中国革命运动二十六年组织史》，第37—38页。
②　饮冰：《杂答某报》，《新民丛报》第4年第14号，1906年9月3日。
③　1899年5月12日陈少白致犬养毅函，《辛亥革命史丛刊》第3辑，1981年。
④　冯自由：《革命逸史》初集，第64页。

第三节　江岛人物

双方的交往促使康门弟子中的一些激进分子倾向于反清革命,与孙中山的政治立场有所接近。保皇会成立后,横滨的梁启超等人似乎并不积极,反而进一步向革命党靠拢。1899 年秋季,基于联合大举的共识,据说两派开始接洽组织结合。关于此事,冯自由有如下记述:

> 梁启超因与中山往返日密,渐赞成革命,其同学韩文举、欧榘甲、张学璟、梁炳光等主张尤形激烈。于是有孙、康两派合并之计划,拟推中山为会长,而梁副之。梁诘中山曰:"如则将置康先生于何地?"中山曰:"弟子为会长,为之师者,其地位岂不更尊?"梁悦服。于是由梁草拟一上南海先生书,文长数千言,略谓:"国事败坏至此,非庶政公开,改造共和政体,不能挽救危局。今上贤明,举同共悉,将来革命成功之日,倘民心爱戴,亦可举为总统。吾师春秋已高,大可息影林泉,自娱晚景。启超等自当继往开来,以报师恩。"①

署名者同门十三人。书去后,各地康徒为之哗然,指此 13 人为逆徒,呼之为"十三太保"。除梁启超外,其余 12 人为韩文举、欧榘甲、罗普、罗伯雅、张学璟、李敬通、陈国镛、梁炳光、谭柏生、黄为之、唐才常、林圭。不久,梁启超至香港访陈少白,谈两党合并事,推陈及徐勤起草

---

① 冯自由:《中华民国开国前革命史》上编,第 44 页。

联合章程。徐勤阳为赞成,而阴实反对,因与麦孟华各驰函新加坡,向康有为告变,谓卓如渐入行者圈套,非速设法解救不可。康有为得劝退书,已怒不可遏,接到徐、麦二人来函,立即派叶湘南携款赴日,勒令梁启超即往檀香山办理保皇会事务,不许稽延。复令欧榘甲赴美国任旧金山《文兴报》主笔。13 人团体无形消灭,孙、康合作之局亦随之瓦解。①

此事言之凿凿,但破绽不少。首先,梁启超离开日本去美洲,早在计划之中。1899 年 5 月 2 日,梁启超接康有为来函,"极言美洲各埠同乡人人忠愤,相待极厚,大有可为。而金山人极仰慕我,过于先生。今为大局计,不得不往"②。所以他在《汗漫录》中说:"吾之游美,期以六月,今背秋涉冬,始能成行,濡滞之诮,固知不免。"③至于其决定 12 月 20 日出发,直接原因是 10 月下旬康有为到日本时,被日本政府禁止上岸,此事引起康有为的强烈不满。梁启超等人觉得不可能依靠日本朝野达到志望,准备和东京高等大同学校的有志师生前往美洲进行活动,以发展组织和筹集款项,梁启超认为这是中国存亡的一大关键。④其航行路线为经檀香山到美国大陆,预计在美国大陆停留半年。⑤而欧

---

① 　冯自由:《革命逸史》第 2 集,第 29—30 页。
② 　1899 年 5 月 3 日《与蕙仙书》,丁文江、赵丰田编:《梁启超年谱长编》,第 178 页。
③ 　《清议报》第 35 册,1900 年 2 月 10 日。
④ 　明治 32 年 10 月 26 日浅田神奈川县知事致青木外相秘甲第 523 号、同日大森兵库县知事致青木外相兵发秘第 514 号、10 月 27 日警视厅致外务省第 1010 号、10 月 28 日浅田神奈川县知事致青木外相秘甲第 530 号、同日深野福冈县知事致青木外相高秘第 1511 号、12 月 6 日浅田神奈川县知事致青木外相秘甲第 624 号。均见久保田文次:《清末·民国初期,日本における中国革命派·变法派の活动》,1989 年自印本,第 55—62 页。1899 年 12 月 5 日,梁启超与周善培访问近卫笃麿,告以即将访美(狭间直树:《中国近代における日本を媒介とする西洋近代文明の受容に関する基础的研究》,第 21 页)。
⑤ 　明治 32 年 12 月 20 日浅田神奈川县知事致青木外相秘甲第 625 号。

榘甲离开横滨在 11 月 8 日,原因是 10 月 27 日由他主笔的《清议报》馆火灾被毁,前往香港和康有为商议后续①,以后转赴加拿大。

其次,康有为移驻新加坡,在 1900 年 1 月下旬,其时梁启超已经赴檀香山。而在此之前,梁启超并未前往香港。

再次,所谓"十三太保"中的罗普,梁启超指其从来不言革命,所以得到康有为的信任和赏识。②而徐勤虽然与孙中山关系紧张,对于革命之说似乎尚无成见,1900 年 6 月,康有为指其和梁启超一样,"近来骄谬专横已极,无事不如此"③。保皇会港澳总局在他的主持之下,与广东的兴中会会员保持若隐若现的联系。1902 年 4 月,他又和梁启超先后向康有为进言,主张"言革"④,两人交谊不错。

正因为存在种种疑点,《梁启超年谱长编》的签注者中有人指冯自由"捏造无端事实,诋诬不遗余力……故彼所书关于与任师有关之事,均不足据,似宜尽删之"⑤。近年来论者也指出此说颇靠不住。⑥

不过,一口否定冯自由的记载还略嫌草率。冯自由各书虽有不尽

---

① 明治 32 年 11 月 8 日浅田神奈川县知事致青木外相秘甲第 551 号、11 月 10 日大森兵库县知事致青木外相兵发秘第 542 号、11 月 14 日长崎县知事致青木外相高秘第 513 号。1900 年 2 月,麦孟华到横滨继任《清议报》主笔(狭间直树:《中国近代における日本を媒介とする西洋近代文明の受容に関する基础的研究》,第 20 页)。

② 1903 年 4 月 1 日《与勉兄书》,丁文江、赵丰田编:《梁启超年谱长编》,第 318 页。

③ 1900 年 6 月 27 日《致徐勤书(一)》,上海市文物保管委员会编:《康有为与保皇会》,第 132 页。

④ 《梁启超年谱长编》,第 286—287 页;《徐勤致康有为书》,《康有为与保皇会》,第 200—202 页。

⑤ 同上书,第 180—181 页贾毅安注。

⑥ 李吉奎:《孙中山与日本》,第 84—87 页;郭世佑:《筹划庚子勤王运动期间梁、孙关系真相》,王晓秋主编:《戊戌维新与近代中国的改革——戊戌维新一百周年国际学术讨论会论文集》。

不实之处,的确保存了不少真相,甚至一些乍看似不可思议处最后证明反而是信史。此事冯并非亲历,不免有道听途说,捕风捉影,而保皇会在戊戌变法、庚子勤王、与权臣关系等事情上有意歪曲作伪,已是不争的事实。不过,毁尸灭迹难以彻底,仔细搜寻,可以发现不少蛛丝马迹。

梁启超到檀香山 10 日后,致函孙中山,称:

> 弟此来不无从权办理之事,但兄须谅弟所处之境遇,望勿怪之。要之我辈既已订交,他日共天下事必无分歧之理,弟日夜无时不焦念此事,兄但假以时日,弟必有调停之善法也。[1]

此函于相关人事记载确实,不似造假。与双方"订交"相关之事有红叶馆送别会以及孙中山作书介绍梁启超于其兄德彰及诸友,如果事先没有协议,这些言行过于突兀,难以解释。

至于冯自由所说"十三太保",很可能由"江岛十二郎"演变而来。1899 年七八月间,梁启超和韩文举、李敬通、欧榘甲、梁启田、罗伯雅、张学璟、梁炳光、陈国镛、麦仲华、谭柏生、黄为之同结义于镰仓江之岛的金龟楼[2]这 12 人按叙齿依次称"江岛某郎",均为政治情绪较为激烈之人。罗伯雅与广西山贼及南海西樵巨盗区新、傅赞开等素有交往;张学璟直到 1902 年仍坚持赴广西联络民党头目,发动起义;欧榘

---

① 冯自由:《中华民国开国前革命史》上编,第 47 页。
② 罗孝高:《十二人江之岛结义考》,丁文江、赵丰田编:《梁启超年谱长编》,第 180 页。时间参见狭间直树:《中国近代における日本を媒介とする西洋近代文明の受容に関する基础的研究》,第 17 页。

甲几番肆意言革,一度几乎被康有为逐出门墙。江岛结义,显然与和革命党合作一事密切相关。

　　冯自由称韩文举、欧榘甲、罗伯雅、张学璟、梁炳光等与孙中山往还日密,也有所据。1900 年 6 月 27 日康有为函告徐勤:

　　　　卓近经痛责后,来书引过。然如去年事,及言保皇会而谓嗤之以鼻,汝等近来不敬如此。①

　　1902 年康有为因"近得孟远决言革命",复函徐勤称:

　　　　记己亥汝责远之决绝,且安有身受衣带之人而背义言革者乎! 今不三年,汝又从洞若矣。②

　　作为主要当事人的梁启超,更是屡屡提及相关情形。1899 年秋梁启超函告孙中山:

　　　　昨得刚兄(即梁子刚)由横滨寄上兄一书约践旧游,刚兄有事不能赴约,令弟自往。③

---

① 上海市文物保管委员会编:《康有为与保皇会》,第 133 页。"去年事"疑指梁启超以数万言之书进呈康有为,反对保皇会明办(1900 年 4 月 29 日《致雪兄书》,丁文江、赵丰田编:《梁启超年谱长编》,第 238 页),或是陈少白带去香港的劝康有为与革命党合作函(陈少白:《兴中会革命史要》,中国史学会主编:《辛亥革命》一,第 63 页)。
② 1902 年 6 月 3 日《致欧榘甲等书》,《康有为与保皇会》,第 157 页。按此函收信人不会是欧榘甲。孟远,即梁启超。
③ 冯自由:《革命逸史》初集,第 64 页。

1903 年 5 月梁启超函告徐勤:

> 长者所以偏信港中之言者,固由曾参杀人,浸润易入,亦由弟
> 等前此言革,触其盛怒故也。以后兄请勿言。孝高以不与江岛之
> 盟,不猖狂言革,故长者独信之、爱之。

则江岛之盟与言革之事有密切关系。①
1900 年 4 月 4 日梁启超致函黄为之,批评道:

> 吾江岛人物归去者便辄颓唐,更无布置,有数人皆前车矣。
> 想来总是志气不定,脊骨不坚之所致。如此安能任大负重? 今日
> 之事,责在我辈,真当每日三省,时时提起,不使有一毫懒散,乃有
> 可成。诗酒悠悠一语,勿使飞天头陀笑我到底也。②

亦可印证此事确与同革命党合作有关,因而彼此之间也有竞争。

作为当事人之一的陈少白关于两派合作的记载提供了另一种可
信度较高的说法,即其从日本回香港时,梁启超托其带信给康有为,劝
康与革命派合作,信由梁启超和几个同学反复商量后起草,交给康有
为,却没有下文。后来梁启超从外国到香港,用日本人的名字,住在酒
店,请其前往讨论合作事宜,结果圆满。复让陈少白和在香港的徐勤

---

① 丁文江、赵丰田编:《梁启超年谱长编》,第 317 页。所谓"言革",主要指 1902 年 4
月梁启超、徐勤等人向康有为进言以革命为宣传口号事,但 1899 年已有言革之人。
② 同上书,第 212 页。

拟定合作章程,梁并专函交代徐勤。陈少白找徐勤商议,不了了之。①

其说于时间、人物、地点多可印证。陈少白于 1899 年 11 月 9 日和宫崎寅藏由香港抵达横滨,向孙中山报告兴汉会成立情形并呈印玺,其间出席了红叶馆送别会,见过梁启超,19 日出发赴香港。②梁启超去檀香山,是用柏原文太郎的护照。至于到香港之事,虽然《汗漫录》没有记载,但到檀后仍有秘密来港的可能。丘琮《仓海先生丘公逢甲年谱》记,庚子春(应为己亥冬),丘逢甲在香港与康有为、梁启超、唐才常、陈腾风等合摄持刀并立小照。康有为于旧历十二月二十七日(1900 年 1 月 27 日)赴新加坡,唐才常亦于 1900 年 1 月 8 日到港筹款③,则其间梁启超或曾秘密到港,协商大计。④

尽管如此,梁启超似不可能直接向康有为进言劝退。如果真有此类"欺师灭祖"的言行,以康有为的性格及其对待弟子的脾气,师徒早已公开决裂。当时梁启超等人确有倾向革命之意,也向孙中山表达过合作愿望,甚至可能达成某种协议,至于上书康有为,或如陈少白所说,只是要求合作,而不一定涉及劝退和改变宗旨,更不是组织合并。

梁启超向康有为提出宗旨的权通,应是 1900 年 4 月 12 日致函后者谈及:

---

① 陈少白:《兴中会革命史要》,中国史学会主编:《辛亥革命》一,第 63 页。参见李吉奎:《孙中山与日本》,第 86—87 页。

② 明治 32 年 11 月 13 日浅田神奈川县知事致青木外相秘甲第 564 号、11 月 21 日秘甲第 589 号。

③ 唐才质:《唐才常烈士年谱》,湖南省哲学社会科学研究所编:《唐才常集》,第 274 页。

④ 郭汉民《〈唐才常集〉辨误一则》(《近代史研究》1986 年第 3 期)力证梁启超到港之事子虚乌有,但康有为、唐才常当时确在香港,陈少白所说亦多与内情相符,则此事仍须深究。

　　[光绪]万一不能待我之救,则彼时当何如? 讨贼固也,然贼虽讨,而上已不讳,则主此国者谁乎? 先生近日深恶痛绝民主政体,然果万一不讳,则所以处此之道,弟子亦欲闻之。

　　对此康有为坚持"但当言开民智,不当言兴民权",反对鼓吹自由,还屡引法国大革命为鉴。梁启超直言抗辩,指责康有为的言论与张之洞相类,坚持不肯放弃自由主张①,要求与革命党合作、江岛结盟以及主张改变方针,虽然不至于令乃师忍无可忍,清理门户,梁启超确有失宠于康有为的迹象,在相当长的一段时间里,康有为只让他到海外筹款,而不许其担当勤王运动的组织大任,甚至对其主动请缨也置之不理。

　　关于梁启超与兴中会合作及其倾向革命的动机,历来备受争议。就在两派积极商谈合作之际,兴中会在横滨华侨中的阵地被保皇会夺占殆尽。1899 年 1 月横滨大同学校职员改选,革命党已在中华会馆失势。鉴于横滨华侨对兴中会一派的排挤日甚一日,孙中山怀疑梁启超从中作祟。梁启超辩解道:

　　横滨之人,或有与孙不睦者,其相轧之事,不知如何,而极非仆等之意矣。孙或因滨人之有违言,而疑出于仆等,尤非仆所望矣。

　　他请犬养毅作调人,愿意当面向孙中山、陈少白等解释"踪迹不得

---

① 丁文江、赵丰田编:《梁启超年谱长编》,第 221、234—237 页。

不疏之故"①。

此后梁启超组织华人商业会议所,欲以课会费的方式筹集款项,7月30日会所告成,完全排除革命党,引起后者的强烈不满,遂以"横滨阇埠不平人"的名义发布公启,以示抗议②,又是由犬养毅出面邀集两派领导人进行调停。因为存在这些过节,早在1904年,《大陆》就载文指责梁启超用心险恶:

> 戊戌政变,梁着胡服走日本。时孙文客东京,交结日之权贵,如大隈伯、犬养毅等常与往还,孙氏供给,皆为是赖。梁初抵东京,不得不通款于孙氏,遂由孙氏之介绍,得纳交大隈伯等。未几即疏孙氏,且向大隈伯等下孙氏之石焉。……又由徐(勤)得纳交横滨商人,商人固素崇拜孙氏者也,梁至是更排挤之,无在不攻击其短,于是孙氏日东之一席,一旦为梁所夺,梁因此得遍游美洲、澳洲,无一日之困乏。③

到檀香山后,梁启超利用孙中山的关系,挖兴中会的墙脚,又催促港澳同门加紧筹备,与兴中会争夺广东,以免"广东一落其手,我辈更向何处发轫乎?此实不可不计及,不能徒以行者毫无势力之一空言可以自欺也"④。他还让叶湘南派人暗察孙中山的调度计划,办事用人,

---

① 《梁启超与犬养毅笔谈》,汤志钧:《乘桴新获》,第406页。
② 明治32年7月31日浅田神奈川县知事致青木外相秘甲第355号、8月4日秘甲第367号、8月12日秘甲第380号、8月30日秘甲第404号。
③ 《中国大生计家与大文学家》,《大陆》第2年第8号,1904年9月29日。
④ 1900年3月13日《与夫子大人书》,丁文江、赵丰田编:《梁启超年谱长编》,第201页。

也处处顾及是否有利于和兴中会竞争。例如他以檀香山"保皇会得力之人大半皆行者旧党,今虽热而来归,彼心以为吾党之人才势力,远过于彼党耳"。若发现兴中会"在港颇众",而保皇会办事无人,"失意于吾党而不分,返檀必为行者用。吾赔了夫人又折兵,徒使行将军大笑,而回光镜一度返照到檀,全局可以瓦解"①,因而坚持不派或少派檀岛会员赴港。

不过,种种对梁启超的猜疑指责,均建立在其从宗旨到组织全面归附革命党的假定之上,果真如此,则梁启超对孙中山的表态,的确别有用心。可是,他本人讲得十分清楚坦然:

> 至于办事宗旨,弟数年来,至今未尝稍变,惟务求国之独立而已。若其方略。则随时变通,但可以救我国民者,则倾心助之,初无成心也。②

与兴中会合作,接受排满革命旗号,无非是有利于独立民权而已。就行动方略而言,梁启超支持唐才常等人的长江、珠江联合大举计划,与孙中山等人接洽合作,正是实现独立民权的努力之一。此举既然是合作而非归附,所以要考虑保皇会在联合中的地位与利益,这也是他挖兴中会墙脚的主要原因。从联合大举的角度来看梁启超的言行,虽有方略变通,甚至在师尊同门的牵制和派系利益的作用下,还有暗中竞争的一面,宗旨却是一以贯之。在与兴中会争夺华侨和广东的同时,他

① 1900年4月29日《致南海夫子大人书》,丁文江、赵丰田编:《梁启超年谱长编》,第233页。

② 冯自由:《中华民国开国前革命史》上编,第44—45页。

对保皇会的方针行动也不以为然,呼吁本派同人摒弃私心,不分畛域,切实支持唐才常的大举计划。所以他在复函康有为,希望加紧与兴中会竞争的同时,又不避嫌疑地反驳保皇会同人对孙中山的谩骂:

> 弟子今言及此事,又不得不冒嫌疑以谈及行者,盖行者之为人,虽无论何如,若其用心此事,实娴熟过于我辈远甚也。彼本有才之人,而用功于此事者数年矣,而我辈今始入行。今日我辈骂行者前事非,恐我他日所行,尚不及彼前事也。我辈骂彼为“卤莽”,我辈自问能免“卤莽”二字乎?我辈骂彼“大言无实”,我辈自问能免“大言无实”四字乎?我辈笑彼“结识无赖”,然我辈今日欲做事,方知非“结识无赖”不能为功也。我辈骂彼为“叛逆”,此二字岂可妄以加人哉?尧非不仁,犬固吠,非其主曾何足怪?彼与皇上曾无恩义,而照各国人文明之公理例,驱逐满人,正我族之责也,何“叛逆”之可言?以此当知我辈之必与行者为难,实不免狭隘之消矣。弟子今日复为此言,先生恐又以为倾心行者,然弟子非倾心行者,实痛恨我党之乏才,曾行者之不若。①

第四节　应和与纷争

1900 年 1 月 24 日,清廷颁布立嗣上谕,举国震动。1 月 26 日,经元

---

① 　1900 年 3 月 13 日梁启超致康有为函,引自郭世佑:《筹划庚子勤王运动期间梁、孙关系真相》,王晓秋主编:《戊戌维新与近代中国的改革——戊戌维新一百周年国际学术讨论会论文集》,第 811 页。

善等绅民 1231 人联名电请代奏,谏阻光绪退位,海外各地华侨纷纷通电反对立嗣,形成一次全球范围华人的政治动员。梁启超一面表示要勉力仿效,"竭力募化,以助内地诸豪"①,一面考虑如何利用时势,调整方略。3 月 4 日,他致函南洋华侨桂绶,告以:

> 现时各处捐集之法,虽不相同,大率开保皇会处为多,因光绪帝维新变政而被废,人人共愤,借此为题目,名正言顺也。……满洲、蒙古人三百年来虐待我中国人,今日气机当转。光绪皇帝愿意依花旗开国华盛顿之例,改为民主。我辈忠义之民,助成此事,改革国政。②

4 月 28 日,即在向康有为提出万一光绪不讳,可否民主建政的半个月后,梁启超致函孙中山,认为:

> 废立事起,全国人心怵动奋发,热力骤增数倍,望勤王之师,如大旱之望雨。今若乘此机会用此名号,真乃事半功倍。此实我二人相别以来,事势一大变迁也。

他主张通国办事之人当合而不当分,

> 既欲合,则必多舍其私见,同折衷于公义,商度于时势,然后可

---

①　1900 年 3 月 28 日梁启超来书,上海图书馆编:《汪康年师友书札》二,第 1870 页。
②　引自郭世佑《筹划庚子勤王运动期间梁、孙关系真相》,王晓秋主编:《戊戌维新与近代中国的改革——戊戌维新一百周年国际学术讨论会论文集》,第 808 页。

以望合。夫倒满洲以兴民政,公义也;而借勤王以兴民政,则今日之时势,最相宜者也。

建议孙中山"宜稍变通","草创既定,举皇上为总统,两者兼全,成事正易,岂不甚善? 何必故画鸿沟,使彼此永远不相合哉"。鉴于各派分散起事,"屡次卤莽,旋起旋蹶,徒罄财力,徒伤人才",梁启超劝孙中山将近日所布置之事推迟半年,待其设法借款千万,"我辈握手共入中原","大助内地诸豪一举而成"。①

孙中山收到来函,没有停止其华南行动的准备,兴中会的起义密谋仍然紧锣密鼓地进行,但又不如后人所推断,两党联合即告失败,孙中山从此打消了与保皇会合作的念头。种种迹象表明,孙中山很可能接受了梁启超的建议,同意联合大举使用"借勤王以兴民政"的方略,不再以皈依革命作为合作的先决条件。尽管他深知康有为态度顽固,彼此宗旨分歧,还是决定远赴南洋,"会见康有为,就当前中国的问题征询他的意见,并向他提出我的劝告。不错,我志在驱逐满洲人,而他支持年青的皇帝。我希望与他磋商,为我们共同路线上的联合行动作出安排"②,劝其勿"以区区小事而分立",趁此良机,"实行大同团结,共

---

① 丁文江、赵丰田编:《梁启超年谱长编》,第 258 页。

② 《与斯韦顿汉等的谈话》,广东省社会科学院历史研究室、中国社会科学院近代史研究所中华民国史研究室、中山大学历史系孙中山研究室合编:《孙中山全集》第 1卷,第 195 页。会见康有为的动议,宫崎寅藏称是路经香港时由他提议,得到孙中山和同行诸人的赞同(宫崎滔天著,佚名初译,林启彦改译、注释:《三十三年之梦》,第181—182 页)。但孙中山离开日本之前,已经有赴新加坡会见康有为的计划(明治 33年 6 月 10 日兵库县知事大森钟一致青木外相兵发秘第 300 号)。

同行动,以纠集大批同志"。①他还派宫崎寅藏、清藤幸七郎等人先期前往新加坡与康有为接洽。

不料,宫崎寅藏等人到新加坡后,康有为拒不相见,致使宫崎寅藏等人被疑为前来暗杀康的"刺客"而被捕入狱。此事康有为在致其女及柏原文太郎函中委过于林文庆②,无论真相如何,康有为的担忧确是空穴来风,事出有因。

戊戌政变后,保皇派和清廷互相实行暗杀,冲突愈演愈烈。从1899 年 1 月起,不断有清廷派遣刺客到日本行刺康有为的消息。③1899 年底和 1900 年初,清廷又两度发布上谕,悬赏购线,公然鼓动对康、梁实行滥杀。④而孙中山的确牵连其中。1899 年 7 月,刘学询以考察商务名义到日本接洽"交康"之事,其间与孙中山有所接触。后来李鸿章命刘学询负责除康,而刘则试图利用孙中山达到目的。⑤孙中山虽然未必真的采取了应和的行动,但也没有表示拒绝,企图利用这一联系从李鸿章、刘学询手中获取兴中会最为缺乏的财政援助。1900 年 6 月路经香港,孙中山还派人前往广州与刘学询会谈有关事宜,而宫崎寅藏等正是谈判代表。⑥

①　明治 33 年 7 月 21 日福冈县知事深野一三致青木外相高秘第 770 号。
②　1900 年 8 月 11 日《与同藏书》,上海市文物保管委员会编:《康有为与保皇会》,第 177 页;东亚同文会编:《续对支回顾录》下卷,第 653 页。
③　明治 32 年 1 月 21 日警视厅致外务省乙秘第 109 号;4 月 24 日大浦警视总监致青木外相甲秘第 80 号;10 月 27 日警视厅致外务省乙秘第 1010 号。
④　朱寿朋编,张静庐等校点:《光绪朝东华录》,总 4454、4470—4471 页。
⑤　参见李古奎:《孙中山与刘学询》,中山大学学报编辑部编:《孙中山研究论丛》第 5 集,1987 年。
⑥　参见邱捷:《孙中山上书李鸿章及策动李鸿章"两广独立"新探》,中山大学学报编辑部编:《孙中山研究论丛》第 7 集,1990 年。

本来就杯弓蛇影的康有为不断接到各方面传来的讯息,进一步加强防范也在情理之中。政治上的不信任当为康有为多疑的要因,相比之下,唐才常对孙中山较为倾心。其时盛传驻日公使李盛铎试图派人刺杀在新加坡的康有为,唐才常闻讯,托在南洋公学任翻译之职的栗林孝太郎送信给孙中山,请其转向香港总督谋求救援康有为的办法。①

经此一事,孙中山似乎对康有为已经绝望,认为:"大概除了康党以外,都能够结成一体。"②两派在香港的人士互相攻击,不遗余力,兴中会将主要精力放到发动华南起义及策划两广独立等方面。

恰在这时,中国的形势发生剧变,原来支持孙中山的日本各派人士纷纷改变态度,抽身离去,经费奇缺的兴中会无法举事。而汉口自立军发动在即,唐才常向康有为要求:"起义时为领袖者必须身入军中以资鼓励。"③梁启超接到新加坡、上海、香港、日本等地函电多件,皆催其即日归国办事,不可少延贻误,知道"必是起义在即,有用着弟之处",立即改变行程,于 1900 年 7 月 18 日搭"日本丸"东返。临行致函孙眉,告以"弟此行归去,必见逸仙,随机应变,务求其合,不令其分,弟自问必能做到也"。④7 月 28 日,梁启超抵达日本,8 月 18 日由神户出发前往上海,其间除走访柏原文太郎、近卫笃麿、伊藤博文等人外⑤,曾

---

① 东亚同文会编:《对支回顾录》下卷,第 771 页。
② 《与斯韦顿汉等的谈话》,广东省社会科学院历史研究室、中国社会科学院近代史研究所中华民国史研究室、中山大学历史系孙中山研究室合编:《孙中山全集》第 1 卷,第 196 页。
③ 丁文江、赵丰田编:《梁启超年谱长编》,第 245 页梁仲策签注。
④ 冯自由:《革命逸史》第 2 集,第 5 页。
⑤ 狭间直树:《中国近代における日本を媒介とする西洋近代文明の受容に関する基础的研究》,第 23 页。

在东京与孙中山会面，"为孙有能力而无同志感到可惜"①。

这时孙中山因广东经略受挫，处境艰难，决定暂停粤事，亲赴上海。临行前发表谈话，表示：

> 在中国的政治改革派的力量中，尽管分成多派，但我相信今天由于历史的进展和一些感情因素，照理不致争执不休，而可设法将各派很好地联成一体。

甚至对一度感到绝望的康有为也改变看法，认为："对国内的李鸿章等各总督以及康有为一派也应重视，暗中联络。"并一再强调自己的行动与梁启超的一致性，"已离神户前往上海的梁启超，大概也是抱着类似的想法而成行的"②。虽然其强调采取温和的手段和方法，实际上准备与梁启超共赴长江大举。

梁启超抵沪次日，自立军起义失败的噩耗已至，他表示："日前，两广的活动将与孙文派一同进行"，认为"将来必定要联合行动的"。③梁启超的这番表示绝非故作姿态，种种迹象表明，革、保两党在广东的确继续有所合作，只不过康有为似乎并不知道详情，而由梁启超一派暗中主导，港澳总局的徐勤至少予以默许。保皇会负责广东方面行动的梁炳光，始终将注意力集中于惠州，与兴中会的密谋吻合；梁启超则毫

---

① ③ 《井上雅二日记》，汤志钧，《乘桴新获》，第 371 页。
② 《与横滨某君的谈话》，广东省社会科学院历史研究室、中国社会科学院近代史研究所中华民国史研究室、中山大学历史系孙中山研究室合编：《孙中山全集》第 1 卷，第 198—199 页。

不掩饰地赞成孙中山的用兵计划和组织能力①；兴中会广东负责人王质甫与徐勤等人有所联系，又参与自立军；保皇会的张寿波则参加1900 年 6 月 17 日兴中会在香港船上举行的重要军事会议；区新同时被革、保双方纳入其行动计划。由此可见，保皇会的广东计划在与革命党竞争的同时，还存在暗中配合的可能性。

不过，梁启超"举此大事，非合天下之豪杰，不能为功"的见识以及"阔达大度，开诚布公"的方针"最为同门所不喜，而南海亦不甚许可"。②据东亚同文会在澳门的会员松冈好一报告，惠州起义前后，兴中会会员不断前往澳门保皇会总局所在的《知新报》馆，要求合作，以争取其财政援助，遭到拒绝，为此兴中会会员抱怨康党的无情。③兴中会的最大弱点是财政不足，而保皇会拥有大笔海外捐款，这应是孙中山锲而不舍地寻求合作的重要原因之一。由于康有为的顽固反对，其努力终究未能奏效。

不仅如此，惠州起义及史坚如谋炸署理两广总督德寿失败，康有为非但不表示同情，反而落井下石，借攻诋兴中会为保皇会开脱举事不力的责任。他致函邱菽园称：

---

① 康有为 1901 年初致函梁炳光，中有"闻高山言，公等方略，欲取惠州……任美行者，军谋称细，出讨则专以破惠州县地，耸动大众为主。吾闻之，即笑谓任曰：吾以汝等称健者，以为果有方。若如此，则是一李立亭耳，必败无疑。已而，果有惠州之事。……故五六月前，凡林玉之将才，子盈之客人，所有请饷欲办惠事者，皆不发"（蒋贵麟编：《万木草堂遗稿》，第 278—279 页）。另外，1900 年 11 月康有为致邱菽园书所提到的"张某为雅、任所托，仆不知其人"（杜迈之等辑：《自立会史料集》，第 331 页），疑为替兴中会办事的张尧卿，则梁启超、狄葆贤等与之关系匪浅。
② 1900 年 2 月 28 日《与知新同人书》及何擎一签注，丁文江、赵丰田编：《梁启超年谱长编》，第 207—208 页。
③ 松冈好一：《康孙两党之近情》，《东亚同文会第十三回报告》，1900 年 12 月。

　　史坚如及区兆甲(惠事)，皆孙党也，而冒仆弟子，致诸报展转登之，望贵报辨明，否则同门之见疾于人，而致祸益剧点。史率攻吾党四十余人，可恶甚，致今防戒极严，查搜益密，攻击更甚。罗□□今竟被拿，必死矣，此子勇猛无前，惜哉痛哉！……皆惠事及焚抚署一事所牵致，然此祸日益剧烈，与江无异，故惠与抚署一事，皆彼党欲图塞责，且以牵累吾党，遂致吾党大为其累。今粤中党祸，大索麦舍，亲家已没，余皆束缚，不能举事，恐此与江事无异。……自汉事一败，百凡坠裂，尚有惠事相牵诬，致败乃公事。呜呼！汪、孙之罪，真中国蠹贼也。某既决为之弃粤，纯老已首途往英、美、日办汉事，并与英外部订明，想公必以为然也(粤中人心极震——以惠及抚署事，恐连累益甚。望速登报言：某人保皇，专注意北方，以粤为僻远而不欲。且自以生长之邦，尤虑乡人之蒙祸，决不惊粤，且从彼之士夫，多在各省，与孙之除粤人无所为不同。今孙自援粤而造谣影射，不知保皇与扑满相反，望吾乡人切勿误信谣言，安居乐业。要之，某人决不惊动故乡云)。[①]

　　保皇会的勤王运动一直以两广为重心，人财物力，均倾注于此，始终筹而不举的原因，是其用人不当，调度乖方，虽耗资巨大，准备工作却大都停留口头纸面。康有为将"惊粤"的罪名归于革命党，指勤王流产为惠事牵累，自保之余，不免存了害人之心。而粤港地区的革命党人与康、梁一派联系既多，摩擦不断，有时也不免将对方作为政治斗

① 1900 年 11 月 20 日康有为致邱菽园书，汤志钧：《自立军起义前后的孙、康关系及其他》，《近代史研究》1992 年第 2 期。

争的砝码,如孙中山牵涉清政府的除康密谋。史坚如被捕后,也有心将保皇会拉下水,"广东轰炸抚署,讯系康党所为"①,其用意当是报复保皇会港澳总局拒绝兴中会会员的财政求援。

1901 年 4 月至 6 月孙中山再赴檀岛,发觉当地兴中会尽为保皇会夺占,认为梁启超的从权办理实为一大骗局,双方关系开始恶化。但梁启超前此所为并非存心使诈。1902 年,当孙、梁交构,"意气尚不能平"之际,章炳麟论及二人反目成仇的因由,有一番中肯的分析,他说:

> 任公曩日本以□□为志,中陷□□,近则本旨复露,特其会仍名□□耳。彼固知事无可为,而专以昌明文化自任。中山则急欲发难。然粤商性本马鹿,牵制东西,惟人所命。公知□□,而彼辈惟知保皇,且亦不知保皇为何义,一经熔铸,永不能复化异形。中山欲以革命之名招之,必不可致,此其所以相攻击如仇雠也。②

仔细品味,章氏仍然相信梁启超确是借保皇之名行革命之实,只是侨商不能领悟其中奥妙,从此变异。壬寅、癸卯间,梁继续鼓吹"中国以讨满为最适宜之主义",甚至不顾康有为严责,要与之"以爱国同归而殊途,一致而百虑"③,实践其抵檀之初对孙中山的承诺。可惜他终究未能摆脱乃师的框缚,旅美后更鼓吹君宪,与革命党成冰炭水火。

---

① 1900 年 11 月 12 日《至江宁刘制台》,苑书义等编:《张之洞全集》第 10 册,第 8394 页。
② 1902 年 3 月 18 日《致吴君遂等书》,汤志钧编:《章太炎政论选集》上册,第 162—163 页。
③ 1902 年 5 月《与夫子大人书》,丁文江、赵丰田编:《梁启超年谱长编》,第 286—287 页。

孙中山坐实其"名为保皇，实则革命"的欺骗性，认为："康尚有坦白处，梁甚狡诈。"①其实，当年梁启超纵无排满革命真心，却不乏反清变政实意。

　　孙中山所指望的合作基础，不是康有为的保皇宗旨和封闭组织路线，而是梁启超主张的联合大举及民主变政计划，其实施的主力是唐才常的长江自立军。长江计划原不限于汉口，按照唐才常的设想，以汉口、上海为中心，形成中、下游两大基地，汉口主要由林圭负责，与孙中山的关系较多，下游由唐才常、狄平负责，与康有为及保皇会的关系更深。②汉口以两湖会党为基础，上海则以江淮徐怀礼、江宁湘军各部为依托，唐才常还一度有以徐怀礼的虎军为正军之意。后因徐怀礼临阵变节，只得依赖汉口。

　　林圭与唐才常政见相歧，而共同主张联合大举，又有赖于唐才常的经济支持，因而坚持合作共事。林圭和孙中山从宗旨到组织有许多共鸣与联系，而孙中山与自立军、保皇会的关系有所区别，兴中会同意长江流域的联合阵营使用权宜口号，至于兴中会独立发动的惠州起义，则仍然公开打出排满旗号。这无疑反映出孙中山宗旨的一贯与方略的灵活。

　　孙中山不断地努力将反清活动推向全国，为此尽可能广泛地结交各地各派的领袖人物。庚子他力求发动一场全国性的大起义，在动荡

① 广东省社会科学院历史研究室、中国社会科学院近代史研究所中华民国史研究室、中山大学历史系孙中山研究室合编：《孙中山全集》第1卷，第229页。
② 参加自立军的留日学生，1899年底归国的东京高等大同学校学生林圭、秦力山、田邦璇等倾向更为激进，而暑期归国的傅慈祥、黎科等各校学生，则与保皇会关系密切（《恭祝皇上万寿演说》，《清议报》第53、54期，1900年8月5日、15日；丁文江、赵丰田编：《梁启超年谱长编》，第212、226页）。

的形势中乘乱实现反清变政的政治目标。由于自身实力不足,他最大限度地运用灵活策略,不仅同意梁启超的联合宗旨,积极支持自立军的中原大举,而且争取与保皇会、中国国会合作,与李鸿章、刘学询等合谋两广独立,上书港督卜力寻求援助,向法国、日本示惠。这是务实的政治家为达到战略目标而采取的明智之举,其适时变换符合多数人的意愿和形势的需求,有利于促成联合大举行动。如果不是康有为从中作梗,求同存异、互相呼应的中国革新派未必没有乘乱取胜的机会。至于此后局势如何发展,还有待于各派势力的进一步角逐。如果孙中山不顾人们的共识,一味坚持排满,反倒有狭隘种族复仇之嫌,妨碍联合大举的全局。

后人所用革命与改良的对立概念,不能恰当地表现或涵盖当时的政治分野。夏曾佑分为革命与革政二派,孙宝瑄则分为革命、变法、保皇、逐满四党。国会人士反对排满,有异于革命党,除此之外,他们便只是在体制内还是体制外变革更为有利之间徘徊迟疑。从世界历史的进程看,如果对革命的理解不仅仅局限于政治层面,而是扩大到社会层面的话,那么可以说是殊途同归。关键在于,执政者的所作所为让他们如何抉择。戊戌政变后尤其是庚子义和团时期清王朝的倒行逆施,把一大批开明士绅逼到与朝廷刀枪相向的绝境。用革命与改良的概念去看围绕正气会和自立军的宗旨矛盾与争论,无法全面观照革新人士具有广泛共识的反清变政意向与活动,不仅将大批革政人士划归保皇或改良,甚至疑及孙中山的反清立场。只有改变先入为主的观念,重新检讨史料和史实,才能如实揭示历史进程的复杂与多样。

第六章　台湾民主国内渡官绅

　　1895 年的台湾民主国,被认为是洋务与维新运动的交合点,而非孤立的偶发事件。①在戊戌以后中国政治变动的进程中,其影响弥久不消。庚子勤王期间,台湾民主国内渡官绅的主要成员,不约而同地在不同程度上参预了趋新各派的密谋,从而在台湾民主国到戊戌变政、庚子中国议会之间,构成近代中国民主政治发展链条的重要环节。由此回溯,这批人在甲午之际的行为心境,除了人所共知的一面,似还有另一面未被揭示。而这一面曲折地体现了在西方民主思想和传统民本观念的交相作用下,近代绅权与皇权、民权的关系,显示了中国士人国难当头时如何对朝廷与社稷作两难取舍。而这也是理解庚子勤王运动中各派趋新人士政治表现的一大关键。

第一节　不约而同

　　庚子勤王运动名义上的"总持",是保皇会的首领康有为,为了实现其两广起兵、袭湘攻鄂、席卷长江、直捣京师的总体战略,保皇会倾

---

① 　陈彪:《洋务运动与维新运动的交合点——台湾民主国》,《社会科学战线》1986 年第 2 期。

全力经营两广,尤其注重广西方向,投入了大量的人财物力。康有为以南关游勇大头目陈翼亭为主力正兵,准备取道钦廉,攻占桂林,以此为基地,然后进攻湘鄂。制订这一计划,除了战略上地利的考虑外,人和当是重要依据。因为原台湾民主国总统唐景崧在桂林一带聚集力量,并与保皇会暗中早有联络,被纳入该会的战略计划之中。1900年5月底,唐景崧派人赴新加坡向康有为报告:"滇、黔、桂皆来归",请约期发动。康闻讯大喜道:"此天赞也!"①立即指示澳门总局的徐勤等人:"西力膨胀,既拟移全力注之。"并将"有小山(即唐景崧)之坐镇,滇、黔皆来"②,作为调整部署的主要理由。

在此之前,保皇会虽然制订出总体战略,但感到实力不足,因而具体计划只决定取鄂后顺江而下攻金陵,而不敢直捣北京与荣禄的武卫军正面相撞,又担心"画江以待力足"则缓不济急。③到6月初,北方义和团蜂起,形势骤变,江淮徐怀礼、山东大刀王五率部归附,长江中下游联成一片,加上唐景崧派人请期,康有为趁势调整完善实施步骤。依据他亲拟的计划,唐景崧的地位十分重要,勤王之师取桂后,以唐景崧留驻,一则收复全省,一则聚集人马。"有薇老在桂留驻,不患无人。"

> 薇既留守,彼为灌阳人,灌近湖南,其俗强悍,迥异于桂。全、灌、兴安之间,皆为会党,上通永、桂、郴、道,旬日间可招数万众,开库截粮以养之,立选强健,操之旬日,以万人为度,薇或亲统或

① 1900年6月2日《致徐勤等书》,上海市文物保管委员会编:《康有为与保皇会》,第99页。函中"西省某老",即别函之"薇老",唐景崧字薇卿。
② 1900年6月5日《致徐勤等书》,《康有为与保皇会》,第100页。
③ 丁文江、赵丰田编:《梁启超年谱长编》,第221页。

派人作后队,赶上湖南,长驱接应。若有妥人留守,薇以亲统为宜,以将来破长沙、武昌,捣中原,当有大帅指挥之也。其应派人前敌或留守,由薇指挥。

　　大军到湖南后,与黄忠浩部防营里应外合,下长沙,破武昌,长驱襄阳,山东大刀王五和镇江徐怀礼各军亦分路北上,入直隶,逼京师,趁乱破之。①

依据这一计划,唐景崧实际上被委以勤王正军全军统帅的重任。

康有为如此安排,显然出于以下两点考虑:其一,军事行动主帅应亲自入营统兵,而康有为自视为四万万人托命之身,有救世之心,无救世之勇,处处以自己的安全至上,想方设法逃避责任。早在 1900 年 4 月,梁启超就为此犯颜直谏,坦陈意见。当时康有为计划以星洲、澳洲、日本三处为驻扎地,"似无入营亲统之意"。梁启超表示反对,认为:"我辈今日之事,决不可稍存尝试之心也。""故此次不有事则已,有事则成败皆决定于此举",败则应以身殉之。"既动则有进无退,若是乎先生之亲统军,万不可以已也。"他进一步劝说道:

　　自古未有主将不在军中,而师能用命者。他日能驾驭之,而范我驰驱,皆在此时也。若初时不与之共其苦,而欲成事之后,彼纠纠者拱手而听节制,抑亦难矣!

因而坚决主张:

① 上海市文物保管委员会编:《康有为与保皇会》,第 116—119 页。

即定以某军为正军,则先生必当入而亲率之,即弟子亦然;或随先生赞帏幄,或入别军为应援,要之万不能置身于军外也。

并以不先入军中则起义之师不能正名相挟,力劝康"惟当尽力设法,以先入军也"。①

对于梁启超的苦口婆心,康有为不以为然。6月,唐才常以起义在即,请康有为乘轮北上。康问以驻港或驻沪,作欲"还港办事"状,甚至提出要"赴京救上"②,其实稳坐星洲,并无动意。自立军起义前,唐才常致函康有为,"主张起义时为领袖者必须身入军中以资鼓励",康依然置若罔闻。倒是梁启超履行诺言,兼程归国。③康有为抬出唐景崧,既能保证大军有主帅坐镇,借以卸责,又可塞绝弟子门生的进言劝说。

其二,唐景崧曾任封疆大吏,其旧部分散于西南各省,又与西林岑家(春煊、春蓂)交善,在西南一带颇有号召力,可以节制各部将领。这种利用开明官僚声望的做法,符合当时一般人的心理。长江自立军也曾想请原湖南巡抚陈宝箴坐镇,因陈猝死而作罢。④

除广西方向外,保皇会在广东另有一番布置。康有为派梁炳光、

---

① 1900年4月13日《致南海夫子大人书》,丁文江、赵丰田编:《梁启超年谱长编》,第218—219页。

② 1900年6月《致唐才常书》,上海市文物保管委员会编:《康有为与保皇会》,第143—144页。

③ 《梁启超年谱长编》,第245页。

④ 参见《井上雅二日记》。章炳麟称:唐才常主张"翁(同龢)、陈(宝箴)坐镇"(《致夏曾佑》,姜义华:《章太炎思想研究》,第137页)。此说出于唐才常、梁启超等不希望康有为归国主事。据8月4日井上雅二日记:"陈宝箴旧历六月二十五日卧病在床,第二天死了。陈三立回国。可以说已失去了援助。"(汤志钧:《乘桴新获》,第360页)井上雅二认为,唐才常等人关于自立会的周密布置"由陈宝箴之逝去而一挫"(田野橘次:《最近支那革命运动》,第33页)。

张学璟、叶湘南等到新安、东莞等地聚人办团,联络惠、潮、嘉的会党游勇如林玉、"版筑"、"三品"等。这一计划得到原台湾民主国义军统领丘逢甲的赞助。台湾民主国成立时,康有为在北京以其"苍葛之呼,震动宇宙,事虽不成,义暴天下"而"侧慕之私,甚愿执鞭焉"。后来在桂林与唐景崧交往,"具审执事大才,益增想望","以为吾岭海磅礴,有吾两人,如孟德言,所谓使君与操也"。这时则致函丘逢甲,请其"命驾来游,俾瞻丰采,获聆高论",希望借重丘的影响,"台澎旧侣,潮惠新知,以公号召,必当共济"。①

　1900 年 3 月,丘逢甲赴南洋考察学务,在新加坡与康有为、容闳晤谈,同意参与保皇会的勤王起兵。4 月 9 日,梁启超致函梁启田,言及保皇会在广东的军事准备时提道:"邱仙根进士倡率屋闸"②,又同意"归统",与潮汕的版筑"合成一军"③,愿意在起义之际具名签发由保皇会拟定的保护外人布告。④这使保皇会得以免除后顾之忧,可以倾全力向西。6 月,保皇会的勤王正军准备大举袭桂,而主帅陈翼亭丁艰在家,为不失时机,康有为指示徐勤等与丘逢甲商议:"万一羽异未出,可先动不?"⑤希望由丘逢甲领头,率先发难。

　原台湾民主国帮办刘永福当时率军驻扎广东,他虽然没有直接参与勤王运动,但保皇会试图加以利用。康有为指示勤王军在两广发动

---

① 《与丘逢甲书》,蒋贵麟编:《万木草堂遗稿外编》下,第 599—600 页。
② 丁文江、赵丰田编:《梁启超年谱长编》,第 215 页。
③ 1900 年 6 月 2 日《致徐勤等书》,上海市文物保管委员会编:《康有为与保皇会》,第 99 页。
④ 《致徐勤等书》,《康有为与保皇会》,第 112 页。
⑤ 1900 年 6 月 5 日《致徐勤等书》,《康有为与保皇会》,第 100 页。

时，"拟东西皆假刘旗，以其声威震动大众"①，乱敌军心，便于奔袭。并具体安排专人秘密制作旗帜号衣上的"福军某营"字样。其时兴中会策划在两广独立起义，以响应各派联合的中原大举，并力争在广东与保皇会合作，有会员往见刘永福，说以种族大义，请其归附帮助。据说刘"极之喜欢，答应倘有机会，定必赞助"②。

　　长江流域的勤王运动，因唐才常与康有为的关系，名义上由保皇会统属，实则自成系统。而内部又分成若干派系。在下游势力很大的汪康年、叶瀚等江浙士绅，与康有为有宿怨，汉口自立军的实际统领林圭则与孙中山关系密切，唐才常本人也感到事成之后难以安置康有为。由于这种错综复杂的矛盾关系，在经历了正气会、自立会的分合之后，各派携手组成中国议会，维系合作大举的局面。

　　1900 年 8 月 9 日唐才常赶赴汉口之际，委托日本东亚同文会会员井上雅二前往南京，以中国议会名义联络官僚绅士，以自立会名义联络湘军将领。而南京方面作为联络官绅中介人的，便是原台湾民主国内务大臣俞明震。③尽管井上开始觉得俞明震及其弟明颐"气质很好，但不是很主动的人"，可是俞明震却积极在南京士绅中串联鼓动。经

---

① 《致徐勤等书》，上海市文物保管委员会编：《康有为与保皇会》，第 127 页。

② 黄大汉：《兴中会各同志革命工作史略》，丘权政、杜春和选编：《辛亥革命史料选辑》上册，第 69 页。

③ 关于台湾民主国政府及各部门的名称人事，记载不一。据胡传《台湾日记》（沈云龙主编：《近代中国史料丛刊续编》第 85 辑），台湾民主国成立后，设"承宣布政总理内务衙门"即内务衙门，以刑部主事俞明震为督办，礼部主事李秉瑞、副将陈季同为会办；设"总理各国事务衙门"即外务衙门，以陈季同为督办，俞明震、李秉瑞为会办；设军务衙门，李为督办，俞、陈为会办。《苏报》1903 年 4 月 16 日《江南陆师学堂之霉垢》称："俞明震者，素有开通之目，与各地改革派尝通声息，故游幕台湾，乙未台湾独立，俞为外部大臣。"

过一番活动,俞聚合了一批士绅名流如刘世珩(聚卿)、傅春官(苕生)、易顺鼎(实甫)、顾云(石公)、薛华培(次申)等,于 8 月 17 日下午借游玩秦淮画舫之机与井上会面,谈论中国议会之事,得到大家的赞同。次日,俞明震再度拜访井上雅二,商议联合大计。在俞明震和辜人杰的大力协助下,南京文武两方面的联络进展十分顺利,井上雅二为此行"取得了好成绩"而感到踌躇满志。返沪之前,他在日记中写道:"在金陵的要事基本完成:一、在民间绅士、官人方面,由俞明震做工作,使之与中国议会作一致而努力。""我回沪即与陶森甲、张通典会谈,联络南京文武志士的事有成功的希望。"① 则俞明震在中国议会向南京发展势力的过程中起了重要作用。

在南京参与井上、俞明震等人活动的易顺鼎,也与原台湾民主国关系很深。甲午中日战争之际,他在两江总督刘坤一幕下,参与戎幄,对清廷割让台湾极为愤慨,诣阙上言,请罢和议,褫权奸,筹战事,并鼓动刘坤一支持唐景崧等人坚决抗战。台湾民主国成立后,他决心亲自赴台相助。可惜抵达厦门时,民主国已经败亡。此后他仍两渡台南,试图为刘永福争取大陆援军,均未成功。② 内渡后曾任湖南督销局道

---

① 《井上雅二日记》,明治 33 年 8 月 13 日、18 日、17 日(汤志钧:《乘桴新获》,第365—368 页)。刘世珩(1875—1926),字聚卿,粤抚刘瑞芬四子,安徽贵池县人,侨居江苏江宁,光绪二十年(1894)举人,1897 年与谭嗣同、杨文会在江宁创测学会,新政时期参与主持多项新式事业。顾云(1845—1906),字子卿,号石公,江苏江宁人,县学生,后保教职。井上日记作顾云石,"一位五十多岁的豪爽的人"。薛华培,四川华阳人,官至道员,戊戌由湘抚陈宝箴保荐经济特科。1906 年以穷愁卒。井上日记作薛培萃。王文韶日记庚子三月十八日(1900 年 4 月 17 日)记:"薛次申华培自金陵来,易实甫分发浙江知府。"(袁英光、胡逢祥整理:《王文韶日记》下册,第 1006 页)。傅字苕生,井上日记作苕生。
② 据郑孝胥日记:"易实甫于台南闰月初三发书日:台民民心固结,刘永福布置紧密,饷械勉可支持。易本即归,刘留使多住数日云云。"易又致函张之洞,(注转下页)

员,庚子督办江阴江防营务处。①

长江联合阵营从正气会成立起,便着手联络秘密会社。1900 年 3 月后,唐才常因为与汪康年一派的矛盾难以化解,为避免办事掣肘,让出正气会干事长的位置,召集湘鄂江淮的会党首领在上海成立集贤会,完全避开汪派,以前此建于东京的自立会的名义,专门从事发动和组织会党的"内圈"活动。

不过,汪康年等人显然参与了正气会运动会党的决策,知道内情,汪还认识会党首领张尧卿、辜人杰等人。该派骨干叶瀚继唐才常之后任正气会干事长,有责任全面了解会员的活动情况。参与该会的周善培,虽远在四川,仍不断以通信方式向汪康年等报告其运动会党的进展情形,并且一面认为唐才常应将所谋内圈之事通告汪派,一面劝汪康年等人体谅唐的苦衷,不要因此而生龃龉。②

7 月,北方形势危急,时不我待,汇聚上海的革新人士酝酿废弃旧政府,建立新政府的变政大计。为此,组织成立了中国议会(亦称国会),加紧准备,"派人去各省,与土匪联合起来以成一派势力"③。依据

（续上页注）"云刘真率简略,若浑沌未开,然论及朝事,忠愤激发。其兵力饷力仅足自保,亦不甚裕。易劝其联林朝栋、邱逢甲诸军,规复台北,刘无语"(中国历史博物馆编,劳祖德整理:《郑孝胥日记》第 1 册,乙未闰五月十六日[1895 年 7 月 8 日],第 502 页)。谭献《复堂日记》乙未六月十六日(1895 年 8 月 6 日)记:"伯严函告易实甫为台南乞援,奋欲与兵安危。"十月初二日(11 月 18 日)记:"易实甫来,谈台南战守事,壮而危之,相向而哭。"(谭献著,范旭仑、牟晓朋整理:《复堂日记》,第 379 页)

① 1900 年 7 月 5 日刘坤一函告李寿亭:"易道来澄,聊备参赞,面嘱不得干预兵事,将来若有参差,尽可仍调回省。该道富于才学而有血性,或可有裨石画也。"(中国科学院历史研究所第三所主编:《刘坤一遗集》第 5 册,第 2267 页)

② 1900 年 5 月 16 日《周善培来书》,上海图书馆编:《汪康年师友书札》二,第 1194—1196 页。其中"吾党所议公司,此间伙计不少……"云云,即指运动会党计划。

③ 《井上雅二日记》,明治 33 年 8 月 4 日,汤志钧:《乘桴新获》,第 360 页。

这一计划,国会一成立便立即派人到扬州秘密联络会党豪强;同时湖北方面有黄小琴其人,熟悉宜昌情形,表示"愿办宜荆一带下交事宜",要求国会正式委任。①自立军失败后,汪康年、叶瀚等还准备收拾其余部,通过黄小琴在宜昌、恩施一带寻找"未开辟而无主名"的深山,将队伍拉进去潜伏待机。②则黄小琴是国会实行武力变政方针在湖北的重要依靠。关于此人,据办事者告诉汪康年:"敬如兄熟知小琴,可详询之也。"③敬如,陈季同字。陈为原台湾民主国外部大臣,有记载说他是民主国的动议者。他在如此深的秘密层面上了解具体人事,无疑也是国会核心机密的知情人甚至参与者。

此外,保皇会开始认为"大举必从闽粤发难",而欲得福建,必须争取南洋海军和马江船政局。其时船政局提调为曾经与陈季同留学欧洲的魏瀚,康有为指示:"最好能得精通法文之陈敬如以联络之,则法监督等俱为我用。"④如此看来,保皇会也视陈季同为自己人或同道。

---

①　8 月 7 日《□存来书》,上海图书馆编:《汪康年师友书札》四,第 3685 页。黄小琴为将门之子,其先公旧部颇多,又久于襄鄂,疑为提督黄少春之子。刘坤一复李寿亭函谓:"黄世兄在鄂候补,非奏请不能。"(中国社会科学院历史研究所第三所主编:《刘坤一遗集》第 5 册,第 2270 页)

②　《汪康年师友书札》四,第 3688 页。是函又称:"祁门一路不妨兼筹,何处较易即可先筹之,如力量充足时,亦不厌其多也。"其时夏曾佑任祁门县令,则国会也试图在此发展势力。

③　8 月 7 日《□存来书》,《汪康年师友书札》四,第 3685 页。1900 年 8 月 9 日该办事人再致函汪康年:"昨函言黄小琴太守事,望速复为要。敬兄一函,乞随时派人送大。"8 月 9 日《□存来书》,《汪康年师友书札》四,第 3687 页。

④　1900 年初《致某某书》,上海市文物保管委员会编:《康有为与保皇会》,第 94 页。

第二节 使节与异人

台湾民主国内渡官绅一直保持相互交往,但是参与庚子勤王,迄今未发现他们之间彼此沟通联系的证据。这种不约而同的行为,更显示其思想倾向的一致或吻合。由此可以引申讨论的,是晚清士绅的动向及其与清王朝的关系。

庚子勤王,各派鉴于形势危迫,虽借此旗号,却随时准备自立变政。甚至康有为也有"万一"的考虑,打算在来不及救上的情况下自立救国。台湾民主国内渡官绅不惜犯险参与武力反清变政的密谋,决非偶然,其思想基因五年前已露端倪。内渡官绅以身世、经历、性格而论,多属两类人:其一,担任过外交边疆事务,接触了解西方较多;其二,传统士绅圈中的心怀异志者。

担任民主国外务大臣的陈季同,原是福建船政学堂前堂学生,1873 年曾随团考察台湾军事,1875 年随日意格游历英法,协助采办轮船机器,1876 年春归国。[①] 次年,李凤苞率制造、驾驶学生各 12 人,艺徒 7 人赴英法留学,陈季同以文案身份随同前往,并和作为随员的马建忠一起,进入法国私立政治学校"专习交涉律例等事"。这种与一般"习英学者可期为良将,习法学者可期为良工"[②] 的普通学生要求截然

① 光绪三年三月十三日(1875 年 4 月 18 日)沈葆桢等奏,《船政奏议汇编》卷12,第9页。此次出访,前学堂派魏瀚、陈兆翱、陈季同等三人,后学堂派刘步蟾、林泰曾二人。后日意格带刘、林、陈季同归国,魏及陈兆翱仍留法厂学习(中国史学会主编:《洋务运动》八,第482—483页)。

② 光绪四年二月十六日(1878 年 3 月 19 日)督办福建船政吴赞诚片,《洋务运动》五,第 206—207 页。另据张德彝《随使英俄记》,马建忠、陈季同为福建 (注转下页)

不同的留学,最初显然是为了应付有关的外交事务,却使陈季同意外地接触到当时一般中国人鲜有认识的西洋新知的不同层面。以后陈归属清驻英国公使馆。

1878 年清政府在德国设立公使馆,陈季同又为首任公使李凤苞咨调,与担任翻译的罗丰禄一同赴德,同时仍兼办留学生事务,先后历任驻德、法、比、奥、丹、荷等国参赞,以总兵衔、福建补用副将任驻法二等参赞官,并代理过驻法公使。他通晓英、法、德、罗马、拉丁数种文字,熟谙国际事务,尤精法国政治及拿破仑法典。①

在法国期间,因翻译接待等职务之便,陈季同与驻在国朝野各方及各国使节时相过从,经常可见到"伯理玺天德",对包括民主共和在内的西方政治制度有切身体验。②首任驻英公使郭嵩焘将他与罗丰禄相比较,认为:

> 罗则静默,可以讨论学问;陈则活泼,可以泛应世务,再能历练官场,中外贯通,可胜大任矣。③

陈季同曾通过许多法国朋友进行大量的外交活动,"异常灵活地

(续上页注)船政局官费生"学习法国律例者"(第 395 页)。

① 参见桑兵:《国学与汉学——近代中外学界交往录》第三章《沟通欧洲汉学的先进——陈季同述论》。有人认为陈季同与严复、林纾、辜鸿铭同为近代翻译家,而且与辜氏一样,是用外文介绍宣扬中国文化,辜以英文,陈以法文。但据巴斯蒂教授称,几部以陈季同名义发表的关于中国风俗和文学的法文畅销书,实际作者是担任过他的辅导老师的新闻记者富科·德·蒙迪翁(张富强、赵军译:《清末赴欧的留学生们》,《辛亥革命史丛刊》第 8 辑)。

② 徐博东、黄志萍:《丘逢甲传》,第 96 页注 55。

③ 李凤苞:《使德日记》,中国史学会主编:《洋务运动》八,第 271—272 页。

协助了驻法公使曾纪泽在唤起法国舆论反对茹·费里'东京政策'的外交活动中所作的努力"①。并因为有法文著作畅销于世，而得以在巴黎的沙龙里大出风头。

长期的驻外生活，使陈季同的行为举止多少有些不拘礼法。1881年1月，赴德采办机器设备的徐建寅应邀和使馆人员前往皇宫觐见德皇，"陈季同初以无票可入误人，继则夺人之票以自用"，致令徐被阻于宫门外一刻钟之久，情形十分尴尬。徐责备其"无礼甚矣"②。陈衍形容其"不修边幅，滥用钱"，"然未尝媚外"。③

1891年，陈季同撤差归国，甲午战争爆发时，他在天津曾就借款事与盛宣怀电报往还，关注战事发展。④1895年春，署理台湾巡抚的唐景崧电调其赴台。割台事起，陈季同和丘逢甲等商议保台之计，率先提出"民政独立，遥奉正朔，拒敌人"的主张。⑤后来他随唐景崧内渡，旅居沪上，通过马良、马建忠兄弟结识维新志士与洋务名公⑥，维新运动中也有所表现。1897年9月，陈季同和陈寿彭、洪述祖等在上海创办《求是报》，自任主笔，月出三册，分内外两编，内编为交涉、时事、附录，外编为西报、西律、格致、泰西稗编诸门，所采多录法文书报，"多译格致实学以及法律规则之书"⑦。后因林旭的推荐，增聘陈衍为主笔，刊发

①　玛丽昂娜·巴斯蒂：《清末赴欧的留学生们》，《辛亥革命史丛刊》第8辑。

②　徐建寅：《欧游杂录》，第756页。

③　陈声暨编，王真续编，叶长青补订：《侯官陈石遗先生年谱》，陈衍撰，陈步编：《陈石遗集》下册，第1975页。

④　参见陈旭麓、顾廷龙、汪熙主编：《盛宣怀档案资料选辑之三：甲午中日战争》下。

⑤　陈衍：《闽侯县志·丘逢甲传》。

⑥　丁文江、赵丰田编：《梁启超年谱长编》，第56页。

⑦　《侯官陈石遗先生年谱》，《陈石遗集》下册，第1973页。

论说，介绍和报道世界大势、对外交涉、各国刑律、学会活动等，风行一时，成为维新思潮的一部分。这使他得到与江浙士绅交往的机会，与福建人士力钧等组织戒烟公会，并与康有为、梁启超、谭嗣同、汪康年、康幼博、曾广铨等人结交①，经常往来于《时务报》馆，参与翻译农书，开办蚕务等事，又与康、梁及沪上名士赞助经元善主持开办的女学堂。

1898 年 4 月 26 日，陈季同在上海郑观应的寓所参与了沪上维新志士与日本人士共同筹办的亚细亚协会成立准备会。该会名义上延续日本兴亚会和亚细亚协会而来，实际是德国占领胶州湾后，汪康年、曾广铨赴日本谋求中日两国民间人士联盟救国的产物。是日与会者有郑观应、文廷式、郑孝胥、何梅生、志钧、张謇、江标、严信厚、薛华培、盛宣怀、汪康年、曾广铨、经元善、施子英、姚文焯、杨子萱、沈仲礼、唐才常、李洛才、李谷生、吴瀚涛、日本驻上海领事小田切万寿之助、三井洋行总办小宝三吉等。小田切万寿之助为正会长，郑观应为副会长，有议员 24 人，官商界入会捐资者百余人。②据开启此事先机的日本东邦协会福本诚描述，任职于江南制造局翻译馆的陈季同颖悟通达，但是危险人物。③后来加入国会者至少有五位是该会成员。④

---

① 《郑孝胥日记》1897 年 11 月 8 日："至一品香，应康幼博之约。见曾劼赠广铨者，曾劼刚之子，状颇佻达。有横滨粤商邝汝磐者，又有韦誉驰者，陈敬如、康长素皆在焉。"（第 2 册，第 628 页）
② 郑观应：《亚细亚协会创办大旨》，夏东元编：《郑观应集》下册，第 220 页。另参藤谷浩悦：《戊戌变法与东亚会》，《史峰》第 2 号（1989 年 3 月）。
③ 东亚同文会编：《对支回顾录》下卷，第 877 页。
④ 《兴亚大会集议记》，《湘报》第 69 号，1898 年 5 月 25 日；《亚细亚协会》，《集成报》第 33 册，1898 年 5 月 5 日。会期在 1898 年 4 月 26 日（中国历史博物馆编，劳祖德整理：《郑孝胥日记》第 2 册，第 653 页）。

　　戊戌政变后，迭遭挫折的陈季同一度避难出游各省，但仍然关注时政。返回上海后，潜心翻译，1899 年 4 月，严复与张元济评论同时译手，首推罗丰禄、伍光建、陈季同、魏瀚四人，"罗、伍两公，凡书皆可译，而汉文亦通达；陈文字稍拖沓，魏稍拙滞。"①1900 年初，经元善因领衔和千余名士绅反对废光绪立新储，被清政府缉捕。陈季同事先曾予为布置，设法解救。②义和团事起，各国出兵，陈与汪康年等人呼应，通过沈瑜庆上书两江总督刘坤一，提出："为今计，南方数省，建议中立，先免兵祸，隐以余力助北方，庶几有济"③，暗中则介入中国国会的武力变政密谋。

　　担任过台湾民主国游说使的姚文栋，曾先后随黎庶昌、洪钧、薛福成等出使日、俄、德、奥、荷、英、法、意、比等国，并奉命勘查印度、缅甸及滇缅边界，"每至一国，辄交其贤豪，通其政学，研切利弊，心知其所然，冀归而为自强之具。又尝志其山川民情，及兵政诸大端"④。他高度警惕列强的侵华野心，对边疆事务多次陈情，力图遏制殖民者的攻势。内渡前后，他曾在上海、天津等地筹组学会，与梁启超、严复、汪康年、夏曾佑等交往，颇得好评。1896 年 7 月、11 月，他以直隶、北洋道员两次拜见翁同龢，晤谈之下，后者觉得其"文秀而议论正，欲以《周官》法参西人教养之术，有心哉"⑤。庚子他滞留北京，未直接介入勤王

---

①　王栻主编：《严复集》第 3 册，第 529 页。
②　王维泰函，上海图书馆编：《汪康年师友书札》一，第 184 页。函谓："阅报及接经润生兄书，知联老果遭不测。泰为伊事与陈敬翁再三布置妥贴，催其速归，奈伊家属不听。联老平日作事甚不满于妻子，此次不欲其速归，别有深意，言之可伤。"
③　沈瑜庆、陈衍：《福建通志》列传卷 39，清列传八。
④　许汝棻：《景宪先生传》，卞孝萱、唐文权编：《辛亥人物碑传集》，第 732 页。
⑤　陈义杰整理：《翁同龢日记》第 5 册，第 2912、2948 页。

运动,但也曾上书荣禄,反对纵容团民,并奉荣禄之命南下,与李鸿章密商对策,因而间接有所关系。

　　唐景崧、丘逢甲、俞明震等人虽未担任过驻外使节,对边疆事务却极为关注。丘逢甲生长于台湾,近代以来,这里一直是列强觊觎之地,与英、法、日等国的冲突不断,因而"筹海防""禠夷魄"很早就是他梦系魂牵的大事,而郑成功等"驱异族出境"的民族英雄,则成为他仰慕崇敬的偶像。[①]内渡后他厌倦于将"戎马风尘"化作"经生面孔"的生活,鉴于时局日迫,他计划"由南洋而欧,而美,环球一周,考彼政要,为我张本",又担心"分裂之说,且夕恫喝,则须与中州豪杰商略保种保教之策,故拟由吴越而楚蜀,而秦晋,而燕齐"。他希望邱菽园囊括海外人才,并询问其中"有高阳酒徒、燕市击筑屠狗之夫乎?"[②]在新加坡期间,除了与邱菽园、林文庆、黄乃裳、徐季钧等人交往外,还发表演说,呼吁海外华人自立,"各以豪杰之士自任,并起以当救中国之任也"[③]。

　　唐景崧于1882年以日俄蠢动,琉球、朝鲜多事,越南四境虎狼,主动请缨赴越,招抚刘永福部黑旗军抗击法军,战后转赴台湾任职多年。在长期处理边疆事务中,一方面爱国情怀不断受到刺激,另一方面对清廷的懦弱无能有切身体验,不无怨愤。内渡后,唐景崧官场失意,但并未忘怀于国家民族的兴亡。1897年春,他与到桂林讲学的康有为合开圣学会,康有为接连函告梁启超:"旧总统甚发扬,桂人亦乐附之","旧总统在桂言论激昂,大有凡亡非我亡之意,闻桂人顷亦颇归之。此

---

①　丘逢甲:《柏庄诗草》;丘琼:《岵怀录》,引自徐博东等:《丘逢甲传》,第37、50页。
②　广东丘逢甲研究会编:《丘逢甲集》,第757—758页。
③　《在南洋大吡叻埠的演说》,原载《天南新报》1900年6月4日,《丘逢甲集》,第827页。

间似宜用前议寄书与彼,勒索一切"。①适逢兴安动乱,波及灌阳,康劝唐景崧以圣学会名义归乡办团,并夜叩按察使蔡希邠门请假军械助唐。"有为此举,用意何在,桂人对此,颇有疑意。"②从后来事态的发展看,至少可以说用意之一是为武力应变做准备。后来康有仪揭露康有为,罪名之一,即指其此次桂林之行,"阴结唐薇卿,托开学会,同为运动"③。

康有为与广西的联系,不仅通过唐景崧,其入室弟子王颖初一度也在保皇会港澳总局协助做事。据康有为《我史》1894 年甲午:"十一月,游广西……桂中诸士王浚中颖初、况仕任、黎文瀚来学。王颖初老矣,尝为教官,志清而气直,好心学。"④而唐景崧与王颖初等人连为一体。到庚子年,唐景崧麾下的王庆延、王颖祁、王第等人已在郁林、浔州、平乐等地建立根据地,"他们要拥戴唐景崧为团练,进口兵器,发起行动"⑤。此事当与王颖初有关。1900 年 6 月 20 日前康有为致徐勤第一书称:"颖、云、和皆无书来,而汝疑之";6 月 20 日思庄函告徐勤:"至若海、雄、颖初诸公欲款不得,皆由井上函来言之。"⑥所以康有为有分款给王颖初之意,"西书并命廉、颖,而后独汇与颖者,以刚书云欲留廉办东事,又适无款,故不交廉也。至颖愿行否,可酌乃交"⑦。广西巡抚黄槐森为保障地方,奏请唐景崧督办通省团练,并请唐景崧、

① 上海图书馆编:《汪康年师友书札》二,第 1837 页。
② 廖中翼:《康有为第二次来桂讲学概况》,《桂林文史资料》第 2 辑。
③ 孔祥吉:《晚清史探微》,第 221 页。
④ 康有为:《我史》,第 23 页。
⑤ 《井上雅二日记》,汤志钧:《乘桴新获》,第 362 页。
⑥ 均见上海市文物保管委员会编:《康有为与保皇会》,第 105、193 页。
⑦ 1900 年 6 月 20 日前《致徐勤等书(五)》,《康有为与保皇会》,第 112 页。

曹驯会办，"设局筹商，将各属团务，认真整饬，联成一气"①，无形中提供了合法外衣。后来康有为一直设法利用唐景崧在广西团练中的地位。

易顺鼎则更多地体现了这批人身上的"异人"性格。所谓异，主要表现为身世经历奇特、言行奇诡、胸怀异志。易是晚清有名的神童，湖南汉寿县人。其父易佩绅历任江苏、山西、四川等省布政使。易顺鼎五岁时因兵祸与父母离散，被太平军启王收养。后又为僧格林沁所收，辗转送还其父。光绪乙亥恩科举人，但六度会试，均名落孙山。②他曾问业于王闿运，王对易氏父子的看法是，父好谈禅，"颠狂自恣"，子为"仙童"，"纯乎宝玉议论"。③叶昌炽称：

> 易实甫观察来谈，赠所著《琴志楼丛书》两函，《盾墨拾余》一函，非儒非墨，非佛非仙，一枝好笔，如天马行空，不可羁勒，奇人奇才，吾见亦罕。……其学问宗旨，在一灭字。自叙云：一身灭则无一身之苦，一家灭则无一家之苦，世界灭则无世界之苦。刍狗万物，实欲驾释老而上之，可谓好奇矣。④

这种特立独行的性格在其他内渡官绅身上也有所体现，如唐景崧

---

① 光绪二十六年六月十三日《广西巡抚黄槐森折》，国家档案局明清档案馆编：《义和团运动档案史料》上册，第 270 页。

② 程颂万：《易君实甫墓志铭》，汪兆镛编：《碑传集三编》卷 41，沈云龙主编：《近代中国史料丛刊续编》第 73 辑之 729。

③ 王闿运：《湘绮楼日记》光绪二十一年十二月八日、光绪二十五年三月二十六日，第 3 卷第 2061 页、第 4 卷第 2210 页。

④ 叶昌炽：《缘督庐日记》光绪二十六年三月二十二日、二十五日，第 3093、3095 页。

万里请缨出关,丘逢甲进士而不肯入仕,均为晚清士林所罕见。

与易家世交的义宁陈氏父子(宝箴、三立),虽未直接参与台湾民主建国,却与乙未、庚子两事关系密切。甲午战事起,陈宝箴为直隶布政使,与李鸿藻、翁同龢等擘画战守,痛斥李鸿章弄权误国,后来甚至以辞官抵制李回任直隶总督。陈三立不仅电请诛李鸿章,以申中国之愤,还因此前随侍其父于湖北布政使任所而羁留武昌,与谋援台之事。他与易顺鼎函电联系,鼓动江鄂两帅支持台湾抗战。其函云:"实甫竟至台南,与刘永福有患难相守之约,日前以请援事至金陵,书告二刘。""实甫昨来电,台事已不可为矣。电云彰(化)复失,安平危,刘(永福)誓入内山。饿死不救,无天理。救无法,因督壮民速举,国[图?]掣敌解围。兄念急需代求两帅云云。所谓两帅者,更有何法? 虽有十包胥,安用耶? 已电速还。"①

陈氏父子的异人性格不久在民间亦有反响。据陈三立子陈寅恪自述:"当戊戌时,湘人反对新政者,谣啄百端,谓先祖将起兵,以烧贡院为号,自称湘南王。寅南昌时,后有人遗先君以刘伯温烧饼歌抄本一册,以其中有'中有异人自楚归'句,及'六一人不识,山水倒相逢'暗藏'三立'二字语。"②戊戌政变之际,发起学战会的黄萼"与某谋曰:'如此圣主,虽尧舜曷过是哉?'时义宁陈公抚于湘,二人遂联名请其割据

---

① 汪荣祖:《陈寅恪评传》,第8、16页。陈宝箴于1860年入京会试,留居三年,与易佩绅、罗享奎最相得,"以道义、经济相切摩,有三君子之目"(陈三立:《巡抚先府君行状》,陈三立著,钱文忠标点:《散原精舍文集》,第69页)。
② 陈寅恪:《寒柳堂记梦》未定稿(二)《清季士大夫清流浊流之分野及其兴替》。见石泉整理:《寒柳堂记梦未定稿(补)》,王永兴编:《纪念陈寅恪先生百年诞辰学术论文集》,第34页。

湖南以勤王，不奉诏。陈公不纳，亦不之拒，乃与湘中顽固党大相攻击"①。其时被清廷密旨捕拿的文廷式正在长沙，陈宝箴"既探知密旨，以三百金赠文丈，属其速赴上海"。然后再发令长沙县缉捕，不获。②陈宝箴还命地方官让文乘坐官船，送至汉口，使其幸免于难。③

庚子陈宝箴之名固为自立军所借重，陈三立也参与了长江流域的勤王运动。1900 年 7 月 9 日，他函告梁鼎芬：

> 窃意方今国脉民命，实悬于刘、张二督之举措（刘已矣，犹冀张唱而刘可和也），顾虑徘徊，稍纵即逝。……顷者：陶观察之说词，龙大令之书牍，伏希商及雪澄，斟酌扩充，竭令赞助。且由张以劫刘，以冀起死于万一。精卫之填，杜鹃之血，尽于此纸，不复有云。

陶观察，即陶森甲；龙大令，即龙泽厚；雪澄，王秉恩字，四川华阳人，张之洞在蜀所取士，久居张幕，民国为著名藏书家。此函当为陈三立等欲使梁鼎芬商筹王秉恩，谋通款曲于张之洞，由张之洞劫持刘坤一，主持勤王大业。④陈三立、陶森甲、龙泽厚等后来均加入了中国议

<hr>

① 秦力山：《汉变烈士事略·茶蓼子》，彭国兴、刘晴波编：《秦力山集》，第 17 页。

② 陈寅恪：《寒柳堂记梦》未定稿（二）《清季士大夫清流浊流之分野及其兴替》。见石泉整理：《寒柳堂记梦未定稿（补）》，王永兴编：《纪念陈寅恪先生百年诞辰学术论文集》，第 47 页。

③ 日本外务省档案，驻上海代理总领事小田切万寿之助致外务次官都筑馨六关于救助前翰林院侍读学士文廷式之件，引自清华大学历史系编：《戊戌变法文献资料系日》，第 1238 页。

④ 周康燮：《陈三立的勤王运动及其与唐才常自立会的关系——跋陈三立与梁鼎芬密札》，《明报月刊》第 9 卷第 10 期，1974 年 10 月。

会,这封写给梁鼎芬的密函,作为国会"借资鄂帅"之策的一部分,还不足以显示其政治态度的全貌。

甲午战后,台湾民主国内渡官绅明显受到排挤。早在内渡之初,张之洞就接连致电内渡官绅聚集的厦门,一告易顺鼎"务速行,万勿在厦停留,致生枝节。谣言不可不防,事已至此,于大局无益有损。若再不行,只好奏明矣"。一告杨提台,"闻有俞主事明震在厦,其人不甚老成,恐久留在厦,多言好事,致生枝节,关系非轻,万一有谣言传播,俞主事难当重咎"①。民主国之事,虽然事先得到张之洞和总署的同意默许,实行时却多少超越了清廷所能容忍的界限,内渡各员因此受到追究,"有劾唐薇卿者,事连敬如,已派黄公度密查矣"②。此事后来虽然不了了之,可是民主国官员从此不得任用。宦途失意,无疑会迫使他们积极求变,或者附和革新派的言行。而他们对腐败朝廷的不满,则从根本上制约其趋新求变的意向。

后人分析台湾民主国的政治取向时,从维护统一的立场出发,强调官绅们的忠清意识,而多少忽略了他们对清廷的怨恨离异倾向。在台湾民主国官绅看来,宁可违抗朝廷旨意,也要力求保全社稷。中枢与地方的从属关系,不能压抑君权与民意的对立,而这正是他们后来主动附和庚子维新势力的重要原因。交织成离异意向的因素:一是西方近代民主意识,二是中国传统民本观念。

亲历台事的洪弃父在所著《台湾战纪》(1906 年排印本)中破头就说:"自古国之将亡必先弃民,弃民者民亦弃之。"③此言虽系事后所发,

① 苑书义等编:《张之洞全集》第 8 册,第 6673 页。
② 中国历史博物馆编,劳祖德整理:《郑孝胥日记》第 1 册,第 542 页。
③ 中国史学会主编:《中日战争》六,第 331 页。

却可视为当时隐情的表露。台湾绅民以国际公法第 286 章"割地须问居民能顺从与否"以及"民不服某国，可自立民主"①作为废约依据，应与熟悉西洋律法的陈季同等人有关。而立国采用民主制，设总统、议院，一方面固然是为了避免名分上与清王朝相冲突，另一方面，则显然受主权在民观念的影响。

关于总统名号，唐景崧与张之洞曾有过一番交涉。1895 年 5 月 17 日唐景崧致电张之洞：

> 三国护台，不知肯否；然当务者，谓台必自主后与中日断绝，请外援方来。但民主之国亦须有人主持，绅民咸推不肖，坚辞不获。惟不另立名目，终是华官，恐倭借口，缠扰中国；另立名目，事太奇创，未奉朝命，似不可为。如何能得朝廷赐一便宜从事，准改立名目不加责问之密据，公能否从旁婉奏，此亦救急一策。台能自成一国，即自请各国保护，以及借债、开矿、造轮、购械次第举行，始有生机；否则，死守绝地，接济几何，终归于尽也。台之自主与留不肖，事机凑拍，公能牵合且坐实之，似尚易行。或由驻洋使者商之各国，谓台不服倭，亦不强夺还华，公议台为自主之地，公同保护，持理既正，倭气略平，为解纷上策。先将台自主一层造到，再由台民自推主者，似更妥顺。不肖亦可进可退。

19 日，张之洞复电唐景崧："另立何名目？大约称总统。朝廷未必

---

① 中国史学会主编：《中日战争》六，第 388 页；《台海思痛录》，《近代史资料》1983 年第 1 期。

肯给密据,恐为倭诘。如事至万不得已时,只可由尊处自奏。"没有明确反对。次日唐电告:"名目惟有总统,仿洋制也。"

5月21日,台湾官绅决定建立民主国,推唐为总统。张之洞获悉,于5月24日再电唐景崧:

> 台民欲劫公守台,无可如何,然名目宜酌。电奏只宜云自约为民会民政之国,不可云民主,不可云自立。外洋总统甚大,似不相宜,须稍变。或云总管,或云总办,谗谤嫌疑亦须防也。

明确反对使用民主及总统。但第二天,台湾民主国正式建国,仍然照用"民主""总统"名号。以致张之洞在接到唐景崧5月21日宣告民主国成立的各省通电后十分不满,指责其"致各省电太不妥,望速妥酌更正声明要紧","奏咨内只可云民会民政,不可云民主;只可云暂留,不可云暂主"。并强调:必须"恪守臣节,朝廷方能鉴察,天下方能共谅"。①

5月29日,唐再度致电总署,表示:"以后奏事及行文内地各省,均仍用本衔及巡抚印。"同日,张之洞特意致电总署,为唐景崧申辩:"唐现办法,洵属无可奈何之苦心。事成则国家受其利,不成则该抚身受其害。"②但台湾民主国国号已立,总统、议院名义天下周知。由此可见,台湾自主虽得到张之洞的幕后支持,在处理与清廷的关系方面,双方的态度不无分别,唐景崧没有谨守张之洞划定的底线。这种超越,

---

① 中国史学会主编:《中日战争》五,第124—126、133—135页。
② 《中日战争》四,第142页。

在张之洞看来已经悖离了君臣礼法。尽管唐景崧一再声明"遥奉正朔""永戴圣清",表白自己是不得已而为之,实际上不乏主见和主动。只是一方面要避免清廷干预,争取外援,另一方面要维系与张之洞的关系,以保饷械,并为自己留下退路,不能与清廷公开反目。因此,台湾官绅顺从敷衍张之洞意旨的公开表态,不一定是其内在思想的直接反映,而他们的自行其是及擅作主张,则是不惜违旨抗命的真情流露。

此外,台湾民主国的"民主"含义有二:一为台民自主,一为民立其主,这与欧美近代民主政治的内涵并不一致,但毕竟不同于奉天承运的绝对皇权。在台官绅精心选择与皇权相对立的"总统"作为民立之主的名号,仅用对清廷避嫌难以解释清楚。

张之洞与在台官绅的态度差异,还有另一旁证。台湾成立民主国前,在两江总督幕下的郑孝胥也提出:"为台湾计,必急立民会为自守计,而后求庇于英。"有人将这番话告诉张之洞,张"深然之"。几天后,为台民推举入都请愿的姚文栋到宁,与郑孝胥接谈数语,即邀其立即渡台一试所谋。两人还策划由台民将台抵押,借款聘请外国人募兵购船。这时张之洞尚指望"求朝廷赎还台湾",郑孝胥则认为"非台民能自拒守,使彼不能吞并,则日本岂肯听我取赎也"。经姚文栋联系,唐景崧电调郑孝胥等赴台,张之洞表示同意。

恰在此时,台湾民主国成立的消息传来,郑孝胥欣然道:"此诚当务之急,与余速立民会之说合。唐帅腹中居然有此稿,固非寻常中国大吏之流辈也。"而张之洞却临阵退缩,先是遣人追回派郑孝胥赴台的札咨,继又面示:"台已自立为民主之国……深言毋行之便。"郑孝胥坚持与姚文栋赴台,为不使张之洞为难,主动提出不用公牍,以自行请假名义前往。①民主国解体后，易顺鼎坚持独立抗战，张之洞、刘坤一却"惧君违旨挑衅累己，延君父至饿，坚命促归"②。

在新学士绅看来，西方近代主权在民思想与中国传统民本观念的主旨并无二致，民众与社稷为国家本体，帝王朝廷只是依附其上的治理者。从至圣才能称王的圣王观出发，君主必须以德为本，无德则失民心失天下。正如洪弃父所谓"弃民者民亦弃之"。纲纪之说，在中国传统政治的运作中，对皇权同样具有规范作用，易顺鼎代刘坤一所拟致唐景崧书，不仅痛斥"当轴主和"，无故割地，"欲令赤县沦为左言，苍生变为左衽"，而且特意申明：

> 窃思春秋之义，以反经合道为权。鲁隐、荀息无救于乱，鬻拳、祭仲犹谓之忠。至圣苦心，所以教千古之英雄，扶万世之宇宙者，至深且远。三代以下，此谊不明，海内三四贤豪，束缚于规矩之内，拘牵于文法之中，一遇世变，惟有子身远引，否则束手待毙，自活不暇，何能活人？于是乱臣贼子，夷狄枭桀之徒，转得乘间蹈瑕，争窃其柄以制君父之死命，生民涂炭，神州陆沉，而天下之祸亦已极矣。虽仲尼复生，不能不望于以圣贤之心行英雄之事者也。③

---

① 中国历史博物馆编，劳祖德整理：《郑孝胥日记》第1册，乙未四月廿二日至五月朔，第492—495页。

② 程颂万：《易君实甫墓志铭》，汪兆镛编：《碑传集三编》卷41，沈云龙主编：《近代中国史料丛刊续编》第73辑之729。

③ 中国史学会主编：《中日战争》五，第186页。祭仲，春秋郑大夫，为宋国要挟，废昭公改立厉公。鬻拳，春秋楚大夫，尝以兵强谏楚文王，王惧而从之。《刘坤一遗集》第5册所录文字与此稍异。

只要能够救国,则兵谏、废立亦在所不惜。透过表面的忠奸之辨,士绅那种天下己任、制衡皇权代表民权的角色作用呼之欲出。正如台湾绅民血书所说:"朝廷失人心,何以治天下!"①皇朝如果弃民不顾,则臣民理应抗命不遵,甚至除旧立新。这与庚子维新派"不奉伪廷之矫诏"、自立救国如出一辙。

士林中的异人每逢国难当头,往往有此表现。当时在南方策划起义的孙中山,也引此类异人为同道。1895 年 3 月,他在香港会见日本驻港领事中川恒次郎时,提出起义后与康有为、吴瀚涛、曾纪泽之子共为统领。②其中吴瀚涛即为异人。吴名广霈,字琴爰,晚号剑华道人,安徽诸生,以首任驻日公使何如璋的随员身份赴日,后升任神户副领事。③1879 年王韬游历日本时与之相交,称其"年少有才,踔厉奋发,要自不凡"。又说:"瀚涛今世豪杰士也,年少而才奇,识见超卓,志量恢扩,当今殆罕其俦。"两人诗酒互酬,"谈兵论剑",交情甚笃。其中王韬一首诗曰:

> 平生豪气俯凡流,今日逢君让一筹。举世岂真无北海,论交当自有南洲。从兹一别七千里,此后重逢五大洲。天下事今犹可挽,出山霖雨为民谋。④

次年,黄遵宪与日本友人笔谈,提及这位年仅二十三四岁、"其才

①　俞明震:《台湾八日记》,中国史学会主编:《中日战争》六,第 388 页。
②　《历史档案》1986 年第 3 期。
③　明治 31 年 10 月 23 日大森兵库县知事致大隈外相兵发秘第 486 号。
④　王韬著,陈尚凡、任光亮校点:《扶桑游记》,第 182—193、308 页。

绝群"的使馆随员,极口称道:"此人卓荦不凡……他日终为有用材,与仆极知好。"①由此可见吴的性格气概。

吴瀚涛归国后,以直隶候补知县任轮船招商局文案十余年,1893年随郑观应稽查长江招商局各分局利弊,1894年曾赴朝鲜。吴"通仙佛之旨",与孙宝瑄等有交②,尤其与郑观应为道友。郑观应《题吴剑华准今论》诗赞道:

> 剑华独负瑰奇才,经文纬武凌金台。西行东征不得志,橐笔还归沪渎来。高谈娓娓惊四座,琅环展读眼界开。地球行遍九万里,胸罗甲兵智量恢。早知东瀛欲犯顺,上书请讨毋徘徊。相公笑呼为狂士,割地求和酿祸胎。热血喷激东海水,英雄无力随波颓。狂澜欲倒待谁挽,天时人事交相催。五强环伺欲逐逐,棋局纷争历胜衰。何日车书归一统,吾将高隐返蓬莱。

对吴瀚涛极为推重,惋惜其才不得尽用。郑氏另有与吴瀚涛唱和诗,一论路矿:

> 路矿关家国,为人劫利权。笑吾如傀儡,愧彼任抽牵。欺压民含怨,呼号孰可怜(地方生计尽为彼族所夺)。开门揖大盗(准外人开矿承筑铁路),何处是仙村。

---

① 郑子瑜、实藤惠秀编:《黄遵宪与日本友人笔谈遗稿》,早稻田大学东洋文学研究会出版,沈云龙主编:《近代中国史料丛刊续辑》第94辑。
② 孙宝瑄:《忘山庐日记》,戊戌三月初九日、十四日。吴瀚涛自认为姚广孝后身(《赠剑华道友》,夏东元编:《郑观应集》下册,第1443页)。

二议政治：

> 欲固民心议院开，先言人格举贤才。集思广益知优劣，皇道无亲大舞台。

> 因循畏难书呆子，暴动激昂莽丈夫。两者登场皆误国，外王内圣是良图。[①]

所谈论多家国大事。

1897 年底，经元善、严信厚、郑观应、陈季同、梁启超、康广仁等人发起设立中国女学堂，得到汪康年、狄平、吴保初等人的响应，吴瀚涛与谭嗣同、陈三立、文廷式、麦孟华、徐勤、沈荩、黄遵宪、江标、龙泽厚等人予以资助。[②]戊戌维新期间，他在上海主办《大公报》，参与亚细亚协会。政变后，与兴亚会会员恽玉茗避走日本，见原《苏报》主人胡铁梅。[③]1900 年 1 月，他还与经元善等千余士绅联名通电，反对清廷废立。[④]

曾纪泽之子，当为曾广铨，也颇具异人秉性。他早年立志自食其力，随嗣父曾纪泽赴欧，留学英国，通英文，后任驻英公使馆三等书记。[⑤]1897 年辞官归沪，参与创办《时务报》，又与汪康年等发起蒙学公

---

① 夏东元编：《郑观应集》下册，第 1358、1344、1346 页。
② 《中国女学堂缘起》，虞和平编：《经元善集》，第 181—182 页。
③ 明治 31 年 10 月 23 日大森兵库县知事致大隈外相兵发秘第 486 号；明治 31 年 10 月 26 日浅田神奈川县知事致大隈外相秘甲 760 号。
④ 《上总署转奏电禀》，《苏报》1900 年 1 月 26 日。
⑤ 《历史档案》刊载此函原注为"曾纪泽之子，指曾广钧"。据《崇德老人自订年谱》：同治十年，曾纪泽子广铭早殇，由弟纪鸿三子广铨入嗣。广钧为纪鸿长子。（注转下页）

会。德国强占胶州湾后，与汪康年东渡日本，谋求中日两国民间志士同盟救国，并参与发起亚细亚协会。①庚子在粤督李鸿章幕下，介入李和孙中山策划的两广独立密谋。乙未吴、曾二人是否真的卷入孙中山的反清活动，不得而知。②但曾向太平军上书进言的王韬这位不折不扣的异人，同样认识孙中山。可见叛逆者与异人之间，存在易于沟通联系的潜质，因而总是机缘巧合。

第三节　民为邦本

庚子勤王运动，除汉口自立军有所表现外，保皇会在两广和中国议会在江淮都是虎头蛇尾，草草收场。因而台湾民主国内渡官绅究竟可以附和维新派到何种程度，无从揣测。但从他们在此前后的行为

（续上页注）同治十二年，纪泽妻刘氏生子广銮，日后袭爵，任左副都御史。因过继时曾国藩明示即使纪泽再得子亦不必退还，广铨依然留在长房。此处纪泽之子应指广铨（《曾宝荪回忆录》）。

① 藤谷浩悦：《戊戌变法と东亚会》，《史峰》第2号，1989年3月31日。

② 关于吴瀚涛与孙中山的交往，《国民日日报》刊载《近四十年世风之变态》一文称："《盛世危言》一书为皖人吴瀚涛所撰。吴昔与孙逸仙交，其书半皆成于孙。后吴应郑之请，故执其说，以售之获多金。"（张枬、王忍之编：《辛亥革命前十年间时论选集》第1卷下册，第741页）孙中山自称被《盛世危言》采用的文稿有两篇，陈少白亦如此说，其中一篇为《农功》（广东省社会科学院历史研究室、中国社会科学院近代史研究所中华民国史研究室、中山大学历史系孙中山研究室合编：《孙中山全集》第1卷，第3页）。亦有学人对此表示异议（易惠莉：《郑观应评传》，第434页）。吴与郑观应相交数十载，在招商局同事十余年，"朝夕对案办公"，为患难之交。吴瀚涛称郑氏"所有公牍，皆弟代劳"，有时甚至连郑的日记亦由吴代笔（《复吴剑华道友》附录吴君剑华《致宗荫侄书》，夏东元编：《郑观应集》下册，第929—933页）。孙中山所写文稿，可能是先提交给吴瀚涛，然后辗转归郑。曾广铨此后与孙中山的牵连不少。伦敦被难后，曾一路跟踪孙中山由欧美抵达日本。1898年访日期间，又与孙有所接触。庚子在广州担任刘学询与孙中山的代表宫崎寅藏等人会谈的翻译。

中,能够看出一些蛛丝马迹。

两广的唐景崧、丘逢甲涉足较深,尤其是丘逢甲,曾亲赴南洋与康有为、邱菽园、容闳等洽商,并与康有为等约定,"须返家廿日,则六月乃出"①。丘逢甲回到汕头,适逢潮汕鼠疫流行,其三弟及长子、次子均染疫而殁,举家已由潮州迁往镇平。遭此劫难,固为人生之大不幸,但丘逢甲因此而乡居简出,非但不能率先发动,反倒从此与勤王运动绝缘,似乎难免因小失大。以陈翼亭一介武夫,康有为还希望他"亦当移孝作忠"。从一些迹象看,康与丘逢甲之间,并非完全一致。如6月保皇会试图抢攻广州,夺城后所发保护外人布告檄文,须视形势变化,由不同人物署名。本来丘逢甲同意具名,后经修改,决定"若非明失和,则用莲珊(经元善)名,或各路自出名可也"②。此后保皇会的军事部署中再也找不到丘的位置,似已不再参预其事。

唐景崧的情况类似。他于5月主动派人向保皇会请期,康有为因"西力膨胀",有意让广西率先发动,此后又屡次欲舍东就西,而广西方面始终无力先动,以至于保皇会后来怀疑广西人士意在图财。长江方面参与中国议会活动的俞明震、易顺鼎、陈季同等人,因自立军失败后上海新党名士被当局通缉,国会随即瓦解,汪康年等人的计划仓促间难以奏效,也无所表现。

庚子以后,台湾民主国内渡官绅的情况因人而异。唐景崧继续得到康有为的借重,1901年5月,井上雅二赴欧途中经庇能拜访康有为,

①　1900年6月5日《致徐勤等书》,上海市文物保管委员会编:《康有为与保皇会》,第100页。

②　1900年6月24日前《致徐勤等书(五)》,《康有为与保皇会》,第112页。康有为注明:"此是旧日所为,仙愿出名者,今少易。"

谈及中国朝野名士的品格,康表示激赏唐的为人。当井上提到有传闻说唐曾向康索款五万以谋巡抚之职时,康还矢口否定。①不过,康有为对唐景崧暗中的确有所资助,1904 年康有仪揭发:"唐氏在生时,伪保皇会每年助其万金,康逆屡使人在京,为其运动出山之计。昨年又向京中要人,代其营钻团练大臣之职,奉斥责,今且死矣。"②而保皇会其他成员对于康有为偏袒唐景崧似不以为然。1903 年,岑春煊督粤,保皇会"同门多欲运动会款以捐官到东省者"。对此徐勤心有余悸,屡次函告康有为,极力劝阻。③虽然具体所指为汤叡等,但泛称西省人士,又提及庚子旧事,显然并不以关于唐景崧等人索款的传闻为无中生有。

1902 年春,唐景崧评论经元善的《居易初集》:

> 大著洞达窍要,经纬缜密。祝近日谈时务家,摇笔訾人,浮嚣满纸,相去何啻霄壤。其与人书,皆能忠告直言,无丝毫势分情面在其胸中。此先生学问事业之根本,故能为己亥岁杪惊天动地之举。其余殷殷劝善,无非布帛菽粟之言。统观全集,不求工于文字,自令人展玩不忍释手。世人慕先生义侠,当先学先生之忠信笃敬,而后处牢愁幽郁之境,身泰气和,不然溃败决裂,不可收

---

① 井上雅二:《访康有为——欧航途中于庇能》,《大阪每日新闻》明治 34 年 6 月 28 日。

② 孔祥吉:《晚清史探微》,第 221 页。

③ 1903 年 10 月 26 日、11 月 8 日、26 日《徐勤致康有为书》,上海市文物保管委员会编:《康有为与保皇会》,第 232—238 页。保皇会在勤王、行刺计划失败后,对非草堂系的有关人员牵诬甚多,所说不足为确凿凭据。

拾矣。①

是年两宫回銮,听说有某大员奏请起用,唐景崧来到广州,欲海路入都,因故迁延,1903 年 3 月 2 日病故于旅次。②其身后萧条,几不成殓,赖粤中官绅与之有旧者捐助,才得以安葬。③其被疑从台湾携巨款内渡之冤,遂大白于天下。丘逢甲挽联哀悼:"在中国是大冒险家,任成败论英雄,公自千秋冠新史;念平生有真知,已感觉死生成契阔,我从三月哭春风。"④

丘逢甲与时俱进,后来还参加了辛亥革命。陈季同与沪上新党人士长期保持联系,和蔡元培等人也有所交往。后到江宁主持南洋官报、翻译两局,身后萧条,郑孝胥等人曾列名醵资以赡其孥。⑤

俞明震因参与民主国而见疑于当道,以候补道于江南官场之中,"屏居四五年不得一差,穷乏特至。值恩寿为江宁藩司,俞乃携其往日通殷勤之友某所著逐满书及其仇满信函往谒恩寿曰:不杀此人,其言流播,必乱天下。恩大感泣曰:子真大清之忠臣也"。由此得到江南陆师学堂总办的位置。俞氏品行确有易为人非议处,报界称其"为人虽似开明而工于趋避,其钻营之术往往出人意表"⑥。此后,他在 1903 年学界风潮中备受冲击,留学日本的长子俞大纯也指责其"任人不明,是

---

①　虞和平编:《经元善集》,第 403—404 页。

②　《总统旅殡》,《香港华字日报》1903 年 3 月 5 日。

③　《身后清风》,《香港华字日报》1903 年 3 月 11 日。

④　《挽唐中丞》,《香港华字日报》1903 年 5 月 8 日。

⑤　《郑孝胥日记》第 2 册,第 1074 页。陈季同之死,有 1905 年、1907 年两说。从郑孝胥所记判断,似以后者为当。

⑥　《江南陆师学堂之霉垢》,《苏报》1903 年 4 月 16 日。

非颠倒","若不改良,必将身败名裂"。①

俞明震清末官至甘肃提学使,民初又担任过肃政厅肃政使。但对朝廷官府并非死心塌地,时与顽固守旧官绅有所冲撞。将他牵连在内、聚讼纷纭几十年的《苏报》吴稚晖告密公案,经学者考证,不仅吴并未告密,就连俞明震示吴以当局捕蔡元培、吴稚晖之公文,也是有意放两人一马。②

易顺鼎1901年曾致函荣禄,吹捧其保护使馆,力主剿拳,坚持定见,匡扶大局,而指"康、梁名为保皇上,而实则乱国家。吾师名为诛康、梁,而实则保皇上。受业此论,刘、张两帅及东南人士皆以为然;即康、梁诸党闻之,恐亦不能不心服耳"③。虽系谀词,未必无心。他1902年简放广西右江道,宦海浮沉,仕进坎坷。民初虽一度混迹遗老队中,却毅然剪辫,并长歌记其事,将新旧、满汉、上下,一齐骂倒。④

民本观与圣王观制导下的传统中国政治,皇权必须在纲纪允许的范围内活动,遵守公同认定的规则。一旦越轨,便会遭到绅权的抵制与反抗。此类冲突在王朝末世往往发生更为频繁。这一常规通则到近代依然有效。甲午和庚子,清政府两度恣意妄为,在局部或整体上触犯规则,以牺牲百姓社稷为代价,保家财逞己欲泄私愤,引起士绅的激烈抗争,甚至不惜诉诸武力。而且,在西学的影响下,新学士绅更加选择了近代欧美民主制度的形式,作为解决冲突、抑制皇权的最后手

① 《江宁近事汇录》,《苏报》1903年4月19日。
② 唐振常:《苏报案中一公案》,《上海史研究》二编,引自郭汉民主编:《中国近代史实正误》,第400—410页。
③ 杜春和、耿来金、张秀清编:《义和团资料丛编·荣禄存札》,第164—165页。
④ 包天笑:《钏影楼回忆录续编》,第174页。

段。绅权与君权的冲突，在维护地缘利益之外，更有代表民意、保全社稷的一面，表明天下已任并非虚言大话。台湾民主国官绅在这两个关键时刻的所作所为，就是近代士绅政治品格一个侧面的典型表现。这种对于皇权恶性膨胀的反弹，很难用革命与改良的两极判断解释定性。因为此类官绅一般并不积极主张以激烈方式进行社会改革。

此外，尽管台湾民主国内渡官绅在行动上程度有别，其爱国情怀的真切与救国动机的真诚，则不应被怀疑挑剔。其行为差异，很大程度是因为各人的身份处境不同所致。以简单的阶级分析立论，又不能辨析当事人事后记述所掺杂的个人恩怨（如唐景崧与刘永福的纠葛，是刘非唐的论据多有不实之词），不免混淆误解历史的真实。36 年后，与台湾民主国官绅渊源极深的陈寅恪与胡适就唐景崧遗墨所写诗函，表达了近代中国知识人对民意与国权的一贯态度立场。时值"九·一八"事变次日，胡适诗曰："南天民主国，回首一伤神。黑虎今何在？黄龙亦已陈。几枝无用笔，半打有心人。毕竟天难补，滔滔四十春。"陈寅恪复函道："以四十春悠久之岁月，至今日仅赢得一'不抵抗'主义，诵尊作既竟，不知涕泗之何从也。"[①]以文化立国的中华民族，神州正朔所在，文化托命之身。发此百年之覆，适以昭示千古不易之理。

附记：此一公案，与陈寅恪家世关系极深。寅恪夫人唐篔即唐景崧孙女。《寒柳堂记梦稿》称："盖当马关和约成后，凡爱国之

---

① 据于永兴编《纪念陈寅恪先生百年诞辰学术论文集》卷首影印手迹。汪荣祖《陈寅恪与胡适》所录文字稍异。案胡适的父亲胡传亦与台湾民主国关系密切。甲午他任台东直隶州知州，兼统镇海后军各营。中日战事起，他将妻与子胡适送回徽州，坚守台东。8 月返抵厦门后数日，便因病重失治而逝（参见毛子水《胡适传》，《师友集》）。

人,有是非之心者,无不反对……况先君挚友姻亲中,梁星海丈(鼎芬)则以劾合肥罢职(按此事在中法之役),文芸阁丈(廷式)则在京为主战派之重要人物,并是力攻合肥之人。易实甫丈(顺鼎)及先舅父俞恪士(明震),则皆在台湾助台独立者。盖其时爱国之人,以为政府虽已割台,而人民犹可不奉旨,如后来庚子岁东南诸督抚不遵朝命杀害外侨之比。"另外,孙中山广州起义密谋所举四统领之一的曾广铨,亦与陈家世交。广铨妹广珊嫁与俞明震弟俞明颐(字寿臣),而俞氏兄弟的胞妹俞明诗为陈三立续妻,即陈寅恪的生母。寅恪妹新午适俞明颐子俞大维。陈寅恪对祖、父两代参与庚子密谋及祖父被清廷赐死之事,因陈三立隐忍不言,似不知晓。但他对上述各人的家世、思想、作为,"知之尤稔"。对于清室及张之洞的人品学问,则讽词甚多。陈三立绝足政坛,"忍死苟活,盖有所待",不仅是痛心于民国政治的黑暗,也饱含对清室的极大怨愤,不能以交游而定为遗老。陈寅恪所说"平生为不古不今之学,思想囿于咸丰同治之世,议论近乎曾湘乡张南皮之间"(《冯友兰中国哲学史下册审查报告》),更应从文化角度理解。即使带有政治意味,也是以文化为神州正朔、国家命脉所系,而不拘泥于一家一姓之兴衰。台湾民主国游说使姚文栋遗书有"国可亡,天下不可亡"之语,仔细体味,绝非遗老恋清情结所能涵盖。

第七章　新加坡华侨

　　保皇会发动勤王，对全球华侨进行了广泛的政治动员，也得到海外华侨的普遍响应和支持，后者不仅提供了大量的捐款，而且始终关注勤王方略的制订调整及其实施。其中新加坡华侨对庚子勤王运动的贡献尤其巨大。关于新加坡华侨与庚子勤王运动的关系，相关著述已经有所论及。依据近年来的新出史料，既有研究存在两方面局限：其一，没有看到除邱菽园以外其他新加坡华侨的参与和作用，对邱本人介入的程度则囿于财政后援一隅；其二，将整个勤王运动视为保皇派的单独行动，忽略了各种政治派系组织上的联盟和行动上的合作，以及在"大合"之下各派的自行其是。而新加坡华侨不仅支持康有为，也对实际上处于联合阵营中枢地位的长江流域的革新党予以积极援助。后者借勤王以兴民政的政纲及其反清底色，得到超越保皇会范围的社会联系的强化，最终促使新加坡华侨与保皇党分离，有的甚至转而支持革命党。

第一节　邱、林、徐、黄、力

　　1900 年 6 月下旬，康有为致函设在澳门的保皇会总局诸办事人，谈到新加坡华侨对勤王计划与行动的态度：

　　连日仰光、吉冷、暹罗、澳美信电交至,责望起兵勤王,岛日日
侧望,徐、力、黄、林急如星火,抚髀拍掌催促。及前日闻上弑之
谣,岛恚怒,诸公大恚,在岛处责语难闻,谓经营两年,糜十余万
金,而至今大急之变,不能补救,并不能起。又言:若我今不起,外
国代我立主,则与外国为难,更不能起矣。其言甚怒,于办事诸人
皆有微辞。故于汇三万之后(廿七日汇),适有此事传闻,恚而不
汇(汝来书但言可起,不可言其恚怒也)。吾闻而愧甚,无以对上,
无以对菽,更无以对各埠责望之心。……即以岛之明达,尚有太
持重之言,林、徐、黄、力更有它言矣,林至谓用弓矢亦可。①

　　岛,邱菽园,号星洲岛主;徐,徐季钧(亮铨);黄,黄乃裳(黻臣);
林,林文庆;力,力昌(艾生)。上述五人,在保皇会专为勤王行动制定
的电报密码中有名可查,邱、林列入人名栏,黄、力、徐列入人名补栏。②
　　这五位华侨彼此关系密切。1898 年 5 月《天南新报》创立时,邱菽
园为大总理人兼华文总席,林文庆为英文总校,徐季钧为主笔。③邱、林
二人私交甚笃,政见亦同,在许多新兴事业上进行过卓有成效的合作,
可以说是这一小集团的核心。黄乃裳于 1899 年 9 月五十岁时才举家
南渡。他加入这个圈子,有两方面因缘:其一,林文庆是他的大女婿;
其二,他与邱菽园是 1894 年甲午科乡试中举的同年,第二年又曾一同

---

①　上海市文物保管委员会编:《康有为与保皇会》,第 114—115 页。此函应写于
1900 年 6 月 24 日。
②　《康有为与保皇会》附录,第 546、552 页。
③　《本馆告白》,《天南新报》1898 年 6 月 3 日;《本馆声明》,《天南新报》1898 年 6 月
3 日。

赴京会试。黄的加盟成为和这个圈子多少有些距离的力昌与此结缘的重要契机。力昌是福建名士力钧(捷三)的族弟,也是甲午科举人,黄在国内曾与力钧同办兴化盐务,又认识力昌,他下南洋的目的,便是与力昌合作,实行移民垦殖计划。1900 年 7 月,两人在邱菽园、林文庆的支持和出面担保下,与沙捞越政府签订了垦荒合约。①

上述五人与维新派早有渊源。1895 年,邱菽园、黄乃裳赴京会试,适逢中国对日战败,签订《马关条约》,康有为等发动"公车上书",邱、黄二人毅然参加,签名拒和。后邱菽园以主战者不可靠,感到失望,收回联名拒和名单。此番两人均落第,却从此分别走上变法维新之路。邱菽园两年间游历沪苏杭穗港等地,结交维新人士,与丘逢甲、康有为、黄遵宪、唐景崧、王晓沧、梁启超、林鹤年、潘飞声等诗中八友唱和。戊戌变法起,邱菽园等人创办《天南新报》,以为响应。他们与康、梁一派不仅思想共鸣,而且建立联系。《天南新报》馆一成立,即"承澳门《知新报》托为代售其报章"②。

1897 年,徐勤在横滨创立戒鸦片烟会,邱菽园的挚友,《香港华字日报》主笔潘飞声和《知新报》主笔刘桢麟分别创设分局于港澳,新加坡"僻处南荒,声气不广,虽未设有分局……其开列履历寄往香港分局挂籍者亦不乏人"。《天南新报》成立后,社友李乾生"以为不设分局不足以通声气善鼓舞",与邱菽园协商组织。③

黄乃裳返回福建,即在教会所办《闽省会报》发表《英华格致书院关系国家说》,首次表达其变法维新思想,主张讲求西法,培养西学人

---

①　詹冠群:《黄乃裳传》,第 2、3 章。

②　《代售〈知新报〉告白》,《天南新报》1898 年 6 月 3 日。

③　星洲寓公邱菽园甫撰:《二录三害质言》,《天南新报》1898 年 8 月 12 日。

才,振兴工商业。接着独立首创《福报》,痛斥顽固守旧,宣传变法维新,并协助任英华书院教习的美国教士蔚利高(C. Myron Wilcox)润色其译著的《美国史略》一书。1898 年春,黄乃裳携长子再赴北京参加会试,刚好遇上百日维新,遂"奔走于六君子及讲求新学诸京官之门"①,与康、梁等多有交往,屡次参与上书活动。

力昌与维新派的关系,主要是通过族兄力钧。后者早就与上海的闽籍新党人士过从甚密,徐勤在《时务报》期间曾倡设戒鸦片烟会,力钧与郑孝胥、陈季同等参与其事,以后力钧又与陈宝琛等在福州设立蚕学会。②黄乃裳在福建举办的各项新事业,也得到力钧的大力支持。

徐季均虽"夙居闽垣",但"久与西人游处,举凡地球时政事宜,无不烂熟胸中"。③他主持《天南新报》笔政,以"古梅钝根生"的笔名发表大量论说,抨击清廷弊政,呼吁变法革新,有目可查的如《驳上书筹饷议》《防俄末议》《论中国积弊》《隐忧篇》《论中国吏治之坏》《论挽救中国吏治之坏》《时局厄言》等。尤其是一篇题为《论中国吏治之坏》的长文,连载多期,指陈中国官场通病共十四大害,声称:"虽其间不乏清慎勤明之吏,然横览廿一行省,千数百州县之中,不过百中一二,其余大半俱系民蠹民贼,其足以斫丧我国元气者,实属不少。"④"若使逐条诠写,穷究其弊,虽罄南山之竹而书之,有不可胜书者。"对此,他提出三条"治法"大纲:"设议局,增俸禄,裁冗员"⑤。

① 黄乃裳:《绂丞七十自叙》,第 6 页。
② 《二录三害质言》,《天南新报》1898 年 8 月 12 日。
③ 《故人尺书·邱逢甲来函》,《天南新报》1898 年 7 月 20 日。
④ 《天南新报》1898 年 7 月 20 日。
⑤ 《天南新报》1898 年 8 月 2 日。

林文庆长期求学于欧洲，与国内维新党人较少直接交往。他是黄乃裳的大女婿，其妻黄瑞琼"淹博华英文字"，曾于 1895 年秋偕美国女友环游地球，"以增识见，冀兴中国之女教"，被李鸿章视为奇女子，准备奏派为即将在英国召开的万国妇女大会代表。①他虽然在五人中唯一没有科举功名，一生主要接受西方科学教育，对祖国命运的关切却丝毫不逊于他人。

戊戌政变后，邱菽园等人与康、梁的关系更形紧密，不仅思想共鸣日趋强烈，个人交往和组织联系也不断加强。《天南新报》同人对于清政府的倒行逆施极为愤慨，著文针锋相对地驳斥查禁报馆访拿主笔的上谕，称：

> 报纸最为生民之益者也，安得谓之最为生民之害者乎？……主笔之人，多系淹博之士，深知古今利弊，洞达中外时务，徒以文章憎命，不能见赏于有司，于是挟其辅世之心，长民之具，降而就报馆之席，有时出其经济，发为议论，使在上之人阅之，可以兴利除弊，在下之人阅之，可以益智广闻，此固大丈夫不得志于时者之所为，而亦本范文正公为秀才时以天下自任之志也。②

该报有意识地增加了转载康、梁派《知新报》《清议报》各报论说的频率，并代为发行日本人士大岛省轩印制的康有为、梁启超的大幅照片，代销《清议报》。③

---

①　《燕京雁札》，《天南新报》1898 年 7 月 22 日。
②　古梅钝根生：《查禁报馆访拿主笔论》，《天南新报》1898 年 11 月 2 日。
③　《告白》，《天南新报》1898 年 12 月 9 日。

1899 年,邱菽园、林文庆等人又倡设女学,不仅在女子教育方面开南洋风气之先,更重要的是公开表明反对政变后朝旨的立场。百日维新期间,海外各埠奉诏办学,清廷驻新加坡领事造庐请谒,共草章程,欲请邱菽园、林文庆担任中西总校,邱辞不就。所以《清议报》转载林文庆募创女学堂演说时特意指出:

> 政变以后,内地学堂皆废,而邱、林二君独能倡女学于星坡,为吾中国强种之本,其豪杰之士坚忍不拔者耶? 他日人才之盛,当于星坡乎观之矣。①

8 月,梁启超在东京创办高等大同学校,邱菽园捐款 3000 元,并担任董事。②林文庆、邱菽园等还发起成立星洲支那好学会,定期举行演说会,分时务、学术、政治三类,"任凭择说,各尽其长,或仿西国议院互相驳诘之法,然后凭众举手以定公论,较易增长见识,开拓心胸也"③,吸引了众多华侨加入,仅第 9、10 期新增会员就达 37 人。④

康、梁等人亡走海外,仍坚持其政治抱负,一面痛斥当朝执政,一面争取恢复新政。为达此目的,组建保皇会,倚靠华侨,积极展开行动。康有为以光绪皇帝的存亡为中国复兴成败的关键,不惜一切代价手段力争保救,而视慈禧和顽固大臣为最大障碍,千方百计要加以扫

---

① 《清议报》第 14 册,1899 年 5 月 10 日;星洲寓公来稿:《上粤督陶方帅书》,《清议报》第 80 册,1901 年 5 月 28 日。
② 梅湖半农者:《商学》,《日新报》1899 年 12 月 1—4 日。转引自叶钟铃:《黄乃裳与南洋华人》,新加坡亚洲研究学会,1995 年。
③ 林文庆、邱菽园同订:《好学会第九期演说广告》,《天南新报》1899 年 12 月 5 日。
④ 《好学会第九第十两期题名录》,《天南新报》1900 年 1 月 10 日。

除。新加坡华侨予以积极回应。

1898 年底，徐季钧就撰文预言"中国不久必有变乱"，他说："自古国家之败，不亡于外寇，而亡于内乱。"甲午战败，中国外患日剧，新政甫兴即败，一线生机遭到扼杀，外祸较前益甚，究其原因，"则以我皇上圣明英武，大权旁落，新政不行，而政府守旧诸权臣悖谬昏庸之所致也"。内部则民变会党蜂起，商人报馆纷纷托庇于洋商外强，"夫愚民之见异思迁未足忧也，匪类之甘心作匪未足忧也，独至巨商硕富之家，谈道读书之士而亦离心离德，疾视其长上如仇雠焉，此其祸变岂小也哉"。反观"中国执政诸权臣，方且因循苟且，粉饰矜夸，于政之宜革者必举而张之，于事之当行者必废而去之，即或文告所颁未尝不以兴利除弊为训戒，而一为留心绅绎，皆不过口头禅门面语，以之哄骗无识之人耳"。此前他与友人纵谈时事，认为"兵燹变乱之事，吾身或不能亲见及之，而不料金瓯无缺之江山，一旦竟覆败于女子小人之手也，此等世变远不出十年之外，近即在早晚之间"。[1]《天南新报》还载文辨析"中国今日无所谓新旧党"，断言：

> 其所谓新党者直帝党耳，其所谓旧党者直贼党耳。[2]

1899 年后，有关废立的传闻沸沸扬扬，保救光绪迫在眉睫，10 月 11 日，邱菽园得西报传讯，传单会馆，联合侨民 500 余人，于次日电达总理衙门，恭请圣安，并恳请归政。一时间南洋各岛效法，加拿大、日

---

① 《论中国不久必有变乱》，《天南新报》1898 年 12 月 15 日。

② 引自《清议报》第 21 册，1899 年 7 月 18 日。

本、美国、南美、澳洲华侨及内地人士继起踵接,联名抗电力争者数十起,"天下仁人君子皆翘首跂足以望星洲",新加坡华侨因此被视为"我四百兆同胞之云霓"①。

保皇会成立后,康有为等积极部署,筹划武力勤王。新加坡华侨一面制造舆论,一面参与谋划。1899 年 7 月,《天南新报》连续转载《清议报》所刊无涯生(欧榘甲)撰写的《明义篇》系列文章,如《义士乱党辨》《论救中国当以救皇上为本》等,为反抗清廷倒行逆施的义举正名称颂,文章指出:

> 天下之祸,固莫哀于亡国哉,而追原其始,则皆由于诬义士为乱党。……当其始也,义士痛心国事,疾政府之专横,忧外族之逼处,思有以伸人民天赋自由之权,人治进化主义,以壮国基,以图自保,不得不谋所以改革之也。而其改革之机关,或开新闻揭激昂之论,以醒国民之精神;或开大会演说国耻家仇,以刺国民之纪念;或开学堂输进万国文明,以开国民之智慧;或集图书报告,指示治内治外之失权,疆土日蹙,地图转变,以冀在上之一悟,同胞之奋兴。……有国者视民若犬马奴隶……谈时事有禁,议朝政有禁,著书有禁,立会有禁,方且愚之弱之散之,使天下戢戢受治,以固帝王万世之业。一旦而凤昔所视为犬马奴隶者,忽倡言改革国家主义,去其愚起其弱合其散,予人民以自由之权,开化之路,彼早已惊走骇汗。……天潢世族,奴视其民之私,宁甘心亡国而为

---

① 檀山旅客:《读〈星洲上书记〉书后》,《清议报》第 50 册,1900 年 7 月 7 日;星洲寓公来稿:《上粤督陶方帅书》,《清议报》第 80 册,1901 年 5 月 28 日。

狗马之幸存，决不愿国家改革使国民有见天日之一时，外患愈棘，而内压益甚。①

要拯救危亡，必须保救圣主明君。"故废皇上者，所以断绝我四万万同胞义士之生机也。夫断绝人类之生机以自纵其欲，于古谓之独大民贼，于今谓之野蛮无知，摧陷而扩清之，是天地之公义也，人之正理也，况其为废我四万万同胞所恃皇上之贼党乎？己之仇不报不可以为人，君之仇不报更不可以为生。"只要光绪复辟，"则内外人心咸为改视易听，新法之行更速，不逾年而可收大效，十年而可定立宪之制，中国之强，可翘足而待"。

为达此目的，文章公开号召发动海内外民间秘密会社，武力勤王，"我中国侠学虽微，而内地以及海外会党间义烈之士尚多有之"，呼吁"声大义于天下，举雄师而北指，戮叛君亡国之贼臣以救君父之难"，为四万万人建立"功在万姓，功在万世"的大业。②

《天南新报》自撰的言论也渐趋激烈，有人说："各国谓中国刑法惨酷，其实失刑甚矣。京师数百菜市尚不足以容奸佞之头，而悬首藁街者曾年有一见乎？国家疲屡不振者三百载，非有廓清摧陷之烈不可以致中兴。"③

1900 年 1 月，清廷宣布立储，欲废黜光绪。新加坡华侨先期得知消息，呼吁海外华商再行电请圣安并请皇太后归政，认为："今皇上以

---

① 《天南新报》1899 年 7 月 14 日。
② 《论救中国当以救皇上为本》，《天南新报》1899 年 7 月 31 日。原文载《清议报》第 20 册，1899 年 7 月 8 日，《天南新报》从 7 月 28 日开始转载。
③ 热血冷肠人：《治中国当用猛力说》，《天南新报》1899 年 7 月 18 日。

三十壮年之圣君，而西后以七十将届之衰龄出而夺其政以尸之位，不谓西后有过不得也。"①徐季钧更指斥西太后为"伪临朝"，声称：

> 本馆自开报以来，即力主维新宗旨，于前年八月政变后，更复痛斥权奸，不遗余力。外间不察，以为奸党或不至所言之甚，疑本馆执笔人未免偏执己见。……至此次伪谕遥颁，天下之人，咸恍然共知那拉氏之藏心轨图步武氏之后尘焉。②

经元善在沪联合士绅1231人电禀反对废立，遭到清廷缉捕，并借故移文澳门当局将其拘禁。邱菽园、林文庆与何廷光曾设法营救。③

此后《天南新报》又发布公启，呼吁将"祝寿之虚文"改为"保寿之实法"，由全国4亿人各出一元，向英、德、日、法、奥、意列国的保险公司购买光绪的人寿保险，这样，一方面"以我四万万人共保之，地球之列强共保之，则我皇上之圣寿必可保"，另一方面，"能保皇上之寿，即以保中国之寿，即以保我四万万同胞之寿矣"。"实不徒为皇上买保险，实为中国买保险，为我四万万人身家性命各自买保险也。"④将保皇与保国保家相联系。同时刊发《母后有罪可讨考》，据《春秋》大义，论定君与母后可讨与否，关键是看有罪无罪，"若有罪焉，天子可名为独夫，太后可名为贼臣"。而罪与否的标识，当"以下民之视听为视听"。

---

① 热血人稿：《海外华商宜再举行电请圣安并请皇太后归政说》，《天南新报》1899年12月28日。

② 古梅钝根生：《答伪临朝辨》，《天南新报》1900年2月16日。

③ 《居易初集·序》，虞和平编：《经元善集》，第394页。

④ 《恭祝大清光绪皇帝万寿士民爱戴募购皇帝买保险公司启》，转引自《清议报》第45册，1900年5月19日。

"母后有罪当讨,非子讨母也,母后得罪天下,天下共讨之。"①保皇会的各机关报均不断转载《天南新报》的文章,以加强勤王舆论。

随着勤王运动的逐渐展开,争取国际舆论的理解和支持成为必要。梁启超先是函请丘逢甲劝林文庆出面,在香港创办西文日报,"发表圣德及帝党之政策,以引动白人之热心者",继而又提议将林文庆在新加坡所办西文报改组为保皇会的党报,"发表我辈他日政策",以利于"与西人交涉"。②

第二节 捐款与定策

舆论宣传之外,新加坡华侨积极参与保皇会的组织,以及勤王的筹饷和方略谋划。

保皇会最早派往新加坡活动的当为徐勤和陈继俨,目的是运动南洋华侨和为大同学校筹款。1899 年 9 月 19 日,梁铁君函告康有为,哥老会首领师襄称湖南内地有九万余人,独无军械粮饷,不能举事,"拟候君勉南洋筹款。然君勉初到南洋,一切布置未定,奈何,奈何!"③是年 11 月 20 日康有为致函邱菽园:

> 讲闻风义久矣,天南一柱,独持清议,天挺人豪,以救中国。
> 每读报及得赐同门诸子书,未尝不眷然神往也。仆以不才,过蒙
> 圣主知遇,哀国危亡,毗赞维新。遭变以来,故人亦多遗绝,而足

---

① 转引自《清议报》第 45 册,1900 年 5 月 19 日。
② 丁文江、赵丰田编:《梁启超年谱长编》,第 202、206 页。
③ 孔祥吉:《晚清佚闻丛考》,第 8 页。

下乃独哀念遗亡,辨其愚忠,助共张目。徐生之行,过承接待。又复轸念琐尾,馈以千金,拜登感激,不知所报。但以执事高义雄才,纯忠硕学,相知之深,相待之笃,联辔并轨,以救君国,非复为寻常语言所可谢也。①

1899 年 12 月 17 日,邱菽园函告康有为:

> 仪侃君仍寓敞楼,晨夕倾襟,致雅相得。日间《天南新报》正在赶印大同高等学校章程及代理收单千号,印成,即请林芷俦陪仪君往各处筹款,而蓂通函以为之先,签名以坚其信,看得多少,再及其他。今日筹款如不借径为无别法,南洋英、荷各属禁会甚严故也。……梁任公昨尝函约蓂为兄弟,闻亦有檀山之行,何其盛也,临风遥听,快慰何似!任公新有信来,极慷慨激昂,一主勤王,到底不懈。蓂欲函复与言南洋一带,所筹大同学校捐款,不论多少,总以提归正用云云。

当时风气未开,阻力重重,邱菽园已经预料到筹款活动很难顺利,所谓:

> 南洋虽日倡孔庙学堂,和之者多,然事未办,地未择,图说未有,捐条未发,必无款可筹;即筹矣,而十羊九牧,其款亦究应拨

---

① 引自汤志钧:《自立军起义前后的孙、康关系及其他》,《近代史研究》1992 年第 2 期。

提,此是固本之事,终于目前应变之方,无济分毫。再四思维,只得暂且放下,虚与委蛇,而不急起以追之,诚恐蹈任父在东徒作嫁衣之辙也。然急欲得其人而与谋,商家少大志,南中尤僻陋,一切绝无见识,殊难与语,故惟有借还之一法,如近之以大同高等起点是也。自愧言轻,不足举重,容竭心力,并借陈、林二君四处游说之能,徐观后效可也。[1]

陈继俨等人的筹款,看来的确未能引起普遍响应,所以不得不由邱菽园独力承担大笔捐赠。而陈继俨对于促成其事居功至伟。后来康有为谈到陈继俨的功过时说:"某今以才自负,目空一切(昔在南洋筹款,鼓动邱菽园大款有功)"[2],所论即指陈继俨。

筹款而外,邱菽园还向康有为介绍南洋各埠的有关情况,并为其移席新加坡预做准备:

此间得刘孝实、陈紫瀛两君来书,又何晓生西文函一,借悉旅祺绥和,至为忻慰。君勉君在暹罗孟谷城,粤人陈斗南君广义和店,陈亦志士,郑藻裳君已出,来星坡云:往巴罗见陈翼廷,往吉冷见吴铝鹤,又王泽民(即王炳耀之堂侄)皆有志之士,翼尤刚劲可用。……林文庆顶礼我佛,五体投地,每与菱言之,如掬肺肝,精

---

① 蒋贵麟编:《万木草堂遗稿》,第 872—873 页。

② 1905 年 12 月 26 日康有为致谭良书,方志钦主编:《康梁与保皇会》,第 64 页。伊东,即陈继俨(字仪侃)。1903 年 2 月 16 日罗普函告康有为:"伊东在檀香山不出理事,且以攻击保记为事,人多不直之,而檀埠人心以此冷极。任闻此报,亦大怨怨之,拟归时再到该处一行。"(上海市文物保管委员会编:《康有为与保皇会》,第 219 页)。其时陈继俨在檀香山《新中国报》任副主笔。

格致学及天演家言,于各教立教本旨,皆能洞晰无遗。蒉为述我佛讲学大义,救世婆心,喜跃感泣,无间寤寐,而于勤王立宪诸宗旨,尤切兢兢,诚海外友人第一等豪杰也。今督瑞公颇与之密。其余馆舍,蒉亦早同预备,有以安长者,一得电报,自可供张周密,虽带多人,亦所甚安耳。①

林文庆还计划以商团名义训练陆军,邱菽园则向康有为赠款 2000 元,邀请其南下新加坡。在香港身陷窘境的康有为对此大为感慨:"九洲横眺呼谁救? 只有天南龙啸声。"②1900 年 1 月底,便带领梁铁君、汤叡、康同富、董津、李棠等赴新加坡③,先后寄居邱菽园、林文庆等人家中。

---

①　蒋贵麟编:《万木草堂遗稿》,第 872—873 页。

②　《菽园投书邀往星坡答谢》,陈永正编注:《康有为诗文选》,第 194 页。1900 年 1 月 2 日,香港的何东收到邱菽园的汇款 2000 元,转交康有为。参见赵令扬:《辛亥革命期间海外中国知识分子对中国革命的看法》,中华书局编辑部编:《辛亥革命与近代中国——纪念辛亥革命 80 周年国际学术讨论会文集》上,第 384—385 页。

③　康有为一行赴新加坡者共六人,除康有为在诗中屡次提及的梁铁君、汤叡、康同富外,另外两人当为董津和李棠。1900 年 6 月 27 日康有为致叶湘南书称:"此间每发一电,及发诸书,铁、觉、津、棠四人为之,绝无它客,犹费半日夜力。"1900 年 3 月 23 日《与同薇同璧书》谓:"此间寄还港澳十八书,而澳中云不收,则我寄还香港家中之书(除津带者不计)三封收乎?……董津可急催其还(因出游,译电皆无人)。李棠何日娶妇,娶毕可伤其早来。……前嘱汝将三叔书札寄数封整齐者来,以便叫觉顿模仿,可交津、棠妥寄。"6 月 8 日《与同薇书》:"二月廿八棠既不来,薇应有书告我,三月四日可收我一电还,棠可同来,省尽无限事矣。而乃使棠来问,不用信问,安有此理耶?"1901 年 4 月 5 日《与同薇书》:"李棠归,行李全失,又闻李棠有不欲还之意(闻其告寿文等皆言不还),不可不以恩抚之,可在拨支江叔项下拨廿元与棠(江叔家用已在此支矣),以沾补之,并时常催令还庶。祖母信来谓我疑棠,我何有疑之,用之十年,亲同患难,安有疑之之理。汝母可叫棠来,力解之,并嘱其早来便是。"(均见上海市文物保管委员会编:《康有为与保皇会》,第 136、165—166、171、191 页)则二人应为康家近人。

康有为移居南洋,并非单纯躲避清政府的暗杀绑架,而是以退为进,在确保自身安全的前提下,将保皇会筹划已久的勤王运动正式提上日程,密锣紧鼓地加紧进行。2月,康有为抵达不久,邱菽园就前往马六甲、吉隆坡活动,暗中组成保皇会新加坡分会,自任会长。①与此同时,康有为指示保皇会在香港、澳门设立总局,以便遥控节制国内的招伙运械等筹备活动。

二四月间,丘逢甲、容闳、徐勤等相继赶赴新加坡,表面上各有所图,实则为了共同商议和运动勤王事宜。其间康有为、容闳曾向新加坡殖民当局发出试探:5月底中国"假如发生起义,英国政府是否愿意支持?"②这显然是为即将举行的勤王军事行动展开的外交努力。而丘逢甲也同意"归统(并与版合成一军)"③。邱菽园在《赠别徐雪广征君返里》诗中毫不掩饰其跃动的雄心:"即今王室伤如毁,草檄宾王大有人。""独有英雄造时世,相期犹记廿句中。"④丘逢甲赠诗林文庆:

君名文庆字文庆,应慕汾阳郭子仪。若论收京扶圣主,终须横海出雄师。公卿当代多余气,豪杰中原望义旗。欲起病龙作霖雨,

① 邱新民:《邱菽园生平》。邱菽园本人一直否认加入过保皇会。张克宏考证新加坡未成立保皇会分会(《亡命天南的岁月——康有为在新马》第6章)。但康有为在6月中外开战后认为"星坡可明开会",则此前或有密会(上海市文物保管委员会编:《康有为与保皇会》,第111页)。

② 英国外交部第17种文件1718卷,第310—312页,斯威特南致沙士勃雷的报告,1900年3月29日。引自黄宇和:《三位流亡的理想主义者:容闳、康有为及孙中山,1894—1911》,《国外中国近代史研究》第12期。

③ 1900年6月2日《致徐勤等书》,《康有为与保皇会》,第99页。版,即版筑,潮汕一带会党头目。

④ 《清议报》第41册,1900年4月10日。

天涯我特访神医。①

其与邱菽园唱和,也有"出关待草勤王檄","谁遣拿破仑再出,从来岛上有英雄"的诗句。②

保皇会能够迅速将勤王由一纸计划落实为筹备行动,很大程度上得益于新加坡华侨的倾力支持和帮助。主要体现于两方面:其一,财政上,邱菽园提供了勤王所需的主要款项。邱菽园的父亲邱笃信是新加坡的米业大王,他自 20 岁赴新加坡做苦力,10 年后开恒春号经营米粮,到 1870 年代,就积聚起百万家财。1896 年 4 月邱笃信病故,年仅 22 岁的邱菽园继承父业,他年轻倜傥又满腔豪气,办事往往一掷千金,对于视为大义所系的勤王救国,更不惜尽囊相助。③在整个勤王运动中,邱菽园共捐款 20 万元,占保皇会全部得款的三分之二,可谓勤王大业的财政支柱。

其时保皇会虽然向各地华侨广泛募捐,认捐者相当踊跃,但一则华侨中富商不多,二则认捐爽快交款难,是一般常情,三则清廷驻外机构横加阻挠,梁启超在檀香山等地的筹款即长期不能到位,并因而见疑于同门。没有邱菽园的捐款,保皇会的勤王计划至少还要在纸上搁置一段时间,所以保皇会财政上一直倚重邱菽园。运动之初,梁启超认为:"若能得百万,以其半供内地豪杰,以其半招菲岛之劲旅,可以垂手而成大业。"而这时邱菽园已经捐款 10 万元。1900 年 3 月,梁启超

①　丘晨波主编:《丘逢甲文集》,第 156 页。
②　《饮新加坡觞咏楼次菽园韵》,广东丘逢甲研究会编:《丘逢甲集》,第 462 页。
③　邱菽园《自题星洲上书稿后》诗曰:"尊亲大义日提倡,草野侨民共奉扬,遂使星洲通上国,岛臣长愿戴君王。"《清议报》第 66 册,1900 年 12 月 12 日。

致函表示感激之余,劝以再接再厉:

> 兄以义侠任此数之十一,诚为可敬,望更以兄之血诚,尽力以
> 感召同志,南洋一带能得其十七,则美洲必可足其十三也。生死
> 骨肉,全望我叔子矣。

几天后致康有为的一封信又说:"弟子所望于南洋者,望其得六十
以上之数也。叔子肯周游说法,或可望乎。弟子兹图一切事,望告叔
子同舟共济。"①

其二,新加坡华侨为保皇会的"总持"康有为及其统帅部提供了活
动基地。戊戌政变后国内政局日益恶化,不少爱国志士或被迫或自觉
地将挽救危亡的目光转向海外。黄乃裳便提出以办学堂、建商会等形
式,发动和组织南洋五六百万华侨,举办各种事业,"进而与东西各国
齐驱并驾,以保南洋群岛所有已得之利,不至为外国所攘退,而为我仁
明英武之君,恢复中原二十二行省破碎之河山,俾四万万同胞兄弟,不
至为牛为马为奴为虏,得以优游食息于二十万里膏腴之域,或且收拾
已失藩属,以共戴天朝,是皆南洋有志华商同出回天之力,以整理我华
夏既残之局之功之德也"。如果南洋华侨能够联合全球各地同胞,"牵
合内地四万万建出非常之业,而恢复五千年历掌之河山","是华人之
托于英法美葡西诸属地者,未始非苍苍之天之特开此局,为恢复中原
之地,以保黄种之族也"。②黄乃裳组织侨民屯垦事业,目的即在于此。

---

① 丁文江、赵丰田编:《梁启超年谱长编》,第 202、206 页。
② 《商学》,《日新报》1899 年 12 月 1—4 日;《广南洋华人宜大私以自保说》,《日新
报》1899 年 11 月 7—14 日。

勤王运动开始,总帅驻扎何地成为首要军机大事,保皇会有星洲、日本、澳洲三种选择,澳洲太远,日本已拒,康有为又不敢深入内地,星洲便是唯一可行之处。此外,为了解决在香港设立保皇会机关的问题,梁启超还建议由他本人及邱菽园、何东出面,在檀香山、新加坡和香港等地集股 20 万元,在香港开办一家铁器公司,一面经营生意,一面聚集同志以助正事。①

武力变政最重要的准备当属谋略的制定与实施,新加坡华侨自始至终参与了勤王计划的制订、修改并督促实行。早在 1900 年 3 月,梁启超致函邱菽园时就提及:

> 篡废事虽迫于舆论,暂辍所谋,然枭獍之性岂尝一日忘食母哉。圣主之危,甚于累卵,吾辈之责,急于火星。叔子日与南海促归运筹,其大端下手处果若何,幸常常急相告。②

据康有为后来称:“然今大事之付托,全在统兵之人。”③长江、广东、广西分别由为唐才常、陈翼亭、梁炳光负责。这一布置在 1900 年春已成定局,梁启超致函梁君力通告各地运动情形:“现时刚团已开练,紫云、翼亭在南关大开门面,邱仙根进士倡率屋闸,而佛臣在上海联络长江一带豪杰,条理具备,所欠者饷与械耳。”④不过,保皇会在三个方向上并非平均用力,依据康有为所拟“勤王行师议”,广西一路为

---

①　丁文江、赵丰田编:《梁启超年谱长编》,第 229 页。

②　同上书,第 202 页。

③　杜迈之等辑:《自立会史料集》,第 330 页。

④　《梁启超年谱长编》,第 215 页。

勤王主力正军。所以4月梁启超复函康有为，对该计划虽推为"第一著"，却提出首先取粤，以固根本而壮士气。①

在战略主攻方向的选取上，保皇会有过权衡，而且很大程度上受邱菽园等人态度的影响。最初康有为对"粤多人才而民强悍，且风气已开"的人和优势情有独钟，主持澳门总局的康门弟子也多为广东人，希望首先由此发动，同时对李鸿章督粤及许应骙党羽颇盛心存顾忌，反而觉得"福建关键最为紧要"，详细研究过福建发难的各种地利与人和因素，以及具体的运动办法。②

不过，注意福建，多半是敷衍闽籍的新加坡华侨，保皇会的勤王战略从康有为等人一到新加坡就开始策划，而对广西始终有所偏重。5月底，广西的唐景崧派人赴新加坡"请期"，康有为大喜过望，立即下令全力注西。③本来邱菽园打算"出五万开办闽生意"，康"恶分则力薄，已极力说其改归西，今已全变，不办闽生意，专做西生意。并将全股本拨来"。康有为得此巨款，慨叹"岛真不可再得者也"，随即与邱菽园商议，改变原来广西方面因缺少军械而不能起的不利局面，改"散财招伙"为"因械聚人"，决定趁日本旧货出售，将尽以全力大购之，把邱的5万元全数径直汇往日本，不由港澳总局转手。④

6月中旬，北方形势骤变，联军开始水陆进攻，又风闻"上弑之谣"，新加坡华侨认为危机迫在眉睫，不断催促保皇会赶紧采取行动。对此康有为感到时不我待，赶制出详细的行军作战计划，几乎尽遣所联络

①　丁文江、赵丰田编：《梁启超年谱长编》，第216页。
②　上海市文物保管委员会编：《康有为与保皇会》，第93页。
③　同上书，第98—99页。
④　同上书，第100页。

到的两广民间武装头目全力取桂。本来邱菽园答应将用于福建的 5
万元改用于广西方向，汇出 3 万元后，见保皇会迟迟未动，怒而扣留余
款。恰好此时发生广西容县被变民围困事件，梁铁君"以为或者即李
立之兵"，康有为在未经证实的情况下，"因以此告此间及吉、暹，云西
已起，但不令打勤旗，今已电令改插勤旗，诸公得此报上实耗，乃
少解"[1]。

在康的哄骗劝说下，邱菽园不仅汇出余下的 2 万元款项，还允诺
再捐 10 万元，以求"刻日成军"。邱菽园虽有百万家产，但要立即拿出
现款，也非易事。他"四处筹借，即不然，亦于两礼拜内，必得此十
万"。[2]果然言出必行，最后用屋契作保，以 6 厘息再借款 10 万元捐出。
康有为一方面感叹其"破家为国，再无第二人"，另一方面则陷入两难
境地，仓促行动，"又虑条理未备，而不能妄起，然再迟，人心散矣"，竟
指示部下"速为之，成败皆在今日，今不妨冒险"。[3]

北方局势的变化，也牵动着岭南政局。6 月 18 日，清廷电令李鸿
章北上。"北乱李行"的消息传出，给保皇会在粤行动带来一线曙光。
6 月 20 日，康有为指示欧榘甲："可与诸子竭力图粤事"[4]，打算改变战
略主攻方向。但这一变更遭到邱菽园的坚决反对，迫使康有为回到原
定方案。康将此事函告叶湘南：

　　　　吾始以力薄，故全力图东栈，然岛力欲羽异西，吾亦以为立不

<hr>

① 　上海市文物保管委员会编：《康有为与保皇会》，第 114—115 页。
② 　同上书，第 111 页。
③ 　同上书，第 114—115 页。
④ 　同上书，第 124 页。

败之地,极佳。……岛虑甚周,极欲羽异正军捣西,既可必得,又可令粤响应,又处于不败之地,无论粤中得不,而西可必得而入湘也。岛甚谆谆于是,吾亦未尝不以为然。吾今注意于东,且虑大故环来,故欲特留大将才,即练大兵以当之。然得粤究以长驱为要,长驱仍以翼为之。①

其实,康有为在战略决策上并非如此果断坚决,举棋不定、华而不实才是保皇会勤王的行为特征。

新加坡华侨对于保皇会的组织发动与联系也有所影响,保皇会在两广所倚重的丘逢甲、陈紫瀛、唐景崧等,均与邱菽园早有交游。1899年,丘逢甲、黄遵宪等人在粤筹组保商局,陈紫瀛参与其事,邱菽园与丘逢甲通信中,曾询问其踪迹。不久,陈赴香港,与邱菽园订交,丘逢甲得报,庆幸“天下有心人,声气无不投者”②。丘逢甲原来答应出面主持广东方面的勤王行动,不料返乡时潮汕一带遭受鼠疫,多位至亲惨遭不幸,巨创之下,隐居不出。陈紫瀛则从 4 月与陈翼亭相合③,一直积极参与勤王活动。他是勤王正军的九位主将之一,在自立军的富有山树义堂中,又和邱菽园名列正龙头④,地位极高。

---

① 上海市文物保管委员会编:《康有为与保皇会》,第 136—137 页。
② 丘晨波、黄志萍、李尚行等编:《丘逢甲文集》,第 269 页。
③ 《康有为与保皇会》,第 113 页。前引梁启超函所提到的与陈翼亭在南关大开门面的紫云,即陈紫瀛。
④ 杜迈之等辑:《自立会史料集》,第 128 页。

第三节　因嫌生隙

　　新加坡华侨为勤王事业捐献巨款，也就将自己的命运与之紧密联系。而保皇会的康门师徒多为坐而论道的书生，缺乏办事能力和勇气，尤其拙于秘密武装活动，选材用人，组织联络，策划调度，筹款购械，处处好大喜功而力不从心。康有为曾经抱怨华侨"捐钱则不能多，责望则极其大"，何况邱菽园捐出巨款，连康有为也承认"今一切全借邱力，可以此动大众"，"此次大事全借菽园乃有所举"①，其期望值自然较一般华侨更高。双方的矛盾摩擦多由这一反差滋生。

　　保皇会的勤王计划，一开始摊子就铺得过大，远非其人力财力所能承受。梁启超筹款百万之想已有几分梦幻色彩，后来还不断膨胀，托几位美国人借款 1000 万。结果耗去 2 万本金，毫无所获。他在檀香山半年，"统计所得，当不过八九万之间，除已掷孤注二万外，实余六七万耳"。直到 6 月中旬，寄往日本和港澳的不过 2 万元。②这引起邱菽园的不满，"颇有过言"。7 月间，康有为抱怨道："计檀山及南中各埠可得廿余万，惟皆未交"，美洲各埠，也所得区区。③在此情况下，保皇会只得一味依赖邱菽园的捐款。而澳门总局办事人又举措失当，所用非人，以散财招伙之法，网罗两广豪强，结果愈益滥支，虚靡太甚，受骗实多，款已用尽而事不能举，甚至情报不灵，音讯不通，令邱菽园等人大

---

① 谭精意供稿，阮芳纪、黄春生、吴洁整理：《有关保皇会十件手稿》，《近代史资料》总 80 号，第 78 页。
② 丁文江、赵丰田编：《梁启超年谱长编》，第 240—241、258 页。
③ 《有关保皇会十件手稿》，《近代史资料》总 80 号，第 7 页。

失所望。

六七月间,形势危急,邱菽园等人每日前来询问消息布置,而康有为"一辞莫对",身为全军统帅,连正军主将陈翼亭的行踪也一无所知。6 月 27 日,正当康有为在新加坡"日夜与铁、觉商,与岛辨,为西事办否,今日尚辨驳无已,思辨无穷"①之际,忽接徐勤电告,陈翼亭已经出发,后来又证实陈并未移动。对此邱菽园"口口皆叹太失机、太持重也。又虑我等多费而无成也,至云恐再要十万尚未能起,此语极难闻"②。

这时邱菽园不满情绪的宣泄对象已经扩而大之,对总局办事诸人皆有微词,康有为担心"我等收其多金,彼心热望深,再若迟之,彼或疑我等浪费乾没,谣言一起,则事无可为矣"。但又明知办实事有心无力,因而关注重心有所转移,勤王与筹款的位置互易,即勤王由目的变为手段,筹款则由手段变为目的。他说:

> 若我等再迟不起,恐有它变,我等实对不住,无论如何再不敢开口问取也。顷暹、吉亦开捐,若能起,岛更高兴,尚可多出,则外埠踊跃,源源而来。澳洲谓尚有二万未汇,然今须起后乃敢催之,否则责望不得,人心渐散,哗谤大起。③

为此,他不顾时机成熟与否,指示各路"以速为主",导致汉口自立军仓促行动。

---

① 上海市文物保管委员会编:《康有为与保皇会》,第 132 页。
② 同上书,第 137 页。
③ 同上书,第 114 页。

不过,康有为也有难言之隐,其自居圣人,心高气傲,在邱菽园等人的催逼下,他一方面力不从心,无以回报,颇感欠咎;另一方面难免滋生寄人篱下、失势受气之怅。他虽力劝邱菽园息怒发款,"然已费多少曲折解慰求请乃得此"①,心中郁积着一股闷气,这在以教主自命的康有为也算勉为其难。4月间,他曾想远游澳洲,一走了之,被梁启超等劝阻,梁在函请邱菽园出面"力尼此议"时,对后者"冒险难,排众议,以作东道"的义举加以赞誉,并主动担负筹集巨款之责,以改变"涓滴之数,实[难]遍资各路"②的窘困,似乎折射出康、邱间因嫌生隙的行迹。

自立军之败加深了邱菽园等与康门的分歧。本来勤王计划的动议者是唐才常,但他主张各派联合大举,又以"借勤王以兴民政"为宗旨,得到梁启超、汪康年、孙中山等各派的支持,长江中下游成为联合大举的中枢。然而,此举有意无意间触犯了康有为,除了宗旨上后者"深恶痛绝民主政体"③,以保皇作手段不为其接受外,更重要的是唐才常、梁启超、汪康年等人都不愿在未来以民政为基础的新政权中为康有为预留位置,而且三人均与主张倒满洲的孙中山有所联系。加上主持澳门总局的康门弟子抱有门户和畛域之见,保皇会倾全力运动两广,对长江方面不能予以有力的支持,尤其在饷械的分配上,厚此薄彼。这与梁启超、邱菽园的态度明显有别。

邱菽园与唐才常虽素未谋面,却早有联系。1897年邱途经香港赴新加坡之际,在友人处看到《湘学报》,知道唐才常其人,与之通信。

---

① 上海市文物保管委员会编:《康有为与保皇会》,第114页。
② 丁文江、赵丰田编:《梁启超年谱长编》,第240页。
③ 同上书,第258、221页。

1899 年 12 月正气会成立,"邱菽园深爱唐才常之人物,赠金三万元,曰:'此金虽微,如可以充于天下之用,则请用之。'唐才常即日出发而赴香港,由香港银行受领此金。由是正气会一时繁昌,革命之光鋺愈益闪烁于眉睫间矣"[1]。翌年春初,唐才常将所著《觉颠冥哉内言》四卷寄赠邱菽园。[2]

邱、唐之间的联系,因梁启超的支持而得到加强。梁对于澳门总局的偏心早已有所察觉,多次函告:"粤之冈,沪之佛,皆我党长城,所有急需,乞就前者金山会款及南中菽款接济之。""伯忠在沪至为关键,此间款又尚未能接济之,如有急需,尊处想必能应手,不分畛域。"并让唐才常等"有急需者尚请先商之于星洲诸贤可也"[3],而康有为和澳门总局仍怀私心,暗中做些手脚。

6 月,邱菽园因对港澳总局不信任,将新捐之款"全数汇东",康"知港澳不给,而无如何",指示徐勤等向罗普"截一二万还港澳用可也",甚至打算"调回上海之款"[4]。这些机关算尽的小动作,后来成了"浪费乾没"之说的成因,令保皇会自食其果。

自立军失败后,秦力山至新加坡访康有为、邱菽园,报告长江事变,所说与狄平各异,并怀疑康有为等人"拥资自肥,以致贻误失事"[5],对康宣布绝交。尽管康有为力图辩解,声称:"尚未集两造,无由处断",言词间却明显偏袒狄平,说:"力山勇锐,或者畏之,恐其致祸,而不告以

---

① 田野橘次:《最近支那革命运动》,第 20 页。
② 星洲寓公来稿:《上粤督陶方帅书》,《清议报》第 80 册,1901 年 5 月 28 日。
③ 丁文江、赵丰田编:《梁启超年谱长编》,第 213—214、224 页。
④ 上海市文物保管委员会编:《康有为与保皇会》,第 101、110 页。
⑤ 冯自由:《革命逸史》初集,第 87 页。

实,亦未可知。……雅至忠,而阅历深,有操纵,当俟雅查乃定。"

然而,邱菽园与秦力山自 1900 年春即诗文互酬,引为同调,况且已对保皇会疑心重重,至此虽未公开反面,却于 11 月致电康有为,要求亲自出任粮台,掌管钱财,通电各地保皇会将捐款汇往新加坡。康有为一面表示已停粤局以节糜费而蓄大款,一面将深得邱菽园信任的陈继俨拉来助阵,

> 今仪侃自港来书,亦议请雪梨款尽以寄公,免港澳为众人所分牵,管数者难于破除情面,则大款难蓄,而为零支所累,因以误事,已决计如此。经贻书与任,及复书与侃,特以公近来甚困,忽以告公,虑公以为一埠相遗,故不敢先告。今公慨然任粮台之事,仆既得就近支拨商量可否,此仆所欲请而未敢者。而关切大局,讦谟定策,竟有不约而同心,盖事关一体,自然而同也。今将仪侃之来书并陈,以见公电之先得我心,欢然无似。①

其实,康有为此番做作可谓言不由衷。梁启超于 1900 年九十月间赴新加坡、槟榔屿见康有为时,"见岛极殷勤,必不疑其遽决裂",抵澳洲后,接邱菽园来电索款,以为"汉狱之焰,方波及于粤。弟子窃疑港、澳局皆站不住,有大变动,又以为岛之此电,必曾与师商者,故得电后即照办",共汇出 2000 镑,直到 1901 年 4 月接康有为来电,才知变生不测。②康有为得知情况,即通告各埠保皇会将捐款寄往其所在的庇

能。可见他并不想让邱菽园支配保皇会的财政。

　　邱菽园与康有为虽然不和,并未与保皇派公开断交。自立军失败后,被捕者的供词牵涉邱菽园,富有山堂又将其列为正龙头,清方查知,两广总督陶模札行驻新加坡领事罗志尧查明邱菽园、林文庆等人有无植党图粤之事,实则有意为其开脱。邱菽园得知这一信息,于1901年4月上书陶模,声明自己与康、梁的交往,限于考古校经,问政变始末,谈及时务,指陈得失,英雄所见,虽曰略同,而见机观变,豪杰各不相下,并反对将"忠君爱国之人,概目为祖于康、梁之党。康、梁身份,诚日增加,而志士皇皇,进无以为自解之路",认为只要清廷"取法维新,与民乐利,不徒楚粤诸党会,本非生而好乱,一旦名义无出,闻而欲其他心,想彼康、梁,亦犹人耳,望风解散之不暇"①。言语间只有辩解之词,而无攻击之意。在此前后,他还与东京的梁启田联系,请其与梁启超协商,如果梁肯东归主持全局,愿再出 10 万。梁启超甚至准备接受,"愿居长崎,以任内事",而让康有为游历南美。②

　　邱菽园弃康拥梁,决非仅仅出于财务纠纷或个人关系不合,而是宗旨倾向变化的表征,亦即由康有为的保皇转向梁启超、唐才常等人的兴民政。邱菽园本有种族意识,曾作《黄帝本纪》万言书,"严辨种界,考据精审,旅外文人多未留意及此者"。其通电上书要求归政之举,也明知"此在中原是逆着"而不惜犯险抗命为之。③自立军失败后,秦力山、冯自由与邱菽园等的唱和诗文,反映出新加坡华侨民权心声的释放。如秦力山《道出星洲赠星洲寓公》:

---

①　《清议报》第 80 册,1901 年 5 月 28 日。

②　丁文江、赵丰田编:《梁启超年谱长编》,第 263 页。

③　星洲寓公:《题闽海通客星洲上书记后》,《清议报》第 66 册,1900 年 12 月 12 日。

天南诗阵走雄师,凛凛良狐笔一枝。闻说中原民贼剧,却应头颈惯矜持。

五千年上吾谁祖,四兆同胞尽若忘。可怪胡儿多误我,神洲此后更沧桑。

《重留别邱林徐三君子》:

中原相见再长谈,不到民权死不甘,寄语三君吾去也,魂兮留滞在天南。

人事虽歧心未灰,他年应再动春雷,排空击得弹丸碎,直抵黄龙饮一回。①

冯自由《赠寄星洲寓公》:

文明地狱野蛮天,廿纪修罗铁血鲜。傀儡争存魔鬼现,喇叭吹起睡狮眠。自由潮汐新中国,独立风云壮少年,绝好黄金供锻冶,与君击剑倡民权。②

可惜梁启超终究不能跨越雷池。后来秦力山因故与梁启超反目,邱菽园也断然宣称:"文笔之徒不足与相语,竟与康有为、梁启超绝交。"③邱菽园于 1901 年 8 月 13 日再次公开发表自辩文,解脱康党干

① 《知新报》第 133 册,1901 年 1 月 20 日。
② 《开智录》第 2 期,1901 年 1 月 5 日。
③ 田野橘次:《最近支那革命运动》,第 113 页。

系之外,更对康指责抨击。他说:

> 不佞以海邦男子,两年以来,籍籍蒙康党之名者,岂真独无闻
> 见,而曾不一为辩白欤。诚以党与不党,我心清白,原有存真。而
> 不图阴鸷阴狠之康有为,即以不佞兀傲自喜,曾无趋附门下之心,
> 故动辄援借微名,播告天下,极力表暴,或刊各报纸,或印名会单,
> 不惜齿牙,大加赞誉,深恐天下人士不知不佞为其党也者。甚至
> 如汉口鄂督所捕之会党,及粤东德轮所获之海盗,搜其行箧身上,
> 亦复遍有仆名。

他进一步归纳道:

> 大抵康之为人,结党营私四字,其死后不磨之谥,而其结党之
> 法,总以其学问招徕之帜,以大帽子为牢笼之具,凡属少年聪俊好
> 奇喜事之辈,一与之游,无不入其彀中,此则戊戌以前在粤聚徒及
> 在京结党之手段也。至于亡命出奔以后,则又变用其结党之法,
> 以维新为欺人之术,以皇上为保命之方,其与为仇者则攻击之,其
> 施之恩者,则愚诱之。若夫豪杰有志热心君国,不甘趋附之流,稍
> 与周旋,则必推重其名,表扬其义,逢人说项,到处推袁,一若此人
> 为其前身父母,再世知己,而天壤难逢,笃生不偶者,一欲收其入
> 党之心,一欲绝其归国之路。其用计之狡,弄术之工,至于此极。
> 故凡报纸上所胪列新党之名,及其行事或登诸各西报,或见诸《清
> 议》《知新》等华字报,极言其人若何有志,若何明义,若何捐款者,
> 大抵皆非其党,而惧终不入其党,故乱造谣言,冀使内地官场得闻

姓字,而设法捕获,则虽有志士,亦苦于进退维谷,而不得不依草附木,以中其计。此康有为出走以来,结党营私之心术也。……故欲知康党与新党之分,但观康之隐扬足矣。其扬之升天者,其人必立志维新而不肯入党者也。其隐之埋地者,其人必彼死党而甘与之图谋裹言倡行自立者也。①

是时邱菽园因牵涉保皇会,其家乡族人株连受害,邱报效赈银 1 万两,声明"初与康、梁二逆往还,嗣闻其借会敛财,煽党谋逆,立即痛恨绝交",才由张之洞奏准销案。②既要开脱罪名,当然有所遮掩。但公然骂康,却是发自内心的愤懑之词。

促使新加坡华侨脱离保皇派的另一原因,是与孙中山的联系。1900 年六七月间,孙中山准备亲赴南洋与康有为协商联合大举事宜,先派宫崎寅藏、清藤幸七郎等人前往接洽。宫崎等人到新加坡后,寻访邱菽园,后者告以康有为并未在新加坡居住,宫崎寅藏遂托邱菽园转交书信。而康有为一方面排斥主张反满的革命党,另一方面对前此孙中山介入刘学询、李鸿章等人的交康、刺康密谋心怀恐惧,加上他接到多方获得的情报,指宫崎寅藏为刺客,而宫崎寅藏等人赴新加坡之前在广东与李鸿章的手下有过秘密接触,令传闻显得真实,于是借口英国当局保护严密,拒绝见面,仅派汤叡赠款百元。宫崎寅藏等致函反驳行刺之诬,信被警方截获,而保皇会又将此事报告总督,警察遂将宫崎寅藏等人逮捕。

---

① 　闽中邱菽园稿:《论康有为》,《同文沪报》1901 年 8 月 13 日,引自《北京新闻汇报》1901 年 8 月 23 日。

② 　邱新民《邱菽园生平》所引清光绪廿七年辛丑八月四日上谕。

7月9日，孙中山一行抵达新加坡，立即动用各种关系，展开营救行动。当地华侨中，林文庆早在1896—1897年孙中山旅英时就与之结识，他是新加坡第一位获得英女王奖学金的华人，1895年又担任海峡殖民地立法议员，社会地位很高，孙中山通过他疏通与英国殖民当局的关系。尽管康有为指林文庆为拘禁宫崎寅藏等人的主谋①，但林的确为释放后者起了重要作用。②他还介绍岳丈黄乃裳与孙中山会面。

黄乃裳早年好读中译西书，对美国的民主共和制度尤其赞赏，他读了裨治文所著《大美国联邦志略》，慨然曰：

---

① 康有为函告其女同薇："日人之事，系发难于林君，此事于日本邦交极有碍，故我欲忍之，而林骤告督，遂为大案。然无如何，又不敢言其非，恐得罪林及英官也。其人为宫崎，诚是戊戌九月与我返日本者。但伊不合与孙同行，且为孙办事。日本有两电五信言其谋害也。"（上海市文物保管委员会编：《康有为与保皇会》，第177页）1900年7月6日康有为函告柏原文太郎，他接到宫崎寅藏的来信后，次日即向英国殖民当局申请返回新加坡与宫崎会晤。不料日本某僧密告林文庆，见到数封来电，文中均有康有为、邱菽园名字。其时旁室某客闻讯，亦称刺杀康有为可得赏金数十万。林文庆告知邱菽园，邱又得到电报，指孙文欲图大举，为筹款来新加坡，恐生异变，宜加慎防。林闻之大惊，即走报新加坡总督，请求密查。总督大怒，决意查办。此外，林文庆还告诉其友《天南新报》翻译陈德逊，陈转告日本人，宫崎得知，致函康有为，疑后者故意避而不见。是日康有为恰好回到新加坡，闻讯大惊，告诉林文庆，宫崎为日本志士豪杰，与其旧交，请转告总督，中止查办，否则无面目再见日本故交。再三请求之下，林文庆始息怒允诺。康又转托当地警官请求中止查办。但总督拒绝所请（东亚同文会编：《续对支回顾录》下卷，第653—654页）。

② 冯自由记："林为星洲著名医学博士，极得当地英吏信用，宫崎得以无事出境，即赖其斡旋之力。"（冯自由：《华侨开国革命史》，中国社会科学院近代史研究所近代史资料编辑组编：《近代史资料专刊·华侨与辛亥革命》，第57页）"时医师林文庆在马来群岛负盛名，甚得当地政界信仰，总理于彼为旧交。……英官判宫崎离境，即林文庆为之说项也。"（冯自由：《革命逸史》初集，第176页）

传子之天下，易而传贤，且君位有四年限制；君王之天下，易而民主，或曰总统，令士庶者有举主举官及议政之权；是推陈出新之一大创局也，是驾欧洲英、俄、法、意、奥、西、和、比、葡、瑞、恼诸国而上之也。

变法失败后，黄乃裳为《美国史略》作序，盛赞美国独立战争和民主开国的壮举，希望中国实现百年大变，涌现一华盛顿式的伟人，令中国焕然一新。①这使他对坚持民主共和的孙中山一见倾心。②以后黄加入了同盟会。林文庆也一直与孙中山保持联系，孙中山曾托其出面提倡商人以助军费。③

孙中山为了营救宫崎寅藏等人，还找了旧友吴杰模帮忙。吴是福建人，别字子范，"少学医于英国，深究化学之理，切脉临症制药待病，尤为独步，在香港设肆售技有年，历蒙各医院院长推函荐许，实效昭然"，后移居新加坡，在衣箱街开设仁济大医房。邱菽园与之交好，曾亲自为其撰写广告，刊诸报端④，由此可能间接了解孙中山。

孙中山此行目的本是与康有为磋商，"为我们在共同路线上的联合行动作出安排"⑤。而这一方针先此已与梁启超、唐才常、汪康年等达成默契，邱菽园则对奉行联合大举的长江革新党予以积极支持。

①　《大美国史略》，福州美华书局 1899 年活版。
②　詹冠群《关于黄乃裳研究中的几个史实问题》，《黄乃裳传》附录一。
③　1907 年 10 月 15 日《复张永福等函》，广东省社会科学院历史研究室、中国社会科学院近代史研究所中华民国史研究室、中山大学历史系孙中山研究室合编：《孙中山全集》第 1 卷，第 348 页。
④　邱菽园：《恭颂大医士吴杰模先生》，《天南新报》1898 年 6 月 7 日。
⑤　《孙中山全集》第 1 卷，第 195 页。

1900 年 8 月,孙中山、梁启超分别归国,准备实践前诺,参与长江联合大举。事败,邱菽园排斥抵拒联合大举、借勤王以兴民政的康有为,而信任梁启超,也可视为对长江方面宗旨方针的赞同。1902 年,他退出了以鼓动维新而名满海内外的《天南新报》社务,象征着脱离旧轨。以后在革命党与保皇派的论战中,他还自告奋勇,和黄乃裳一道为开演讲会批判保皇派的革命党人张继担任翻译。[①]直到 1910 年,才因文学关系与爱好相同的康有为复交。

　　世纪之交,华侨的祖国意识初醒,其中保皇会勤王运动的宣传动员作用巨大。新加坡华侨在当时地位的凸显,除西学新学的影响外,得益于两方面的优势:其一,所受中国固有文化熏染较深,文化认同倾向强;其二,与国内各方的交往联系频繁,政治上同频共振。传统士人的天下意识与近代民族民主思想相融合,使得新加坡华侨的爱国情怀与康、梁等人的政治宣传相互激荡,而不仅仅是被动接受。这种士绅的政治文化优势向社会变迁过程中趋新事业伸展的情况及其作用,值得关注和深入探讨。

---

① 詹冠群:《黄乃裳传》,第 139 页。

第八章　岑春煊与保皇会

1900 年,因内外形势骤变,保皇会加紧行动,公开揭出勤王旗号。义和团事变起,清政府对外宣战,为应付复杂局面,令各省督抚派兵增援,等于下令勤王。同一旗号之下,朝野双方的行动目的截然不同。即使参与保皇会勤王计划的各派,在推翻后党、恢复新政的大同之下,也各自存有并不算小的政见、利益分歧。而清廷的各省勤王之师,更是心怀鬼胎,表现大异。另一方面,相同的旗号又给一些脚踏两只船的胸怀异志之人,提供了左右逢源的合法外衣,使其得以见风使舵,相机行事。庚子岑春煊千里勤王,便属于后一类的典型。只是由于当时行动隐秘,知情者少,后来当事各方又有所忌讳,避而不谈,以至于真相只见诸笔记掌故的传闻①,迄今不为史家所采信。仔细梳理相关的史料与史实,可以深入透视在庚子各种矛盾冲突空前激化的形势下,统治集团内部的异动与其他社会势力的关系以及由此产生的深远影响。

第一节　护驾潜因

徐一士《一士谭荟·岑春煊》条记:

---

① 庄练:《中国近代史上的关键人物》下,第 218 页。

庚子之役，以甘肃布政使率师勤王，护驾西行，遂邀西后特赏，迁任封疆。相传其时春煊初拟助帝收回政权，或以孝治及利害之说动之，乃不敢发，而益自结于后。论者多病其不能见义勇为，然封疆重臣，统兵大将，多戴后，帝则势处孤危，举事不慎，将有奇祸。春煊纵欲建非常之业，其力亦苦不足耳。①

《啁啾漫记·清德宗西狩琐闻》条记：

清德宗久制于孝钦太后，郁郁不得志。拳乱之始，帝心非之而不敢言，且朝贵咸党于太后，虽言亦不得从。及西狩，恒思援各省督抚以自助。勤王之师，陕西藩臣某最先，某故先朝旧勋之裔，帝颇重之，擢陕西巡抚。一日招某入，叩头毕，帝甫有言，而太后适至。帝色变，某亦汗下流背，乃乱以他语而罢，太后未之审也。②

两说颇有不合，后一说并有小误（如岑春煊为甘肃而非陕西布政使），重要的是空穴来风，事出有因，不可视为游谈无稽，岑春煊确有借清廷勤王之名行保皇会勤王之实的可能。

戊戌变法前，岑春煊即与康有为建立起密切关系，积极响应变法维新，参与康有为的各种组织活动。1895 年康有为发起上海强学会，岑春煊为"噬肯来游"、加入是会的各省"名儒硕彦"之一。③1897 年 2月，康有为再到桂林讲学，并与唐景崧、岑春煊等地方官绅议开圣学

---

① 荣孟源、章伯锋主编：《近代稗海》第 2 辑，第 443 页。
② 辜鸿铭、孟森等：《清代野史》第 4 册，第 1963 页。
③ 汤志钧：《戊戌变法人物传稿》增订本下册，第 713—719 页。

会。唐、岑二人一自台湾归，一自山东回，均亲历中日战争，对于清政府战败求和，丧权辱国极为不满。台湾民主国官绅内渡后，均不得清政府任用，而岑春煊则辞官归隐，不作出山之想。

岑春煊返桂之初，交游议论，尚属平平，唐景崧与龙泽厚等"见则谈学，与岑云阶及官场则谈博谈戏"①。后唐、岑两人"往还最密"，鉴于清朝"败兆已伏"，"正思所以挽之救之之法"。他们与康有为"晤谈之下，志同道合"，因而赞助最力，捐献最多。②康有为作《桂林圣学会后序》，还托名岑春煊。为此，岑春蓂商得乃兄同意，特致函汪康年，要求登报声明更正。③

次年，岑春煊送七弟入都赴礼部试，或指其在京"结交康党，入保国会，慷慨上书，急欲一试，遂由候补京卿外简广东布政使"④。岑春煊参加保国会，虽有传闻，查无实据。他本人后来作《乐斋漫笔》，矢口不提与康党结交之事，唯渲染奏对和上书。他向光绪皇帝当面及条陈所说，即"力陈国势阽危，非发愤自强，不能图存。欲求自强，必先兴学、

---

①　1896年12月6日《龙泽厚来函》，蒋贵麟编：《万木草堂遗稿外编》下，第850—851页。

②　廖中翼：《康有为第二次来桂讲学概况》，桂林市政协文史资料研究委员会编：《桂林文史资料》第2辑。

③　上海市图书馆编：《汪康年师友书札》一，第549页。《圣学会后序》，《时务报》1897年7月10日、20日第32、33册连载，署名"西林岑云阶大理春煊撰，桂林广仁善堂来稿"。1897年5月31日《知新报》第20册刊载《两粤广仁善堂圣学会后序》，则署名"唐景崧"。岑春蓂致汪康年函称："近阅贵报，文编中有敝省《圣学会后序》，署名为家兄云阶所作。弟见所言雄阔，与平日文字不类，昨专电询问，知系康长素工部手笔，属之家兄。"《康南海自编年谱》称："与唐薇卿、岑云阶议开圣学会，史淳之拨善后局万金，游子岱布政捐千金，蔡希歧按察希［邠］激昂高义主持之，乃为草章程序文行之。"（中国史学会主编：《戊戌变法》四，第136页）则后序与署名蔡希邠的序，均应出自康有为之手而托名他人。

④　胡思敬：《国闻备乘》，第15页。

练兵、讲吏治、信赏罚,乃克有济"。又以纸虎为喻,认为一味对外示弱,"譬如纸虎被揭,威严尽失,谁复有所畏惧,以后外交将步步困难矣"。并指斥"枢臣误国,蒙蔽圣明",致使朝廷"是非不明,赏罚不当"。看法与维新派大抵相通。因此,虽然"疏奏自以语多讦直,虑触忌讳,而是时德宗亲政,方锐意有为,思拔用强直果敢之臣"。旧例京曹外用者,大抵实任三品卿方能简授藩司,岑以销假请安尚未收缺人员,即被特简,"实异数也"①。

不过,"异数"的背后,大概确有康有为的帮忙。1902 年康曾透露,岑春煊"乃仆昔所荐来粤布政者"②。以当时的情形论,康有为的暗中举荐应较岑春煊的奏对及上书更易见效。

发布岑春煊接替调任山东的张人骏为广东布政使,已是 1898 年 8 月 31 日③,这时百日维新高潮已过。1898 年 12 月 19 日,岑春煊调任甘肃布政使④,其在广东总共只待了大约三个月。难安于位的起因是与总督谭锺麟不合,背后的真正原因则当事各方说法不一,其中牵涉到与康有为的关系。

岑春煊《乐斋漫笔》称,他于"陛辞赴粤"时,光绪曾面谕到任后宜设法剿办粤省日益猖獗的土匪,并指粤督谭锺麟"年老不能办事,尔抵粤后可察看奏知",许其"据实奏闻,朕与尔作主"。"时广东有道员王某,素为谭督所信任,颇多不法,商民无不受其鱼肉,有因索诈而毙命

---

① 荣孟源、章伯锋主编:《近代稗海》第 1 辑,第 84—85 页。
② 《致李福基董谦泰等书》,方志钦主编:《康梁与保皇会》,第 38 页。是函当写于 1902 年 8 月 2 日。
③ 朱寿朋编,张静庐等校点:《光绪朝东华录》,总 4171 页。岑春煊《乐斋漫笔》称:"戊戌四月,陛辞赴粤。"(《近代稗海》第 1 辑,第 85 页)
④ 《光绪朝东华录》,总 4276 页。

者,慑其气焰,皆噤不敢言。余到后,始有来控者,廉得其实,即详请撤去该员各项要差,严行查办。谭督不从……议论抵触,谭愧且怒,遽拍案诟詈,目镜坠石棹立碎,势张甚。"岑调任甘肃后,"终以谭、王营私舞弊事具疏劾奏。有旨查办,谭因罢归,王亦革职。此案以藩司劾罢督臣,为有清仅见之事也"。①

　　然而,事实与此不无出入。弹劾谭锺麟及广东按察使魁元、知县裴景福、候补知县李家焯等,系由御史宋伯鲁提出弹章,时间尚在岑春煊到任之前。开始清廷谕令湖南巡抚陈宝箴查奏,陈被革职后,由继任余廉三接办。余详查的结果是,原参贪劣的谭、魁各节,查无其事;裴则官声尚好,均免置议;只有李家焯因对所带卓勇约束不严,交部议处。所称"道员王某",即候补知府王存善,倒是由岑春煊本人"列款详参",却交由谭锺麟查办。②谭锺麟派委司道按款查讯,"奏称王存善并无浮冒侵渔之据"③。此事非但未能增加岑春煊的政治资本,反而使其遭受一次小小的挫折。"莅任不数月,即与总督谭锺麟腾章相诋。太后恶之,荣禄为缓颊,乃调甘肃。"④

　　荣禄官声颇恶,但在19、20世纪之交,于新旧华洋之间,却能起到一定的调护作用,岑师事之,引为奥援。⑤岑春煊不甘受挫,调任后继续

───────────

① 荣孟源、章伯锋主编:《近代稗海》第1辑,第85—86页。
② 朱寿朋编,张静庐等校点:《光绪朝东华录》,总4220页。
③ 同上书,总4416页。据1899年1月28日《申报》报道:王存善任省河补抽厘局总办有年,岑春煊抵任后,访闻比较各数有不实之处,爰即撤委,饬将各数呈出核算。其补抽厘局一差,委候补府刘清泰接办,所兼善后局提调一差,改委候补知府李受彬接办。岑调任后,谭锺麟分别撤去刘、李,另委他人。
④ 胡思敬:《国闻备乘》,第15页。
⑤ 参见杜春和、耿来金、张秀清编:《荣禄存札》,第320—326页。

奏参广东各员侵蚀巨款,祖庇瞻徇潘灿、王存善等事①,清政府先后再派鹿传霖、刚毅查办,结果确认广东"所挪之款系历数十年积累而成",所用办理盐务的候选同知潘灿等人办事认真,"均可无庸置议"。只是后来将厘金改由招商承办,表面是为了"杜中饱而祛糜费"②,实则欲筹巨款以应急需。③

晚清吏治败坏,几乎无官不贪,若以此划线,恐怕无人不在可参之列。岑春煊穷追不舍,别有潜因。记载此事的另一版本所述便有大

---

① 《甘肃藩司岑纠劾粤督片》,《知新报》第111册,1900年1月11日。中谓:"两广督臣谭锺麟久任疆寄,素有能名。近因老病渐增,诸事日形废弛,加之目疾甚重,公牍皆不能亲阅,需人口诵,内则信任幕友潘灿,外则信任知府王存善,由是潘灿、王存善恃督臣之信任,欺压臣之昏瞆,借势招摇,纳贿揽权,无所不至,以致广东吏治营伍用人理财无在非弊。潘灿倚王存善为爪牙,王存善倚潘灿为唇齿,而谭锺麟方深倚二人为心腹。……是不严治谭锺麟废弛之罪,不足以谢朝廷,不严治潘灿、王存善之罪,不足以儆宵小。升任广东臬司魁元,目击潘灿、王存善朋比为奸,不能匡救谭锺麟,反从而附和工存善。即如臣原查工存善侵蚀各款,一切案据,皆经会同魁元核对……何以复查,只顾为王存善洗刷,置全案证据于不问。"
② 朱寿朋编,张静庐等校点:《光绪朝东华录》,总4400、4416、4446—4448、4484—4485页。
③ 1899年9月19日梁铁君致康有为函称:"近容、庆两党相倾,西后拟废立,事甚急,京师震动。刚毅来粤拟筹款五百万,近议厘金改作坐厘,归七十二行商代抽,四处罗掘,鸦片烟熟膏抽厘,亦已承允矣。"(孔祥吉:《晚清佚闻丛考——以戊戌维新为中心》,第8页)据1899年10月1日《申报》社说《论刚中堂在粤东筹款事》:"刚子良中堂奉命至江南查办事件,首于筹饷为急务,盐厘盈余及各员报效,每年骤增进项二三百万金,现又奉命往粤东,议筹五百万金以充饷项,先向现任地方官,次及殷富绅士劝捐,并清查盐厘两项积弊,暨各局办理事宜,一则剔除弊端,一则广劝报效。"刚毅自称"上不病国,下不厉民",但广东厘务每年进款原来不过二百万有奇,后加至二百四十余万。经谭锺麟整顿,又有增加。刚毅来粤,拟每年再加数十万,达三百万之钜。有某富商纠集巨股,包办厘捐,每年报效三百五十万两。刚毅则欲将行厘坐厘台炮补抽厘局四项归本行商人自抽自缴,每年可得约三百七十万两。各官报效三万至二千金不等。"说者谓中堂取之盐厘,取之各员,诚无病民之心,惟员骤多此一宗出款,势必仍取自民间,民仍不免怨咨交作,奈何?"

异。陈澹然为裴景福《睫闇诗钞》（戊午正月付印）作序提到：

> 先生之任南海也，廷旨捕南海康有为，籍其家，括尝所往来书，廉其党。先生奉檄偕知府王存善往。西林方为布政使，与康交，惧事泄，令择要人书藏之。先生察其书皆通候往来，任王君持以献粤帅，固未达也。而西林则大恨，即借他事劾王，粤帅右之，仅免。

其时清廷确有下令粤省查抄康有为家之事。1898 年 12 月 28 日，清廷发布上谕：

> 昨据两广总督谭锺麟奏：康有为本籍抄出逆党来往信函多件，并石印呈览。查阅原信，悖逆之词，连篇累牍，甚至推谭嗣同为伯里玺之选，谓本朝为不足辅。各函均不用光绪年号，但以孔子后几千几百几十年大书特书，迹其种种狂悖情形，实为乱臣贼子之尤。其信件往还，牵涉多人，朝廷政存宽大，不欲深究株连，已将原信悉数焚毁矣。[①]

后来岑春煊督粤，必欲将裴景福等人置之死地，也根源于此。[②]

---

① 朱寿朋编，张静庐等校点：《光绪朝东华录》，总 4279 页。

② 裴景福以名进士为宰粤东，屡任剧邑，为番禺知县时，与广州知府约期一月，破积盗劫案凡五十。裴化装混入匪中，探其实然后破其穴，一网打尽（陈灝一：《新语林》，第 30 页）。裴氏颇得谭锺麟信任，而与岑春煊积不相能。岑督粤时，欲坐其死罪，因查无实据，最后遣戍新疆。

1899 年 12 月 19 日,谭锺麟去职,代以李鸿章,在清政府方面,主要不是因为参劾案,而是为李鸿章谋一位置,同时加强对广东的控制,打击在海外活动声势日张的保皇会。

第二节　戴后与助帝

戊戌政变后,康、梁等逋逃客与曾经赞成变法的清政府朝野要员之间,看似公开敌对,其实互有需求,因而暗中互通消息,彼此利用。李鸿章而外,康有仪曾在南洋康有为座上见有各督来函外套[1],肃亲王也曾与之通函。岑春煊不仅与康有为等早有联系,而且一直保持。与岑关系密切或情况类似者,不少人介入了保皇会武装勤王的密谋。

早在戊戌变法前,康有为等便有以武力为后盾之心,并且暗中有所准备。政变后,与各地的官绅以及会党土匪一直保持联系。广西方面,康有为有类似布置,岑春煊似也牵连其中。

康有为等人本来准备应付政变的计划,因袁世凯的出卖而一败涂地,北上行刺,一时也不易措手。1898 年 11 月初,康有为借"奉诏求救文",明确向清廷臣民发出"勤王"呼吁。[2]不过,唐才常希望联合各方革新势力发动中原大举,与康有为的想法不完全吻合。康有为一派亡走海外,仍然坚持倚靠光绪实行变法的政治目标,因此首先要恢复光绪的权力地位。他们除了求助于列强,还组织保皇会,扩张实力,创办《清议报》,鼓动舆论,号召勤王,矛头直指重揽大权的西太后。保皇会

---

①　孔祥吉:《晚清史探微》,第 223 页。
②　汤志钧:《乘桴新获》,第 60 页。

的勤王，一方面暗结草莽，大兴义兵，另一方面则鼓动方镇大员，起兵救上。康有为发布"奉诏求救文"目的之一，即在警告清廷官员"不讨贼则非臣"，"若屈膝以事伪主，甘心而立牝朝，则万国攘臂而仗义，天下裂眦而公愤，冰山必难久倚，狐鼠岂可同群"。希望他们"共兴故国之思"，"圣主重兴，共兹大业，则尔公尔侯，自有前例"。①

　　尽管康有为等人对西太后恨之入骨，因为实力有限，在相当长的一段时间内，还是希望通过其他途径实现复辟归政，甚至对当朝执政心存幻想。而清政府欲除后患，千方百计要将康、梁等人置诸死地。几番引渡、绑架、诱捕、谋刺不成，又颁布上谕，公然悬赏购线，买凶捕杀，并于1900年1月24日宣布立新储。在建储即为废立的严峻形势下，保皇会再度将重心转向武力勤王。加入保皇会的暹罗华商陈斗南等在电争废立的同时，分别上书李鸿章和张之洞，鼓动南省大吏举兵勤王，以救圣主。②《清议报》第37号（1900年3月1日）发表署名佩弦生的《论建嗣即为废立》，批评"事既逾月，而海内之臣子，未闻有一人念君父之危，叩阙以死争之者，更不闻一人急君父之仇，发愤而勤王讨贼者，岂忠义之热心不逾月而顿冷哉"。后来更认为"今日而望各疆臣勤王，是真望梅止渴也"，呼吁国民以独立自主之精神兴师勤王。③

　　有鉴于此，保皇会加紧勤王筹划。1900年1月，康有为移居新加坡，保皇会在澳门设立总局，随即制订了战略行动计划。在这一计划中，广西的地位举足轻重，而与岑春煊有通家之好的唐景崧扮演重要

① 汤志钧：《乘桴新获》，第60页。
② 《废立要闻汇志》，《知新报》第113册，1900年3月1日。
③ 《论各省亟宜勤王讨贼以造中国》，《知新报》第122册，1900年7月11日。

角色。康有为的勤王谋略首先"以全力取桂"①,之所以将广西作为整个勤王行动的发动地,除了可以原镇南关游勇头目陈翼亭为主力正军外,重要原因是有唐景崧的加盟。唐当年是万里请缨的名士,曾任台湾巡抚,虽因出任台湾民主国总统之事被清廷闲置,在地方上号召力不减,而且数年来一直以办团练为名有所布置准备。依据康有为亲拟的计划,唐景崧的地位十分重要,实际担任中军主帅之责。

1900 年 5 月底,唐景崧派人远赴南洋,告诉康有为"滇、黔、桂皆来归,特来请期"。康有为见广西"有小山之坐镇,滇、黔皆来",决定全力向西。②唐景崧与滇、黔的渊源,显然不及西林岑家。岑春煊的父亲岑毓英在滇、黔两省征战任职凡三十年,官至云贵总督。后来岑春煊作《乐斋漫笔》,不无自得地说:"至今滇人士与余家相值,犹依依如其乡人焉。"③唐景崧如果真的争取到滇、黔来归,至少要借重岑家的关系,才可能达成这样的效果。而唐、岑两家为世交,中法战争期间,唐景崧曾在岑毓英麾下效力。

义和团期间,清政府为应付内外乱局,于 6 月 17 日、20 日先后谕令各省督抚派兵星夜驰赴京师。7 月,京师形势吃紧,清廷于 4 日、12 日、25 日以及 8 月 8 日、13 日,连续诏令各省勤王之师兼程北上,星夜驰援。④除一般性号召外,还向袁世凯、马玉崑、李秉衡、鹿传霖、张春发、刘永福等发出专门指令,也有个别官员主动统兵北上。

---

① 　上海市文物保管委员会编:《康有为与保皇会》,第 45 页。
② 　同上书,第 98—100 页。
③ 　荣孟源、章伯锋主编:《近代稗海》第 1 辑,第 82 页。
④ 　郭廷以编著:《近代中国史事日志》第 2 册,第 1085—1093 页;李文海等编著:《义和团运动史事要录》,第 191—368 页。

　　然而，各地的文官武将多徘徊观望，等待局势的变化。如江苏巡抚鹿传霖"闻乡里大扰，族之长幼均被屠。于是在抚署内大哭，誓与拳匪不两立。遂借勤王美名，力请开缺，克日帅羸卒北行。至河上，闻乡里无恙，遂逍遥不进。闻者皆非笑之"①。广西巡抚黄槐森等人因行动不力，还被清廷严旨申斥。而岑春煊却义无反顾，行动神速。甘肃于6月26日接到6月20日清廷着各省分兵驰援京师的上谕，当天岑春煊即率兵启程。②他后来自炫其不顾陕甘总督魏光焘的阻拦，率省马队二旗先行，又不待马队齐集，先率卫队数十人，自兰州取道草地沙漠，忍受种种困苦，昼夜疾驰，赶赴京师。所部是为数不多先期到达京师的勤王军，其余各地的勤王之师，多在两宫西幸后才陆续赶到太原或西安。

　　岑春煊迫不及待地挥师勤王，目的究竟何在？辅助光绪收回政权的可能性并非子虚乌有。康有为号召勤王之初，曾致函同门简朝亮，请其出面鼓动两粤草茅之间的义杰之士，合众勤王，"出湘桂疾卷武昌，长驱河朔"。其时简正为讼事缠身，托康设法，康告以"讼事之案已托岑云阶方伯为之昭雪，并嘱其延访"③。这不仅从侧面印证康有为举荐岑春煊破例任广东布政使之事，还表明双方在政变后依然保持联

---

① 老吏：《奴才小史·鹿传霖》，《清代野史》第1卷，第555页。关于此事，记载多有不同。罗惇曧《拳变余闻》称："江苏巡抚鹿传霖，以兵六千勤王，闻京师陷，绕道河南至于太原。"《庚子拳变始末记》谓："当围攻使馆之初，鹿为江苏巡抚，带三千人北上勤王。尚未至京，闻洋兵已破城，乃解散军队，至其家乡住数日，即往太原。"（前引书，第222、181页）清廷召鹿传霖来京，时在6月26日。

② 光绪二十六年六月十二日《陕甘总督魏光焘折》，国家档案局明清档案馆编：《义和团运动档案史料》上册，第261—262页。

③ 《致竹居书》，蒋贵麟编：《万木草堂遗稿》，第275—276页。简朝亮曾指责翁同龢"不能蓄壮士，以兴大举"。

系,互为利用。

义和团势盛以及联军入侵,中国社会空前震动,各种势力纷起因应,试图按照自己的政见和利益影响社会的发展进程,从而大范围冲击了因循守旧的政治风气,促使朝野各种势力相互联系,谋求合作,以挽救危局,振兴图强。新党士绅如康有为、梁启超、章炳麟、经元善、汪康年等人函电纷驰,游说各省督抚兴师勤王,北上平乱。保皇会将勤王的直接目标由"清宫阙而诛贼臣,联外交而安圣主"①,助光绪复辟亲政,改为"助外人攻团匪以救上"②。

1900 年 7 月 11 日,《知新报》发表题为《论各省亟宜勤王讨贼以造中国》的论说,呼吁疆臣"驰檄各省,奔问京华,布讨贼之文,率勤王之旅,平团匪之乱以谢远人,枭贼臣之头以快天下,然后重扶圣主,复行新政,开通口岸,酌赔兵费",是为上策,否则稳固东南,变政自立,"为平等之新邦"。如果望疆臣勤王如望梅止渴,则"望诸豪杰,期我国民,提独立之性质,振自主之精神,以鸦君阿度为归,以吐兰士哗为法,宁裹马革之尸,毋作砧上之肉,宁为特立之雄鬼,毋为双料之奴才"。

李鸿章北上途中稽留沪上,上海新党名士策划建议其急率江南兵力的半数拔队北上,剿灭"团匪"乱兵,内安两宫,外对列国,扭转危局。7 月 30 日,14 位维新党人联名由郑观应代表上书李鸿章,认为平乱局、缓客兵的关键在于"自剿北匪"。但此举"非将迭次谕旨分别其伪则不能剿,非实有可用之将,得力之兵,则虽剿而无功"。请李鸿章会商各督抚速行遴派劲兵,协筹饷项,并公举统兵大臣一人,率以北上,

① 《勤王宜直捣京师说》,上海市文物保管委员会编:《康有为与保皇会》,第 44 页。
② 冯自由:《革命逸史》第 6 集《康有为之海外报告书》,第 30 页。是函署期为六月廿日,即 7 月 16 日,而冯自由说明为六月六日(7 月 2 日)发。

"不奉贼臣之矫诏",不仅"剿匪",而且将助"匪"为乱的将弁一律诛戮,将"不顾国家,不明大局","捏造诏旨,力行阻挠"的贼臣奏请正法;同时于"勤王诸将中择一明干精警而有稍习京曹情形者",率一大队驻守西道,以防"匪党"乱兵与二三贼臣挟持两宫西走山陕。①李鸿章拒绝了这一请求,但在次日与刘坤一联名所上奏折中,却"冒死沥陈"了其中的一些意思,要求明降谕旨,保护外国使领和洋商教士,剿办乱民散勇,"以清内乱而弭外衅"②。尽管在对待帝后的态度上保皇会及其他维新党人与南方督抚明显有别,有些方面还是不乏共识。

如此一来,清方勤王将帅怀有不同动机,一部分拥护当朝执政,另一部分则不认贼臣矫诏。在同一旗号下,各人目的究竟如何,扑朔迷离。上海维新党人即指责东南勤王之师的李秉衡、鹿传霖、锡良等为"东南之端、刚"③。章炳麟论及李秉衡、鹿传霖的勤王时,也认为:"勤王者,则汗漫兼容之辞耳,剿匪者得举是以为号,助匪者亦得举是以为号,二帅之名曰勤王,其实助匪也。"④岑春煊万里驰援,到京入见太后时,却自陈:"臣军临时召募,但任防守,不敢当前敌。"⑤结果奉诏驻张家口防俄。这刚好与南方维新党防止两宫西走的预谋吻合。

---

① 井上雅二:《上海通信·三　上海维新党中重なる人士の李鸿章伯に呈したる意见书》,《东亚同文会第十回报告》,1900年9月1日。

② 光绪二十六年七月初六日《大学士李鸿章等折》,国家档案局明清档案馆编:《义和团档案史料》上册,第415—417页。

③ 《东南变局忧言二》(录《中外日报》),《知新报》第125册,1900年8月25日。

④ 《庚子拳变与粤督书》,汤志钧编:《章太炎政论选集》上册,第145页。

⑤ 胡思敬:《国闻备乘》,第15页。吴永《庚子西狩丛谈》记:"陛见时,太后问:'带兵若干?'如数以对。太后觉事近儿戏,意殊不怿,问:'兵在何处?'曰:'尚在途中。'因有诏令其办理察哈尔防堵事宜,着折回张家口,迎候来兵。"所以赵舒翘指岑春煊为"不急之人",其随扈乃擅行违旨(中国史学会主编:《中国近代史资料丛刊·义和团》三,第409页)。

无论岑春煊的初衷如何,审时度势,他终究选择了"戴后"而非"助帝"。坚决拥帝反后的康有为闻讯,不忧反喜。他在家书中说:"岑云阶虿从甚有权,将来或借以作周勃,将拟遣人说之,若吾辈办事,当乱世终非挟兵力不可立也。"①则岑的地位上升在保皇会看来是至关重要的有利之事。

汉口自立军失败后,保皇会的勤王谋略渐趋停顿,所余的努力,其中就包括争取北方岑春煊一类的同道,而将勤王分为南北两路。1901年春康有为称:

> 内地勤王布置甚妥,北路一面,已派多人指点圣皇复辟之举,南面一路勤王义举之谋,想主上回銮则在春间。②

据王照《方家园杂咏纪事》第九:

> 驻跸太原多日,上仍求独归议和。太后及诸臣坚持不放。其实是时早归,赔款之数可少,而外人所索保险之各种条件,皆可因依赖圣明而无须提出,公论昭然。……而诸人因识见腐陋,不知此者十之九。明知而佯为不知者十之一。此十之一,则为太后、荣、王、岑诸人也。时岑幕中有张鸣岐者,年少锐敏,力劝奉皇上回京,收此大功。岑词穷而不语。盖岑春煊奸人之雄,不论是非,

---

① 1900 年 10 月 17 日《与同薇同璧书》,上海市文物保管委员会编:《康有为与保皇会》,第 187 页。

② 《梁鸿轩致谭张孝书》,方志钦主编:《康梁与保皇会》,第 333 页。

专视多助者而助之。①

北路勤王最终还是议而未行。

第三节　互为奥援

庚子以后，岑春煊因护卫有功，得到西太后的宠信，成为晚清政坛的要角。丁未政潮，岑政坛失足，退隐沪上，称病不出，直到辛亥铁路风潮，才被重新启用。其受挫的要因，仍是与保皇会的关系。

勤王计划流产，岑春煊仍然是康有为心目中的一颗政治筹码。1902 年 7 月，岑春煊调补广东巡抚，康有为闻讯，大感振奋。他说："此人乃仆昔所荐来粤布政者，今来巡抚，极有权力，天乃与吾党一大机会。"②后因四川哥老会起事，清廷调岑春煊署理川督。直到 1903 年 4 月，才调署两广总督，督办广西军务。这时保皇会已基本放弃利用广西会党游勇发动武装勤王的谋略，任由岑春煊剿灭昔日的同道。一些人甚至将岑的到任视为一大契机："岑春萱到粤西省，同门多欲运动会款以捐官到东省者。"对此，徐勤颇不以为然，告诫康有为：

> 请夫子切勿信之。觉顿、伯纯等（觉、纯前数月日以攻夫子为事，此楚青之言，可痛！可痛）于吾党感情甚淡，捐官后万不能为吾党有所尽力也。西省人士好利若渴，近年以为吾党势力已尽，

①　荣孟源、章伯锋主编：《近代稗海》第 1 辑，第 13—14 页。参见庄练：《中国近代史上的关键人物》下《瞿鸿機与岑春煊》，第 217—218 页。
②　《致李福基董谦泰等书》，方志钦主编：《康梁与保皇会》，第 38 页。

则群相攻击。及见近日商会已开,知有利可图,则又来利用矣。此等人只有置之不理可也,切勿赠以金钱。切叩! 切叩!①

20 天后,又再度提醒康有为:

　　觉顿欲捐官,乞勿理之,其近情弟子知之甚详也。岑督不可信,周孝怀亦才智之士耳,不可靠。②

康有为并未采信徐勤的进言,仍与岑春煊有所联系。康有为到香港后,招康有仪往见,后者命其子同和赴港收账,

　　偶见其座上,有假冒岑督致彼之公文一角,盖必伪托,以欺外埠商人者。其见和到,旋检而匿之袖里……仪是时寄居港栈,而来往于南洋者甚众,果闻有康党伪托岑督劝捐之公文,行骗各埠之说。

康有仪虽指为伪托,未必没有其事。所以他又说:

　　自念督署关务房,仪先祖与父,于微时曾执役于此,虽与该大逆之祖若父,同有役股,惟伊胞叔介藩及兄弟,盘踞多年,时有借此作奸。今闻有前此伪谕之事,设或出于关务房,则事发不免再

---

① 1903 年 11 月 8 日《徐勤致康有为书》,上海市文物保管委员会编:《康有为与保皇会》,第 233—234 页。
② 《康有为与保皇会》,第 238 页。

受拖累。因将此事，并逆党之近情薄为，密禀岑督，静中查办。禀内声明，同和实见其伪札，并薄知贼情，特留其在省候讯指供。仪以他事，并为避逆党之凶锋，暂避于上海某处。如仪挟嫌诬攻，则和可就近拿捕，仪亦可一电奉擒等。禀去后，此事久而未发，虑为逆党贿搁。因前后再补一禀，然终未蒙批斥。想岑督未便据一面之词，或又为逆党所诬未定。否则，该大逆之乡省祠屋已封，祖坟已掘，断无留此役底，以为肘腋之祸，授逆党以窥伺，及作奸之理。①

康有仪致函梁鼎芬揭露此事，不满于幕僚的从中阻挠外，或许已经疑心岑春煊有意包庇。

其时清廷力行新政，各地督抚鉴于时势，为博取政声，较清政府步伐更加急切。推行新政首先需要聚集人才，早在1900年9月26日，岑春煊就奏请"上下一心，力图振作，求人才而行实政"，主张"痛心求治"，"破格用人"。②而当时能够招揽的维新人士多曾参与戊戌变法和庚子勤王密谋。清政府直到1904年6月21日，才谕令赦免除康有为、梁启超、孙文三人以外的戊戌案内各员。岑春煊不顾党禁之严，署四川总督时即"恨不能多得贤者以助之"③，督粤后幕府中相继延揽了曾经参与正气会和中国议会的周善培、丁惠康、陈锦涛、温宗尧以及保

---

① 孔祥吉：《晚清史探微》，第223页。

② 光绪二十六年闰八月初三日《甘肃布政使岑春煊折》，国家档案局明清档案馆编：《义和团档案史料》上册，第644—648页。

③ 中国历史博物馆编，劳祖德整理：《郑孝胥日记》第2册，第841页。

皇会的汤叡等人①,并对他们极为器重。②这些人在保皇会与岑春煊之间沟通联络,进一步加强双方的关系。

　　周善培于 1899 年访日期间,与梁启超多次见面会谈,1901 年、1904年、1905 年他又三度东渡,每次都与梁启超有所往还。1905 年,梁启超邀约周善培、张鸣岐在香港会面,周、张二人报告岑春煊,岑"很高兴地说:'可惜我不能去会他',立刻请坚伯就去,拜托坚伯替他向任公致意,问任公出国几年,有什么挽救国家的办法,尽量告诉他"。此行二人与梁启超长谈,张鸣岐将重要内容记录下来,回省转达岑春煊。后者虽然没有采用梁的办法,"却对任公始终是表示崇拜的"。③后来岑欲将康有为的门生、女婿麦孟华礼聘入幕,并计划与梁启超在上海秘密会面。④以至于陈庆桂参劾其"以应行严缉之人,而竟倚为心腹"⑤。

　　用人之外,岑春煊的主张做法也与保皇会及国内的立宪派士绅多有契合。督粤期间,他知"欲去两粤之乱,要从吏治、民生、路矿、农工入手,但非真变法,即不足以语此。而目前救民水火,亦不能不治标,奈何奈何,为之奈何!"为此"焦忧日迫,故时愈时病,终难复元"。⑥黄遵宪通过周善培转告岑要注意收拾人心,以备大局应变,不要过于看重

---

① 《粤兴学务》,《申报》1903 年 12 月 18 日;《广东毕业生新进士之历史》,《申报》1906 年 11 月 2 日。

② 冯自由:《革命逸史》初集,第 64 页。各种笔记但称岑春煊于幕府中倚重张鸣岐、岑盛之,就新政而言,则不尽然。

③ 周善培遗稿:《谈梁任公》,中国人民政治协商会议全国委员会文史资料研究委员会编:《文史资料选辑》第 3 辑,第 134 页。

④ 有关丁未政潮及其间岑春煊与梁启超、麦孟华的关系,参见郭卫东:《论丁未政潮》,《近代史研究》1989 年第 5 期。

⑤ 丁文江、赵丰田编:《梁启超年谱长编》,第 383 页。

⑥ 上海图书馆编:《汪康年师友书札》二,第 1606 页。

总督的头衔,岑还去信表示感谢。①他不顾幕僚及有司的反对,采纳尹克昌的进言,欲设局专门筹办地方自治②,又支持张謇、郑孝胥等人创办立宪团体,"愿助开办费一万元,仍筹常费岁一千"。参加宪政研究公会的张元济、夏曾佑、叶瀚、孙多森、狄平等人,都是庚子正气会和中国议会的骨干。

岑春煊被排挤出京后,一面致电袁世凯,"拟请由公主稿,邀同泽公及张、端诸公联衔沥恳,迅筹设立新内阁,以定大计"。要求变制为责任内阁,一面表示赞成张之洞托觐礼卿传递的"内阁总理一人,必合内外官用廷推之法,并主持即开国会"的意见。③从岑春煊幕府出身的署理广西巡抚张鸣岐,开始也想招麦孟华入幕,其"求才若渴,恨不能得公(梁启超)相助为理,务请佛(康有为)欲来,决办地方自治",并"力主开国会","谓国会一开,康、梁党禁即解"。④

丁未政潮,岑春煊虽然因为与康、梁的关系而被挤出政坛,实际上疆吏乃至王公亲贵暗中结交保皇党,在当时已是公开的秘密。⑤他们有

---

① 周善培遗稿:《旧雨鸿爪》,中国人民政治协商会议全国委员会文史资料研究委员会《文史资料选辑》编辑部编:《文史资料选辑》第 3 辑,第 98 页。

② 上海图书馆编:《汪康年师友书札》一,第 6—16 页。尹克昌认为岑春煊督粤三年,为庸劣宾僚所误,兵财内政一无可观,似与实情有所出入。继岑后出任粤督的张人骏,麦孟华"料其抵粤后必无十分振作,且彼与西林颇有意气,恐其尽反西林所为也"(丁文江、赵丰田编:《梁启超年谱长编》,第 416 页)。则保皇会对岑春煊在粤的政绩似有好评。

③ 中国历史博物馆编,劳祖德整理:《郑孝胥日记》第 2 册,第 1056—1057、1059、1096、1103 页。

④ 《麦孟华致梁启超一》《刘士骥致梁启超二》,台北"中央图书馆"特藏组编,张子文主编:《梁启超知交手札》,第 379、549 页。

⑤ 有关保皇党人结交清朝权贵事,章开沅《康有为与肃亲王关系试探》(《辛亥革命与近代社会》,第 317—340 页)、陈长年《辛亥革命中康梁一派的政治活动》 (注转下页)

的本来就是维新变法的同道，新政复行，官府与新党的政见隔阂渐趋模糊，而相互利用处日见增多。五大臣考察宪政归来的奏议，即出自梁启超之手，其中端方、载泽等与梁的往来尤多。不过这时保皇会尚未将希望完全寄托于权贵身上。1906 年春梁启超函告徐佛苏：

> 现今大吏中，其指日封疆而可借以布画一二者，宜莫如贵乡袁京兆，公盍一图之。若终无绝当意者，则不如仍从民间，一积势力，鄙见仍觉主动者必当在民，若得舆归一途，成一庞大之势力，则上部之动，亦非难耳。①

1906 年 9 月 1 日，清廷诏示预备立宪，梁启超认为：

> 从此政治革命问题，可告一段落，此后所当研究者，即在此过渡时代之条理何如。②

恰在此时，保皇会派往北京组织暗杀的梁铁君事发被捕遇害，这时保皇会已经看出形势发生了根本变化，原定暗杀行动不宜继续进行，接受梁铁君生前的意见，改变政略，结交权贵，培植势力。开始的对象主要是载泽、端方、袁世凯、赵尔巽等，对岑春煊则意见分歧。前此徐勤即认为岑不可靠。1906 年春梁启超还称："西林为人，弟深知

（续上页注）（中南地区辛亥革命史研究会、湖南省历史学会编：《纪念辛亥革命七十周年青年学术讨论会论文选》，第 531—554 页）均有论述，唯集中于 1907 年底以后。

①　丁文江、赵丰田编：《梁启超年谱长编》，第 362 页。
②　同上书，第 365 页。

之。此[人]轻喜易怒,而不学无术,恐不易共事。"但一年后梁的态度大变,他为了向南下的岑春煊"要之于路有所陈说",将与蒋智由、徐佛苏商谈组党的要务推后 20 日,专程赶赴上海等候。并解释道:"现当经始之时,本不宜他行,然西林、项城二人,皆为今日重要人物,将来必须提携者,失此时机,相会殊难,故不得不先彼,想两公亦必以为然也。"①

就与保皇会暗中结交而言,端方、袁世凯和岑春煊无异于同道,在变政制、开国会方面,张之洞与岑春煊亦有共识。他们都是统治集团中的立宪派,但在清政府内部的权利斗争中,却利害各异。丁未政潮事发,端、袁、张等人都以勾结康、梁为罪名,向岑春煊落井下石,无非是为了打击他人,保护自我。背后主动者应是袁世凯。作为政潮冲突的敌手,他与岑春煊的争斗势成你死我活。

本来袁世凯和张之洞都是保皇会的宿敌,庚子后"皮逆"更一度被保皇会列为头号暗杀对象,袁世凯反而与保皇会逐渐靠近。戊戌政变,袁背主叛上,但康有为对其一度还有所寄望,以为勤王军兴,"袁绍首谋,必为内应,其余庸懦疆臣,皆按兵坐观成败,鄂镇虚声,无能为也。义声所定,一举而柬之之业成矣"②。

---

① 丁文江、赵丰田编:《梁启超年谱长编》,第 362、404 页。
② 《致竹居书》,蒋贵麟编:《万木草堂遗稿》,第 275—276 页。是函当写于 1898—1899 年。戊戌政变,康、梁等人已知袁世凯卖主求荣,但直到 1908 年,不仅未将其视为政敌,反而一直有所倚重,其间双方当另有联系和交易。1908 年后,康、梁历数袁世凯的罪状,可是关于戊戌之事,却并非卖主,而是无端造出谋围颐和园一语,离间两宫(《梁启超年谱长编》,第 478 页)。梁启超还坚决反对透露戊戌"围园"之谋(详参杨天石:《康有为"戊戌密谋"补证》,《文汇报》1986 年 4 月 8 日),以免有损光绪及本派形象,结果与袁世凯的真实矛盾纠葛反而不得彰显。

从 1906 年起，袁世凯甚至成为保皇会拉拢权贵的首选人物。梁铁君事件中，袁世凯"极能回护，令都中人若无其事"，保皇会虽痛失大将，"然不以此牵及全局，尚不幸中之幸也"。为此，康有为想致函袁世凯或徐世昌，梁启超认为不必，"本初他日不忧其不联我党，惟彼现在当畏谗忧讥之时，宜勿授反对党以口实，更至生他障也"。

1906 年底，保皇会筹划改组为宪政会，经熊希龄交涉，袁世凯、端方、赵尔巽许诺为暗中赞助人，并担任集款 15 万中的一半。[①]1907 年冬，康门弟子罗普在上海办《宪报》，以为保皇党的又一机关，"资本六七万，端、赵、袁、张(即之洞)皆有股"[②]。

然而，岑春煊与康、梁的迅速接近，令袁世凯等人感到保皇党与自己的政敌清廉派联手的巨大威胁。"政府之中伤西林，皆以康梁为词"[③]，这样既能有效地打击政敌，又可切断保皇党另谋同盟的企图，还能避免本身的嫌疑，显然对袁、端等人最为有利。

端方与保皇会的联络最早，对此却最为忌讳。1906 年清政府改革中央官制，"外间传言午帅官制折等，系托熊聘三先回东京，请梁卓如捉刀，熊曾于元丞前露之，《新民报》之反对革命论各篇，其送梁有三万金之多等语，而端回京即力远熊，并不列之保案。到上海时又发电沪道，谓探闻梁潜迹沪上，属严拿。萍乡匪难，端禀军机电谓为保皇党主动，电见《中外报》□□党即系也，诸事皆确有凭据，盖初用其人，继恐人播之有累，则力扑之，以示不与相通"。对此王幕陶等人感到："似此

---

① 光绪三十二年十一月《与夫子大人书》，丁文江、赵丰田编：《梁启超年谱长编》，第367、372—373 页。
② 《徐勤致康有为书》，上海市文物保管委员会编：《康有为与保皇会》，第 383 页。
③ 《梁启超年谱长编》，第 416 页。

手段,与之共事,未免可畏。"①岑、端戊戌变法期间本是康、梁的同道,只是岑春煊任陕西巡抚时,与任布政使的端方屡有争端,因而结怨。②

与 7 月 8 日御史陈庆桂参劾几乎同时,张之洞也"告邸:'岑招康、梁至沪,谋不轨。'"③。背后的挑动者当也是袁世凯。徐佛苏《梁任公先生逸事》称:"值康先生有为自海外秘电某当道,请劾奕劻植党揽权,及外间有康、梁秘联粤督岑春煊谋倒张之洞、袁世凯之谣,于是袁党力促张之洞奏请清后举发康、梁乱政秘谋。"④

1907 年 9 月 5 日,徐勤函告康有为:

> 岑之去,一由于庆王之排挤,二由于岑初特聘孺博入四川,袁世凯、张之洞、梁鼎芬皆借此以陷之。澳门卢老九、香港陈赓虞、杨西岩等,又借此以万金贿陈香邻参之,卢老九之为此,为山票公司也。陈、杨为此,为欲攘铁路也。彼等一面运动张鼎华之侄通香邻为之,一面运动星海嗾张之洞,借此电庆王以陷岑。张与梁

①　王幕陶来函七,上海图书馆编:《汪康年师友书札》一,第 114 页。

②　1901 年 5 月 20 日《北京新闻汇报》《岑中丞与端中丞意见情形》记:"岑中丞为人精核,人皆谓其谦德不足。其与端中丞之隙,先是端中丞在藩司任时呈递履历手本,而岑中丞不璧还。自是端嫌其抗,辄有龃龉。又一切琐事岑中丞皆云问藩司。端谓人曰:'岑大人竟以我为走狗。'于是嫌隙愈深。"其实二人皆荣禄门生。

③　1906 年 7 月 16 日《郑孝胥日记》,第 2 册,第 1100 页。此事为熊希龄所示北京密电内容,即 7 月 28 日何天柱致梁启超函中所谓:"西林则为张所参。"(丁文江、赵丰田编:《梁启超年谱长编》,第 383 页)恽毓鼎《澄斋日记》记 8 月 10 日其参劾岑春煊的奏折递上,"傍晚探听知折留,上未发枢臣阅;但谕令发密电召湖广总督张之洞迅速来京,面询要事"。两天后岑即被开缺(引自郭卫东:《论丁未政潮》,《近代史研究》1989 年第 5 期)。

④　《梁启超年谱长编》,第 450—451 页。所述为政闻社解散事,但揆诸史实,应在丁未政潮前。

与吾有宿仇，故又借以打吾党，以巴结庆王也。岑屡被参皆不动，

参以勾引康党，则那拉动矣。于是开缺矣。①

在这场政治角逐中，道具（如照片）的真伪乃至事实的真伪其实无

关紧要，与康、梁的关系，已经成为清朝统治集团内部争权夺利的砝

码。如何投置，全看政治天平的摆动。

丁未政潮，岑春煊虽然全行失败，保皇党并未放弃对他的寄望。

其时康有为等因"袁劻反谋，诚非常之大忧"②，决心实行"联肃排袁"之

策③，袁世凯不再是其争取利用的合作对象。1908 年四五月间，康有

为等计划"以争外交为名"，聚合十八省代表，"隐开国会，明拒外侵"，

欲在王文韶、马相伯、岑春煊三人中推一为领袖，并认为马的名位不

够，"若岑可深结，或以岑领之乎"④。辛亥革命爆发后，康、梁一派怂恿

岑春煊回粤，与革命党争夺权力。⑤护国战争中，岑春煊与梁启超再度

成为同道。后来岑与康有为则由政治结盟走向儿女联姻⑥，这时两人

均已淡出政治舞台，一桩并无政治意图的婚姻，似为长期的秘密交往

产生象征性的结果。

民初政局变幻莫测，对于庚子前后的这一段联系，当事各方似乎

---

① 上海市文物保管委员会编：《康有为与保皇会》，第 376—377 页。1906 年岑春煊
因粤汉铁路事与广东绅商大起冲突，并逮捕为首数人，梁鼎芬等人对此极为不满。

② 1908 年 3 月 9 日康南海《与任弟书》，丁文江、赵丰田编：《梁启超年谱长编》，第
444 页。

③ 参见章开沅：《康梁与肃亲王关系试探》，《辛亥革命与近代社会》，第 317—340 页。

④ 光绪三十四年康南海《与任博二书》，《梁启超年谱长编》，第 449 页。

⑤ 参见陈长年：《辛亥革命中康梁一派的政治活动》，中南地区辛亥革命史研究会、湖
南省历史学会编：《纪念辛亥革命七十周年青年学术讨论会论文选》，第 531—554 页。

⑥ 康有为的三子康同篯与岑春煊之女结婚，1934 年离异。

都有难言之隐,不约而同地讳莫如深。尤其是岑春煊,在自述生平的《乐斋漫笔》中竟然只字不提。清末官场流传袁世凯不学有术,张之洞有学无术,岑春煊不学无术的口碑,有关的笔记掌故描绘岑春煊,大都是粗犷勇武的形象,所谓"其刚可用,其智则黯矣"[①]。后世史家受此误导,真以一介武夫视之。更有自以为是的文人望文生义,看相测人,依据照片分别岑春煊与瞿鸿禨的性格。其实,袁世凯固然长于权术,张之洞也是宦术甚工,岑春煊表面的粗莽之下,同样深藏心计,决非单纯恃宠。

据说岑春煊任两广总督期间,前后参革之员达 1060 人,"上自抚院,下至典史,无不皆有"[②],并疏请以后两广用人,吏、兵、工部不能恃其权,是有名的"三屠"之一的"屠官"。能在吏治腐败的清末和政局诡谲的民初宦海弄舟,历经变动,几度沉浮,而时时跻身于权力斗争旋涡的中心,没有过人的权术,早已倾覆水底。袁世凯若非洪宪称帝,多数人也不免继续为其愚弄。而岑春煊的所作所为,当时人已看法各异,或称忠勇,或斥奸雄。学人如果不能了解同情于官僚政客之心,以是非为准绳而不以胜负为鹄的,很难把握此类人物言行的真实动机及目的,难免为其障眼法所蒙蔽。则其权术不仅得逞于当时政坛,更继续作用于后来的学界。

政坛角逐的目的首先在输赢而不在是非,盟友与敌人,立场关系往往只是一转念之间。在朝与在野,固然是得势与否的表征,但其中蕴藏的变数太多,有时内部的利害分歧甚至超过敌我。尤其是统治集

---

① 胡思敬:《国闻备乘》,第 48 页。

② 刘声木:《苌楚斋三笔·岑春煊参劾之多》上,第 594 页。

团中那些切身感到已经不能照旧统治下去的开明派,对于他们,最具威胁的政敌往往并非在野的反对派,而是同朝为官的竞争对手。与敌对一方的联系,不仅可以增加政治天平上砝码的分量,还会提供更多的选择或出路。

保皇党之外,岑春煊与革命党人暗中也有所牵连,其属员曾请求陈少白等人协助抓捕遁往澳门的裴景福。[①]岑开始甚至对革命党的《中国日报》亦颇重视,该报"对于行政用人之批评,间有采纳"[②]。后因岑春煊宣布将粤汉铁路收归官办,与省港两地的粤路股东矛盾激化,《中国日报》抨击最烈,双方关系才迅速恶化。由此理解清末保皇党人与当朝政要各方纵横交错的复杂关系,可见政坛上几乎没有固定的敌友,无法按照常理或固定的框架来判断。那种以政治派分人为划界的做法,必然导致牺牲历史真实以曲就理论观念的荒谬,实在是治史的大忌。

---

① 陈春生:《陈少白先生与香港〈中国日报〉及〈中国日报〉与中国革命之关系》,丘权政、杜春和选编:《辛亥革命史料选辑》上册,第46页。裴氏曾主持审判史坚如。
② 冯自由:《革命逸史》初集,第71页。

第九章　秘密社会

——南海西樵巨盗区新

庚子勤王运动,保皇会以武力用兵为行动方略的重心,除试图争取清军将领外,主要是利用秘密社会现成的组织和武装,"从草泽而与朝廷抗"[1]。以往的研究,目光集中于长江流域,对两湖及江淮的会党盐枭参与勤王之事有所论及,而对保皇会与两广会党游勇及盗匪的关系所知不多。保皇会将勤王的主力正军和根据地放在两广,必然全力争取当地的秘密结社,网罗了不少实力强、名头响的首领人物。关于秘密社会,史料较为难得,所见多为外在的否定性片段记录描述,不易形成系统,深入内部,要找到某一具体人物或某一地域、某一团伙的连贯性资料,尤为不易,历来研究者不免雾里看花。

至于保皇会的勤王密谋,康有为等人事后为了推卸责任,将"惊粤"的罪责嫁祸于革命党,又极力否认其与两广秘密社会的联系,使得有关史实更显模糊。其实,保皇会结交利用的两广秘密社会,不仅有广西游勇首领如李立亭、陈翼亭等,还有不少广东著名的盗匪头目,其中康有为的同乡、南海西樵巨盗区新便是代表之一。

---

[1]　1900 年 6 月 27 日《致徐勤书(二)》,上海市文物保管委员会编:《康有为与保皇会》,第 134 页。关于清末民初广东盗匪的活动与分布等一般情形,参见何文平:《变乱中的地方权势:清末民初广东的盗匪问题与社会秩序》。

与其他盗匪会党首领相比,区新参与革、保双方的反清密谋时间较长,关系较广,留存的资料稍多,经过十余年的寻访搜求,可见大体轮廓;而且所得不仅限于某一方面的记载,可以相互比勘印证。更为重要的是,这一个案反映出晚清地方社会权力资源分配经历了大幅度的复杂变动,盗匪势力过分膨胀,但并不完全脱离地缘和宗族(至少是形式上的血缘)联系,破坏了原来官权与绅权互为协调补充的机制,社会控制乃至整个统治秩序陷入极度紊乱。连官场中人也明确认识到,如果不能进行根本性的变革,清政府将无法继续对社会实行有效控制。

第一节　盗与官绅

清代广东盗匪横行,早已远近闻名,令当局大为头痛。所谓:

> 地球各国盗贼之多,以中国为最,中国盗贼之多,以广东为最。①

赣人文廷式的感觉是:

> 粤中盗贼太横,将来不知若何? 离城一里便是畏途,非可久居。②

---

① 《纪粤盗愤言》,《知新报》第 106 册,1899 年 11 月 23 日。
② 《致于式枚书(十七)》,汪叔子编:《文廷式集》下册,第 1191 页。

　　所以广东虽然交通海外,物产富庶,商贸发达,却为官不易。为了对付盗匪肆无忌惮的活动,维系统治机制,各级官府采取了多种防范和压制措施,清廷也十分注意广东盗匪的异动。

　　区新的活动进入清廷的视线,最早是在 1899 年 9 月。9 月 3 日,清廷谕军机大臣等:

　　　　有人奏闻广东南海县西樵、大同、吴村等乡,贼目李昭、傅赞开、区新聚党数千,潜谋作乱;又闻肇庆府西江一带,有劫及轮船情事,著谭锺麟、鹿传霖严密查明,如果实有其事,应即督饬文武员弁,认真查拿惩办,毋任聚众滋事,并将办理情形,即行具奏,以靖地方。①

　　不过,区新一伙形成势力,对广东当局的统治构成威胁,则至少从一年前已经开始。

　　区新,广东南海县上金瓯堡人,其地在西樵山西北,与三水县临界,堡内各村总名为区村,共分小村 16 个,其中 10 个村为区姓。②有报道说:"南海区村附近西樵,宗族繁盛,盖富乡也。该乡向例每届三年约内神庙赛会巡游,极为庆闹",还要招演梨园名班搭台唱戏③,照常理并非盗贼滋生出没之地。而广东的珠江三角洲恰为盗匪丛聚之区,南海尤盛。光绪初年任南海县令的杜凤治在日记中称:

---

①　陈宝琛等纂修:《大清德宗景皇帝实录》卷 448,第 23 页。
②　郑荣修、桂坫纂:《续修南海县志》卷 3《舆地略》,宣统二年刻,第 47—48 页。
③　《区村赛会》,《香港华字日报》1897 年 2 月 8 日。

广东盗案之多,以广肇二府为最,广更多于肇。广府属则以六大(县)为多,六大则以南海为多。①

其中西樵更是盗匪渊薮。据称:

广州南海属有西樵山焉,跨南海、三水两邑,绵亘数十里,环山上下,凡数十乡,向为盗贼丛聚之区。年中劫掠之事,已不胜偻指,而以区村一乡为最。有盗魁区辛者,常招诱其族人及乡邻悍匪,四出掳劫,为患乡里。②

与之同时,同地同姓的还有区申、区隆、区标等多股盗匪,而"区新为西樵群盗之魁"。③他们与邻近区县的其他盗匪如潘亚桂、陆畅、傅赞开、廖珠、廖隆等互相勾结,活动范围向四周伸展,尤其以西江一带为重点。加之珠江三角洲民风强悍,械斗不断,又地近港澳,军火走私历来严重,甚至有设店经营,以为图财之道者。如与顺德交界的南海沙头乡,"向有匪徒在该处私设铺店数间,暗中售卖军火,各乡械斗及盗匪所用军装,多在该处买来,最为地方之害"。因社会需求大,利润高,官府屡禁不止。④南海县境内多处地方,盗匪"明目张胆,各持快枪,结

---

① 杜凤治:《望凫行馆宦粤记》第 36 册,光绪三年七月廿九日。何文平《变乱中的地方权势:清末民初广东的盗匪问题与社会秩序》引及此则史料,并对珠江三角洲地区匪患突出的自然及社会原因有所分析论述。
② 《纪粤盗愤言》,《知新报》第 106 册,1899 年 11 月 23 日。
③ 《区新身上有相片》,《香港华字日报》1904 年 1 月 12 日。
④ 《严禁卖枪》,《香港华字日报》1901 年 4 月 26 日。

队往来"①。

　　1898 年,清广东水师提督何长清"督清乡勇捕治积匪,至其乡(区村)指名按捕,封其祖祠,押其绅者,反为其族绅某京官贿御史揭参其勇扰民,遂撤差去"②。关于此事,《申报》的报道可以提供旁证:"水师提督何军门长清统带勇丁往各乡查办各匪,只以所部良莠不齐,遂致迭次肇事。去年南海区村劫案,乡人指勇丁所为,禀诸军门,未经准理。迨来省上控,大宪虽示明白批示,然未免不悦于心。近日九龙新辟租界,士人向英人滋闹,归咎军门办理不善,现已具折奏参,恐难久于其任也。"③则扰民不过是撤差的前因。

　　清军的剿办既然不能奏效,"于是区辛益纵恣无忌惮,召集至数百人,联络声势,复与其附近之著匪傅赞开合伙。傅固著名巨匪,老于盗中,为众盗所推服者也,从党甚盛,与区既合,自是恒窜扰于西樵附近九江、沙口、河清之间"。河清上接三水河口,直至西北二江,下通新会、顺德二县,与鹤山、高明两邑隔一水对峙,"实为形胜便利之地。区、傅盘据其间,控水陆通衢,官兵至则他窜,绝不拒捕。若困之急,则又渡海窜入高明界。高明山岭丛密,官兵不能穷捕而退,退则彼又复回故处,故出没无常,商旅过者,必劫夺竟尽乃已"。④

　　中国古代的政治与社会控制结构,政府官僚体系相对简小,对于基层社会的控制,主要依靠与基于地缘、血缘关系的宗法制度的有效结合。一般而言,盗匪为脱离社会常态秩序或被社会所抛离的人群,

---

① 《批示严切》,《香港华字日报》1901 年 4 月 21 日。
②④ 《纪粤盗愤言》,《知新报》第 106 册,1899 年 11 月 23 日。
③ 《申报》1899 年 5 月 24 日。

而珠江三角洲一带的盗匪,则在相当程度上利用了地缘与宗族关系。他们并不完全脱离本乡本土,虽然在官军的压迫下不得不四处避匿流窜,原籍仍是其重要的活动基地,甚至往往是最后的藏身之所。其骨干和从众,多由同族同姓之人充当,大小头目更多是亲属。不仅如此,盗匪还以威逼或利诱等形式,利用宗族组织为其作掩护,与官府周旋。一些劣绅则乘机与盗匪勾结,在地方为所欲为,成为盗匪的合法护身符。1898 年何长清进剿反被区氏族绅控告扰民,可见宗族关系的庇护作用。

　　1901 年,任南海县令的裴景福会同委员查办清乡,在西樵出示惩办当地某绅,指"近年沙东、区村匪徒猖獗,咸以大岗墟为巢穴渊薮,抢劫之案,日必数起,凡乡民趁墟卖丝买物,无论多寡,无不遭其拦夺。其附近各乡,户小丁单,家资殷实者,该匪探知,无不纠众行劫,纵横数十里,大小数十乡,真暗无天日,不成世界矣"。究其缘故,则因兴贤局某绅族大年尊,主局多年,案积如山,从未禀攻一匪,捆送一盗。其他小乡小姓,不敢与抗。乡民告则勒缴花红,若无花红,则将捆送前来的匪徒释放。以致民怨益腾,匪胆益张。后复以办团为名,开一票厂,聚集匪徒,纵之抢劫,回厂公然分赃。结果大岗墟生意较往昔锐减六成。官府只好拆厂换人,并将该绅之子拘押,以示惩戒。[①]

　　不过,盗匪势力坐大,引起直接利益冲突的首先还是地方士绅,少数人能够从中获利,多数则受到威胁损害。1899 年 4 月,南海西樵绅士以"四乡盗贼孔多,往往入黑杀人,风高放火,横行市井,莫敢谁何。日前人宪委派何军门长清,统带各勇下乡清查,匪徒即闻风远扬,然未

___

① 《洞悉情弊》,《香港华字日报》1901 年 8 月 15 日。

几仍恣横如前,终未能根株尽拔","深恐首恶不除,终为后患,特来省具禀督宪称:有积匪区新、李昭、傅赞开等,匿迹邻乡,时思伺隙蠢动,求派勇剿除,以安闾里"。①总督谭锺麟再请何长清严拿惩究。区新等人故技重施,清军兵到,闻风远飏,"近日知乡勇已散,潜回乡里与绅董寻仇,纵火毁其房屋"②。西樵局某绅被区新、傅赞开等率众滋扰,被迫逃至省垣,"禀请大宪拨勇前往弹压。大宪以刻下勇单饷绌,不敷分派,谕令回乡联合乡团练勇,以备不虞"③。

官府推卸责任,士绅同样无能为力,"南海县著名各巨匪自经大宪派员严密缉查,即衔局绅刺骨,时时与之为难,甚且骚扰市廛",使得一些地方闭门罢市。"日来公局悬赏购拿,谓能拿获匪党者,每名给赏花红洋银二千元。匪党闻之,复向局绅索取此款。局绅无奈,避匿无踪"。④

官绅任何一方都无法单独应对盗匪横行,于是谋求合力。1899年6月,广州《博闻报》报道说:"西樵同人局绅黄德华等,以土匪区赤肋申等纠党横行,具禀抚辕,请即派兵弹压。"广东巡抚鹿传霖批示曰:

> 据禀区赤肋申、欧标各匪,在西樵一带纠党横行,请添兵驻扎江浦,以遏乱萌等情,不为无见,现在举办保甲团防,原以佐兵力之不足,古人守望相助,洵属良策美意。今匪党猖獗,为该绅等桑梓切肤之灾,亟应认真整顿团练,自卫乡里,加以派去关都司等所

---

① 《申报》1899年4月20日。
② 《申报》1899年6月6日。
③ 《申报》1899年6月16日。
④ 《申报》1899年6月18日。

带营勇数百名,亦不为少,俾即会同设法分投查缉,将著名盗匪悉数拿获解办。果能官绅合力,自不难逐渐剪除匪类,以靖地方。①

南海开办保甲团练,由来已久,1898 年底,再度奉旨办团,"义主寓兵于农,期于人尽知兵,以树自强根本"。所定《南海县保甲团练章程二十六条》,强调此次办团与寻常取效一时者不同,必须官绅合力,以官率绅,以绅劝民,"团练必托始于保甲"。具体办法是:县分九属,各乡设一大团,以各乡局绅为团绅,各项事务由各绅会同妥议,禀官给谕。并针对盗匪与地方宗族组织联系密切的特征,总结历次办团无效的原因,在于"各乡虽有图甲,户口迄未清查,此匪徒所以得而托足也"。因此须由团绅督同各乡绅,挨户详查各户位置、家长、人口、性别、年龄及壮丁幼丁数目等情形,发给牌照,使盗匪无法藏身。②

不过,从盗贼横行无忌的情形看,该县官府只是"虚应故事,并不实力奉行"。有鉴于此,鹿传霖"特饬南海县杨邑尊加意整顿,不得视为具文。邑尊接奉严谕后,即与绅士筹商,想不似从前之玩息"。③

地方官府的亡羊补牢,似乎为时已晚。9 月,清政府接到奏报,"据称广州府属西樵一带,巨匪区新等聚匪千余人,布散各处,联盟拜会,恣出劫房"④。这时官绅相互维系的统治链条已经断裂,不仅失去对于社会的应有权威,连自身的生存安危也成问题。香港《循环日报》报道:

---

① 《请兵弹压》,引自《申报》1899 年 6 月 30 日。
② (德商)《岭海日报》1899 年 1 月 21 日。
③ 《整顿团防》,《申报》1899 年 6 月 30 日。
④ 陈宝琛等纂修:《大清德宗景皇帝实录》卷 451,第 3 页。

南邑西樵土匪不靖，官绅筹剿筹防。兹闻大岗墟有质库，系某大绅之业，日前匪辈致函打单，绅未允所求，惟止当候赎，以避其锋，仍照情禀官，请兵剿办。匪由是忿恨益深，现在匪势日浸披猖，官兵剿办未能得力，绅惧祸生不测，闭歇质库，禀缴牌照，避地他去。①

而官兵剿办不力，原因之一，是其陷入泥菩萨过河——自身难保的境地。"署顺德县李家焯卸任，贼来打单，无所忌惮，民不堪扰。"②1895 年兴中会广州起义时，李家焯任缉捕委员，对于破坏起义起了至关重要的作用，在清政府官员中可称能吏。区新等人居然向他勒索，可见社会治安败坏不堪之一斑。

对于地方治安，官吏历来尽可能地敷衍了事，以免遭到牵连追究。然而一旦遮掩不住，同样会危及自身的地位乃至身家性命，便不得不奋力一搏。南海县令杨荫廷知道大事不妙，亲自"督带全班缉捕快壮差役及清乡营勇二百名，驰诣杏头乡，驻扎社学，随与乡绅妥筹剿办之策，即于十四日之晚亲乘小轮，溯流详览形势，即回行营，会同关、石二游戎分派勇役，握要堵截，相机进攻"③。随行还带有站笼一具，刽子手二名，"如获正匪，即就地正法"④。经过一段时间的督剿，似乎有所收效，两广总督谭锺麟奏报：

① 引自《申报》1899 年 8 月 2 日。
② 陈宝琛等纂修：《大清德宗景皇帝实录》卷 449，第 9—10 页。
③ 《西樵剿匪近情》，引自《申报》1899 年 8 月 2 日。
④ 《南海秋涛》，《申报》1899 年 9 月 1 日。

本年六月间，据报南海县西樵吴村等乡有匪徒结党滋事，掳人打单，并枪伤团练局勇。臣立派参将石玉山、都司关贵昌、副将沈棋山共带兵勇七百人驰抵吴村陆公祠，捕获匪党谭亚巨等十四名，搜出炮码刀件，讯系吴村陆亚乾、区村区新、罗村阮亚务等为首，未获。蛋家堡为匪巢，有蓬厂十八座，当即烧毁，起出白布红边号褂两篓，英美堂木戳一颗。臣因首匪在逃，缉捕不容稍懈，复派副将郑润材率安勇靖勇各五百人驰往围捕，至太平沙遇匪互击，伏匪由蔗林放枪，哨弁李来保被伤殒命，毙勇二人，伤三人，我勇毙匪十数人，生擒区充裕等八人。旋据郑润材以罗格围罗姓顽民尤为猖獗，潜伏桑林，拒毙各营弁勇十八人，伤者三十三人，禀请添兵剿办。随派提督刘永福率福字四营续往督剿，攻破南庄，焚毁匪屋，获匪九人，交县审办。该处道路纷歧，各匪四散逃逸。在事官绅，始则张皇请剿，继则以衅起械斗，代求宽办。臣谓无论因何起衅，伤毙官军五十余人之多，不痛加惩创，何以示后？更难免兵去复聚，为害地方。郑润材开报匪名罗姓最多，李昭、傅赞开亦在其内。现在罗姓绅耆具结交匪，将刘永福、石玉山各营调回，仍留郑润材、关贵昌各营在乡，设法购拿各匪首，按名悉获惩办，以绝根株。此南海县西樵各村办匪之情形也。[①]

奏报所称英美堂，应为英义堂，1904 年 2 月 3 日署两广总督岑春煊奏报提及 1899 年"官兵捕获匪党，起出号褂及英义堂木戳"时注明：

① 谭宝箴、延闿、泽闿编：《谭文勤公奏稿》卷 20，第 17—18 页。沈云龙编：《近代中国史料丛刊》正编第 33 辑之 325。

"英义堂者,即区新所称"①,也就是当时区新联盟拜会的堂口。

此番进剿,虽然抓住了一些从犯,但主要首领均逃逸,还伤亡了不少营勇,令清廷感到事态严重,认为"广东为海疆要地,若如所奏,各处盗匪猖獗情形,亟宜赶紧剿办,以遏乱萌"。谕军机大臣"着谭锺麟、德寿简派得力营员,扼要防扎,实力剿捕,并饬举办乡团,严密稽查,以清盗薮而卫民生"②。不久,清廷又两度就办理土匪和团练事宜降旨两广总督谭锺麟:"广东盗风素炽,务须认真整顿缉捕,随时惩办,以靖地方,毋稍大意。""著分饬各属,实力举办(团练),毋得视为具文。"③

第二节　盗任官责

清廷连降谕旨严词督促,当是对地方官员处理盗匪事宜时欺下瞒上的一贯手法有所认识,实际情形果然比奏报所描述的更为严重。而且奏报多有不尽不实之词。如进剿过程中伤亡惨重,有的并非盗匪拒捕造成。南海县为了捉拿巨盗,"将广毅军移扎官山墟,俾势成犄角,以资镇慑。各班差役则分居艇上,寄椗河干,按时分队出巡。所有差艇均就鹢首排列枪炮,借壮观瞻。讵前日某艇猝被风浪掀播,各枪纷然倾跌坠落,舱中有九响连枪,满藏码药,机捩触动震发,弹丸纷飞,帮役某甲驻足船旁,恰中要害,当场毙命,并有二役亦为流弹所伤,唯幸

---

① 《署两广总督岑春煊奏剿办新广东志气军首要区新等情形折》(光绪二十九年十二月十八日),中国第一历史档案馆、北京师范大学历史系编选:《辛亥革命前十年间民变档案史料》下册,第440页。

② 陈宝琛等纂修:《大清德宗景皇帝实录》卷449,第9—10页。

③ 《大清德宗景皇帝实录》卷451,第3页;卷453,第8页。

不致命耳"①。这些意外当也一并计入战斗伤亡之列。

瞒报以外,更有令人"不特可惊可骇,直为可惧可危"之事,即所谓"离奇变幻,劫掠翻新,竟有以盗贼之行,而为官吏之事,以地方之患,而反为商旅之安"。原来盗匪劫掠,除强为抢掳之外,有所谓打单,即临时定额勒索。无论官商,均成为打单对象,已经显示盗匪势力之盛。1899 年底,南海、花县等地盗匪"乃别出新法,勒收规费,谓之行水。凡商船出其水道者,无论为何种货物,必定额抽缴。西北二江,为全粤米、杉、柴、纸四种之大源,而区、傅所握之处,又为运载四种货物船艘所必由之路,故每米船一艘,区、傅必按其大小,勒缴行水数百圆,许其保护,永无劫掠。如有差失,刻即赔偿,柴船亦然。至于杉行,闻其已与北江总行订定实纳四千五百圆;其西桅尾等杉之杉排,订定实纳二千五百圆,允许保至明年正月十日为止,谓之一届。外此轮船拖渡,每一艘或五百圆三百圆不等,其人力车渡,及杂货商船,则以次降杀,大抵无一能漏免者"。本来"行水之名,粤盗所旧有,又谓之打单,然不过偶间为之,无常例,无常地,亦不敢公然标明,如今日之所为也"。

更有甚者,各地盗匪还依据势力大小,划分范围,如"花县著匪汤春者,亦盘踞于番禺、花县一带,勒收行水,与区、傅一例,各划定势力圈,不相侵犯。凡如此者,尚有数伙,不甚著,然将来或通而合之,则不可问矣"。其勒收行水的行为,并非秘密进行,而是公之于世,甚至张贴告示,如汤春所发布的告示云:

　　大统领汤为出示晓谕事:照得本统领征收行水,均按生意大

---

① 《西樵剿匪近情》,《申报》1899 年 8 月 2 日。

小,著为定额,决不过苛。尔各商船既纳行水之后,本统领必力为保护。如有人将尔等商船抢劫,则本统领力为追究。如不能追回货物,本统领亦必照尔等所失多少,如数偿回,断不令尔等有亏血本,决不食言,切切特谕。

由此可见,盗匪坐大,已经使得官绅一体的统治秩序分崩离析,盗匪在很大程度上成为地方社会的实际掌控者。《知新报》对此痛陈四大危害,其一:

米、柴、杉、纸为粤人日用之大宗,而皆仰给于西北二江。近来厘金经费加抽成数,名目繁多,物价已比前涨增过倍,今又复加盗贼之抽收,凡此四物之来源,势不能不出其地,即势不能不缴纳行水,而其行水之所出,势不得不派敛于货价(现杉行已定每价一两抽银八厘,米柴二行可知亦然),而货价不得不增涨以为抵偿,是使粤商无异增一厘金之额,将来百物踊贵,小民益难以觅食,惟有流为盗贼,为区、傅之遥应耳。[1]

稍后李鸿章督粤,因柴价过昂,贫民难以为生,委派专人详细查察,知"柴薪之贵,半由河道不靖,匪人打单行水,节节强索所致",又因南海、顺德二县的五百余家缫丝厂,每厂日需 500 斤柴薪,每日共计需二三十万斤,而来源日见其稀,市价因此昂贵。土匪一时难以平靖,只好下令各缫丝厂于九月至明年二月间一律用煤,不准收柴囤积,以平

---

① 《纪粤盗愤言》,《知新报》第 106 册,1899 年 11 月 23 日。

抑柴市。[①]

危害之二：

盗贼行径，向来劫掠所得，即按份均派，不留盈余，其人又极挥霍，不事盖藏，故随得随散，无以聚大伙，无以屯粮械，卒不能为大患。今区、傅悉变其面目，掳掠所入，留其盈余，以为公积。按其岁中船艘过往，何止千数，以一艘勒收三百，扯计已不下数十万。况镇埠市集，复有所勒，四出劫掠，亦复不赀。统而计之，年中所入，胡可限量。苟持此道以久行之，何难揭竿大举。天下事只患无财，彼既有此财力，即不能禁其妄想，况穷民遍地，人心思乱，彼一举招之，直旦暮间耳。

危害之三：

从来盗劫之案，官吏皆以为司空见惯，日日严饬捕盗，却未尝一日能绝盗源，亦未尝见真有大患。故官吏所最惧者，惟明目张胆，攻城掠邑，关系于一己之参革处分，不能不达之于天听，故不得不为着急。若除此之外，彼则以盗劫之案例之，惟有循行保甲团练之常例以塞责。至于保甲团练之俱穷，则听其自生自灭，以为向来固如是耳。今区、傅所为，不遽为攻城掠邑之举，戕官杀吏之事，兵来则去，兵去则来，官吏以为强盗结伙，非同叛逆，可不至为我官守之累，即不必费我剿捕之劳。彼盗于是乃得从容蓄聚，

[①] 《薪贵有由》，《申报》1900 年 4 月 26 日。

无所顾忌，定额征税，俨同国法，拥众号召，以厚党援。久之，毛羽既丰，乃一发而为攻城掠邑之举，戕官杀吏之事。至此，为官吏者始着急而谋剿捕，则已不可收拾矣。

危害之四："凡举非常之事，最难得者人心耳。"区新、傅赞开等人虽然没有当年洪秀全之势，

> 而有洪逆之狡，彼征取行水，以保护商旅为名，虽其所勒收第出于迫胁，然其坚约守信，赔偿不误。商人纳厘税于官，而官未能保，反或为之扰者；纳行水于盗，而盗保其不失，且能赔偿，是商之信官不如其信盗之足恃也。商既信盗，纵非本心，惟习于安便，则必乐出其途，盗亦或更设别术以要结之。他日一有举动，彼商人或怵于积威之渐，或服其约信之坚，或习于往来之狎，或幸于祸患之免，必有为之接济，为之驱使，为之托庇者。财多则势厚，众集则心雄，吾恐金田之役，不能谓其不可复见也。

为了维持局面，广东地方官府除派兵进剿外，也采取了种种防范措施，如令每艘渡船设勇四名，以为堵御；凡客人搭船，必先搜检。又有查禁携枪之令，有入夜各街闭闸之谕，但是或毫无效果，或干脆无人响应。如禁止携枪，盗匪早有防范，不会因禁令而放弃，"是禁枪只可以禁良民，而不可以禁盗，适为盗成其专利而已"。入夜闭闸，为向来成例，劫案并不因此而减少。

至于渡船设勇，非但无济于事，反而扰民。因盗匪"其聚伙常数百人，其器械皆新式快枪，其劫渡每用轮船，不需小艇，其一日常劫数船，

不取一艘。以区区四名之额勇,无论其怯懦无用,即使其奋身捍御,而寡不敌众,已万无能胜之理。又况勇之工食,由渡船供给,每一名年需百圆,此四百圆之数,以生意几微之乡渡,岂能筹此巨款。即使能筹,而又不能保其能御盗,则不如宁纳之于盗,其数尚少,而可以保安之为愈也。故大吏屡出诰令,严词批斥,而竟无有应之者"。

论者以为,这些措施"实大吏之不通下情,不审时势,当一筹莫展,无可设法之时,而故为是责难之举,以为塞责耳"。并进而指出:"治法以本原为主,今日百政废弛,工艺不兴,商务不振,民穷财尽,迫而为盗,而官吏又无东西国警察巡捕之善法,徒坐视其扰害闾阎,酿成大患,竟无一策以处之,此实谁尸其咎哉。"①

在此情形下,广东地方不仅成为盗匪横行的世界,而且其活动日益上升到台面,虽然非法,却已公开。区新、傅赞开劫掠新会县瑞生当店时,"乘三人肩舆入村,督率攻劫,乡团练勇,无一敢出"②。到1900年2月,区新、傅赞开等"日形猖獗,地方缉捕,莫奈伊何,匪等遂将一切行水,从容议妥,竟无有过而问之者"。西江桅杉排行与两盗订明,每年愿纳行水银万二千元,保至光绪二十六年底。其银按月交清,地点或在省佛陈龙,或在梧州肇庆,届时由盗示以所在,依期交纳。据《香港华字日报》报道:

> 是日立约时,傅、区两盗,各架紫洞艇一艘,后随以小艇数十号,至小唐沙地方,彼此换约既讫,随又与北江杉行在沙头地方立约,每年共纳行水四千元,先交‥成,其余限至明年九月,分三次

①② 《纪粤盗愤言》,《知新报》第106册,1899年11月23日。

交楚。旋又有四会、沧江、广宁、怀集等处杉行，亦与该盗立约，每年行水约一千二百元。盗等随各给以凭据，小旗一枝，上画狮形。其约内则声明：嗣后如有被劫，不拘赃值多少，均由该盗如数赔偿。

报馆因而叹道：

此岂各商人之帖耳输服于盗哉，无亦以官失其权，盗得其义，与其向官问盗，而官不能为盗之雠，曷若以盗为官，而盗反得任官之责。坐是为丛驱爵，为渊驱鱼，即一类推，而中国民情携贰，上下解体，又何待外人召之饵之劳之集之，而始知其有无穷之患也哉。是则中国之大局兴衰，可以决矣。[①]

第三节　勤王军将

广东盗匪势力不仅能与官绅鼎足而三，在基层社会甚至一方独大，引起在海外结成保皇会、谋求勤王救上的康有为等人的注意。

康有为与区新虽然同为南海西樵人，活动时代也相近，但两人的社会身份相去甚远，彼此毫无联系。如果不是戊戌政变和勤王密谋，两人之间不会出现相互需求的背景和条件，也没有联系的必要。不过，西樵既为孕育康、区两人共同的社会环境，彼此也当有所耳闻。

---

① 《以盗保商》，引自《知新报》第 112 册，1900 年 2 月 14 日。

1898 年底,在戊戌政变突如其来的打击下,康门师徒经历了短暂的愤激彷徨,受唐才常等湖南志士的催促,决心鼓动武力勤王。其行动方略,首先注重两广。广东方面,由梁炳光、张学璟负责经营。此外,由于保皇会在港澳设立联络协调机关,以为总局,因地利之便,又有乡里地缘关系,对广东格外关注。他们事先缺乏相应的准备,欲诉诸武力,只能利用现成的社会组织和武装力量,民间秘密社会便是其首要选择。

康有为解释"大举必从闽粤发难,以长江响应而掣中原之肘"的战略构想时强调:广东"各府县皆有倜傥不羁之土豪,若能收罗而抚之,则此辈俱为我用"①。保皇会为勤王事宜编制的电报密码中,便有"422 现豪杰归附者颇多""427△△地大盗若干人已收之""428 大盗会党已运动七八成",以及"676 花县巨盗""678 西江巨盗"等条目。②

据岑春煊后来的奏报,区新曾于 1899 年"受逆党嗾使,潜行入京谋刺某大臣,事既不成,改易洋装回粤,勾结会匪,伪立'新广东志气军'名目,语多悖逆,乡愚被其煽惑,声势甚大"③。此说如果属实,则区新与保皇会的联系,自 1899 年已经开始。戊戌政变后,逃到香港的康门师徒在宫崎寅藏的激励下,尝试北上入京刺杀西太后和荣禄,有关行动一直持续到 1906 年。如果区新真的参与过此项行动,接洽联络之人很可能是万木草堂弟子罗伯雅。罗字润楠,广东番禺人,"性豪

①　1900 年初《致某某书》,上海市文物保管委员会编:《康有为与保皇会》,第 93 页。
②　《康有为与保皇会》附录《电报密码》,第 547—550 页。
③　《署两广总督岑春煊奏剿办新广东志气军首要区新等情形折》,中国第一历史档案馆、北京师范大学历史系编选:《辛亥革命前十年间民变档案史料》下册,第 440 页。

侠,仗义气,善结交绿林会党"①,"尝与剧盗区新、傅赞开等往还"②。从此区新成为保皇会勤王战略的一颗重要棋子。

1900 年 2 月,保皇会确定用兵方略,虽然康有为"前后俱注意于西"③,港澳总局办事诸人和负责广东方面的梁炳光,坚持在东,不肯向西。梁启超等人也质疑康有为西向的战略决策,认为无论如何,应当重视广东,"先取粤与否,为一大问题也"④。取粤须掌握武装,保皇会的做法是派人到广东各地聚人办团,联络会党绿林和乡团游勇。梁炳光为横滨福生泰号少东主,热情有余,能力不足,又不熟悉广东各地秘密社会的情况。另一位负责人张学璟,广东宝安县人,与罗伯雅同为万木草堂弟子中以交通会党绿林著称者⑤,联络区新等人,很可能由他担任。

区新的名字虽然没有出现在自立会名单和保皇的电报密码中,其地位却相当重要。1900 年 5 月底,因唐景崧派人到新加坡与康有为联系,告以西南各省联络妥当,请定期发动。康有为闻讯大喜,下令全力向西。所开列"入西办事"的九名将领中,就有区新,位置仅次于勤王正军主将陈翼亭,列第二位。康有为告诉港澳总局的办事人,只要"多得数万金购数千械,分给翼亭、区、傅、徐老虎数军,则横行江湖,可操必胜"。具体计划是:扫地卷众袭桂后,"以正军大操一日,然后大声

---

① 陈汉才编著:《康门弟子述略》,第 148 页。
② 冯自由:《革命逸史》第 3 集,第 40 页。
③ 康有为致邱菽园函,引自汤志钧:《自立军起义前后的孙、康关系及其他》,《近代史研究》1992 年第 2 期。
④ 1900 年 4 月 13 日《致南海夫子大人书》,丁文江、赵丰田编:《梁启超年谱长编》,第 216 页。
⑤ 《革命逸史》第 2 集,第 31 页;陈汉才编著:《康门弟子述略》,第 151 页。

勤王之师以收桂省,据电局以惑观听,收军装局及三营七百防勇之械,以分给正军及区、傅之军,留桂一日,即卷甲疾趋袭长沙,尽区、傅、李立亭之军分作二三队皆行,至此时也,军械将近二三千余,力愈厚矣。……翼正军数千人作为官军,至全州封船下袭,昼夜并行,四五日可至长沙。有区、傅作二队,陈、李作三队,唐作后劲",进而破长沙,占武昌,趋襄阳,取京师。①

依据保皇会的部署,长江、广西和广东为三个战略主攻方向,广西的陈翼亭为保皇会勤王的主力正军,江淮的徐怀礼为重要响应,广东方面,一度被列为战略重点,康有为开始觉得力量不足,"故全力图东栈"②,只是邱菽园主张西向,他也认为可以立于不败之地,实际仍对广东有所寄望。不过,经营广东虽然投入力量多,活动时间长,联络了不少会党绿林和乡团游勇,能够落实的却不多,因此行动起来不得不以区新、傅赞开等人为依靠。在 1900 年 5 月底康有为决定弃东而西之前,保皇会一直以广东为主要基地,梁启超一度还有开府于粤或武昌、金陵的权衡,并建议取粤为上,请康有为决定以某军取粤,则亲入某军,并以该军为正军。③则区新等人很可能是首选之一。

正当保皇会紧锣密鼓地加紧筹备时,清政府方面出现变动,使得区新等人的活动陷入困境。1899 年 12 月,清廷为了镇压保皇会的活动,调李鸿章署理两广总督。1900 年 1 月,李鸿章到任,他对清廷打击

---

① 《致办事人书(二)》,上海市文物保管委员会编:《康有为与保皇会》,第 116—119 页。

② 1900 年 6 月 27 日《致叶湘南书》,《康有为与保皇会》,第 136 页。

③ 1900 年 4 月 13 日《致南海夫子大人书》,丁文江、赵丰田编:《梁启超年谱长编》,第 219 页。

海外保皇会而采取的一些过激措施态度消极,而对平靖地方却毫不手软。对于保皇会与内地盗匪勾结谋乱之事,尤为关注。区新等人的势力膨胀及其动向,受到严密注视。

自立军起义后,刘坤一、张之洞等分别致电英、葡两国驻上海总领事:

> 近来大通滋事,湖北会匪蠢动,长江一带,凡各种会匪,明张揭帖,云:奉南海康有为之命,派妥人至粤密探,知康有为令著匪区新及三合会匪首潘新桂、联合各省会匪,欲在两湖、苏宁、上海等处起事。粤省乱党极多,均在澳门《知新报》馆为拜会聚义之所,其最著者有何连旺、何树令、徐勤、刘桢麟、麦孟华、陈宗俨、容闳等,往来香港、澳门,勾结党类,谋乱地方,若不查办,必为北方拳匪之续,有碍东南大局不浅。务请电达贵国政府,速由藩部严致香港、澳门总督,密为查拿拘禁,免致蔓延。①

稍后,李鸿章电告驻英公使罗丰禄照会英国外交部:

> 康、梁布散党徒,暗结广东著匪区新、三合会首潘新桂、刘福等,联各省会匪,约在两湖、三江、两广起事,名为保国,阴图扰乱。……粤省乱党尤多……勾结盗匪,订期起事。枪炮由南洋用

---

① 陈旭麓等主编:《盛宣怀档案资料选辑之七·义和团运动》,第204页。编者称电稿由盛宣怀代拟,李鸿章致罗丰禄电,是在此电稿基础上改订。

棺装运入粤。若不查办，有碍东南商务大局。①

可见官府对区新与保皇会的联系及其密谋等情形早已注意。这也印证了区新之于保皇会广东部署的重要性。

西江盗匪活动猖獗的情形也引起英国的高度关注，英国驻广州领事拟定《西江弭盗章程》，表示英国海军愿以兵力相助，华官无庸出费，欲趁机染指广东内河权益。李鸿章一面婉拒，一面答应认真查办。②为此他剿抚兼施：

> 莅任以来，察悉粤中盗贼猖獗，劫案频闻，若不严办匪徒，无以安靖地方，随设立营务处，并缉捕总局，为缉获匪徒讯办之所，并派员分作五路缉捕，委司道为总办，水师提督何长清军门、陆路提督刘邦盛军门、马惟骐镇军、黄金福镇军、郑润材副将、潘观察楷，分为各路缉捕。四营将官，在省为会办缉捕事宜，现下各员分营募勇，已陆续成军。何军门麾下营员，带队已至南属，会同郑协戎麾下营弁，缉捕樵匪；黄镇军麾下之信勇，已往芦苞、清远、北江一带，剿捕匪类。闻何军门之营员，带队至南海，探悉区新偕伙匪十余人踪迹，随往围捕。讵区新先已逃脱，仅获其伙匪三名，毙其四名。现官军严密踩缉，除暴安良，想在此一番振作也。③

---

① 光绪二十六年九月九日（1900年10月31日）《张之洞奏宣布康党逆迹并查拿自立会匪首片》，《张文襄公全集》卷51，奏议51。
② 《西江弭盗》（录《中西报》），《申报》1900年6月7日。
③ 《五路缉匪》（录《中西报》），《知新报》第115册，1900年3月31日。

军事打击奏效后,李鸿章又进一步加强防范措施,他以为非添设勇丁水陆缉捕不能清盗匪之源,而添设勇丁必须保证饷项,为此"姑准番摊纳缴饷项,以为一时权宜之计,而盗匪果由此潜踪,闾阎安堵"①。他还委派刘学询等负责招降事宜。在官府的运动下,与区新意见不合的李昭先期倒戈,"纳款投诚,自愿擒区赎罪"②,并带领清军紧密缉捕,迫使区新、傅赞开等逃往鹤山县境;又率勇丁百余人到鹤山龙口镇袭击区、傅所部,"大破之,获匪十九名,内有李姓、源姓、温姓三名,均系著名头目"③。

李鸿章离粤北上滞留上海期间,刘学询又设法将傅赞开招降④;与区新等人划地而治的花县匪首汤春也缴械投降⑤,使得区新陷入孤立。这时江淮的徐怀礼亦为刘坤一招降,保皇会的部署完全被打乱。康有为鉴于形势发生重大变化,香港总督明确反对在广东发生任何动乱,

---

① 《粤东多盗》,《申报》1901年2月26日。汪东《寄庵随笔·博具杂谈(一)》:"儿时每见老辈岁首令节,集人作'摇摊'之戏。其法画格为局,分四方为幺二三四,一人作庄家,用四骰覆缸中摇之,视其点色,以四除之,所余即为得数。例如骰共五点,除四,得一点,即幺也。若九点,除两四数,仍得一点,余可类推。庄家外,余人各忆其得数,出筹分注四方,中者为胜。群碧颇嗜此,尝言:'樗蒲叶子,古今不同法,而因革之迹,亦自可寻,独不知此戏起于何时。'余不能对,近偶阅《范书·梁冀传》云:'冀能挽满,弹棋,格五,六博,蹴鞠,意钱之戏。'注引何承天纂文曰:'诡亿,一曰射意,一曰射数,即摊钱也。'乃悟摊之得名,由于摊钱,其法虽不可知,然必覆钱之数,令人意度,则甚明。闻粤俗为此戏,犹以钱不以骰,谓之'番摊',他处废钱而用骰,故谓之'摇摊',因革之迹,仍可晓也。"(第103—104页)

② 《羊城仙迹》,《申报》1901年11月22日。

③ 《申报》1900年6月15日。

④ 《豪客投诚》,《知新报》第126册,1900年9月8日。据裴景福《河海昆仑录》:"陆乾、傅赞开,南海盗魁也,文武久捕不获,闻余至,求投首,立功赎罪,因为请于李文忠,许之。"(沈云龙主编:《近代中国史料丛刊》正编第3辑之25,第8页)。

⑤ 《穗垣零墨》,《申报》1900年9月15日。

所招揽的秘密社会首领又首鼠两端,保皇会的筹备活动靡费多而实效少,于是暗中放弃取粤乃至整个勤王计划。失去同道和依靠的区新转而与兴中会接上关系。

庚子勤王,本来唐才常、孙中山及梁启超等人协议长江与珠江两大流域并举,由于康有为等人拒绝合作,兴中会与保皇会在广东的活动无法相互配合,携手并进,反而彼此竞争,甚至暗中拆台。兴中会的军事行动,虽然以惠州为根据地,目的还在夺取广州,因此广州、惠州互为呼应,甚至有广州先期发动的计划。负责广州方面的史坚如、邓荫南等人,与日本东亚同文会广东支部成员合作,"联络绿林计划,亦与欧[区]新、马王海等订立条件,一旦有事,即揭竿响应"①。其行动计划为:联络骨干,"令阴结羽翼,刺探机密,以供驱策。羊城各要隘,以东北为建瓴,以西南为犄角,潜师袭击,分路并进,东西北三江如马王海、区新辈诸盗首,复各帅勇士数千人,驰会应合,期七月某日起事"②。

兴中会筹划的广州率先发动因故未能实现,区新的承诺能否兑现,不得而知。此事却牵涉兴中会与保皇会的关系。本来革、保双方一直有所交往联系,而康有为等屡屡傲视兴中会,不愿合作,甚至有意无意间挖兴中会的墙角,令广东的兴中会会员产生怨气。同时保皇会内部对于合作之事意见不统一,革、保双方在某些方面又确有合作意向和实际联系。史坚如等人被捕后,坊间传闻其"供认听从康逆指使",并供出同党三十余人的姓名。③康有为闻讯,大为恼怒,担心牵扯

① 廖平子:《庚子壬寅及庚戌间之革命拾遗》,丘权政、杜春和选编:《辛亥革命史料选辑》续编,第58页。
② 邓慕韩:《史坚如事略》,中国史学会主编:《辛亥革命》一,第246页。
③ 《绅裔伏诛三志》,《申报》1900年11月21日。

保皇会，"连累益甚"，于是特请邱菽园登报声明："决不惊动故乡。"①

盗贼绿林的社会声誉毕竟不佳，尤其很难为保皇会的社会基础和权力来源所接受，因此康有为等在暗中联络利用秘密会社的同时，公开的舆论宣传对于区新等人的言行仍持否定态度。一旦与其公开形象不相融合的种种密谋有暴露的危险，他们便不惜嫁祸于人，以洗刷开脱自己，戊戌如此，庚子同样如此。这种态度，使得保皇会与秘密会社的关系较革命党人更加疏远一层，结果盗贼绿林游勇的首领也只是利用保皇会获取枪械银饷，这就决定了双方的合作很难产生任何实际效果。保皇会的取粤计划，除耗费大笔海外筹款外，几乎一事无成。

第四节　死而不靖

庚子革、保两派在广东相继失利，整个中国也从义和团事变的大乱中逐渐平静下来，这种平稳显然并不适合于盗匪的活动。此时南海县的主官换成了素有能吏之称的裴景福。裴氏安徽霍山人，以名进士为宰粤东，屡任剧邑，"所至号称难治，而睫闇治之辄裕如"。或谓"每治事与民语丁宁委婉，若恐重伤之者，而治盗恒用重典"。②前此在番禺县任内，一月之内破获前令积年盗劫案凡五十桩，令广州知府击掌赞叹。③

1899 年底，南海县令出缺，调任朝阳县的裴景福署理。李鸿章到

---

① 1900 年 11 月 20 日康有为致邱菽园书，引自汤志钧：《自立军起义前后的孙、康关系及其他》，《近代史研究》1992 年第 2 期。
② 冒广生、张隽：《睫闇诗钞·序》；裴景福：《睫闇诗钞》。
③ 陈灏一：《新语林》，第 30 页。

任后,认为原南海县令办事尚属周妥,无庸另行调署。①但稍后裴景福还是接任南海县,并且连任到 1903 年被岑春煊参革流放为止。任内裴景福继续显示其酷吏本色,加强对盗匪的打击和镇压,仅从《申报》的报道看,几年中公开处决盗匪的频率和人数都有大幅度增加。在南海县任内仅以站笼站毙人犯改作病故者,先后共有 128 人。②内外交迫之下,区新一度不得不逃往广西梧州等处藏匿,以避风头。

不过,庚子以后,中国各种严重的结构性社会问题依然如故,此前造成统治秩序紊乱的社会势力继续活动,清政府对待归降的盗匪又不能餍其所愿,甚至从来就不打算兑现承诺。如李昭投降后,虽协同清军"弋获匪党多名",官府仍然认为"尚无大功可记"。③傅赞开降清,署粤督德寿电询在上海的李鸿章处置之法,后者答称:"战事计日可平,无须若辈效用。"于是德寿将傅赞开等 108 人"尽隶黄得胜麾下,建功赎罪"。④

盗匪秉性,本来就反复无常,受到冷遇,自然更不驯顺。傅赞开降后,西北江仍有匪人持其名片索取行水,并且开枪拒捕,将赶来镇压的安勇打伤数人。⑤当局虽指为假冒,未必不是傅氏或其部下重操旧业。与傅赞开同时降清的陆西干,被派归肇庆协吉镇军部下效力赎罪,"以为从此可以革面洗心矣。不意近日忽又纠集党羽,大开博塞之场"。地方绅士为此赴督辕禀控,粤督下令查办。⑥李昭降清后,仍向各处勒收

---

① 《粤省官场纪事》,《申报》1900 年 2 月 17 日。
② 《粤督岑奏官犯潜逃洋交酌拟惩处折》,《申报》1905 年 3 月 5 日。
③ 《珠江箫鼓》,《申报》1900 年 6 月 15 日。
④ 《豪客投诚》,《知新报》第 126 册,1900 年 9 月 8 日。
⑤ 《粤海秋声》,《申报》1900 年 9 月 19 日。
⑥ 《粤峤春光》,《申报》1901 年 4 月 5 日。

行水,被绅士密禀当局,官府乘其因事来省之际,派人拘至五仙楼清讯。①

李鸿章离粤后,各乡剿匪措施有所松弛,前因粤东缉捕甚严无处容身的区新,从广西梧州潜回南海县境西樵埠,"纠合党羽,在官山海口向来往各船勒收行水"。1901 年 1 月,被官府眼线侦悉,"报知是处卓字营管带某君,某君立即督率勇丁前往兜拿,区匪竟敢出而抗拒,互相轰击,反被枪毙勇丁一名,仍未擒获"②。李昭等人又再度叛清,与区新合为一股,活动范围也不限于南海一地。1901 年 10 月,番禺某店司事关凤俦具词赴县控称:著匪区新等与其党羽设立英义堂名目,屡次致函打单勒索。③

由于地方不靖,为官不易,本来应是肥缺的两广总督之职,竟被视为畏途,鹿传霖以"力难胜任"再三推托,改调陕甘总督陶模,陶也声称:"旧疾未痊,请收回恩命。"④

1901 年初,与区新潜回南海几乎同时,陶模终于南下接任。其督粤期间,对于新政改革颇为热心,陆续举办了一些维新事业,至于平靖地方,虽然不是特别用力,但也不敢掉以轻心。1901 年 9 月,南海县局绅、举人陈文蔚以盗匪猖獗、掳人勒赎等词控诸督抚二署,陶模、德寿等除径饬广州协南海县严密查拿外,下令缉捕总局半月内将陆畅、区新、谭郁、陆亮、岑剑等悉获究办,"不论军民人等,如能速将各犯获送,定即从优奖赏。绅耆包庇,查出即照窝盗论,决不宽贷"⑤。

---

① 《羊城仙迹》,《申报》1901 年 11 月 22 日。
② 《粤东多盗》,《申报》1901 年 2 月 26 日。
③ 《禀防打单》,《香港华字日报》1901 年 10 月 20 日。
④ 陈宝琛等纂修:《大清德宗景皇帝实录》卷 469、卷 471。
⑤ 《局绅控匪》(录香港《循环日报》),《申报》1901 年 9 月 9 日;《著匪为害》,《香港华字日报》1901 年 10 月 21 日。

区新自李昭、傅赞开降清后，"独该逆怙恶不悛，其弟区湛凶悍尤甚，李、傅之徒既散，该逆之势益盛，枪械精利，党与众多，拜会敛财，打单掳劫，商船则勒收行水，农田则逼缴护费，广、肇两属遭其蹂躏几无虚日。官兵剿拿，俨然劲敌，屡被拒杀，迄未就擒。该逆行踪诡秘，又常往来于香港、澳门，散布谣言，摇乱人心，所以为患于粤东者已非一年"①。1902 年 4 月，南海安隆砖窑接连接到义和堂著匪廖珠、廖时、区新等来函打单银若干，限期送至某处，否则炮火从事。业主无力交银，投诉于局绅陈文蔚，后者再度赴省向各衙门禀告。②

1902 年的大明顺天国密谋，官府也认为"为首者实著名巨匪区新、刘大婶，招集逆党数千人，约期作乱"③。此次起事，兴中会系统的革命党确有联络庚子旧部的企图，被捕的苏子山、陈学灵，曾与三合会头目曾捷夫在广州秘密会晤④；参与其事的苏焯南等人，则是 1900 年兴中会谋取广州计划的执行人，与区新等有所联系。据说区新在官府的追捕下，曾逃往新加坡，回国后在新会崖门附近据山为巢，招纳亡命，"且区自出洋后，颇好读兵书，闻有新译之本，多方托人代为访购，其于山川险要皆测绘为图。去冬尝与他党争据某山，区登高指挥，动中窾妙，他党不谙地势，遂为所败。日前会党闻其名，特收为羽翼"。洪全福起义事败，区新再度亡命外洋。⑤

---

① 《署两广总督岑春煊奏剿办新广东志气军首要区新等情形折》，中国第一历史档案馆、北京师范大学历史系编选：《辛亥革命前十年间民变档案史料》下册，第 440—441 页。
② 《打单吓势》，《香港华字日报》1902 年 4 月 15 日。
③ 《粤东获匪纪余》，《申报》1903 年 2 月 14 日。
④ 《会党供词》，《香港华字日报》1903 年 3 月 9 日。
⑤ 《会党两志》，《香港华字日报》1903 年 3 月 7 日。

　　1903 年 5 月，接替病逝的陶模任两广总督的岑春煊抵达广州，岑氏庚子护驾有功，得到西太后的宠信，在清末政坛上迅速崛起。他对于整顿吏治颇有一套办法，是有名的"三屠"之一的"屠官"，粤督任内参革广东地方官员千余人，对于镇压民变、安靖地方也有一套铁腕功夫。清廷先后用他任四川、两广总督，主要目的之一，就是让他平定当地的会党游勇叛乱。

　　岑春煊抵任后，很快发布除暴安良示，为各地方官、各营将弁、各处绅民及被贼胁从悔罪来归之人要约赏罚条件，分别开列"各地方官当知十三条""各营将弁当知八条""各绅民当知六条"和"各匪悔罪来归者当知六条"，保奖结合兵团保全地方，剿除肃清匪患，越境助剿，实力练团，拿获匪首，安顿饥民，办赈有效的官吏、将弁和绅民，凡剿办不力，知情不报，扰民冒功，甚至通匪济匪者予以严惩。悔罪来归者分别情形予以安置奖赏，尤其鼓励引领官兵进剿；著名匪首若能擒杀相当著名之匪首，或携带军火五十件以上来降者，亦可免死录用。[①]是年科考，岑春煊于第三场另出五题，鹤山县士子应对的七十余人中，有六十余人力陈该县盗风猖獗，当地盗匪串同著匪区新、谭二、罗永等打单勒索，请为严办。[②]

　　此外，岑春煊还设法查知两广地方私运军火的三条路线，下令严密盘诘，以绝盗匪武器来源，并悬赏洋银两千元，擒杀区新。与区新同时的马王海等大股盗匪相继被清军剿灭。

　　岑春煊抵任之初，因广西的游勇暴动声势浩大，重心不得不倾注

①　《申报》1903 年 7 月 22 日。
②　《力陈盗害》，《香港华字日报》1903 年 10 月 13 日。

于西。1903 年底,岑春煊从广西浔州回到广东,查访情形,知区新"生长本地,窟穴甚多,非重兵不能扼其窜越,非确线不能得其踪迹,因严饬统巡水师候补道李准重资购线,密调水陆各军,于西樵一带遥遥扼要驻扎。探知该逆掳掠归巢,确在区村,遂令各军抽队渐渐逼近"。其间岑春煊密札李准,限期一月捕获区新,后又责成把总潘斯铠,以十日为限。李、潘二人熟商,担心区新察觉远飏,不敢稍露声色,由潘斯铠派线人佯招区新投降,使其不致远逃,又密派兵勇或伪作乞儿,或扮成小贩,日夜伺区新之出入,并绘制匪巢要隘地图一册。

1904 年 1 月 2 日,清军各营兵勇千余名,兵轮十余艘,拖带蛮船三十余号,驶赴三漕口驻扎。1 月 3 日,李准下令分官山、岗头两路起岸,调齐粤义、靖勇、安勇、喜字、顺字等营,分六路(一说五路)从东西两面进剿,包围区村,"一面多张告示,晓以歼厥渠魁,胁从罔治之义,以解散其党羽"。此役官方的报告是:次日黎明,由队官潘灼文、潘斯铠、傅赞开等带队进入区村严密搜剿,由把总潘斯铠的线人引路,"得其窟穴于村内陆家塘边,李准亲至督剿,官兵重重围裹"。区新与其死党负隅死守,与清军激烈交火,相持三日之久,区新等不支,夺路欲走,被清军追擒 23 人,击毙 1 人,其余四散。区新、区湛、区满等满身重伤,旋即死去,并被戮尸。[①]

传媒的报道有所不同,《香港华字日报》称:1 月 3 日清军抵达区村后,立传该村绅耆查究,遍搜匪巢不获,仅起出被掳候赎之潘某。各营弁禀请收队,李准不允。时有潘斯铠队中勇目某甲密禀具知该匪所

① 《署两广总督岑春煊奏剿办新广东志气军首要区新等情形折》,中国第一历史档案馆、北京师范大学历史系编选:《辛亥革命前十年间民变档案史料》下册,第 441—442 页。

在,但虑被匪报复,身家不保。李准令其将家眷迁省,力允招呼家用,并当堂书付千金之券,甲遂感激效命,带至该村山脚陆姓屋内。匪党不虞勇之猝至也,放枪拒捕,轰毙粤义军一名,安勇一名,防勇一名,伤者数名。各勇奋力围攻,当场将区新枪毙,并毙匪党区湛、区满及不知姓名者三名,生擒潘佑、区东养、区余三名,1月4日早返抵广州。①为了保险起见,潘斯铠亲自查验区新尸体,"足有支指,膝盖上有刀痕,手之大指曾受枪轰一边,果是真区新"。从其身上搜得相片,区新中立,左右各一人,上题"拿破仑一人千古,震地惊天",下款署正总理人某,副总理人某某。又搜得密函一封,中有"举目山河之异""以茶当酒,以水当茶,与君痛饮,消一生不平之气"等语。②从《香港华字日报》报道的时间看,官方的报告所谓相持三日之说或有夸大。

区新与官府有深仇大恨,据说广东水师提督郑润材曾派人到新加坡招降,区新表示拒绝。有人问其何以甘心为盗,区新应道:

> 一人犯罪一身当,与吾死父何涉?满清官弁无能,不能将吾捕获正法,乃拆吾祖屋,锁拿吾父之木主以去,并将吾兄押毙狱中,事后宁家,已成瓦砾场,只剩下一个旧神主箱。此一生最切齿之事,宁断头,无降理也。③

态度可谓坚决。但其为盗依靠族人和同党,最终却栽在族人和同

---

① 《区新真死》,《香港华字日报》1904年1月7日。
② 《区新身上有相片》,《香港华字日报》1904年1月12日。
③ 大客:《罪人乃祸及木主乎》,《香港华字日报》1913年12月13日。何文平《变乱中的地方权势:清末民初广东的盗匪问题与社会秩序》已引及此则史料。

党的手中。《香港华字日报》所称告密带队之某甲,很可能是区龙。据说"轰毙区新,首功系区新族人区龙,其次为傅赞开"①。此次得手,李准和带队各官均获奖赏,区龙超免补千总,以守备补用,傅赞开免补千总,以守备归广东水师尽先补用,并加都司衔。②有报道说:"该匪花红之多,除各处商民旧悬不计外,新悬之红,善后局五千元,李统巡二千元,南海县三千元,合计新旧不下三万元,为全省著匪之冠。若非岑制府之严厉,李统巡之认真,恐未易得手也。"③而据官方奏报,于原来赏格外再加赏银一万元,其余打死各匪合计赏银八千元。其来源则是抄没区新等人家产,以及严饬包庇之族邻各绅罚款赎罪,并令该绅等出具甘结,保证"该村永远不出匪人,及永远不再庇匪"④。

岑春煊凭借强大的国家机器尤其是优势兵力,虽然可以一举铲除区新这样的积年惯匪,却仍然无法根除匪患。两个月后,有报道称:

> 西樵著名匪首区新拒捕殒命后,其党凶焰未衰,仍向往来客商抽收行水银两,一面指拨款项赡其妻妾。如尚不足,则勒令富户捐资助之。⑤

一年以后,西樵乡一带依然匪患甚炽,"经江浦行营认真搜捕,在

---

① 《获盗得奖》,《香港华字日报》1904 年 1 月 9 日。
② 《署两广总督岑春煊奏剿办新广东志气军首要区新等情形折》,中国第一历史档案馆、北京师范大学历史系编选:《辛亥革命前十年间民变档案史料》下册,第 441—442 页。
③ 《区新真死》,《香港华字日报》1904 年 1 月 7 日。
④ 《论功行赏》,《申报》1904 年 1 月 17 日。
⑤ 《羊城春景》,《申报》1904 年 3 月 7 日。

各乡拿获著匪多名,及起获被掳乡人十余名。现闻各官弁查悉匪踪,往往潜匿于各糖寮,因议将所有糖寮分别清拆,责成寮主不得寓留闲人,俾若辈无从藏匿"①。在岑春煊幕府中任事的高凤岐函告汪康年:

> 东省著匪区新等五大匪,皆累年悬赏万金者,虽已尽锄,而小股仍未靖。欲去两粤之乱,要从吏治、民生、路矿、农工入手,但非真变法,即不足以语此。而目前救民水火,亦不能不治标,奈何奈何,为之奈何! 府主焦忧日迫,故时愈时病,终难复元。尊书所关切处,已一一备述,徒多叹息而已。……国气不振,稍有人心者皆有不能终日之势。②

此说算是触及根本。但这不仅超越岑春煊的权限范围,更超出其能力所及。有心救上,无力回天,留下的悬念只是清王朝何时垮台,以及人心尚在的官吏如何寻求应变之道。

---

① 《申报》1905 年 2 月 22 日。
② 上海图书馆编:《汪康年师友书札》二,第 1606 页。

第十章　东亚同文会广东支部

近代日本对华关系，除了政府之间国家与国家的关系外，还有各种利益团体与中国民间人士、社团以及地方政府、社会的关系。后者不仅成为日本对华外交的补充，还广泛深入中国地方的内部事务，立体式地对中国的政局和社会产生重要影响。在这一过程中，日方在不同时期对不同地区的重视程度不一，发生影响的大小各异，1900年前后东亚同文会广东支部的活动，即为典型个案。关于东亚同文会的历史，已有专书，相关研究涉及的问题也不在少数。唯其中广东支部存在的时间总共只有一年零两个月，对该支部的组织及其活动多语焉不详。事实上，其间正值中国社会内外矛盾全面激化，朝野上下，各种政派集团纷起行动，企图按照各自的政见利益改变社会发展的方向，因而政坛上波谲云诡。乘机插手中国内政的外部势力，得以纵横捭阖，发挥作用。了解东亚同文会广东支部的组织、活动与趋向，补正充实庚子勤王运动的史实之外，更能进而透视近代中外关系的大框架下国家与社会的互动作用。

第一节　组织

东亚同文会成立于1898年11月2日，系由东亚会和同文会两个以研究日中时事问题为标榜的团体联合组成，为当时日本最大、最有实力的民间团体。先此参加东亚会的众议院议员平冈浩太郎利用其斡旋大隈重信和板垣退之助创立宪政党以及成立隈板内阁的机会，成功地说服政府赞成开展对华民间外交，由政府付给民间团体补助金。政府方面因为难以分别给予各个对华民间团体补助，于是促成联合。

由于隈板内阁随即总辞职，已经内定的国库补助金暂时延期支付，东亚同文会成立之初无法确定具体的事业内容，其《规则》关于组织设置只能泛泛规定"本会设本部于东京，设支部于中国各地"①。直到山县有朋内阁成立，决定从 1899 年 4 月起支付四万圆国库补助金，东亚同文会才于 3 月 14 日召开春季大会，更新人事，并决定事业计划。会议议决将设置支部之地扩大到日本国内及韩国，而不仅仅限于中国，分别名之为内国支部和在外支部。②在中国设置的五个支部为：北京、上海、汉口、福州、广东，分别由中西正树、井手三郎、宗方小太郎、中岛真雄、高桥谦出任支部长。③

不过，在广州设立支部早就在东亚同文会的计划之中。1899 年 1 月，该会会长近卫笃麿在日记中所附《东亚同文会在清支部设立地及其事业》，已经提出在上海、重庆、广州、北京、汉口等五座城市设置该会的东部、西部、南部、北部、中部"在清支部"，其中广州的南部支部管辖的范围是：广东、广西、福建以及云南的四分之一、贵州的七分之一。后来重庆支部实际上未能如愿成立，只设派出所。而增设的福州支部

---

①　《东亚同文会规则》，《东亚时论》第 1 号，1898 年 12 月。引自东亚文化研究所编集：《东亚同文会史》第 3 编《活动编》，第 266 页。

②　《东亚同文会支部规则》，《东亚时论》第 9 号，1899 年 4 月。

③　《东亚同文会章程》，《知新报》第 93 册，1899 年 7 月 18 日。

则将原来南部支部所辖范围的一部分划出。①

　　这一调整，很可能与日本台湾总督府的态度有关。其时任台湾总督的儿玉源太郎为日本台湾殖民史上经营华南、南洋的设施最为积极者，1898年10月，日本又迫使清政府同意不割让福建，以此为自己的势力范围。②所以东亚同文会一开始就十分重视福建的地位。1899年1月，该会举行时事讨论会，议题之一便是由松本龟太郎报告台湾与福建、广东地方的关系。③出任广东支部长的高桥谦曾任台湾总督府翻译官，在水野民政局长之下奉命进行所谓台湾旧贯调查时，到厦门、泉州、福州、汕头做过几个月的民情习惯调查。④

　　东亚同文会重视广东，除了与福建的地理关系密切外，还有对广东本身日显突出的重要性的认识。1900年5月该会春季大会上，干事田锅安之助报告过去一年本会经营的事业时指出："广东为清国南部的重地，最富革新气象，且散处海外各地的数百万中国人，既以此为故乡，又以此为根据之所。"⑤

　　此外，东亚同文会组织系统的渊源，也使之对广东格外注意。1898年6月成立的同文会，其成员大都来自荒尾精的汉口乐善堂，他

① 《近卫笃麿日记》附属文书第404页，东亚文化研究所编集：《东亚同文会史》第3编《活动编》，第269、638页。其余各支部管辖范围是：上海的东部支部负责江苏、浙江、安徽、江西四省，北京的北部支部负责直隶、山东、山西、东三省及陕西的三分之一、甘肃的二分之一、河南的黄河以北，汉口的中部支部负责湖南、湖北、河南的黄河以南、陕西的三分之一、贵州的七分之一，重庆的西部支部负责四川、甘肃的二分之一、云南的四分之三、贵州的七分之四。
② 东亚同文会编：《对支回顾录》下卷，第781—784页。
③ 《会报》，《东亚时论》第4号，1899年1月。
④ 《高桥谦》，东亚同文会编：《绣对支回顾录》下卷，第191页。
⑤ 《春季大会》，《东亚同文会第六回报告》，1900年5月。

们始终重视对中国内陆及边远地区的调查，早在乐善堂时期，就以汉口为本部，在长沙、重庆、北京设立支部。东亚同文会在华各支部的设置及其区域划分，大体沿袭乐善堂的格局，五位支部长中，宗方小太郎和高桥谦曾分别担任乐善堂北京、湖南支部的负责人，其余三位支部长也均由乐善堂出身。

与同文会相比，东亚会虽然缺少在中国内地的组织系统，但成员中不乏具有志士气质的人物。戊戌变法失败后，该会成员积极设法援助康、梁等维新党人逃亡海外，并允许流亡日本的康、梁入会。其中一些会员如宫崎寅藏、平山周等还与孙中山的革命党建立联系，介入广东地方的维新派与革命派的武力反清及勤王密谋。东亚、同文两会虽然尚未在广东建立组织，却都已不约而同地注意到广东对全国的影响呈日益增长的趋势。

根据 1899 年 3 月改订的《东亚同文会会则》，在外支部设支部长一名，事务员若干名，其支部长由东亚同文会本部干事兼任；在外支部均由本部维持，而在华各支部则由上海支部负责联络。各支部隔周须向本部定期报告，遇有紧急必要事件应临时报告。在华各支部除向本部报告外，遇有必要事件，还应向上海支部报告。上海支部则应将该报告通报有关各支部。①

东亚同文会广东支部除高桥谦任支部长外，另派原口闻一为事务员②；原来任教于万木草堂、后任澳门《知新报》记者的田野橘次，实际

① 《会报》，《东亚时论》第 9 号，1899 年 4 月。
② 《会报》，《东亚同文会第六回报告》，1900 年 5 月。原口闻一是最早加入东亚同文会的会员之一（《会报》，《东亚时论》第 1 号，1898 年 11 月），其身份又称"清国派遣员"（《会报》，《东亚时论》第 15 号，1899 年 6 月）。同时派往其他支部者有佐佐 （注转下页）

上也参与广东支部的活动。①严格说来,该支部正式成员仅此三人。但按照东亚同文会的计划,要派遣若干名"广东留学生",其资格为身体强壮,精神确实,高等普通学校毕业,懂英语,年龄在27岁以上。②所派桥本金次、内田长二郎、熊泽纯之助、山下稻三郎、远藤隆夫、松冈好一等六人,均陆续加入东亚同文会为正式会员。③他们除承担学习粤语的义务外,所起的作用与事务员并无二致。

第二节　事业

根据东亚同文会的计划,在清支部主要举办以下事业:一、调查管辖区域内的各种事务。二、与清国人秘密交际联络,提携共济,举办实事。三、以支部为单位,各培养日本俊秀子弟十人,精通南北各地的语言情事,以备他日有用之选。四、适当地培养熏陶人数不定的清国有为子弟。五、在各形胜枢要之地发行报纸杂志,作为启发诱导的机关,

---

(续上页注)木四方志、村井启太郎、桑田丰三等。

①　关于田野橘次的身份,东亚同文会的文献无明确记载,断为广东支部成员的依据是:一、田野为最早加入东亚同文会的会员之一。1899年4月《东亚时论》第9号《会报》登记的3月31日在籍会员中的田野桔二,即为其人。1898年11月《东亚时论》第1号《会报》所列会员名单,田野桔二的住址为"在清国澳门《知申[新]报》内"。二、戊戌政变后,万木草堂解散,田野先避往香港,然后赴澳门任新闻记者(东亚同文会编:《对支回顾录》下卷列传《田野桔治君》,第872页),参与了东亚同文会广东支部的多项事业,如任广东同文学堂教习。其活动也往往与高桥谦、原口闻一等共同进行。

②　《会报》,《东亚时论》第13号,1899年4月。年龄限制疑有误。

③　其中山下稻三郎入会最早,为1898年12月(《东亚时论》第2号,1898年12月),1899年1月曾被该会派往汉口(《会报》,《东亚时论》第6号,1899年1月)。松冈好一为1899年4月入会(《会报》,《东亚时论》第10号,1899年4月),其余四人为1899年8月入会(《会报》,《东亚时论》第18号,1899年8月)。

成为清国舆论的木铎。①其中派遣留学生学习中国方言一事，主要由上海支部和广东支部承担。

在政府方面提供的国库补助金落实后，1899 年 4 月 13 日，东亚同文会召开干事会，议决选定清国派遣员和广东留学生资格条件等事项。②同年 5 月，在清各支部的支部长宗方小太郎、中西正树、井手三郎、高桥谦等人在上海会合，磋商各项事务并做好创办支部的准备工作后，即分别向就任地出发。③6 月 18 日，东亚同文会在向岛八百松楼为原口闻一等四位清国派遣员举行送别会，会后各派遣员陆续出发赴任。④

在东亚同文会广东支部负责的事务中，培养学习广东方言的日本留学生具有特殊的重要性。高桥谦的身份，即为留学生监督兼支部长。⑤按照最初的计划，该会与其他各在清支部一样，从本部领取创立费金 500 圆（重庆派出所为金 300 圆），而经常费为每月 620 圆，年度共 7440 圆，少于上海支部的 8400 圆，多于重庆派出所的 1800 圆。每月经常费的具体预算为：房租 70 圆，支部员津贴 250 圆（支部长 200 圆，事务员 50 圆），学徒培养费（10 人）150 圆，各项杂费 150 圆。实际上 1899 年度的预算仅广东留学生一项即达 3850 圆，除去 500 圆来华旅费外，经常费共 3350 圆，其中留学生给费 1200 圆（以每人每月 20 圆计，预算共 5 人，实为 6 人），监督津贴 600 圆，房租 600 圆，修学旅

---

① 《近卫笃麿日记》附属文书，东亚文化研究所编集：《东亚同文会史》第 3 编《活动编》，第 269 页。
② 《会报》，《东亚时论》第 10 号，1899 年 4 月。
③ 《会报》，《东亚时论》第 14 号，1899 年 5 月。
④ 《会报》，《东亚时论》第 15 号，1899 年 6 月。
⑤ 《春季大会》，《东亚同文会第六回报告》，1900 年 5 月。

费、医疗费及预备费等共 950 圆。这一时期实际支出的"广东教育事业"费为 3600 圆,其中绝大部分应是用于粤语留学生。①也就是说,该支部预算的一半以上用于粤语留学生的培养及其活动。

在 1899 年 5 月中旬的东亚同文会干事会上,选定桥本金次、内田长二郎、熊泽纯之助、山下稻三郎、远藤隆夫等五人为广东留学生②,是年 8 月 5 日、11 日,该会又两次召开干事会,追加松冈好一为广东留学生③,使广东留学生总数达到六人。其中松冈好一已经在澳门《知新报》馆担任译员,其他学生则陆续赶赴广东。6 月 18 日欢送原口闻一等派遣员时,桥本金次、远藤隆夫二人也在被送之列。7 月 13 日,两人出发赴粤,25 日抵达广东。另一位留学生熊泽纯之助于 7 月 18 日先期到达。④其余两位,山下稻三郎由汉口转赴广东,内田长二郎的行踪不详。

先期抵达广州的高桥谦和原口闻一,于 6 月下旬在西关观音桥观贤坊设立了事务所,标名为东亚同文会粤省分会⑤,开始正式挂牌办事。随即按照该会规定,陆续展开各项事业。6 月 26 日,为设在事务所内的留学生宿舍举行了设立式。

---

① 东亚文化研究所编集:《东亚同文会史》第 3 编《活动编》,第 638—644 页。

② 《会报》,《东亚时论》第 13 号,1899 年 5 月。

③ 《会报》,《东亚时论》第 18 号,1899 年 8 月。

④ 《会报》,《东亚时论》第 16 号、18 号,1899 年 7 月、8 月。

⑤ 《会报》,《东亚时论》第 18 号,1899 年 8 月。廖平子《庚子壬寅及庚戌间之革命拾遗》称会址在广州城西关宝庆新街(丘权政、杜春和选编:《辛亥革命史料选辑》续编,第 58 页)。1899 年 7 月 18 日《知新报》第 93 册刊登的《东亚同文会章程》写明:"广东分会设在省城西关观音桥观贤坊,请认东亚同文会门牌。"该章程系高桥谦亲自寄到《知新报》,并嘱刊登,名称会址与《东业时论》所载相符。另廖文指宫崎寅藏、平山周亦为广东支部成员,不确。

在 1900 年 4 月 30 日于东京麴町富士见轩召开的东亚同文会春季大会上,干事田锅安之助的报告将广东支部开设以来所进行的事业总结如下:

一、与地方的有志者联络沟通,不仅省城广州,与澳门、香港、汕头、潮州、佛山等地的有力之人亦陆续联系,因此各项事业得以顺利进行。

二、在省城有志者开办的时敏学堂增加日语课程,并劝说汕头、潮州的有志者在当地各开设一所东文学堂。

三、澳门《知新报》和广州《东华报》赞成本会主旨,《东华报》几乎可以说是本会的机关。此外,时敏学堂的发起人在该支部的劝说下,计划发刊《东亚报》,已筹集到大部分资金。

四、六名粤语留学生中,一人被聘请为潮州东文学堂日语教师,两人水土不服,一人已复籍海军,剩下的两人,正与汕头东文学堂联系选送其中一人为教师。①由此可见,虽然在粤语留学生方面投资最多,成效反而较小。

其实广东支部筹建的事业不止上述几项,高桥谦到粤之初,准备开办面向中国人士的东文学校,为此,向东亚同文会本部申请了 100 圆补助金。②经过几个月的筹备,广东东亚同文书院于 1899 年 10 月张榜招生。该书院设在广州宝庆新街,由高桥谦任院长、原口闻一为总教,邓逢清、田野橘次、熊泽纯之助任教习。③首届定额 30 人,开馆日期

① 《春季大会》,《东亚同文会第六回报告》,1900 年 5 月。被选送汕头者应为山下稻三郎,后由熊泽纯之助接替(参见《东亚同文会报告》第 12、32、39 号《汕头通信》)。

② 《会报》,《东亚时论》第 18 号,1899 年 8 月。

③ 其中熊泽纯应为熊泽纯之助,其省略名字大概是为使中国人感觉亲近。

为十月初一(11 月 3 日),学生年龄限于 15 岁至 30 岁,须略通中文。以后每年秋季招生,每届均为 30 人。

广东东亚同文书院学课定为三年,第一、二年为普通课,分中文、东文两类,前者包括四书、左传、淮南子、作文、书牍记事、近思录、尚书、韩非子、管子、孙子、策论等,后者包括东语、东文翻译、万国地理、万国略史、算学、物理学、生理学、化学。第三年为高等课,东文类包括文明史、商业史、教育学、理财学、性理学、行政学、军制摘要、战时国际公法、社会学,中文类则有易经、荀子、墨子、作文、策论等,另外规定了自己阅读的 12 种书,即《通鉴辑览》《东华录》《皇朝史略》《续国史略》《朔方备乘》《天下郡国利病书》《通考详节》《皇朝通考》《经世文编》《经史百家杂抄》《大清会典》和《吏部则例》。其中一些课程,在当时的中国可以说相当前卫。学生毕业,发给文凭,并添注所学课程,以便荐往别处,充当教习及翻译;如有欲往日本留学者,可由广东支部照会东京东亚同文会总会,代为照应。①

东亚同文会在华开办同文书院,最著名的是上海东亚同文书院,如果计算其前身,该会先后在中国的南京、上海、天津、汉口、广州等地开办过同文书院,在福州、汕头、潮州等地开办过东文学堂,在北京、广州等地开办过学堂,其中上海东亚同文书院已有专书研究②,其他各同文书院、东文学堂等在《对支回顾录》《东亚同文会史》等书中亦多少有所言及,而广东东亚同文书院则未经论述,甚至相关著述亦鲜有提及,这不能不说是研究该会历史的重要缺失。

---

① 《广东东亚同文书院章程》,《知新报》第 102 册,1899 年 10 月 15 日。
② 栗田尚弥:《上海东亚同文书院——日中を架けんとした男たち》。

东亚同文会广东支部能够顺利展开活动,的确如高桥谦所说,与该支部得到广东地方士绅的支持响应密切相关。据说与东亚同文会广东支部有关的学校、报刊的关系人,大抵是地方的一、二流绅士,他们倾力办学,热烈鼓吹东亚同文会的趣旨,可见该支部与地方人士结交之深。如《东华报》发起人朱琪,是广东的一流名士,潮州东文学堂发起人杨鲁在当地极富资产名望,陈石珍则为潮州第一富豪。另外广西桂林的龙昌纶资产德望兼备,有同志百余人,专门来请该支部派人赴桂。①

最为典型的是广东东亚同文书院的创办,该书院评议员由 17 位广东绅士组成,其中邓家仁、陈芝昌、陈兆煌、邓纯昌、梁肇敏为时敏学堂创办人,其余各人,如盛景熙、陈连生、罗维东、邓紫垣、朱祖昌、陈栋元、冯绍基、黄汝驹、梁庆福、邝国元、莫伯伊、朱云表等,亦为绅士名流②,而地方士绅通过结交东亚同文会广东支部,对所办事业也有所促进。时敏学堂开设时暂赁宝庆街民房,后来在刘园对岸印务局左近购地造屋,大启规模。③

然而好景不长,1900 年初,李鸿章任两广总督,命刘学询等人千方百计谋捕新党,广东学政发布告示,禁止考试答案谈论洋务以及引用释老诸书。从广东支部成立之始就对东亚同文会寄予深厚同情并鼓吹该会主义精神的《东华报》被迫停刊④,使该支部的活动遭受挫折。

---

① 《会报》,《东亚同文会第六回报告》,1900 年 5 月。
② 《广东东亚同文书院章程》,《知新报》第 102 册,1899 年 10 月 15 日;《广州创设时敏学堂公启章程》,《知新报》第 53 册,1898 年 5 月 20 日。
③ 《羊城春色》,《申报》1900 年 2 月 10 日。
④ 《春季大会》,《东亚同文会第六回报告》,1900 年 5 月。

正当广东支部的活动全面展开之际,1900 年夏,东亚同文会突然决定暂时撤销广东支部。8 月 15 日,该会在江东中村楼召开临时大会,针对义和团事变以来中国政局的变化,重新检讨该会一贯坚持的保全中国的主张,以及如何在新的形势下更好地贯彻宗旨的策略,提出公开发表保全中国的宣言案,大张旗鼓地向社会提倡保全主义,一方面抗衡欧美列强乃至日本国内日见抬头的分割主张,一方面解除中国人对日本对华态度的疑虑,使之由感激而更加信赖自己的邻国,令日本对华处于有利地位。为此,重要的问题是如何应付中国南北局势迥异的局面。

干事国友重章报告是年春季大会以后本会事业的大要时提到,南部的广东地方应为重要的致力之地,但因为各种形势的变化,近日暂时撤回支部。这并非本会事业萎靡不振,也不是担心在此设置支部与本会的保全方针有所不合,更不是要舍弃该处的事业,而是暂时的调整。该会在华经营以长江一带为主,暂时放弃部分地方,是一时的权宜之计。广东已经成立的潮州、汕头等地的学校,将继续举办。①

到 1901 年 6 月 2 日举行春季大会,干事小川平吉所作上年度事业报告中,关于特别变更的第一项就是暂时废止广东支部。潮州的东文学堂,也因为惠州起义等事件的影响而中止,唯有汕头东文学堂依然存在。②此后,东亚同文会在广东只有派遣员③,再未设置分支机构。

---

① 《临时大会》,《东亚同文会第十回报告》,1900 年 8 月。一说是为了集中财力建设南京东亚同文书院,所以撤销个别支部(东亚同文会编:《续对支回顾录》下卷,第 195 页)。

② 《春期大会记事》,《东亚同文会第二十回报告》,1901 年 7 月。

③ 东亚文化研究所编集:《东业同文会史》第 3 编《活动编》,第 644 页。1902 年东亚同文会经常岁出项下有支付广东派遣员的 420 圆。

第三节　镜湖茶谈社

国友重章解释暂停广东支部的原因时，尚在事情发展的过程之中，因而多少有些含糊其辞。实际上该会撤回广东支部，主要是担心卷入当地的武力反清密谋，影响全局。待到时过境迁，小川平吉就说得比较坦白。他指出：广东一带常有革命主义者，万一趁义和团事变举事，而广东有该支部举办的事业及留学生，容易影响东亚同文会的整体事业。正是担心这一点，所以暂时撤回广东支部。①不过，小川也未将情况和盘托出。当时保皇会和革命党人均在广东密谋展开武装行动，相互之间沟通联络，不少东亚同文会会员卷入其中，广东支部也与革、保双方保持密切关系，并参与了组织联络。

东亚同文会由东亚会和同文会组成，两会原来的宗旨并不一致，前者支持变法派和革命党，后者则与张之洞、刘坤一等洋务官僚的关系较深。但其中一部分两会会员与几方面都有联系，彼此之间也互为沟通。东亚同文会成立后，在近卫笃磨的"保全中国"论之下，这些会员感到主张体制内稳健改革的洋务派、体制内激进改革的变法派以及主张打倒清朝、建立共和制的革命党之间，存在一些共识，并且知道各派彼此暗中有所联络，遂积极介入其中，试图利用各派的反清活动，以求实现该会的总体目标，即保全和协助改善中国②，以东亚社会的特殊性（相对于欧美）和共同性（彼此之间），确保日本在东亚的地位和利益。

---

① 《春期大会记事》，《东亚同文会第二十回报告》，1901 年 7 月。
② 栗田尚弥：《上海东亚同文书院——日中を架けんとした男たち》，第 81—85 页；东亚文化研究所编集：《东亚同文会史》，第 30—33 页。

广东支部方面，介入保皇会和革命党密谋较深的是田野橘次、松冈好一和原口闻一。

田野橘次毕业于东京专门学校，私淑荒尾精，注意东亚问题，并对康有为的主张有所共鸣。1896 年，康有为派徐勤、罗普赴日本留学，适值田野橘次与井上雅二、五十岚力、原口闻一等人讲求中国问题，共同居住在所谓"梁山泊"，罗普也入住此地，对日本学生好酒气烈印象深刻。戊戌变法前，由平冈浩太郎推荐，田野橘次进入万木草堂任教。① 其时康有为、梁启超远在京、沪，由任学长的王觉任负责教学管理事务。戊戌政变起，田野橘次与王觉任协商解散学校，于 9 月 25 日率领学生亡走香港。此后留港谋设广东日本语学校②，随即转赴澳门《知新报》为记者。与之同时进入《知新报》任译员的还有松冈好一。松冈原来活动于南洋诸岛，从此将重心移到华南地区。③

东亚同文会广东支部成立，田野橘次利用自己与保皇会的关系以及在《知新报》任职的有利地位，使广东支部与保皇会在广东的势力迅速结合，互为推动。高桥谦筹设广东支部事务所时，先将《东亚同文会主意》及章程送交《知新报》刊载，表明主张东亚中日韩三国"政府须执公尚礼，益固邦交"，"商民须守信共利，愈敦邻好"的旨意④，争取舆论和民意支持。

---

① 东亚同文会编：《对支回顾录》下卷列传《田野桔治君》，第 872 页。一说田野受聘于万木草堂为徐勤介绍（宫崎滔天著，佚名初译，林启彦改译、注释：《三十三年之梦》，第 141 页注 6）。

② 田野橘次：《最近支那革命运动》，第 60—76 页。后来在澳门开办东文学堂。

③ 《对支回顾录》下卷列传《松冈好一君》，第 968—971 页。该传称松冈与田野均为记者，但从《知新报》刊载的文章看，松冈主要是担任翻译。

④ 《东亚同文会主意》，《知新报》第 93 册，1899 年 7 月 18 日。

《知新报》刊登有关文件后,还发表评论,称道"斯会之设,将以救东亚也","东亚之国,中国为大,而能自立者惟日本。日本变法,垂三十年,而欧洲诸强,莫敢逼视。日本又与我与韩国同文,今之立此会者,盖将以先觉觉人,仁及吾国,而共保亚东太平之局也"。欧人相逼之惨,同类相救之切,与中国亡国危机之迫在眉睫,"然则此会以为专为中国设可也",呼吁"我国志士,其闻风而兴起哉!"①

筹办广东东亚同文书院时,高桥谦所说"东文一年小成,三年即可读政治理财哲学诸书。夫日本自明治以来,将军奉还政权,力求维新,泰西诸要籍,悉经翻译,则今日读东书同于读西书,而学东文又捷于学西文矣"②,以及"今日本讲究西学,而以捷法得之,其书本与中国同文,是故用力寡而见功多,中国习西文不如习东文之易也,读西书不如读东书之捷也,东文既通,更就学于其学堂,修专门之学,夫由中国造日本,其难易与造欧西孰若,不待辨而知也"③,基本是当年4月发表的梁启超《论学日本文之益》的翻版。④

除了利用保皇会在当地的影响之外,田野橘次还参与聚合革新力量的组织活动。他与徐勤、张寿波等在澳门发起镜湖茶谈社,"此乃合康有为派、基督派及张玉涛派三者而成立也,其势力在广东省实为最著"⑤。张玉涛,名寿波,出身香山县沙尾乡豪族,权理该族的张续光堂,家财巨万。辛卯(1891年)秋闱,中本省乡试第七名举人。1894年

① 《记东亚同文会》,《知新报》第94册,1899年7月28日。
② 罗维东:《同文书院缘起》,《知新报》第102册,1899年10月15日。
③ 《广东东亚同文书院章程》,《知新报》第102册,1899年10月15日。
④ 《清议报》第10册,1899年4月1日。
⑤ 田野橘次:《最近支那革命运动》,第103页。

与族叔仲球、同里陈蔚秋、陈筱江创设原生学舍于澳门,研习中西文字。[1]他与粤沪等地的维新人士交往甚多,参与不少新事业和活动。1895年公车报罢,割台议起,他和梁启超、麦孟华、赖际熙等联名上书都察院,请代奏,力言台湾万不可割。[2]1897年与梁启超、汪康年等人在上海创立不缠足会,并任董事。[3]1898年响应横滨戒鸦片烟会,率先在家乡创设张氏大同戒鸦片烟会,计划由一姓一乡做起,将来不分乡、姓,合成大团。[4]又热心于女子教育,在澳门创办原生学堂,教育男女学生四十余人,同时开办演讲团、阅书报社、原生书藏。1897年初,张寿波在《时务报》连载《欧亚气运转机论》。[5]戊戌政变后游学日本,就横滨实习商业。1899年,他和梁启超、黄为之等筹办银行。[6]是年东亚同文会广东支部长高桥谦在镜湖茶谈社发表演说,张寿波担任翻译。他是日本赤十字社会员,欲在中国创办赤十字社,还参加了宫崎寅藏的土地复权同志会。

保皇会方面,除了徐勤以外,何树龄(易一)亦为镜湖茶谈社会员,"动大颜而吐珍说奇论",是有名的雄辩家。梁启超称之为"南海门下

---

[1] 郑子健:《观本法师事略》,见岑学吕编著:《虚云法师年谱》,第109页。是文指张玉涛为香山县南屏乡张性田之长子。

[2] 丁文江、赵丰田编:《梁启超年谱长编》,第37页。

[3] 《试办不缠足会简明章程》,《时务报》第25册,1897年5月2日。

[4] 《香山沙尾乡张氏戒鸦片烟会约章》,《知新报》第59册,1898年7月19日。张氏为香山名族,凡千数百人。此举为乡族创设戒鸦片烟会之始。《汪康年师友书札》四山本宪来函七所谓:"张先生家鸦片具之事,奉承来命,鄙著将再刊,再刊必除削。"(第3297页)疑指有关之事。

[5] 《时务报》第17、18册,1897年1月13日、2月22日。

[6] 1900年2月9日敬柏原文太郎函,东亚同文会编:《续对支回顾录》下卷,第656页。

之奇才也。好学而深思,奇警精辟,纵横中外,出入天人"。①所谓基督教派,以廖德山为代表,他是广东开平人,博济医学院毕业的医生,为孙中山的友好②,"盛唱宗教的自由平等说"③。

镜湖茶谈社没有一定的组织形式,会员每月但以15钱为会费,每月朔、望,两次集会于原生学堂,各述己说。④演说时有问辩答疑,可"纵意宣发",并设有客座,允许来宾入座听讲,原生学堂学生也参与其事。该社"规条"特别规定:"星球同界,方趾同类,识智精越,皆为道华,无论中外,皆得公举为演说主。"⑤此一规定可以说是专为东亚同文会广东支部而设,第一期演说即由田野橘次主讲《天才论》,以后高桥谦、松冈好一也分别演讲《论国家盛衰与人才消长相关之理》和《老屋说》。⑥

---

① 梁启超:《康烈士广仁传》,《哀烈录》,《篁溪杂志》第1种。引自陈汉才编著:《康门弟子述略》,第146页。

② 冯自由:《革命逸史》第3集,第20页。

③ 田野橘次:《最近支那革命运动》,第104—105页。廖德山后来任岭南医学教员,由钟荣光、萧与之介绍,加入同盟会(《中国同盟会粤支部会员题名录》,《中国同盟会粤支部杂志》第7期,1912年9月11日。引自中国人民政治协商会议广东省委员会文史资料研究委员会编:《广东文史资料·孙中山与辛亥革命史料专辑》,第342页)。1919年10月,廖为杨襄甫逝世及培坤女校补助事曾致函孙中山,孙中山复函感谢其"尽力党事,奔走不懈"(广东省社会科学院历史研究室、中国社会科学院近代史研究所中华民国史研究室、中山大学历史系孙中山研究室合编:《孙中山全集》第5卷,第152页)。

④ 《最近支那革命运动》,第104—105页。

⑤ 《澳门茶谭社规条》,《知新报》第96册,1899年8月16日。

⑥ 依次载《知新报》第79、97、107册,1899年3月2日、8月26日、12月3日。

田野橘次称镜湖茶谈社纲领有二：

> 一、同志结恳亲。二、研究时局问题。观以上二者之宗旨，绝无举革命之思想，又无亟速之运动。然由其外部观之，或大有不稳之状。予之诸友人互来相告曰：革命在近，子其图之。予固希望团体之巩固，将以唱革命。然恨百余会员，有革命之思想者甚少，故予常欲主张革命而仍有所踌躇也。①

田野橘次虽然是当事人，其说也未必尽然。松冈好一在该社演说，即以老屋比喻清朝，公然鼓吹彻底改造。其说谓：

> 有一大老屋于兹，其占地甚广，其罗物甚富，无数耄稚男女栖息于其中。但其家以久阅星霜，梁柱既倾，丹青剥落，墙垣四撤，苔莽丛生，上雨旁风，不足以避，阴盗明贼，纷至沓来。于时屋之主人翁，深忧家族及臣仆之疾苦，乃谋于其所信任之心腹人，欲破毁旧屋，建筑新居，锐意搜集新材，构一闳厦。会有谗者构陷其主人翁于后母，后母闻之，乃愤懑不能禁，率顽冥不灵之徒，出暴力以阻遏其企画，且谓主人翁曰：旧屋是尔先祖之所手建，若更毁之乎，上无以对祖先在天之灵，不孝莫甚于此。余等择邃室入处，使疾苦不相及可矣。如家族及臣仆之疾苦，不足顾虑也。遂退主人翁，后母专坐堂皇，与其二三心腹人，分握一家之主权，专横放恣，无所不到，依然居此老屋，歌斯哭斯，茧茧焉偷一日之安。强盗大贼，只来双

---

①　田野橘次：《最近支那革命运动》，第103—104页。

至,无日无之,登其轩庭,入其曲房,锁钥既持,奥窔毕窥,朝夺田园,夕掠财货。彼主人翁阖族之耄稚男女,为寇盗所夺攫,冻饿彝伤者不可胜数。而此老后母视之若无睹,听之若无闻,以为此固自了善法也。自其邻人视之,则悚然为之寒心,如视对岸之火灾矣。吁嗟!天下复有如此愚物哉!当此时也,为问其家族及其臣仆,委心任运,归之天数乎?抑顾虑一家之覆灭,为之设法以谋转圜乎?仆偶有所感,爰提出此疑问,以仰同人诸君子之高教。①

这实在是明目张胆地抨击当朝执政,鼓动体制外变革。

本来与革命党联系较多的宫崎寅藏,戊戌变法期间通过田野橘次的介绍,得以结识康有为派的人士。而田野橘次本人也早怀颠覆清廷之志。他于1890年到上海时即结识了广西南关游勇的头目聋翁陈氏,此人当为庚子康有为命为勤王正军主将的陈翼亭。田野橘次任教于万木草堂时,与奇青年罗君交善(应为康门弟子中善结交绿林会党的罗伯雅),一夕夜深,罗叫醒田野橘次,"请谈革命之事",欲偕往广西、湖南,发动中原革命。田野橘次答道:"予虽有其志,然资力不足,请缓图之。"②

田野橘次指张寿波的思想为博爱主义,"非革命家,而实温厚之教育家也"③。其实张氏是康有为的受业弟子,卷入保皇会乃至革命党的密谋相当深,一定程度上可以说是两派沟通联系的重要中介。1895年广州起义失败后,兴中会的谢缵泰一直在香港与康有为一派谋求合作。受此影响,省港澳一带的革命、变法派分子关系不错,互相往来。

---

① 《老屋说》,《知新报》第107册,1899年12月3日。
② 田野橘次:《最近支那革命运动》,第65—66页。
③ 同上书,第103—105页。

1897 年，东亚会的平山周到澳门访《知新报》馆，并拜访了日本汉学家山本宪，经后者介绍，往见张寿波。①

这时同会的宫崎寅藏在横滨拜访了兴中会的陈少白，陈知宫崎寅藏有华南之行的计划，介绍其到广州访问变法派的何树龄。宫崎到港与平山周会合，即往澳门与张寿波订交，并想借此探听何树龄的住址。"张君情意恳挚，邀集同志，设宴款待我们。他的谈论颇中时弊，足以鼓舞志士的斗志。但是每逢涉及会中秘密，便噤口不言。强自询问，他只是提笔写道：'内有康有为先生，外有孙逸仙先生，中国之事，还不能说是毫无希望。'向他问何先生的住址，最先他自辩和那人并无来往，后来又说：'听说他现在住在广东某人家里。'可见他的用心是如何周密了。"宫崎寅藏和平山周按其所提供的地址到广州找到何树龄，何对宫崎等人改善中国现状唯有革命的主张态度暧昧，指示其到香港耶稣教的道济会堂找兴中会的区凤墀。而张寿波与区也相识，宫崎等在香港，还是由张指点才找到区凤墀。②

作为镜湖茶谈社重要会员的何树龄，是康有为的早年弟子，曾十年馆于康家，与康有为的弟弟康广仁"为兄弟之交，同居十载，抵掌对足，穷极论议，故于中外之故、天人之理，亦无不究焉"。③1896—1898年，正值康广仁负责与谢缵泰联络两党合作事宜，何树龄显然是知情人，曾代表维新派致函孙中山，表达群贤公意。孙中山与何树龄似也

---

① 山本宪曾来华游上海等地，与汪康年等号称知遇，赞成中日同盟（上海图书馆编：《汪康年师友书札》一，第 1056、1064 页）。其时张玉涛在沪，参与汪康年等人的维新活动。

② 宫崎滔天：《三十三年之梦》，第 114—115 页。

③ 梁启超：《康烈士广仁传》，《哀烈录》，《篁溪杂志》第 1 种。引自陈汉才：《康门弟子述略》，第 146 页。

相识,说:"彼胆小心细,弟深知此等之意非彼一人所敢言也。"宫崎寅藏问其是否参与 1895 年广州起义,孙答道:"未与。彼无此等胆略,但甚有心耳。"①

作为两派的中介,张寿波后来继续与革命派联系。1900 年 6 月 17 日,孙中山抵达香港,原计划与刘学询、李鸿章等人协商组织广东独立政府,在所乘坐的法国轮船"烟狄斯"号旁的一只舢板上,兴中会干部孙中山、杨衢云、陈少白、谢缵泰和平山周等人会见,并开了一个钟头的会议。与会者中赫然有张寿波的名字。会议一方面传达日本政府答应支持的信息,一方面决定开始积极进行武力反清的准备。②关于后者谢缵泰没有提供详细内容。据冯自由称,包括惠州发动、广州起事及暗杀、饷械接济等项准备及相应的人员配置。③如此机密的军事行动计划,不是核心骨干成员,决不可能与闻其事。

第四节　参与革命

东亚同文会广东支部与革命党的关系也相当深。廖平子说该支部标明宗旨"为联络中、日、韩三国人士感情,实则以测绘地图,侦探军情,联络同志,勾通绿林为事"。除日本人外,邓荫南、苏绰南等人参与

---

① 《与宫崎寅藏等笔谈》,广东省社会科学院历史研究室、中国社会科学院近代史研究所中华民国史研究室、中山大学历史系孙中山研究室合编:《孙中山全集》第 1 卷,第 180 页。

② 谢缵泰著,江煦棠、马颂明译,陈谦校:《中华民国革命秘史》,中国人民政治协商会议广东省委员会文史资料研究委员会编:《广东文史资料·孙中山与辛亥革命史料专辑》,第 309 页。

③ 冯自由:《中华民国开国前革命史》上编,第 90—91 页。

其事。"是时工作颇忙,因先后影绘虎门、黄埔诸险要及各衙署形势甚夥,联络绿林计划。"①此说确有所据。东亚同文会干事井上雅二日记称:

> 邓荫南在省城附近,是福字军的哨官,另外,在河南缉捕里有他的同志。他率领着约九十人。林信贤、吴苏[义、義]如,都在省城。此外,有一个英国人名叫莫克鲁克,他是孙的人。上述三人都是原来由原江[口]闻一介绍给平山等的。有人说他们是已与官兵联络好了,实际上是不确切的。②

邓荫南、苏绰南、吴义如均为孙党,庚子与史坚如筹划在广州起事暗杀,策应惠州起义,苏负责运送军械,吴负责运动防营士兵反正,邓则总司其责,策反军队,联络绿林。据说原口闻一还和兴中会会员一起往见刘永福,说以种族大义,请其归附帮助。刘答应赞助。③英国人即摩根,1896年与孙中山相识于伦敦,1899年来华,来往于省港间,协助邓荫南、史坚如诸人办事。④1900年6月,曾随孙中山前往南洋。⑤田野橘次在《最近支那革命运动》一书中提及摩根,将他与宫崎寅藏相

---

① 廖平子:《庚子壬寅及庚戌间之革命拾遗》,丘权政、杜春和选编:《辛亥革命史料选辑》续编,第58页。
② 汤志钧:《乘桴新获》,第362页。
③ 黄大汉:《兴中会各同志革命工作史略》,《辛亥革命史料选辑》上册,第69页。
④ 冯自由:《革命逸史》初集,第43、44页。
⑤ 《与斯韦顿汉等的谈话》,广东省社会科学院历史研究室、中国社会科学院近代史研究所中华民国史研究室、中山大学历史系孙中山研究室合编:《孙中山全集》第1卷,第195页。

匹配。

廖平子又称：

> 时会员朱通儒、杨肖欧，文士也，谓谋思潮广布，须借宣传，遂
> 开办旬刊，名为《嬉笑报》，自为主笔，而黜原口闻一为社长。讵
> 《嬉笑报》一出，即为清吏侧目。盖报虽以嬉笑为名，借免纵谈时
> 事之嫌，但嬉笑之甚，更有过于谩骂者。遂以毁谤朝政，莠言惑众
> 为罪，派兵围宝庆新街会址，幸党人已闻风遁去，只余二三日人，
> 清吏无奈，牒请日本领事，将原口闻一逮解出境，勒令东亚同文会
> 解散。①

杨肖欧为兴中会机关报《中国日报》的助理笔政，后来又负责附设
于《中国旬报》的"鼓吹录"，"专以游戏文章歌谣杂俎讥刺时政"，"是为
吾国报纸设置谐文歌谣之滥觞"。朱通儒和原口闻一则经常到《中国
日报》社谈论。②井上雅二称朱通儒"与省城附近的有志者、壮年有志者
以及武官有所联系"③。据井上雅二《支那に於ける新闻事业》记："《东
华报》上年发刊，《嬉笑报》起后不久，即被停刊。"④

朱、杨二人与《东华报》创办人朱淇关系极深，一是其亲侄，一为其

---

① 廖平子：《庚子壬寅及庚戌间之革命拾遗》，丘权政、杜春和选编：《辛亥革命史料
选辑》续编，第 58 页。一说《嬉笑报》讥讽粤督李鸿章，李饬南海县查究，朱通儒、杨肖
欧逃走，报馆结束（梁群球主编：《广州报业（1827—1990）》，第 20 页）。
② 冯自由：《陈少白时代之中国日报》，《革命逸史》初集，第 66—67 页。
③ 《井上雅二日记》，汤志钧：《乘桴新获》，第 362 页。
④ 《东亚同文会第八回报告》，1900 年 6 月 25 日。或称《嬉笑报》创设于 1898 年
（《广州报业（1827—1990）》，第 20 页），疑误。

门人。而朱淇原是兴中会会员,曾参与 1895 年广州起义密谋,因其兄告密,为其他会员追究,脱离会事,改取缓进主义。①他先后在广州办《岭学报》《岭海报》,又与香港《通报》合作出版《省港通报》,支持康有为的变法维新,暗中与革命党的联系仍多。1899 年 5 月陈少白筹设《中国日报》时,曾打算接手香港濒临倒闭的《通报》,该报据说亦由朱淇的门人主办。②朱的门人杨肖欧先后随其主《岭海报》《省港通报》笔政,《嬉笑报》"抉时政之缺失,嘻笑怒骂,文字诙谐",被认为是广州报纸诙谐文字之始。《中国旬报》附设的《鼓吹录》从人脉到形式、风格、旨趣,均与之一脉相承。《东华报》被东亚同文会广东支部视同机关报,则通过朱淇等人的关系,广东支部容易联络革命党。

　　此外,广东东亚同文会支部长高桥谦也与革命党有所联系。该支部成立后,史坚如往访高桥谦,"意气极相得,力劝东游,谓大可增长见识,物色豪杰,且中国革命党领袖亦在日本,思往访之,遂以高桥为介,先晤港中同志陈少白、杨衢云诸人,并加入兴中会焉"③。1899 年 10 月上旬,兴中会、哥老会、三合会在香港合组兴汉会,公推孙中山为总会长。高桥谦等人也与闻其事。10 月 29 日,率领湖南会党头目赴港的毕永年致函东亚同文会汉口支部长宗方小太郎:

① 钟卓安:《朱淇》,张磊主编:《孙中山辞典》,第 289 页。

② 《陈少白致犬养毅书》,汤志钧:《乘桴新获》,第 403 页。是函称:"港中有一新闻社,名曰《通报》,今已不能支持,甚欲退手,弟已与之有成约,允接受之。如果先生以为然,可即遣宫崎来,及预备接济之法。若宫兄之来过迟,则恐此社倒闭,错过机会,再遇为难矣。"按《通报》于 1898 年发刊,1899 年 2 月与《岭海报》合作出《省港通报》。不久因创办人意见不合,再由朱淇兄弟朱秩生出资办《通报》(参见,方汉奇:《中国近代报刊史》上,第 94 页;梁群球主编:《广州报业(1827—1990)》,第 19 页)。或谓《通报》由朱淇门人张学璟主办,疑误。

③ 冯自由:《史坚如传略》,《革命逸史》第 5 集,第 25 页。

　　弟因诸友牵帅,遂遽弃贵馆之委任而相随伊等至香港,鄙怀实所歉仄,幸先生谅焉。此间一切情形,高桥先生当已面述尊听,弟不赘陈,惟勉竭绵力细心组织之,以俟机会而已。然尚冀先生不忘畴昔之言,生民幸甚。①

　　这时高桥谦陪同漫游欧洲归来的东亚同文会会长近卫文麿从香港赴上海,然后归国,宗方小太郎则由日本归任,在上海等候近卫文麿,陪同其访问南京、汉口等地,两人应在上海会晤。②毕永年"惟勉竭绵力细心组织之"事,即为兴汉会,而有关详情由高桥谦转告,一方面是因为宗方小太郎曾答应支持湖南起义;另一方面,则说明高桥即使没有参与兴汉会结盟的仪式,也必然了解详细内情。

　　1900 年 6 月上旬,孙中山赴香港,动因之一,是"据东亚同文会支那支部之请求,一同到香港碰头,先作部署,对各方面进行调查"③。所谓支那支部,即为广东支部。该支部重视广东语教育,与孙中山或许不无关系。早在 1898 年,孙中山就与犬养毅、宫崎寅藏等议设广东语学堂,并就设于东京抑或广东的利弊有所讨论,其目的在为起事做准备。④孙中山 6 月上旬赴港,目的之一,是与李鸿章协商组织广东独立政府之事。而东亚同文会广东支部也牵涉其中。7 月 19 日,受犬养毅和平冈浩太郎派遣前来中国考察孙、康两派态势的内田良平回国后发

---

① 引自杨天石:《毕永年生平事迹钩沉》,《寻求历史的谜底》,第 76 页。
② 参见《东亚时论》第 22、24、25、26 号《会报》,1899 年 10—12 月。
③ 日本外务省档案:明治 33 年 6 月 29 日长崎县知事致青木外相乙秘第 336 号。
④ 《与宫崎寅藏等笔谈》,广东省社会科学院历史研究室、中国社会科学院近代史研究所中华民国史研究室、中山大学历史系孙中山研究室合编:《孙中山全集》第 1 卷,第 177 页。

表谈话时透露：

> 东邦协会福本诚（在香港）、东亚同文会员高桥贤［谦］（前此
> 已返国）等先已知道李鸿章对改革派寄予同情，与李交涉。李因
> 华北事件更感到改革之必要，际此对福本、高桥之说有所感动。
> 此次交涉出现意外的好结果。①

冯自由一再声称原口闻一、山下稻三郎和远藤隆夫等随孙中山一
起，于1900年6月乘法国轮船"烟狄斯"号到香港，参加了在舢板上举
行的秘密会议，是惠州革命参谋团的成员。②查日本外务省档案有关各
件，当时随孙中山从日本登船者名单中并无三人的名字，他们应是由
广东各地就近赴港。7月1日，广东支部的远藤隆夫和福本诚、尾崎行
雄等人一起在香港酒店与杨衢云、谢缵泰会晤，讨论中国的政治局
势。③次日，福本诚等人前往西贡与孙中山会合，远藤隆夫不在其中，应
留在广东。广东支部撤销后，所属成员似不再直接参与革命党的活动。

第五节　内外分歧

由于东亚会和同文会以往对华策略不尽相同，重新组合后，意见
分歧依然存在。撤回广东支部，客观上为形式所迫，主观考虑则是与

---

① 日本外务省档案：1900年7月19日长崎县报高秘第251号。
② 冯自由：《革命逸史》第3集，第50页；第4集，第79页；第5集，第16页。
③ 谢缵泰：《中华民国革命秘史》，《广东文史资料·孙中山与辛亥革命史料专辑》，
第310页。

东亚同文会的总体目标有所冲突。在"保全中国"的名义下，该会更加重视长江流域一带的利益，积极参与革政派的中原大举。在这方面，介入革命党广东密谋很深的宫崎寅藏、平山周等人与东亚同文会本部干部的看法并不一致。宫崎寅藏曾经表示：

> 吾等最终之希望在于扶助孙逸仙遂其素志。吾为一介书生，无信望于海内外，而欲成全此事，故不得已而借助东亚同文会之势力。然而，如果该会之一举一动，均需与政府商量，则终不能成事。①

广东支部方面，虽然支部长高桥谦来自同文会，原口闻一来自东亚会，但该支部的活动深受宫崎寅藏、平山周等人的影响，以至于一些兴中会会员误认为宫崎寅藏等人也是东亚同文会广东支部成员。1900年9月，东亚同文会认为宫崎寅藏等参与孙文独立计划者为原东亚会的过激派，要给予惩处。同时还解除了该会上海支部干事山田良政的职务。②他们两人均来自东亚会。东亚同文会广东支部的撤销，与这一背景密切相关。

1900年6月孙中山赴港前曾发表谈话，声称清政府对公开号召勤王的康有为派严重警惕，而放松对革命党的注意，为"我党的幸事"。"我们的最终目的，是要与华南人民商议，分割中华帝国的一部分，新

---

① 1900年8月20日东京警视厅致外务省《关于东亚同文会员之行动》，近藤秀树：《宫崎滔天年谱稿》，宫崎龙介、小野川秀美编：《宫崎滔天全集》第5卷，译文见《辛亥革命史丛刊》第1辑。
② 《宫崎滔天年谱稿》，《宫崎滔天全集》第5卷，第675页。

建一个共和国。为此计划要汇集众多同志，并徐待时机。"①这显然与东亚同文会本部的宗旨有所冲突。6 月 17 日，东亚同文会召开干事会，研究对清政策，会长近卫笃麿主张持慎重态度，静观形势。与会者同意这一主张，干事犬养毅和佐佐友房等人还认为，应援助刘坤一、张之洞、李鸿章等南方督抚。②

两天后，该会了解内情的会员称：孙中山等人的南方之行非同寻常，

> 彼等常怀不满于同文会，同文会亦不以彼等为有利用价值。由于未能开诚相见，共论东洋之策，故不知彼等有何计划，起事之规模如何。要言之，彼等乃寄生动物，一如我国之策士，而绝非如彼等所自夸，为有大决心，真助亡命者以成就清国革命之人。③

宫崎寅藏等人借助东亚同文会的势力，首选便是广东支部。而东亚同文会撤销广东支部，召回高桥谦，正是担心其卷入没有把握的革命党的密谋太深，影响全局。

不过，断言东亚同文会本部根本反对带有割据倾向的地方性密谋则嫌表面化。早在戊戌政变以前，东亚会的宫崎寅藏、平山周就与同

---

① 1900 年 6 月 11 日神奈川县知事浅田德则致外务大臣青木周藏机密受第 1296 号，译文见广东省社会科学院历史研究室、中国社会科学院近代史研究所中华民国史研究室、中山大学历史系孙中山研究室合编：《孙中山全集》第 1 卷，第 189 页。

② 日本外务省档案：1900 年 6 月 19 日乙秘第 316 号、7 月 20 日乙秘第 383 号，引自李吉奎：《孙中山与日本》，第 96 页。

③ 日本外务省档案：1900 年 6 月 19 日乙秘第 316 号东京警视厅致外务省《清国流亡者孙逸仙等之行动》。

文会的井手三郎、中西正树等人频繁交往，畅谈中、韩问题，并共同会见孙中山、陈少白，商议联合各派力量。[1]至少两会的部分骨干成员在方法策略上已经达成一致。

庚子中国政局变幻莫测，东亚同文会在"保全中国"的总体目标下，不能不考虑万一清政府无法维持，如何与影响局势发展的各派力量建立联系，以保证其影响力和利益。1900 年 8 月 16 日，东亚同文会电告上海支部关于临时大会通过保全中国宣言的消息，井上雅二即认为："除了这宣言以外，所采取的方法、手段则不可知。"[2]可见宗旨与方法、手段确有分别。该会原来与南方督抚、保皇会及革命党均有所联系，这一格局正好有利于该会实行均衡策略。如果说撤销广东支部有利于该会的总体战略，那么撤出广东，则势必损害其在华南地区的利益。所以早在 6 月 17 日东亚同文会干事会上，出席者就认为：瓜分中国，早晚必至，目前应培养实力，等待时机成熟，奋力一搏，进占南方目的地。[3]

在这种情况下，东亚同文会广东支部只是撤销了组织的名义，支部长高桥谦归国，绝大部分成员依然留在港澳和潮汕，继续关注广东局势的变化发展，如原口闻一、松冈好一、熊泽纯之助、山下稻三郎、远藤隆夫等。[4]按照规定，在稍通方言和熟悉当地情况后，广东语留学生

---

① 《井手三郎日记》，汤志钧：《乘桴新获》，第 381—383 页。

② 《井上雅二日记》，《乘桴新获》，第 369 页。

③ 日本外务省档案：1900 年 6 月 19 日乙秘第 316 号东京警视厅致外务省《清国流亡者孙逸仙等之行动》。

④ 参见《东亚同文会报告》第 12、13、32、34、39 回的广东、香港、澳门、汕头通信。1900 年 11 月 7 日，原口闻一还在澳门访问过经元善（虞和平编：《经元善集》，第 340—352 页）。

要深入内地调查旅行。①取消组织名义,更加便于他们的行动。

不过,原来广东支部的成员似乎更倾向于保皇会与革命党联合的大举起事,而不大赞成孙中山等人的惠州起义和广东独立。井上雅二称:"原江[口]认为平山等在惠州开始的行动是不行的,表示反对。他自己想在广西地方巩固根据地以发起行动。平山与原江[口]之间一直不合拍。"与原口有关系的广西唐景崧及其同人王庆延、王颖祁、王第等人,欲发起行动。②这实际上是康有为全力取桂、袭湘攻鄂、直捣京师的勤王战略的一部分,唐景崧正是保皇会勤王正军的主帅。邓荫南等人联络的绿林区新等,也是保皇会倚赖的勤王军将。

田野橘次很早就注意到革、保双方的分歧与摩擦。戊戌政变前夕,广东革命党人与康有为一派关系紧张,宫崎寅藏和田野橘次等人居间调节,极力维护。1898 年 9 月 25 日,天津《国闻报》刊登据说"从东友处辗转传抄"的《中山樵传》,对孙中山进行攻击污蔑。日本人士怀疑徐勤"大攻孙文",且疑《国闻报》的《中山樵传》出自徐的手笔。而田野橘次对徐勤的期望甚高③,因此特地告知徐勤。徐勤闻讯,致函宫崎寅藏,声明与此事无关,从而平息了一场风波,使两派的联系与合作得以继续进行。

田野橘次于 1899 年底转到上海,任《同文沪报》主笔,与井上雅二等人一起,积极为革政派的长江大举进行活动。上海正气会成立,会

---

① 东亚文化研究所编集:《东亚同文会史》第 3 编《活动编》,第 641 页。

② 《井上雅二日记》,汤志钧:《乘桴新获》,第 362 页。

③ 田野认为:"徐勤者,康有为弟子中首屈一指之运动家也。……其生性激烈勇猛,实为新党第一煽动家。""夫徐勤决非如康有为、梁启超之比,彼真豪侠也。其一决心,虽死不避,如此等人,即不为吾用而为吾敌,亦甚爽快也。"(田野橘次:《最近支那革命运动》,第 105、113 页)

址伪名为"东文译社，以田野为社主，大书揭诸户端"。他先是于1899年12月在汉口会见了刚从香港归来的与革命党合组兴汉会的湘鄂哥老会首领，继而又接受唐才常的指令，愿率海贼三十人北上，刺杀西太后，并逐尽所有奸人。田野橘次还握唐才常之手表示："吾以革命自任，生死以之。成败不敢期，然为知己致此躬，何所踌躇之有？吾指挥此三十之同志，当打碎北京政府。"[①]后因田野橘次重病，计划流产。这时孙中山、梁启超、唐才常等人仍然坚持联合大举，与康有为的想法有所差异。

即使在广东，东亚同文会支部也希望保皇会与革命党合作共举。1900年6月孙中山到港，东亚同文会广东支部成员和张寿波均参与机密会议，便是两派依然保持联系的明证。只是保皇会意见分歧，康有为对此并不热心。东亚同文会撮合康、孙两党不成，广东支部成员认为孙中山一派的单独行动胜算甚微，而且公开支持建立华南独立政府的计划与该会的宗旨不相吻合，遂采取旁观的态度。不过，东亚同文会虽有一定的政见，毕竟是利益至上，因而重视成败的程度远在政见分歧之上，何况在武力勤王、革政救国的旗帜下，革命与保皇的分界已经相当模糊。惠州起义失败后，原口闻一从香港发出分析报道，介绍广东三合会的分布、宗旨，以及与康、孙等新党相结托的历史，描述惠州起义的过程，分析失败的原因为过于急激，缺少武器，无人策应等，尤其强调没有应援地孤军作战，必败无疑。[②]

松冈好一在《知新报》馆，也一直关注康、孙两党的动向。1900年

---

① 田野橘次：《最近支那革命运动》，第20—21页。
② 原口闻一：《三合会の性质及其现状》，《东亚同文会第十三回报告》，1900年12月。田野橘次《最近支那革命运动》第7章有译文，但略有删节。

底,他从澳门发出《康孙两党ノ近情》的通信,报告有关情况。汉口自立军失败后,广东的保皇会员一度情绪激昂,日夜密议,准备纠合长江一带的同志,再兴武力。后鉴于内外形势,轻举难以奏功,转而取慎重态度,专以养成实力为名,努力募集保皇会会员。孙派煽动三合会在惠州树起反旗,一时猖獗,颇为内外人所注意。但盗贼的乌合之众,难以成事,如今已如线香火花,陷于沉寂。革命党在惠州暴动前后试图利用勤王党的财力,频频踏足《知新报》馆,谋求两党联合,均为康党谢绝。因此孙派同志怨恨康党的无情而鸣不平。史坚如谋炸广东巡抚德寿前十天曾造访松冈好一,悲伤唐才常之死,慷慨纵谈。①可见广东支部虽然撤销,东亚同文会并未放弃对这一地区的关注。他们有必要避免直接参与当地的反清活动,却不能不密切注视这些活动对整个局势的发展可能产生的影响。直到两派行动均告失利,东亚同文会才最终放弃恢复广东支部。

东亚同文会这类组织,成员的来源不一,活动有明暗两面,其在华分支机构,又与中国各派人士联系广泛,不同派系者政见、策略及活动方式往往各异,要认识其具体活动的真实意图,必须以中外各种相关的公私史料互为印证,才能去伪存真,再现轮廓,从明暗两面把握其动向。否则,坊间传闻与事后回忆,固然不足征信,单凭组织本身的文书,也很难透视暗的一面,完整地重建信史。

---

① 《东亚同文会第十三回报告》,1900 年 12 月。

第十一章 保皇会的暗杀活动

暗杀之类的极端政治行为,一般总与崇尚暴力的组织或个人相联系。因此辛亥时期革命党人的暗杀活动,早已为史学界反复论道,而保皇会的同样行为却鲜有提及。尽管有关史料历历在目,先入为主的观念令人难以把暴力手段纳入改良范畴。在视保皇派为革命劲敌、清廷帮凶的同时,忽略了康、梁还是当朝执政通缉的首犯,把他们政治行为中一个别具色彩的侧面排斥于可能性之外。加上保皇会当时的函电文书有意隐去当事者的姓名行踪,事后对此又避而不谈,甚至故弄玄虚,致使各种史实模糊不清。1980 年代中期,汤志钧、杨天石两位先生分别依据在日本发现的毕永年所撰《诡谋直纪》,确证了戊戌政变前夕康、梁等密谋发兵围颐和园杀西太后的公案,揭示出维新派政治行为阴暗的一面。探讨庚子勤王运动前后保皇派的暗杀活动,可以更加全面深入地认识这一政治势力的品格与性质。

第一节 复仇复辟

戊戌政变后,保皇救上、恢复新政成为康有为、梁启超等人的当务之急。为达此目的,他们设想的主要途径有三:1. 援引列强;2. 兴师勤王;3. 暗杀行刺。

作为积极参与政治角逐的入世者，康、梁不同于一般坐而论道的学者文人，道行清高不得不服从于权力斗争的胜负法则。政坛竞争者虽有革新与守旧的背景差异，但权谋手段如出一辙。只是处于在野地位乃至被迫流亡的康、梁缺少正统性依据，行动更为隐蔽，以后又秘而不宣，借以保持忠正形象，编织道义战胜权奸的神话而已。

亡走东瀛之初，梁启超在与日本外相大隈重信的代表志贺重昂笔谈中说：

> 义师之起，其险着居十分之九。盖欧洲诸国必将承其后，且各省伏莽，纷纷借名而起，蹂躏中原，而分割之事亦随之矣。故仆等之意，与其冒此险着而谋之于下，不如公借友邦之力以谋之于上也。

希望由日本出面，联合英、美进行干预，促使光绪重掌大权。他还函邀容闳前往东京，与康有为同航英、美，就此事接洽磋商。[①]不过，康、梁虽然害怕草莽豪强拥兵自重，也同样担心东西列强仗势欺人，趁火打劫，自己背上卖国的千古罪名。要避免起于下、迫于外的割据瓜分风险，最佳良策莫如以暗杀除去西太后和少数顽固重臣，迫退守旧党，拥戴光绪复位，重行新政。

康有为避匿香港之际，宫崎寅藏曾坦然指陈其变法失败的原因在于"徒赖君权，想以一纸上谕来完成这样的大事"，没有以武力作后盾的准备，鼓动其"亲自下结民间志士，起义军于中原"，试图促成维新

———————

① 《与志贺重昂笔谈》，《光明日报》1959 年 7 月 9 日。

革命两党结合,联络哥老、三合会党,掀起一番风云。但康有为将政变归罪于西太后,"说她是东亚的祸根,认为当前的急务在于除掉这个西太后"①,并提出借助日本壮士达到这一目的的想法。宫崎寅藏虽然不反对暗杀,但批评其求助于日本人是怯懦的表现,以激将法逼康从弟子门生中寻找赴义侠士。其实,康有为等人本来并不排除以暴力相加为应急手段。只是变法为他们开辟了通向权力中心的大道,一旦沐浴光绪的知遇之恩,便翻然变计,专务扶翼主权,以行新政。

然而,光绪失势不仅令康、梁一派的权力地位一落千丈,更严重影响其信念与希望。因而当危机迫近之际,他们曾试图诉诸武力,以扭转乾坤。政变前夕,康有为等风闻西太后密谋于旧历九月天津大阅时诛杀光绪,感到形势严峻,召毕永年、唐才常率百人督袁世凯统兵围颐和园。他们奏准光绪时,只称废西太后,暗中则使毕"执而杀之"。②有此认识,仓皇出逃的康门师徒要跨越暴力行动的心理障碍并非难事,在宫崎寅藏的激励劝说下,康门弟子陈士廉、梁元理决心北上刺秦。临行之际,两人分别到宫崎寅藏在香港的寓所洒泪告别,表示:"此行已不期再归,也不能再见。如果北方风云有变,即为我死之日。"③并嘱

---

① 宫崎滔天著,佚名初译,林启彦改译、注释:《三十三年之梦》,第133—137页。

② 毕永年:《诡谋直纪》,汤志钧:《乘桴新获》,第28页。

③ 《三十三年之梦》,第137页。按该书将两人姓名隐去。据《康南海自编年谱》,1898年10月15日,陈士廉与梁元理"曾冒险难走京师",欲偷运康广仁遗体南归。此事日本政府曾通报其驻华外交机构(《与志贺重昂笔谈》,《光明日报》1959年7月9日)。据查,宫崎于1898年9月29日在香港与康有为取得联系,10月19日陪康赴日。北上行刺二门生出发于康离港前数日。另据1900年4月20日梁启超致《知新》同人书:"去年以来,介之经营此事,数数矣,未能一得手"(丁文江、赵丰田编:《梁启超年谱长编》,第225页)。陈字介叔。则北上二人应为陈士廉、梁元理,主要目的是暗杀行刺。

托宫崎寅藏援助保护康有为，以挽救中国前途。宫崎寅藏则劝以切勿轻易赴死，成功后设法全身而退。当晚，陈、梁二人即登轮北上。

保皇派暗杀的重点对象，是发动政变、残害六君子的罪魁祸首西太后和荣禄。特别是荣禄，不仅反对革新变政，而且鼓动西太后复出，密谋围杀光绪，又掌握重兵，把持朝政，迫害新党，保皇派视为万恶之源，对其深恶痛绝，必欲除之而后快。此番北行，梁元理到天津即折回。陈士廉只身入京，亦因禁卫森严，难以下手，无功而返。田野橘次《最近支那革命运动》第7章《南清之革命运动》记，戊戌政变后，

> 广东诸同志，愤慨非常，日夜谋所以雪恨之道。方此时，有二奇人出现于中土，此在支那不易得之青年也，曰梁某与陈某是也。第一，刺客梁某。梁某二十一二岁之美男子也，容貌温粹，而眉目之间，自有一种凛然之气。予每见此人，必追想我国维新当时之桥本左内，盖与之有同风也。第二，刺客陈某。其颜面如(狆)儿，一见惊人，性滑稽，有大气魄，且善饮。予尝与之对酌，顷刻可倾数升。盖予与陈君实酒友也。既而提匕首任刺客之义务，以赴北京。梁、陈两人，由香港乘船向北，所狙敌即西后也。后彼达北京，费种种苦心，以谋暗杀，然宫中不易近，计无所施，竟脱走日本。①

此番受挫，保皇派并未就此放弃暗杀计划。此后两年间，在陈士

---

①　田野橘次：《最近支那革命运动》，第101—102页。

廉、麦孟华①、刘桢麟、罗伯雅等人的主持下,保皇派一面从海外各埠招募侠士,一面联络两粤的会党豪强,多次组织行动。如广东南海县西樵乡巨盗区新,曾于1899年受保皇派驱遣,"潜行入京谋刺大臣"②。加拿大、檀香山等地的保皇会也派归数人任侠。维多利亚华侨关炳响应倡议,回港与刘桢麟等共谋大事,由刘主议,关回乡"招集四方豪杰,千金不惜,即欲刺荣禄,以报六君之仇。不料四方寻觅,竟然有三十四人允诺"。其中为首的十余人,"胆实,有弹必中"。无奈澳门总局调度乖方,关炳几度致函而不一覆,亲往询问,则《知新报》馆已停,总局已撤。"回家对义士说知,则众君大哄,谓愚失信于天下。"关炳只得变卖祖业,自行支敷,因而破家。③康门弟子或有谋无勇,或缺乏真才实干,组织不力,加上京师禁卫森严,大内尤甚,几经努力,无一成功。

第二节　勤王辅助

康、梁等人亡走海外,声称奉诏,鼓动保救光绪,创发报刊,抨击当朝执政,成为西太后及其党羽的心腹之患。从其出亡之日起,清政府就设法予以铲除。开始试图缉拿正法。政变不久,清廷即派荣禄的心

---

① 1900年4月29日梁启超致徐勤书称:"麦事弟向不与知,故亦不敢妄议。但去年数次经营北事,不就手犹可言也;至于今年经营豚事,数月不就手,不可言也。"(丁文江、赵丰田编:《梁启超年谱长编》,第238页)
② 光绪二十九年十二月十八日《署两广总督岑春煊奏剿办新广东志气军首要区新等情形折》,中国第一历史档案馆、北京师范大学历史系选编:《辛亥革命前十年间民变档案史料》下册,第440页。
③ 1909年11月26日《关炳致康有为书》,上海市文物保管委员会编:《康有为与保皇会》,第462页。

腹李盛铎任驻日公使,取代黄遵宪,准备重施驻英公使馆绑架孙中山的故伎。

从1899年1月起,不断有清廷派遣刺客到日本行刺康有为的消息。据东京警视厅报告,康有为接到友人函告,有沈、陈二人奉清政府之命暗杀康、梁,正在上海与日本人往还,以求交际,将东渡日本。[①]4月,又有以保皇会为目标的刺客抵达日本的消息。[②]

其时清廷由刚毅筹划对付康有为,"刘问刍自认能除康,刚极喜之"[③]。7月,清政府派刘学询、庆宽等以考察商务名义赴日,与日本政府暗中交涉"交康"事宜。[④]此举不成,遂改用通缉与暗杀并举之法。刘学询在日期间,曾与孙中山密谈,其中据说涉及如何对付康有为。此事在刘学询一方,是肩负清政府的使命,在孙中山以及从中撮合的日本人士,则旨在筹集军费。[⑤]

同年10月,康有为接到其母病危的急电,从美洲东归,途中证实事属子虚,担心是清政府的阴谋。[⑥]恰好《清议报》馆被火焚毁,康有为更加害怕清廷故意制造混乱,以便下手。况且报馆失火事确与清廷有关。其时刚毅南下广东,一面筹集巨款,一面督促杀康事宜。回京之后,"又常常专注拿康,危言耸论,不知又加几许……合肥之商务两广,

① 明治32年1月21日警视厅致外务省乙秘第109号。
② 明治32年4月24日大浦警视总监致青木外相甲秘第80号。
③ 1899年4月14日汪大燮来函,上海图书馆编:《汪康年师友书札》一,第802页。
④ 1899年7月3日汪大燮来书,《汪康年师友书札》一,第808页。
⑤ 东亚同文会编:《续对支回顾录·柏原文太郎》,第651页。
⑥ 明治32年10月26日大森兵库县知事致青木外相兵发秘第514号;10月27日警视厅致外务省乙秘第1010号;10月28日浅田神奈川县知事致青木外相秘甲第530号。

皆为此事,有此一事,则余事皆不暇矣"①。

11月,李鸿章担任商务大臣并奉密旨除康②,即任用刘学询,企图利用孙中山诱捕康有为。关于此事,孙中山先期制定了一套办法,但在刘学询函约之后,迟迟没有回复。刘学询鉴于"沪上各报已播传,恐打草惊蛇,蹈上年李盛铎覆辙",准备"得孙回音,即先赴粤",要求李鸿章"请奏饬粤暂缓,俟询到商妥再办"。李鸿章认为孙中山不答复表明其"或尚迟疑。粤早奉电旨,难再饬缓。拟赴粤,有何办法?"刘学询答以"法用诱用掳,活上毙次"。行刺之事由港澳之人实施,"候孙来商截南洋之路"③,以防康有为闻讯外窜。

据说康有为在港期间,"刺客载途,登吾港寓三层楼行刺焉。时门人狄楚卿犹在楼下与唐才常谈也。又开隧道于邻,欲火吾室,幸吾先行而免"④。由于在港行动不便,清政府试图通过外交途径使港英当局将康有为驱逐出境,同时"多方部置,静以待动,不惜财力,诱而掳之,务期必获"。李鸿章还指示刘学询:"此事宜细心设计密图,勿过卤莽,防一击不中,口舌更甚。黄金福系刚派密捕者,亦合办为妙。"⑤

① 1899年12月28日汪大燮来函,上海图书馆编:《汪康年师友书札》一,第812页。
② 1899年11月27日李鸿章《致上海虎城》:"昨面奉懿旨,令设法诱逆,已奏明仍交尊处妥办。孙已到否,康已离港否? 究在何处? 望查明随时电知两广密捕是确。"(顾廷龙、叶亚廉主编:《李鸿章全集》三,第870页)
③ 《李鸿章全集》三,第870—871页。关于刘学询与除康之事,参见李吉奎:《孙中山与刘学询》,中山大学学报编辑部编:《孙中山研究论丛》第5集,1987年。
④ 《康南海先生墨迹》,中国史学会主编:《中国近代史资料丛刊·戊戌变法》一,第419页。关于此事,康同璧《南海康先生年谱续编》记为:"某夜,刺客忽至,相距仅尺许,先君大呼闭门,印警至,贼始逃避,门人狄楚青及唐才常犹在楼下谈也。又买邻房穿地道,拟以炸药轰之。"(康有为:《我史》,第66页)
⑤ 《李鸿章全集》三,第873—875页。

鉴于秘密行动屡试不果，同年 12 月 20 日，清廷发布上谕，令沿海各地督抚"悬赏购线，无论绅商士民，有能将康有为、梁启超严密缉拿到案者，定必加以破格之赏。……即使实难生获，但能设法致死，确有证据，亦必从优给赏"①。公然鼓动滥杀。同时派遣李鸿章署理两广总督，以办理除康事务，破坏保皇会在广东及海外的势力与活动。1900年 1 月 24 日，清廷再度颁布上谕，确定赏银数额为十万两，无论生死，一体给赏。而且将银两先行提存上海道库，一面交犯，一面即验明交银。如不愿领赏，则破格授予实在官阶及各项升衔。②除康之意十分迫切。

清廷步步进逼使之与保皇派的矛盾更加尖锐。康、梁等人不仅无法踏足祖国，海外活动也因此障碍丛生。梁启超欲往旧金山，清驻外使节串通当地忠清侨领，以"官吏悬赏购刺，无赖小民，及贪利洋人，既已预备药弹匕首以待"③为由，加以恫吓阻拦，迫使保皇派以牙还牙。为了对抗清政府日益加紧的迫害行动，旧金山保皇会提出保护家属之法三条，其中第一、二条规定：

一、我帝党中人无拘在何处，被人戕害，或波及亲属，一经查出，确是因保皇起□，即访主谋者何人，立速函报各属，务要罪人斯得，更即函商总会，将其主谋家属一并翦除，庶可以弭奸人之伺。

一、同志中有敢任报仇者，查确果得真凶，本会即奖赏中国银五百元；倘非真凶，不能领赏。能得仇人家属翦除者，亦以中国银

---

① 朱寿朋编，张静庐等校点：《光绪朝东华录》，总第 4454 页。
② 同上书，总第 4470—4471 页。
③ 梁启超：《饮冰室合集·文集》之 5，第 66—67 页。

五百元为酬。所有赏费，均由会项支销，决无失信。①

决心以暴制暴，大规模实施报复行动。新加坡侨商也表示愿出十余万"以捕诸大贼"②。

北方行动不易措手，奉命到粤查办保皇会的李鸿章便成了众矢之的。李鸿章赴任后，为了敷衍交差，捕拿了几位保皇会员的亲属，在海外华侨中激起轩然大波，一些人畏惧惊恐，更多的则是义愤填膺。前此，康有为接纳唐才常的建议，决心起兵勤王，他督率弟子党人一面加紧宣传募捐，一面在澳门设立总局，联络两广会党首领和地方实力派，制定出一套两广起兵、袭湘攻鄂、席卷长江、直捣京师的勤王战略。特别是1900年5月以前，一度以广东为发难之地。而两广总督李鸿章，成为实现这一计划的重大障碍，令保皇会心存顾忌，千方百计要将其铲除，以利于军事行动。

此外，保皇派的老对头刘学询又被李鸿章罗致门下，益发激起康、梁等人的忌恨。康、刘之间，早在1896年就因康代王鹏运草拟弹章牵及刘学询而结仇③，后又因刘学询东渡密谋交康及在沪策划绑架之事风声走漏而积恨，双方已成你死我活之势。刘学询掌握闱姓巨款，又控制着李鸿章所购六千军械④，李、刘勾结，狼狈为奸，成为保皇派的首

---

① 1900年4月13日《致总局诸兄书》，丁文江、赵丰田编：《梁启超年谱长编》，第223页。

② 1900年5月19日《与同薇同璧书》，上海市文物保管委员会编：《康有为与保皇会》，第169页。

③ 孔祥吉：《孙中山康有为早期关系探微》，《孙中山和他的时代》，第1894—1896页。

④ 《井上雅二日记》明治33年8月7日，近藤邦康：《井上雅二日记——唐才常自立军蜂起》，《国家学会杂志》第98卷第1、2号合刊。

要之敌。当时保皇会在港澳等地购械运货，准备起义，刘学询奉李鸿章之命四处查堵，给起义的筹备工作造成一定的困难。于是，保皇会将暗杀的重心暂时南移到广东。

对于刺杀刘、李之事，梁启超态度最为积极。他在军事上力主大举必先图粤，而以李鸿章的生死去留为此谋略成功与否的要素，因此于1900年3月间不断函嘱负责两广军事行动的澳门总局：

> 刘豚为肥贼军师，必竭全力以谋我。恐其必生多术，以暗算我辈。……肥贼刘豚在粤颇增我辈之阻力，宜设法图之，去年遄归诸侠，有可用否？此二人在他日阻力未有已也，请留意。①

在复函赞同沈荩北上行刺计划时，还要提及一句："肥贼、刘豚为我辈无限阻力，能并图之最善也。即失之于北，亦当取之于南。"②希望其一身二任，南北兼顾。

恰值此时，李鸿章担心北方政局变化，若与保皇会的矛盾不断激化，不利于将来进退，遂托人向保皇会问讯。梁启超得知消息，一面复函康有为："来书言合肥使人问讯，其人为谁，来时作何语，幸见告"③，以求证其事详情，一面调整策略，将李鸿章暂时排除在暗杀名单之外。1900年4月12日，为配合取粤为先的谋略，梁启超致函康有为，提议：

---

① 1900年3月28日《与〈知新〉同人书》，丁文江、赵丰田编：《梁启超年谱长编》，第206页。
② 1900年3月28日《复诚忠雅三君书》，《梁启超年谱长编》，第209页。
③ 1900年4月4日《致康南海先生书》，《梁启超年谱长编》，第214页。

得省城不必戕肥贼,但以之为傀儡最妙。此举有数利:示人以文明举动,一也;借势以寒奸党之心(助我声威),二也;西人颇重此人,用之则外交可略得手,三也;易使州县地方安静,四也。①

而将刘学询列为首杀对象,说:"孝高言使东人为荆、聂之说,闻其已禀先生,此事大佳,望助成之。彼须先以款存银行,不知要多少耳。似此胜于用吾党人。刘豚为我阻力极大,不可不图之。"②以后又催促道:"孝高拟用东人为荆、聂之举,似甚可行。其有所需,望赞助之。"③

雇用日本杀手的主意,虽由罗普提出,用于行刺刘学询,却由梁启超出谋划策。同日他致函罗普,提出:

在东觅及买□□料伙伴,妙极妙极。往京办货固极要,然广货亦不可不留意。北猪不如南猪之易买(会意否? 即使无□生怒形于色之畜生也),南猪前曾运来东者,近布其体内霉菌之毒,雇人甚矣,非首买之不可。(买南猪心得)伙伴伪称某大新党记者往,由粤持一名人(不必贵人,而当用富人,涩仓朝山之类皆可)之绍介书往,约期□□林五,务以必得见为止。一见便买,买得后从容挥双指口以出,此最易事也。若犹欲有进于此,则莫如胁之,使自割其肉以养我。其法如前,而添用一吾党人,记名通译,入则挥双以指之,使其以若干自赎(少则十万,多则倍之)。签名发单后,

①　1900年4月12日《致南海夫子大人书》,丁文江、赵丰田编:《梁启超年谱长编》,第220页。
②　同上书,第222页。
③　1900年4月23日《致南海夫子大人书》,《梁启超年谱长编》,第231页。

通译即挟彼一亲人往银行,收得即电汇他处(即滨、檀之岭。若在东,径寄湘南,无不可也)。然后仍将该货收买,如此真乃一举两得。然欲干此著,须俟株主到港乃可,因省银行不便也。但欲办此,必须先查该株主有银多少存在银行乃可,否则空劳也,祈酌之。自余来书,一切布置皆妥。现已觅定人否? 薪金几何? 合同已定否? 祈书告,俾慰。若办第二法,则通译人颇难,弟能任之否? 但此人一得款后,当即登舟往他处,勿使警吏得踪迹为要。此乃私罪,非国事犯可比也。来檀者但得神奈川县签一字,言系游学,往来领事处再签一字,即可。盖米例惟许传教游学等四种人,但在所居之地,得地方官一字,来领事便可出纸。在港则华民政务司也。故神奈川县若知此例,不费之惠,何难之有? 望托人图之。若仍不能,则使斯□冒称懋龙,懋龙常有英籍纸,作为英人来何如? 望商之,务求必得为盼。两人来,则更善也。不得已,乃用一人耳。[1]

次日,梁启超又致函澳门总局,"卯金富而多谋,今以全力图我,阻力之大过于荣(以其近也),不可不先图之。弟前书已频提,诸兄想已计及"[2]。认为刘比荣禄为害更烈。4 月 20 日,梁启超再次致函澳门《知新报》同人,强调:"卯金事,我必不两立,一切未办,亦当先图之。"

---

[1]　1900 年 4 月 12 日梁启超致罗普书,郭世佑:《梁启超佚函中的绑架刘学询方案》,《历史研究》2000 年第 2 期。其实此函并非绑架,而是暗杀,前一方案为直接下手,后一方案则先得其款再下手。

[2]　1900 年 4 月 13 日《致总局诸兄书》,丁文江、赵丰田编:《梁启超年谱长编》,第 222 页。

身处海外侨界,他深感刘、李在广东株连本党亲属所造成的影响危害,认为:"鼠辈猖狂如此,非磔数四,不足以挫其锋。"并对"去年以来,介(陈士廉)之经营此事,数数矣,未能一得手"的情况表示不满。①

4月29日,梁启超在不知澳门保皇会总局已经动手的情况下致函徐勤,再度表示:"豚子不宰,我辈终无着手之地,此义人人知之,人人有同心",并对总会"现时款项虽非大充,然亦未至尽绌,何以数月以来,无一毫动静"的状况大为不满。他指责麦孟华等人"去年数次经营北事,不就手犹可言也;至于今年经营豚事,数月不就手,不可言也",怀疑他们手下"未有用命之人也。不然,何至今阙如也"。在檀香山华侨"无日不以此事相劝相责"之下,为了打击清廷凶焰,重振华侨对保皇会和勤王运动的信念,他提出:"此事既为吾党绝大关系,虽多费亦当行之,重赏下未必无勇夫,不宜惜此区区也。悬赏之法,与其人同往银行订存若干,事成而谢之",并且声称:"此事若就,檀可增金万数千也。请速图之!"②与清政府的举措针锋相对。

在梁启超的一再催促下,澳门总局经过多次尝试,终于设法执行了行刺刘学询的计划。1900年4月24日,刘从澳门回省,"甫登岸,即被凶徒以手枪对面打中胸旁,赖里衣搪护,仅入皮肉三分,血流不止"。经洋医诊治,尚未致命。"盖此等事为新党仇恨,下此毒手。"③行动虽然没有完全成功,但保皇会总算有了搪塞华侨的借口。1900年5月

---

① 1900年4月20日《致〈知新〉同人书》,丁文江、赵丰田编:《梁启超年谱长编》,第225—226页。

② 1900年4月29日《致雪兄书》,《梁启超年谱长编》,第238—239页。

③ 1900年4月25日《致北京盛京堂》,顾廷龙、叶亚廉主编:《李鸿章全集》三,第910页。

19 日陈国镛函告保皇会洛杉矶分会负责人谭良：

> 至募死士刺杀贼党一层，为极难事。自去年至今，已日日注意于此，已费许多金钱招致此等侠士，惟总未见一施诸实事者。前月在省城枪伤刘学询，谅亦有所闻。此正我保皇发轫之先声，亦不得谓无敢死之士。虽未能致之死地，庶足以寒奸贼之胆，壮我民之气也。近闻其弹子尚未取出，又有谓其已死者，真否尚未可知，容俟续报。①

杀"南猪"不果，梁启超仍不甘心，以后保皇会集中兵力向广西，康有为对李鸿章还有分化利用之心，梁启超则认为已无价值。戊戌政变后，李鸿章一面执行清廷镇压维新派的旨意，一面向维新派示好，他在公私场合下多次自认为"康党"，称康有为能为其数十年不能为之事，自愧不如。甚至当着慈禧的面说："臣实是康党，废立之事，臣不与闻，六部诚可废，若旧法能富强，中国之强久矣，何待今日。主张变法者即指为康党，臣无可逃，实是康党。"②又托伊藤博文、日本驻天津领事郑永宁和东亚同文会井深彦三郎等人三次向梁启超转述慰问之言，"并教以研精西学，历练才干，以待他日效力国事，不必因现时境遇，遽灰初心等语"。

李鸿章督粤，为了压制海外华侨保救光绪的热情，拘禁家属，掘墓毁祠，激起保皇会会员的强烈愤慨。梁启超公开上书，告诫李鸿章秉

---

① 谭精意供稿，阮芳纪、黄春生、吴洁整理：《有关保皇会十件手稿》，《近代史资料》1990 年第 1 期。

② 孙宝瑄：《日益斋日记》，引自丁文江、赵丰田编：《梁启超年谱长编》，第 197—198 页。

公办事，谨慎用人，不要逆时势而行。[①]6月，梁启超接到李鸿章托孙宝瑄代复的信函，知其"颇有惓惓之意，又有求免之心"，仍然坚持"此贼若在，阻力不小"，希望澳门总局伺机设法将其先行除去。[②]

保皇会在谋取刘、李项上人头之时，并未忘怀于北方大敌。1900年4月12日梁启超致康有为书中提道："伯忠来书，有'介现入都'之语，然则介所办，仍是在密一边，非在明一边也。"介，即介叔，陈士廉字。所谓明，即兴师起兵，所谓密，则是暗杀行刺。当时康有为以"介、闲、勉合成一军"[③]应对梁启超关于广东军事部署的询问，而梁知悉陈士廉仍在京师从事暗杀活动，故有此一驳。除保皇会直接指挥的行动外，罗普(孝高)还提出以金钱"使东人为荆、聂之说"，企图利用日本人实现其夙志。[④]

保皇会的暗杀重点随军事行动南移，与之关系密切的唐才常等人，则以长江流域为主要用兵之地，北方清廷也是关注的重心之一。正气会成立后，长江一带的革新志士与哥老会群集麾下，唐才常赴港领取新加坡侨商邱菽园所赠三万元资金，准备大举起义，率会党徒众发难于江淮，占领南京、武昌，据长江之险，以号令天下。为了配合这一行动，请日本人田野橘次率海贼三十余人，"期于正月之祝节杀北都

---

① 梁启超：《上粤督李傅相书》，《饮冰室全集·文集之五》，第 55—63 页。

② 1900 年 6 月 17 日《与港澳同人书》，丁文江、赵丰田编：《梁启超年谱长编》，第 197 页。康有为《唐烈士才常墓志铭》称："于时李文忠失督粤，丧权位，三令人促吾举兵。"（湖南省哲学社会科学研究所编：《唐才常集》，第 266 页）从当时情形看，李鸿章与革命党有所联系，而保皇会虽有利用之心，敌意更甚。

③ 《梁启超年谱长编》，第 217 页。

④ 1900 年 4 月 12 日《致南海夫子大人书》，《梁启超年谱长编》，第 220—222 页。

西太后"①。出发前田野橘次忽患重病，不能成行，改由正气会干事员沈荩代理。沈素持破坏主义，不屑于文字小道，在正气会中，主持一切交通事务。正气会成立前，沈荩"以事返上海，又蹈隙往北京，有所谋"②。所谋之事，应为主持行刺。梁启超接到沈荩、唐才常、狄平等人来信通告此事后，表示：

> 读诚〔诫〕兄书为起舞。吾固知行菩萨行之人，决不住声闻触觉地位矣。能流血之人，此间同胞非无之，但涉数万里而归，所费未免太大，而情形又不甚熟，故未遣之耳。风萧萧兮易水寒，弟甚愿东向遥浮一大白，祝君之成也。③

然而，沈荩此行亦未奏功，及至汉口事机急迫，应唐才常之命返鄂。自立军兵败，沈荩侥幸得免，遂再入京师，结交宫禁权要，密谋入宫行刺西太后和光绪，不幸事泄身殉。④

第三节　再向京师

汉口自立军未起先败，保皇会的两广谋略草草收场，勤王运动雷

---

①　田野橘次：《最近支那革命运动》，第20—21页。
②　黄中黄：《沈荩》，中国史学会主编：《中国近代史资料丛刊·辛亥革命》一，第290页。
③　1900年3月28日《复诚忠雅三君书》，丁文江、赵丰田编：《梁启超年谱长编》，第209页。据杜迈之等辑：《自立会史料集》，"诚"应为"诫"（第342页），沈荩字克诚。
④　赵必振：《沈荩略传》，《自立会史料集》，第259页。

声大雨点小。经此一役,康有为以党人"株连死者无算""自后不敢言兵"。①面对草堂弟子和海外保皇会会员的一片言革之声,他顽固地坚持保皇路线,至于如何保救光绪,则除了以"待时听天"②为托词外,唯一的实际行动就是暗杀。

庚子事变后惩办祸首,清政府中的顽固势力遭受重创,但保皇会视为大敌的荣禄等人并未受到追究,康有为接连致函各地同党,亦喜亦忧,"旧党诛灭殆尽,天之欲新中国可知,独恨首逆荣、庆巧诈漏网耳"。"旧党剪除甚多,而荣禄不去,大祸未艾。复辟虽可望,而支节尚多。要之,除旧布新之运则必然矣。""今贼党仅可存荣禄、李联[莲]英、鹿传霖,其余中立皆已亟变,日望复辟,日讲变法,日思戊戌之诏。以今日情势言之,皇上必可保全,贼党谅不敢遽行篡弑。但祸根未绝。非清君侧之恶,必无以弭后患而遏乱机。"③他反对分省自立和革命扑满,认为:

> 今日欲得民权、自由,欲保中国自立……全在除荣禄、李、崔三大毒,中国即可救矣。吾国人应全力注此,则于此三毒何难去之?乃同人不知办事之法,远言扑流[满]而不合力攻荣。今望同志之人尽力设法,去此三毒。而皇上复辟,则全中国真自立,同人

---

① 康有为:《唐烈士才常墓志铭》,杜迈之等辑:《自立会史料集》,第221页。

② 《徐勤致康有为书》,上海市文物保管委员会编:《康有为与保皇会》,第201页。1900年8月11日和1901年1月7日,康有为两度致函女儿同薇、同璧,告以"顷穗寄来一(得晋)占卦,有'受兹介福,于其王母',可谓奇极,此实为上复辟地也。两年仅望得此。""穗田占一卦言:上明年必复位,那拉必绝。"(《康有为与保皇会》,第177、190页)穗即保皇会澳门分会会长何廷光,其字穗田,好占卦问卜。

③ 方志钦主编:《康梁与保皇会》,第30—31、34页。

有自由之乐矣。若三大毒未除，皇上复辟尤［犹］有待，恐为三毒暗算。我同人可不合大群，务以除之以救我皇上乎？①

康有为告诫弟子：

> 若皇上复辟，则自然而得之，不待兵乎。若必用革命军起，则各省各府各县人人各起，谁肯相下。吾四万万人自相屠毒，外国必借名定乱而入取吾地。……今四境无事，勤王亦不能起。若圣主犹存，天命尚在，岂可言革。但一荣禄在，除之即可复辟。与荣一人战，抑与全国战，孰为难易乎？ 不待言矣。②

锋芒所向，仍在荣禄。康有为家仇国恨集于一身，声称：

> 荣禄乎此在中国则为国贼，在我则为不共戴天之仇。每念幼博辄为心痛，自恨无才无勇不能剚刃之。如有言不杀者，吾即以荣禄视之，无论何人不必言此。③

为除大毒，保皇会投入大量人财物力。梁启超自1901年5月回到日本，到1903年初，年余时间，用去万七千余金。其中自用不及三千，其余均用于派人北行、援助张学璟等赴广西运动会党等事。④庚子

---

① 《致李福基叶恩书》，方志钦主编：《康梁与保皇会》，第41页。
② 1902年6月3日《致罗璪云书》，上海市文物保管委员会编：《康有为与保皇会》，第158—159页。
③ 1903年1月11日康南海《与仕弟书》，丁文江、赵丰田编：《梁启超年谱长编》，第300页。
④ 1903年4月1日《与勉兄书》，《梁启超年谱长编》，第318页。

后，邱菽园与康有为绝交，保皇会失去重要财源，加上康坚持不肯言革，谨守保皇二字，在"无一人不言革命"①的海外各埠难以开展活动；华侨又风传康门师徒侵吞挪用捐款，使保皇会的募捐活动陷于停顿，财政十分拮据。梁启超倚靠《新民丛报》进款，维持横滨保皇会事务，弥补旧金山《文兴报》和檀香山《新中国报》的亏损，供应康有为日用，"以一人之力而供一党之用"，"为作文字，辄数夜不寝，太过劳苦"，依然入不敷出。其余党人如张学璟等，也因此而"家已破尽"。②

壬寅、癸卯间，梁启超受时局感召以及保皇会面对内外种种非议的刺激，自愧向华侨筹集巨款而未能做成一二实事，因而革命言论"时时出没于胸中"③。因此，他一反前此热烈鼓动暗杀的态度，对康有为等人的密谋一再提出异议，借狄平之口表示怀疑是否有必要倾全力对付一个老朽荣禄。④绝望于清政府，使之决心推翻满清，除旧布新。只能决定几个老臣生死的暗杀，当然不能满足这种彻底变革的愿望，甚至对光绪能否复辟，也渐渐失去兴趣。

1903 年，保皇会刀光剑影所向的头号大敌荣禄病死，康门师徒凭借天意而感到"诚足使吾党一吐气"，以为复辟在望，暗杀锋芒转向李莲英和镇压汉口自立军的祸首张之洞，而侧重有所不同。康有为指示华侨上书《请归政复辟》，"以荣禄死后，事情迥异，皆为吾会先声，不可不上。今日只余李联[莲]英一人，尚不得不用旧法，想喻之也"⑤。梁

---

①　《徐勤致康有为书》，上海市文物保管委员会编：《康有为与保皇会》，第 200—201 页。

②　1903 年 2 月 16 日《高山致康有为书》，《康有为与保皇会》，第 217 页。

③　1903 年 11 月 18 日《与夫子大人书》，丁文江、赵丰田编：《梁启超年谱长编》，第 332 页。

④　1903 年 1 月 11 日《康南海与任弟书》，《梁启超年谱长编》，第 299—300 页。

⑤　《致李福基书》，方志钦主编：《康梁与保皇会》，第 54 页。

启超则认为："元凶既去,天日昭苏。现在与新党为仇者,仅余一张之洞耳,想天夺其魄亦当不远矣。然荣贼之权远在张贼之上,荣既去,张亦无从横恣也。伫看圣主复辟之日在本年矣。"①澳门和日本的保皇会机关开始筹划刺杀张之洞,当时尚在游历新大陆的梁启超闻讯,认为:"及今谋去皮逆,自是正办。"只是他不赞成澳门方面用金钱买死士的做法,主张"由其人之热心肯自奋身前往",对日本同志中有谋此事者颇为关注,打算东归后参与筹划。②

美洲归来,梁启超宣称放弃破坏主义及革命排满宗旨,同时也对康有为"舍钱买侠士"的做法提出批评,认为:"其人必不可用,故力不主张。"他将保皇会"数年来供养豪杰之苦况"比作"孝子之事父母""狎客之奉承妓女然","日日下气柔声……稍拂其意,立刻可以反面无情。""数年之山盟海誓,一旦床头金尽,又抱琵琶过别船矣。"他揭露康有为当时所招"林侠"者,"数月不往,惟日日挥金如土,致使先生苦于供养",指"用钱以购人之死力"为"最险最拙之谋"。同时声明:"弟子之沮是议,非沮其宗旨也,沮其手段也。虚无党之为此也,皆党魁自为之。今党魁既不能为,欲仰仗于下等社会之人,以数万金冀饱其溪壑,弟子所不敢附和矣。"③隐约批评了康有为的行为,并反对将教育捐款挪作秘密活动经费。徐勤也表示:"今日中国欲行荆、聂之事(本是第一要事),苦无其人。"④

---

① 《致贵埠列位同志兄书》,方志钦主编:《康梁与保皇会》,第 107 页。
② 1903 年 9 月 1 日《与穗田二兄书》,丁文江、赵丰田编:《梁启超年谱长编》,第 324 页。
③ 1903 年 11 月 18 日《与夫子大人书》,《梁启超年谱长编》,第 332 页。
④ 1903 年 10 月 26 日《徐勤致康有为书》,上海市文物保管委员会编:《康有为与保皇会》,第 231 页。

两位副会长异口同声的反对，迫使康有为不得不调整部署，放弃招诱死士之法，启用党人担任暗杀之责。1904年秋冬，他请老友梁铁君出面主持，挑选本党精英执行暗杀行动。梁名尔煦，南海佛山人，故鸿胪寺少卿梁僧宝从子，身材长大，讲王学，好读书击剑，有古侠士之风，康有为对其十分推崇，曾咏物"惜其才侠不见用也"①。他与康有为相识二十年，曾在梧州办盐埠十年，助其兄发财廿万。闻康有为有难，则弃其盐席每年千六百金，奋起勤王，跟随康有为到日本，负责护卫。又随往南洋等地，康有为"益服其才，同人无比。……但此公好办事而不好虚名"②。由梁铁君亲自出马，可见保皇会决心之大。陈默庵、梁炳光等亦随同前往北京，兵分两路，由梁铁君亲率一支，梁炳光等为一支，合力办事。按照拟定的计划，以西太后为目标，到次年5月下手。此举在康有为是尽力一搏，梁启超则有到此为止之意。他说：

> 至此次，以如此之布置，如此之人才，实有可以成功之道，不成则真天亡中国而已。③

然而，保皇会虽有赴死之心，却无制胜之道，梁铁君化名吴道明，潜入京师，结交太监冯仲平、金蔚九、姚焕卿、王汉章等人，与内廷沟通消息，一面掌握光绪的起居安危，救其脱困；一面了解慈禧的行踪，伺机下手。因清廷防范严密，在京活动颇为困难，计划不得不一再推迟。

---

① 《咏柚赠铁君》，陈永正编注：《康有为诗文选》，第114页。
② 《致叶恩徐为经等书》，方志钦主编：《康梁与保皇会》，第51—52页。
③ 1903年11月11日《与夫子大人书》，丁文江、赵丰田编：《梁启超年谱长编》，第344页。

梁铁君曾函告康有为：

> 此刻渐渐运动，以祈交通，必能办到妥治。惟自昨年八月后，门禁加严，内里人概少出来，即朗秋至今未见王汉章、姚焕卿面矣。独太医院内务府两路能常通消息耳。蔚九在内，有事则以德律风告我。若有要紧事必知之。①

在梁铁君北上的同时，康有为的同高祖兄弟康有仪致函梁鼎芬，揭发保皇会的密谋：

> 今查该逆果派人入京开行店，以便入北之人小住，候隙行事。虽然，查无凶器，不得为据，然亦有其谋为不轨之人之字迹，可为其人之据者。亦有确是其党人，若其形迹可疑，即捉之以讯问，再恐之以必直攻，然后许尔超生，则其的是凶人，及凶器必有在也（凡今年广东及西省之人，在京里所开一切店铺，不论何样生意，与在要路摆卖小生意者，与太监之饮茶馆，必有逆党在其间）。……仪屡欲将前情，刊之报章以自明。惟此事一扬，则前后入京之刺客有备，无从搜捕。二则逆党费多年之苦心，欲达其志，今一旦为人败露，又此事早为仪所知，今为反对（仪不就其席之故），宣泄其事，其不置仪于死地者几希。

---

① 蒋贵麟：《烈侠梁铁君谋刺那拉氏致康南海先师书》，蒋贵麟编：《万木草堂遗稿外编》下，第781—782页。

他还随函附上梁铁君光绪二十五年中秋节致康有为的一封密函，于函末批注道："熙是铁君之名，佛山梁性霞氅之弟也，其映片五张之原字底，曾寄岑督查办。"并开列了"入京运动人之通行姓名"。①

1906年8月8日，梁铁君遭人告发被捕，解往北洋严讯。②戴鸿慈等人曾设法保救无效，据说袁世凯担心"案移刑部，烈侠口供，涉及戊戌政变前康袁交往，故杀以灭口"③，于9月1日密令暗中下毒，将梁铁君鸩杀于囚室。

梁铁君等开始筹备之时，保皇会的财政仍十分拮据，加上内部矛盾重重，彼此掣肘，不能同心协力予以援助。原计划以半年为期，最省之费约需一万元。梁启超罄《新民丛报》所有，为其充作旅行费，并许诺一月后陆续接济，其实已经"一文无存"，只是顾及"苟不许之，则令办事人寒心也"。他致电香港王觉任、邝寿民等告借五千元，却遭到拒

---

① 孔祥吉：《晚清史探微》，第216—226页。

② 关于梁铁君被捕日期，1906年10月17日《徐勤致谭张孝书》称："铁公十九被逮"（方志钦主编：《康梁与保皇会》，第138页），当为六月十九日，即8月8日。孔祥吉《暗杀慈禧志未遂之梁铁君》引唐烜日记："光绪三十二年七月初二日，闻近日内外城各拿获逆犯一名，已解往北洋严讯矣。该犯供认系由康南海主使，来京谋刺。"（孔祥吉：《晚清佚闻丛考——以戊戌维新为中心》，第71页）该书未注明此项资料的来源。至于其被捕详情，孔祥吉文指由于袁世凯的密探杨以德跟踪盯梢，梁铁君的形迹逐渐暴露，被官府乘隙于更深人静时潜入居处抓捕，并查获与保皇会往来函件等物证，坐实身份。光绪三十一年十一月梁启超致康有为函称据熊希龄言，系由一店伴告发（丁文江、赵丰田编：《梁启超年谱长编》，第367页）。前引1906年10月17日《徐勤致谭张孝书》则称："梁铁君先生为他人所陷，诬以革命党，故被捉。彼直认吾党人，特派彼到京打探皇上消息者。"

③ 蒋贵麟：《烈侠梁铁君谋刺那拉氏致康南海先师书》，蒋贵麟编：《万木草堂遗稿外编》下，第778—781页。康有为后来称梁铁君"骂袁世凯被毒死"（《康南海先生墨迹》，中国史学会主编：《中国近代史资料丛刊·戊戌变法》一，第419页），伍宪子《中国民主宪政党党史》亦称系袁世凯主谋，与下引梁启超致康有为函的说法出入较大。

绝，只得将广智书局所属地皮部分出售，以救燃眉之急，并托康有为向加拿大侨商叶恩求助。但叶恩不满于康有为固守保皇，倾向于革命自立，双方因嫌生隙。

梁启超对"今日骑虎难下之势"大为焦虑，既"并一掷之力而无之""彷徨而不之所出"，又担心"九仞之功，亏于一篑，前此费去尔许巨款，同归乌有，更何以对天下乎?"①此后梁铁君一再延期，前后耗资数万元，更令保皇会捉襟见肘。行动失败后，康、梁虽然对"铁老竟为我而死"感到"痛断欲绝"②，但庆幸"于吾党前途无甚窒碍"，"不以此牵及全局，尚不幸中之幸也"。③反倒像是卸下了一个费力不讨好的大包袱。

天缘巧合，梁铁君暴毙之日，清廷颁发上谕，宣布"仿行宪政"，令保皇会的流血牺牲有了象征性的成果。从此，保皇派将主要精力转向推进宪政，又与一些当朝权贵暗中交结，企图利用清政府的内部矛盾改善境遇，连袁世凯也在拉拢之列。其实，梁铁君被捕之前，已经意识到形势发生变化，认为"今日事不必为骆宾王，宁为狄仁杰耳。前事切勿重提，但祈成功，何论办法"，开始改变策略，实行所谓"办官"，即捐官和交游官场。其致康有为函称：

> 仲平与书田均劝我捐官，彼有道路，为我想法，可得好处云云，盖书田与老醇王至好……小醇王是其世谊矣。如大总管皆相信，极密谊，溥同与其常来往，认识内廷人贵人最多。仲平劝我必

---

① 1903 年 11 月 11 日《与夫子大人书》，丁文江、赵丰田编：《梁启超年谱长编》，第 344 页。
② 1906 年 9 月 29 日《康南海致麦曼宣书》，《梁启超年谱长编》，第 366 页。
③ 《与夫子大人书》，《梁启超年谱长编》，第 367 页。

要归宗为是，书田亦然，且谈起戴鸿慈有亲谊，及家叔伯□等，书
田劝我当用本宗，好交游，易办事也。王汉章上之至亲信，醇王涛
贝勒，上之胞兄弟，皆可以在书田处结交。①

被捕的前一天，梁铁君还致函同党，"云此后切勿乱动，京中大老
无人忌长者矣，从此和平办去，则开复之期不远矣"。保皇会觉得"谋
事在人，成事在天，奈何，奈何！今日只有笃守铁公遗言，一面专办实
业，一面专派游学，才、财已足，则政党之基立矣。吾势力既足，政府不
能不用我也"。梁铁君之死引起的连锁反应，令保皇会感到得不偿失。

铁公为吾党第一运动家，今遭不测，实为可痛！且因此生大阻
力。端方与荣庆商量，请开复卓如，因此事，故不果。赵尔巽与端
方拟在京开日报，特聘狄楚青主持，今因此，又不能北上矣。麦孺
博亦因此不往东三省。故此事之变，同人谓"小戊戌"，诚哉，诚哉！②

不仅如此，保皇会还怀疑梁铁君之死为革命党陷害，却认真凶袁
世凯为帮忙的同道。梁启超致康有为函称：

铁事是否紫阳所构，今尚难断定，然据秉三言，确是一店伴告
发，似未必由紫阳也。然此人在都，真是心腹大患，启超亦忧之久
矣。虽不必为中山所用，然终为我敌则一也，今当留意图之。但

---

① 蒋贵麟：《烈侠梁铁君谋刺那拉氏致康南海先师书》，蒋贵麟编：《万木草堂遗稿外
编》下，第783页。
② 1906年10月17日《徐勤致谭张孝书》，方志钦主编：《康梁与保皇会》，第138页。

铁事确于吾党前途无甚窒碍,此事(少怀抗言保之甚可感)本初极能回护,令都中人若无其事者……先生言欲写信与本初或菊人,大可不必,本初他日不忧其不联我党,惟彼现在当畏谗忧讥之时,宜勿授反对党以口实,更至生他障也。[①]

加上保皇会表面奉行和平手段,海外宣传及募捐均以商务、教育为名,不能大笔挪作秘密活动之用。为了避免空耗人力财力,影响全局,此后保皇会不再组织对清朝权要的暗杀。

第四节　渐入下流

保皇派实行暗杀的目的,先是促成光绪复辟,继而作为勤王辅助,其中不免夹杂个人的复仇情绪和冒险取胜的侥幸心理。后来康有为企图建立和保持正人君子的形象,强调以德服人的精神感召力,千方百计地隐晦当年的种种密谋。金梁"尝以兵劫颐和园事问康南海,怫然曰:'乌得有此?我朝以孝治天下,小臣面对,谁敢妄言!此皆荣、袁辈不学无术,借危词以邀权势耳。'"[②]

保皇会庚子勤王运动的重心在两广,汉口自立军不过是偏师,康有为却故意抬高汉口为正军,掩饰其在两广结纳江湖豪强,"从草泽而与朝廷抗,又阴之阴者"[③]的事实,以推卸办事无能的责任,维系"决不

---

① 丁文江、赵丰田编:《梁启超年谱长编》,第 367 页。秉三,熊希龄;少怀,戴鸿慈;本初,袁世凯;菊人,徐世昌。

② 金梁:《四朝佚闻·德宗》,中国史学会主编:《戊戌变法》四,第 221—222 页。

③ 1900 年 6 月 27 日《致徐勤书(二)》,上海市文物保管委员会编:《康有为与保皇会》,第 134 页。

惊动故乡"①的谎言,将"惊粤"罪责推给兴中会。对于自己一手策划的暗杀活动更加讳莫如深。在 1924 年初所撰《唐烈士才常墓志铭》中,他特意写了如下一段文字:

> 先是,林圭网罗侠客,有四人已登督署屋瓦。吾电止之,谓吾党欲效日本义士之胁萨摩、长门候,借其力勤王,宜大义于天下,非欲除之,严戒勿行。②

林圭是否有此部署行动,不见于其他有关资料。而避居新加坡的康有为,由于港澳总局沟通不畅,连两广的情况也往往无从揣测,更难顾及汉口;况且远在千里之外,当时再现代化的通讯工具也不能阻止已登屋瓦的刺客下手。更为重要的是,康有为非但不反对暗杀,还以此为重要手段。在保皇会为勤王运动所制《办事军情暗码补》中,赫然写有"着△△人行刺△△人"③一条。24 年后康有为欲盖弥彰的障眼法,恰好表明他有意掩盖历史真相另有目的。

康有为有谋无勇,缺乏胆识,很不适应相互仇杀所造成的紧张气氛。亡走香港,去向未定之际,一听说李盛铎取代黄遵宪任驻日公使,立即敏感地意识到"这是事先估计我将去日本而采取的行动,他们的本意实际上是要杀害我",因而不敢前往日本。担任救援的宫崎寅藏指学生而骂先生,斥责"康门弟子何其胆小,假如老师不幸命丧刺客之

---

① 康有为致邱菽园书,引自汤志钧:《自立军起义前后的孙、康关系及其他》,《近代史研究》1992 年第 2 期。
② 杜迈之等辑:《自立会史料集》,第 221 页。
③ 上海市文物保管委员会编:《康有为与保皇会》,第 549 页。

手,你们就应该代他完成遗志,否则就只有和老师困守在这儿,终生无所作为"①,才使康有为下定决心。

保皇会的暗杀行动成效甚微,没有对清政府产生多大的震慑力,而由此造成双方剑拔弩张的紧张气氛,反倒令康有为本人杯弓蛇影。为了防范清廷加害于己,除梁铁君外,他又从华侨派归的精壮中挑选卫士,并对弟子们将卫士名额定为一人大为不满。②在新加坡等地,还要求殖民当局派兵保护,有时竟疑及同道。1900 年六七月间,因为前此孙中山确实参与刘学询的除康密谋,而宫崎寅藏等人到新加坡之前又在广州与刘学询密谈,使得康有为疑心大起,将奉孙中山之命前来接洽合作事宜的宫崎寅藏等人指为清廷刺客,耸动殖民当局将其逮捕下狱,导致孙、康最终决裂。1906 年梁铁君北京密谋失手,康有为也怀疑是孙中山一派的构陷。③

政坛角逐诚非坐而论道可比,但品格也有高下之分。相比之下,康有为往往以小人之心度人,种种文过饰非、嫁祸栽赃的言行,足以显示当他卷入政治斗争旋涡中心时,恰恰缺乏光明正大的"圣人"品格。

庚子以后,康有为逆流而动,坚决反对革命,反倒成为热血青年的行刺对象。1903 年 6 月 1 日,《苏报》在由爱国学社青年接办后改良出刊的第 1 号上,便刊登论说《康有为》,公开透露这一信息:

> 天下大势之所趋,其必经过一趟之革命,殆为中国前途万无可逃之例。康有为必欲为革命之反动力,则当今蚩蚩之辈何所增

---

① 宫崎滔天著,佚名初译,林启彦改译、注释:《三十三年之梦》,第 138—139 页。
② 1900 年 7 月《致徐勤书》,上海市文物保管委员会编:《康有为与保皇会》,第 148 页。
③ 《与夫子大人书》,丁文江、赵丰田编:《梁启超年谱长编》,第 367 页。

减于一有为,特恐天下之激徒,将援先生所说春秋责备贤者之法,
欲得剚刃先生之腹而甘心焉。方今暗杀之风正在萌芽,乃一试其
锋者,不在反对婪毒之政府疆吏,而在为德不卒、认贼作子、维新
首功之康有为,此亦无可奈何之事。

《苏报》的论说或许只是表达一种情绪,不过当时真有准备行刺康
有为之人。据陈少白称,1903年苏子谷到香港《中国日报》社,一日,忽
向陈借用手枪,

　　问他原委,他说要去枪杀康有为。原来湖南、湖北哥老会首
领金龙山堂龙头杨洪钧,腾龙山堂龙头李云彪,前因唐才常勤王
军事失约接济,流落香港,贫病交迫,知道康有为向华侨筹有巨
款,回港居住,大肆挥霍,交结英吏,于是到康寓,请求接济。怎知
康有为不特不接见,反而嗾使守门的印差强把杨、李驱逐。杨、李
心甚愤恨,把事情经过,告诉少白。少白给他们一些款去疗养医
伤。再过几时,杨、李重到康寓理论,也给英兵印差无理殴伤,大动
公愤,理论到华民政务司处。结果,康有为因此事也要离港……
但当杨、李被康寓门警殴伤受辱的消息,传入子谷的耳鼓后,这位
沉默寡言万事不理的苏子谷,忽然义愤填膺,要去枪杀康有为,替
国家社会清除奸慝,为革命志士舒一口气。少白劝他不要这样妄
动,因为手枪是有枪照,绝对不能借给他人。要是有事故发生,领
照的和担保领照的,都要负直接责任,故无论如何,不能够借用。
至于康有为的悖谬,只好另想办法去对付他。而且香港地方狭
小,警探四布,如果发生暗杀案件,凶手也难逃脱。子谷闻着,才

半晌无话，最后长叹一声，来结束了这一段借枪谈话。[1]

保皇会暗杀活动的历史，还为后来的一桩悬案提供了一点旁证。1909 年 5 月，由广西地方官绅与保皇派合力举办的振华实业公司负责人刘士骥在广州遇刺身亡。是年旧历七月，该公司的另一负责人刘义任又被毒杀于广州。有关两事的主谋真凶，聚讼纷纭，迄无定论，而以康、梁、徐勤等人的嫌疑最大。[2]当时他们力辩与己无关，将罪责推给欧榘甲、叶恩等反叛派。进而又将杀刘与徐锡麟刺恩铭案相比照，罗织欧、叶等合谋造反的证据，指暗杀为革党手段。不仅嫁祸于人，而且牵及无辜。尽管现有史料不足以定案，但暗杀确系保皇派的惯技，康有为也不乏栽赃陷害的前科。

早在庚子前，康有为就因毕永年于报章上播扬其阴谋而衔恨至深，"欲得而甘心焉。尝使其徒某在港澳一带地觅亡命，曰：'有能刺杀毕者，以五千元酬之'"[3]。企图以暗杀加诸昔日的同道。自立军失败后，风传由汪康年、龙泽厚泄密，徐勤也试图毒杀之。[4]如果刘士骥案确系徐勤等人所为，那么保皇派的暗杀活动就随着它在政治上的倒退，

----

[1]　陆丹林：《革命史谭·苏曼殊蓄意枪杀康有为》，荣孟源、章伯锋主编：《近代稗海》第 1 辑，第 632—633 页。

[2]　贺耀夫：《康有为与振华实业公司》，《岭南文史》1989 年第 1 期；赵立人：《刘士骥与振华公司血案》，刘圣宜主编：《岭南历史名人研究》，第 177—224 页。贺文结论有所保留；赵文引证丰富，唯略有过信一面之嫌。

[3]　民表：《毕永年传》，杜迈之等辑：《自立会史料集》，第 230 页。

[4]　1900 年 11 月 26 日康有为致函邱菽园言及此事："大通之举，固有以召汪疑，今或人以疑龙耳。仆向来闻一事及他人所言，必暂存案，待行查而后定之。但未得确，亦不与办。顷得信，乃知勉欲毒之，真谬甚谬极！如勉一闻人言，而怒甚欲杀人，真卤莽也。"（《自立会史料集》，第 330 页）

而入于下流了。此后中国政坛上各政派多以暗杀手段对付政敌，保皇会不无开此恶例之嫌。

揭示保皇会的暗杀活动所得到的启示是，以激进青年为主体的革命党固然崇尚暴力流血，开明士绅受民重君轻观念的熏陶和天下己任抱负的激励，在一定条件下也会采取起义暗杀等暴力手段，来谋求实现救亡振兴大业。在这方面，近代西方革命史实与下层社会暴动虽不无影响，但更值得注意的是，传统绅权既有接续官权传导皇权的功能，又有代表民意制约皇权的责任。一旦朝廷官府置国家社稷的兴亡安危于不顾，士绅便会起而代行社会主导职能。如果面对高压，他们更不惜两害相权取其轻，利用自己与秘密会社的联系（其首领往往是下层士人），从草泽以抗朝廷。斗争形式与手段，不足以作为政治派属的分界标准。诚然，历史上士绅的此类越轨行为仍属例外，但这种例外现象每当内忧外患之际又总是循例发生，形成常规通则。清末只是增加了废皇权、兴民权的选择。

此外，先秦以来的游侠风尚，早已化为士林性格的有机成分，荆轲、聂政更是无数少年风靡崇拜的偶像。1905年梁启超编撰《中国之武士道》一书，起曹沫，讫李广，并准备续编至张汶祥，传列历代名将侠客。其用意不仅"为学校教科发扬武德之助"[1]，更隐含为保皇派的暗杀活动寻找合理依据之意，以证明它与正统士风的契合。当然，圣王之道毕竟两歧，保皇派只好在致圣的幌子下，大行争霸之道。只是他们缺乏这方面的人才功力，没有值得炫耀的业绩，不得不避讳遮丑罢了。

---

[1]　梁启超：《〈中国武士道〉自叙》，《饮冰室文集》乙巳本，谈丛类，第114页。

第十二章　保皇会的宗旨歧变与组织离合

　　戊戌政变后,亡走海外的康有为师徒为应付突如其来的重创和国内外风云变幻的局势,采取种种对策以图力挽狂澜。面对沉重的外部压力以及与其他革新派系错综复杂的关系,保皇会内部在政略和战略决策方面出现了各种意见分歧,其中一条主线便是革命与保皇的取舍。围绕这一宗旨选择而展开的矛盾冲突,几乎贯穿了整个保皇会的历史,并且几度导致保皇会的内讧甚至组织分裂。

　　既往的研究虽然已经注意到庚子年为革命与改良的重要分界,但受革、保双方后来历史记忆偏差或故意扭曲的影响,目光集中于汉口自立军,又以非此即彼的两极观立论,强调保皇会与革命党争夺的一面,而将其内部的政见分歧与公开宣传的差异,视为别有用心的权谋。台湾张朋园教授于1964年出版的《梁启超与清季革命》,在收集、研读当时可见史料的基础上,对有关问题作了迄今为止仍不失为最具洞见的论述。只是许多史料尚未问世,不解症结仍然存在,一些关键论据似能作两可理解,加上历史环境作祟,因而后续各书(尤其是海峡此岸的论著)并未采信其主要论点。

　　随着收藏于美国、日本、新加坡以及中国港台和大陆等地的相关史料渐次发表,各个环节的事实真相逐渐显现,已有学人继张朋园教授之后指出梁启超的"实为革命"并非骗人,而是其真实感情、理论认识与实践的统一，并进而论述了梁的革命活动、宣传及其与康有为、黄遵宪就宗旨差异展开争论的过程和要点①；复有学人从概念的发生演变入手，探讨 19 世纪末 20 世纪初"革命"的观念与行为在中国展开的历史进程。②由此反观保皇会内部的矛盾冲突，可见在"革命"被固定化神圣化之前，并非革命党人的专利；同是革命取向的政派或个人，也有政略的不同与利害的冲突。革命与否的分界，仅仅依据组织系统并不能够划分清楚。

由于各种已刊未刊资料被打散成为片断，相关人事及因果时空的判断存在不少错误，迄今未能恰当地连缀拼合，并据以恢复史实。已有的若干判断因论据尚嫌粗疏，难以征信定案。有的研究在个别问题上相当深入，可是不能兼顾各个方面，很难对相关人物摇摆不定的思想脉络全面梳理，仍然不免见仁见智。③从相关人事前后左右的联系入手，以求解开索扣，揭示保皇派言革人物的心路历程及其革命言论的反响作用，对于庚子勤王与保皇会的研究，当可深入一层。

第一节　变法与自主

戊戌前康有为一派大抵坚守和平变法路线，但直到 1898 年，才出

---

① 董方奎：《清末政体变革与国情之论争——梁启超与立宪政治》，第 79—148 页。

② 参见陈建华：《"革命"的现代性——中国革命话语考论》。

③ 松尾洋二《梁启超与史传——东亚近代精神史的奔流》，注意用梁启超改译明治日本的史传及其与保皇会同人的通信进行比照，把握梁对待革命的思想变化轨迹，相当近真。而该研讨班的其他参与者从各自的主题出发，对此问题的看法与结论虽然大体相近，具体时空人事的判断仍然歧异不小。参见狭间直树编：《梁启超·明治日本·西方——日本京都大学人文科学研究所共同研究报告》。

现自上而下实行变革的契机，令他们觉得可以施展抱负。因此"百日维新"期间康有为等人略显躁进的变政措施，明显地表现出迫不及待的急切心情。德国强占胶州湾后，中国各界人士感到亡国危机迫在眉睫，纷纷行动起来，准备采取各种非常手段。面对旦夕危亡的时局，这种时不我待的心理，加上长期宣传鼓动和结党组织屡屡受挫，使得康有为、梁启超开始考虑调整行动方针，以图应变。关于此事，狄平的《任公先生事略》记载得相当详细：

> 任公于丁酉冬月将往湖南任时务学堂时，与同人等商进行之宗旨：一渐进法；二急进法；三以立宪为本位；四以彻底改革，洞开民智，以种族革命为本位。当时任公极力主张第二第四两种宗旨。其时南海闻任公之将往湘也，亦来沪商教育之方针。南海沉吟数日，对于宗旨亦无异词。所以同行之教员如韩树园、叶湘南、欧榘甲皆一律本此宗旨，其改定之课本，遂不无急进之语。①

此文的遣词用字，显然受后来时局变化的影响，观念与事实均有所夸大变形。

不过，此文所记大要虽与保皇党人后来故意掩盖其一度尝试武力反清的主导倾向不合，却有相关材料可以印证。1901年康有为致赵必振信中说：

> 当戊戌以前，激于国势之陵夷，当时那拉揽政，全［圣］上无

————————

① 丁文江、赵丰田编：《梁启超年谱长编》，第87—88页。

权,故人人不知圣上之英明;望在上者而一无可望,度大势必骎骎
割翦至尽而后止,故当时鄙见专以救中国四万万人为主。用是奔
走南北,大开强学、圣学、保国之会,欲开议院得民权以救之。因
陈右铭(宝箴)之有志,故令卓如入湘。当时复生(谭嗣同)见我于
上海,相与议大局,而令复生弃官返湘。以湘人材武尚气,为中国
第一;图此机会,若各国割地相迫,湘中可图自主。以地在中腹,
无外人之交涉,而南连百粤,即有海疆,此固因胶旅大变而生者。
诚虑中国割尽,尚留湘南一片,以为黄种之苗。此固当时惕心痛
极,斟酌此仁至义尽之法也。卓如与复生入湘,大倡民权,陈、黄
(遵宪)、徐(仁铸)诸公听之,故南学会、《湘报》大行。湘中志士于
是靡然发奋,人人种此根于心中,如弟所云是也。[①]

　　庚子勤王失败后,保皇会讳言曾经"言革",因此康有为只讲民权
自主。实际上戊戌前入湘的梁启超等人确已主张"革命",只是其观念
更多地偏于中国古义,与转换后的近代语义不大相同。梁启超逃到日
本不久,与日本外务省官员谈及国内局势,他说:

　　　　至草莽有志之士,多主革命之说,其势甚盛,仆前者亦主张斯
　　义,因朝局无可为,不得不倡之于下也。及今年四月以来,皇上稍
　　有政柄,觐见小臣,于是有志之士,始知皇上为大有为之君,从前
　　十余年腐溃之政策,皆绝非皇上之意。于是同志乃翻然变计,专
　　务扶翼主权,以行新政。盖革命者,乃谋国之下策,而施之今日散

---

① 黄彰建:《戊戌变法史研究》,第1—2页。

邦,尤为不可行。外患方殷,强邻环伺,恐义旗未举,而敌人已借势而分割各省矣。今皇上之英明仁厚,实鲜有比,苟能有全权,举而措之,则天下晏然,岿无惊而新政已行,旧弊已去,国体已立矣。此仆等之初意也。何图为母后贼臣所不容,以至有今日。①

这印证了狄平所说虽系事后回忆,却大体近真。

由草莽而革命,在中国有悠久历史,康有为门徒中便不乏暗中结交江湖的志士。出身万木草堂的嫡系中,欧榘甲原籍广东惠州归善,该地素为秘密会社渊薮,"其乡人多入三合会","榘甲少居乡,结识会党首领颇多,因亦名厕会籍。""少与邑中秘密会党游,持论激烈"。②罗伯雅为广东番禺人,善结交绿林会党,"尝与剧盗区新、傅赞开等往还"③。任教于万木草堂的田野橘次称之为"不易得之奇青年","眼光炯炯,精彩斐然,不平之气,常动眉间"。一夕,罗将田野从睡梦中摇醒,曰:"起!起!君果有革命之志,今非其时乎?……仆尝潜于广西山中(即山贼……也),昨得其一信,云有同党四百人,将合湖南之大队以进中原。君倘真愿革命,则请与仆偕往广西,以一试其屠龙之技乎?"罗还曾对田野说:"使山贼获金,以为资,而修圣人之学,是或一道也。"④

----

① 此节文字,1959 年 7 月 9 日《光明日报》刊布为梁启超 1898 年 10 月 26 日、27 日与日本外务大臣大隈重信的代表志贺重昂笔谈,修订后由上海人民出版社 1983 年出版的《梁启超年谱长编》从此说。清华大学历史系编《戊戌变法文献资料系日》将时间置于 1898 年 10 月中旬,注引自日本外务省档案明治 30 年 8 月至 37 年 6 月各国内政关系杂纂(支那卷)MT—16143,文字与《光明日报》偶有不同。
② 冯自由:《革命逸史》第 4 集,第 130 页;《革命逸史》第 2 集,第 30、111 页。
③ 陈汉才编著:《康门弟子述略》,第 148 页;《革命逸史》第 2 集,第 34 页。
④ 田野橘次:《最近支那革命运动》,第 65—66 页。

康、梁一派的应变，并非仅仅停留于口头，一方面，如梁启超所说，先后入湘任教于时务学堂的韩文举、叶湘南、欧榘甲等，以激进民权思想灌输给青年学生，启迪其变革之心和种族观念。不过，这时梁启超等人虽然"方醉心民权革命论，日夕以此相鼓吹"，还是不能公然"盛倡革命"，只不过于"札记及批语中盖屡宣其微言"①，"借《公羊》《孟子》发挥民权的政治论"②，"又多言清代故实，胪举失政"，据说还"窃印《明夷待访录》《扬州十日记》等书，加以案语，秘密分布，传播革命思想"。③而当时顽固党罗列的罪状是梁启超"惟恃康有为无父无君之邪说，广诱人心，为乱臣贼子布置党徒，以遂其私图。即在学堂所著学生日记等类，悖谬之言，不一而足"，所举"大可惶骇者，如言君统太长，又言今变法必自天子降尊始；其令人万不敢述而不忍不言者，如论《孟子》则指本朝轻赋为大貉小貉，论《扬州十日记》则指本朝用兵为民贼，令人发指眦裂等语"。④这与梁启超的事后回忆多少有些差距。

坊间传闻有人揭参梁启超，将其原批另抄粘呈。"折既上，上曰：'此不过梁启超故作危言悚论以感动人心，安得据此以罗织之耶？'"⑤则至少从实际效果看，其言论的启蒙色彩多于革命。如时务学堂二班生林圭，"受粤人欧榘甲之教育。欧固康弟子，倡公羊张三统之学。林君化之，不复为前日之佻达少年，而究心于经世"。政变后林圭随毕永

---

① 梁启超：《时务学堂札记残卷序》，《饮冰室合集·文集》之37，第69页。

② 梁启超：《蔡松坡遗事》，《晨报》蔡松坡十年周忌纪念特刊，引自丁文江、赵丰田编：《梁启超年谱长编》，第84页。

③ 梁启超：《清代学术概论》，《饮冰室合集·专集》之34，第62页。

④ 曾廉：《应诏上封事·附陈康有为梁启超罪状片》，中国史学会主编：《中国近代史资料丛刊·戊戌变法》二，第501页。

⑤ 《圣量优容》，《国闻报》1898年9月20日。

年往来江湖间，"一至上海，自此而其政治思想为一大变。先是，林囿于欧说，其崇拜康氏有如星日；然至闻见既广，乃自笑其前此之私淑，真为井蛙夏虫。由是废弃文学，以实行家自任，不欲其能力伸畅于理想之一途"①。林圭入时务学堂较晚，所说至少反映康、梁一派得到光绪重用后，政略发生变化，教育方针也许随之改变。

　　培养青年，应是长期计划，另一方面，维新派还有组织应变的准备，并尝试直接掌握武装。与康有为商定大计的谭嗣同回到湖南，提倡设立团体，"讲致用之学，为爱国之基"②，此即后来自立会的发端。其时原在湖北练兵的黄忠浩受湘抚陈宝箴之邀，返湘整饬军事，谭嗣同等欲乘机以兴办团练为名，聚集会党首领到黄忠浩营中培训。1898年4月19日谭嗣同致函欧阳中鹄，告以：

　　　　前商团练事，绂丞所拟之办法正与尊意同，而师中吉所拟之办法又与绂丞同。师说在绂丞前，唐说在夫子前，而彼此暗合如此，亦一奇也。绂丞及嗣同于前七八日已函商岳生，请由县送百人至省，即令师中吉统之往泽生营中学习。面商泽生两次，大以为然，并极赏识。师中吉闰月即可率百人住其营中，渠必加意训练云云。……嗣同等及师中吉所知之勇力果敢之士不下数十人，即可由师中吉一手招募百余人，而请各绅选试，可选得百人。师中吉带至省城，再由泽生选试，必易精矣。③

---

①　民表：《林锡圭传》，杜迈之等辑：《自立会史料集》，第231页。民表应为林圭时务学堂的同学秦力山。

②　任公：《自立会序》，《清议报》第16册，1899年5月30日。

③　《上欧阳中鹄》，蔡尚思、方行编：《谭嗣同全集》，第473—474页。孔祥吉（注转下页）

　　5 月 25 日,欧榘甲、韩文举、叶湘南曾与唐才常、熊希龄等人一同到黄忠浩营中聚议立营学等事。[1]戊戌政变之际,康有为等希望毕永年、唐才常率百人督袁世凯统兵围颐和园,里应外合,执西后而废之,并致电湖南,招集好将多人,即为这批"勇力果敢"之士。正因为维新派事先有所鼓动,政变发生,有人企图"割据湖南以勤王,不奉诏"[2]。广西方面,康有为也有类似布置。1897 年康有为第二次到桂期间,劝唐景崧以圣学会名义归乡办团。从后来事态的发展看,用意之一,当是为武力应变做准备。

　　与兴中会谋求建立合作关系,也可以视为应变的准备之一。其路径分为两条,宗旨也不尽相同。其中之一,是由谢缵泰、康广仁接洽的和平变革路线。而另一途径,由孙中山、陈少白及广东兴中会骨干主动联系,宗旨并未局限于变法。

第二节　复辟与革命

　　戊戌政变后,康、梁等人亡走日本,原有的地位骤得骤失,当务之急是设法让光绪帝重掌权力。他们虽然不赞成冒险而谋之于下,主张借友邦之力以谋之于上,争取日、英、美三国出面相助,其实并未放弃谋之于下的路线。其方略有二:一是暗杀行刺,一是武装勤王。

(续上页注)《谭嗣同挚友师中吉》《晚清佚闻丛考——以戊戌维新为中心》据黄彰建《戊戌变法史研究》已指出此事。

①　皮锡瑞著,湖南历史考古研究所近代史组整理:《师伏堂未刊日记》,《湖南历史资料》1959 年第 1 期,第 115 页。

②　秦力山:《汉变烈士事略·荼蓼子》,彭国兴、刘晴波编:《秦力山集》,第 17 页。

戊戌政变后康有为逃到香港,寻求宫崎寅藏的帮助,后者趁机建言以武力兴师,实行共和。康有为没有接受宫崎的建议,却也明白一味循和平路线难以挽回大局,他依然相信只要光绪复位,重掌权力,一切革新事宜仍可照旧进行。而光绪复位的主要障碍便是西太后,所以当务之急是将西太后及其死党除去。在借助日本壮士行刺的企图被宫崎拒绝后,便在门徒中选派充当刺客之人,以后又改为以金钱买死士。保皇会的暗杀活动,一直持续到 1906 年。

至于宫崎寅藏的起义军于中原一策,康有为也没有完全拒绝,只是将政治目标由共和改为复辟。1898 年 11 月初,康有为发布“奉诏求救文”,明确发出“勤王”号令。其政治目标虽然与兴中会不同,行动方式却趋于一致,因而增加了双方的共鸣。还有几种因素促使维新派与革命党相互呼应:其一,兴中会继续主动寻求合作。戊戌政变后,孙中山在日本几次登门拜访康有为等人,表示合作的善意。维新派对此态度分歧,康有为、梁启超、唐才常的主张各自不同。唐希望两派牺牲小异,同力合作,摒弃保皇或排满名词,得到孙中山的赞同。康有为则坚持与清廷势不两立的革命党保持距离,并几度拒绝与孙中山会晤。[①]不过,与此同时,康有为对杨衢云、谢缵泰的联合请求给予积极回应,赞成他们关于两党在争取自由和独立的运动中应当联合和合作的意见。[②]

其二,日本人士的压力和影响。1898 年由东亚会和同文会合并而成的东亚同文会,其部分成员主张支持中国实行反清革命。早在康有

① 《钦差大臣》,《大陆》第 2 年第 8 号,1904 年 12 月 3 日。
② 谢缵泰著,江煦棠、马颂明译:《中华民国革命秘史》,中国人民政治协商会议广东省委员会文史资料研究委员会编:《广东文史资料·孙中山与辛亥革命专辑》,第 303 页。

为到日本之前,宫崎寅藏在香港与康门师生会晤时就指出:戊戌变法失败的原因在于徒赖君权,不能妄想以一纸上谕清除中国的积弊,要使改革的上谕发生作用,必须具备罢免大官的实力,即以武力作后盾。而兵马大权掌握在大官手中,秘密结社又都以倒清扶汉为旗号,因此,中国改良之难,实较革命为甚。如果光绪真是英主,可让其主动退位,以选举实行共和,平满汉、官民之界。万不得已,则只有由康有为"亲自下结民间志士,起义军于中原,待势力稍盛时,使皇上投向这边。要想不流血而扫除积弊,等于挟泰山以超北海,是决不可能的"①。宫崎寅藏还向平冈浩太郎、犬养毅等人建议:

> 今后日本对中国的方策不外乎下列三案:第一,援助现今的爱新觉罗政权,以改善中国。第二,拥护皇上,号令天下,以组织新政府。第三,团结民间的革命党,推行大革命,以一新中国大陆。

而清朝君臣均不足以用,"究竟应以什么来挽救中国的时局? 舍革命莫属"。"如就(中国)国民的观点来说,除非非常的英雄仗义奋创,以革命的事业一扫多年的腐败政权,显然不可能维持今日的老大帝国"。②

1898 年 12 月出版的东亚同文会机关刊物《东亚时论》第 2 号,刊登了该会评议员池边吉太郎的论说《改革か革命か》(第 4 号连载),正

---

① 宫崎滔天著,佚名初译,林启彦改译、注释:《三十三年之梦》,第 133—137 页。
② 1898 年 12 月 12 日宫崎寅藏致平冈浩太郎、犬养毅函,陈鹏仁:《论中国革命与先烈》,第 19—21 页。

式公开提出中国政治变革的宗旨选择取舍问题。文章从伊藤博文在东京帝国饭店的演讲谈起，认为依据中国各方面的实情，改革比革命更加困难。①这与宫崎寅藏的观点完全一致。该会及该刊与梁启超、唐才常等人关系密切，梁启超在《东亚时论》上发表多篇文字，《清议报》也多次译载该刊的文章。

诚然，东亚同文会的基本方针并非倾向革命，《东亚时论》第 1 号所载江藤新作的《支那改善策》，即认为改革政治非局部而是整体，实行之途有二：

> 曰主权者也，曰革命之军也。依兵力扑灭满清政府，更树立新政府，则改革政治风俗，最容易也。虽然，革命军得其势力，不得不待其机运熟。且革命军而至成其志，其间支那国土，惨害必非常。以情论之，邻邦兄弟也，不忍成此举也。依主权力改革之，不如革命军之惨害，可以平和行其事，余最所希望也。②

《清议报》第 18、19 号以《支那改革论》为题译载此文，对于池边吉太郎的文章则没有正面回应，至少表明公开态度有所差异。但日本人士提出的问题却不能不引起维新派的深思反省。

其三，清政府血腥镇压变法激发了维新派的反清意识，不仅湖南的唐才常、毕永年等人复仇心切，梁启超等万木草堂弟子也群情激愤。梁启超在《去国行》中就表达了此种激情："呜呼！济艰乏才兮，儒冠容

---

① 池边吉太郎：《改革か革命か》，《东亚时论》第 4 号，明治 32 年 1 月 25 日。
② 《清议报》第 18、19 号连载时，未署作者和译者名。

容,佞头不斩兮,侠剑无功,君恩友仇两未报,死于贼手毋乃非英雄。"
他向往明治新政能够"驾欧凌美",更知道盛世来之不易,"水户萨长之
间流血成川红","此乃百千志士头颅血泪回苍穹"。并且誓言:"男儿
三十无奇功,誓把区区七尺还天公。不幸则为僧月照,幸则为南洲翁。
不然高山蒲生象山松阴之间占一席,守此松筠涉严冬,坐待春回终当
有东风。"①出非常之策大干一场,成为他们向往的首选方略。

　　在此背景下,康有为一派出现分化。戊戌以来,康、梁表面连在一
起,实则分别甚大。后来梁启超谈到与乃师的区别,认为最相反的一
点,是"有为太有成见,启超太无成见",并具体提及三十岁以后绝口不
谈"伪经"与"改制"。②其实师徒两人的分歧不止于此,或者说,因此一
点,双方的差异始终而全面。竹内弘行《关于梁启超师从康有为的问
题》一文指出,康、梁从初会起就不一致。③戊戌期间,尤其是康有为的
《孔子改制考》刊行后,不少维新人士觉得其"浅陋狂谬,学术不正",而
对梁启超以通才之资,不能摆脱乃师,颇感惋惜。④汪康年将此意转达
梁启超。

　　面对质疑和劝说,梁启超坚决维护师门的统一性,声言:"启超之
学,实无一字不出于南海。……弟之为南海门人,天下所共闻矣。若
以为见一康字,则随手丢去也,则见一梁字,其恶之亦当如是矣。(闻
南海而恶之,亦不过无识之人耳。……)"⑤可是,康、梁的分别,不仅世

①　梁启超:《饮冰室合集・文集》之45(下),第2页。
②　梁启超:《清代学术概论》,第81页。
③　狭间直树编:《梁启超・明治日本・西方——日本京都大学人文科学研究所共同
研究报告》,第1—31页。
④　张美翊来函之十三,上海图书馆编:《汪康年师友书札》二,第1764页。
⑤　《汪康年师友书札》二,第1862页。

人从其公开发表的文字中可以客观判断,与之有所交往者,更能察觉其主观意向的不同,吴樵函告汪康年:"康徒惟此人可与也。迩日与之极熟,窥其旨亦颇以康为不然,而不肯出之口,此其佳处。"①

保皇会的分化逐渐加深,开始体现于宗旨与组织的异动。组织方面,梁启超对于和其他政派合作一事的态度相对积极。1899 年 2 月,他代表康有为出席在犬养毅寓所举行的与孙中山、陈少白等人的会谈,情形相当融洽。据说其对孙中山的言论异常倾倒,有相见恨晚之慨,并表示要请康有为闭门著书,自己放手做去。

3 月,康有为离日前往加拿大,梁启超等人更加频繁地与兴中会会员接触,赞成联合与合作。1899 年 5 月,他和唐才常等人继承谭嗣同的遗志,组织自立会,鼓吹:"大丈夫之贵自立也。横览古今中外多事之际,则英雄豪杰乘时而起焉,岂尝有某人限做某事,某事必待某人哉。大抵凡有志任事者,则天下之事,皆将成于其手,洵乎英雄豪杰之本无种也。"②这显然有超越勤王保皇的志向,与康有为的主张有异。

1899 年七八月间,梁启超和韩文举、李敬通、欧榘甲、梁启田、罗伯雅、张学璟、梁炳光、陈国镛、麦仲华、谭柏生、黄为之同结义于镰仓江之岛的金龟楼。③这 12 人均为政治情绪较为激烈之人,此事显然和与革命党合作之事宜密切相关。④因此,保皇会成立后,梁启超等人对其宗旨方略似乎并不热心。

---

① 上海图书馆编:《汪康年师友书札》一,第 467 页。
② 任公:《自立会序》,《清议报》第 16 册,1899 年 5 月 30 日。
③ 罗孝高:《十二人江之岛结义考》,丁文江、赵丰田编,《梁启超年谱长编》,第 180 页。结盟的时间,参见狭间直树:《中国近代における日本を媒介とする西洋近代文明の受容に関する基础的研究》,第 17 页。
④ 张朋园教授已经指出江岛结盟与言革的关系(《梁启超与清季革命》,第 140 页)。

革、保双方的交往促使保皇会中的一些激进分子倾向于反清革命，与孙中山的政治立场有所接近。1899年秋季，基于联合大举的共识，两派开始进一步接洽结合。尽管宗旨上梁启超等人与兴中会趋同"言革"，双方"订交"的内容还是合作而非合并，而且保皇会中激进派"言革"与革命党毕竟同中有异，组织方面继续竞逐争夺也在情理之中。

保皇派的异动，不仅体现于暗中"言革"以及靠近革命党，甚至公开的文字宣传也可以见到与时序相当吻合的日趋明显的变化轨迹。梁启超在1898年12月创刊的《清议报》第1期上发表论说《论变法必自平满汉之界始》，开始谈及欧美近代史上的革命可能在中国重演。他说："今试言满人他日之后患，抑压之政，行之既久，激力所发，遂生大动。全国志士，必将有米利坚独立之事，有法兰西、西班牙革命之举。"他并不排斥革命的结果，只是认为在中国发动革命的社会力量尚不具备，贸然实行，将会导致内乱外患。

> 今我国之志士，有愤嫉满人之深闭固拒，思倡为满汉分治之论，倡为革命之论者。虽然，其必有益于支那乎？则非吾之所敢言也。凡所谓志士者，以保全本国为主义也。今我国民智未开，明自由之真理者甚少，若倡革命，则必不能如美国之成就，而其糜烂将有甚于法兰西、西班牙者。且二十行省之大，四百余州之多，四百兆民之众，家揭竿而户窃号，互攻互争互杀，将为百十国而有未定也，而何能变法之言。即不尔，而群雄乘势剖而食之，事未成而国已裂矣。故革命者，最险之着，而亦最下之策也。

这与他和志贺重昂谈话的观念相当一致。将希望寄托于光绪复辟，可以说是康有为一派政变后的首选政略。至于通过外援、勤王还是暗杀来实现这一目标，只是手段问题。

梁启超等人拒绝"革命"，除以西史为鉴，担心革命的惨烈，更重要的还是由于"革命"一词正处于中外新旧概念转换的过程之中。他们已经意识到，"天下之理，非剥则不复，非激则不行"，即使"列国改革之始，未尝不先之以桎梏刑戮干戈之惨酷"。美国独立后，"凡所谓十九世纪之雄国，若英若法若奥若德若意若日本，当其新旧相角官民相争之际，无不杀人如麻，流血成河，仁人志士，前仆后起，赴汤蹈火者，项背相望。……世之浅见者，徒艳羡其后此文物之增进，民人之自由，国势之浡兴，而不知其前此抛几多血泪，掷几多头颅以易之也"。[①]同时，受日本明治时期思想界的影响，知道"十九世纪，为政治上竞争革命之时代，二十世纪，为经济上竞争革命之时代，此有识者之公言也"[②]。这实际上等于承认暴力流血为人类进化的媒介。

而中国"革命"的本义，指用暴力手段实现改朝换代，不过一家一姓的鼎革而已。1897 年 3 月，章炳麟在《时务报》第 19 册发表《论学会有大益于黄人亟宜保护》，便明确宣称：

> 变郊号，柴社稷，谓之革命；礼俊士，聚俊材，谓之革政。今之亟务，曰：以革政挽革命。

梁启超在《横滨清议报叙例》中也指出：

---

① 梁启超：《横滨清议报叙例》，《清议报》第 1 册，1898 年 12 月 23 日。
② 梁启超：《论中国人种之将来》，《清议报》第 19 册，1899 年 6 月 28 日。

我支那数千年来，义侠之风久绝，国家只有易姓之事，而无革政之事，士民之中，未闻有因国政而以身为牺牲者。

保皇会系统中最早公开正面宣传"革命"者，当推欧榘甲。戊戌政变前，欧榘甲和韩文举、叶湘南等从湖南到上海①，政变时曾为康有为联络日本《亚东时报》馆人设法救援。②欧任教于时务学堂时，与同事唐才常"至相得也"，临行唐赠以五古《侠客篇》，"读之怒发上冲……汉上勤王之志，肇于斯时矣"③。受唐才常的影响，欧榘甲对与革命党人合作一事，态度明显较康有为积极，而与梁启超一致。1899 年 3 月初，在梁启超与孙中山于犬养毅宅会谈后不久，欧榘甲也与孙中山会面，讨论良久，孙中山畅所欲言，而欧榘甲依然受制于康有为，不能做主。④

在康有为的挟制下，欧榘甲的文字宣传一度也坚持"救中国当以

---

① 1898 年 6 月 24 日唐才常函告欧阳中鹄："外间攻学堂事，三月即有所闻。或谓中丞已厌卓如，或谓日内将使祭酒公代秉三，叶奂彬为总教习。种种为言，皆云出自中峰。韩、欧、叶三君闻之，即忿然欲去，经受业再三婉留，是安其位；然其愤懑之心，未尝一日释也。至中丞调阅札记，乃陈、杨二君自内学生收取，收齐后，始汇交受业一阅。受业深恐三教习闻之，致滋不悦，且戒秉三勿与三教习言，亦绝不料中丞已有疑心，果如外人所云也。来谕云'分教等皇遽无措，及尽一夜之力统加抉择，匿其极乖谬而临时加批'等语。果谁见之，而谁闻之？（其中涂改处，韩树园极多，即卓如亦常有之。岂受业能竭一夜之力通行涂改乎？）"（湖南省哲学社会科学研究所编：《唐才常集》，第 237—238 页）则欧榘甲等人离湘，主要是见疑于陈宝箴。
② 康有为：《我史》，第 60 页。
③ 梁启超：《饮冰室诗话》，第 102 页。《侠客篇》见《唐才常集》，第 262 页，诗句与梁启超所引有所不同。
④ 1899 年 4 月 1 日《复宫崎寅藏函》，广东省社会科学院历史研究室、中国社会科学院近代史研究所中华民国史研究室、中山大学历史系孙中山研究室合编：《孙中山全集》第 1 卷，第 186 页；陈少白：《兴中会革命史要》，中国史学会主编：《中国近代史资料丛刊·辛亥革命》一，第 59 页。

救皇上为本"①。但是面对清廷的高压,除极力鼓吹自由民权观念外,其不平之气仍时有宣泄。如针对清政府"诬义士为乱党"的攻击,他撰文痛加驳斥:"乱之所生也,皆起于不均不平不通不安,而此不均不平不通不安,又皆起于在上者愚民之虐政","而此不均不平不安不通之政,曾不肯改革之,以俾平民享一日生人之乐,不均则争,不平则鸣,不通则悖,不安则倾,如怒潮之激动,如火山之迸发,佛兰西乃起而革命,美利坚乃起而自立",呼吁"支那义士相率而起"。②

菲律宾摆脱西班牙的殖民统治获得独立,欧榘甲一方面感到"非律宾尚可自立,安有中国不可自立之理哉?"一方面乘机表达了对近代世界历次革命的正义性的肯定:

> 美人抗英立国,而后自由之光,照耀于大地,独立之气,蒸涌于五洲,自非冥顽不灵之族,大惑不解之伦,野蛮无知之俗,莫不被其流风,鼓其热望,以自由为天赋之权,独立为生人之本,人人皆当保护安之,不可受人压抑,非如草木禽兽横生倒生寄生,不能自由独立,受命于人。此理印于人人脑中,故于在上有损其自由、制其独立者,必起而抗之,于是列国革命之事起。此非民之敢于抗上也,为其扼人自由,制人独立,害天理,损人为,不得不深恶耳。③

---

①　欧榘甲:《论救中国当以救皇上为本——明义外篇之二》,《清议报》第 20 册,1899年 7 月 8 日。
②　欧榘甲:《义士乱党辨——明义外篇之一》,《清议报》第 18 册,1899 年 6 月 18 日。
③　欧榘甲:《论非律宾群岛自立》,《清议报》第 25 册,1899 年 8 月 26 日。

　　一个月后，欧榘甲为纪念戊戌政变周年发表论说《论政变为中国不亡之关系》，再度论及近代欧洲革命，态度更加鲜明："当欧洲百余年前，革命之惨，至于血河头山，然而其文明之度，即以此而大增。"并将戊戌政变视为"文明之运将至亚洲大陆而先为严冬苦雨"的表征。①

　　1899 年 10 月 25 日，《清议报》刊登了欧榘甲撰写的《中国历代革命说略》，这可以说是近代中国公开为"革命"正名的第一篇文字。照欧榘甲看来，中国历代的"革命之运，或进或退"，不仅"与黄种盛衰伸绌有大关系"，而且"与今日改革时机尤有相为影响者"，将历史上改朝换代的"革命"与近代革命相联系。他盛赞三代之治，认为尧舜"虽非与今世完全之民主国相同，亦当时之大圣，有公天下之心者也"，批评时人所谓"中国无民主种子，革命后不能为共和之治"的论调"皆大谬误，不知孔子之大义者也"。又区分历史上的"家族政治"与"庶民革命"，斥责夺占国人所有的"假革命家"坏了革命的名声，"家族为国之时代已成熟，其先德入人之心，庶民革命之时代尚幼稚，而所为又拂民之欲，则民宁安于家族政治之下，而不愿遭庶民革命之惨。读佛兰西革命史，杀人之多，大乱之频，几令人不敢复言革命事，而王族之党欲窃发而起者，犹时有焉。盖革命势尚未成，一革再革，至于三革，而不能成功，则人厌乱，思其旧矣"。自真革命家汤武顺天应人，"革之时义大矣哉。今革义行于五洲矣，革效被于四海矣，其风潮起于环地中海……自今文明世界，一草一木，一土一石，一饮一啄，一波一沤，皆欲自由之光荣，新华之昭耀，而原其始也，莫不有革命为之别开天地，重光日月，以有今日也"。

---

① 《清议报》第 27 册，1899 年 9 月 15 日。

近代亚洲大陆虽然"革运稍为阻耳，然其期亦不远矣"。革命既然"莫不借铁血之威，掷千百头颅，流千百膏血以易之"，孔孟至仁大圣，何以目为应天顺人？即因天赋人人以自由之权，独立之性：

> 人人尽其自由之权独立之性而不相侵，斯谓能守其职；人人捐其自由之权独立之性而不相吝，斯谓之能成公益。如是则均平，则安乐，无偏无颇，众民欣和。若夫纵一己之自由，而压众人之自由，伸一己之独立，而缩众人之独立，是视己如天，视人如畜。众民者已供其身家财产，而身又陷于犬马奴隶之籍，终其身无一日生人之乐焉。夫以犬马奴隶待人，实悖天道，实害人理，以犬马奴隶自待，亦悖天道，亦害人理，如是则不均不平不安不乐，雷霆撼天，水中生火，如是不革命，则为黑暗之世，地狱之世，生不如死，有不如无，乾坤毁而天地灭矣。故必有大英雄大豪杰崛起，而涤荡犬马奴隶之世界，而为人类最贵之世界，开豁黑暗地狱之世界，而为文明天堂之世界，乃足以相天而生人。则革命者，是平人天之憾最良品也。

他又引述西人所说"文明者购之以血也"，"将独夫民贼之血洒地球而皆红，则民安矣"，以及史学家所谓"欲革千人之命者，必流百人之血，革万人之命者，必流千人之血，欲革亿人之命者，必流万人之血，古今万国之通例，不可规避之事"等至理名言，论证"革命者，去野蛮而进文明必经之路也"。古代至圣虽主不杀，亦因革命为理之必至，势所必然，而予以首肯。

按照《清议报》的说明，此文尚有续篇，但此后却不见刊载。其原因从在此前后发生的一系列事件可寻踪迹。有学人从文章的观念多与孙中山相近，判断其受后者的影响，不无道理。①只是所受影响不仅来自 3 月欧榘甲与孙中山的会晤，更与后来双方的频繁接触乃至订交有关。不幸，这种合作势头因康有为的到来而被打断。10 月 24 日，康有为赴香港途经日本，因日本政府拒绝其登陆，在横滨港口的轮船上与专程从东京前来的梁启超秘密会谈。②所谈内容不知其详，次日康有为离开横滨前，托水上警察署署长向山手町百三十九番《清议报》馆的欧榘甲转送一封信，大意为惋惜暂时无法面谈，到香港后会再次来日。至于将来事业，包括以前所说各事，应在日本奋励研究。值得注意的是，在信的末尾，康有为特意告诫其时刻不忘勤王趣旨③，则很可能梁启超在会谈时提及与革命党人合作及宗旨转换问题，而康有为又看过刚刚出版的新一期《清议报》，对欧榘甲鼓吹革命的文章极为不满。

　　10 月 27 日，由欧榘甲主笔的《清议报》馆火灾被毁。11 月 2 日，林霭云抵达横滨，与欧榘甲密谈。11 月 8 日，欧榘甲离开横滨前往香港和康有为商议善后。④11 月 14 日，冯镜如也前往香港与康有为商议今后报馆的处置。冯氏坚持保皇立场，当不能容忍欧榘甲继续鼓吹革命，所以欧榘甲不能回任，文章也不能续完。1900 年初，欧榘甲赴加拿

①　参见陈建华：《"革命"的现代性——中国革命话语考论》，第 136—138 页。

②　明治 32 年 10 月 24 日浅田神奈川县知事致青木外务大臣秘甲第 517 号。

③　明治 32 年 10 月 26 日浅田神奈川县知事致青木外务大臣秘甲第 523 号。

④　明治 32 年 11 月 8 日浅田神奈川县知事致青木外务大臣秘甲第 551 号、11 月 10 日大森兵库县知事致青木外务大臣发秘第 542 号、11 月 14 日长崎县知事致青木外务大臣高秘第 513 号（久保天文次：《清末·民国初期，日本における中国革命派·变法派の活动》，昭和 63 年度科学研究费补助金研究成果报告书）。

大前在香港曾与唐才常再度聚首①，后又由加拿大转往英国，据说还一度回国任事。②1900 年 2 月 22 日，代替欧榘甲为《清议报》主笔的麦孟华抵达横滨接任。③

勤王失败后，欧榘甲和徐勤、梁启田等人被派往旧金山主持《文兴报》事。冯自由各书关于梁启超等康门十三太保与革命党人离合的种种说法，如上书康有为劝退为徐勤告密以及欧榘甲撰文论汤武革命顺天应人被发配美洲等，虽然事出有因，但揣测之词甚多，中间环节缺失不少。

冯自由所记，也有蛛丝马迹。壬寅十月、十一月，梁启超曾数次上书康有为，所言当包括与革命党合作事。此事令康震怒。1902 年康有为因梁启超"决言革命"，复函徐勤称："己亥汝责远之决绝，且安有身受衣带之人而背义言革者乎！"④则 1899 年梁启超曾因言革而遭到徐勤的坚决反对。冯自由诸说，当由这些事实因缘而来。

第三节　勤王与民政

梁启超等人的"言革"倾向受到康有为的压制，不得不有所收敛，上书引过。但 1900 年 6 月 27 日康有为致函徐勤，仍然揪住梁启超不

---

① 梁启超：《饮冰室诗话》，第 102 页。
② 1900 年 5 月 19 日陈国镛致谭张孝书，方志钦主编：《康梁与保皇会》，第 278 页。函谓："敬通、云樵俱已归国办事，麦君孺博来接云樵之任。"
③ 狭间直树：《中国近代における日本を媒介とする西洋近代文明の受容に関する基础的研究》，第 20 页。
④ 1902 年 6 月 3 日《致欧榘甲等书》，上海市文物保管委员会编：《康有为与保皇会》，第 157 页。此函收信人当为徐勤。

放,责其"违命""专谬"①。所说从梁启超的几封信可以得到印证。1900年4月20日,梁启超在致《知新报》同人信中反躬自省:"弟去年悖谬已极,至今思之,犹汗流浃背。长者责其病源在不敬,诚然诚然。"表示要"痛自改悔",每日以克己、诚意、主敬、习劳、有恒等五事自课,以去病根。同月23日致函康有为,又讲读《曾文正公家书》而"猛然自省"的心得:

> 觉得近年以来学识虽稍进,而道心则日浅,似此断不足以任大事。因追省去年十月十一月间上先生各书,种种愆戾,无地自容。因内观自省,觉妄念秽念,充积方寸,究其极,总自不诚不敬生来。先生去年所教,真字字药石,而弟子乃一向无所领会,甚矣堕落之远也。

所说之事,不仅是汇款疏慢,以误大事,显然还包括宗旨的分歧甚至组织的异动。所以梁启超在4月29日复康有为函中说:"弟子前此种种疑忌肆谬,今皆自省之(此字除出诸自由不服罪外,余皆自知),愿自改之。"

不过,梁启超的忏悔,似乎仅限于对待康有为的态度应当保持尊师的恭敬,并非完全放弃宗旨和组织方略的权宜变化。所以接下来又明确表示:"至于同门不同门之界,弟子仍持前说,不敢因噎废食",主张"办天下之事,须合天下之才,然同门之圈限已定而有尽,不同门之

圈限未定而方长"①,并坚持自由之说。他从檀香山函告孙中山以"从权办理",这也就是他前此所说:宗旨务求独立,方略随时变通。②其"随时变通"不仅对孙中山而言,对乃师同样如此。

立储事件后,保皇会加紧勤王筹备,但勤王的成败系于光绪的安危,而保皇会恰恰无法保障光绪的安危。其时关于光绪病重的传闻不绝于耳,对此康有为可以不顾一切,梁启超却对勤王的成功与否以及如何应对局势变化表示担忧。1900 年 4 月 13 日,他致函康有为,讨论勤王方略之后,谨慎而明确地提出两点疑问,希望康有为明确答复:其一,

> 我辈所以如此千辛万苦者,为救皇上也。从南方起事,去救皇上,实际尚极远。如何然后可以使皇上脱离苦海,将直捣北京乎? 我之兵力能敌荣下五军否? 即能敌之,俄人岂能不出而干涉,以我乌合抵俄虎狼,必无幸矣。俄噬北京,实践其势力范围,英、法岂肯坐视,是使我功败垂成也。若先画江以待力足,则我皇忧病之躯,能待我乎? 先生所以处此者,望告。

其二,

> 现时皇上既已呕血,外使觐见,言天颜憔悴异常,想病重久矣。……先生近日深恶痛绝民主政体,然果万一不讳,则所以处

---

① 丁文江、赵丰田编:《梁启超年谱长编》,第 226—232 页。

② 冯自由:《中华民国开国前革命史》上编,第 44—47 页。

此之道,弟子亦欲闻之。今日危急哀痛之极,又当百事草创之时,不能不鳃鳃虑及也。①

康有为如何答复,从 4 月 29 日梁启超对其来书的复函中可以窥知大体。梁的答书全面反映了师徒之间的宗旨分歧,针对康有为"来示于自由之义,深恶而痛绝之"的表态,梁启超直截了当地予以反驳,声称自己始终不放弃自由之义,"窃以为于天地之公理与中国之时势,皆非发明此义不为功也"。而且梁启超所说的"自由",

> 非对于压力而言之,对于奴隶性而言之,压力属于施者,奴隶性属于受者(施者不足责,亦不屑教诲,惟责教受者耳)。中国数千年之腐败,其祸极于今日,推其大原,皆必自奴隶性来,不除此性,中国万不能立于世界万国之间。而自由云者,正使人自知其本性,而不受箝制于他人。今日非施此药,万不能愈此病。

他反对康有为借"自由"一词的翻译不妥而"诋其意","要之,言自由者无他,过使之得全其为人之资格而已。质而论之,即不受三纲之压制而已,不受古人之束缚而已"。

康有为"屡引法国大革命为鉴",并指梁启超"染日本风气而言自由",梁辩解道:

> 法国革命之惨,弟子深知之……虽然,此不足援以律中国也。

———————————

① 丁文江、赵丰田编:《梁启超年谱长编》,第 221 页。

中国与法国民情最相反,法国之民最好动,无一时而能静;中国之民最好静,经千年而不动。故路梭诸贤之论,施之于法国,诚为取乱之具,而施之于中国,适为兴治之机;……而先生日虑及此,弟子窃以为过矣。

他坦然自认鼓吹法国革命并非受日本的影响,相反,"日本书中无一不谈法国革命而色变者,其政治书中无不痛诋路梭者。……而至今之独尊法国主义者,实弟子排各论而倡之者也。"①"且法国之惨祸,由于革命诸人,借自由之名以生祸,而非自由之为祸。"中国数千年无自由,历代鼎革之惨祸,也不在法国之下。"且以自由而生惨祸者,经此惨祸之后,而尚可有进于文明之一日,不以自由而生惨祸者,其惨祸日出而不知所穷,中国数千年是也。苟有爱天下之心者,于此二者,宜何择焉。"

康有为坚持欧洲近代文明与法国革命无关,梁启超对此表示"甚所不解",并引据《泰西新史揽要》等书所载相关史实,力证"法国革命影响于全欧者多矣",所以"泰西史学家无不以法国革命为新旧两世界之关键",更形象地称法国革命为"十九世纪之母","路得政教其祖母也"。

针对康有为明确表示今日"但当言开民智,不当言兴民权",梁启超"不禁讶其与张之洞之言甚相类也。夫不兴民权则民智乌可得开哉"。国民的智富愚弱,关键就在于自由与不自由。而实现自由,须由自治。"弟子欲辩论此二字,真乃罄南山之竹,不能尽其词,非有他心,

---

① 此段文字中夹有"盖日本近日盛行法国主义,弟子实深恶之厌之"。联系上下文,疑有错漏。

实觉其为今日救时之良药,不二之法门耳。"

梁启超自称上述为"心中所蕴,不敢自欺","现时所见如此,或他日有进,翻然弃之,亦未可定"。①其实这是坚持其戊戌政变后的一贯主张,将中国革新事业成败的关键放在兴民权立民政之上。梁启超在《自立会序》中引述"西人之常言曰:国之所以有自立之权者,由于人民有自立之权,人民所以有自立之权者,由于其有自立之志与自立之行"。进而论道:

> 嗟乎! 中国之失自立权也久矣,忧时之士,扼腕竖发,太息痛恨于执政者之非其人。夫执政者之罪,固无可贷焉。然岂不闻乎国者民之积也,未有人人不思自立,而国能自立者,亦未有人人思自立,而国犹不能自立者。孔子曰:己欲立而立人。故我辈亦当责诸己而已。己苟能立,天下之事待我者多矣。②

就在复康有为来函的前一天,梁启超致函孙中山,商议双方合作共举之事,劝说后者顺应废立事件后勤王呼声日益高涨的时势,改"倒满洲以兴民政"为"借勤王以兴民政","草创既定,举皇上为总统,两者兼全,成事正易"。③

梁启超后来的行为,显然实践了他的诺言。他积极支持包括湖南、江浙维新派和革命党在内的各派联合长江大举行动,而各派联合

---

① 1903 年 4 月 29 日《致南海夫子大人书》,丁文江、赵丰田编:《梁启超年谱长编》,第 234—237 页。
② 《清议报》第 16 册,1899 年 5 月 30 日。
③ 《梁启超年谱长编》,第 258 页。

阵营的实行民政、仅予康有为以虚名等决策，与梁启超的设想相当吻合。所以，庚子保皇会的勤王运动中，作为第二号人物的梁启超，由于得不到师尊与同门的认可和信任，实际上处于旁支的地位。梁启超曾经主动请缨，要求到澳门主持保皇会总局，未得批准，只能远游海外筹款。

不过，对于梁启超提出的"万一"忧虑，康有为也并非毫无考虑。他曾亲口告诉加拿大保皇会骨干叶恩："上不能救，则必自立，且言求广东自立。"[1]在其使用的电报密码中，既严格区分"孙党""我党"，对兴中会保持戒心，又有"一于定勤宗旨方易办事"，"一于定革宗旨方易集事"[2]的权宜选择，可见至少作为政治旗号，康有为和保皇会对于勤王尊皇的号召力及长远性缺乏足够的自信。

第四节　讨满与保皇

勤王运动流产和自立军起义失败的血腥，再一次令革新势力感到，在清政府的统治下由和平方式寻求变革，实在是南辕北辙，加上保皇会使用海外筹款虚耗多而实效少，引起不少传闻揣测，参与勤王密谋的各派势力迅速发生分化。首先是湖南党人对康有为不满，继而留日学生日益倾向革命，海外各埠华侨也日趋激进。环境压迫之下，保皇会内部再度出现"言革"之声，所引发的风潮，几乎导致保皇会组织的瓦解。

---

[1]　《徐勤致康有为书》，上海市文物保管委员会编：《康有为与保皇会》，第202页。
[2]　《康有为与保皇会》，第548—553页。

　　仔细分析相关史料,庚子后各方面的激进倾向,或多或少与保皇会中一度"言革"的梁启超等人有所关联,某种程度上甚至可以说是彼此共识共鸣的体现。1901年,担任《清议报》总理的冯紫珊致函美洲保皇会,"述及留学生宗旨与吾党不同之事",梁启超得知后解释道:

　　　　此亦不过其中之二、三人耳。冯君忠爱之心最盛,义形于色,故直责之亦宜也。盖此辈学生中,每愤激时政,深恨满洲人,因而立言,观其所出《国民》,想大略可见。但弟居东亦常与彼等谈论,自能潜移默化之,终必为吾党之用,不必过虑也。①

　　其实提倡讨满革命的留学生如秦力山、唐才质、郑贯一等,均为梁启超的学生,并且参与《清议报》的编辑。

　　秦力山愤于庚子自立军失败,对康有为极为不满,与梁启超却仍然保持关系,继续参与《清议报》的编辑事务。他到新加坡调查保皇会海外筹款账目后,曾告知梁启超,邱菽园有意再出十万元,由梁启超返回日本,主持内事全局。②对于秦力山,梁启超既是"讲堂说法更吾脑,廿岁浮生不二师"的蒙师,又是"自由平等经开凿,独立新民任主持"的精神领袖。而梁启超也曾向他表示:"我所思兮在何处,卢(卢梭)孟(孟德斯鸠)高文我本师。铁血买权惭米佛,昆仑传种泣黄羲。"

　　1901年6月,秦力山在所办《国民报》发表《中国灭亡论》,对康有

----

① 方志钦主编:《康梁与保皇会》,第97页。
② 1901年4月17日《与南海夫子大人书》,丁文江、赵丰田编:《梁启超年谱长编》,第263页。

为、孙中山均予以严词抨击,唯独不涉及梁启超。①此后,他"与任公寻仇,至不相往来",原因很可能是其"宗旨唯在革命"②,主张"中国必须进行彻底革命","推翻现今的暴虐政府"③,而梁启超却不能痛下决心,依违两可。

郑贯一在担任《清议报》编辑的同时与冯自由等创办《开智录》,公开鼓吹中国时局"正适一大革命之好时机也","有志于铸革命之剑"。④1901年,梁启超派唐才质前往澳洲雪梨,唐趁机抨击保皇,宣传革命,保皇会因"郑贯一、唐才质相攻之事,于会事大有碍"⑤,但碍于梁启超的面子,不便反击,以致失去这一重要阵地。事后康有为抱怨梁启超:"自唐才质往雪梨后,吾累与该埠书,皆不复,今一年音间绝矣。吾始欲攻唐,又碍于汝所遣往,今则已为唐化,无可复言。故汝虽不攻我,而攻我多矣。"⑥

庚了以后,保皇会虽然没有明确宣布放弃武装勤王,但除了部分成员对广西会党游勇起事仍然关注外,实际上在康有为的主持之下已经草草收场。而为了便于筹款,各地保皇会会员不得不顺应华侨社会

---

① 参见彭国兴、刘晴波编:《秦力山集》,第7、69—70页。
② 1902年2月9日章炳麟《致吴君遂等书》,汤志钧编:《章太炎政论选集》上册,第162页。
③ 《〈暴政〉书稿广告》,《秦力山集》,第38页。是书拟由秦力山与王宠惠合作编著,共分八章,主旨在于反清革命。
④ 自强:《革命之剑》,《开智录》改良第1期,1900年12月21日,见《中国文化研究集刊》第4辑,第336页。
⑤ 1002年4月后《徐勤致康有为书》,上海市文物保管委员会编.《康有为与保皇会》,第200页。
⑥ 1903年1月15日康南海《与任弟书》,丁文江、赵丰田编:《梁启超年谱长编》,第300页。

普遍激昂的民气,继续以起兵为号召。同时一部分本来倾向革命的保皇会会员开始冲破康有为的禁令,或倡革命,或唱类族,或主分治。[1]

鼓吹自立,本来是得到康有为认可的方略,用于万一光绪不及救之时。叶恩即于1901年上书两广总督陶模,引孟子民重君轻观、世界公理和近代历史,要求破除媚上与媚外积习,速求自立,以存中国。[2]可是保皇会言革一派的宣传愈趋激烈,不断将自立引向反清革命。其中欧榘甲一马当先,在所主持的旧金山《文兴报》以"太平洋客"为笔名,发表《论广东宜速筹自立之法》长文,连载27篇,"'满贼''清贼'之言,盈篇溢纸"[3]。其他康门弟子纷纷响应,在《文兴报》《新中国报》《新民丛报》发表激烈言论。梁启超主办《新民丛报》,虽然声明"不为危险激烈之言,以导中国进步当以渐也"[4],但激烈的情绪时时显露于报端,又因反对康有为的保教主张,与之信函来往,相互驳论,流露出提倡国家主义、赞成破坏主义的倾向。

其时康有为远在印度,对保皇会会员尤其是万木草堂嫡系弟子纷纷言革的情形不甚了然,但曾经有过言革之举的梁启超的言行引起他的警惕。1902年春,康有为致函梁启超,"告诫以革命、保教、大同等诸义"。梁启超虽然觉得"此事有甚难言者",还是复函详细阐明自己的

---

① 1902年12月黄遵宪《致新民师函丈书》,丁文江、赵丰田编:《梁启超年谱长编》,第304页。

② 《英属加拿大各埠保皇会总理叶恩等上粤督书》,《清议报》第92册,1901年9月23日。

③ 光绪二十八年(1902)四月《与夫子大人书》,《梁启超年谱长编》,第287页。《论广东宜速筹自立之法》是年汇集成册,易名《新广东》,出版单行本,已将"贼"字改易。冯自由《革命逸史》称《论广东宜速筹自立之法》发表于《大同日报》(第2集,第111页),实则《大同日报》刊行于1903年。

④ 《新民丛报》第1号,1902年2月8日。

意见。关于大同,因为其改信国家主义,在论国家思想时将大同说拿来作衬,忘记此说在中国为乃师发端。他指出大同学说"在泰西实已久为陈言……而驳之者,亦不下数十家,近人著书几无不引之,无不驳之",并非故意攻击康有为,而且保证此后"断不复有此等语在报中矣"。

然而,至于"真有难言者"的"民主、扑满、保教等义",关乎政见宗旨的大是大非,梁启超决不轻言服从,他坦率地表示:"弟子今日若面从先生之诫,他日亦必不能实行也,故不如披心沥胆一论之。"这篇"披心沥胆"的答书,可谓梁启超有心与乃师立异的政治宣言,他声言:

> 今日民族主义最发达之时代,非有此精神,决不能立国,弟子誓焦舌秃笔以倡之,决不能弃去者也。而所以唤起民族精神者,势不得不攻满洲。日本以讨幕为最适宜之主义,中国以讨满为最适宜之主义。弟子所见,谓无以易此矣。满廷之无可望久矣,今日日望归政,望复辟,夫何可得? 即得矣,满朝皆仇敌,百事腐败已久,虽召吾党归用之,而亦决不能行其志也。

不但如此,梁启超还宣称其主张并非一己私见,而是代表同门的公意。对于康有为畏惧的"破坏",梁启超自己"亦未始不惧",

> 然以为破坏终不可得免,愈迟则愈惨,毋宁早耳。且我不言,他人亦言之,岂能禁乎? 不惟他人而已,同门中人猖狂言此,有过弟子十倍者。先生殆未见《文兴报》耳,徐、欧在《文兴》所发之论,所记之事,虽弟子视之犹为耆栗……檀香山《新中国报》亦然。《新民报》之含蓄亦甚矣。树园吾党中最长者也,然其恶满洲之心

更热,《新民报》中《扪虱谈虎》一门及《人肉楼》等篇,树园笔也,同门之人皆趋于此。夫树园、君勉,岂肯背师之人哉,然皆若此,实则受先生救国救民之教,浸之已久,而迫于今日时势,实不得不然也。

接着,梁启超更在谁能反映全党公意的问题上挑战康有为的权威:

> 先生受皇上厚恩,誓不肯齿及一字,固属仁至义尽,至门弟子等心先生之心,以爱国同归而殊途,一致而百虑,似亦不必禁之矣。来示谓此报为党报,必全党人同意,然后可以发言。无论党人分处四方,万无作成一文,遍请画诺,然后发刻之理。即以党人之意论之,苟属立宪政体,必以多数决议,恐亦画诺者十之七八也(君勉来一书,并呈上,其言亦如此矣)。然此决非好与先生立异者,实觉此事为今日救国民之要着而已,望先生听之,以大度容之为盼。[1]

读过梁启超的来函,康有为觉得大事不妙,立即采取措施,他致函各地弟子,告诫其严守保皇立场,并观察反应。不久,康有为陆续收到各处弟子的来信以及寄来的《文兴报》等报刊,对于弟子们"极发自立之事……以为鼓动"大为担忧,惊呼:"何为出此亡国奴种之言也?"痛

---

[1]　光绪二十八年四月《与夫子大人书》,丁文江、赵丰田编:《梁启超年谱长编》,第287页。

斥弟子"不学而误读书",法、美革命自立的情势与中国绝不相类,革命自立必然导致中国分裂而亡国,并以印度分立致亡为据,主张"保全国而合大群,求民权而立宪法"。其中"或以中国政府纷乱,必不能保全中国,思有以振倡人心,则不得不借扑满革命为名以耸之,犹日本之变法,先借排幕为名,实不得已也",当隐指梁启超,而"妄言广东自立","详论之至二十七篇",则明指欧榘甲。①

保皇会会员肆无忌惮地"猖狂言革",令康有为感到事态极为严重。1902 年 6 月 3 日,他复函徐勤:

> 近得孟远决言革命,头痛大作,又疟发□,复得汝书,头痛不可言。汝等迫吾死而已。欲立绝汝等,又不忍,不绝汝又不可,汝等迫死吾而已。……吾始于同门中,以汝为忠毅可倚,今汝若此,吾何望矣!今不能转人,乃致为人所转,吾志自立,义自定,岂关他人之何如耶?……所言啖饭尤谬陋,任大事岂为啖饭处耶!且今译局成,次望商会,岂不言革,则无啖饭处耶!议民权政权,制立宪,无不可言,何必言革。《新民报》原甚好,但不必言革耳。

痛心疾首之余,显出几分恼羞成怒。为此,康有为对弟子们下了

---

① 《与同学梁启超等论印度亡国由于各省自立书》,汤志钧编:《康有为政论选》上册,第 495—505 页。民国时出版的《不幸而言中不听则国亡》辑录此文时康有为加有跋语,谓:"近廿年来,自吾愚妄无知之门人梁启超、欧榘甲等妄倡十八省分立之说,至今各省分争若此,此则梁启超之功也。欧榘甲作《新广东》一书,流毒至今,今《新广东》如其愿矣,而新广东分为七政府,生民糜烂,则欧榘甲之功也。……此书当时专为教告梁启超、欧榘甲等二人。"但文中只提及《文兴报》连载之文而不及《新广东》,当写于 1902 年 8 月《新广东》出版之前,5 月梁启超去函之后,约在六七月间。

最后通牒：

> 总之，我改易则吾叛上，吾为背义之人。皇上若生，吾誓不言他。汝改易，则为叛我。汝等背义之人，汝等必欲言此，明知手足断绝，亦无如何，惟有与汝等决绝，分告天下而已。无多言。将此示云及远，并示力。①

同日，康有为又致函罗璪云，告以"今天之言革命者，其极亦[不]过欲得成立宪政治，民有议政权耳。若皇上复辟，则自然而得之，不待兵乎。若必用革命军起，则各省、各府、各县人人各起，谁肯相下，吾四万万人自相屠毒，外国必借名定乱而入取吾地。……是我等不独不能自保，而反自鬻之也"。"今四境无事，勤王亦不能起，若圣主犹存，天命尚在，岂可言革。但一荣禄在，除之即可复辟。"至于"扑满之说"，其认为"尤为无□[稽?]"。并且表示：

> 仆亲承衣带之诏，愧不能救主。若革命说，则他人之妄想，仆不敢从也。即门人各报，时有他论鼓动人心，然实年少，阅历未深，愆激过甚者耳。且恐上有变，则为此耳。若今日施之实事，实未能行。苟然皇上已遭变，而又数年之后，全国民智大行，内地人有雄心，饷械大积，万不能言此，妄为举动，徒去人才及费大饷耳。仆一切皆经阅历之言，固未敢妄动，尤不肯言革，惟君明照其故，

---

① 上海市文物保管委员会编：《康有为与保皇会》，第 157 页。原题为《致欧榘甲等书》，依据内容，直接收信人应为徐勤。孟远，梁启超；云，欧榘甲；力，梁启田。

将此布告同志。今惟有成就商会公司,厚积饷源一事。若饷源大集,则进退裕如,无所不可。①

由此可见,勤王保皇在康有为已成筹款的托词。不过,尽管他对于弟子们纷纷改弦易辙肆意言革之事十分震怒,开始仍然想内部解决,以免引起保皇会组织的分裂。

恰在此时,康有为收到加拿大保皇会的来函,得知华侨为广西、直隶等地的民变所激励,情绪日益激进,遂于 6 月 11 日函告李福基等人:

> 皇上舍身救民,至今无恙,天命攸在。吾会全以保皇为宗旨,累电救主,既著成效,岂有半途而废者乎!望告同会中人,勿为异说所惑,自生变乱。……凡乱党中,即日假借汉人民权言以鼓人从之作乱耳,实则其魁皆有君主之心,徒借吾四万万人头颅,以供彼君主之欲。不观于法国之拿破仑乎,天下安得有华盛顿其人。

他指革命必生内乱外患,欧洲除法国外,均为立宪君主制,而有民权自由,所以"自乱则民权必不得,徒为外国所定。少待则上复辟,民权必可得也"。

在论述了"中国今日万无可言革命之事","尤无可言扑满之理"之后,康有为断然宣称:

---

① 上海市文物保管委员会编:《康有为与保皇会》,第 158—159 页。

仆受圣主衣带之诏,愧不能救,誓死救上,岂可为他论。故革命扑满之言,仆不愿闻也,亦望同志俯鉴仆心,俯采仆言,并将此书登之各报。其报中若有发革命扑满之论者,虽其人或出仆门,然实悖仆宗旨,望勿为惑。盖本会以保皇为宗旨,苟非皇上有变,无论如何万不变。若革命扑满之说,实反叛之宗旨,与本会相反者也。谨布告同志,望笃守忠义,勿听妄言,仆与诸公既同为保皇会人,仆以死守此义,望诸公俯鉴之。

至此,康有为见形势严峻,再不采取断然措施,保皇会将瓦解于无形,才被迫公开布告天下,不惜与万木草堂弟子决裂,以维护保皇的宗旨立场。康有为还特意叮嘱道:"此信望即南北美、雪、檀各埠,并常粘各会所壁上,并告各报中为望。"①此函虽比致罗璪云书的态度更加决绝,并且不惜公之于世,但一些对草堂弟子明言而容易引起华侨社会误解、妨碍保皇会筹饷的意见,如即使光绪变生不测也不改变宗旨之类,却有所隐晦。

将此函内容与《南海先生最近政见书》所收《答南北美洲诸华商论中国只可行立宪不可行革命书》仔细比照,不难看出,后者显然是在前者的基础上扩增而成。在后一书中,康有为自称接到美洲华侨来信,"以回銮半年,皇上不得复辟",西后、荣禄仍柄大权,且诬保皇会为逆党、匪会,进行镇压,以为"今虽再竭忠义,亦恐徒然耳。事势如此,不如以铁血行之,效华盛顿革命自立,或可以保国民",于是撰写了《答南

---

① 上海市文物保管委员会编:《康有为与保皇会》,第162—163页。原书系此函为1903年6月1日,误。函中关于广宗巨鹿民变首领景廷宾被捕事,恐系误传。

北美洲诸华商论中国只可行立宪不可行革命书》。①此书和《与同学诸子梁启超等论印度亡国由于各省自立书》合刊为《南海先生最近政见书》，均为压制保皇会系统的革命倾向而立论，但由于对象不同，时势稍异，两书的态度明显有别。

关于与梁启超等人书，康有为后来称："此书当时专为教告梁启超、欧榘甲等二人，离索既久，摇于时势，不听我言，谬倡新说以毒天下。"所指责的，主要是各省自立，以及为振倡人心达此目的而借扑满革命之名，教告的本意，也在挽救，因而指"诸子之大谬"，"盖由于但读欧、美之新书，而不能考亚洲之故事也。诸子之自以为博新学者，岂知其大谬乃由于不学也"。各国国情各异，"万不能妄引他国为比例者也"。

梁启超、欧榘甲等人"以绝异之事势，而但闻革命自立之事，则艳慕之，而不审己国之情实，乃遂妄言轻举，以酿滔天之大祸，以亡国绝种"。过失虽大，毕竟出于误读。康有为还不愿将保皇会尤其是草堂师徒间的政略冲突公之于众，试图内部解决。答美洲华侨书则不然，眼见革命风潮在华侨社会蔓延开来，康有为再也不能以私了的方式处理，他有意将这封信写成一篇公开的政治宣言，在其中亮出了自己的政治底线。他从过去否定民权自由的立场上让一步，将革命与民权自由"分而为二"，依据欧洲各国皆有民权，皆能自由，除法国外，皆有君主，而法国虽经革命，却导致国大涂炭，民权自由反不可得的史实，康

---

① 据汤志钧编《康有为政论选》，《答南北美洲诸华商论中国只可行立宪不可行革命书》和《与同学诸子梁启超等论印度亡国由于各省自立书》均撰于 1902 年春，合刊为《南海先生最近政见书》。1902 年 9 月 16 日出版的《新民丛报》第 16 号以《南海先生辨革命书》为题刊登致美洲华商文的部分内容，署"壬寅六月"。汤先生认为"似以壬寅春为是"。致美洲华商文提到回銮半年，清廷回銮之事，一再拖延，直到 1902 年 1 月才返回北京，则原署期无误。

有为声称："真有救国之心，爱民之诚，但言民权自由可矣，不必谈革命也。"并指责"革命者之言民权自立，不过因人心之所乐而因以饵之，以鼓动大众，树立徒党耳。假令革命果成，则其魁长且自为君主，而改行压制之术矣"。

一般性的政治宣言只是对外表态，这封信则旨在整顿保皇会自己的组织，所以关键还在以下的一段话：

> 仆誓奉皇上，有死无二。诸君夙厉忠义，曰有异义者，得无以各报时有非常之论，而误以为出自仆意故耶？仆自逋播海外，与知友门人离群索居，不得讲习讨论久矣，其或激于回銮之后，复辟不闻，贼臣柄政，中国无望，怨愤之余，或生异说，非仆所知。今自由之风既开，求新之说日甚，亦非吾远隔万里所能遏制。惟仆开会保皇，矢死靡他，苟非皇上遭变，必不少改宗旨。其各报有异论者，皆非仆之意。即使出自仆之门人之说，若为保皇立宪以达民权自由之旨与仆同者也，吾徒也；若为革命攻满之说，则与保皇之旨相反，与仆不同者，非吾徒也。即使出自仆门，或已有盛名，亲同患难者，既为异论，即与仆反，诸君切勿以为仆之意也，勿听之也。[①]

这显然是针对弟子坚持言革而表态不惜清理门户。

这段话在《新民丛报》刊出节录本时被删去，后来出版《南海先生最近政见书》时也遭删节，仅存于手稿之中。除非康有为有意另写一

---

① 汤志钧编：《康有为政论集》上册，第474—505页。

篇更具说服力的文件,否则前引 6 月 11 日致李福基等人的那封信就是正式寄发各地的告美洲华侨书,两份文件只是详略不一,意思、论据乃至叙述逻辑大体一致,其中也包含《答南北美洲诸华商论中国只可行立宪不可行革命书》手稿中被删去的那段话的意思。由此看来,公之于众的《南海先生最近政见书》的文本,很可能是后来为了对外宣传,需要详细阐明自己的意旨,在原来书信的基础上改写作为宣传品。出版之时,康有为因弟子及各地侨领劝以处理不要太过决绝,所以删去了欲将言革弟子扫地出门的话。

康有为决心清理门户的意向,确定无疑地传达到了各地保皇会组织。康门弟子言革,原因不一,面对压力,反应自然不同。徐勤自称其言革命,"与长者辩难甚多,然不过欲扩充会事,以为长者之助耳"①,所以接到康有为的指令,当即表示:"弟子近日亦谨守保皇之义,绝口不言他矣。鸟约致公堂因保皇二字不能运动之,弟子亦听之而已。"②欧榘甲则公然不服,他早有辞去《文兴报》编辑之意,"为各同志苦口挽留。今云樵似不满意,观其报中辩自立与自治之说,便可知也。弟等前曾禀告会长,谓其借题发挥,借资鼓舞耳。而会长复函均不以为然,诚恐愈激愈深,势将决裂,则大局有不堪设想者矣。至会长前后所来各函,均皆搁而不发"③。

1902 年 9 月,康有为致函谭良:

> 云樵妄鼓革命,背叛宗旨,吾欲绝之、逐之。吾受上知遇,当

---

① 　1903 年 10 月 28 日《致谭张孝书》,方志钦主编:《康梁与保皇会》,第 134 页。
② 　上海市文物保管委员会编:《康有为与保皇会》,第 201 页。
③ 　1902 年 8 月 2 日徐为经、李福基致某某书,《康有为与保皇会》,第 204 页。

戊戌之治,躬受衣带,岂忍背之! 惟虑《文兴》无人主笔及主持其事,弟能暂代之乎? 民权、自由皆可鼓,惟勿悖保皇宗旨,不可言革。汝读书虽少,但采择如故。候吾再派人来可也。①

加拿大维多利亚保皇会的徐为经、李福基等函告同党:"会长以云樵兄前报立论过激,至叠次来函责攻,如临大敌。初则着规谏之,继则着驱逐之。又云派澳中某孝廉主其席。又谓着谭张孝代其劳。总之逼令云樵兄不去不止,殊令云樵难堪。"②同时徐勤也接到"云樵寄来被逐之函,为之惊甚"③。

驱逐欧榘甲一事,使得保皇会内部尤其是康门师徒的政见分歧公开化,由此引发严重的组织危机。康有为见数致责函杳无音信,于是"发函谭楚彬,而谭氏遂吹波助澜,乘势借攻君勉、君力两兄,几动大局",维多利亚保皇会不得不"飞函各埠以驳之"。徐勤报告:

自谭贼之函一布,人心已大为瓦解,即种橙一事,已纷纷退股。而港报之股,想亦难收,终日如坐愁成[城]。方欲设法挽回大局,今无端又有云樵被逐一事,各埠知之,以为内讧,则会事立败矣。

美洲保皇会骨干叶恩、李福基等来函,"皆极怪夫子所为,余可知

---

① 方志钦主编:《康梁与保皇会》,第40页。此函康有为自署"八月八日",应为1902年9月9日。但下引徐为经、李福基等人函署期"壬陆月廿九日",即1902年8月2日,两函内容相关,康有为致谭张孝函似在前,则其中一函署期不确。
② 上海市文物保管委员会编:《康有为与保皇会》,第203—204页。
③ 同上书,第200页。

矣"。徐为经、李福基等人认为：

> 此次报中立论虽属过激，实足以鼓励人心，美属会事之复兴
> 实借其才有以致之也。即便立论不善，当以暗中劝为改良。今会
> 长不察于此，而欲以鸣鼓攻之，此不独为对党所窃笑，即一会之
> 中，亦将变局矣。可不惧哉！

为此，徐勤、徐为经、李福基等人向康有为进言，请其从稳定大局、
影响华侨等处着眼，"此后务当暗中调停，不宜露面，庶得以顾全大局，
是为至要"①。并替欧榘甲辩解道：

> 云樵久不复函，诚有罪矣。然在此主持报事，使《文兴》日有
> 进步，使会事日有进步，实不为无功。今稍以言语出入之故即见
> 逐，则使人人自危，貌合神离，又何为者？……云樵之去不足惜，
> 恐日后同人人不自安，外人知之，受[授]人以口实耳。郑贯一、唐
> 才质相攻之事，于会事大有碍，倘云樵踵而行之，不几令人心尽散
> 耶。仲尼不为已甚者，请即函慰留之，勿致决裂。……《文兴》来
> 年若云一去，则不复请主笔矣。彼日日抄《中国报》论，或另聘别
> 人，其奈之何？《文兴》无人主持，则全局大败矣。

其时徐勤在纽约谋发展保皇会，并欲遍游美东各埠，然后返港办
报事，不能为一报局即返大埠，梁启田又不能文，侨界及《文兴报》不欲

---

① 上海市文物保管委员会编：《康有为与保皇会》，第 204 页。

聘之。考虑到"云樵一行，即会散矣，实最可惜可痛之事也。千辛万苦乃成各会，一旦以小事而败之，岂徒可惜矣已乎！"徐勤出面向康有为"力保云樵此后不言革命事，请留之，勿失人心"。①

徐勤的解释与担保，并不代表康门言革弟子的真心。面对康有为的高压，欧榘甲直到是年11月仍电告徐勤，游各埠时"力言起义兵事"②。梁启超、欧榘甲等人继续赶印《新广东》并分寄各地侨埠，梁启超原拟为之作序，"因忙极不暇"③，还筹办《新广东报》，以广宣传。

眼见弟子们依然我行我素，1902年11月康有为再度长函痛骂梁启超，至云："因我辈言革之故，大病危在旦夕。"梁启超"见信惶恐之极，故连发两电往，其一云'悔改'，其二云'众痛改，望保摄'"。④并复函表示"痛自克责，悔过至诚"。康有为对此感到"深为喜幸。前事可作浮云过空，皆勿论也"。但他对"流质易变"的梁启超依然放心不下，一面指示其"只有力思抗外，不可无端内讧，抱定此旨而后可发论。至造国民基址，在开民智、求民权，至此为宗，此外不可再生支离矣"，一面力数其所造成的恶果："自汝言革命后，人心大变大散，几不可合。盖宗旨不同，则父子亦决裂矣。……吾为兹惧，不知汝如何？抑尚以为公私当分，言革可救中国乎？同党因兹分裂，尚何救国之可言也。"⑤

康有为的担心并非多余，梁启超后来告诉徐勤，他虽然表示悔改，

---

① 上海市文物保管委员会编：《康有为与保皇会》，第200—204页。
② 1902年11月徐勤致康有为书，《康有为与保皇会》，第208页。
③ 1902年8月14日梁启超致叶恩、李福基等书，方志钦主编：《康梁与保皇会》，第100—101页。
④ 丁文江、赵丰田编：《梁启超年谱长编》，第320页。
⑤ 1903年1月11日康南海《与任弟书》，《梁启超年谱长编》，第299—300页。

"实则问诸本心，能大改乎？弟实未弃其主义也，不过迫于救长者之病耳"[1]。正是在这样的背景下，1902 年 12 月 24 日出版的《新民丛报》第 22 期刊登了署名"中国之新民"即梁启超撰写的《释革》一文，此文被后人当作梁启超本人政治观念的直接表述，但从中读出来的梁启超的政治倾向却言人人殊。最近具有代表性的解释，是陈建华认为此文较充分地体现了梁启超骑虎难下的复杂心理：

> 他所醉心宣传的"革命"本身指一种长程效应，而当时中国难以提供实践渐进革命的社会条件。另一方面当政治革命成为压倒性的议题时，他的软性"革命"不仅在客观上支持了反满革命思潮，而且有效地消解了民众原先对"造反"的恐惧心理。更为吊诡的是，此时梁氏既痛恨那个激进的"革命"口号，同时仍然迷信自己的渐进"革命"……他似乎坚持在"变革"的意义上继续传播"革命"，且寄希望于长程的启蒙运动，用心良苦。当他意识到他已经陷入自己制造的"革命"的语言铁笼里，开始怀疑使用"革命"一词的合理性，他甚至认为日本人用"革命"来翻译"revolution"根本就不确当，试图提出改用"变革"一词。实际上他深刻认识到"革命"这一词语所蕴藏的民族历史记忆和文化心理习惯。因此他在该文中大力攻击的是与"革命"相连的传统意识。[2]

---

[1]　1903 年 4 月 15 日《与勉兄书》，丁文江、赵丰田编：《梁启超年谱长编》，第 320 页。
[2]　陈建华：《"革命"的现代性——中国革命话语考论》，第 49 页。狭间直树教授指《释革》中的议论"极尽繁琐"，和梁启超在《新民丛报》初期的其他几篇论文一起，表明梁"尽管也承认法国大革命的历史贡献和意义，认为它开辟了新的时代，将欧洲带入了'人群进化之第二期'，但是并不将其当作现实所需要的处方"（《新民说略论》，《梁启超·明治日本·西方——日本京都大学人文科学研究所共同研究报告》，第 81 页）。

　　实则梁启超的难言之隐,恰是迫于康有为的压力,不能正面宣传他所主张的扑满"革命"。而他的本意,恐怕正是用汉语替代的"变革"一词,为激进"革命"的合法化开辟通道。所说"国民如欲自存,必自力倡大变革实行大变革始",虽然为君主官吏留有"附于国民以自存"的余地,其实就是革命,而且是法国大革命式的革命。

　　梁启超等人言革,并且在康有为的高压之下依然坚持,除认识见闻的增长引起思想的变化外,时势使然是一大要因。庚子以后,清政府的所作所为,令保皇党感觉不到革新的希望,革命成为海外华侨和留学生的普遍趋向。尤其是在北美各埠活动的徐勤、梁启田、欧榘甲、陈继俨等人,"知洪门大可利用,乃先后投身致公堂党籍,以联络彼中之有力者"①。而洪门多少仍然具有反清意识,保皇会会员与之交往,当然要顺应其势。1902年,表态放弃革命的徐勤还是忍不住函告康有为:

　　　　今日各埠之稍聪明者,无一人不言革命,即现在同门同志,同办事之人,亦无一人不如是。即使强制之,口虽不言,而心亦终不以为然也。至于东中、米中游学诸生,更无论矣。盖民智渐开,止之无可止。……今各埠之人,弟子所到者动问曰:皇上不复位,则如何? 则必应之曰:求自立。欲保救皇上,则如之何? 则必应之曰:起兵。若云待时听天,则失人心矣,汉口亦不可起矣,□□起兵及自立之说,实与保皇相因而至也。若云起兵不可,自立不可,则人必曰开会何用,又何必筹款乎! 天下之事岂有束手而待耶。

---

①　冯自由:《革命逸史》第6集,第39页。

弟子闻此言,实无言以对之。檀山、雪梨之失,未始不由于此。①

　　康有为反复声称身受衣带之诏不能叛上,梁启超则认为这是私意而非出以公心,既然没有依靠光绪重开新局的可能,就不能不考虑如何另辟蹊径以实现政治变革的目标,而破坏性的革命一途无疑首当其冲。

第五节　余波回澜

　　当然,梁启超等人对于革命并非义无反顾,令他们迟疑的要因:一是革命可能造成惨烈牺牲;二是发动者缺乏自觉,革命容易走向割据专制。这也是其间依然"欲奉王权以开民智,分官权以保民生"②的黄遵宪与之反复讨论的问题。因此,在康有为的压力与形势的逼迫之下,梁启超等人多少有些犹豫不决。同时,局势的急速变化又使他们感到时不我待,否则可能被踢出局。

　　在师徒均无法说服对方,尤其是梁启超自己也举棋不定的情形下,梁自然会想起1902年5月间他曾对康有为提出过的民意取决方式。对此王学庄先生有一极具真知灼见的推测,他认为,1903年元旦留日学生团拜大会上,马君武和樊锥两人在演说中分别鼓吹排满和同种主张,很可能是梁启超事先布置导演的一出双簧,目的在于测试民心向背,以便向康有为进言,促其适时变换宗旨。根据之一,樊锥前此

① 　上海市文物保管委员会编:《康有为与保皇会》,第200—201页。
② 　丁文江、赵丰田编:《梁启超年谱长编》,第290页。

已经倾向反满；根据之二，马君武的四首《壬寅春送梁任父之美洲》诗，当写于癸卯而倒填日期，因为梁启超赴美在1903年初，1902年春他并无美洲之行。其中二首为："千古两箴言，四海几同道？神州风云恶，祝君归来早。""抚剑借青锋，饮冰疗内热。志士多苦心，临歧不能说。"①明显有希望早定宗旨之意。

此说不易找到直接证据，却不无可信。癸卯元旦演说当日，与会留学生首推马君武上台，

> 马登坛力数满人今昔之残暴，窃位之可恶，误国之可恨，应如何仇视，如何看待。座中除三十余名满人外，约有五六百人皆鼓掌。逾刻满人互相语曰："宁送朋友，不与家奴，诚吾人待汉奴不易之策也。"马退而湘人樊锥继之，言："中国患在外而不在内，满虽外族，仍为黄种，不宜同种相仇，与人以鹬蚌之利。"满堂寂然无和之者。

这似乎更加坚定了梁启超革命的信念，赴美途中他对东京留学界元旦大会的影响颇为关注。当时以良弼为首的满族亲贵学生，对于马君武公开演说排满反应极为强烈，"倡立一会，其宗旨有三，第一，禀求政府禁汉人学兵。第二，削夺汉官之权。第三，杀灭汉族。会中人若得势之日，不杀汉人，群斥为猪狗，决不认为满人。"②4月，梁启超从温哥华致函徐勤，忿言道：

---

① 莫世祥编：《马君武集》，第399页。
② 《满洲留学生风潮》，《选报》第51期，1903年5月10日。

东京学生有大闹事。因满洲鬼良弼（满人派来学兵者）干涉监督，不许送学生学军故也。须开一十八省汉族统一学生会云。中国实舍革命外无别法，惟今勿言耳。①

稍后又表示：

今每见新闻，辄勃勃欲动，弟深信中国之万不能不革命。今怀此志，转益深也。即此次到美演说时，固未言革，然与惠伯、章轩谈及，犹不能不主此义也。舍是则我辈日日在外劝捐，有何名目耶？兄想亦谓然，但不可以告长者，再触其怒，致伤生耳。②

所以，2月16日高山（当为罗普）函告康有为所谓"任近来大改宗旨，极知革之不可行，且劝人勿言，其往日所纵论，洵出于一时高兴耳"③，只不过是为了让康有为释疑放心的托词而已。

1903年梁启超的美洲之行，一方面怀抱宗旨抉择的信念，"誓将适彼世界共和政体之祖国，问政求学观其光"④，一方面感受"海外人之热心，益觉得非轰轰烈烈再做一场，则此身真无颜立于天地"，决心"誓将去空言界，以入于实事界矣"。他开始相当乐观，认为"此行目的颇达

---

① 丁文江、赵丰田编：《梁启超年谱长编》，第318页。
② 1903年4月15日《与勉兄书》，《梁启超年谱长编》，第320—321页。
③ 上海市文物保管委员会编：《康有为与保皇会》，第218—219页。是函称："任行后，以报事及译局事，委弟子及孺博代理。"1903年4月13日梁启超函托蒋智由协助《新民丛报》事务，"望与孺博、孝高、伯勋、百里诸君熟商"（《梁启超年谱长编》，第311页）。
④ 《二十世纪太平洋歌》，《饮冰室文集》之45（下），第17页。

五、六,大约实业界之基础可成八、九,秘密界之基础亦得三、四也"。①
但年底东还时却宣称:"呜呼! 共和共和……吾与汝长别矣。""吾自美
国来而梦俄罗斯者也。吾知昔之与吾友共和者,其将唾余",欲"以今
日之我与昔日之我挑战"。②

关于这一大逆转的原因,时人议论各不相同,梁启超本人当时及
事后的解释也不一致,概言之,有中国人资格不足及自己信奉的理论
翻新两大类。

关于前者,梁启超民元在报界欢迎会演说时列举了种种:

> 其后见留学界及内地学校,因革命思想传播之故,频闹风潮。
> 窃计学生求学,将以为国家建设之用,雅不欲破坏之学说,深入青
> 年之脑中。又见乎无限制之自由平等说,流弊无穷,惴惴然惧。
> 又默察人民程度,增进非易,恐秩序一破之后,青黄不接,暴民踵
> 兴,虽提倡革命诸贤,亦苦于收拾。加以比年国家财政国民生计,
> 艰窘皆达极点,恐事机一发,为人劫持,或至亡国。而现在西藏、
> 蒙古离畔分携之噩耗,又当时所日夜念及,而引以为戚。自此种
> 思想来往于胸中,于是极端之破坏不敢主张矣。③

关于后者,梁启超在《政治学大家伯伦知理之学说》中加以阐述:

---

① 1903 年 4 月 13 日《致蒋观云先生书》,丁文江、赵丰田编:《梁启超年谱长编》,第
312 页。
② 《政治学大家伯伦知理之学说》,《新民丛报》第 38、39 号合刊,1903 年 10 月 4 日。
该期实际出版日期较晚。
③ 梁启超:《饮冰室合集·文集》之 29,第 3 页。

　　吾心醉共和政体也有年……今读伯、波两博士之所论，不禁
冷水浇背，一旦尽失其所据，皇皇然不知何途之从而可也。如两
博士所述，共和国民应有之资格，我同胞虽一不具，且历史上遗传
性习，适与彼成反比例。此吾党所不能为讳者也。今吾强欲行
之，无论其行而不至也，即至矣，吾将学法兰西乎？吾将学南美诸
国乎？彼历史之告我者，抑何其森严而可畏也。岂惟历史，即理
论吾其能逃难耶？吾党之醉共和梦共和歌舞共和尸祝共和，岂有
他哉，为幸福耳，为自由耳，而执意稽之历史，乃将不得幸福而得
乱亡，征诸理论，乃将不得自由而得专制。然则吾于共和何求哉！
何乐哉！

　　不过，仔细考察，上述解释所涉各点，有些此前已经存在，如对留
学界及内地学堂学生频闹风潮的看法，梁赴美前已"欲大奖励德育，亦
大有所鉴于近日少年风气之大坏也"①。介绍伯伦知理的国家学说，时
间更早在《清议报》前期②；对法国大革命式的惨烈的担心也一直存在，
态度却因时而异。有些原因则只是后来起附加作用。

　　梁启超游美，确有实地考察美国共和政治，尤其是当地华人实行
自治情形以定宗旨的初衷，结果却令其大失所望，看到民主共和的诸
多问题。在对最具典型性的旧金山华人社区考察后，他于《新大陆游
记》中叹道：

---

① 　1903 年 2 月 16 日《高山致康有为书》，上海市文物保管委员会编：《康有为与保皇
会》，第 219 页。
② 　参见巴斯蒂：《中国近代国家观念溯源——关于伯伦知理〈国家论〉的翻译》，《近
代史研究》1997 年第 4 期。

夫自由云，立宪云，共和云，是多数政体之总称也。而中国之多数大多数最大多数，如是如是。故吾今若采多数政体，是无以异于自杀其国也。自由云，立宪云，共和云，如冬之葛，如夏之裘，美非不美，其如于我不适何。吾今其毋眩空华，吾今其勿圆好梦。一言以蔽之，则今日中国国民，只可以受专制，不可以享自由。

需要陶冶锻炼中国国民"二十年三十年乃至五十年，夫然后与之读卢梭之书，夫然后与之谈华盛顿之事"。①但这是在 10 月以后，其时梁启超已经告别革命。所以这些虽系相关因素，并非关键所在。而使其转变的关键，仍与革命本身密切相关。

目前所见梁启超放弃革命的最早直接证据，是 1903 年 8 月 19 日他写给蒋智由的信，函谓：

公最后之函所论吴某事，弟初睹甚骇怖，然不怡于中者累日，然犹冀其中之或有他种曲折，欲为吴解免也。今得滨中来书，并抄寄枚叔狱中书，乃知其鬼蜮手段乃至此极！呜呼！不敢复相天下士矣。似此事而可为，则更何事不可为耶？似此人而可为此事，则又何人而可信耶？念之痛哭。中国之亡，不亡于顽固，而亡于新党，悲夫！悲夫！东中情形若何？闻留学生会馆散尽，仅余七十人，然否？公行止近复若何？颇思得拯救之法否？沪上被逮六君，想可无碍。然弟近数月来，惩新党梦乱腐败之状，乃益不敢

---

① 梁启超：《新大陆游记》，第 148 页。

复倡革义矣。①

　　此函涉及东京、上海两大激进势力聚集之地在短短数月中接连发生的重大事件以及由此导致的时势变化。吴某事,当指传闻吴稚晖告密引发《苏报》案。此事后经学人论证并非属实,无论确否,似与梁启超关系不大。实则梁启超之所以感到心理重创,恰恰缘于他与上海中国教育会及爱国学社保持着密切关系。

　　1902 年,吴稚晖等人因自费生入成城学校学习军事一事与清驻日公使蔡钧大起冲突,引发了留日学界的退学风潮。梁启超主持的《新民丛报》态度鲜明地支持学生一方。本来中国教育会准备乘机开办学校,收容退学生,事出仓促,未能如愿。11 月,受梁启超的文字宣传鼓动起而抗争的南洋公学学生掀起全体退学风潮,请求中国教育会协助其开办"共和学校",随即成立了爱国学社,吴稚晖作为学社代表人在开学仪式上演说。该学社是激进师生借以培养爆裂之材料,试行共和政治的组织,得到了正在鼓吹革命的梁启超的赞同和赞助。1903 年 3月 23 日他函告蒋智由:

　　　　爱国学社事无日不往来胸中。近彼中状况复何如,望相告。弟此行必薄有所效,惟多少则不能预言。有书往沪,望勖同志以坚持而已。②

---

① 　丁文江、赵丰田编:《梁启超年谱长编》,第 327—328 页。
② 　1903 年 3 月 23 日《致蒋观云先生书》,《梁启超年谱长编》,第 311 页。

　　1901 年留日期间，吴稚晖就与梁启超结识，本来在其同志之列。上海主张革命的新党与梁启超的《新民丛报》关系尚属融洽，拒俄运动初期双方互相配合。上海中国国民总会成立时，发布公启，通告"各省志士欲入会者，仍照原议，随时到四马路《新民丛报》支店及福源里爱国学校报名为望"①。

　　此外，梁启超所主张的"开一十八省汉族统一学生会"，在留日学界确有其事，即屠宽、钮永建等人提倡的中央协会，钮氏曾为此与吴稚晖沟通联络。②梁启超游美期间，开始一直关注沪上及东中新党情形。

　　然而，《苏报》案前夕，爱国学社与中国教育会发生冲突，无形停顿，冲突各方正是梁启超熟悉的吴稚晖、章炳麟等人。7 月，东京留学生会馆的军国民教育会又因激进会员要求变宗旨为"实行民族主义"而引起分裂，多数成员当即退会，导致解体。③

　　上海与东京是梁启超所谓"秘密界之基础"的重要基地，接踵而来的不利消息对于举棋不定的梁启超的影响无疑相当负面，天下士和新党均不可信，加上在美洲考察所得印象不佳，使得本来就怀疑发动革命者能否坚持自由民权的梁启超最终决定放弃革命。所以梁启超后来谈到此事时说：

　　　　启超既日倡革命排满共和之论，而其师康有为深不谓然，屡

---

①　《苏报》1903 年 5 月 2 日。

②　详见《同盟会成立时孙中山的政治形象》，桑兵：《孙中山的活动与思想》，第 187—201 页。钮永建第一次留日期间，亦与梁启超等人有所交往。

③　详见拙著《清末新知识界的社团与活动》第 6 章《中国教育会》、第 7 章《军国民教育会》。

责备之,继以婉劝,两年间函札数万言。启超亦不慊于当时革命家之所为,惩羹而吹齑,持论而变矣。①

梁启超态度的逆转,也与保皇会内部的变化有关。梁启超赴美后,在徐勤等人的一再劝说以及梁本人的再三"认过"之下,康有为终于"心平气和"地表示"已释疑怒",尽管他致函徐勤时仍然对梁启超、黄为之"攻之不[遗]余力"②。在此情形下,梁启超当然不可能就宗旨抉择一事向康有为进言。而在此之前,保皇会的美洲、日本与港澳机构成员发生矛盾,彼此互相攻击,引起保皇会组织运作的动摇。此事除涉及财务利益外,与言革不无关系,横滨与旧金山均为言革的基地。梁启超认为,康有为因横滨方面"前此言革,触其盛怒","所以偏信港中之言"。③在康有为的干预下,梁启超不得不致函在港同门表示"先自认过"④,以求化解矛盾。

不久,黄为之等人账目欺瞒之事败露,在保皇会内部引起新一波震动。在日本、美洲与港澳保皇会的冲突中,徐勤本来极力袒护梁启超和黄为之。1903 年秋,徐勤亲到横滨和上海两地督查,"见各人多怀异志,即同门亦然"⑤,"多以攻击长者为事",原因在于"一二小人离间其间,欲握我财政而制我死命也"。所谓一二小人,即黄为之和梁荫

---

① 梁启超:《清代学术概论》,第 78 页。

② 1903 年 4 月 7 日《徐勤致康有为书》,上海市文物保管委员会编:《康有为与保皇会》,第 223 页。1903 年 4 月 18 日,梁启超函告徐勤:"长者续来信,心平气和,甚可喜。"(丁文江、赵丰田编:《梁启超年谱长编》,第 321 页)

③ 1903 年 4 月 1 日《与勉兄书》,《梁启超年谱长编》,第 317 页。

④ 《梁启超年谱长编》,第 326 页。

⑤ 1903 年 10 月 26 日《徐勤致康有为书》,《康有为与保皇会》,第 230 页。

南,而这一切,均起因于梁启超等人"忽然倡革命,于党中生大变"①。

> 不观于今日卓如之情形乎!未革满清之命,而先革草堂之命。且不独革草堂之命,而卓如已为其弟子所革矣。今日港沪之报纸之大攻吾党者,全出卓如弟子之手。②

于是徐勤一面"即函卓如,速速返东整顿一切"③,一面建议康有为"多传各同门见之,相隔数年,学殖荒落,无以鼓舞之,则一齐放倒矣"④。1904年春保皇会首领及重要成员聚集香港举行大会,清理门户,整顿组织当在议程之列。

徐勤自称他与梁启超言革,旨在扩充会事,相助长者,"然小人因之遂从中离间。初则攻港澳之人,继则并长者而攻之,且于既死之幼博先生、游学之康同璧而亦攻之。人之无良至此极矣,夫复何言!盖未革满清之命而先革长者之命,浸假财权到手,即卓如之命亦并革之矣"⑤。

徐勤言革,的确是为了鼓动筹款,一旦受到康有为的训斥,便表示谨守保皇之义,绝口不再言他。至于梁启超言革,却是出于本心,由衷而言,在康有为的一再打压之下,坚不肯弃。黄为之是江岛结盟十二人之一,可以说是梁启超言革的老同志。此事对梁的打击之重,可想而知。

---

① ③ ⑤　1903年10月28日《徐勤致谭张孝书》,方志钦主编:《康梁与保皇会》,第134页。
②　1903年10月26日《徐勤致康有为书》,上海市文物保管委员会编:《康有为与保皇会》,第230—231页。
④　1903年11月8日《徐勤致康有为书》,《康有为与保皇会》,第233页。

不过,放弃革命并未让梁启超恢复心理平衡,"其保守性与进取性常交战于胸中,随感情而发,所执往往前后相矛盾"①,反而陷入更深的心理冲突之中,以致产生强烈的厌世轻生倾向。1903 年 11 月 18 日他致函康有为,将内心痛苦和盘托出:

> 先生之非坐待复辟,弟子等宁不知之,特此亦不过偶尔有激而言耳。然尝细思之,即那拉死矣,苟非有兵力,亦安所得行其志? 而今日求得兵力又如此其难,外国侵压之祸又如此其亟,国内种种社会又如此其腐败,静言思之,觉中国万无不亡之理。每一读新闻纸,则厌世之念,自不觉油然而生,真欲瞑目不复视之也。

他虽然同意"革义难行,先生之言固也",但并不赞同"舍钱买侠士"的暗杀策略。"革义既不复言,则不得不言和平",所筹款项虽不少,既穷精神,又担虚名,

> 如近日港、沪各报纸,谓保记款若干十万,尽为某某吞噬者,日日以吸国民之血,吮国民之膏相诟詈。虽自问不愧,无恤人言,而所谓各埠之同志者,亦日相与窃窃私议,议之久而心滋冷矣。而我辈亦实未能做成一二实事,足以间执其口者,则诟詈之来,亦安得不直受之。故弟子往往清夜自思,恨不得速求一死所,轰轰烈烈做一鬼雄,以雪此耻,但今未得其地耳。弟子革论所以时时

---

① 梁启超:《清代学术概论》,第 78 页。

出没于胸中者,皆此之由。先生责其流质,斯固然也,又乌知乎外界之刺激,往往有迫之于铤而走险之路者耶?昔唐绂丞之死,死于是,弟子自计将来其亦必死于是而已。阅世既多,厌世念自起,畴昔常以此责人,今亦不自知其何以与此途日相接近也。[①]

话虽如此,梁启超毕竟从此不再言革,转而提倡学校报馆等事。1903 年底回到日本后,他于次年初函告蒋智由:"暴动之举,弟今几绝望矣"[②],并在《新民丛报》载文公开宣告与革命分道扬镳。《新民丛报》第 46—48 期合刊的《中国历史上革命之研究》,与美洲之行前的《释革》相比,看似都在从学理和实践两方面探讨革命的可能性,实则后者的主导倾向在于说明革命的合理性与合法性,而前者却旨在力证中国不能实行以铁血手段推翻清政府的狭义革命。

保皇会的言革风波,历时六年,至此大抵平息,但影响至为深远,几年后还激起一阵回澜。1908—1909 年,已改名帝国宪政会的保皇党内部因振华公司案再度发生内讧,开始不过财务纠纷,后因刘士骥被刺杀,演变为公开敌对,互相揭发。而加给欧榘甲、叶恩、梁应骝一方的罪名之一,则是"借商谋乱",图两广独立,密谋革命。据说欧榘甲亲笔函称"欲谋乱,东西粤、云南三省遍布心腹,运购军伙,非借招商股筹数十万不能措办"[③]。康有为、徐勤等人指使侨商出面,揭发欧榘甲:

---

① 丁文江、赵丰田编:《梁启超年谱长编》,第 332—333 页。
② 1904 年 2 月 3 日《致蒋观云先生书》,《梁启超年谱长编》,第 335 页。
③ 1910 年底《请查拿乱首欧榘甲等禀》,上海市文物保管委员会编:《康有为与保皇会》,第 337 页。

险诡能文,最溺心于革命,九年前作《新广东》一书,以排满十八省自立为义,遍布内外,即与叶恩潜结,日以煽动华侨作乱为事,故于美国大埠创《大同日报》,至今日煽革义,全美皆知,此彰彰有据者也。欧榘甲、叶恩皆伪托于保党中,欲以暗移人心,既以反背党旨,为党魁所大责不容,则又巧变面目,师法徐锡麟、熊成基、孙文之术而增益之。乃捐道员与其心腹叶恩,梁少闲并损[捐]道员。梁少闲尤阴狡,有学能谋,令欧为外而居中运动者也。既以入官,借巡抚之势力,以招商劫商,因广西之荒僻而谋乱,欲据两粤滇黔而自立,此其深谋远图,诚合徐锡麟、熊成基、孙文为一手,而更隐微深固焉。[①]

上述指证,出于双方冲突公开化之后,而且是向清政府申述,不无故意罗织之嫌。但空穴来风,与此事相牵连者,多为曾经言革之人。欧榘甲在 1902 年几乎被康有为扫地出门之后,依然"屡欲觊觎非常之举",梁启田曾"力止劝之"。[②]欧榘甲到纽约为振华公司招股时,"曾对某君言曰:'吾等今日之做振华股,不过欲他日图两广之地步耳。吾蓄谋已十有余年,振华、广美两公司若成,吾之目的可达也。'彼到檀香山又密函吾党机关报某君,谓自今以后,切勿攻革命党"[③]。

叶恩也有自立反清意识。早在庚子勤王运动时,康有为就向他表态应允求广东自立。壬寅梁启超等人言革之际,叶恩又"剪去满洲种

① 《强盗巡抚张鸣岐受贿庇川万包庇逆贼欧榘甲据商谋乱刺杀刘道买凶评仇讦书》,上海市文物保管委员会编:《康有为与保皇会》,第 342—343 页。
② 《梁启田致谭张孝书》,方志钦主编:《康梁与保皇会》,第 166 页。
③ 《伍鸿进等致列位宪政党同志义兄书》,《康梁与保皇会》,第 316 页。

之辩发"，令梁欣喜"我等又添一同道中人矣"。①1903 年梁启超赴美，与之交谈，继续言革。所以尽管梁启超自辩与振华事无关，康有为仍然不依不饶，1910 年还致函斥责道："云樵各人猖狂，尤汝所制造，今汝悔之亦晚矣。"②

第六节　种豆得豆

保皇会内部由言革而引起的宗旨歧变与组织离合，因为言革诸人本身尚在动摇犹疑之中，又有康有为的外在压力，公开的言行难免模棱两可，当时各方人士的反应即将信将疑，后来学人的看法更是毁多于誉，因而主观意向与客观效应有时并不一致。由此可以引申讨论如下问题。

梁启超等人言革，对于革命党而言并非福音，檀香山兴中会的地盘即在此情形下尽为保皇会夺占，导致双方关系开始恶化。1902 年，章炳麟鉴于孙、康两派自相残杀，是"大龟""两害可殊"的毒计，而"革党之欲甘心于任公，较逆洞为尤甚。……恐适中大龟之谗构耳"，因此他虽然觉得双方仇怨已深，难以调和，仍然勉为其难：

> 吾不敢谓支那大计，在孙、梁二人掌中，而一线生机，唯此二子可望。今复交构，能无喟然。常以无相构怨，致为臭沟、大龟利用，婉讽中山，而才非陆贾，不能调和平、勃，如何如何！然不敢不勉也。

① 《致叶恩李福基等书》，方志钦主编：《康梁与保皇会》，第 103 页。
② 上海市文物保管委员会编：《康有为与保皇会》，第 363 页。

他对于"今者任公、中山意气尚不能平,盖所争不在宗旨,而在权利也"[1]的分析判断,可谓知情者的洞察。

诚然,梁启超等人言革的进退两难,既有迫于时势的权宜考虑,也有受到康有为压制以及同门牵制的曲隐,在言革的同时,与孙中山一派又有所争夺,欧榘甲在孙中山抵达旧金山时,还故意阻挠其行动。但言革不等于必须归附孙中山,同一革命阵营内部存在派系团体之间的利益之争,亦属正常。况且当时革命还未具备后来天经地义的政治正确性。可惜梁启超终究未能摆脱保皇的框缚,旅美后转而鼓吹君宪,与革命党成冰炭水火。

在孙中山一面,曾有与梁启超合作,而檀香山兴中会组织尽被其夺占的前车之鉴,又有两派成员在各地摩擦冲突日益加剧的现实,双方缺少必要的沟通联系,自己的美洲之行,更遭到保皇会的极大阻力,于是认为梁启超"于暗中授意此地之《新中国报》及金山《文兴日报》,以肆排击",对于梁启超在檀香山"则曰'借名保皇,实则革命',在美洲竟自称其保皇会为革命党"的情形感到"欺人实甚",尤其愤怒于如此一来,美洲华侨"多盲从之",保皇会敛财百余万,"大半出自有心革命倒满之人",认为:

> 此计比之直白保皇如康怪者尤毒,梁酋之计狡[狡]矣!……康尚有坦白处,梁甚狡诈。……梁借革命之名骗得此财,以行其保皇立宪,欲率中国四万万人永为满洲之奴隶,罪通于天矣,可胜诛哉!

---

[1] 1902 年 3 月 18 日《致吴君遂等书》,汤志钧编:《章太炎政论选集》上册,第 162—163 页。

并由此得出结论:"非将此毒铲除,断不能做事。"他亲自发动的"竭力大击保皇毒焰于各地",与前一时期相比,攻击的主要矛头便由康有为转向梁启超,而目的在于揭露"康梁同一鼻孔出气者也",康有为发表《最近政见书》,坚决反对革命,梁启超不与之分离,其保皇是真,革命则伪,所以"梁之门人之有革命思想者,皆视梁为公敌、为汉仇"。强调革命与保皇如黑白东西,冰炭水火,必须划清界限,"不使混淆"。①

不过,孙中山与梁启超毕竟有过一段私交,对其了解颇深,他虽然在私函中攻其借名保皇是用心狡诈,公开撰文还是留有余地,指其:

> 阅历颇深,世情寖[寝]熟,目击近日人心之趋向,风潮之急激,毅力不足,不觉为革命之气所动荡,偶尔失其初心,背其宗旨。其在《新民丛报》之忽言革命,忽言破坏,忽言爱同种之过于恩人光绪,忽言爱真理之过于其师康有为者,是犹乎病人之偶发呓语耳,非真有反清归汉、去暗投明之实心也。②

其实,当年梁启超纵无排满革命真心,却不乏反清变政实意,硬说本质上康、梁毫无分别,未免抹杀了梁启超的积极一面。

在言革一派的宣传之下,1903年春节悉尼保皇会发布《致各埠同志书》,就鼓吹"汉强满亡",抨击清政府"卑污腐败,亡我则有余,存我则不足,非组织新政府,振起民族自治之精神,何能与深目高鼻之俦同立于顶天立地之中乎?"只有痛饮黄龙之日,"大会全国国民于中央之

---

① 广东省社会科学院历史研究室、中国社会科学院近代史研究所中华民国史研究室、中山大学历史系孙中山研究室合编:《孙中山全集》第1卷,第229—230页。
② 《复友人某函》《敬告同乡书》,《孙中山全集》第1卷,第229、231页。

地,参谋国事,除千弊,兴百利,共呼'新国万岁!''汉族万岁!'夫而后
文明之福泽流被子孙,古国之名誉震惊全球,而所以尝[偿]吾辈素愿
者若是矣"①。孙中山若能善用形势,未必不能像国内知识界那样,让
保皇会的言革之声为反清革命鸣锣开道。

戊戌变法以来,康、梁一体,似成通识,清政府以此攻击维新派和
保皇党,革新激进势力也为此自辨自清。早在1900年底,沈翔云就批
驳张之洞将自由民权等世界公理"一旦尽举而归之康、梁,且目为康、
梁之余唾,毋乃太重视康、梁,而自安固陋矣!"②拒俄运动中陈天华发
表《复湖南同学诸君书》,也反驳清政府"以留学生之举动,归之于康、
梁之党"为"失实已甚",正告天下:

> 夫康、梁何人也? 则留学生所最轻最贱而日骂之人也。今以
> 为是康、梁之党,则此冤枉真真不能受也。③

孙中山抨击梁启超首鼠两端,对于划清政治界限,推动革命形势
的发展,无疑具有重要意义。但如此一来,也就将康、梁牢牢地绑在一
起,无法从外部促使保皇会分化,将其中的激进势力引向有利于革命
的方面。而且孙中山以保皇会中谈革命者不与自己声应气求,反而攻
击之不留余地为例,证明其为假革命,不无以我划线之嫌,不利于争取
各种力量。

这些观念还深深影响了后来学人的眼界,仔细阅读史料,康、梁始

---

① 方志钦主编:《康梁与保皇会》,第376页。
② 《复张之洞书》,《中国旬报》第35期,1901年1月15日。
③ 《苏报》1903年6月14日。

终分歧明显。而孙中山并非唯我独革。革、保之间的政治分界，此时还没有固定化为以领袖为象征。如"志在革命"的戢元成，就"与力山最合，与任公为冰炭，与中山亦不协"。而徐勤的"最与中山水火"，和秦力山的"宗旨惟在革命"①，都有政见分歧以外的原因。

孙中山一定要与梁启超"划清界限，不使混淆，吾人革命，不说保皇，彼辈保皇，何必偏称革命?"②原因之一，就是革命党与保皇会均视海外华侨社会为生命线，权利基础此长彼消，争夺自然格外激烈。其他方面对于梁启超革命宣传的反映，与孙中山的感觉并不一致。尤其是 1903 年以前，梁启超在《清议报》和《新民丛报》的文字，虽然宗旨摇摆不定，对于排满之类的观念还一度有所保留，引起过章炳麟的公开批评，后者特撰《正仇满论》加以批驳，指其"迫于忠爱而忘理势之所趣"，但也认为：

> 革命与梁子所谓保皇会者，抑可以无间也。昔之保国者，曰保中国不保大清；今之革命而不废保皇者，曰保生命不保权位。虽梁子躬自革命，而于其忠爱之念，犹若可以无憾。③

《新民丛报》刊登康有为、黄遵宪等人反对革命排满的文字，与梁启超等人鼓吹破坏的文章，观念看似相通，其实倾向正相反对。梁启

---

① 1902 年 3 月 18 日《致吴君遂等书》，汤志钧编：《章太炎政论选集》上册，第 163 页。
② 广东省社会科学院历史研究室、中国社会科学院近代史研究所中华民国史研究室、中山大学历史系孙中山研究室合编：《敬告同乡书》，《孙中山全集》第 1 卷，第 232 页。
③ 《正仇满论》，《国民报》第 4 期，1901 年 8 月 10 日。

超认为救危亡求进步之道"必取数千年横暴混浊之政体破碎而齑粉之",为达此目的,方法有二,"一曰无血之破坏,二曰有血之破坏",他希望通过第一种方式来实现,但又声称如果不能立即实行,则"第二义遂终不可免"。①他在《敬告我同业诸君》一文中,以为中国民性"大概所骇者过两级,然后所习者乃得适宜",希望报馆"不宜有所瞻徇顾忌"②,欲实行变法,则须倡言民权,欲实行民权,则须倡言革命。

或以为此说出于对革命的恐惧,或者不过借革命以行保皇的翻版,其实梁启超固然恐惧革命,并不希望以流血革命的方式解决问题,可是现实告诉他无血的方式希望渺茫,既然法国革命为欧洲近代文明之母,既然中国无法通过和平温和的道路实现变革,既然革命为不得不为之事,则不如尽快以较小的代价进行。所以他对黄遵宪说"由君权而民权,一度之破坏终不可免,与其迟发而祸大,不如速发而祸小"③。仔细阅读梁启超这一时期的著作和译作,无论是政论、史传还是政治小说的创作,欲于不知不觉中张扬革命的苦心孤诣,在字里行间随处可见。④

对于梁启超的弦外之音,当时人颇能心领神会,一般青年接受其文字宣传,即在鼓吹民权自由独立和破坏主义的一面。南洋公学学生退学前,曾几次集会演说,会场大书"少年中国之革命军",率先演说者针对"今之人动曰饮冰室主人"的时尚,呼吁同学勿以之为口头禅:

---

① 《新民说·论进步》,《新民丛报》第 11 期,1902 年 7 月 5 日。

② 《新民丛报》第 27 期,1902 年 10 月 2 日。

③ 《水苍雁红馆主人来简》,《新民丛报》第 24 期,1903 年 1 月 13 日。

④ 关于史传,参见松尾洋二:《梁启超与史传——东亚近代精神史的奔流》,狭间直树编:《梁启超·明治日本·西方——日本京都大学人文科学研究所共同研究报告》,第 244—288 页。

　　彼饮冰室主人岂真异于常人，不过善用其知识，善用其精神，
心中念念不忘祖国，思有以挽回而澄清之。一蹶再起，一仆再奋，
富贵不能淫，贫贱不能移，威武不能屈。故吾辈犹得曰：中国尚有
一饮冰也。然吾更不欲以饮冰自域。饮冰将来之英雄也，前途之
主人也，今固困龙潜渊，不克稍振。我事事步武，已让一筹，而况
知其外界，不能得其内界之真相，学十失九，求百得一，几何其不
为饮冰之罪人。今者吾辈虽才薄，不可不有轻视饮冰之心，不可
不有与饮冰争着先鞭之心。饮冰能化千人，吾必思何以化万人，
饮冰广开民智，吾必思何以开顽固人之志。争焉竞焉，久则自合
于饮冰。苟先欲效饮冰，则心中已有一饮冰为之主张，为之左右，
此身非我所有，终必不得为饮冰。……吾望诸君各振其精神而更
振他人之精神，必无使饮冰子独昂颈踯躅，屹峙占据夫二十世纪
东亚竞争之舞台，必无使饮冰子独为中国匡时济世倡立民政之
英雄！①

　　可见在这些向往革命的青年学生心目中，梁启超已经成为他们角
色内化的精神偶像，所引述的革命言论的相当部分，即来自梁启超的
作品。1904 年初，上海革命党人忠告保皇会不要以敛财为目的，应起
而革命，以免为志士所耻笑，还是承认："梁启超，著《新民丛报》以鼓吹
革命主义之人也。"②

　　蒋智由后来对梁启超的宣传效果曾有如下评论：

────────

① 爱国青年：《教育界之风潮》，第 5 章《演说全盛之时代》。
② 《告保皇会》，《俄事警闻》1904 年 1 月 13 日。

梁任公笔下大有魔力，而实有左右社会之能，故言破坏，则人人以破坏为天经；倡暗杀，则党党以暗杀为地义。溯自甲午东事败衄之后，梁所主任之《时务报》，戊戌政变后之《清议报》《新民丛报》及最后之《国风报》，何一非与清政府为难者乎？指为穷凶极恶，不可一日复容存立。于是头脑简单之少年，醉心民约之洋学生，至于自命时髦之旧官僚，乃群起而为汤武顺天应人之事。①

严复更从反面剖析原因：

康、梁生长粤东，为中国沾染欧风最早之地，粤人赴美者多，赴欧者少，其所捆载而归者，大抵皆十七八世纪革命独立之旧义，其中如洛克、米勒登、卢梭诸公学说，骤然观之，而不细勘以东西历史、人群结合开化之事实，则未有不薰醉颠冥，以其说为人道惟一共遵之途径，仿而行之，有百利而无一害者也。而孰意其大谬不然乎？任公文笔，原自畅遂，其自甲午以后，于报章文字，成绩为多，一纸风行，海内观听，为之一耸。又其时赴东学子，盈万累千，名为求学，而大抵皆为日本之所利用。……所言皆偏宕之谈，惊奇可喜之论。至学识稍增，自知过当，则曰："吾不惜与自己前言宣战"。然而革命、暗杀、破坏诸主张，并不为悔艾者留余地也。②

---

①　王栻主编：《严复集》第3册，第645页。
②　王栻主编：《严复集》第3册，第648页。

　　海外留学生能够直接接触各种西方或由明治日本转述的近代思想，对于梁启超等人的崇敬心相对较淡，他们知道后者所鼓吹的大都是教科书式的常识，有人还揭露其抄袭日本人的著述。如《大陆报》就曾指出梁启超剽窃德富苏峰的文字。①不过，梁启超等人的宣传还是成为他们借资的对象。邹容著《革命军》，借用了梁启超在《新民丛报》发表文章的内容②，杨毓麟著《新湖南》，更是仿效欧榘甲的《新广东》。所以叶尔恺1903年谈到留日学生"濡染习气，徒肆嚣张"，就指"仇满之义，发于《新广东》，最为无理"。③梁启超的革命宣传主要在1903年拒俄运动之前，所起效果实际已将革命情绪充满青年胸中，拒俄运动只是使之宣泄，将内在的革命情绪公开化了。

　　今人常将梁启超的文字宣传对于革命风潮初盛的作用比喻为种瓜得豆，实则梁启超当年本来就是真心种豆，只是当文字收功日，全球革命潮的局面果然到来之际，他逆流而动，自悔初衷，从弄潮儿变成异见者。以今人的眼界看，革命与否对于社会发展的利弊尚可讨论，但回到历史现场，尽管一段时期内革命与不革命还能够平等对话，可是后来的历史进程却是革命狂飙的高歌猛进，以至于20世纪中国的历史画卷上革命的色彩越来越浓重，异见变成异端，革命与否成了区分正邪是非的标尺，梁启超光彩照人的历史形象在后人眼中因而不免褪色。

---

① 冯自由：《革命逸史》第4集，第252—253页。

② 唐文权：《关于〈革命军〉的借资移植问题》，《中国文化研究集刊》第5辑，第506—518页。

③ 1903年11月5日《叶尔恺来书》，上海图书馆编：《汪康年师友书札》三，第2480—2481页。

　　仅仅依据梁启超在各种报刊上发表的公开文字，希望把握其思想的脉络系统和政见倾向，并不一定能够深入其心境，同一理论之下可能存在多种政治选择，而同一政治主张可以来自多种理论的作用。尤其是像梁启超这样流质易变之人，处于易变过程之际，不仅今日之我与昨日之我战，明暗两面之我也各自不同甚至彼此交战。过于固定的解释，反而容易陷入愈有条理系统，去事实真相愈远的泥淖，难以发现历史真相之所在。

第十三章　保皇会与港澳

近代港澳被外国势力以不同方式夺占控制,脱离了清王朝的管辖范围,但在社会、经济、文化方面,毕竟与粤省乃至内地其他地方如上海等关系密切。而且当时两地与内陆来往并无障碍,社会各界的交往移动相当频繁简便。同时,清政府的统治权力不能进入港澳,港澳与内地法律制度不同,无形中成为一些逋逃客的避难所,两广一带会党绿林盗匪的狡兔三窟,往往以港澳为其一。殖民统治下的港澳人士,了解世界大势,国家民族意识开通较早,加上与内地联系多,利害关系深,对中国的革新变革相当关注,除不断发表书面意见外,有的还参与实际策划和行动。港英当局基于自身以及整个英帝国的利害考虑和理念差异,对一些亡命客予以庇护。

戊戌政变后,康有为等人亡命海外,自然选择地近广东、内外联系便利的港澳为重要活动基地,以便组织指挥在内地展开的勤王运动,以及后来遍布全球的各项事业。可以说,港澳之于保皇会的存在和发展,具有至关重要的作用。

由于保皇会在港澳的组织与活动属于秘密一面,当时固然讳莫如深,事后保皇派又始终处于政治发展与历史记忆的主流之外,搜集相关史料,探究相关史实者为数不多。近 20 年来,随着中国大陆、台湾地区和日本、美国、新加坡等地所藏史料被陆续披露,引起一些学人的关注，不断有所探讨。不过，此前对于保皇会的研究严重不足，许多函札写于军情紧急之中，条理不清，又牵涉隐秘，利害相歧，态度不一，言词各异，事实与传闻相互纠葛，解读相当困难，令人真伪难辨，更不易把握各种言行背后的所以然。

就保皇会与港澳的关系而言，涉及此事的论著本来不多①，与已出资料所提供的丰富内涵相比照，所余空间还相当广阔。可以说，其内幕至今基本没有得到展现。将各类资料汇集排比互勘，尽可能地充分解读连缀，在重建史实的同时，力求揭示保皇会内部各派的复杂关系及其摩擦冲突。为了便于对已刊资料作必要的校注而不以己意曲解，排比原文较多，以便同好相与揣摩。

第一节　港澳二何

戊戌政变事起突然，康有为等人仓皇出走，除依赖英、日等国的救援保护外，毗陵粤省的港澳成为重要的急救中转站。9 月 25 日，逃到上海的康有为在吴淞由英国兵舰转上开往香港的英国轮船公司"琶理瑞"号（Ballarat）船，即致电澳门《知新报》的陈继俨（仪侃）、刘桢麟（孝实）、何廷光（穗田）等，告无恙，嘱其救家人；又电云衢书屋、万木草堂，

---

① 　蔡惠尧：《试论保皇会失败的内部原因》，《近代史研究》1998 年第 6 期。该文在其硕士学位论文《关于保皇会几个问题的探讨》的基础上写成，简略论及横滨和港澳两个总会所（其实横滨并非保皇会总会所）、商务公司、广智书局的情况以及保皇会的内部冲突。汤志钧《变法维新与澳门》（王晓秋主编：《戊戌维新与近代中国的改革——戊戌维新一百周年国际学术讨论会论文集》），以《知新报》为核心，论及康有为、梁启超一派与澳门的关系及其在澳门的活动，其第 4 节略述保皇会澳门总会及其庚子勤王期间的筹款购械运械。

嘱即移家澳门。9月29日晚,船抵香港,何东和港督所派之辅政司、总巡捕来迎,为防止清廷实施暗杀,将康有为安置在英巡捕房中居住。

康有为与港澳的关系,由来已久。戊戌之前,康有为曾经三次访港。1879年,他舍弃考据帖括之学,以经营天下为志,转而注意西书西报,"薄游香港,览西人宫室之瑰丽,道路之整洁,巡捕之严密,乃始知西人治国有法度,不得以古旧之夷狄视之。乃复阅《海国图志》《瀛寰志略》等书,购地球图,渐收西学之书,为讲西学之基矣"①。1887年和1896年,康有为又两游香港。他与何东相识于何时,以及如何相识,不得其详。但由此开始的交往,却为日后康有为亡命之际谋生存乃至从事政治活动提供了契机。

何东字晓生,原名启东,1862年12月22日出生,后来成为香港华人首位获得爵士荣衔者。②他本人及其家族担任怡和洋行买办,聚资百万,相继投资于航运、保险、金融、房地产、糖业、花纱、煤炭等行业,字号遍及长江流域、华南、华北各口岸及澳门、菲律宾、爪哇等地。1899年2月20日,趁英国商务局派员来华调查通商事宜之机,由何东发起倡议,全港绅商1700余人在中华会馆集会,何东演说振兴中国商务。③7月,又发起组织华商公所,以联络感情,推进华人商务。④

戊戌政变后,何东曾托人到广州接康有为家眷,虽然后者已先期脱身,仍令康有为感到"侠士高义,令人感泣"。康有为到香港后,得到

---

① 康有为:《我史》,第9页。
② Irene Cheng, *Clara Ho Tung: A Hong Kong Lady, Her Family and Her Times*, pp. 1—7.
③ 《香港绅商演说商务汇述》,《知新报》第79、80册,1899年3月2、12日。
④ 张晓辉:《香港近代经济史(1840—1949)》,第181、196页。

港英当局的庇护,安全无虞,生计却不易维持,加上其一家大小先后辗转来港,更加困难。10月6日,在何东的帮助下,康有为移居何家,何东"复赠金数千,以安羁旅,借以济宗族及供游赀焉"。①

康有为到澳门的次数相对较少,关系却更深。1896年11月,康有为由香港至澳门,与何廷光合议集股创办《广时务报》(后正式定名为《知新报》),成为继《时务报》之后维新派的又一重要宣传阵地。何原名连旺,"广东顺德人,其隶西洋籍之名曰廷光,赏有宝星,赐有荣衔,西洋人多以亚旺呼之,应于广众,情态甚谨。其捐候选道员之名曰仲殷,字穗田,父曰老桂,咸丰初元,来从海上,因得起家。其后承充围[闱]姓番摊各饷,积财产至百万。次子即连旺"②。

何廷光继承其父的赌业,是澳门富贵成闱姓厂的后台老板,在澳门闱姓生意中占有不少股份,曾与葡人飞南第(Francixcon Fernandes)、刘学询、卢九等人协议瓜分市场份额,并开设粤和昌缫丝厂。③孙中山在澳门行医时,何为其"最得力之好友",时时相助。

何廷光思想较新,"尤热心爱国,惟不赞成激烈之主张"。据说他是康门师徒在澳门的"唯一东道主",不仅慷慨好义,力任报事,出任《知新报》总理,使得康门得一重要据点,康广仁(幼博)、徐勤(君勉)、麦孟华(孺博)、刘桢麟、何树龄(易一)、韩文举(树园)、王觉任(镜如)、陈继俨、欧榘甲(云樵)、梁铁君等人群集其地,陈荣衮(子褒)、康圉子、

---

① 康有为:《我史》,第61页。
② 《声告》,《镜海丛报》第2年第10号,1894年9月26日。
③ 参见赵利峰:《晚清粤澳闱姓问题研究》,暨南大学博士学位论文,2003年4月;汤开建:《晚清澳门华人巨商何廷光家族事迹考述》,《近代史研究》2013年第1期。

张寿波（玉涛）等则各倡办学校，以谋独占该地之教育权，均大得其助。①

　　其时维新各派均看重澳门与何廷光，梁启超自称"以澳门为可用之地，何穗田为可用之人，故必思多方以翼赞之"②；邹代钧则函告汪康年："卓如在澳门大有阴谋。何穗田，虬髯之流亚也，可佩可佩。澳门一隅，不特为秦人之桃园、管宁之辽东，并可为海外之扶余，不可失也。君等如有意于澳门，幸为我留一席，愿策杖从游也。"③

　　1897 年，何廷光响应康有为开巴西以存吾种的计划，"擘画甚详，任雇船招工之事"，不果。戊戌变法期间，康有为奏请各省开商务局，广东由七十二行举何廷光为总办，而潘衍桐等欲攘局事，恰好岑春煊在康有为的举荐下放广东布政使，康乃以何廷光之事托之。政变发生后，康有为曾托何廷光等人营救其家属。④康有为到港，除何东给予援助外，何廷光也慷慨解囊，"港澳赁屋、薪水皆何穗田供给，周入隐微"。康有为感慨道："二何君今之侠士，义高海内，何可复得哉！"⑤

　　令康有为感动的，绝不仅仅是经济援助，港澳二何的侠义，更表现于政治上的无畏。康广仁被害，康有为托李提摩太代收遗骨，"寄交渣

---

① 冯自由：《革命逸史》第 4 集，第 73 页；《本馆总理撰述翻译名列》，《知新报》第 1 册，1897 年 2 月 22 日。

② 上海图书馆编：《汪康年师友书札》二，第 1863 页。

③ 《汪康年师友书札》三，第 2703 页。

④ 郑观应得知戊戌政变及康有为、梁启超在外国人帮助下脱险的消息，致函何穗田："至其老亲，闻已承阁下接到澳门居住。弟虽与康南海时尚无交情，惟念其救国之心，罹此重祸，甚可扼腕，兹寄上洋壹百元，祈代送其老亲以表弟之微忱。知蒙阁下照应，不虞缺乏旅费。其旅沪之门弟子，弟已劝其离沪。此亦为救才起见，远不如阁下之高义薄云也。"（夏东元编：《郑观应集》下册，第 1166—1167 页）

⑤ 康有为：《我史》，第 31、61 页。

甸怡和行轮船，交香港（用西文信）渣甸行买办何东转寄便可得收。……再若运骨而归，寄港船票，不用写明何人收，但求将该票夹入西字信，一面直寄港，到港时，何东自然与弟料理妥当也"①。居港期间，康有为赠语何东：

> 中国以守旧不变法之故，遂至危削，民几几不保，耗矣哀哉！仆频上书请变法，遭遇圣主，洞达万国，审通时变，大举新法，一扫两千年之积弊。伪临朝那拉氏，养私守旧，淫乱怙权，乃敢幽废圣上，天地反覆。仆毗佐维新，密受衣带，大为所忌，诬加逮捕。英国仗义保护，得还港中。何君晓生，夙怀慷慨。忧愤国事，畴昔抵掌，叹为寡俦，闻吾之难，慨然自任，遣陈君欣荣，以救吾家，先下吾舰，以接吾馆。以全家累君，为吾安族姻，为吾谋旅斧。君与夫人才识绝人，既忠且周，过于吾之自谋，迁来如归，忘其旅亡。呜呼！患难之际，至亲密友，亦多有远避却顾者，君乃独仗义相济恤，濡沫有如骨肉，其远怀旷识，古之义士如种成舍宅，鲁肃指囷，何以加兹。吾奉密诏，奔走海外，乞师求救，君高才远虑，为吾筹画，周切深至，岂惟救吾身，实以救中国也。②

何东则秉其意公开为维新派的行为辩护。其时有自称"当世求真士"者致函香港各报，诋诽康有为，何东特致函香港《每日报》予以辩驳，他称赞康有为求维新，于中国国运攸关，而"当世求真士"反议论其

---

① 康有为：《康南海先生墨迹·戊戌与李提摩太书及癸亥跋后》，中国史学会主编：《中国近代史资料丛刊·戊戌变法》一，第414页。
② 《写赠何晓生书》，蒋贵麟编：《万木草堂遗稿外编》下，第583页。

为人，品格低下。"夫康之败，不为可耻，诚为可惜，欲变中国之旧法而未能，欲维新中国之政府而未可"。中国因为守旧，大败于日本，割让旅顺、胶州、广州湾，若非各国互相猜忌，中国肥美之地，早已尽由守旧者租与外国。只有认真自强，才能除去战败之羞。维新各政，均于中国有益，守旧党从此不能舞弊自肥，所以竭力阻挠。①

1899 年 7 月，保皇会成立，很快在全球各地广开分会，募捐筹款，积极筹备勤王举义。10 月，康有为因母病从美洲返港，实际目的是就近坐镇指挥勤王复政。在港三个月，日本和中国内地的保皇会会员及相关人士纷纷来港，与康有为会面，商谈有关事宜。②

这时清廷预谋立储，急于扫清障碍，在密谋绑架行刺不遂的情况下，于 1899 年 12 月和 1900 年 1 月两度发布上谕，公开悬赏购线，务求捉拿或行刺康、梁，并特调李鸿章督粤，加紧行动。李鸿章派刘学询策划，从康有为到港之日起，就密切注意其举止行踪，开始计划利用孙中山诱捕，后又改用港澳之人，"法用诱则掳，活上毙次。上瞒港官串巡捕，如劫盗行径，与国事无涉。询已有港、澳可用之人，逆不远扬，相机必得"③。在港期间，康有为得到港英总督依据国际公法实施的保护，"匿在港洋行三层楼上，英巡捕十数人看守，刺客不能入"④，但还是几

---

① 《官犯康有为》，1898 年 11 月 20 日《中外日报》译自 11 月 9 日香港《每日报》，中国史学会主编：《中国近代史资料丛刊·戊戌变法》三，第 457 页。

② 梁应骝函告谭良："长者还港，各省会豪杰来见者不绝。"（方志钦主编：《康梁与保皇会》，第 26 页）

③ 1899 年 11 月 30 日《刘学询来电》，顾廷龙、叶亚廉主编：《李鸿章全集》三，第 871 页。

④ 1900 年 1 月 31 日《寄译署》，《李鸿章全集》三，第 879 页。据刘学询报告，当时康有为住"英捕忌厘家"（1899 年 11 月 28 日《刘学询复电》，《李鸿章全集》三，第 870 页）。

度遇险。鉴于安全难得保障，清政府又屡屡通过外交途径施压，欲使港英当局将其驱逐出境，恰好邱菽园从新加坡寄赠千金，康遂避往南洋。

为了适应形势，协调组织，1900年春，保皇会全面建制和调整机构，所定《保皇会草略章程》在总会之外，另立总局，"设于香港、澳门，以便办事"。实际上总局等于总会的常设执行机构，因此有时又直接称为总会。

另据大约同时制定的《保救大清皇帝公司例》：

> 立总公司所，择近内地通海外者为之。澳门《知新报》，横滨《清议报》，皆港澳、日本忠义殷商合股所办，主持正论，激昂忠爱，薄海共信，今公推为总公司所。两报即为本公司之报，凡同志皆阅此二报。各埠捐款皆汇《知新报》《清议报》妥收，有报馆印章及总公司所印章、总理印章之收单为据。而《知新报》与香港接近，皆握外洋之枢，尤为办事之主。港澳皆公举忠义殷实巨商为大总理，总管收支各款及公司中各事。更立协理、干事、书记数人，皆公选通才志士任之，以通各埠，任各事。[1]

保救大清皇帝公司与保皇会，虽有明暗不同的差异，实为一而二的组织。但保皇会专以港澳为总局，而保救大清皇帝公司尽管肯定《知新报》"尤为办事之主"，却将港澳与日本并列为总公司所。这一体制上的歧异，导致后来日本与港澳两地的保皇会机构不能有效地协调

---

[1]　上海市文物保管委员会编：《康有为与保皇会》，第265、259页。

合作，产生了不少摩擦和矛盾。

　　所谓"港澳皆公举忠义殷实巨商为大总理"，具体人事，澳门方面当指何廷光。冯自由称："康有为复分设保皇会于澳门，即以穗田为分会长，并兼总会财政部长。……穗田少入葡籍，与葡人多有瓜葛，康徒咸恃为护符，是为保皇会在澳门全盛时代。"①1900 年 3 月 28 日梁启超致函康有为，对澳门总局的散漫状况表示不满，建议："澳门为通国总会，必当更定一办事条理乃可。弟子之意，当设一总理，总持各事，设一司会，专掌会计出纳，此缺必当穗任之。出纳之法：一由先生及弟子来书拨交某款者立拨；一由会中同人议定当拨某款者乃拨。"②可以印证冯自由所说。

　　至于香港方面的忠义殷实巨商，当以何东与保皇会的关系较为密切。1900 年 4 月 23 日，梁启超函询康有为：

　　　　本会在香港颇有布置否？据来书所言，似全无之。晓生究仍有相助之心否？现时我辈在澳办事之人，与港人气味不甚相投，谅难吸之。而在港无一庄口，实属不便，不知近有布置否？……弟子顷于入会之外，复拟借公司之名，更集股□助，现拟开办一铁器公司于香港（专贩我急需之物），集股二十万，在檀山招其半，在港、坡招其半，未知晓生、叔子肯为力否？此事乃两便之道，以生意而论，亦不坏。而借以助我正事，为香港聚集同志之地，尤大便也。其益处无限无量，望设法更赞成之。

---

① 冯自由：《革命逸史》第 4 集，第 73—74 页。
② 丁文江、赵丰田编：《梁启超年谱长编》，第 210 页。

一周后,梁启超致函康有为,又提及在香港开办铁器公司以及在省港交界的荒岛开蚕桑公司事:

> 惟办此两事,亦有当借重港、澳人之力者。铁器公司不知晓生能提倡集股否,香港得数十万易易耳。(晓近□吾党事究何如,闻救护诸人颇得力。又先生来书有汇款与孺或晓云云之语,然则晓亦与闻各事耶,望示。)请先生以书劝之或勉等面劝之。①

其时梁启超远在美洲,对港澳的内情不知其详,康有为在许多方面的确相当倚重何东。1900 年 4 月,康有为受到西报攻击,函示康同薇:"与晓商之,登西报辨之。至要!至要!"六七月间,康有为见中外开战,"英已失和,吾可还港调度",指示徐勤等人:

> 可与晓生商,今[令]商港督,若允,令港督电坡督,派兵轮保护,来坡巡捕官欲从吾还带兵也。若港督允之,可与晓商,吾住屋似以租山顶楼为佳,想方今时港督必能多派兵保护,吾一归即须住矣。抑港督别有地,听其意。晓久已函慰。

并致函妙华夫人,告以"已托季雨、寿民问晓生商港督保护还港。若未妥,薇信可亲问晓生得否,若得,告寿复电也"。②

康有为在香港期间及移驻新加坡后,以何东为汇款的中转,1900

---

① 丁文江、赵丰田编:《梁启超年谱长编》,第 229、234 页。叔子,邱菽园。
② 上海市文物保管委员会编:《康有为与保皇会》,第 167、112、174 页。

年1月2日和4月9日,何东先后收到邱菽园的汇款2000元和5000元,分别转交康有为和徐勤。①据清政府报告,保皇会在各地的捐款,一直由汇丰银行汇往香港②,则何东至少在一段时期内出具名义,后来才转由邝寿民负责。邝氏开始在苏杭街均安祥号,以后则办和昌隆。留在港澳的保皇会会员如梁铁君等人,也得到何东的照顾。③

除了何东、何廷光等富商,保皇会还千方百计扩大联系。徐勤曾致函崔子肩,赞扬其"侠心侠力,贵埠各事皆仗主持,敬佩无已,中国不亡之种子,即赖是矣"。并告以保皇会的计划,"今日无他法,只求速起义师,以救皇上,而图自立耳。……请公等速鼓舞各同胞,再接再励,以救危局"。并专门注明:"崔子肩,南海三江司金紫堡沙坳乡会图十甲崔竟泉户人。香港花旗领事书记陈紫珊其戚也。此事万望留意,速速访之"。④

在何东、何廷光等港澳人士的帮助下,保皇会在港澳开展了一系列活动,以扩大声势,积聚力量,并暗中筹备勤王举义。

早在戊戌政变之前,康门师徒与港澳人士已经陆续举办了一些维新事业。1897年5月,康广仁与何廷光、张寿波、张寿浯、张灏、陈桐

---

① 赵令扬:《辛亥革命期间海外中国知识分子对中国革命的看法》,中华书局编辑部编:《辛亥革命与近代中国》上册,第384—385页。1899年12月17日邱菽园函告康有为:"前函言汇款二千,欲由香号恒盛昌转上,惧此店东蔡某最腐败而多微词,今拟改为电银行汇之法(如上次之汇),仍交何晓生转,较直捷毋误"(蒋贵麟编:《万木草堂遗稿》,第873页),则此前还有一次汇款。

② 1900年5月3日《寄译署》,顾廷龙、叶亚廉主编:《李鸿章全集》三,第912页。

③ 1899年9月梁铁君函告康有为:"晓生招呼弟在洛士利洋行,又为戴氏所争,月余无所得,暂住燕梳公司而已。"(孔祥吉:《晚清佚闻丛考》,第67页)该书两引是函,一作"晚生",一作"晓生",当以后者为是。

④ 1900年6月25日《徐勤致崔子肩书》,上海市文物保管委员会编:《康有为与保皇会》,第195页。

若、陈蔚秋等发起成立澳门不缠足会,以响应年初在上海成立的不缠足会。后者由梁启超、麦孟华、张通典、龙泽厚、张寿波、康广仁、谭嗣同、汪康年、邵凌翰、吴樵、赖振寰等人发起并任董事,其章程规定:"本会总会设于上海,暂借《时务报》馆开办,各省会皆设分会,各州县市集就入会人多之处,随时设小分会。"①澳门不缠足会即公开声明是上海总会的分会,财务方面与上海总会联为一体。②澳门不缠足会的倡始人多达百位,其中不少是省港澳地区的名流,如潘飞声、朱淇、尤列、赖际熙等。③

　　1898 年四五月间,澳门人士与万木草堂弟子如张寿波、何廷光、麦致祥、陈士廉、刘桢麟、梁福田、陈继俨、李盛铭、郑仲贤等,又响应徐勤等人在日本横滨创办的戒鸦片烟总会,发起成立澳门戒鸦片烟分会并担任董事。邝寿民和香港《华字日报》主笔潘飞声等人,也发起成立香港戒鸦片烟分会。④据徐勤所撰《戒鸦片烟会章程》:"本会以寓日本横滨大同学校为总会,广东省城兴隆大街公善堂、双门底下街知新书局、香港《华字报》潘主笔房、澳门大井头《知新报》、上海大马路泥城桥大同译书局、广西省城圣学会等处作分会。"⑤这些以开通风气为目的的组织,事实上成为康、梁一派动员和联系港澳人士,使之关注中国维新

---

① 同人公拟,梁启超原稿:《试办不缠足会简明章程》,《时务报》第 25 册,1897 年 5 月 2 日。
② 《澳门不缠足会别籍章程》,《知新报》第 19 册,1897 年 5 月 22 日。
③ 《续登不缠足会别籍倡始人名氏》,《知新报》第 20 册,1897 年 5 月 31 日;《续登澳门不缠足会倡始人名氏》,《知新报》第 22 册,1897 年 6 月 20 日。
④ 《知新报》第 52 册,1898 年 5 月 11 日;《香港戒鸦片烟会章程》,《知新报》第 61 册,1898 年 8 月 8 日。
⑤ 《知新报》第 51 册,1898 年 5 月 1 日。

事业的重要纽带。戊戌政变后，这些组织依然存在，成为保皇会与港澳人士沟通联系的依托。

康门师徒在澳门的另一活动重心是办教育和宣传。戊戌前张寿波即在澳门开办原生学堂，收男女学生四十余人。[①]1899年，陈荣衮从日本来到澳门，设蒙学塾于荷兰园，继而创办教育学会（后改称蒙学会）。[②]1899年，张寿波与徐勤等人发起镜湖茶谈社，借原生学堂为会场，定期演讲，原生学堂学生亦可参与其事。[③]保皇会还计划在澳门开办东文学堂，聘请在《知新报》任职的田野橘次任校长[④]；在香港创办西文报刊，发表帝党政策，引动白人。[⑤]1899年10月1日，澳门保皇派在原生学堂举行孔子祭祀，"合学堂员董、茶谈社员、东文馆留学生、《知新报》馆执笔人凡数十人，率原生学堂学童亦数十，此外同志来集者亦以十数……日人之留学生及东亚同文会员数人，亦来观礼"[⑥]。

戊戌政变后，梁启超等人延续兴学会的精神，组织政学会，"专以讲求中东西各国政治之理法，以求适于中国今日之用"，研究西学之本，不仅包括政治学之下的国家学、法律学、行政学，而且旁及与之关系切近的哲学、群学、资生学等科，计划设总会于日本东京，设支会于上海、汉口、长沙、澳门、香港、新加坡等处，所讨论的题目有中国当迁

---

① 田野橘次：《最近支那革命运动》，第104页。冯自由称张玉涛等人办学系何廷光资助，田野则说张氏"家有财巨万，自创学校于澳门"。不过田野指该校戊戌政变后"亦见解散"，实则原生学堂解散当在庚子之后。

② 陈汉才编著：《康门弟子述略》，第74页。

③ 《澳门茶谭社规条》，《知新报》第96册，1899年8月16日。

④ 冯自由：《革命逸史》第4集，第73页。

⑤ 1900年3月13日《与叔子书》，丁文江、赵丰田编：《梁启超年谱长编》，第202页。

⑥ 《八月二十七日澳门同人祀孔子记》，《知新报》第101册，1899年10月5日。

都否、变法后安插旧人、改革厘金、变科举、禁鸦片、行钞币、开铁路、行警察、兴学等方法。①

保皇会的上述活动,主要在明的一面,通过宣传动员,联络有力人士。同时该会的当务之急还在运用武力手段勤王救上,恢复新政。而港澳毗邻内地,尤其与保皇会依靠的勤王主力所在地两广地区联系紧密,交通便利,更被当作筹备勤王大举的基地和安置保皇会会员内地家属的庇护所。梁启超曾提议用菲律宾散勇或从日本雇兵 500 名,"由港取省"②。针对清政府加紧迫害海外保皇会会员在内地家属的做法,梁启超提出:

一、各埠会中同志办事出力人员,为奸贼所忌者,如欲先将家属暂行安置,以免掣肘,可移家来寓澳门,本总会同人自能设法保护妥当。

一、本总会聘有常年状师二位,皆系港中有名望者,如奸党有意与我为难,本总会状师必据理以争,务使奸党不得逞其志。③

稍后,梁启超又建议在香港开办铁器公司和蚕桑公司,主要考虑是:一、"保皇会不能尽网罗中立之人",设公司可以集股,聚款经商,开

---

① 《政学会章程》,《知新报》第 86 册,1899 年 5 月 10 日。该会第一次演说会 1899 年召开于横滨大同学校,由欧榘甲担任议长(《记政治学会开会事》,《清议报》第 27 册,1899 年 9 月 15 日)。

② 1900 年 3 月 13 日《与夫子大人书》、1900 年 4 月 13 日《致叶二麦三君书》,丁文江、赵丰田编:《梁启超年谱长编》,第 202、222 页。保皇会大概是中国最早互称同志的团体。

③ 1900 年 4 月 13 日《与总局诸兄书》,《梁启超年谱长编》,第 223 页。

辟财源。二、以公司为掩护，"而借以助我正事"。所谓正事，一是"为香港聚集同志之地"，二是"兼贩我辈急需之物"。①关于前者，既要招呼来往的海外各地保皇会会员，更要招待内地来港澳的勤王军将，即各地的会党绿林游勇盗匪头目。关于后者，主要是将保皇会在外洋购置的军火向内地运送，甚至经营军火买卖。3 月 20 日，梁启超致函康有为就提出：

> 港、澳间人有一事最要者，即谋运货入口之事是也。……若未布置，宜速谋之，或贿洋关，或走旱路，及入以后，安顿之地，皆须熟筹。港、澳之人，当专此责任，特恐未有人克称其职耳。②

在提议开铁器、蚕桑公司的同时，梁启超又请康有为"查香港卖军械有限制否？限制几何？可以开支店于省租界否？"联系到其计划正是准备"开一铁器公司于港，且开支店于省"③，用意相当明显。

第二节　港澳总局

保皇会虽以港澳为总局，并在人事上有所安排，实际关系一直未能理顺。1900 年 3 月，梁启超鉴于"港澳同门无一可以主持大事之人，弟子虽亦不才，□□□以阅历稍多，似胜于诸同门。今先生既不能在

---

① 1900 年 5 月 19 日《致湘曼孺孝诸兄弟书》、4 月 23 日《致南海夫子大人书》，丁文江、赵丰田编：《梁启超年谱长编》，第 227、229 页。
② 《梁启超年谱长编》，第 204—205 页。
③ 1900 年 4 月 29 日《致南海夫子大人书》，《梁启超年谱长编》，第 234 页。

港,而今日经营内地之事,实为我辈第一著,无人握其枢,则一切皆成幻泡",所以冒死请缨,要求归港"居此险地,结集此事"。①但此时梁启超因"言革"与康有为发生分歧,得不到后者的信任,其建议未被采纳。

何廷光名义上是澳门分会会长兼总会财长,后来在梁启超的建议下,又出任总局的总理,却不能掌握实权。1900 年 4 月 29 日,梁启超函告康有为:

> 弟子屡书往澳,经两月不得覆,现虽孝实两次之覆,而自己声明非贪权与闻内事之人。穗田吾知其为总理,而非能定主意之人(欲使其依子刚,然使刚与澳人不水乳,终是被人笑话耳);镜、介吾知其能定主意,而弟子十余信且不见覆一字,弟子何敢轻派人往与共事,实疑其才之短或量之浅,二者必居一于是也。②

刘桢麟、王觉任、陈士廉,均为康有为弟子而掌澳门总局的实权。

港澳总局实际掌权的总办,先为王觉任,继为徐勤。1900 年 7 月,康有为因徐勤等人前此不应梁炳光事,受责后还来书辩解,疑及王觉任、欧榘甲告状,"顷又得穗书大辨此事,亦大攻王、欧,揣汝等之意,皆以为二人有书来攻,而不知其绝无也",复函责怪道:

> 此等我责汝与镜之内事,岂可告穗……凡吾写信时,有时赶寄匆匆,应否择示他人,皆宜谨慎,以免生事,切切。穗之纯忠至

---

① 1900 年 3 月 13 日《与夫子大人书》,丁文江、赵丰田编:《梁启超年谱长编》,第 200 页。
② 《梁启超年谱长编》,第 233 页。

勤，岂可令生此言乎！又辨支数一事，盖皆汝等告穗为之，吾与汝等何事不责，正为其信之深，爱之笃，然后责之切，否则以虚言外礼，笼络羁縻之矣。此等内事，岂可告穗而生支离乎？真可奇也。①

则在康有为的眼中，何廷光不过是以虚言外礼笼络羁縻的局外人。

由于港澳总局负责人名实不符，令海外各埠的保皇会无所适从。以梁启超在保皇会中的地位之尊，对于港澳总局的实情也不知其详，颇费猜测。他抵达檀香山七十余日，"寄澳门书六、七封，而彼中无一字之答（仅有人代穗田答一书，书中皆闲语），诚为可恨，不知其无心于大局之事耶？抑以弟子为不足以语耶？港、澳近日布置，弟子丝毫不能与闻，教我如何着手？"②他参考各处来书情形，好不容易才判断出"似镜、介二人有总裁一切之权，然弟子三月来寄彼处之书，已十余封，而镜、介未得一字之复。若总裁之人如此，似于办事大有碍"。他希望康有为明确指示："以后弟子若与总会商事件，当商何人乃有力量"，并要求转告港澳总局，"使自行其主权，勿放弃责任"。③4月29日他再度致函康有为，指出何廷光名为总理，实际决策者还是王觉任和陈士廉。

后来康有为为了推卸总局的责任，向邱菽园解释其内部运作，部

----

① 上海市文物保管委员会编：《康有为与保皇会》，第147页。
② 1900年3月13日《与夫子大人书》，丁文江、赵丰田编：《梁启超年谱长编》，第199页。
③ 《梁启超年谱长编》，第229—230页。

分道出了人事安排的实情。他说：

> 若镜、勉等，不过为通信驿卒，看店之等，非因大得失也。仆
> 于用人，才性略皆知之。勉性疏而直，于兵事非宜，于驾驭尤非其
> 长，实非镜之宽博沈密有谋之比。而勉忠直之美，任最敬之，识人
> 最多而有望，任累书劝其归办事，仆但令其往吕宋游说。适镜母
> 病将死，于是勉替之。至六月时，仆虑其疏，已电镜强出任事，而
> 使他往美，经十余督责，而勉以粤东时时欲举，故恋而迟迟不
> 奉命。①

此言虽有开脱之嫌，从梁启超的立场看，确能得到证实。

在主动请缨归港主持大局未获允许后，梁启超不断向康有为和港
澳总局发出抱怨，并提出组织和人事的改进意见。他告诫总局各同
门："尊处既为总会，不可不举行总会之实事。"具体而言，总局的专责
至少有"谋运货入内地""通信各分会""结联豪杰"等项。"但弟遥揣情
形，似觉未免散漫。他事且不论，即如檀山开会以来，仅得总会一信，
而金山来函，亦言久不得总会来信，各处皆然，不免有相怪责之意。"因
此他建议总局设通信员二人，一管南洋新加坡、吉郎、暹罗、安南、澳
洲，一管日本、美洲，"凡已开会之地，每水必有一信往，报告中国近事
及各埠本会之情形（亦令各埠每水报告总会）"；同时"设议员十数人，
专主议行各事，各专责成，井井有条乃可取信于人"。

另外,梁启超始终觉得港澳总局王觉任、韩文举、欧榘甲、陈士廉等人的才力均不足以担当大任,为此,他积极劝说康有为另派能人,开辟局面。鉴于"所最忧者,吾党于粤中一切毫无整备,现时驻粤之人才力甚单薄,办事极散漫,难望前途之大进步",他建议派徐勤、郑藻常回粤,协助梁炳光、张学璟,"一切全委于四人之手,以专责成"①。后来又主张叶湘南回南,"与刚等同图大举最善"②,并力主徐勤前往澳门主持全局。

1900 年 4 月 29 日,梁启超致函已经归粤的徐勤,对港澳总局散漫的情形甚为担忧:

> 窃意必须有一人焉,总揽其事,而其人必阔达大度,沉毅有谋,与各路同志皆有亲密之关系,而又不厌烦,当四处照管得及,无所偏倚,无所挂漏,然后脉络贯注,乃能有济。

其时正值王觉任母亲病重,保皇会为总局物色新的负责人,康有为和徐勤"皆称麦(孟华)为天下才",梁启超则不仅"疑其下之未有用命之人",也怀疑其本人的才干,以为"麦太密而沈,此可以当一面自成一事之人,而非能统全局之人也。凡用人贵当其才,以麦而当大局,是取其所短也,必拒人于千里之外而已"。

照梁启超看来,徐勤"必可以当此局也。舍兄之外,无他人也。刚协助兄或可也,不审同人肯以此权授之否耳。然刚亦当办自当一面之事,兄一人任之已足也"。他还进一步为徐勤谋划:

---

① 1900 年 3 月 28 日《致康南海先生书》,丁文江、赵丰田编:《梁启超年谱长编》,第 209 页。
② 1900 年 4 月 5 日《与湘孺两兄书》,《梁启超年谱长编》,第 214 页。

大抵办事,宜讲分劳之语。各画一图界,而各务于界内之责任。如兄既任总持之事,则不宜更务方面之事。其任方面者,亦不问总持之事最妙也。兄既任总持,或眼疾为痊,置一书记可也。

至于具体当办之事有四:其一,勤通各路信件,大埠保皇会每水一信,小者或隔一水一信,"盖有商量,则增热力无限。……而内地办事诸豪,尤宜通信极多,否则隔阂而冷也"。其二,效法《水浒》的宋江,"网络豪杰,为第一要事,吐哺握发求才若渴,闻一人有志有识者,则卑礼尽诚以招纳之"。其三,"待人公心,唯才是用,无畛域之见"。其四,"专布置自外通内之气脉各事"。①

不过,用徐勤来改变港澳总局的散漫状况,只是梁启超的一厢情愿,或者说徐勤总持,可以使梁较多地了解港澳总局的内情,因而在他看来确有改善。而康有为的印象却相当负面。徐勤接手港澳总局后,以目疾为辞,极少复信康有为,不报告财政收支情况,也不回应康关于办事用款的各项指示。康有为开始慨叹指责之余,还予以谅解,他接到 5 月 21 日徐勤的来信,答复道:"弟目疾可念。既劳如此,而又不能节省人事,奈何。湘南还可令邦办汝。镜如母疾如何? 吾重念之。当有事之事[时]而汝等或以侍疾,或己有疾,皆增念念。"嘱咐徐勤要照常行乐,逍遥任事,以免于养生有碍,于办事有损。②又指示:

港澳办事,当分内政、外交、理财、书札……

----

① 丁文江、赵丰田编:《梁启超年谱长编》,第 238—240 页。
② 1900 年 6 月 2 日《致徐勤等书》,上海市文物保管委员会编:《康有为与保皇会》,第 98 页。

一、事多人散，宜有专责。惜镜母病半年，汝又目疾，从何分起，令吾叹憾。大概言之，湘之综核，可专理财；雪之开诚，可专外交（二事寿皆可邦办）。而镜总内政，此合中之分也，如日本内阁之法。

一、刚、智、雅、实、南村、云、颖、克及办事各子，有事可公议。

一、克书札苦甚，可选人助之，如伯燮之流。

一、树园病愈不，念念。若愿管学则整顿之，否则散之，可截此示之，愿办事则商之。①

湘，叶湘南；雪，徐勤，号雪庵；寿，邝寿民；刚，梁炳光；智，张学璟；雅，罗伯雅；实，刘桢麟；南村，张棠荫②；云，欧榘甲；树园，韩文举；颖，王濬中，字颖初；克，不详③；伯燮，劳焜。

宜广鸠人办事，即如打电、查电、复电、写信、报事、复信、谋议皆须数人同在一处立办者，乃不误事。……汝与湘南、南村宜三数人同住一所，一密室终日商办。树园、春孺、季雨极精密可信，皆宜招同一处办事，因各密事不欲外人知之。孺通西文，极亲信

_____

① 1900年6月5日《致徐勤等书》，上海市文物保管委员会编：《康有为与保皇会》，第102页。

② 1900年6月27日康有为函告叶湘南："桂林有知府张棠荫，字南村，最有心肝，极有才，政变后不改，得桂后此人可付托，可告翼。"1900年6月20日前致徐勤等人第三书："南村近何往？"（南村极能谋，极周密，但有可笑处耳。）（《康有为与保皇会》，第136、108页）

③ 1900年6月20日前《致徐勤等书（一）》谓："克书札甚苦，有归志，当极安慰之（固留之）。彼（与觉）家贫，或各寄五十金以安之（合二人共百金，觉新娶妇，账多未结）。今办事人甚少，甚难，且凡在内办事皆知内事，不必令远归也。写信无人帮之甚苦，伯燮或令助之，并买一写信机器。"（《康有为与保皇会》，第103页）

之人，有令其歇学来否？若夫翼、刚、瀛诸君若在，随事公商，其它可信之人亦然，但事须极密，人须极择耳。①

翼，陈翼亭；瀛，陈紫瀛②；春孺③、季雨（康有需）④，为康家亲戚。

此后，康有为不断就港澳总局的人事分工发出指令，开始计划勤王正军由广西攻湖南，叶湘南随军入湘联络，因为"湘南熟楚中，此去必以得长沙为要，一得长沙，大事定矣。且黄泽生亦惟湘乃识，故吾欲湘行，管粮台。若翼不欲，亦可从军，商办一切极要（当以此晓翼）"⑤。

---

① 1900 年 6 月 20 日前《致徐勤等书（三）》，上海市文物保管委员会编：《康有为与保皇会》，第 108 页。

② 陈紫瀛为自立会富有山树义堂正龙头（《历史研究》1956 年第 8 期载"光绪二十六年十月二十一日为密咨事扎巴县附抄原粘单"、"光绪二十六年八月初一日岳州镇呈报匪情咨"，张篁溪辑《戊戌政变后继之富有票党会》等资料所列名单，杜迈之等辑：《自立会史料集》第 103、128、189 页）。1900 年 4 月 9 日梁启超致函梁君力，告以"紫云、翼亭在南关大开门面"（丁文江、赵丰田编：《梁启超年谱长编》，第 215 页），紫云即紫瀛。1899 年丘逢甲函告邱菽园："孝廉某与紫瀛同族"，"紫瀛竟不知行抵何处，前书曾询及，此间不得其消息，竟与尊处同也"。后又称："紫瀛到香港有信来，与君之交已合，天下有心人，声气无不投者。"（丘晨波主编：《丘逢甲文集》，第 266、269 页）后一函所说当为到港见康有为。1900 年 6 月康有为决心全力向西，所定"同人西办事"的九将，其中就有陈紫瀛。"诸豪皆令与羽合，瀛则三月已有书来，合于羽异，何今又云乎，与羽异合极好，我岂有阻之？又何至弃去？不可解。""当以此纸及所布置二论交翼、瀛、廉等看。""先将全款办粮军事（紫归并襄，可告之）"。"瀛留抑与羽异行，可详细禀闻。"（《康有为与保皇会》，第 119、113、111、144、131 页）

③ 6 月 27 日《康有为致叶湘南书》称："春孺通西文，必应出办事，阅一电，写一信皆需之，否则易一。"（《康有为与保皇会》，第 137 页）

④ 莫世祥：《康门在商海中破裂——对有关芝加哥琼彩楼债务纠纷的若干信函的述评》（《近代史研究》1995 年第 2 期）注季雨为康同需，应为康有需（赵立人：《刘士骥与振华公司血案》，刘圣宜主编：《岭南历史名人研究》，第 200 页）。据康家世系表，同字辈无名需者。

⑤ 1900 年 6 月 20 日前《致徐勤等书（五）》，《康有为与保皇会》，第 113 页。黄泽生，黄忠浩。

后来认为"湘精密有才,或可留之佐汝,总持一切"①。

　　鉴于徐勤"平日最能发书者",而主持港澳总局以来,"乃忙至不能发书",叶湘南到港后,康有为令其"总诸事,会同勉办,乃一概无书电来,雪固可责,汝亦可怪",造成消息顿绝,调度不灵。康有为知"一人必不能兼营",再度调整安排,于 6 月 27 日分别指示徐勤和叶湘南:

　　　　后此内事筹划、接信电、复信电,湘可专之;其应接人士,抚绥豪杰,则勉意气激扬,能感动人,勉则专任外交可也,与湘分职。若镜能出,则湘、镜总之。尚恐事多人少,树园、季雨(春孺亦可)皆极密,可入办事。惟虽总外交(是总抚豪,尚不可见外人也,恐有泄),尚须力戒性直口疏之弊乃妥。

　　　　既定湘总要事,湘少接人而专办此事,多设箱部,如开一铺然。一切书札谋划皆归湘总持,收发、指挥、复信及电,湘一人尚虑不足,树园、季雨、春孺三人(寿民亦可,易一亦可,须人多些,且可会议,岑襄勤亦如此),必以一二人同办乃可,否则仍恐不办。

并严词告诫叶湘南:"今定以勉为外交,汝总复信及内中筹划事,后此有时不报,惟汝是问。"②以后又补充道:"管帐寿民、湘南可会同办理,支发收发,季雨亦可帮办。"③

　　港澳总局原以澳门《知新报》为基地,但香港便于汇款、交通,所以

---

①　1900 年 6 月 20 日前《致徐勤等书(一)》,上海市文物保管委员会编:《康有为与保皇会》,第 105 页。
② 　《康有为与保皇会》,第 134—137 页。
③ 　1900 年 7 月《致办事诸子书(一)》,《康有为与保皇会》,第 152 页。

当勤王筹备加紧进行时,港澳总局的主要活动地移至香港。康有为提出:"港太近城,且人多口杂,行事易泄,不如还澳之为佳,留春孺、寿民、季雨接应足矣。惟澳无夜船,恐误事,可商之。"①从后来情况看,这一建议并未实行。1900年7月,康有为指示港澳总局办事诸人将各埠保皇会汇解之款,港中额支公款细数及额外支款,以及所购军械弹药发往各军情况,均按月造具收支存贮总册,"一存港,一报星洲"②,则港澳总局的重心仍在香港一方。

第三节　内外关系

保皇会的港澳总局要想立足稳固,有效运作,必须处理好各种内外关系。对内主要是与总会长康有为以及各埠分会,尤其是横滨总公司所的关系,对外则有与港英当局、与港澳地区的孙党以及其他维新人士的关系。

保皇会成立后,很快在美洲、日本、南洋等地开创为数甚多的分会。③按照保皇会章程的规定,各分会要互相通信通识,互寄照片,"于

---

① 上海市文物保管委员会编:《康有为与保皇会》,第137页。

② 同上书,第153页。

③ 关于保皇会各地分会的数目,迄今未见完整确实的分期统计。1900年初制定的《保皇会草略章程》称:"本会已有百四十余埠",显然有所夸大。1903年制定的《中国商务公司缘起附章程》称:"吾会既遍八十余埠"(《康有为与保皇会》第264、277页),则又嫌小。是年梁启超游新大陆,据称仅美洲大陆即有分会86所(梁启超:《新大陆游记》,第142页)。保皇会成立之初,"开会者凡数十埠地"(《公请光绪复辟还舆京师折》,《康有为与保皇会》,第5页),到1902年底,"现计开会者九十余埠"(1902年12月14日《致贵埠保皇会列位同志义兄书》,方志钦主编:《康梁与保皇会》,第304页)。其中有相当部分是庚子以后梁启超和徐勤等人奔赴全球各地开新埠的结果。如此,康有为先后称海外各埠反对立储,要求归政达46处(1900年初)、60余处(1900年6月,东亚同文（注转下页)

总会当每月通信"；入会者所交会款，除应留为本地会所办事之费外，须"寄还总会，以办救君国之事"。①然而，总会长康有为远避于新加坡，虽然身边有梁铁君、汤叡、董津、李棠等人帮助②，毕竟无力发挥指挥中枢的作用。港澳总局的设立，实际上成为保皇会的执行机构，康有为是通过港澳总局来领导指挥整个保皇会，尤其是该会所从事的勤王大业。但保救大清皇帝公司又以横滨《清议报》为总公司所，与澳门《知新报》同样具有收集各地捐款的职能，令两地组织机构之间容易产生矛盾。

1899 年，梁启超即因汇款等事，与港澳总局诸人有些过节。他后来检讨道："去年汇款等事，弟实疏慢，以误大事，决不能辞其咎，弟今

（续上页注）会编：《续对支回顾录》下卷，第 652 页），很可能是保皇会分会数。若这一推断不误，《保皇会草略章程》所说或为"四十余埠"之误。后来康有为撰《唐烈士才常墓志铭》，即称己亥建储时保皇会立分会凡四十地（杜迈之等辑：《自立会史料集》，第 220 页）。而保皇会最盛时分会达 160 余处（1905 年 5 月 1 日谭良《敬告各埠同志书》，方志钦主编：《康梁与保皇会》，第 227 页。参见蔡惠尧：《关于保皇会几个问题的探讨》，广东省社会科学院未刊硕士学位论文）。

① 《保皇会草略章程》，上海市文物保管委员会编：《康有为与保皇会》，第 264—265 页。

② 康有为一行赴新加坡者共六人，除康有为在诗中屡次提及的梁铁君、汤叡、康同富外，另外两人当为董津和李棠。1900 年 6 月 27 日康有为致叶湘南书称："此间每发一电，及发诸书，铁、觉、津、棠四人为之，绝无它客，犹费半日夜力。"1900 年 3 月 23 日《与同薇同璧书》谓："此间寄还港澳十八书，而澳中云不收，则我寄还香港家中之书（除津带者不计）三封收乎？……董津可急催其还（因出游，译电皆无人）。李棠何日娶妇，娶毕可饬其早来。……前嘱汝将三叔书札寄数封整齐者来，以便叫觉顿模仿，可交津、棠妥寄。"6 月 8 日《与同薇书》："二月廿八棠既不来，薇应有书告我，三月四日可收我一电还，棠可同来，省尽无限事矣。而乃使棠来问，不用信问，安有此理耶？"1901 年 4 月 5 日《与同薇书》："李棠归，行李全失，又闻李棠有不欲还之意（闻其告寿文等皆言不还），不可不以恩抚之，可在拨支江叔项下拨廿元与棠（江叔家用已在此支矣），以沾补之，并时常催令还庇。祖母信来谓我疑棠，我何有疑之，用之十年，亲同患难，安有疑之之理。汝母可叫棠来，力解之，并嘱其早来便是。"（《康有为与保皇会》，第 136、165—166、171、191 页）则二人应为康家近人。

深自怨艾,诸兄谅不追前咎。……弟去年悖谬已极,至今思之,犹汗流浃背。长者责其病源在不敬,诚然,诚然。久不闻良师友之箴规,外学稍进,我慢随起,日放日佚,而不自觉,真乃可惧",表示要"痛自改悔"。①但双方依然心存芥蒂,港澳总局对于梁启超的多封来函不理不睬,令梁大为不满,疑心港澳总局办事诸人挟嫌报复,为此不断向康有为告状,希望调整人事。他对康有为说反话:

> 或者镜、介以弟子为不足与言,故置之不议不论。然总裁之人万不可如是。虽不以其人为然,亦当因其来而应之。弟子去年曾有疏慢之愆,愧对镜等,然镜等今日之于弟子,断非有报复之心也。非轻弟子而不屑,即事忙而不记耳,然两者皆不可也。

对于康有为极为信任的王觉任、陈士廉等人,梁启超认为:

> 二君之为人,密则密矣,然密之过甚,有时转若拒人于千里之外,大不可也。弟子非因其不复书而有憾于二君,特因其所居地位太重要,心所谓危不敢不告,望先生采择而转告之。②

在梁启超的道歉和康有为的调解下,双方关系似乎一度有所缓和。5月19日,梁启超函告日本的叶湘南、麦孟华、麦仲华、罗普等人:"澳人于东中猜嫌,似亦已消泯。似此必当全盘筹画,若果关系大局吃

---

① 1900 年 4 月 20 日《致知新同人书》,丁文江、赵丰田编:《梁启超年谱长编》,第226 页。

② 1900 年 4 月 23 日《致南海夫子大人书》,《梁启超年谱长编》,第 230 页。

紧之事,澳人谅必不分畛域。"①可惜此言为时尚早,一周后,梁启超致函罗普,仍然抱怨澳人不与之通信,以致不得不于6月17日再度向港澳总局道歉:"弟前累函,多冒犯之语,诚未免管蠡偏见,能责善朋友之道,想诸公必不见嗔。"②

港澳总局虽然掌握机要,保皇会"大事仍由南佛主断"③。6月,康有为指示徐勤等人改变前此散款招人的做法,"专留款办械",让徐勤与叶湘南熟商,但又担心办事人有异议,所以特别附言道:"吾已定意,姑令议之。然恐各人不知情形,徒生事也。"④

然而,尽管康有为掌握最后决定权,却必须通过港澳总局才能了解全盘情况,否则无法决策。恰好在这一关键环节上,保皇会上下沟通不畅,导致整个组织指挥不灵,行动不力。对于王觉任和徐勤掌局,康有为与梁启超的感觉刚好相反,梁启超对于王觉任等人主持下的港澳总局极少复函大为不满,康有为却指责徐勤道:"镜如昔任事,每水必有极详情形报我,汝乃绝无,真可怪也!"⑤对于康有为的来函,徐勤或者干脆不予理睬,或者虽有复信,避重就轻,答非所问。如丘逢甲归后,康有为的十七封来函徐勤"皆不复,即论待版筑诸议,汝一字不提,论广西诸议亦一字不提,但云不能复书"⑥。

对此,康有为一方面指示港澳总局健全机制,明确分工;一方面苦

---

①　丁文江、赵丰田编:《梁启超年谱长编》,第226—227页。

②　同上书,第241页。

③　1900年5月19日《致湘曼孺孝诸兄弟书》,《梁启超年谱长编》,第226页。

④　1900年6月2日《致徐勤等书》,上海市文物保管委员会编:《康有为与保皇会》,第98—99页。

⑤　1900年6月20日前《致徐勤书(四)》,《康有为与保皇会》,第110页。

⑥　1900年6月20日前《致徐勤书(一)》,《康有为与保皇会》,第104页。

口婆心地教导徐勤等人做事方法：

> 汝任大事，但识一劳而已，乃至近来无书与我。我发交各件不复，汝若疾，亦应令湘南复我，安有此理！我虽不能遥制，亦当令我知之，或者愚者千虑，足为小补。我受天下之责望，其有失误，皆我之咎罪，人亦责我，而不责汝等。……汝不来报，令我不知各事，又不知西省情形，无从指挥，即如前数亦然。若曾来报，则它言固不能行，而一切截止，东牵西补，或调回上海之款，或请岛略添汇，亦可早成羽异军。徒以汝不报，我不知，至令束手，亦由不报之故。

他肯定徐勤精忠自律，不畏劳苦艰难，而批评其"性直躁，不能优柔而深思，一见人事即批驳，而不思中间之有故。又隘不容物，好言人失，言语太轻，不识人情，满肚子但是圣贤高义，而不知以人待人，皆与办事相反"。①告诫徐勤自己应注意劳逸相济，对人则"曲体人情，不必尽责高义……各办事人小费及家用皆当体贴及之"②。

可是，港澳总局似乎并无改善，"自十五团变以来，上海（忠、雅）电报络绎，书亦到矣。而雪无一字来，诸子亦无一字来，深可骇怪"，令康有为"如处幽室"，令新加坡热心志士"日夜狂思乱想，皆如梦中"。盛怒之下，康有为对港澳总局严词训斥，几近咆哮：

---

① 1900 年 6 月 20 日前《致徐勤书（四）》，上海市文物保管委员会编：《康有为与保皇会》，第 110 页。
② 1900 年 6 月 5 日《致徐勤等书》，《康有为与保皇会》，第 102 页。

安有天下大事而若此乎？中国之大，吾受天下人之责，而乃在梦中，听汝诸狂儿骄子舞弄，不理不恤，有此理乎？令人气塞！似此性情才调而任大事，有倾亡而已。吾以身陪奉汝，岂能将天下陪奉汝乎？以此大事，托于骄子之手，此吾之谬而已。①

表面看来，徐勤等人不复信不报告只是运作问题。四五月间，康有为派梁炳光回粤办事，命港澳总局接应。②梁到香港后，徐勤等来函"驳以不可行，遂致令井上闲坐月余。既无存款数目报告，且并不函言此事，真乃奇绝。是我之权，竟不能行于诸子，电可不复，信可不复，数目可不报，徒令我焦急彷徨，坐哭大局，真可顿足切齿。当办大事之际，岂可令我日日相责"③。

徐勤等人的本意，是"撙节以专济羽翼"，"专凑翼正饷，故不能分拨"④，所以各路人马均不支款。这与康有为的计划并不矛盾。由于情报不通，致使保皇会内部上下隔阂，互相猜忌。康有为甚至因此而怪罪梁启超，指责徐勤等人"与卓近来骄谬专横已极，无事不如此……如前年属汝来坡，而汝必还滨之类，久而久之，纵成习气，违命不为不恭，

① 上海市文物保管委员会编：《康有为与保皇会》，第 134、132 页。
② 据 1900 年 11 月 26 日《康有为致邱菽园书》，"并统五军，治事甚密，前得一营，既泄，而不能内举，泄后又不能不待军备"（杜迈之等辑：《自立会史料集》，第 330—331 页）。井上，梁炳光。如果此说并非托词，则康有为等人函中所谓"刚事"，当为梁炳光运动清军内举。
③ 1900 年 6 月 27 日《思庄致徐勤书》，《康有为与保皇会》，第 196 页。6 月 20 日《思庄致徐勤书》称："至前函所言，乃长者特为井上事，怒气如山，以长者令井上办一事，而井上生死任之，至为难得。乃归港后闲居月余，公等不惟无以应之，而来函并不将此事原委详陈长者，长者欲为布置，不知澳中存款若干，无从遥断。"（《康有为与保皇会》，第 193 页）
④ 1900 年 7 月《致徐勤书》，《康有为与保皇会》，第 147 页。

专谬不为不敬,将来流弊,安知纪极。自政变后,汝等渐多此举动,实不可解也。若果再不改,吾不敢托。⋯⋯市井人尚不至是,而谓学道者如是乎! 违命专横既久,自忘其不可矣"①。他指示港澳总局:

> 任谬甚,至今尚不汇款来,一切大事之误,皆由之。菽颇有过言,可由刚、雪、湘、智四人合名电追,切要。②

梁启超是否存心敷衍,不无可疑。他自称在檀香山筹款,因当地华人经白贼劫火之后,损伤 500 余万,元气大耗,美洲华人又多工人而少巨商,"虽竭其力不能多有所助",计划筹集 10 万,到 3 月下旬不过 4 万,而且尚未收款,须两三个月才能陆续收齐。直到 6 月中旬,梁启超筹款不过八九万,除以 2 万为本试图借贷大款外,余款已寄港澳 14000,寄日本 16000,还准备再寄日本 14000。③不过,梁启超确实怀疑过港澳总局将美洲筹款挪作他用,如助《知新报》、开书局、办学堂等,而不用于勤王大业,将来无以谢天下之望,向华侨交代。④

戊戌政变后,康门部分弟子情绪激昂,在宗旨、手段上与康有为渐生歧异,其思想的若即若离导致行动上的明显不合拍。康有为所担心的,正是保皇会内部分崩离析。其时徐勤与梁启超等江岛结义者之间,虽有宗旨分歧,关系尚好。其对康有为的态度,很可能并不只是运

---

① 1900 年 6 月 27 日《致徐勤书(一)》,上海市文物保管委员会编:《康有为与保皇会》,第 132—133 页。
② 1900 年 6 月 5 日《致徐勤等书》,《康有为与保皇会》,第 101 页。
③ 1900 年 6 月 17 日《任公与港澳同人书》,丁文江、赵丰田编:《梁启超年谱长编》,第 240 页。
④ 1900 年 3 月 13 日《与夫子大人书》,《梁启超年谱长编》,第 200 页。

作不畅那般简单,至少有独断专行、自行其是之嫌。这样无形中加深了保皇会内部的裂痕。

实施军事行动的重要条件是保障武器装备,保皇会依靠内地诸豪,而"诸豪所缺者饷械也,而械为尤甚"。如何购械及运械,成为继筹款聚人之后的头等大事。梁启超主动提出:"如无购路,则弟在外可设法。"①所以保皇会购械,目标开始放在外洋,主要是日本。5 月 25 日,梁启超致函罗普,言及"日本旧枪之事,诚一大机会,必当谋之,兄所得者,必陆续汇来,充此事之用。惟转入内地,其势不能不有借于澳中人,而澳人不肯与我辈通一字,从何处商量起? 兄屡有书问澳人以此事之准备,而始终不得一字之复(澳中惟孝实有两书来,而实自言不能与闻此事,故不能答我也),真令人急死恼死"。并要后者待款到后与柏原文太郎接洽。②

6 月,康有为决定全力向西,并说服邱菽园将本来用于"开办闽生意"的 5 万全数拨来,"专做西生意"。鉴于"西栈向来之败,皆由无货或货少之故",康、邱商定:"趁日本旧货出售,将尽以全力大购之。故此五万全汇日本,不汇澳矣。应运货事可由湘等函驰柏、孝、孺等等,妥速筹办,以济西栈。"日本旧械的货价,"上者四十,次者廿五,今拟购其次者"。计划以邱菽园的 5 万加上檀香山的 7 万,共 12 万元购 5 千支枪,装备正军,则可横行无阻。不过康有为也担心,"一、购之易泄;二、运之甚难;三、码头何处;四、内地如何作转。此运之难,有一败则

---

① 1900 年 3 月 28 日《复诚忠雅三君书》,丁文江、赵丰田编:《梁启超年谱长编》,第 208 页。诚应为、沈荩字克。
② 《梁启超年谱长编》,第 231 页。关于在日本购械事,参见 1900 年 6 月 21 日梁启超致柏原文太郎函,东亚同文会编:《续对支回顾录》下册,第 657 页。

我成孤注矣"①。

其实,港澳历来就是两广秘密社会走私武器的重要来源,据报,到1900年3月,"由澳门前后运入内地快枪二万六千,另弹药战具,澳督借筹捐项,各处盗匪、会匪皆得利器"②。运送法之一,"向澳门或香港之坞司,赠以贿赂,由德意志之某会社密输入兵器于澳门或香港,进则利用广东河,以密送之梧州"③。保皇会联络勤王的"品版",即精于运械,康有为还告诉徐勤等人与之合谋,以求运械妙法。④

不久,因清廷与英国公开交战,康有为让徐勤等人"可放手办事,若与英官商明在港购械练兵,或皆可矣。如此则免购东货之艰远,尤可刻日成军"⑤。由于形势突然朝着有利于保皇会勤王的方向发展,令康有为大喜过望,他指示诸弟子:

> 不敢望京乱而乱矣,不敢望中外失和而失和矣,不敢望十八行而十八行矣,不敢望立得五万而立得矣,不敢望港澳购货而可购矣,不敢望诸将咸在东而咸在矣。凡此六者皆天与也,非常之遇也。惟诸子无违天,天与不取,反受其咎,惟诸子无受咎。⑥

保皇会的战略主攻方向再度移向广东,同时也未放弃广西。6月

---

① 1900 年 6 月 5 日《致徐勤等书》,上海市文物保管委员会编:《康有为与保皇会》,第 100—101 页。

② 1900 年 3 月 30 日《复译署》,顾廷龙、叶亚廉主编:《李鸿章全集》三,第 900 页。

③ 田野橘次:《最近支那革命运动》,第 118 页。

④ 1900 年 6 月《致徐勤等书》,《康有为与保皇会》,第 127 页。

⑤ 1900 年 6 月 20 日前《致徐勤等书(五)》,《康有为与保皇会》,第 111 页。

⑥ 《康有为与保皇会》,第 140 页。十八,李鸿章。

23日，康有为两度致函麦来年，告以"今港澳能购械，五万不汇东矣。……横滨款到电告我，或汝即电港，切勿迟。汝等留半，以半先汇港可也。又我在此间借款购械，以檀款抵之，菽以屋契保，则须汇来还也"；"顷港澳可购此物，极便矣。此间之款，拟全拨港中，若檀款到滨，可速速电汇归港，切切勿误"。购械之地由日本改为港澳，则不仅港澳总局所收各款不必汇往日本，日本所收各款还需转汇港澳。①

这时康有为的计划是，各地会款集中于港澳总局，连同原有存款，共计9万，分7万购枪1500支（每支连码子皮带等件共银45元），另在省城、佛山等地购抬枪、线枪（抬枪每支银5两），至于这些武器"应合注东，抑分注西"，尚未确定②；并拟攻占广州后取藩库所藏运往港澳，购买洋械，夺取天下。

康有为虽然不能在香港立足，但港澳总局以香港为收款、聚人、购械、运械的基地，康有为的家人也寄身于此，处理好与港英当局的关系，对于保皇会至关重要。港英当局既以英国的整体利益为基本，又须兼顾其在华南的特殊需求以及自身的安全，所以它愿意为康有为提供保护，同时担心保皇会在香港的活动引起华南社会的动荡。

6月，保皇会趁形势变化，准备大举行动，一方面在香港购械练兵，一方面康有为要还港调度，托何东、邝寿民等与港督等官员交涉，在港英政府同意之前，不敢贸然行动。如"照公法英失和后，在港可以明买枪，惟英或疑为义和团所购，则与英官商一密号，以为新党购枪之用"③。

---

① 上海市文物保管委员会编：《康有为与保皇会》，第125—126页。
② 1900年7月《致办事诸子书（一）》，《康有为与保皇会》，第151页。
③ 1900年6月《致唐才常书》，《康有为与保皇会》，第143页。

自立军起义失败,梁启超经上海到香港,"见港督告以各国民心非上位所能压。港督谓我甚知,但彼兵力厚,尔等切勿起事"①。后来康有为透露,在此前后,他还托容闳为使节,"与港督定约取粤,港不肯,且多非常不妥之言,谓彼必调兵道,区区乌合之众,实不能敌港兵。前年不取粤之故为此,不然前年之力取之久矣。此事虽君勉、云樵等亦未之知,不欲宣露,以损办事者之气也"②。

此外,康有为还多次试图利用康同薇与港督夫人的交往,为保皇会争取在港活动的空间。4月,康有为得到徐勤报告,西报有攻其反对港英之事,即致函康同薇:"可见英督夫人及立德夫人,各要力辨之。言:英昔救我生,今护我死,并救新党极力,感极不知所报,安有此理,托庇而攻之,且亦无此愚。"③5月,又请其母转告康同薇:"港报哗然事,汝见立德夫人、港督夫人能辨之乎? 或汝与之书而登之报中。最要二端,一是旧党诬攻,以为离间;一是新党人多,难保言语少失。要之与我尤预,是最要事。"④

自立军起义失败,清政府大肆搜捕维新党人,康门师徒在港亲属惶恐不安,康有为一面安慰诸亲:"港督于党人断无听中国官捕拿之理……按公法以国事犯例当保护,最大亦不过令之出境",一面让康同薇往见港督夫人,

---

①　《与同薇书》,上海市文物保管委员会编:《康有为与保皇会》,第 182 页。

②　1902 年 6 月 3 日《致罗璪云书》,《康有为与保皇会》,第 160 页。1900 年 8 月 12 日《与同薇书》:"港督书收,杨荣者必容闳之音讹也。"(《康有为与保皇会》,第 179 页)

③　1900 年 4 月 22 日《与同薇书》,《康有为与保皇会》,第 167 页。

④　1900 年 5 月 3 日《上母亲书(附与同薇书)》,《康有为与保皇会》,第 168 页。

说唐烈士之冤，言我新党与伪政府拳匪为仇，断无害西人之理，观大通布告，可见住于汉口租界，欲借以庇身，其无毁洋人房屋之心，可不辨而明。但张之洞欲诬之以动西人，而后可拿耳。唐之起事，欲照日本义士挟其藩侯犯阙覆幕之法，已屡说张之洞救上讨贼，不动，故欲以兵胁之，大通布告文已言明不杀官吏矣。张之洞为那拉党，暗助兵助饷与端王，济拳匪以杀西人，而外结西人之欢。然张如此，人心甚愤之，故其营官、营兵、学生皆怒而从我，又有许多提、镇、道、府皆从我，此可见人心，此是帝党，非匪也。各国以为张之洞能安长江，其实皆唐某弹压之力，若唐死，长江必乱，非张之洞之力也。①

10月，康有为再度追问康同薇：

与港督夫人力言否？可言吾帝党不过为救上，决无与西人为难之事。况皆托庇宇下，岂有奇愚如此。唐某之事，闻其昔劝刘、张不从，而欲用日本义士胁长门、萨摩藩之法，欲胁张之洞勤王耳。张乃后党，诬之已甚，乃以哥会附会，以唐借租界庇身，乃反诬以烧租界，请万不可信。贵国既欲救上，而听后党之张之洞，则欲行东而往西也云云。想汝必善言之，为此念甚。②

保皇会与兴中会均以广东为行动重心，港澳为双方的重要依托，

---

① 1900年8月后《与同薇书》，上海市文物保管委员会编：《康有为与保皇会》，第182页。
② 1900年10月5日《与同薇书》，《康有为与保皇会》，第186页。

两派的宗旨手段,有同有异,早就有过接洽磋商合作事宜的尝试。虽然康有为反对,维新派又一度因清帝重用而极力避免与革命党牵扯,使得双方的关系趋于紧张,在港澳的革命党甚至斥责康门师徒为变节分子,但政变改变了维新派的地位和命运,使之被迫诉诸武力,两派宗旨手段的差距缩小,再度出现合作的契机。由于保皇会内部对于合作之事分歧甚大,整个庚子勤王运动中,长江流域的自立军起事,各派联合行动,以合为主,珠江流域的密谋,则保皇会与革命党各行其是,不仅分立,而且暗中较劲,竞争中时有摩擦。

保皇会中对各派合作大举较为积极的梁启超,也不无与革命党争胜之心,他呼吁康有为和港澳总局加紧经营内地之事,除形势危迫外,与孙党的竞争也是考虑因素。他不愿派檀香山的保皇会员回港澳办事,是因为"彼党在港颇众,檀山旧人归去从彼者,如刘祥、如邓从圣,此间人皆称之"①,反而不利于己。

康有为在新加坡闹出宫崎等人谋刺案,与孙中山翻脸,担心香港的孙党对其乱攻,函示康同薇"可与港督书,或面见督夫人,告以孙往坡谋害,赖坡督保护得免,今坡督特亲同我入新埠,在其督署住,供应饮食,一切招呼,吾感激至极。惟孙党多在港,不无串同其党人多方攻击,日散谣言,将来必至造生事端,甚至谓我攻英国,或且谓我遍攻各国者,望总督及各官切勿听之,看其如何回话,我再与信港督"。他听说与兴中会关系密切的区凤墀、王煜初等"日谓我攻教,日造谣攻我于英官前,英官不信,则谓我四上书不利于我国(第一书原文中有焚圆明

---

①　1900年4月29日《与南海夫子大人书》,丁文江、赵丰田编:《梁启超年谱长编》,第233页。

园,第二书有饮马欧洲印度等语)。英督命译之,彼等不知如何捏造",
要康同薇"见英督夫人并言彼等或假托信函,或书疏,皆是妄译捏造,
万望勿信等语"。[①]

　　区、王均为省港地区基督教教士,早年与孙中山隶属同一教会,在
同一教堂进行宗教活动[②],区氏还做过孙中山的中文教师,为其改号逸
仙,据说孙中山创办农学会的宣言即出自区的手笔。因为他在德国柏
林大学担任过汉文教师,所以1895年兴中会广州起义失败避居香港
不久,即出任港英政府华民政务司署华文总书记。其婿尹文楷原与孙
中山同操医业于广州洗基东西药局,后因党祸牵涉,乃迁寓香港。[③]康
有为还告诉康同薇:"若见尹文阶之妻(是区女),言我向来待耶教甚
好。戊戌五月二十日且有保教之上谕,嘱其见文兄代达交好之意,免
彼生支离(若骆乞夫人在,见之尤要,以区为骆幕,最可畏也)。"[④]

　　不过,种种迹象显示,尽管康有为坚决反对与革命党合作,有两种
因素使得港澳一带的革、保两派依然保持一定程度的联系,其一,自立
会的长江大举仍然是各派合作,兴中会广东分会负责人王质甫不仅列
名富有山堂的副龙头,而且亲自赶赴武汉,参与起义。其二,两派在港
澳的成员彼此有着各式各样的社会关系,对于合作并不拒绝。王质甫
与维新党的合作,即不限于长江。据唐才中供称:"至广东的事,是徐

---

① 1900年8月11日《与同薇书》,上海市文物保管委员会编:《康有为与保皇会》,第
177—178页。
② 容应萸:《孙中山与香港基督徒》,《中山大学学报论丛:孙中山研究论文集(12)》,
1995年5月。
③ 冯自由:《区凤墀事略》,《革命逸史》初集,第12页。
④ 1900年8月11日《与同薇书》,《康有为与保皇会》,第178页。

忠勉、杨金联络哥老会,内有王质甫,广东人,是帮办。"①

自立军失败后,到达上海的梁启超准备转赴两广。前引梁启超致康有为函中提到的邓从圣,即邓荫南,原名松盛,1894 年在檀香山加入兴中会后,鬻其私产,返国从事反清活动,时来往于省港之间。乙未起事失败,匿居澳门,1898 年夏,与尤列、宋居仁等赴广西参与游勇李立亭起事,抵藤县而李已败,遂折回港。庚子兴中会计划在惠州、广州起事,邓荫南负责广州一路,他联络了军队及盗匪马王海、区新等作响应。②梁启超说:"此人倾家数万以助行者,至今不名一钱而心终不悔,日日死心为彼办事,阖埠皆推其才,勿谓他人无人也。"③而李立亭、区新等人,正是保皇会勤王正军的主力军将。保皇会负责广东行动的梁炳光也坚持以惠州为发难之地。

其时李鸿章电示清驻英公使罗丰禄:"粤省乱党尤多,均在香港余育之花园,澳门《知新报》馆,密谋拜会。最著者有何连旺、何懋龄、徐勤、刘桢麟、麦孟华、陈宗俨、容闳,往来港澳,勾结盗匪,订期起事。"让罗丰禄密商英政府,电饬新加坡、香港总督,严密查拿拘禁。④余育之花园,即跑马地愉园,主人余育之为日昌(一作日新)银号东主,1895 年由杨衢云介绍加入兴中会,慨助军饷万数千元。⑤如果余育之花园为保皇会在港据点,则革、保双方的关系非同一般。徐勤掌局,很可能和梁启超谋略一致,与港澳兴中会保持关系。正因为如此,惠州

---

①　杜迈之等辑:《自立会史料集》,第 149 页。

②　冯自由:《邓荫南事略》,《革命逸史》初集,第 43 页。

③　丁文江、赵丰田编:《梁启超年谱长编》,第 233 页。

④　《自立会史料集》,第 163 页。

⑤　《余育之事略》,《革命逸史》初集,第 45 页。

起义前后,兴中会员才会不断前往《知新报》馆,寻求财政援助,并为遭到拒绝而感到气愤。而史坚如被捕后才会冒认康门弟子,牵扯康党四十余人。

庚子勤王是为了应对中国内外危机交迫的形势,几乎所有的趋新人士均投身其中,港澳总局还牵涉与其他维新党人的关系。1900 年 1月,上海电报局总办经元善领衔通电反对清廷立储,激起国内外中国人的保皇爱国热潮,事后遭到清廷通缉,由郑观应托何廷光以及招商澳局叶侣珊等人照拂,避居澳门。李鸿章督粤期间,派刘学询到澳门,欲拘禁并引渡经氏回省处置。何廷光、刘桢麟等闻讯,极力反对经氏回省,主张在澳门听西官裁夺。①保皇会为此展开保护救援行动。梁启超阅报得知此事,于 3 月 28 日致函《知新报》同人:

> 望诸兄致敬尽礼,以待此老,方是惺惺惜惺惺,好汉惜好汉之意。当久而敬之,不可移时遂生厌倦也。②

澳门保皇会同人确能照此办理,聘请律师为其力辩。③何廷光还以三千金托邱菽园代购钻石,赠送葡署,使经元善解脱幽羁之困。④当年11 月,经元善在回答原口闻一的访谈时满怀感激地说:

①　1900 年 11 月初《上前摄澳督葡主教嘉若瑟君书》,虞和平编:《经元善集》,第338—339 页。
②　丁文江、赵丰田编:《梁启超年谱长编》,第 206 页。
③　1900 年 3 月 1 日《寄盛京堂》,顾廷龙、叶亚廉主编:《李鸿章全集》三,第 890 页。
④　《居易初集邱序》,《经元善集》,第 394 页。

仆羁此将一载,幸承何君以全力相庇,纳馕之谊高若云霄。其余大都何君之侣,亦皆郑重相待。在诸君子,为保皇会友,原非有私于仆,而仆之身受者,固不能不感也。①

或许作为回报,经元善在上李鸿章书中公开呼吁"速解党禁",释放被捕的保皇会会员及其亲属,以及因戊戌变法获谴的内外臣工,并"罗致保皇会中各埠之彦",以行新政。②

尽管如此,梁启超的担心还是事出有因。康有为虽有利用经元善之意,却并无坦诚相待之心。他在勤王方略中规定,若中英尚未公开失和,发布檄文时"则用莲珊名,或各路自出名可也"③。实际上对经元善极为不满,在指责徐勤将内事告穗的同时,又说:"内中穗尚有办经事,数目有问经填或自填之之语(吾前以经迂言大谬,有书孝实谓,此人如此其谬背,我等白费数千金之语)。"④所说"迂言大谬",似指经元善并不以保皇会攻击慈禧为然。

康有为曾致函经元善,辨以"不知母子之义,即助以篡弑之端,既为奖奸翼篡之人,即难免乱臣贼子之号。以公之至诚至忠,而岂肯为乱臣贼子乎?而以公误以那拉为母,皇上为子,那拉亦自居之,奸党亦引伸之,于是皇上遂废矣,皇上几弑矣。试问持此议者,助成翼篡,谁能免乱臣贼子乎?……以公至诚,深辨此议,明伪临朝之非母,而篡

---

① 虞和平编:《经元善集》,第341页。
② 《知新报》第125册,1900年8月25日。参见《经元善集·前言》,第27页。
③ 1900年6月20日前《致徐勤等书(五)》,上海市文物保管委员会编:《康有为与保皇会》,第112页。
④ 1900年7月《致徐勤书》,《康有为与保皇会》,第147页。

废,则君之发其至忠至诚,弥天塞地,以复不共戴天之仇,讨篡贼而救圣主,必在于此矣"①。从中可以折射出双方的分歧。

第四节　商务公司

汉口自立军和惠州革命党起义引致官府的高压,令本来已经在组织财政等方面陷入窘境的保皇会只好将筹划两年、耗费大量人财物力的勤王运动草草收场。此事传开,各地大力捐助的华侨议论纷纷,怨言尤多。1900 年 11 月 26 日,康有为致函听到风声的邱菽园,告以"今大局虽未全失,然饷源实匮,仆夙夜忧之,故致令停办粤局,以节糜费。……粤局但资通信之人耳,则勉今必行,惟留镜如足矣。镜实美德,宽博有谋,沈密可托,无过之者。或以湘南之综核、孝实之谨慎助之"②。后来港澳总局的确暗中恢复活动,但形势险恶,日益困窘。1901 年 2 月《知新报》出版第 34 期后,港澳总局还坚持了一段时间,1901 年 4 月 7 日康有为函告谭良:"惟今总局困甚,美中各埠绝无款到,不知何故,可告力催之;且令各款汇来澳为合,勿汇横滨,徒令事权不一,且生支离,多电费。"③到 7 月,港澳总局的活动不得不暂行停止。

关于此事,康有为对美洲保皇会会员有一番解释,1901 年 7 月 5 日他函告谭良:

① 《致经连珊书》,蒋贵麟编:《万木草堂遗稿》,第 281—283 页。
② 杜迈之等辑:《自立会史料集》,第 333 页。
③ 1901 年 4 月 7 日《康有为致谭张孝书》,方志钦主编:《康梁与保皇会》,第 31 页。力,梁启田。

自秋冬来，每我辈欲为一事，地方官未有不知；知则即行戒严，即行捉获，险至万分。……明知大集众埠必得巨款，但办事两年，人情已知，稍有所失，即行退沮。自汉败之后，罗、唐被捉，捐款寥寥，然则即使各埠咸集，所得亦无多耳。……澳局因各省委员常驻窥探，连捉吾党，屡泄事机，故我阳命暂停，并《知新报》亦行停罢。此实不得已苦极之事。自外视停罢之后，乃再行密开。凡此办事进退机宜，皆不能告人，汝密知之以解众疑可也。故凡有言澳事者，皆自特造，以为停局之计，实则避委员也。以此区区小局，尚不能立，况如汝直视若立国乎？故有人凡言澳事者，皆勿信，但言因被委员被[所]泄，密掩可也。

港澳总局暂停后，指挥中枢移至康有为所在的庇能，如康本人所说：

外埠之捐款有限，而内地之被杀无穷，故近来各事皆在庇能我亲主持，澳局停与不停无关也；且可告各埠，言内地办事之难，死人之多，失事机之甚，令各埠释然。此后汇款、通信，可直汇来庇能交我亲收可也。①

同日康有为函告域多利保皇会同志：

惟澳局暂停，因各省督抚密派委员常川驻扎，窃查我事，故拟

① 1901年7月5日《致谭张孝书》，方志钦主编：《康梁与保皇会》，第32—33页。

欲合先离之法，先将总会暂裁，及《知新报》、储才学堂一律停止，使其无从稽查，亦无由知我消息。……今一切密事，改由庇中，若有书，可直付来。庇湾埠所发往各埠之捐部，求即催收，汇来庇能督署交我□收，因办事诸人皆由庇分发也。[1]

不过，保皇会并未从此停止港澳总局的运作，1901 年夏，康有为积忧成疾，调理无效，年底离开南洋转居环境适宜的印度，途经香港时当与港澳总局同人见面。[2]这次迁徙使得由康有为本人负责总会各事的安排不得不再度改变，最简单易行的办法就是恢复港澳总局的职能。而这时清廷准备复行新政，两广总督陶模表现出趋新意向，任用新人，开办了一系列革新事业，对于保皇会也有所示好，释放了前此因加入保皇会而被捉拿的华侨唐琼昌、罗伯棠等人的眷属，反对继续抓人。[3]由于活动空间扩大，很可能康有为病重时港澳总局已经恢复运作。

冯自由称：自立军失败后，秦力山等人追咎是役挫败由康、梁中饱华侨捐款所致，群向康、梁算账，

---

① 方志钦主编：《康梁与保皇会》，第 34 页。
② 1901 年 12 月 29 日《梁启田致谭张孝书》："佛今日有公函来，在港手发，无甚要事。其中有'或游美洲'之语。"（《康梁与保皇会》，第 166 页）
③ 1901 年徐勤前往美洲任《文兴报》主笔，在旧金山被清领事何佑指为冒领上海关道游照而来，力阻登岸，何电粤督拿其家属，陶模谓："保皇被捉，则保贼者何以办之？"所以康有为认为："陶督甚爱我，甚好维新，甚助我党。"（1901 年 8 月 22 日《康有为致谭张孝书》，《康梁与保皇会》，第 36 页）其时康有为有门人在陶的幕内，知道"陶督甚有助吾党之意，常时赞仆，独惜其不敢劝耳"。因而觉得"从此我会必无拿办家属之患，同志更可以发愤踊跃，无所牵顾矣"（1901 年 9 月 1 日《康有为致保皇会列位同志义士兄书》，《康梁与保皇会》，第 37 页）。

康、梁归过于穗田。秦等先后至澳门查阅收支账册,结果乃知穗田仅为一挂名之总会财政部长,事实上与总会财务丝毫不能过问,特康、梁之一种工具而已。此案大白后,穗田始觉察康党棍骗之内幕,豁然大悟,渐与若辈疏远。又是年上海电报局长经元善因领衔绅商千余人致电清廷抗争清帝废立事,被通缉逃至澳门,葡督徇清廷请,囚之于大炮台。康徒乃求救于穗田,穗田以无力对,后由香港兴中会员谢缵泰代求香港总督卜力转向葡督说项,经元善始获出狱。穗田自是与保皇会脱离关系,而澳门亦渐不见有康徒足迹。①

此说多不确,尤其是何廷光与保皇会以及保皇会与澳门的关系,与事实完全不符。何在保皇会中虽无实权,至少名分相当重要,康有为不欲其掌握机密内事,却注意维护其声誉,并慎重处理与何的关系②;而何廷光参与总局事务,在庚子以后持续了很长时间,几乎与港澳总局的命运相始终。

庚子勤王运动中,港澳总局与横滨总所之间因拨款用人等事积怨甚深,背后更有宗旨歧异的作用,这些矛盾因康有为接管总局事务而暂时得到压抑。随着康有为移居印度,港澳总局重新恢复办事中枢的地位,并且掌握财权。1902年6月康有为指示罗璪云:

---

① 冯自由:《革命逸史》第4集,第74页。
② 康有为致函康同薇,指示其送何廷光两女的钱数应前后一致(1901年4月5日《与同薇书》,上海市文物保管委员会编:《康有为与保皇会》,第191页)。港澳总局用人,也考虑与何的关系。

　　如既捐讫,则望付香港上环海旁和昌隆邝寿文收,不必付横滨,盖付横滨亦须转汇港澳,以办事支款皆在港澳,不在横滨,远于内地也,徒多费汇水。且汇滨者,楚中将日之索款,稍一不遂,无所不至,卓甚苦之,去年之汇滨者,尽付之无何,冯君紫珊至避之还港。此等隐情幸勿宣告,但转告南洋各埠,后此有款,直汇来仆或汇交港可也。①

　　邝寿民的和昌隆,当是保皇会香港会所所在地。如此一来,与横滨总所的矛盾势必再度凸显。

　　保皇会放弃大举勤王计划后,海外捐款基本停止,各地的华侨支持者士气遭受重创,保皇会的生存面临严重危机。为此,该会尽遣精英分赴各埠再度进行动员,全力开新埠,筹新款,港澳只留何廷光、王觉任、邝寿民等人坐镇。保皇会没有经济事业,离开华侨和外国人士的资助无以为生,而为了鼓动华侨捐款,就不得不鼓吹起兵和自立。1901年,保皇会还想利用广西会党游勇之乱,发动勤王,梁启超致李福基、董谦泰函称:"南海先生专力经营广西之事,但现时东三省之机会又较胜于广西,南海未知其详。因通信不便,已专派人往槟榔说明矣。"②6月,梁启超"续得孝入桂之电,再行加捐,仅得二百镑矣。"③

　　随后,康有为和港澳总局对于西事的态度,与梁启超一派及各地

──────────

①　上海市文物保管委员会编:《康有为与保皇会》,第160页。楚中将即自立军幸存者及其家属。
②　方志钦主编:《康梁与保皇会》,第98页。
③　1901年6月3日梁启超《与南海夫子大人书》,丁文江、赵丰田编:《梁启超年谱长编》,第261页。孝,疑为罗璞士,名孝通;亦可能是罗普,字孝高。两人均与广西关系较多。

华侨出现明显分歧。1902 年 4 月后,徐勤函告康有为:

> 广西之事智若与扎池直往龙州、南宁等处,联络其头目,事成或不成,然智若破家为之,拼死为之,诚可敬也。来各埠函切勿言西事之无用,若智若等知之,则大失其心矣。且言西事,各埠皆欣喜,散岛会友每人捐一月工银,即□言西事得来,若禁言西事,而日诩复辟,令人冷齿而灰心也。①

梁启超函告美洲华侨:

> 广西民党现据南宁州,现香港我会派有数人在彼主持,然军火甚乏,现时尚难望大成。②

美洲保皇会组织更加群情激昂,鼓吹:

> 今广西民党已挺身先出,我海外同志仍无举动。内地既已拼命,而外地尚未输财,揆诸情理,岂得谓平?且吾人不特有手足相援之义,更须大集群力,购战舰,募义勇以占据海面,接济粮饷、器械,使内外相通,水陆并应,先联东南数省,布告改革章程,大修内治、外交之要务,力任兴利除弊之公益。

---

① 上海市文物保管委员会编:《康有为与保皇会》,第 201—202 页。
② 1902 年 10—11 月前梁启超《致贵埠保皇会列位同志义兄书》,方志钦主编:《康梁与保皇会》,第 105 页。

　　呼吁各埠同志每人捐一月工金，成大款，举大事。①而 1902 年 6 月 11 日康有为函告李福基等人，广西之乱，

> 不过土匪扰劫乡村。适苏元春扣饷不发，游勇遁入之，其地当镇安泗城万山间无人之域。自去年十二月、正月至今四个月，而不能破一县城，其无力可想，其无志可知，亦无所谓民党，但劫贼聚众踞于村乡者耳。在深山中，一时难灭，而近者有报以扬之，报中扬之愈甚者，人心思乱，展转附会，遂若大事，真可笑也（西省去年旧人甚多，故仆最得确信，君力、云樵、君勉皆不知）。吾党已派数人往，尽知其故，望告知各埠勿误信传言。②

　　1902 年 9 月 23 日，主持港澳总局的何廷光、王觉任致函李福基、董谦泰等，告以“本月初十日，张、罗两君由南宁回”，称官兵始终未与游勇开仗，所报伤人缴械，均为假冒，唯 6 月间马盛治率千人往马鞍山围剿，中伏毙命，并杀官兵百数十人。“惟惜该党各立头目，各行各事，未能联成团体，以与军兵相抗，恐无济事耳。”③

　　康有为改变对西事的态度，与保皇会内部普遍的言革倾向颇有关系。面对“各埠之稍聪明者无一人不言革命”，只言保皇则不能运动的局面，梁启超等江岛结盟者乃至徐勤，为了扩张会事，都不得不“言

---

① 　1902 年 6 月 27 日《从汕呸啰埠保皇会致贵埠本会诸志义先生书》，方志钦主编：《康梁与保皇会》，第 367 页。
② 　上海市文物保管委员会编：《康有为与保皇会》，第 162 页。原书系此函于1903 年。
③ 　《康梁与保皇会》，第 145—146 页。

革"。这使得康有为极为忧虑。为此,他与梁启超等人反复辩驳,并发表公开信,坚决反对言革,甚至欲将鼓吹革命自立的欧榘甲驱逐出会。

不过,梁启超等江岛结盟者言革,确有宗旨之见,徐勤则主要是鉴于"饷源已绝",不能继续"严为去取",以免"同归于尽","今若不言自立,不言西省之事,则实无从下手运动"。①所以后来他一再声明当时亦言革命,"与长者辩难甚多,然不过欲扩充会事,以为长者之助耳。卓如亦不过如是"②。

为了坚持保皇立场,摆脱不言革则不能筹款的尴尬,解决日益严重的财政危机,使保皇会在勤王后时代获得自我生存的能力,该会领导层筹划兴办商务公司(又称商会)。1902 年 6 月 3 日,康有为致函罗璪云,提出:

> 至近者扑满之说尤为无□,吾中国之大,当合蒙古、回疆□大。吾今近西藏人及哲孟雄、廓尔喀人,皆甚爱甚亲我而疾视白人,盖以同国之故也。俄之所以能大,能容各种人故也。我坐有大国,何必自分割之。
>
> 满人亦有力言民主者,皇上则舍身救民,苟然皇上已遭变,而又数年之后,全国民智大行,内地人有雄心,饷械大积,万不能言此,妄为举动,徒去人才及费大饷耳。仆一切皆经阅历之言,固未敢妄动,尤不肯言革……今惟有成就商会公司,厚积饷源一事。

---

① 上海市义物保管委员会编:《康有为与保皇会》,第 201—202 页。
② 1903 年 10 月 28 日《梁启超致谭张孝书》,方志钦主编:《康梁与保皇会》,第 134 页。编者系于 1904 年。

若饷源大集，则进退裕如，无所不可。①

这一设想与粤港一带局势的变化有关。其时清廷欲调岑春煊为广东巡抚，令康有为感到有机可乘，1902 年 8 月 2 日他函告李福基、董谦泰：岑春煊来为广东巡抚，"天乃与吾党一大机会。即商务事，亦借其力为之，极佳。吾欲趁其在粤，亟成商会以办大事"②。

康有为定策的本意，是想挽救内外离心、风雨飘摇的保皇会，因为该会"昔者踊跃捐输好义已甚，实有筋疲力竭之势，不得不小迟以养之"③。保皇会饷源枯竭，又无新的政治号召以鼓动，如果不能转而寻得经济动力，将短期的政治热情变为长期的经济利益，组织乃至康门师徒的生存将难以为继。

商会的缘起，可以追溯到 1899 年。其时鉴于海外华侨的分散无力状态，梁启超发表了《商会议》一文，其组织商会的立意，在于"采泰西地方自治之政体，以行于海外各埠也"。为此要条理民生应办之事，联络分散各地之人，扩充合群力量。如能联为商会，合全会之力争应争之权利，御外来之侮辱，必能成功。若朝廷自强，可以助国家之外政，不幸而被分割，亦可保身家之安全。其利益包括各埠人人自得、公司均沾以及协助内地保全宗国三大类，而办事条理有广兴教学、革除恶俗、恤救患难、利便交通四方面，并不限于商务。④

稍后，梁启超发表《论商业会议所之益》，对象虽是旅日华侨，却在

---

①　上海市文物保管委员会编：《康有为与保皇会》，第 159—160 页。
②　方志钦主编：《康梁与保皇会》，第 38 页。
③　《康有为与保皇会》，第 268—269 页。
④　哀时客：《商会议》，《清议报》第 10、12 册，1899 年 4 月 1 日、20 日。

广泛教导人们以往商务竞争在一国之内,如今须合一国之力与别国相争,"大局昌,则人人受其利,大局损,则人人受其害","大局既坏,无一能自立者"。

> 今我商民处于群雄之间,势无中立之理,不进则退,不立则仆,于此而不亟思自联,亟思自保,他日噬脐,其能及乎。是用会集同人,效彼良法,创设商业会议所,以联声气,以一众心,以保利权,以抵外力。一埠虽小,实力行之,各埠应之,他日全国总会议所之设立,必当不远。以中国人之聪明才力,加以团结合为大群,又岂惟商务而已,二万万之地,四万万之民,皆将赖之。①

其时梁启超、张寿波、黄为之等人曾计划成立银行,并已制定章程,希望得到柏原文太郎等日本人士的襄助。②所以后来梁启超言及商务公司的人事安排时说:"此事既我辈发起之,则我辈固不可不负其责任。"③而康有为组织保救大清皇帝公司,所开救世二方,"上方曰保皇会,则保已能医救我国民之圣主复位,则四万万人立救矣;下方曰保工商会,则我海外五百万同胞合力自行保护,则亦可补救我四万万人焉"④。与梁启超的想法大同小异。

关于商务公司的筹划过程,1903 年 2 月 25 日朱锦礼对康有为有

---

① 《清议报》第 21 册,1899 年 7 月 18 日。
② 东亚同文会编:《续对支回顾录》下卷,第 656 页。
③ 1903 年 4 月 1 日梁启超《与勉兄书》,丁文江、赵丰田编:《梁启超年谱长编》,第 316 页。
④ 上海市文物保管委员会编:《保救大清皇帝公司序例》,上海市文物保管委员会编:《康有为与保皇会》,第 254 页。

如下陈述：

> 弟在加属时，曾与福基、惠伯及同志等酌办商会，曾即函告：请酌就章程，不日弟经滨返港澳，将议定章程带港刊印成本，即付各埠，定于去年集足股份，并公举干员返港，是年开办，此乃弟在加属时与福、惠及各埠同志等之始意也。即着弟归港经滨，与卓、慧及同志等商议章程，携归港澳，与同人再订刊印云云。而弟至滨时，曾面卓、慧等请议挥就章程，携回港印，无负同志之望。而卓曰，今事忙未暇，嘱弟先程抵港，不日定议就付港云云。斯时弟信以为然，极慰。舟帆直抵上海，亦曾面紫珊兄等商之，亦以商会为慰，再托归滨与卓如议就章程，付来港印云云。惟弟归港后，数月未见有章程付回，再函卓、慧、紫三君请即议就付来，至数月未见卓有一字回示，惟接慧、紫来信云，必俟九月书局后方能举行云云。接君勉兄来信，亦如是说。弟闻伊等之言，心内稍寒，见事应办不办，恐日久生变，无可挽回，信息驳诘，枝节多生。无奈即将鄙意略写就章程呈与孺博兄改良，再付先生参订，付回港印（内加数款，弟恐外埠有疑，乃从众而行）。至十月遍寄各埠，以为同人同心协力。[①]

是函写于港澳与滨沪的矛盾爆发之后，又旨在向康有为阐述己方的立场，不免粉饰自己，诿过于人，但从中可见商会发起的原委以及筹议的大致进程。

---

① 上海市文物保管委员会编：《康有为与保皇会》，第220—221页。惠，叶恩；卓，梁启超；慧，黄为之；紫，冯紫珊。

由此推断,保皇会动议筹办商会,应在 1901 年底。1902 年康有为致函李福基道:"况此会倡自去年,各埠来书莫不踊跃,待之望之不为不久矣。"①先是,港澳总局派朱锦礼在加拿大与李福基、叶恩等人商议,要求与横滨方面协商定议,但后者数月不予回复,并欲推至 9 月以后。不得已,朱锦礼等将草章交麦孟华修改,然后再寄康有为参订,交回香港印刷,于 1902 年 10 月遍寄各埠。

康有为将修改过的章程寄还香港约在 9 月 20 日,三天后,何廷光、王觉任函告李福基、董谦泰等人:"更[生]先生付来商务章程,现已发刻,大约十日外便可付上,今日救皇保国,全恃此商会为根本,望各同志赞成之为幸。"②此举大概因为李福基等也是倡始之人。10 月 20 日康有为致函李福基,问以:"前寄商会章程,想收。此为今日之大机要,想各埠能鼓舞之也。"③

11 月 10 日,康有为又再度函告李福基:

前上商会章程并由香港告印发已数千部于各埠矣。此事为兄提倡最注意之事。实则商会为今中国自振利权第一事,为同志发财第一事,为吾保中国皇上救身家第一事。凡事认定第一义,则可决定竭力以图之;其有未合,则委屈以赴之。……今章程已布,事必决行。各埠鼓舞者固多,尚虑同志中各就所识之论,或为异议,或谓可小辨[办],不能大辨[办],或谓宜候某君来劝之乃举行。此皆有见之论。惟《易》曰:需者,事之贼也。惟断惟速乃成,

---

① 方志钦主编:《康梁与保皇会》,第 45 页。
② 同上书,第 146 页。
③ 同上书,第 44 页。

迟疑则误。方今中国祸变之急，岂能从容待之乎？凡事见可即行，三思则惑。若自生疑虑，徒阻成功。商会之可为与否，章程已明，即有人劝，不过尔尔……伏望诸君审定商会为第一要事，如白圭趋时之说，捷如庆忌，勇如孟贲，不失机会，乃可与谋。认定宗旨，全神注定，神不外散，日日大声疾呼，人人鼓舞激劝，则商会必大成；若人人有待，人人生虑，人人观望，则必无成。故商会之成不成，大不大，全在诸君之互相激劝而已。①

寄呈章程的同时，港澳总局的何廷光、王觉任、邝寿民通告各埠，保皇会成立以来，

已成大团体，他日中国之兴，实已起点于此。今日基础已定，不可不谋所以扩充之。夫中国地大物博，甲于全球，商力之锐，东西人推手羡服，特以不相联合，势分力弱，彼族以整乘我之散，以合压我之分，故商利渐为他族所攘夺，而不能与之竞争，此固海外同志之所同声痛惜者也。同人痛心发愤，窃欲联合海外，集一大公司，以敌彼族之商务，以挽中国之利权。谨已草拟章程，刻日开办。仁兄爱国热心，久为同志所钦服。同人不揣冒昧，推弟为开办董事，伏望联集同志，竭力推广，仰仗大力，同成盛举。

指示将章程遍布各埠，鼓舞同人，踊跃附股。②

---

① 方志钦主编：《康梁与保皇会》，第45页。
② 1902年11月15日前何穗田、王觉任、邝寿民《致贵埠列位同志书》，方志钦主编：《康梁与保皇会》，第147页。

团聚海外华侨,成立商务公司,本来就是华侨的愿望,此举立即得到热烈响应。11 月 29 日,加拿大域多利、温哥华的董谦泰、李福基、叶恩、徐为经、刘义任等联名致函各埠保皇会:

> 今吾会译书局已设矣,报馆已开矣,斯二者实足以开发民智。此外应办之事尚多,惟当务之急者,莫如商会也。方今海禁大开,商战愈烈,我内地之银行、铁路、矿产,外埠之轮运、汇驳、商务诸种利权悉为外人所攘夺。以吾会之大、人才之众、商务之盛,惟以坐失渔利,徒饱外人,清夜思之,实有憾焉。然欲竞争于商场,分润于外人者,我同志非出全力,集大股,创一大商务公司,不足与争衡也。敝处同人昨将鄙见告诸会长并港澳以及诸公,均□允许,现由会长作就,□□草定章程,由港印就,寄到各□。……此亦不过草定章程耳,如有未尽善之处,还期改正;并部中所载倡办人员,港澳诸公不过照已开会之埠,尚容续详。望贵埠诸公于同志中公举殷实才望之士出为办理,以勸厥成。港澳、内地已于十月初一日开招股矣。①

函中特意指出章程不过草定,绝非虚礼,而是对其中若干条款已持异议。11 月 15 日李福基将港澳总局的来函转抄分寄各埠时,又将商会章程的几项条款摘抄附上,主要有:

"第十条,开集股本,以十四个月为期,自本年十月初一日开集,至下年十二月三十日止截。"如每股每月交银一元,可至来年十二月为

---

① 方志钦主编:《康梁与保皇会》,第 304 页。

止,但若中途停交,则以前所交股银全部充公。

第十二条,每月交银时先由代理以收条为据,待股银交清,再由总理另给盖印股票,作为每年派息凭据。

第十八条,收集股银,在港交总公司;内地即日存银行,每月汇交总局,外埠每周存银行,到时汇总局。

"第二十条,本公司俟各埠议举干事员返港会议,购凭实某街某楼屋为总公司后,即信电外埠彙汇开办。"①

谭良看过章程,对其中第6款在香港开设《商报》馆不以为然。1902年12月14日董谦泰、李福基等复函谭良,告以港澳总会来书,声明此乃草定章程,如有不合,随时变通办法。李福基等人以为,除第六款外,第十八款"各处每月将股款汇总局"亦不妥,因为"今始倡办,来年尾乃开办,况又未定实先办何项生意,司事人又未定,若先缴股银,恐未能取信于各同志也。以弟等鄙见,各埠自推值理数人,每月所收之股款,各埠就地贮银行,俟至股本大集时,然后汇返。如此者,各同志必然乐意做也"。②

稍后,李福基等人将有关反应汇总,再通告各地保皇会同志,进一步征求意见:"此草定章程乃港沪同志所拟,现散属三埠会议细玩索其章程,内有数条未得尽善。"如第六条"设立日报馆于香港,以查察外国商情",宜删除,以免耗费。"缘本会各处有报馆,可借以查察外国商情,不必自行开设。"第九条所定内地之人认股时每股先交股银二元,海外不必先交,如愿交者更佳。第十条应设法杜绝中途辄止之弊。第

---

① 方志钦主编:《康梁与保皇会》,第147—148页。
② 同上书,第306页。

十七条原定股东可将股份卖出，应予禁止。第十八条"所收之股银应即日附交银行存贮，每月彙汇返总局"，而商会要一年才能收齐股本，未宜先设总局，以悭縻费。可先就地收存银行，开办商务时，再将股银汇返。第五十八条除原定公司图章归总理、协理专司管用外，凡按揭、担保等事，须效西人以总理、协理亲笔签名，另加印戳，以防假造；并要近来开会之埠另议倡办人员。①

或许风闻华侨对章程议论颇多，12 月 29 日，康有为致函李福基等，呼吁：

> 商会望各努力。此为救国之根本，亦同志发财之大机会。中国全国一大金山，切勿尽舍送于外人也。②

在充分征求华侨意见的基础上，叶恩、李福基等人对章程作了修改，并于 1903 年 1 月函告港澳总局的邝寿民。2 月 14 日，何廷光、王觉任复函，赞成加拿大保皇会从长改良章程，"以祈取信于各埠，是诚虑周藻密，钦佩之至"。希望将改本付回，俾知适从。因为总局已将原刻章程发出招股，"若改则一律照改，庶不致彼此错杂，启人议论也"。③ 4 月 28 日，温哥华的董谦泰再度致函各埠保皇会："商务章程比前时略为更改，刻已印就，谨即呈上，仰祈纳鉴。计现订之章程更善，而所创

① 1902 年 12 月—1903 年 1 月李福基等《致贵埠列位同志义长书》，方志钦主编：《康梁与保皇会》，第 308 页。第 17 条原文"如股东不欲将股份卖与别人"，应为"如股东有欲将股份卖与别人"。

② 《康梁与保皇会》，第 49 页。

③ 上海市文物保管委员会编：《康有为与保皇会》，第 211 页。

办之生意尤为把握。"①

　　现存由上海市文物保管委员会编辑的《康有为与保皇会》所收录的《中国商务公司缘起附章程》,条款与先期讨论稿不同,当属修订稿。该章程共有宗旨、命名、业务、集股、议员及股东会议、职员、银款、会计等8章65条,其缘起称:中国地大物博,商机无限,而国人以内地谋生之难,纷纷觅食外洋,商战于中国者,欧美、日本人也。国人非不知抢占商务利权的重要性,"实以未能合群,未合商会,无公司之大力以与西人争大利故也"。"今者新世界商战之力,实为兵战之祖……当此万国商战之时,以小商与大商战,小商必败。"所以,"今日而欲在中国人于商战之局,少分外人攘余之利,以秉新世界新凿出之富源,非合大商会不能济也。此断非零星小公司所能立于万国商战之局也"。保皇会虽能合大群,但"昔之疲竭于捐输,吾正欲因今者凿新利源以偿之"。凡商务有取诸己国,取诸人国,人己之国交道为利等,以前者论,有短线铁路、矿务、轮船、买地、开垦、土产等,后一项包括瓷器、织绣、银器、珐琅器、螺钿器、牙雕、草帽、毛毯、皮革、竹器、水晶、大理石、漆器、葡萄酒、水果、樟脑、纸品、白蜡、木器、石油等。而商务之父母为银行,有银行则百万股本可当数百万用。如能在中国内地和海外各埠遍设支店,"小之为我会同志生财之本,大之为经营中国富强之源"。

　　该章程规定:本公司总局设在香港,分局设于省城、上海、横滨、旧金山等处,其余各省各地随时分设,将兴办银行、商贸,以及各种工业。对于华侨意见较多的在港设立报馆,则仍然坚持,因总局设于香港,地位极为重要,立报馆便于"采择外国商务之书报,查探外国商务之近

① 方志钦主编:《康梁与保皇会》,第311页。

情,译集外国商人之论议,以增我国商人之智识",并将本公司货物出入布告同人。拟集资 120 万元,分 8 万股,每股中国七十二鹰银 15 元,以 15 个月为期,每股每月收银 1 元,1902 年 10 月开收,次年 12 月截止,各股银按期缴香港总局;股东总会每年在香港举行一至二次定期会议;总局设总理、协理、司事、司账、司记、买卖、监理、监事,并由各局议举干事员。①

章程以外,叶恩、李福基等人对港澳总局的某些做法也提出质疑,如公司尚未成立,听说香港已为此以每月 200 元租一铺面,以及准备以商会名义作金山庄生意等。何廷光、王觉任解释道:

> 港中所租二百元之铺,系为君勉倡办之报馆客栈所租,非商务公司所租也。此铺因君勉有信云:年底即归开办,嘱弟等留意觅铺,又派罗璪云归,商办此事。故弟等酌议租之,定议将铺由及三四楼归君勉开办报栈,二楼归商务公司作为写字楼,每月派回租银,专理各埠来往书信及招股各事。前云租铺二百元,不过笼统言之,未尝分开,该铺公益着其大半,公益即君勉原议客栈之名,商会总局着其细半,致为兄等惊讶耳。弟等虽不才,然安有商会初议集股,遽租二百元铺之理乎? 来示云商会之力,不是作金山庄生意,诚然,诚然。但弟等酌办金山庄者,实因君勉所倡办之报栈起见。因港官近日颁有客栈新例,每间须担保银贰千元,又限定开若干间,每间限住若干客,极苛极严,万不能挂正招牌,故酌议改为金山庄。金山庄可以落船接客,招呼同志,与客栈名

---

① 上海市文物保管委员会编:《康有为与保皇会》,第 266—286 页。

异而实同，又可以接办各埠货物汇项，以弥补盘缴，或年中获有微利，亦未可料。是以再三思维，莫若如此办法，胜开客栈数倍，故一面飞函商知君勉，一面租铺，候款到齐开办。其开办之款，即是君勉开办客栈之款，未尝拨商会小股为之。

并且声明：

> 公益与商会分开费用，公益照金山庄例，务祈收窄盘缴为主，商会亦照原议章程从廉开办。局中连礼兄共用三人，专理来往书信及招股巡察等事。现尚未敢开议人工，其余各人皆出力报效，不支一钱，只求大局事成，绝不顾私也。[1]

叶恩等人的疑虑，背后牵涉到保皇会内部的利益分歧。徐勤到各地运动，以在香港开客栈、办报为名招集股份，其间突然让华侨先将款项改归沪上，与袁世凯合办日报，继而又欲将款挪借上海广智书局暂用。港澳总局闻讯，均飞函阻止，嘱其将款拨还，先办公益，俟其归后乃商办报事。实际上，围绕此事，港澳与滨沪展开了一场权力之争。

第五节　港澳与滨沪

商务公司的成立，使得濒临绝境的保皇会看到生存发展的一线曙

---

[1]　1903 年 2 月 14 日《何廷光等致叶惠伯李福基书》，上海市文物保管委员会编：《康有为与保皇会》，第 211—212 页。

光,这本是该会的一大转机,不料反而引发港澳与滨沪双方的严重冲突,相互攻讦,本来相对超脱的康有为与徐勤又各自偏袒一方,矛盾更加错综复杂,几乎使保皇会陷入分崩离析的境地。

商务公司一事,港澳总局成为主动和主导,按照章程规定,各项权力将重新向港澳总局集中,这引起横滨总所同人的极大不满。横滨一方的罗普抱怨道:

> 从前总会在港澳,各埠款皆汇去,未尝有一文汇此间,而支款则往往反向此间,一切事亦归此间办,此实为可怪之事。

据各埠所报,壬寅年捐款共约四五千,而港澳无应用之项,其款不知是否汇往康有为处。港澳的邝寿民汇康的款项,皆入《新民丛报》数,实则仍为横滨款,而非会款,港澳方面似未声明。横滨保皇会虽有总所之名,承担许多责任,却无其权。每年为公事开销者总要四五千金过外,旧金山的《文兴报》、檀香山的《新中国报》,皆依赖横滨支持。还时时有意外之事,如各筹五百金救援因洪全福案被捕的龚超以及提供张学璟作运动费等。康有为移居印度后,变故不少,花销极大,向港澳总局催款,总局告以港澳间已无从设法,转而向横滨求援。康处每月最少需四五百金,一年六千,合横滨用款,每年共需万金。梁启超专靠《新民丛报》敷衍,出死力维持,为作文字,数夜不寝,1902 年博万金,皆为党事用去。"以一人之力而供一党之用,太不合理。"①

_____

① 　1903 年 2 月 16 日《高山致康有为书》,上海市文物保管委员会编:《康有为与保皇会》,第 216－217 页。高山,即罗孝高。是函云:"雅斋信来言,罗揽东荐弟子在京师大学堂为助教,此亦为一要着,所教者为京官新进士,或可于此别开一得人之 (注转下页)

开办商务公司，整体上是为了解决保皇会的财政困难，这与横滨方面本无矛盾。由于前车之鉴，以及双方由来已久的恩恩怨怨，横滨方面立即作出强烈反应。其异议主要集中于下列各事：

其一，人事安排。商会原定由李福基任总理，李坚辞不就，康有为准备让何廷光出任。对这一安排，横滨方面多人表示坚决反对。1903年2月16日罗普致函康有为，告以：

> 此事弟子甚不为然。李果不肯任，或有别人，苟真无适当之人，则宁不办耳。商会当以实能谋利，有补大局为事，实非如保记办法，又非可以虚张声势，高兴一时，万一失败，则全党再无立足地。而且后来引以为口实，吾党犯天下大不韪矣。故办此会，必要确有把握，得其人而任之，方可下手。穗田之忠义，夫谁不知，固吾党之重要人物。然人各有所长，亦各有所短。穗田之性质才调，皆不合于商人之资格，人人所共知，不能为讳，而以之任总理，人心必不悦服。而且为穗田计，强自己以不能，则事必败，事败则受众怨，反失从前之名誉，亦非所以保全穗田之地位之道。若谓总理实无事办，此大不然。商店一切指挥皆在总理，总理非拥虚名者。故全局亏盈，皆由于总理之才调如何，非若他种团体之总理，不过挂衔者也。至谓穗田虽非商才，而其名誉可以镇压得来，

（续上页注）道。"（前引书，第219页）1903年4月14日梁启超函告域多利保皇会："孝高本欲辞北京之席，惟张、荣两管学手书殷勤劝驾，不得已乃许之，已电复言四月北京上［上北京］（按：京当为衍字）云云。……孝高者，罗君名普，顺德人，康会长之门生，弟之老友也。……去年管学大臣张百熙尚书聘罗君为北京大学堂政治科教习，罗君辞未就。今彼亲来书劝驾，故罗君亦往矣。"（方志钦主编《康梁与保皇会》，第107页）

此又今昔异势，未必能然。今海外大率已知穗田底蕴，且因讼事更为新着，则人人虽信穗田义侠，而亦知其困乏。由奢入俭，人情所难，既忽困乏而或为事势所迫，则不得不设法以暂行敷衍，而财权在握，安保其必不借用。借用寻常事耳，而世事无常，或不免生出意外，则其心术即无他，而迫于无法转动，必致波累公司。至是则人不问其有心无心，而公司之实受其害一也。为商会既不可，为穗田计又不可，故弟子敢极力反对此议，仍以别选他人，务得其当，然后可办。不然宁俟异日。此等事必不可强为，有损无益耳。此事关系全党之前途，不可不熟审而后为之，夫子想以为然。

不仅如此，他还提出衡量用人的标准："此次商会之事，非性质与之近，且有多少阅历见识，不能干预。弟子敢断言镜如非商务中人，故此次以不与其事为妙。介叔亦然。"罗与王、陈二人并无交涉恩怨，"乞夫子为两人计，勿再使之干商会事，更犯众谤耳"。[①]

其时梁启超与康有为的关系因言革、用款、办事等分歧变得相当紧张，不便直接进言，而通过罗普和徐勤之口转达。他告诉徐勤：

若长者谓举穗为商会总理，则弟等始终反对之；盖反对之由，不因穗之家变，而实因穗之非商才也。穗以如许大家资，而能为一黄叶秋尽蚀之，致有今日，此同人所同叹息者。穗之至诚热心，固可敬，然其为一阔公子，绝不知商务中甘苦，此则无能为讳者也，岂可以如此重任委之？在长者之意，亦非见不及此，但以以穗名坐镇

① 上海市文物保管委员会编：《康有为与保皇会》，第213—216页。

（向来会事皆如此），而他人协办云耳。然弟之意，谓长者若能自归港中，指挥调度一切，则以穗出名可也；任以一寻常人出名，皆可也。而长者既不能，且远在数万里外，则穗出名后，协助之者谁耶？必镜如也，寿民也。二人果有商才否耶？镜、寿所依赖者，则汝磐也，璪云也。璪不足道，汝磐则极有才也，然以全局委汝磐，兄能放心否耶？虽非以全局委之，然港中无一可与汝磐敌手。磐在场则玩弄诸人于股掌上耳，局事安得不败坏？此弟等所以极力反对也。

汝磐，即创办横滨大同学校的侨商邝汝磐。

对于徐勤提出以冯紫珊、黄为之为商务公司正副总理，梁启超也认为不可。因为"两人皆出滨中，即使外埠无间言，而港中吃醋将益甚，风波又必大起"。开始他欲在外埠举一总理，而以冯紫珊、黄为之二者之一为副理。后因黄决意不任副理，只愿暗中相助，梁启超拟推罗普为总理，

　　孝高之学、之才、之毅力、之诚心、之地位，实吾党中独一无二者也。虽少阅历，然得数人助之，则大可矣。他人阅历或胜孝高，至其统筹大局，措置裕如，则无能及彼者也。而彼以不言革命之故，长者亦太[大]信之、赏之，必足以消港中之忌。故弟熟思，舍孝高外无他人。彼就大学堂之聘，所得虽多，然比较轻重，似不如主持商会之为妙也。

至于外埠人才，梁启超初时颇寄厚望，后实地考察，加拿大、檀香山、美国大陆各埠均无人可以胜任，澳洲虽有数人，未必能归。所以梁

启超认为"舍孝高无别人矣"①,分别致函康有为和罗普,表达意见,并希望与康有为、徐勤等合力保举,授意各埠,玉成其事。罗普看来接受了梁启超的提议,他告诉康有为:"弟子自问不长于文字,最宜于商务,性之所好,又少有家传,极欲专意习商。……办商会而吾党无一人才,一切不便。弟子不才,颇有意学为,正为此故。"②很明显,横滨方面不仅不能容忍港澳总局独占商会,而且务求将该局要人排除于商会事务之外。

面对港澳与横滨的分歧争议,康有为另有一套打算。2月26日,他致函叶恩、徐为经等,对于各埠踊跃商会事感到可喜,以为应当"专合大力成一银行,则无事不可为矣。其生产莫如磁器"。至于总理之席,李福基既然累为辞让,也不勉强,"已与港中同志先推举冯紫珊兄,盖紫珊忠义有素,又有商才。前书已告福基兄,谓款集之后乃议公举,甚是。然亦可略举其人,以待众望。鄙意更有奉告者,商会实□□举总理,□□多人口,收集思广益之计,皆谓美洲可公推□□[福基],□□[横滨]公推一二人,港、澳、省城可公推一二人,合集众才,必收公益。……商会年尾乃大办,福兄暇,仍可来,不必因辞乱也。如谦泰兄之老成是众心所属,而滨横[横滨]则无□□□之殷实而热心而有商才,与紫珊兄允为总理之妙选者也"。

由美洲华侨任总理,滨沪与港澳各出一二人,当是为了集合众力,避免争议。而冯紫珊暂代总理,只限于筹股期间,康有为心目中真正理想的人选还在港澳,

① 1903年4月1日梁启超《与勉兄书》,丁文江、赵丰田编:《梁启超年谱长编》,第315—316页。
② 1903年2月16日《高山致康有为书》,上海市文物保管委员会编:《康有为与保皇会》,第219页。

如港澳中办事多年、忠义热心第一者,莫如何穗田、邝寿文二人;而仆所知信,敢于经营此商会者,为故人梁铁君一人。……仆以此益服其才同人无比。与居数年,听其论商务稍得,真可倾佩,而又操多□介事,既殷实,久于商场,年将五十,见识盖大,阅历最深。各埠人才固多,而□仆所深知深信,人才商才,最服此公。其为保皇会事累年始终□□。但此公好办实事而不好虚名,故向来与各埠未尝通书,仆故未敢遽举。然若港中商务大集之时,寿文等与诸总理办事之时,仆欲举梁铁君为总理,以决诸商务。此君实有总理之天才,虚以过之者也。有此人生□,仆可信港中商务必能裕如也。[①]

其二,办事程序。1903 年 2 月 25 日港澳总局的朱锦礼致函康有为,指责横滨方面的梁启超、黄为之等在商会一事上枝节横生,皆出于办事私见,并条述其碍商会者六事:1. 言译局派息后方能举行。2. 年余不复章程意见。3. 屡展译局之股。4. 倡集 20 万元创纸局。5. 诬同人无信与商开办事宜。6. 挪借栈报款项,以致公益不能开办。[②]归纳起来,无非商会筹办是否与其他方面协商一致和商会与沪上保皇会事业孰先孰后两件相互关联之事。前者港澳与滨沪各执一词,莫衷一是,后者则利害攸关,截然对立。

2 月 16 日,罗普函告康有为:

---

① 方志钦主编:《康梁与保皇会》,第 51—52 页。
② 上海市文物保管委员会编:《康有为与保皇会》,第 221 页。

港中人未与各埠一商，遽行开办，令人闻而大惊，稍知做生意者，皆大不以为然。今外埠来信，皆有违言，想亦有函到尊处。港中人如此办法，只令人心解体，贻有识者笑，各人究不知执何主意，而一误至此。此间一见彼有信来，言已开办，即寄一函去，有所忠告。而各人覆云，我等自有主意，一切开办经费，由港中同人自凑集，请不必过问云云。观此一信，是显然以局外人相拒，令人不胜痛叹！……将来港局果能照此办去，而能妥当，各人甘受妄言之罪，而极不愿港中人将悔今日之不听此言也。今闻在港集得小股若干，而房租月二百，常川住食者已十余人，恐非四五百金不能支持一月。而商会实未有一点头绪，即令将来果成，犹豫之间，非半年后万不能开办。然则从前所支开办经费已甚巨矣。①

对此港澳总局绝不认账，反唇相讥，指责横滨方面迟迟不复意见，是有意为难。其故意的目的在于拖延商会，以免影响滨沪的各项事业，尤其是广智书局的展股计划。

广智书局由梁启超等人筹办于 1901 年②，其宗旨是翻译出版东西文的各类西学著作，而且"系按部完全出版者，非如《译书汇编》之支离破碎也"③。同时也考虑到必须奠定经济基础，才能大规模从事开民智

---

① 1903 年 2 月 16 日《高山致康有为书》，上海市文物保管委员会编：《康有为与保皇会》，第 214—215 页。
② 1901 年梁启超《致李福基董谦泰书》："前寄上译书局招股章程想已收到。尊处约集股几何，祈早日回示。"（方志钦主编：《梁梁与保皇会》，第 97 页）关于广智书局，参见张朋园：《广智书局——维新派宣传机构之一》，《中央研究院近代史所集刊》1971 年第 2 期。
③ 1901 年 9 月 19 日梁启超《致李济骞书》，《康梁与保皇会》，第 99 页。

的宣传活动，"译书之局，任公虽乘势利导，殆亦有万不得已之苦衷。……既济吾党之穷［穷］途，益开中原之新治"①。开始捐款并不顺利。②保皇会利用股份制形式，向海外华侨集股，必须保证有所收益，才能长期坚持。为此，该局还编印科场用书如《经策通纂》之类，以谋其利。据说每种可售数万部，只需本钱 2 万左右，一年之内，可获利 10 万以上。有鉴于此，梁启超等人欲将股份厚集至 10 万。③广智书局设于上海，编辑翻译之事多在横滨进行，由梁启超主持，梁赴美时，交罗普、麦孟华等人代管。而上海方面的印刷经营等业务，则由梁荫南负责，后来加派黄为之，冯紫珊一度也参与其事。

广智书局开办后，适逢内地风气大开，士人无不讲求新学，"沪上所有新书印书，不拘精粗美恶，莫不相当购取，以先睹为快"④。1902 年，广智书局开始印书，出十余种，每种先印三四千本，不到三个月，销售一空，而各处函购者络绎不绝，大有应接不暇之势，于是陆续补印，次第出书，还是印不及售。梁启超对华侨鼓动时，更加夸大其词："书局生意之盛，不可言喻，每出一书，皆当日销罄。"⑤由于销售良好，据说当年年底即可获利万余金，除老本息外，每股可赢三四元。

不过，广智书局的发展也存在困难乃至潜在危机。该局集股，两年间各埠附股总共 6 万余元，除开局购器印书外，所存无几。由此出

---

① 1901 年 8 月 25 日岑子安、黄卓惺、陈文邨等《致罗省埠本会诸志义先生书》，方志钦主编：《康梁与保皇会》，第 296 页。

② 1901 年 8 月 26 日董谦泰李福基等《致谭张孝书》："书局之举，现本会同志仅认捐百余，邀［缴］日或多不谅。"（《康梁与保皇会》，第 300 页）

③ 1901 年 9 月 19 日梁启超《致李济骞书》，《康梁与保皇会》，第 99 页。

④ 1902 年 6 月 7 日黄慧之《致罗省技利埠列位同志仁兄书》，《康梁与保皇会》，第 363 页。

⑤ 1902 年 8 月 14 日梁启超《致叶恩李福基等书》，《康梁与保皇会》，第 101 页。

现三方面障碍：其一，地方狭窄，局促异常，租金昂贵，而又无力购地自建铺房。

其二，纸料不足，导致停印。上海有中式制纸局数家，所出制品不能用于新式印刷；而外国之纸，随到随罄。上海报馆、书店林立，印务日盛，各家争先购置，竟至绝市。广智书局用纸大都购自日本，有时订购数月而无货交来，贻误事机。

其三，沪上人士见该局获利，竞相集股开局，与之争利。当年新开书局十数家，其中数家股本在5万以上，还有两家高达十万者即将开办。在此情况下，凡执字、铸字、印刷、钉书各工人工价骤涨数倍，动辄因局内环境和物料供应等事停工挟制，令书局受累甚重。1902年6月初，黄为之赴上海查访，并与梁荫南及其他办事人商谈，提出解决办法，一是购地设局，二是创设纸局。[1]仅后一项即需15万元，连同前者，至少需款20万元以上。[2]

梁启超接到梁荫南关于上述意见的来信，表示同意。8月14日他致函叶恩、李福基等，认为："若文字一边，又为我党所最不可缺。即如广智书局，现在生意之旺，出人意外，而负声名太重，自不得不加多。"最要紧莫如自建房屋及添办纸局两事。"今我局所以特优者，恃弟之声名也。但弟事务太繁，实不能专任局事，则亦必须更有真实大本钱

①　1902年6月7日黄慧之《致罗省技利埠列位同志仁兄书》，方志钦主编：《康梁与保皇会》，第363—364页。

②　1902年10—11月前梁启超《致贵埠保皇会列位同志义兄书》，"制纸实为现今第一大利权，非二十万元以上不能开办。现袁制军委我同志高君办理，自愿附股四万两，惟高君不欲收官股，若商会能成，以吾党之力自办之，则妙矣。"（《康梁与保皇会》，第105页）

远过于他局之上者,乃可以垄断一切也。"①"我局仍须更增股本,乃能独占利权耳。"②如此一来,书局展股一事提上议程。

港沪方面为广智书局展股的计划得到徐勤的全力支持,港澳总局指责徐在外埠"志向无定,屡不以商会为然,即其所招客栈、报馆股份,亦甚多更变(使人疑之),且闻卓如、慧之二君屡函各埠,再展译局之股"。梁、黄又请徐勤催收各埠栈报款拨为书局,借用二三月。"现各埠栈馆股款由君勉兄遍函各埠,尽归横滨借用,以致近日公益几不能开办。"③书局展股和栈馆股款拨归横滨,与港澳总局开办商会的计划大相冲突。双方各不相让,复自行其是。1902 年与 1903 年之交,各地保皇会相继接到书局和商会的集股章程,虽然表示全力以赴,其实是勉为其难,甚至无所适从。④矛盾发生后,双方互相口角,分别向康有为告状,横滨指责港澳贸然开铺,港澳则反指横滨阻挠商会,并揭露译局亏蚀,经营不善,又彼此互攻对方办事人员,几乎无人不被牵连。

本来双方如果没有前嫌,合作无间,未必不能在商会的大框架之下共同进行各项事业,梁启超也的确有此打算。1902 年 8 月他告诉叶

① 方志钦主编:《康梁与保皇会》,第 100—103 页。

② 1902 年 10—11 月前梁启超《致贵埠保皇会列位同志义兄书》,《康梁与保皇会》,第 105 页。

③ 1903 年 2 月 25 日《朱锦礼致康有为书》,上海市文物保管委员会编:《康有为与保皇会》,第 220 页。

④ 1903 年 1 月 3 日《黄卓悝致函谭良》:"译书局生意大畅,惜财力不足,今再招股份以扩充之,嘱敝埠同志踊跃维持,敢不认命! 昨由日本黄君慧之付到章程,遍语同志,多愿附股,刻已商知孑埠,待ศ得多寡,再告吾党。欲建维新事业,先握才、财之权,商会固应急力。收回外溢利权,尤须广育人才,以固后劲,一俟章程颁到,当即鼓舞同志,竭力付骥尾,以副公等之雅意云尔。"(《康梁与保皇会》,第 297 页。另参见该书所收 1902 年 12 月 14 日《董谦泰李福基等致谭张孝书》,第 306—307 页)

恩等人：

> 弟以为书局再集股，或他日商务成，再拨十万、八万为书局新
> 股也。他种生意，利钱无能及此者。①

但港澳总局独断专行、颐指气使的办事态度令他难以接受，后来
他告诉徐勤：

> 译局展股事，不意长者怒至此，（弟前书与长者已认此罪，其
> 实我惶恐而认也。今细思之，实不应认。）然弟为此之时，实非欲
> 挽夺商会也。其时与港中意见，并不深也。弟今思其时日，乃始
> 自知。译局展股在何月，弟已忘之（似在九月），惟记弟发此议后，
> 然后紫珊返港；弟旋入箱根避客。后在箱根得紫珊由港来书，始
> 知港已开办，遍布章程。由箱根返滨两日，章程乃寄到。盖弟发
> 译局展股之议时，尚绝不知港之欲办商会也（港之办会，乃章程寄
> 到时，有一封照例不写上款之公函来耳，又数日然后有信来我，时
> 我真怒甚矣）。弟当时不知何故，觉得商会或难大成，又欲急办入
> 场书，故忽发此议。时紫珊、慧之亦不甚赞成，而弟力主之，致有
> 此波澜。由今思之，实无谓也。今办译局，真嫌款多耳。②

罗普则直接向康有为申述："港中人之乖谬，有不得不为夫子言

---

① 方志钦主编：《康梁与保皇会》，第 102 页。
② 1903 年 4 月 15 日梁启超《与勉兄书》，丁文江、赵丰田编：《梁启超年谱长编》，第
319—320 页。

者,此间人非与意见不合而攻之,实为大局起见,不得不尔。"港中前月派陈汝成(墨庵)来,专为催任行,又言同人议定叫邝汝磐与任同行东渡,而此前从未与任商量。后又有数人来信,

> 极诋子山、为之,语且侵及任,严词厉色,此真太不近人情。任今在吾党,无论如何,最为贤劳,皆当敬重之,而以一无谓之人,竟如此放恣,其语气更甚于夫子之严命相责,岂不太奇!如罗璪云为人,前函略禀及之矣。彼在港日以君勉、云樵命他做公益总办为主,以此便贻书责此间捐款不交,误他大事。今得君勉、云樵来信,实无令他作总办之事。其人如何,即此可以决之矣。不早去之,必为所累,彼必卖君勉矣。朱礼亦是此一类人,真在可绝之列者也。[1]

港澳总局在各方面尚未协调一致的情况下抢先租铺开局,引起各埠保皇会大哗,梁启超、徐勤等人无疑起了推波助澜的作用。这使港澳总局诸人强烈不满。1903 年 2 月 25 日朱锦礼致函康有为,指责徐勤屡不以商会为然,梁启超、黄为之向各埠展译局之股,并借用栈报之款,疑为针对商会而来,并反指译局亏空甚多,梁启超又百般袒护,若不及早设法,大碍商会。据他说:

> 港中每接卓、慧二君来函,云港局开办商会太阔,又无把握,

又怪同人无函，不与之熟商。……且译局以派息后自无更变。谁料卓、慧即展译局之股，并借捷栈报之款，又函责港中办事人，无把握敢租贰百元之铺，伊等不敢沾手云云。今外埠来信，彼此枝节多生，皆由伊等之办事私见也。

将各埠保皇会的反对归咎于梁启超等人从中作梗，并且声言：

我办事日讲合群，日求团力，而局内尚不同心，岂不痛哉！万望先生即密函致福基、惠伯君等，勿听各横言所惑，务专力商会为要。中国存亡全在此举……贵同门自私己见，执拗遗公，恐外埠深知，人心尽冷，中国尽去，岂不惊寐寒心哉！①

这些既称同道又分彼此的言词，令康有为相当难堪。

与此同时，港澳总局诸人展开对梁启超、黄慧之、徐勤等人的攻击，滨沪方面认为此事背后由罗璪云弄鬼，其余附和。1903 年 3 月 29 日，黄慧之函告横滨麦孟华、冯紫珊、罗普等人：

港局租铺开办，各埠大哗，而港中人尚不设法收拾，以解人疑，尚来信斥斥致辨，尽归咎君勉一人身上，并大攻译局，直欲解散全局，今又谓福生泰资本全系译局之款等语，种种谬妄，实堪发指。幸弟平日有富名，而此间人不信，不然真无地自容矣。到此凡与人论及港局，甚难措词。而港、澳为办事总局，弟等万无相攻

① 上海市文物保管委员会编：《康有为与保皇会》，第 220—222 页。

之理,只有掩饰。不料港中诸人,大加攻击,虽外不信,而互相攻讦,实令人有可疑之处。弟等推原其故,实璱云一人所播弄,而他人亦从和之。彼等与滨中人极少交涉,本无意见,彼近日最恶滨中人者,其故有二:其一则谓译局加股,有碍商会招股,且谓弟等只顾译局,不理商会;其二则谓截留报栈股份不交,使港局无款开办。因此二事,遂迁怒于横滨,并且肆言攻击矣。璱云则云君勉举其为报栈总理,并每年薪水三百元。而君勉云绝无此事,须问其取出授以全权之凭据,乃为作实,凡去用之款,概不承认云云。港中接此信后,更生大波澜矣。

两天后梁启超致函徐勤,则说:"港局支离,真不可思议,铁君前有书与默庵(时彼中派默庵来滨),相攻之言已满纸。彼辈总谓译书亏本,故我辈须急救弥缝。岂知当招新股时,横滨所存译局银尚有万金,上海往来流水账,亦存数千,而账目亦七八千,而存书存纸存机器(约值二万余)尚不计也,何至竭蹶?"

港局指译局欠《新民丛报》万余,其实是梁启超向译局借支,而以丛报款划还,账尚未清。译局实为获利。"大率港中人妒滨人殊甚,久欲相攻,向无隙可乘,适广智革除余某(实子山所荐,子山所革),余某大造谣言,故彼等乘之以相攻,真愦愦也。"

港澳总局攻击滨沪的另一口实,是怀疑后者造谣"邵公抄家寿民倒盘"。此事牵涉商会的人事安排,"彼有此疑议,怪不得其意见如此其深也"。[1]据康有为对叶恩等人的解释:

————————

[1]　均见丁文江、赵丰田编:《梁启超年谱长编》,第313—314页。

何穗田□□□始终任其至难，始终一心，忠义无双，□吾保皇会困数万金，计今同志中实无其比。今因吾会所累牵，倒其银号，实吾会同志所共愧者也。然亦不过去其数万，而仇家敌党疾其为保皇会事，妄造谣言□□□□□侧家，甚有造谣请[谓]其□穷者，若不则港澳登新闻久矣。

……

穗田家原有四十七万，今与兄弟分，不过廿余万，然至今尚是殷实富家也。更有奇者，因造穗谣，不造寿文之谣，无端生□，不知谁人妬之而生此支离。……其谣不生于商会之前，则可昭之矣。……今虽有极富之人如盛宣怀，若吾举总理□管库，必举穗田等，讳而不举盛也。穗田曾倾家以为公，如此人者，岂论贫富？从何再得？况仍富乎？他人或疑之攻之，望诸兄力持。况穗田不综小事，自有各总理任之。即管库为最要事，穗田决不好理此琐琐。有数人为总理，相参有益而无弊，更从何处攻之？然则有攻之者，诸公可照理代为解释之。为[惟]望我辈共事皆以义气成交，不因其人之贫富。若昔者大富，保会日用其财，则相与待之，少有变故，即借端攻击，[岂]吾会义心之所为乎？①

————————

① 1903 年 2 月 26 日康有为《致叶恩徐为经等书》附言，方志钦主编：《康梁与保皇会》，第 52—53 页。1904 年康有仪向梁鼎芬揭发：何穗田"今为伪保皇会管数要员，兼逆党公益商局要员，曾托名开广西全省之矿物，由会内花三十余万金以畜土匪游勇，此数或其浮开，然曾见其数。汉事败后，旋改用廷光之名，以捐道衔，一以示与康逆反对，一为保皇之商局地步，掩人耳目。今年瞒禀善后局，备资出洋，调查商务，领得批准谕后，即仿摹多份，给与逆党，冒充何氏，分赴各埠敛金，以赍盗粮"（孔祥吉：《晚清史探微》，第 220—221 页）。

　　而梁启超的看法不同,邝寿民的和昌隆倒盘之说,他分别由徐勤和邝寿民本人的来信中得知,当即指为捕风捉影,绝无其事。而邝的来信实有言外之意,即怀疑此说由滨沪传出。"既以小人相待如此,此等极阴险无行之举动,乃至以相疑,则邻人窃铁,安往而非可疑耶? 无怪弟等之言,总不能入也。甚矣浸润之言之可畏也。以寿民之朴诚,而一余某一罗某乃能使其迷惑如此,可畏哉!"至于何廷光家变,则系事实,"穗今日之拮据,亦众人共见者(斗南来滨言穗现状,可怜极,相与恻然),我辈内里数人,岂能自相强耶"。致函外埠,固当尽力弥缝,对叶恩等一二人则须略言实情,因其"实同志中之最同志者,不应相瞒也"。①所以梁启超坚决反对何廷光出任商会总理,以防牵累。

　　港澳与滨沪所争,表面在人事与程序,真实目的则是争夺对整个保皇会执行机构的主导权。在此之前,由梁启超动议,横滨方面上书康有为,"言保记当速整顿,或改订名称、章程,以为久远计"。康有为"不以为谬"。1903 年 2 月梁启超赴美洲之前,草定章程数条,设立联卫部、交涉部、劝学部等名目,罗普等"极力劝任乘此次之行,将各埠会章重订,再为改换名目,以为中兴基础"。并将章程呈康有为"细为推定。至于应用如何会名,乞夫子指定,即飞函到加拿大或美洲告任,以任此时必已在彼处矣。此事关系重大,诚不可不趁此机会认真整理,不然人心厌倦,此会必不能久,即未遽能解散,亦不过有名无实,于事究无所补"。

　　梁启超等人的整顿计划,目标不仅针对各埠保皇会,尤其指向港澳总局。罗普批评道:

---

①　丁文江、赵丰田编:《梁启超年谱长编》,第 315 页。

> 港澳为保记总局，至今尚有此权限，则不可不与各埠通信。然平时绝不曾寄各埠片纸只字，惟闻某埠有捐款，则屡信迫即汇回。及到手后，则又不通音问如初，甚至连收条亦不发。……镜如为人虽佳，然究短于才，其为人所议，或非无故。……既不称职而仍用之，则人心必不服，而于本人亦不宜。况人言一致，有时不可不加察，如强留之，或反害大局耳。

既然港澳不能有效地发挥总局的功能，就要另寻替代。所以罗普直言不讳地提出：

> 任此行整顿会事，仍要设一总会，然港澳既已实无适任之人，平心论之，此间人才或者少过于港澳，故夫子能回港澳主持一切则可，不然则总会所不能不移至此间。此间人本甚少，今已不足用，加以总会在此，更为不了。然为大局计，实不得不勉强任之，此情应为夫子所察谅，断非出于争权之私心。若仍设在港澳，即不通信一事，已大失众心，而况其他，不得碍一时之情面，再有所迟疑矣。自后各埠更无捐款，更非因争财权，而必欲移至此间可知，请夫子或令君力回滨，坐任总会事，则必胜任矣。任亦有此意，忙极不暇作函，嘱弟子代达如此。①

由此看来，罗普所说应为横滨方面的集体正式意见。

不过，康有为虽然支持整顿保皇会，却不赞成由横滨取代港澳的

---

① 1903 年 2 月 16 日《高山致康有为书》，上海市文物保管委员会编：《康有为与保皇会》，第 213—216 页。

总局地位。在港澳与滨沪的冲突中，地位相对超然的徐勤和康有为各自支持一方。徐勤始终站在梁启超一边，用人、办事的种种意见，与梁启超保持一致，而斥责港澳总局诸人。他函告冯紫珊：

> 港中璩云等大攻卓如、为之二兄，可恶已极。且云译局（译局亦乞兄留心整顿为盼）办理不善，如不遂所求，必布告各埠，为一拍两散之举。此人立心之险，不可言喻，而港中人竟信之，真令人气短。乞兄即函告康先生解之，勿因港中之谗言而败大局也。①

在康有为面前，他更是畅所欲言，一面兜揽责任，声称："汇东中之款，系出自弟子之意，□留为他日办机器、字粒之用也。""弟子已不下十余函返港上勿开办……港中之变，皆由弟子一人生出来，非关东中人"，并力保梁启超和黄慧之：

> 卓如、为之二人最忠心于大局者，来示攻之，不□[遗]余力，□甚□甚，实绝无是事也。……卓、为二君为吾党柱石，夫子切勿攻之、疑之，切叩！切叩！他人言之，尚无害。出于夫子之口，则大害矣。焉有信众小人而攻君子之理。

一面以激烈得近乎谩骂的言辞痛斥港澳诸人：港中"先行开局面者，弟子所布置□□□□□云而败全局，弟子不能不深恶痛绝于镜如

---

① 1903 年 3 月 29 日徐勤《致子山我兄足下书》，丁文江、赵丰田编：《梁启超年谱长编》，第 312 页。

等矣。现一港报仅得数千金,印报亦不足,何有于客栈乎?故今日舍暂止办不为功。藻云之罪,弟子已数布告各埠,必无如□何也。港中开局面之事,各埠人心大哗,而来示谓既开局面,人甚踊跃之言相反"。"港中人狂犬乱吠,谣言惑众,何一至于此耶!""此后夫子切勿信港猪之言……港中人昏庸无才志,如夫子犹助之,则不独尽失人心,即弟子亦必力为反对矣。"①

与徐勤相反,康有为明显偏袒港澳总局,而压制滨沪。其办事用人,意见多与港澳相符,显示出对滨沪方面的不信任。梁启超在与徐勤的通信中,两度谈到此事的潜因,其要有二:一是言革,滨沪同人,多为与梁启超一起言革之人,徐勤也曾一度与之同道。而且梁启超言革直到1903年底从美洲归来才最终放弃,其间与康有为多次信函辩驳,不肯屈服,致使康有为对其戒心重重。一为金钱,"长者处与滨中嫌疑,颇亦为金钱之故,因弟去年(时弟不知情形)屡书谏节用,长者处窘境,宜其怒也。故屡函责皆言以无赖子相待。前寄上之信,犹有此言。盖长者数月之怒,犹未解也。然弟前此所以如此者,实因支绌之故"。港澳总局用滨沪款寄康有为,又谎称自筹,令康不知实情,以为滨沪方面见死不救,万分恼怒。以致梁启超不谏节用之事已一年,康仍然"未忘前嫌"。②

当时康有为远在印度,对双方冲突的内情不知其详,遥控不灵,但在保皇会的政治框架内,得不到康有为的信任,就很难获得权力基础,

---

① 1903年4月7日《徐勤致康有为书》,上海市文物保管委员会编:《康有为与保皇会》,第223—225页。
② 1903年4月12日《与勉兄书》,丁文江、赵丰田编:《梁启超年谱长编》,第318—319页。

实际掌控权柄。面对压力，滨沪同人也力图缓和局面，以免造成分裂，两败俱伤。黄慧之认为："但璪云一人做甚么谣言，尚无他碍，若镜、寿等从而和之，则大局瓦解耳。"嘱咐麦孟华、罗普等人致函香港，告"镜、寿两兄幸勿相攻，尚可挽救，不然，不堪设想"。①

4月1日，梁启超致函徐勤，劝其不可多立名目再招报栈款，译局再招之股，因不印入场书，也无用处，单办译局，前款足矣，表示同意康有为的主张，将余款归入商会股，"商会大成，则译局、报馆、客栈之款，或可竟行合并亦未定"②。徐勤也一再为梁启超等辩诬："译局再招股之事，全为欲赶印入惕〔场〕书起见，绝未有欲散商会之心也。顷卓、慧二君已到加拿大，人心大震，商会必大成。然所以生阻力者，全在港中先开局面一事。卓、慧二君专力商会，绝无他意。""商会必专力办之，无容致念，况卓、为二君已到。以卓之声名，为之高才，不患不能成也。"③

迫于压力，梁启超违心地为译局展股事向康有为认过："弟前书与长者已认此罪，其实我惶恐而认也，今细思之，实不应认。"4月15日和4月18日，梁启超两度致函徐勤，一谓与港澳争执甚无谓，一谓"铁君处长者如此称之，或真有高才亦未可知。将来慧、孝、铁诸人，和衷主持此局，前途有望矣。港中情形如此，只得依先生法，令其收窄盘，将

---

① 1903年3月30日黄慧之《致孺博紫珊伯笙孝高诸兄书》，丁文江、赵丰田编：《梁启超年谱长编》，第313页。
② 1903年4月1日梁启超《与勉兄书》，《梁启超年谱长编》，第317页。
③ 1903年4月7日《徐勤致康有为书》，上海市文物保管委员会编：《康有为与保皇会》，第223—224页。

来所费由商会抵填,作为开办费耳,实亦不能撤局也"。①让步之外,几乎全盘放弃己方的要求。

不仅如此,在康有为的指令下,梁启超不得不"立发一函向港中(穗、镜、铁、寿)四人先自认过,并辨明彼等所以误疑弟之处矣,想可释然"②。9月1日,梁启超再度向何穗田道歉:"数月以来,吾党中纷纷生嫌疑,皆由远隔而通信少,故各有误会。弟疏赖之咎,实不容辞,而弟有误疑港、澳同人之处,皆弟之过也。万望恕宥。今日国家危亡至于此极,吾辈同患难者数十人,岂可复生意见耶?万望吾兄舍去前嫌,共求有济,是所切盼。"③至此,保皇会内部港澳与滨沪之间的争权夺利以滨沪一方的严重受挫而告一段落。

第六节　保皇大会

因商会而起的冲突平息后,康有为等人开始考虑筹备召开一次保皇会的代表大会,地点定于总局所在地港澳,内容主要是讨论有关商会事宜,时间原计划在1903年下半年,但这一日程安排因广智书局内弊暴露的突发事件而一再推迟。

港澳与滨沪的冲突虽然暂时被压抑,但矛盾并未得到化解。广智书局经营不善的问题,时时成为港澳总局攻讦的口实。梁启超为了避免港澳方面插手其事,极力辩驳,声称该局经营状况良好。徐勤在康有为面前也力保有关各人忠信可靠。其实,他们多少知道书局内部的

---

① 丁文江、赵丰田编:《梁启超年谱长编》,第319—321页。
② 1903年《与勉兄书》,《梁启超年谱长编》,第326页。
③ 《梁启超年谱长编》,第324—325页。

确存在弊端。广智书局原由梁荫南任总理，后增加黄慧之为司理，冯紫珊亦前往相助。

早在1903年三四月间，冯紫珊已将广智书局的弊端向外透露。4月7日，邝寿民复函冯紫珊："广智积弊如此，弟早有所闻，外间人洞悉内中情弊者，已不知凡几矣。若非得足下再走上海一次，披荆斩棘，改弦更张，必无可观。万乞足下为大局计，不避嫌疑，破除情面，澈底澄清，从新整顿，事乃有济。倘迟迟不举，积弊日深，将来牵动全局，必至不可收拾。至全坏而后图补救，则悔无及矣。"①

徐勤在反驳罗璪云对译局攻击的同时，嘱咐冯紫珊："译局亦乞兄留心整顿为盼。"②梁启超一方面为梁荫南等人辩护，认为其费用颇大，虽支用三千余金，除薪水和丛报、译局花红外，即使借支局款，亦不过三五百。另一方面，也觉得事有蹊跷，承认："然广智去年只赢此数，弟实不满意。荫南诚有不在行之处，亦诚有刚愎之处，弟切责荫之函，亦不下二三十次也。然荫之劳瘁亦至矣，不能谓其不尽心。……弟无日不念译局，诚恐弟行后，《丛报》、译局两皆减色，而今年赢利或反不及去年，故欲急行急归。"③

康有为从各方面得到关于广智书局弊端丛生的讯息，屡次追问梁

---

① 丁文江、赵丰田编：《梁启超年谱长编》，第318页。此函何天柱（擎一）注为"不知内情者以为此书是实情，乌知其别有深意耶。寿民为不满意先生之人，借广智事以攻先生，所谓积弊如山者，不知何所指，寿民在港并未到沪，此函可删"。何擎一虽然稍后负责局事，却明显站在梁启超一边，所言有不尽不实之处。

② 1903年3月29日徐勤《致子山我兄足下书》，《梁启超年谱长编》，第312页。

③ 1903年4月1日梁启超《与勉兄书》，《梁启超年谱长编》，第314页。1902年5月梁启超函告康有为："盖紫珊、为之为吾党公事赔垫不少，现在译局报局经彼主持，皆未受一文薪水。荫南每月仅支四十元，实亦不足用，且彼为此事亦极尽瘁，广智代派报，亦不除二成，不可无以酬之。"（《梁启超年谱长编》，第273页）

启超,后者均以忘记为词搪塞,令康疑为全置不理,因之大怒。在康有为的一再逼问下,梁启超才具函详告内情。关于译局的财务收支,"大抵去年荫以不在行之故,而损耗者诚有之,但通盘略核,似断不至亏本(今年已有赢)"。梁启超与《丛报》、译局之间的连环欠款,可以划回;收译稿支用三千,其咎不在梁荫南;相关各人如湖南唐家、丁惠康、夏曾佑、薛仙洲、江惟善等挂借,多为梁启超、徐勤允许;梁荫南自己挂借二千,除薪水花红,不过数百,未可苟责深究。至于有关讯息,多由冯紫珊传出,而"紫珊与荫南则甚有意见,其言亦非可尽信",因为"紫珊信冯镜如之言,然镜如大有吃醋之意,谓此局出彼名,而彼不得为总办。然以弟子度之,则与其用荫,不[如](按:编者增一如字,意思相反,应去之)用镜也(镜与紫虽兄弟,然性情相去甚远)。而镜如日聒于紫珊,则紫亦不免有溢恶之言矣"。

关于用人,梁启超自称:"夫荫南之心,则怀之已数月,初以为来美数月必归,故姑且隐忍。今既不能速行,故使慧先办之,若仍不能,则非待弟子归不可矣。""至于慧之之为人,弟子颇觉其诚谨而尽力,其欲在中国做事之热心,为商界中所仅见,故甚亲之。"但正月汇款,梁令其写汇单封入信中,黄说不如电汇之速,到美后欧榘甲屡接急电催款,问之,黄推说忘却。"此事慧之不知有意无意,有意则此人可绝,无意亦见其糊涂矣,故弟子近亦不甚喜之。然此人于商事诚致密明察,且此次随行受众人异常之款待,往往感激异常,谓若不尽心效力于党事,无面目见人,此亦其真情也。故将来商会或尚有可以用彼之处。"康有为建议改用李福基、董谦泰办译局,梁启超认为"姝不相宜,盖译局必须士人为之,即紫山已不甚合(紫熟印务是其长)。福、谦二人虽诚谨或过于荫,其在行则今犹不及荫也,只能为管银而已。然董津已足,何用二人。故此局若得擎一肯任,则大固矣"。

梁启超对译局的内弊早有察觉,"数月来为此事焦灼",并多次与冯紫珊、麦孟华、何天柱等函札磋商。[1]他告诉徐勤:

> 广智事,弟决意欲易人者已久,不过难于接手之人,且非弟归无人肯破除情面耳。若弟不到美,此事必可早办,然为商会大局,不能不暂置彼。此人数月来通信与弟极少,弟亦极怒之,自去年十月以来切责彼之函,不下数十次矣。然既未得接手之人,一味严责,亦属无益,且恐他变,故隐忍耳。然今年尚当无甚大坏处,虽不甚称职,然诋之者亦太过,弟颇知此中情节也。

其实,无人接手,似非主因,根本还在他"认广智为其所经手之局面,不欲港澳使人来接替,而港澳攻荫南愈力,此先生当时最不平者也"[2]。9月1日,他函告何廷光:"广智书局事,现拟改由何擎一办理,必能更有进步。"[3]他推出何天柱,也旨在防止港澳方面的觊觎之心。

然而,梁启超的内部调整尚未完成,广智书局的内弊已东窗事发。1903年10月,徐勤由美洲返港,准备参加保皇会的首届大会,"道经

---

① 1903年9月前《梁启超致康有为书》,上海市文物保管委员会编:《康有为与保皇会》,第227—229页。梁启超调整广智书局的人事,也许另有打算。7月21日,他函告谭伯笙、黄慧之:"外埠所捐大同学校款……待兄归来一齐交出,有一大注款,如此,然后可以树吾党势力于滨中,且不令此款浪费也。此是极要事。……现下我党在滨之势力颇薄弱,不能不结人心也。"(中华书局编辑部编:《梁启超未刊书信手迹》上册,第1页)

② 光绪二十九年《与雪庵书》,丁文江、赵丰田编:《梁启超年谱长编》,第326页。

③ 《梁启超年谱长编》,第325页。

滨、沪二处，同人多以攻击长者为事，弟闻之愤绝。译局办理亦非得人，近年来所以弄出种种支离谬妄之事，皆由一、二小人离间其间，欲握我财政而制我死命也"①。10月26日，他报告康有为：

> 到东沪以来，见各人多怀异志，即同门亦然。弟子已日日大声疾呼，痛骂一切，故各人稍有畏心，不若从前之妄。……弟子自到东沪以来，大加鼓舞，小人畏惧，同门复亲，可幸。可幸。广智书局年结，日间已印刊，遍寄各埠。弟子若不到，即来年亦不能出，而大局真不可收拾矣。东沪之荒谬，顷已尽悉，尚可复救，然必须卓归乃可，所谓解铃须用系铃人也。为之阴险可畏，东沪人心如此，皆由彼播弄得来，彼现握款权，万无遽逐之之理，待卓如归，渐收还款权，乃可另图，夫子切勿操之过急，不然则译局之款，必归乌有（不必与通信，亦不必寄信来弟子）。弟子九月中旬即返港，乃面陈一切，荫南才短糊涂，心术尚不坏，然必不胜此巨任。此任弟子欲以陈昭当之，而以董津为管数，则此局极妥当矣。②

10月28日，徐勤致函谭良，缕陈滨沪同人的罪状：

> 长者去年在印中大病绝粮，子病，因无银请医而死，遭此惨事，稍有人心者，闻之当亦为之顾念，乃连接信电，哀哀求救，而皆谈笑置之，动云长者不过好骂人，欲取钱耳。滨、沪同人几与长者

---

① 1903年10月28日徐勤《致谭张孝书》，方志钦主编：《康梁与保皇会》，第134页。
② 上海市文物保管委员会编：《康有为与保皇会》，第230页。

绝。凡有信往问各事,多不复。陈侣笙在《丛报》至十月之久,不复长者一函,其荒廖[谬]至此!……此中情形,弟返东乃知之。现卓尚日在小人诈术之中而不知,故弟已即函卓如,速速返东整顿一切。①

梁启超接徐勤告急,密电横滨,告以大约 11 月 8 日可返。徐勤获悉,"决与楚卿挟此人(即为之)先返东,与卓如清算各数,然后一齐到港,面禀一切,弟子故不即归港。此人手握巨款,倘一旦逃回粤中,则不了矣,故不能[不]先返东也"。"译局之数目,其大权全握于慧之一人之手,此皆卓如无知人之明所致也。商会事用人尤当留意,弟子近颇与荫南貌为亲狭,不然慧与彼一合,则更不了矣。故先清慧之之数,然后乃及他事(卓如一有电到沪,弟子即往东洋矣)。"②但后来梁启超因檀香山华民抗拒美国而延期,最快到 12 月 7 日才能抵达横滨。11 月 25 日,徐勤得知康有为已经回到香港,本欲即归,因"译局腐败不堪,又不能不为之整顿清算,乃可行。弟子与卓如、紫山总须十一月初旬乃可归港也。卓如年来误用小人,几覆全局,可愤亦可怜也"③。

11 月 29 日,徐勤因邝寿民日日迫归,再度报告康有为:

十月七日港电悉。弟子本欲即返,但译局内情可危之至,荫南愚悍,为之阴险,十余万金皆握此二人之手,不明不白,真迫卓

---

① 方志钦主编:《康梁与保皇会》,第 134 页。
② 1903 年 11 月 8 日《徐勤致康有为书》,上海市文物保管委员会编:《康有为与保皇会》,第 233—234 页。
③ 1903 年 11 月 26 日《徐勤致康有为书》,《康有为与保皇会》,第 235 页。

吊颈矣。此事有知而不言者(紫山之类),有不知而不能言者(孝高之类),弟子到滨沪几两月,颇知内事,故强挟为之返东算数,以清此首尾,然后偕卓等返港,妥商各事。不然为之一遁,则译局之股不知向谁收矣。累卓之声名尚小事,累大局之害大也,故不能不暂港局而复返东洋。弟子度此破除情面之事,无人能为卓办之者,故强留此,实苦不可言也。……十一月初旬卓如虽不暇即返港,弟子亦必先来归矣。①

半年前,徐勤还力保黄为之:

至彼为夫子□□之□而慧特捐二百元以为之倡,诚可感也。慧历年以来,主持大局,最诚且笃,其商才又为吾党之冠,夫子切勿为港中各豚子之言,而自败大局也。港中岂有·人可胜商务之任者,如必大攻卓、慧二人,而信任璪云、汝磐等,弟子必首先反对之,慧之时时来函皆力顾大局,港中豚子至诬为造受文倒盘、邵公抄家之谣,真冤哉! 冤哉!②

时隔数月,看法完全翻盘。其原因在于发现黄握财权而怀异志,欲借保皇会之款而致保皇会于死命。

但1903年的美洲之行,使梁启超的言革信念根本动摇,乃至最终放弃。8月19日他致函蒋智由,声明:“乃益不敢复倡革义矣”,较四个

月前的"深信中国之万不能不革命"为一大逆转。①从前港澳方面以"背长者"为词相攻讦,梁启超觉得委屈,却也坦然,一旦放弃革命,就不得不重新考虑与同门师徒的关系。向港澳同人认过是表现之一,向康有为屈服更体现其心意。他对徐勤说:

> 长者处因相隔太远,而弟往书颇疏,故生出种种支离。实则弟自问一年来其对不住长者之举动极多,无怪其恼怒,一切严责之语,弟皆乐受。因长者知我为可责之人,乃肯见责也。前日之事实,或有实由弟之悖谬者,亦有出于无心,而既生支离后,愈滋支离者。今弟所自认悖谬之处,悉以诚心悔改,其他出于无心者,亦断无不可解之理。②

因此,当他接到康有为的来函表示谅解时,为之大慰,感到如释重负。

梁启超的转变,对徐勤影响甚大。两人关系极好,前此徐勤虽然公开不言革命,私下还是听取梁启超关于革命的倾诉,并不以言革为忤。用人方面,他也和梁启超看法一致,主张"凡办天下事,不论何人才,当兼修并蓄,若必摒斥一切,则孤立无助,天下事岂一人可能为耶!"所以"无一时不为吾党收人才张声势"。③至此,则完全改变观念。他告诉谭良:

---

① 丁文江、赵丰田编:《梁启超年谱长编》,第 328、320 页。
② 同上书,第 325 页。
③ 1902 年 4 月后《徐勤致康有为书》,上海市文物保管委员会编:《康有为与保皇会》,第 201 页。

弟年来出而办事，所见非同门之人，则甚难与共事。盖吾党师弟之谊，千古未有，党所由立，全在此一点精神也，故当极力保全之。①

对康有为更加表白道：

弟子数年来阅历渐多，凡办事外人多不可靠，必须同门乃可。年来因办事之故，颇欲联络外人，而同门之谊渐衰，于是小人得以离间其间，制我死命，此事实卓如为罪之魁也。俗谚所云：上阵不离父子兵。今日欲办大事，真非同门不能也。盖草堂师弟之谊，数千年所未有。今日之所以能转移一国者，全在此一点精神耳。若舍此而破之，无一事之能办矣。

他还以梁启超及其党羽作为反面典型：

不观于今日卓如之情形乎，未革满清之命，而先革草堂之命。且不独革草堂之命，而卓如已为其弟子所革矣。今日港沪之报纸之大攻吾党者，全出卓如弟子之手。……且卓如不特其弟子攻之已也，其所最崇拜而重托者，一为之，一荫南，然一则阴险以害之，一则糊涂以累之。卓若欲另立一党，弟子可决其不旬日即败矣。

秉着办事同门人的原则，徐勤重新思考保皇会的组织与用人。他

---

① 1903 年 10 月 28 日《徐勤致谭张孝书》，方志钦主编：《康梁与保皇会》，第 135 页。

在美时计划与薛仙舟返省办一学校,鉴于滨沪情形,不愿全权交薛,为人作嫁,决意不在省城,改在九龙买一地,重立万木草堂,教育亲信子弟。

> 此堂既成,则夫子若返港,可以久留在此开学,可以复睹昔日讲学之盛事。有此根据地,则旧同门可复合,而新来之人亦可成才,不患吾党之败矣。不然,同门日疏,过了一二年,则更不堪设想矣。

徐勤准备亲自主持九龙万木草堂,以叶湘南为监舍,子良、刘桢麟、梁启田、陈汝成、林奎和他本人为中文教习,鲍炽、陈和泽为西文教习,何树龄为算学,立夫、罗普为东文,"合数年之力以鼓舞之,他日必有可观"。并请康同薇开女学堂,以悉尼吴迴惠为西文教习,"若此则同门人才日多,自可震服一切,无事不可为矣"。①因康有为未能及时回复,他又再三致函催促:"万木草堂万不能不重开,不然旧学尽散,新学不来,不战自败矣,故决当速行之",并且要梁启超将公款汇港,以便开办。②他还告诉谭良:"弟现欲返港,在九龙重立一万木草堂,收各同志子弟教之,并招集各同门团聚其中,长者若返港,则在此讲学。如此,则旧学不散而后起有人,吾党可立于不败之地矣。"③

对于港澳总局,徐勤并未因广智书局一案而有所谅解。由于梁启

① 1903年10月26日《徐勤致康有为书》,上海市文物保管委员会编:《康有为与保皇会》,第231页。
② 1903年11月8日《徐勤致康有为书》,《康有为与保皇会》,第234页。
③ 1903年10月28日《徐勤致谭张孝书》,方志钦主编:《康梁与保皇会》,第135页。

超在美大受欢迎,"商会或有百五十万元以上,现外人知吾党势力之大,人人有利用之心,即局中朱礼、罗璪云、陈斗南之流皆然也。受文、镜如太好人,无端而大开门面,多招食客,即至反对党日以攻吾党为事者,犹在此传食(为之之弟专为打听消息者,亦在此),即徐桂之流是也。闻去年至今已费万金以上……加拿大同志闻之咸为愤怒者,今大错已铸,只有错埋二三个月,俟大会议妥后,即改革而已"①。徐勤劝告康有为:"夫子若返港,切勿住中环,宜在九龙租一楼住,幽静而方便也。……今日外人皆存一利用吾党之心,除了骗钱之外,无他事。故不可不慎之,免蹈庚子故事也。夫子在港见人宜细心,见同门人宜力鼓励之。"②

为了防止外人趁机利用骗钱,徐勤一再告诫康有为到港后只见同门同志,少见或不见外人。其时郑席儒由粤返东,欲借保皇党商会之力,办省中银行事,云港中同志多赞成之,徐勤则"极不以为然。今日我党之办商会必须求稳当,中国官场日以散吾党捉党人为事,千辛万苦所集之股,而投之于虎口,岑督一去,则如之何?"以康、梁名义招股,全假于郑手,万一有变,康、梁不能入内地与争,则大事去矣。"故今日办事只有在港沪办之,决不能在内地。"

关于商会,徐勤告诉康有为,总理人选"美洲同人多欲举惠伯为此,因其在美甚有人望也"。商会"(沪上买地皮及保火烛公司极可做)。银行、磁局甚难办,无人熟此道,靠外人甚难也。""今日宜先办之商业,首以小银行为主,次则庄口,再次则上海保火险及按揭公司

---

①　1903 年 11 月 29 日《徐勤致康有为书》,上海市文物保管委员会编:《康有为与保皇会》,第 237 页。

②　1903 年 10 月 26 日《徐勤致康有为书》,《康有为与保皇会》,第 232 页。

（因此生意中国人上海未有，且靠人不多，利钱甚大），轮船、磁局、纸局极不易办。"为了确保对财权的掌握，徐勤提出，无论何人担当商会总理，"至于款权，必当夫子自操之，或派一二至亲信可靠之人为此乃可"。"一切财权只有夫子与卓握之，决不能以百万之财，而妄投于一人之手，而甘蹈译局之覆辙也。"①

滨沪内幕的暴露，使得梁启超一度心灰意懒，失去了在保皇会内部说话的底气。但他的态度基本与徐勤保持一致。1903 年 12 月 19 日梁启超函告康有为，商股大约可得七十余万，"弟子濒行时，再印一招股简明章程数条，出先生名为督办，弟子名为副督办，其总理、管银等职则由督办派出，盖非如此，则事权不能专也。惟弟子已举惠伯为正管库，寿民副之，濒行已属惠伯克日返国，彼亦欣然，请先生更以电招之。所以必用惠伯者，一因其在美洲声誉最高，人人共信，以之管银，收股更易。一因其人亦实忠义，可无变也。望先生除发电招彼外，仍即发公函，言已举定此两人为管银，凡各处款项，或直汇香港，或就近寄永生、惠伯收"。关于总理一职，梁认为甚难其选，"弟子所见季雨世叔甚才，能谋能断，极佩服之。此人必须招归襄办，惟总理似仍未甚宜耳。要之商会之事，请先生一切定夺，弟子断无横生异议之理，一切意见与君勉悉符合"。②

上述种种设想和建议，涉及整个保皇会的方针大计。保皇会成立四年，一直为勤王、生存和动员海外华侨而奔忙，可是形势早已发生重大变化，其组织内部迭经冲突，也难以有效地协调运作。如果不能适

---

① 以上引文均见 1903 年 10 月 26 日、11 月 29 日《徐勤致康有为书》，上海市文物保管委员会编：《康有为与保皇会》，第 230、236—238 页。
② 《康有为与保皇会》，第 242—243 页。

时调整，很难进行活动，更不用说扩大发展。前此梁启超提出整顿保记，正是鉴于保皇会的组织不能胜任形势的需要。

1903 年 11 月 18 日，梁启超致函康有为，详细道出保皇会进退两难的尴尬局面。在他看来，商务公司集股虽然可得大款，保皇会筹集会款的形式则难以为继，他和徐勤各以一年半年之力，遍游美洲，所得不过华银一万，加上直接汇港者，也只有一万五千。再加新开三埠和墨西哥所得，两年内全美会款不过三万。而当地欲办各种事业，尚须留款，不能全部汇港。各埠成立会所即需用款，不成立则会易散。权限分明虽能得实款，却不易聚多人。南洋各地更是易动摇不可恃。梁启超为了筹款，日日下气敷衍种种社会之人，"真有如所谓公共之奴隶者"，但不知于内地办实事和本埠社会改良有何益处。革义固然难行，舍钱买侠士，又不宜行，"即那拉死矣，苟非有兵力，亦安所得行其志？而今日求得兵力又如此其难，外国侵压之祸又如此其亟，国内种种社会又如此其腐败，静言思之，觉中国万无不亡之理。每一读新闻纸，则厌世之念，自不觉油然而生，真欲瞑目不复视之也"。康有为禁言革义，则只好言和平，以学校报馆等名义倡捐会款，而康有为又欲移以办秘密，即供养刺客。梁启超对外难以向华侨交代，对内又无法做成一二实事，左右为难，内心极度焦虑。①

梁启超的进退两难，反映了保皇会面临何去何从的重大抉择。这不仅必须由保皇会的最高领导者康有为亲自决定，还需要通过适当的组织形式传达给保皇会的干部，协调机构，统一认识。保皇会准备采取的形式就是召开大会。1903 年 10 月 28 日徐勤函告谭良："长者九

---

① 丁文江、赵丰田编：《梁启超年谱长编》，第 330—333 页。

月返港，可以大集同人，重申命令，于会事、译局、商会、报局等事一律妥商，另派心腹人主持一切，则大局可安也。卓如本一书生，心地太好，易为人所愚。今趁长者归港，互商一切，则各事不至不可收拾，诚不幸中之幸也。各事必须长者自定，自有办法。"①

　　保皇会决定在香港召开大会及其时间安排，经历一变化过程。本来梁启超计划于1903年九十月间东归，归后必到港澳与总局诸人全盘打算，"共商不拔之基也"②。这可以视为大会的动因。康有为早在1902年与1903年之交便有归港计划③，目的是"以通内地，运动复辟事"④。决定开会后，他原定于旧历九月返港，然后大集同人，后来推迟到11月下旬才抵达香港，会期相应延后。11月18日，梁启超通知康有为，要12月中旬方到横滨，还需在滨逗留一两月，"未知究能赶到港与先生相见否耳。至大会之期，则必不能及矣"⑤。11月下旬，各埠保皇会代表陆续抵达港粤，准备参加大会。⑥26日，徐勤通知康有为，他和梁启超、冯紫珊等人要到12月下旬才能返港，保皇会为此再度将会议展期。

　　12月23日，徐勤致函谭良，告以"长者已到港，十二月便大集同人会议其事。弟不日即返港，来年办妥广东公学事后，议[拟]即往星加

① 方志钦主编：《康梁与保皇会》，第134页。是函编者系于1904年，应为1903年。
② 1903年9月1日《与穗田二兄书》，丁文江、赵丰田编：《梁启超年谱长编》，第325页。
③ 1902年12月14日董谦泰、李福基等复函谭良："示问及南佛于年尾归港，未知所因之句，弟处亦有是问。惟所返办何事，亦不知也。请听其后可也。昨慧知[之]兄来函，云及准十二月船与卓如先生同来鼓舞商会之事，决无再误。"（《康梁与保皇会》，第307页）
④ 1903年4月29日《致李福基书》，《康梁与保皇会》，第54页。
⑤ 《梁启超年谱长编》，第330页。
⑥ 1903年11月29日徐勤函告康有为："砵仑游载兄返粤，亦代表该埠全会大会之人。"（上海市文物保管委员会编：《康有为与保皇会》，第238页）

坡开一日报,以为南洋各会之机关。……凡各埠一切银两,宜全寄港中"①。但梁启超虽于 12 月中旬返回横滨,却因患寒疾和清理广智书局事,一直到 1904 年 2 月初仍然稽留日本。②在此期间,先期到港的康有为、徐勤等已经下手整顿会事,1904 年 1 月 12 日徐勤函告谭良:"商会股份,乞即日催收汇港,趁长者在此,易于商办也……现下同人已绝无意见,一切事权以[已]归长者统一。"③二三月间,梁启超赴香港参加保皇大会。④

关于此次保皇大会的内容,《梁启超年谱长编》的编者也感到仅有很少材料可以参考。只征引了 1904 年 3 月 22 日李福基致福生泰大号马万年的一节短信,函谓:"康、梁、徐诸先生现群聚于香港,专以商会为事,常来书催收商股银汇返。敝处刻已陆续催收,近日合加属约有数万元汇港矣。"⑤其实,此次大会虽系根据商务公司章程每年在香港由总局召开一两次股东大会的规定而举行,但同时又是保皇会的代表大会,商会只是大会的议题之一。其他重要议题至少还有:

一、组织:澳门的机构不再担任总局角色,而与商务公司的办法相匹配,以横滨和香港为总局。所以后来谭良称:"总局昔分港澳,今尚分滨港。"

---

① 方志钦主编:《康梁与保皇会》,第 132 页。
② 1904 年 2 月 3 日,梁启超还在日本致函蒋智由(丁文江、赵丰田编:《梁启超年谱长编》,第 335 页)。
③ 《康梁与保皇会》,第 133 页。
④ 《梁启超年谱长编》,第 336 页。
⑤ 同上书,第 337 页。是日康有为刚好离港(康有为:《我史》,第 105 页),大会应开于此前。该书编者称:保皇大会原定甲辰九十月举行,想来是因为赶办不及,才延期到现在。

二、人员："昔之镇港局为何穗田、王镜如、邝寿民,去年(按:1904年)坐镇港局者,则增徐士芹、梁启田二君,何、王则在澳为多焉。"①这一变动,既考虑到形势的变化,也是为了化解港澳与滨沪的宿怨。

三、权力:采纳梁启超的设计,商会公司于总理之上另设正副督办,以专事权。正副督办由康有为、梁启超担任,总理、协理、管库等职应由何穗田、梁铁君、叶恩、邝寿民、康有需分任。

四、应办各事:1. 办报,在香港发刊《商报》,由徐勤主持;在上海发刊《时报》,由罗普、狄平主持。

2. 办学,徐勤在九龙重开万木草堂的建议看来未获批准,仍照原案举办广东公学。此事由梁启超和徐勤在美动议,"欲在广东办一大学堂,如此乃足以恢复本会之声名,免使外人谓我一事不办,谤为棍骗也"。并以此名义鼓动美洲华侨捐款数千。康有为和港澳总局欲将此项捐款挪作暗杀张之洞等秘密之事,梁启超表示碍难从命,因为"弟等已布告各埠,且梁诚亦已允出奏,其事万难中止。若此款一移他用,则弟与君勉无复面目以对人也。且此事实为今日第一急务,办此事后,本会声名大振,根基稳固,不能摇动矣"。②徐勤鉴于滨沪同人悖逆,不愿将款交与薛仙舟,而欲用以重开万木草堂。虽然他一再向康有为请示,最终未获同意,所以1904年1月12日徐勤函告谭良:"罗省会款,乞早汇港,以便开办公学。顷薛仙舟已返国,势不能不办也。"③不过,

①　1905年5月1日谭张孝《敬告各埠同志书》,方志钦主编:《康梁与保皇会》,第226—228页。

②　1903年9月1日《与穗田二兄书》,丁文江、赵丰田编:《梁启超年谱长编》,第324—325页。另参1903年11月18日梁启超《与夫子大人书》,《梁启超年谱长编》,第333页。

③　《康梁与保皇会》,第133页。

此事虽然议定,却迟迟没有进行,导致后来保皇会内部风波再起。

3. 关闭公益客栈,改办华益公司。公益客栈本来由徐勤创议开办,经过前此的争斗,反而成为心病,必欲摆脱。徐勤连续向康有为进言:"港中公益,朱礼等在此日招食客,费去公款甚多,殊令人解体。弟子报股仅得七千余元,已绝不在港办矣。公益宜裁省一切,实为至叩。"①"公益每月耗费甚大,乞夫子必设法止之,不然更不了矣。"②至于华益,在梁启超的建议下,由叶恩主持其事。据说"当华益公司创办之初,叶恩屡函求康总长用彼为华益总办。康总长知彼不胜其任,故屡却之。适梁总长来美,彼力求之,梁总长遂许之"③。梁启超用人,往往偏爱与其同有过言革经历者,令保皇会内部始终不得安宁。

第七节　难得善终

香港大会虽然重新调整了组织人事,但香港总局的办事效率依然不见起色,与横滨总局的关系也未能协调融洽。会后,在康有为的授意安排下,保皇会一度将密事的重点转到暗杀行刺,准备孤注一掷,由梁铁君出马率领,横滨总局负责策划及供应。11月初,梁铁君等人出发北上,兵分两路,梁铁君亲率一支,梁炳光率一支,"合办必得当也"。梁铁君计划到1905年6月实施行动,预算约须一万元,梁启超罄《新

---

① 1903年10月26日《徐勤致康有为书》,上海市文物保管委员会编:《康有为与保皇会》,第232页。
② 1903年11月8日《徐勤致康有为书》,《康有为与保皇会》,第234页。
③ 1909年12月16日《伍鸿进等列为宪政党同志义兄书》,方志钦主编:《康梁与保皇会》,第316页。

民丛报》所有交与其作旅费,答应一月以后陆续接济,并与梁铁君等人公拟电文,致电香港总局:"镜、寿、祐鉴:承佛命电滨五千。望必应。""而港中竟不允"。王觉任来函云:"祐力持不许也。"此事梁启超不能明言,况且即使告知,"而彼果坚持,亦无如之何,真是无法",只好转请康有为向叶恩求助。①

商会、公学两事,时时催款,历久不办,令华侨"问者纷纷见疑"②。广东公学到 1905 年才开始招生。③至于商会,先是康有需和徐勤拒不听命,干涉港商务,而被康有为撤去④;继而梁铁君又另谋密事。由于商务公司迟迟未开,以致谣言四起:

> 夫谣言之攻,皆集矢于港局。而集矢之由,有大有小,有本有末。其大本则因商会也,而商会之生衅又有二焉:其一,内疑。会中之人觊借巨万之款,结队挟制,不得,则反对而散离会,挟其同党十数人,或盘踞保皇会局中,或散处香港金山庄礼拜堂内,遇有各埠归者,先为怖言,以其近在港局,则莫不信之。且金钱之事尤易动疑,数目未见,商业未开,股票又缘故迟而未发,敌报又日日相攻,而总局仍犯而不校,展转相传,浸渍久远,积非成是,谁能辨之?此内疑之所由生也。未有商会,则无款可借,故无因内攻,此

---

① 1904 年 11 月 23 日梁启超《与夫子大人书》,丁文江、赵丰田编:《梁启超年谱长编》,第 344 页。祐,李祐枢,加拿大华侨。
② 光绪三十年刘汝兴《致任公会长先生书》,《梁启超年谱长编》,第 345 页。
③ 1906 年 3 月 27 日中国保皇总会《告列位同志兄书》,《梁启超年谱长编》,第 360 页。
④ 1905 年 12 月 26 日康有为函告谭良:"去年撤季雨、君勉,以不听命,不许干涉港商务而无嫌,恃至亲也。"(方志钦主编:《康梁与保皇会》,第 65 页)

昔年不内疑，而今者内疑所由起也，商会之故也。其一，外攻。孙文、陈〔少〕（按：所增少字为衍字）白之为反党也，向亦亦相攻也。彼党运动于海外，吾党亦推行于海外，各内行其事而已。无如近年，吾会遍五洲，凡华人之地，几皆为吾党之地，彼无所置足，无所投身，入国不可，外游不可，于是近年妒极，渐渐相攻矣。及商会之成也，认股者数百万，银行可成，则铁路、制造各厂无不可成，中国之大利大权，皆在吾会之手，而彼将至于绝地。适得吾之叛者归之，因相与别招公司，而倾吾商会，在港在美，内外夹攻，究尽其力之所至，诬造百端，冀倒吾保皇会，则商会自归于彼，而中国之大利大权即在彼矣。昔年无外攻，而今者有外攻，皆商会之由也。

1905 年 4 月 8 日，香港总局再次召开商务公司股东大会，"集港中同志验视商会股本银款"。会后叶恩函电将详情通告美洲保皇会，各埠代表亦有信函寄回，"而一年之谣攻，是非真否，可不辨而解矣。然即能解，而商会仅得此十一之数，银行不成，大事难办，中国之大利大权非吾会所揽，已非商会之初意。嗟哉商会乎！暗中已为内叛外攻所散尽矣"。不仅如此，此事还牵累保皇会，"保皇会虽能坚立不摇，而人心怀疑，攻动总局，甚至波及会事，两疑则不能相乎，而举事维难，无从整顿。既不整顿而长相疑，则会事必将渐就堕落。嗟哉！我保皇会亦几几乎为内叛外攻者所散尽矣！"

除商会外，各埠同志对香港总局的怀疑不满之事尚多，其一，招呼不周。各埠同志归港来访，往往数数不得见。据说丘逢甲拜访徐勤、邝寿民，六次不遇。同人在外舍身弃业而劝会事，万里远归，望总局之热情如还家见父子兄弟，至此虽至热之人亦仿佛冷水浇背。其二，款待不厚。总局之人游各埠,受到热情款待,而各埠之人来港,待遇甚薄。其三,港局无人才,通信少而不办事。疑其人虚礼应付,不做实事。其四,地方狭窄而不体面。外埠各会所悬挂匾额,铺设堂皇,以为总局必极壮观。及还港问人,而人不甚知,及登三四层楼而至会所,又狭隘简陋,更不高兴。再遇内叛之人下以反间之言,益生恶感。

有鉴于此,康有为指示谭良等向各埠发布专启,告以总局之欲招待周,款待厚,书札密,办事多,局所壮,当更有过于各埠同志,以自增体面,无奈心有余而力不足。对港局的议论,自1904年起日渐增多,而坐镇港局的徐勤、梁启田、邝寿民等,均舍身忘家,忠义苦心,尽心会事。

> 港事最繁,寿民以一身任之。凡同志应接往来,迎送招待,买物办事,零碎重叠,以百埠及局内人办事之付托,其繁夥不可思议,寿民一一理之,无失无误,无诿无倦,谦恭勤慎,人人如一。数年以来,港无会所,皆以寿民之店为之。凡招待一切茶点、饮食,除酒席大事外,未尝以一文开公款,支公租。此岂复可再得者乎?何穗田之在澳,冯紫珊之在滨,亦略如之,但皆无香港之冲繁疲难耳,故寿民尤为其难焉。乃至一信之通,一人之事,各埠之情,香港大商银号金山庄,一切尽悉,亦惟寿民是问。舍寿民,则一切皆断无人能代之。故书信如山,宾客如市,于是寿民之丛杂劳苦极矣,虽化身百千,不足供公众之役使矣。

徐勤在港期间,"自早起束身见客,至四更解衣而卧,中间口无停声,笔不停挥,流汗沾面,未得少息。一月得床而卧者,至多不过七夕,余皆列几而卧"。会所设床榻凡廿三铺,以寓宿者多,梁启田等还时常须在外借宿。往来应酬者自官场至各省士夫，本省故人，各埠同志，人凡万千。仅各地同志归港者日日皆有，少则十数，多则百数。港局各人，办事愈多者见面愈难，即便简单应付，已经无暇清理国事商事，甚至不能复函康有为。若请人待客，既需多金，又要忠义。

保皇会定例入会者仅捐花旗银一元，以后再无月捐或年捐。庚子勤王，用去美洲、澳洲、檀山、日本等地的会款，此后新开会之埠不多，原有各会续入会者，会款极少汇港。而各地前来食宿者众多，甚至呼朋引类，数月不支，还有冒认者。港中笑话相传，"至谓午饿晚饥，何不入保皇局食点心与饭乎？但称同志，即可得矣。其可笑如此。然不敢不招呼也，虑其真为同志也"。保皇会章程虽然规定须分等级招待各地干部，但钱少用多，无法按章办事。新建会所，需款数万金，若有款又须办国事，而国事多秘密，皆两会长派人办理，港局不能参预。至于指责办事人中饱，此为内叛者之诬攻，反间者之毒言。总局各人舍身家为国事，不欲自辨，而各地华侨积疑在心，"应允公学十万之款而不交，于是累总局买地费万八金而难填矣；应允商股百万之款而不交，于是保皇会几因而散焉"。若不剖白，势将"散其会以亡其国"。康有为希望将此函集会众宣读讨论，去其疑心，并以各种形式商议整顿总局和招待同志等事，颁布施行，以获公益而杜后患。[①]

康有为的意旨很快得到贯彻，1905 年 6 月，保皇会在纽约举行大会，"公定新章，内有招待各埠同志一节，港中同志以华益公司及商报局地方均非宏敞，恐于招待不便，特创一中华酒店于本港上环海旁省

---

① 1905 年 5 月 1 日谭良《敬告各埠同志书》，方志钦主编：《康梁与保皇会》，第 223—231 页。

澳轮船码头,地位极佳,店中铺陈,均甚精美,与西人各酒店无异,为中国向来所未有"。1906年2月8日,中华酒店开张,生意甚旺,但房舍太少,不足应客,拟再加扩充,定为有限公司,集股4万元(分为800股,每股50元)。各同志返国,入住该店,上等客房每日二元,二等一元,招呼极为周到,由芝加哥分会的李玉成负责。这时保皇会以《商报》为总机关报,销量达到5000份,为港中各报所未有。广东公学招生增至二百余人,商会招股也进展顺利。①

1905年抵制美货运动兴起,康、梁致电上海、香港、北京等地,呼吁大集志士,开会鼓动,向政府力争。②叶恩等即在港大开会,请客集众,通电政府及督抚。③稍后广东成立拒约总会,"公举总理四人,惠伯亦在其列。近已连日叙会,商议办法,已联络七十二行盖图章签名,立誓不销美货"④。

纽约保皇会大会的另一决议当为设立纽约代办总局,以便就近指挥。1905年12月26日康有为函示谭良:

> 一、纽约已设银行,而文款仍汇李奕尧,致问取多支离,不可一。
>
> 一、纽约已设代办局,则文一切事当关白,而文以款直付港,

---

① 1906年3月27日中国保皇总会《告列位同志兄书》,丁文江、赵丰田编:《梁启超年谱长编》,第360页。1905年6月中下旬,康有为偕美洲保皇会重要干部谭良、汤昭到纽约(康有为:《我史》,第123页),保皇会大会当开于是时。

② 1905年6月7日梁启超《致各埠列位同志义兄书》,方志钦主编:《康梁与保皇会》,第113页。

③ 1905年6月初《拒禁约传单——旅美华人来稿》,《康梁与保皇会》,第381页。

④ 1905年8月20日《邝寿民致谭张孝书》,《康梁与保皇会》,第158页。

不告纽局，又不报数。今纽局无所措，又不便明迫生嫌，不可二。

一、纽约总局我刻铜印，此只可我用，即纽局尚未宜。今文不告铭、雨而擅带出，不可三。

一、原定各埠到纽约换领凭票，我有深意。

并定例"令纽局每复日报一次"。①汤昭、康有需为掌管纽约财权之人。

在增设纽约代办总局的同时，对香港总局作了人员调配。1905年，保皇会鉴于"科举已废，中国立宪之机已迫，将来为学生世界，政党将由此起点。吾觉[党]目下有政党之质点，而无政党之材料"。若不多派党人留学，"将来不特政党不能分一席，而亦必在天演淘汰之例"。②为了适应形势的变化以及事业发展的需要，多名草堂弟子及其子女前往欧美、日本留学，香港人手不足。为此，康有为安排陈继俨回港办事。后者对此积极性很高，而康有为对他始终不太放心。1905年12月26日，康有为向谭良详述其用陈办事的内心矛盾：

> 某今以才自负，目空一切（昔在南洋筹款，鼓动邱菽园大款有功），以未大用，颇怀怨望（当时不大用之者，以是时穗田有力而执澳权，一切倚之，穗与仪大不睦而与镜好，故用镜不用仪。为此，仪不知内情而疑我偏信，镜如可解之）。其在檀入美（自来美五年），一筹不展，一圆未筹（卓如因此甚怪之。即如商会，彼不筹一文），此或其怨望之因耶。……

---

① 方志钦主编：《康梁与保皇会》，第67页。文，梁文畅，美国华侨。
② 1905年9月19日《刘桢麟致谭张孝书》，《康梁与保皇会》，第195页。

彼以才自命，吾在砗仑问其筹款，又无一策也。故吾虽爱其才而欲用之，生许多计较，一不似极亲之师弟，极似外人。在彼有怀而避嫌不自达，我亦知其故，故有深痛大怒而亦隐忍，不甚责之。然吾之于同学诸子，无不开心见诚，而于伊不能。既不能而共事，又彼意见极殊，多不奉命，不用之，则又怨望。此则伊有才而不□学道者之短也。……

吾今欲用伊办港事，吾已逆计伊将来不听命，必至撤差。至此时，则嫌怨益深矣。不用之，则伊无时不谓吾未一日大用之，伊不能分毫展其才，但怪谓吾不识人，有一范增而不用，是以致败。计今港局诸子之才，诚无比伊者。而穗近以贫怨望，又宜反其道以待之，故今日一试用伊最宜，伊必有小效，但必违命，至大怒撤逐。伊向来欲总办港事，以非彼莫任。今所云云，不满于约法三章耳。用不用，有此两难，汝以为如何？在吾意以为，已告伊，必当用之，以试其才，且以塞其七年怨望之怪心。即他日撤之，究是至亲师弟，与外人不同，嫌仍小也。……

凡此各情，汝当一一与之辨解诘难以开之（汝可谓：师弟至亲，长者又极爱兄才，又念十年患难之师弟，非复寻常之交。长者之性，弟不可，则力争；师不可，则大责，不可怀嫌以相疏）。或令伊从我住一月半月乃归。文可明晰。消释一切，然后可用之也。①

---

① 方志钦主编：《康梁与保皇会》，第64—65页。伊东，即陈继俨（字仪侃）。1903年2月16日罗普函告康有为："伊东在檀香山不出理事，且以攻击保记为事，人多不直之，而檀埠人心以此冷极。任闻此报亦大怨怒之，拟归时再到该处一行。"（上海市文物保管委员会编：《康有为与保皇会》，第219页）其时陈继俨在檀香山《新中国报》任副主笔。

康有为的一片苦心依然收效不大,几年来,保皇会的内讧和散漫已经使之焦头烂额,而这种状况尚未见底。1906 年 6 月,由于叶恩等人经营不善,"港中商务大坏(鱼票全倒。彼等专权如此,可恨!)"①。后来保皇会再因振华公司案大起分裂时,美洲华侨有人列举叶恩的罪状:

> 散埠会长前年返国,到香港时,查华益公司开张三年,未做分毫生意,只用一私人叶碧泉办理云哥华"皇后"船包位事。三年以来,华益公司费用支出三万余元,只顾私囊,不顾大局。香港中人,至有谓华益公司为"包位公司"。……华益公司开张三年,一事不办,而忽承办渔票公司,省港同人,纷纷函阻,而叶恩不恤,竟擅提公款,承充渔票公司;如获利,则华益公司仅占四分之一;今亏本,则华益公司占全东,不独老本尽去,而附充亦一文无归。即缉私之洋枪所值数千元,渔票公司之什物所值数千元,亦尽归乌有。……故股东常谓华益公司者,无益公司也。……香港中华酒店当未入股之时,同人纷纷劝止切勿附股,不料叶恩弗从。附股后又所用非人,故内容腐败,而叶恩绝不过问。故由埠回港者,一入此酒店,莫不叹息痛恨。②

这与梁启超当初的描述截然相反。

康有为痛定思痛,"今拟尽收其权,散港局,不设总理人,撤惠伯,

---

①　1906 年 6 月 6 日《康有为致谭张孝书》,方志钦主编:《康梁与保皇会》,第 73 页。
②　1909 年 12 月 16 日《伍鸿进等列为宪政党同志义兄书》,《康梁与保皇会》,第 314—315 页。

破情面而为之(今以我所在为总局),大加整顿,真无如何!"①1906 年 6
月 6 日,依据纽约大会议定商法之条改定《商会改良章程》,其中多项
内容显然针对香港总局。如第 13 条权限一:

> 去年纽约议员集议,所有用人行政皆照美国商法,概归督办
> 主持,以便事权划一,不致如前之号令杂出,无所适从,龃龉相抵,
> 呼应不灵,各自专行,无所责任。

第 14 条权限二:

> 港中总局因与督办远隔,碍难商略,遂致各自用人行事,时有
> 乖违。此后以督办所在处为主,各分店皆直达督办,以便请款商
> 事,开办一切,呼应灵通。其港局非奉督办命,不得自行拨款举办
> 商务,并不得专擅用人,如有违例,擅用司理、管库、管数等员,及
> 擅拨款开办商务,众不承认,其商款勒令擅拨者清还原人。未奉
> 督办命而误听就席者,亦为冒昧,一律退出。

第 16 条权限四:

> 港局收有各款项,除公款立即用总长名附贮银行,其商款亦
> 即用店名附贮银行,一面函告督办,以便督办具知,得以稽查划
> 拨。若皆小数则累限十日内一报告。其港局总理、司理、管库人

---

① 　1906 年 6 月 6 日《康有为致谭张孝书》,方志钦主编:《康梁与保皇会》,第 73 页。

不得以已名附贮银行。他处有随时设立代办局者，同违者，以有
心隐匿作弊论。①

稍后康有为向谭良解释道：

> 港局之散者散其权，并非散其地，但此后不作为总局总理人，
> 而华益自银号一概如故。今港局甚大，既有保会、《商报》、华益，
> 不患无归宿地，惟商会生意数目核算稽查，全不归港而归我，所与
> 弟意旨相反者，最在此点。因今港局之败不在其地而在其有总核
> 稽查及一切之权，于是并调度之权而暗夺之。我在远，无法与争，
> 故致有今日之败而改良之。我商会既上有督办而下又有总理，卓
> 如所以立此法者，专为我两人挂名在远调度起见，不知既有总理，
> 彼在就近即握其全权。此总理惟各埠人为之，其人必有功者，有
> 罪过则不能逐之，于是无术可制，商事因此败坏，而尚代为担受恶
> 名，此卓如立制之不善也。今既以败误，不能不改良。若既存总
> 局总理之名，则名[各]埠即争之，万千错误之祖宗，皆由此出。今
> 但以督办为主，一切皆为分局，至数目则分存香港旧局、纽约代办
> 总局，听人随时派人核算，其实则仍寿文等为之，而各埠免其争执
> 觊觎，我遥握其权，随时派人，月月出结，季季派息，则人心安定，
> 商务可有起色，所谓"利出一孔者王，利出三孔者亡"也。②

---

① 上海市文物保管委员会编：《康有为与保皇会》，第290—291页。
② 1906年6月21日《康有为致谭张孝书》，方志钦主编：《康梁与保皇会》，第263—264页。

此后香港旧局的情况，从 1906 年 8 月 22 日邝寿民致谭良函可见一二。其时谭良委托邝寿民代其兄筹款五千元，后者表示颇难措手，"因此间存款无多，频应四处之取求（上海广智、南洋米绞、《商报》、《国事报》，又游学等费），又应墨银行及纽约汇单，在在吃紧。虽极稳重之字号，亦不敢卖长期，以此间须款支拨无定候也。兄云弟财权在握，其实不然。所有公司财政，皆与少闲同理，并非弟独揽也。稍能用转，必当勉为"①。

1906 年 9 月，中国政界发生了几项与保皇会生死攸关的大事。9 月 1 日，保皇会作为孤注一掷的北上暗杀行动负责人梁铁君因事泄被捕，暴死狱中。同日，清廷下诏宣示预备立宪，而几天前清廷御前会议通过的《考察各国宪政报告》，其实出自梁启超的手笔。梁铁君之死，反倒让早已为此疲惫不堪的保皇会上下感到松了一口气。梁启超觉得，"铁老固极可痛"，但不牵及全局，"确于吾党前途无甚窒碍"。②看到清廷颁布立宪明诏的号外，梁启超感到："从此政治革命问题，可告一段落。此后所当研究者，即在此过渡时代之条理何如。"③此后，康门师徒认为，组织政党的时机已到，"保皇会之名太狭而窘，且内之为政府所嫉，外之为革党所指目，难以扩充"，酝酿在国内组织宪政会，而将海外旧会更名为帝国宪政会。④

1907 年 3 月至 4 月，各埠保皇会代表聚集纽约，改名后的帝国宪政会在此举行大会，由康有为宣讲改名开会之由，经过讨论表决，通过

① 方志钦主编：《康梁与保皇会》，第 161 页。
② 光绪三十二年十一月《与夫子大人书》，丁文江、赵丰田编：《梁启超年谱长编》，第 367 页。
③ 《梁启超年谱长编》，第 365 页。
④ 光绪三十二年十一月《与夫子大人书》，《梁启超年谱长编》，第 369—370 页。

新的章程,其中规定,该党设立总会,以总事权,但行政法令之权,皆以总长为主,"总长若不在其地,则虽名总会,仍不得任总会之事权,如今香港总局然"。"若香港向为通汇之地,向称总局,亦止因总长委命收款,可称代办总局,仍不得为正总局。"至此,香港保皇会机关虽然仍保持总局的名义,实际地位和权力已大为削减,只是在收款方面,与纽约代办总局分别负责澳洲、东南洋和欧美事宜,并承担各埠会员的返国招待之事。[①]尽管后来帝国宪政会内部因为振华公司而起一大争端,与前此保皇会港澳总局的关系至深,但随着帝国宪政会的成立,保皇会退出政治舞台,其与港澳的关系,也成为有待于后人钩沉的历史。

保皇会在海外进行的捐款和宣传活动,可谓全球华侨的第一次政治总动员,导致其民族(中华)和群体(华侨)意识的首次广泛觉醒,所具有的划时代意义不容低估。可惜,历史还没有提供足够的时间让中国的革新人士学会在千差万别的政见与利害关系下求同存异,由此产生的摩擦冲突不仅在保皇会与革命党及其他趋新派系之间长期存在,即使保皇会内部也持续不断。这些因宗旨利益分歧而导致的接二连三的内部纷争,在很大程度上模糊了政治动员的总体目标,削弱了政治动员的整体效果,反映了中国固有历史与文化大一统之中所包含的松散性,造成许多延续久远的负面影响,并预示了民初政党政治的诸多特征。如何在既有国民性的基础上嫁接异域的政治理念与政治行为,并达到新的协调,不仅当时的流亡客与海外侨民未能合理把握,至今对于国人仍是相当重大的考验。

---

① 1907 年 3 月 23 日《帝国宪政会大集议员会议序例》,上海市文物保管委员会编:《康有为与保皇会》,第 491—495 页。

征引文献

一、书籍论文

爱国青年:《教育界之风潮》,上海 1903 年刊行。

巴斯蒂(Bastid-Bruguiere, Marianne)著,张富强、赵军译:《清末赴欧的留学生们》,中南地区辛亥革命史研究会、武昌辛亥革命研究中心编:《辛亥革命史丛刊》第 8 辑,北京:中华书局,1991 年。

巴斯蒂:《中国近代国家观念溯源——关于伯伦知理〈国家论〉的翻译》,《近代史研究》1997 年第 4 期。

包天笑:《钏影楼回忆录》,香港:大华出版社 1971 年。

卞孝萱、唐文权编:《辛亥人物碑传集》,北京:团结出版社 1991 年。

蔡惠尧:《试论保皇会失败的内部原因》,《近代史研究》1998 年第 6 期。

蔡惠尧:《关于保皇会几个问题的探讨》,广东省社会科学院 1996 年硕士学位论文,未刊。

蔡乐苏、张勇、王宪明:《戊戌变法史》,北京:清华大学出版社 2001 年。

蔡尚思、方行编:《谭嗣同全集》上下册,北京:中华书局 1981 年。

岑春煊:《乐斋漫笔》,荣孟源、章伯锋主编:《近代稗海》第 1 辑,成都:四川人民出版社 1985 年。

岑学吕编著:《虚云法师年谱》,北京:宗教文化出版社1995年。

Cheng, Irene. *Clara Ho Tung: A Hong Kong Lady, Her Family and Her Times*, The Chinese University Press, 1989.

陈宝琛等纂修:《大清德宗景皇帝实录》,北京:中华书局1987年。

陈彪:《洋务运动与维新运动的交合点——台湾民主国》,《社会科学战线》1986年第2期。

陈长年:《辛亥革命中康梁一派的政治活动》,中南地区辛亥革命史研究会、湖南省历史学会编:《纪念辛亥革命七十周年青年学术讨论会论文选》,北京:中华书局1983年。

陈长年:《康梁在两广的勤王活动》,《北京大学学报》1992年第6期。

陈灏一:《新语林》,上海:上海书店出版社1997年。

陈汉才编著:《康门弟子述略》,广州:广东高等教育出版社1991年。

陈建华:《"革命"的现代性——中国革命话语考论》,上海:上海古籍出版社2000年。

陈鹏仁:《论中国革命与先烈》,台北:大林出版社1973年。

陈平原、杜玲玲编:《追忆章太炎》,北京:中国广播电视出版社1997年。

陈庆年:《戊戌己亥见闻录》,中国社会科学院近代史研究所近代史资料编辑部编:《近代史资料》总81号,北京:中国社会科学出版社1992年11月。

陈三立著,钱文忠标点:《散原精舍文集》,沈阳:辽宁教育出版社1998年。

陈善伟:《唐才常年谱长编》,香港:香港中文大学出版社1990年。

陈少白致犬养毅函(1899年5月12日),中南地区辛亥革命史研究会、武昌辛亥革命研究中心编:《辛亥革命史丛刊》第3辑,北京:中华书局1981年。

陈声暨编,土真续编,叶长青补订:《侯官陈石遗先生年谱》,陈衍撰,陈步编:《陈石遗集》下册,福州:福建人民出版社2001年。

陈锡祺主编:《孙中山年谱长编》,北京:中华书局1991年。

陈旭麓、顾廷龙、汪熙主编:《盛宣怀档案资料选辑之三:甲午中日战争》下,上海:上海人民出版社1982年。

陈旭麓、郝盛潮主编,王耿雄等编:《孙中山集外集》,上海:上海人民出版社1990年。

陈衍纂:《闽侯县志》,1933年刻本。

陈义杰整理:《翁同龢日记》第5、6册,北京:中华书局1997年、1998年。

陈寅恪:《读吴其昌撰梁启超传书后》,陈寅恪:《寒柳堂集》,上海:上海古籍出版社1980年。

陈永正编注:《康有为诗文选》,广州:广东人民出版社1982年。

程颂万:《易君实甫墓志铭》,汪兆镛编:《碑传集三编》卷41,沈云龙主编:《近代中国史料丛刊续编》第73辑之729,台北:文海出版社影印。

《船政奏议汇编》,光绪十四年(1888)刊本。

池边吉太郎:《改革か革命か》,《东亚时论》第4号,明治32年1月25日。

邓小军:《陈宝箴之死考》,中山大学历史系编,胡守为主编:《陈寅恪与二十世纪中国学术》,杭州:浙江人民出版社2000年。

丁文江、赵丰田编:《梁启超年谱长编》,上海:上海人民出版社1982年。

东亚文化研究所编集:《东亚同文会史》,东京:霞山会1989年。

东亚同文会编:《对支回顾录》上下卷,东京:原书房1968年。

东亚同文会编:《续对支回顾录》上下卷,东京:原书房1973年。

董方奎:《清末政体变革与国情之论争——梁启超与立宪政治》,武汉:华中师范大学出版社1991年。

董玉书、徐谦芳:《芜城怀旧录·扬州风土记略》(扬州地方文献丛刊),南京:江苏古籍出版社2002年。

杜春和、耿来金、张秀清编:《义和团资料丛编·荣禄存札》,济南:齐鲁书社1986年。

杜凤治：《望凫行馆宦粤记》，中山大学历史系资料室藏稿本。

杜迈之、刘泱泱、李龙如辑：《自立会史料集》，长沙：岳麓书社1982年。

方汉奇：《中国近代报刊史》上下册，太原：山西人民出版社1981年。

方志钦主编，蔡惠尧助编：《康梁与保皇会——谭良在美国所藏资料汇编》，天津：天津古籍出版社1997年。

费孝通：《师承·补课·治学》，北京：生活·读书·新知三联书店2001年。

冯自由：《中华民国开国前革命史》，上海：中华文化服务社1946年。

冯自由：《中国革命运动二十六年组织史》，上海：商务印书馆1948年。

冯自由：《革命逸史》1—6集，北京：中华书局1981年。

冯自由：《华侨开国革命史》，中国社会科学院近代史研究所近代史资料编辑组编：《近代史资料专刊·华侨与辛亥革命》，北京：中国社会科学出版社1981年。

高平叔编：《蔡元培全集》第7卷，北京：中华书局1989年。

《庚子拳变始末记》，辜鸿铭、孟森等：《清代野史》第1卷，成都：巴蜀书社1998年。

宫崎龙介、小野川秀美编：《宫崎滔天全集》，东京：平凡社1971年。

宫崎滔天著，佚名初译，林启彦改译、注释：《三十三年之梦》，广州：花城出版社；香港：三联书店香港分店1981年。

顾廷龙、叶亚廉主编：《李鸿章全集》三，上海：上海人民出版社1987年。

顾廷龙编：《王同愈集》，上海：上海古籍出版社1998年。

广东丘逢甲研究会编：《丘逢甲集》，长沙：岳麓书社2001年。

广东省社会科学院历史研究室、中国社会科学院近代史研究所中华民国史研究室、中山大学历史系孙中山研究室合编：《孙中山全集》，北京：中华书局1981—1986年。

郭汉民：《〈唐才常集〉辨误一则》，《近代史研究》1986年第3期。

郭汉民、迟云飞：《建国以来中国近代史实考辨成果述要》，郭汉民主编：《中国近代史实正误》，长沙：湖南人民出版社 1989 年。

郭景荣：《海外华侨对康梁及保皇会态度的演变》，中山大学孙中山研究所编：《孙中山与华侨——"孙中山与华侨"学术研讨会论文集》，广州：中山大学出版社 1996 年。

郭世佑：《梁启超佚函中的绑架刘学询方案》，《历史研究》2000 年第 2 期。

郭世佑：《筹划庚子勤王运动期间梁、孙关系真相》，王晓秋主编：《戊戌维新与近代中国的改革——戊戌维新一百周年国际学术讨论会论文集》，北京：社会科学文献出版社 2000 年。

郭廷以编著：《近代中国史事日志》2 册，台北 1963 年。

郭卫东：《论岑春煊》，《近代史研究》1988 年第 2 期。

郭卫东：《论丁未政潮》，《近代史研究》1989 年第 5 期。

国家档案局明清档案馆编：《戊戌变法档案史料》，北京：中华书局 1958 年。

国家档案局明清档案馆编：《义和团运动档案史料》全二册，北京：中华书局 1959 年。

何文平：《变乱中的地方权势——清末民初广东的盗匪问题与社会秩序》，桂林：广西师范大学出版社 2011 年。

贺耀夫：《康有为与振华实业公司》，《岭南文史》1989 年第 1 期。

侯宜杰：《二十世纪中国政治改革风潮》，北京：人民出版社 1993 年。

湖南省哲学社会科学研究所编：《唐才常集》，北京：中华书局 1980 年。

胡传：《台湾日记与禀启》，沈云龙主编：《近代中国史料丛刊续编》第 85 辑之 843，台北：文海出版社影印。

胡思敬：《国闻备乘》，上海：上海书店出版社 1997 年。

胡珠生：《〈宋恕日记〉摘要笺证》，《中国哲学》第 11 辑。

胡珠生：《正气会及其会序三题》，《历史研究》1984 年第 6 期。

胡珠生:《自立会历史新探》,《历史研究》1988 年第 5 期。

胡珠生编:《宋恕集》上下册,北京:中华书局 1993 年。

黄濬:《花随人圣庵摭忆》,上海:上海书店出版社 1998 年。

黄兴涛等译:《辜鸿铭文集》上下册,海口:海南出版社 1996 年。

黄宇和:《三位流亡的理想主义者:容闳、康有为及孙中山,1894—1911》,《国外中国近代史研究》第 12 期。

黄宇和(J. Y. Wong),*The Origin of An Heroic Image:Sun Yatsen in London,1896—1897*,Hong Kong:Oxford University Press,1986.

黄彰建:《戊戌变法史研究》,台北:商务印书馆 1970 年。

Joan Judge,*Print and Politics:"Shibao"and the Culture of Reform in Late Qing China*,Stanford University Press,1996.

姜义华、朱维铮编注:《章太炎选集》,上海:上海人民出版社 1981 年。

姜义华:《章太炎思想研究》,上海:上海人民出版社 1985 年。

蒋贵麟士编:《康南海先生遗著汇刊》,台湾:宏业书局 1976 年。

金冲及:《略论唐才常》,《近代史研究》1980 年第 4 期。

金梁:《瓜圃述异》,沈云龙主编:《近代中国史料丛刊续编》第 24 辑,台北:文海出版社影印。

金梁:《光宣小记》,章伯锋、顾亚主编:《近代稗海》第 11 辑,成都:四川人民出版社 1988 年。

金天翮:《天放楼文言遗集》,1917 年排印本。

近藤邦康:《井上雅二日记——唐才常自立军蜂起》,《国家学会杂志》98 卷 1、2 号合刊,1985 年。

近藤秀树:《宫崎滔大年谱稿》,宫崎龙介、小野川秀美:《宫崎滔天全集》第 5 卷,东京:平凡社 1971 年。

井上雅二:《维新党的失败及其将来》,《东亚同文会第十一回报告》,明治 33

年 10 月。

井上雅二:《上海通信·三 上海维新党中重なる人士の李鸿章伯に呈したる意见书》,《东亚同文会第十回报告》,明治 33 年 9 月。

井上雅二:《康有为访问记》,《大阪每日新闻》明治 34 年 6 月 27—28 日。

久保田文次:《清末·民国初期,日本における中国革命派·变法派の活动》,昭和 63 年度科学研究费补助金(一般研究 B)研究成果报告书,平成元年 3 月自印本。

居正:《梅川日记》,上海:大东书局 1922 年。

菊池贵晴:《唐才常的汉口起义》,《福岛大学学艺学部论集》4,1953 年。

菊池贵晴:《唐才常的自立军起义》,《历史研究》第 270 号,1954 年。

康有为:《我史》,南京:江苏人民出版社 1999 年。

孔祥吉:《晚清佚闻丛考——以戊戌维新为中心》,成都:巴蜀书社 1998 年。

孔祥吉:《康有仪出卖康有为——康有仪〈致节公先生函〉疏证》附《康有仪〈致节公先生函〉》,《晚清史探微》,成都:巴蜀书社 2001 年。

老吏:《奴才小史·鹿传霖》,辜鸿铭、孟森等:《清代野史》第 1 卷,成都:巴蜀书社 1998 年。

李吉奎:《孙中山与刘学询》,中山大学学报编辑部编:《中山大学学报(哲学社会科学)论丛(十五)·孙中山研究论丛》第 5 集,1987 年。

李吉奎:《孙中山与日本》,广州:广东人民出版社 1996 年。

李守孔:《唐才常与自立军》,《中国现代史丛刊》6,台北:文星书店 1964 年。

李文海等编著:《义和团运动史事要录》,济南:齐鲁书社 1986 年。

栗田尚弥:《上海东亚同文书院——日中を架けんとした男たち》,东京:新人物往来社 1993 年。

梁启超:《饮冰室文集》乙巳本。

梁启超:乙丑重编《饮冰室文集》,上海:中华书局 1916 年。

梁启超：《饮冰室合集》，北京：中华书局 1989 年 3 月据上海中华书局 1936 年版影印。

梁启超：《新大陆游记》，长沙：湖南人民出版社 1981 年。

梁启超：《饮冰室诗话》，舒芜校点，北京：人民文学出版社 1982 年。

梁启超：《清代学术概论》，北京：东方出版社 1996 年。

梁群球主编：《广州报业(1827—1990)》，广州：中山大学出版社 1992 年。

廖梅：《汪康年：从民权论到文化保守主义》，上海：上海古籍出版社 2001 年。

廖中翼：《康有为第二次来桂讲学概况》，中国人民政治协商会议桂林市委员会文史资料研究委员会编：《桂林文史资料》第 2 辑，1982 年。

林克光：《革新派巨人康有为》，北京：中国人民大学出版社 1990 年。

林纾：《林琴南文集》，北京市中国书店 1985 年 3 月据商务印书馆 1916 年版《畏庐文集》影印。

刘成禺：《世载堂杂忆》，北京：中华书局 1997 年。

刘声木：《苌楚斋随笔 续笔 三笔 四笔 五笔》，北京：中华书局 1998 年。

刘望龄：《日本对阳馆所藏兴汉会史料补识》，广东省社会科学院孙中山研究所编：《孙中山与近代中国论集》，广州：广东人民出版社 1995 年。

刘渭平：《澳洲华侨史》，香港：《星岛日报》出版社 1989 年。

刘渭平：《清末保皇党在澳洲侨界的活动》，《传记文学》第 59 卷第 6 期，1991 年 12 月。

罗惇曧：《拳变余闻》，辜鸿铭、孟森等：《清代野史》第 1 卷，成都：巴蜀书社 1998 年。

罗刚编著：《中华民国国父实录》，台北：正中书局 1988 年。

罗振玉著，黄爱梅编选：《雪堂自述》，南京：江苏人民出版社 1999 年。

骆惠敏编，刘桂梁等译：《清末民初政情内幕——莫理循书信集》上下册，北京：知识出版社 1985 年。

毛子水:《胡适传》,《师友集》,台北:传记文学出版社 1978 年。

闵斗基:《徐宝山与辛亥革命——从徐宝山之活动看辛亥革命之一些性格》,中华书局编辑部编:《辛亥革命与近代中国——纪念辛亥革命 80 周年国际学术讨论会文集》下册,北京:中华书局 1994 年。

缪凤林:《悼梁卓如先生》,夏晓虹编:《追忆梁启超》,北京:中国广播电视出版社 1997 年。

莫世祥编:《马君武集》,武汉:华中师范大学出版社 1991 年。

莫世祥:《康门在商海中破裂——对有关芝加哥琼彩楼债务纠纷的若干信函的述评》,《近代史研究》1995 年第 2 期。

《南方熊楠日记》,《南方熊楠全集》别卷 2,东京:平凡社 1971 年。

裴景福:《睫闇诗钞》,戊午正月刊印。

裴景福:《河海昆仑录》,沈云龙主编:《近代中国史料丛刊》正编第 3 辑之 25,台北:文海出版社影印。

皮明庥:《唐才常与自立军》,长沙:湖南人民出版社 1984 年。

皮锡瑞著,湖南历史考古研究所近代史组整理:《师伏堂未刊日记》,《湖南历史资料》1959 年第 1、2 期。

皮锡瑞:《师伏堂日记》,《湖南历史资料》1981 年第 2 期。

彭国兴、刘晴波编:《秦力山集》,北京:中华书局 1987 年。

戚学民:《〈戊戌政变记〉的主题及其与时事的关系》,《近代史研究》2001 年第 6 期。

《清国新闻记者》,《大阪每日新闻》1898 年 1 月 17 日。

清华大学历史系编:《戊戌变法文献资料系日》,上海:上海书店出版社 1998 年。

丘晨波、黄志萍、李尚行等编:《丘逢甲文集》,广州:花城出版社 1994 年。

邱捷:《孙中山上书李鸿章及策动李鸿章"两广独立"新探》,中山大学学报编辑部编：《中山大学学报论丛哲学社会科学(二十二)·孙中山研究论丛》第7集,1990年2月。

丘权政、杜春和选编：《辛亥革命史料选辑》上册,长沙：湖南人民出版社1981年。

丘权政、杜春和选编：《辛亥革命史料选辑》续编,长沙：湖南人民出版社1983年。

邱新民：《邱菽园生平》,新加坡：胜友书局1993年。

《容星桥讣告》,容氏后人家藏。

容应萸：《自立军起义前后的容闳与康梁》,《历史研究》1994年第3期。

容应萸：《孙中山与香港基督徒》,《中山大学学报论丛：孙中山研究论文集(12)》1995年5月。

桑兵：《孙中山生平活动史实补正：1895—1905年》,《中山大学学报论丛·孙中山研究论丛》第4集,1986年。

桑兵：《庚子保皇会的勤王谋略及其失败》,《历史研究》1993年第1期。

桑兵：《清末新知识界的社团与活动》,北京：生活·读书·新知三联书店1995年。

桑兵：《国学与汉学——近代中外学界交往录》,杭州：浙江人民出版社1999年11月。

桑兵：《陈寅恪与中国近代史研究》,《晚清民国的国学研究》,上海：上海古籍出版社2001年。

桑兵：《孙中山的活动与思想》,广州：中山大学出版社2001年。

上村希美雄赠中山大学孙中山纪念馆东京对阳馆所藏兴汉会史料照片。

上村希美雄：《从旧对阳馆所藏史料看兴汉会的成立》,日本辛亥革命研究会编：《辛亥革命研究》第5号,1985年10月。赵军的译文见中南地区辛亥革命史研究会、武昌辛亥革命研究中心编：《辛亥革命史丛刊》第8辑,北京：中华书局 1991 年 9 月。

上村希美雄:《宫崎兄弟传》,苇书房有限会社 1984 年。

上海市文物保管委员会编:《康有为与保皇会》,上海:上海人民出版社 1981 年。

上海图书馆编:《汪康年师友书札》1—4,上海:上海古籍出版社 1986—1989 年。

深泽秀男:《自立军起义について》,辛亥革命研究会编:《中国近代史研究入门》,东京:汲古书院 1992 年。

沈渭滨:《孙中山与辛亥革命》,上海:上海人民出版社 1993 年。

沈瑜庆、陈衍等纂:《福建通志》,1938 年刻本。

石泉整理:《寒柳堂记梦未定稿(补)》,王永兴编:《纪念陈寅恪先生百年诞辰学术论文集》,南昌:江西教育出版社 1994 年。

史扶邻著,丘权政、符致兴译:《孙中山与中国革命的起源》,北京:中国社会科学出版社 1981 年。

手代木公助:《戊戌より庚子に至る革命派と变法派の交涉—当时の日清关系の一断面》,近代中国研究委员会编:《近代中国研究》第 7 辑,东京大学出版会 1966 年。

松冈好一:《康孙两党之近情》,《东亚同文会第十三回报告》,明治 33 年 12 月。

宋玉卿编:《戊壬录》,辜鸿铭、孟森等:《清代野史》第 1 卷,成都:巴蜀书社 1998 年。

苏继祖:《清廷戊戌朝变记》,中国史学会主编:《中国近代史资料丛刊·戊戌变法》一,上海:上海人民出版社、上海书店出版社 2000 年。

孙宝瑄:《忘山庐日记》,上海:上海古籍出版社 1983 年。

台北"中央"图书馆特藏组编,张子文主编:《梁启超知交手札》,台北"中央"

图书馆 1995 年。

谭宝箴、延闿、泽闿编：《谭文勤公奏稿》，沈云龙编：《近代中国史料丛刊》正编第 33 辑之 325，台北：文海出版社影印。

谭精意供稿，阮芳纪、黄春生、吴洁整理：《有关保皇会十件手稿》，《近代史资料》总 80 号，1991 年 1 月。

谭献著，范旭仑、牟晓朋整理：《复堂日记》，石家庄：河北教育出版社 2001 年。

汤志钧编：《章太炎政论选集》上下册，北京：中华书局 1977 年。

汤志钧：《戊戌政变后的唐才常和自立军》，《近代史研究》1979 年第 1 期。

汤志钧编：《章太炎年谱长编》上下册，北京：中华书局 1979 年。

汤志钧编：《康有为政论集》上下册，北京：中华书局 1981 年。

汤志钧：《论康有为与保皇会》，《近代史研究》1981 年第 3 期。

汤志钧：《戊戌变法人物传稿》增订本上下册，北京：中华书局 1982 年。

汤志钧：《戊戌变法史》，北京：人民出版社 1984 年。

汤志钧编著：《乘桴新获——从戊戌到辛亥》，南京：江苏古籍出版社 1990 年。

汤志钧：《孙中山和自立军》，《历史研究》1991 年第 1 期。

汤志钧：《自立军起义前后的孙、康关系及其他——新加坡丘菽园家藏资料评析》，《近代史研究》1992 年第 2 期。

汤志钧：《变法维新与澳门》，王晓秋主编：《戊戌维新与近代中国的改革——戊戌维新一百周年国际学术讨论会论文集》，北京：社会科学文献出版社 2000 年。

唐文权：《关于〈革命军〉的借资移植问题》，《中国文化研究集刊》第 5 辑，上海：复旦大学出版社 1987 年。

田野橘次：《最近支那革命运动》，上海：新智社 1903 年。

藤谷浩悦:《戊戌变法と东亚会》,《史峰》第 2 号,1989 年 3 月 31 日。

汪东:《寄庵随笔》,上海:上海书店 1987 年。

汪康年:《汪穰卿笔记》,章伯锋、顾亚主编:《近代稗海》第 11 辑,成都:四川人民出版社 1988 年。

汪荣祖:《陈寅恪评传》,南昌:百花洲文艺出版社 1992 年。

汪叔子编:《文廷式集》上下册,北京:中华书局 1993 年。

汪诒年编纂:《汪康年遗著》,1910 年铅印本。

汪诒年纂辑:《汪穰卿先生传记》,章伯锋、顾亚主编:《近代稗海》第 12 辑,成都:四川人民出版社 1988 年。

王汎森:《晚清的政治概念与"新史学"》,《中国近代思想与学术的系谱》,石家庄:河北教育出版社 2001 年。

王慷鼎:《丘菽园的报业活动》,林徐典编:《汉学研究之回顾与前瞻·历史哲学卷》,北京:中华书局 1995 年。

王闿运:《湘绮楼日记》,长沙:岳麓书社 1997 年。

王栻主编:《严复集》(全 5 册),北京:中华书局 1986 年。

王树槐:《外人与戊戌变法》,上海:上海书店出版社 1998 年。

王韬著,陈尚凡、任光亮校点:《扶桑日记》,长沙:岳麓书社 1985 年。

王照:《方家园杂咏纪事》,荣孟源、章伯锋主编:《近代稗海》第 1 辑,成都:四川人民出版社 1985 年。

蔚利高(C. Myron Wilcox)译著:《大美国史略》,福州:美华书局 1899 年活版。

吴保初撰,孙文光点校:《北山楼集》,合肥:黄山书社 1990 年。

吴庆坻:《蕉廊脞录》,北京:中华书局 1990 年。

狭间直树:《中国近代における日本を媒介とする西洋近代文明の受容に関する基础的研究》,1997 年自印本。

狭间直树编:《梁启超·明治日本·西方——日本京都大学人文科学研究所共同研究报告》,北京:社会科学文献出版社 2001 年。

夏东元编:《郑观应集》下册,上海:上海人民出版社 1988 年。

小野川秀美:《义和团时期的勤王与革命》,《清末政治思想研究》,サさざ书房 1969 年。

谢文孙(Hsieh,Winston),*Chinese Historiography on the Revolution of 1911*,*A Critical Survey and a Selected Bibliography*,Hoover Institution Press,Stanford University,1975。

谢缵泰著,江煦棠、马颂明译:《中华民国革命秘史》,中国人民政治协商会议广东省委员会文史资料研究委员会编:《广东文史资料:孙中山与辛亥革命史料专辑》,广州:广东人民出版社 1981 年。

徐博东、黄志萍:《丘逢甲传》,北京:时事出版社 1987 年。

徐建寅:《欧游杂录》,长沙:岳麓书社 1985 年。

徐一士:《一士谭荟》,荣孟源、章伯锋主编:《近代稗海》第 2 辑,成都:四川人民出版社 1985 年。

杨天石:《康有为"戊戌密谋"补正》,《文汇报》1986 年 4 月 8 日。

杨天石:《唐才常佚札与维新党人的湖南起义计划》,《历史档案》1988 年第 3 期。

杨天石:《毕永年生平事迹钩沉》,《民国档案》1991 年第 3 期。

杨天石:《寻求历史的谜底》,北京:首都师范大学出版社 1993 年。

叶昌炽:《缘督庐日记》,南京:江苏古籍出版社 2002 年影印。

叶瀚:《块余生自纪》,《中国文化研究集刊》第 5 辑,上海:复旦大学出版社 1987 年 6 月。

叶钟铃:《黄乃裳与南洋华人》,新加坡亚洲研究学会 1995 年。

易惠莉:《郑观应评传》,南京:南京大学出版社 2001 年。

永井算已:《唐才常と自立军起义—清末留日学生の研究の一节》,《中国近代政治史论丛》,东京:汲古书院 1983 年。

虞和平编:《经元善集》,武汉:华中师范大学出版社 1988 年。

《原敬关系文书》,日本放送出版协会 1984 年。

袁英光、胡逢祥整理:《王文韶日记》上下册,北京:中华书局 1989 年。

苑书义、孙华峰、李秉新主编:《张之洞全集》全 12 册,石家庄:河北人民出版社 1998 年。

詹冠群:《黄乃裳传》,福州:福建人民出版社 1992 年。

张德彝:《随使英俄记》,长沙:岳麓书社 1986 年。

张謇研究中心、南通市图书馆编:《张謇全集》第 6 卷,南京:江苏古籍出版社 1994 年。

张克宏:《亡命天南的岁月——康有为在新马》,新加坡国立大学中文系硕士论文,1998 年。

张磊主编:《孙中山辞典》,广州:广东人民出版社 1994 年。

张朋园:《梁启超与清季革命》,台北"中研院"近代史所专刊 11,1964 年。

张枬、王忍之编:《辛亥革命前十年间时论选集》第 1 卷下册,北京:生活·读书·新知三联书店 1978 年。

张晓辉:《香港近代经济史(1840—1949)》,广州:广东人民出版社 2001 年。

张之洞:《张文襄公全集》,北京:中国书店 1990 年。

章开沅:《康梁与肃亲王关系试探》,章开沅:《辛亥革命与近代社会》,天津:天津人民出版社 1985 年。

赵立人:《刘士骥与振华公司血案》,刘圣宜主编:《岭南历史名人研究》,广州:中山大学出版社 2002 年。

赵令扬:《辛亥革命期间海外中国知识分子对中国革命的看法》,《近代史研究》1992 年第 2 期。

赵令扬、杨永安：《晚清期间澳大利亚的保皇活动及其与革命思潮间的矛盾》，香港大学中文系《明清史集刊》第 4 卷，1999 年 10 月。

《曾宝荪回忆录》，长沙：岳麓书社 1986 年。

郑荣修、桂坫纂：《续修南海县志》，宣统二年刻。

郑子瑜、实藤惠秀编：《黄遵宪与日本友人笔谈遗稿》，早稻田大学东洋文学研究会出版，沈云龙主编：《近代中国史料丛刊续辑》第 94 辑，台北：文海出版社影印。

自强：《革命之剑》，《开智录》改良第 1 期，1900 年 12 月 21 日，《中国文化研究集刊》第 4 辑，上海：复旦大学出版社 1987 年。

中村义：《白岩龙平日记：アジア主义实业家の生涯》，东京：研文出版（山本书店出版部）1999 年。

中国蔡元培研究会编：《蔡元培全集》第 15 卷，杭州：浙江教育出版社 1998 年。

中国第一历史档案馆、北京师范大学历史系编选：《辛亥革命前十年间民变档案史料》，北京：中华书局 1985 年。

中国历史博物馆编，劳祖德整理：《郑孝胥日记》（全五册），北京：中华书局 1993 年。

中国社会科学院近代史研究所中华民国史组编：《胡适往来书信选》上册，北京：中华书局 1979 年。

中国社会科学院历史研究所第三所主编：《刘坤一遗集》1—5 册，北京：中华书局 1959 年。

中国史学会主编：《中国近代史资料丛刊・中日战争》，上海：新知识出版社 1956 年。

中国史学会主编：《中国近代史资料丛刊・洋务运动》，上海：上海人民出版社 1961 年。

中国史学会主编:《中国近代史资料丛刊·戊戌变法》,上海:神州国光社
1952年。

中国史学会主编:《中国近代史资料丛刊·义和团》,上海:上海人民出版社
1957年。

中国史学会主编:《中国近代史资料丛刊·辛亥革命》,上海:上海人民出版
社1956年。

中华书局编辑部:《梁启超未刊手迹》,北京:中华书局1994年。

宗九奇:《陈宝箴之死的真象》,中国人民政治协商会议全国委员会文史资料
研究委员会编:《文史资料选辑》第87辑,北京:文史资料出版社1983年
4月。

周康燮:《陈三立的勤王运动及其与唐才常自立会的关系——跋陈三立与梁
鼎芬密札》,《明报月刊》第9卷第10期,1974年10月。

周善培遗稿:《谈梁任公》,中国人民政治协商会议全国委员会文史资料研究
委员会:《文史资料选辑》第3辑,北京:中华书局1960年。

周善培遗稿:《旧雨鸿爪》,中国人民政治协商会议全国委员会文史资料研究
委员会《文史资料选辑》编辑部编:《文史资料选辑》第3辑,北京:文史资料
出版社1985年。

《啁啾漫记》,辜鸿铭、孟森等:《清代野史》第4册,成都:巴蜀书社1998年。

朱寿朋编,张静庐等校点:《光绪朝东华录》,北京:中华书局1958年。

朱维铮、姜义华编注:《章太炎选集》注释本,上海:上海人民出版社1981年。

朱维铮:《訄书发微》,《学术集林》卷一,上海:上海远东出版社1994年。

庄练:《中国近代史上的关键人物》上中下册,台北:四季出版事业有限公司
1979年。

二、报刊

《申报》

《时务报》

《国闻报》

《集成报》

《知新报》

《天南新报》

《岭海日报》

《湘学报》

《清议报》

《北京群报》

《北京新闻汇报》

《香港华字日报》

《东亚时报》

《中国旬报》

《开智录》

《国民报》

《中国日报》

《中外日报》

《大阪每日新闻》

《东亚同文会报告》

人名索引

再版后记

本书首版，倏忽十载。其间追摩前贤，随时有所校订，又陆续收到师友同好的意见提示，指出文字材料以及史事的一些具体问题，遂专用工作本予以标注，留有以待。著述不在博一时之誉，而要力争留得下去，敝帚自珍，便是不苟且的开端。近来北京大学出版社有意再版，于是将书稿通校一过，自觉尚无大的调整的必要，只做了若干技术性改动：一、校正或补注个别字句的错误。二、调整、增加自然分段。三、依照现行规定统一规范注释。四、重新编排征引文献。五、将人名简称改为全称，以免混淆。六、增附主要人名索引。

另有几点说明如下：

庚子勤王，很能体现中国社会历史文化以及政治的诸多秉性。一旦国家民族面临巨大危险，各种身份地位态度迥异的个人派别往往能够相互沟通，虽然目的不一，却又彼此兼容，妥协合作，以求聚集能量，奋力一搏，挽救危局于大厦将倾之际。今人治史，学习域外，以整体史相标榜，实际操作却分门别类，画地为牢，整体全貌反而散失。中国社会，虽然分合不定，可是大小传统，大小文化，大小历史，长期并存互渗，相互联通，甚至根本无从区分。用域外生成的分层分类办法加以解读，难免削足适履。坐井观天固然不知天，坐井观井也无法得知此井与彼井究竟有何异同。

　　政治角逐没有永远的敌友，各种政派之间，关系错综复杂，远非教科书式的此疆彼界所能截然划分。而且中国为伦理社会，血缘、姻缘、地缘、业缘等社会纽带潜移默化地发生作用，即便生死相争的拼斗背后也有割舍不断的千丝万缕。庚子勤王，上下内外的联系错综复杂，最能体现上述各节。其中许多史事，不仅意料之外，而且匪夷所思，对于时下各种有招的范式解读无疑构成极大挑战，确证事实胜于雄辩的故训，昭示学人应以具体问题具体分析的观念研治全然单体的实事，不受任何招式的束缚，才能看出个别之间无限延伸的联系，从而立于不败之地。

　　前人关于庚子勤王的认识，受康门师徒的有意误导、材料的隐秘晦涩以及后来观念的影响，解读史料，叙述史事，偏差过大。在先行研究的基础上全面梳理解读材料，尽可能近真地重现史事，便成为立说成败的基础。为此，自然要做大量的史料史事的考辨。只是拙著的重点，在于通过史料的排列辨析重现史事，并以尽可能通达的方式加以叙述。按照陈寅恪、傅斯年等人的看法，将材料梳理清楚，史学的功能已毕。如果不是望文生义地理解什么叫作近代的史学就是史料学，如果明白将材料梳理清楚有多少玄奥和深意，如果懂得考证是聪明的事业，这一说法并无不妥。当然，简单理解也不免滋生流弊。

　　治史首要，在于恰当处理新旧材料的关系，由此可以不断近真并得其头绪。研治庚子勤王的历史，相当典型地体现出旧材料一经与新材料融通，立即成活一片的意境，既可发覆，亦能贯通。若是基本材料和事实不熟，即使看到重要的新材料，也不能敏锐捕捉，更无法用得其所。只有打破以类型预设价值的误解，对所有材料一视同仁，以史家良法爬梳比勘，善于把握运用，才能超越老吏断狱，不仅实事求是，而且以实证虚，从伪材料可见真历史。而要做到上述各节，背后仍以宋代的长编考异之法为基本。

随之而来的或有所谓史与论之辨。尽管事实胜于雄辩已成俗语，不少学人仍然认为，历史的叙事与说理应分为两端，而且相比之下说理显得技高一筹。无论有无说理的必要或高明的意思，总要端起说理的架势。而所说之理，并非由所治之史事蕴育总结而来，大都不过是以域外之陈言为华夏之新知。

史论之分在 20 世纪前半叶相当少见，虽然周予同等人将史家大别为史观、史料二派，一般学人还是知道高下之分，既不能以抄撮为著述，也不能用材料套架构，所以高明者不可能单靠一面而能深入前人前事的本意本相。即使有所侧重，也不至于偏于一端。况且，史观能否贴切，根本仍然在于是否能够恰如其分地条贯材料与史事，理解本意，重现本事。那些看似头头是道，其实距事实真相甚远的理论，只能是面向庸众与外行的自欺欺人。

本书以《庚子勤王与晚清政局》为题，并非图个方便而已。原拟最后再写一章，梳理参与庚子勤王的各方各人在直到民初政局变幻中的行事。清季不必论，民初政党林立，仍然可见这些人的身影。尽管其中有的似乎已经显得不太重要，可是如果注意到这一层面，对于民初的历史认识会深入得多。只是本书篇幅已经够长，而要说清楚后续的史事仍需长篇大论，考虑再三，还是另起炉灶为宜。

除了师友的提点已经吸收之外，还有一些意见未作回应或调整，于此并非充耳不闻或视而不见，而是觉得所说于拙著或有误会曲解，或尚在已知的层面之下。有心人当细读原文，体察原意，不必为浅学的指陈所惑，轻信隔膜扭曲的转述，以免将他人强加的错解等同于在下的本旨,包括将所征引的材料视同本人的意见。历史研究,是要通过梳理材料重现史事本相与前人本意,不能也无法增减意思。即使想要增减,也是徒劳无功。而关于史事的记述各不相同,各自的罗生门正是历史的组成部分。恰当的历史叙述,就是在罗生门的错综复杂之中,通过知其所以然逐渐近真并得其头绪。史家的主观能动作用,在于比勘互证,拼合连缀,揭示表象背后的内在联系。事实如此,无法变更,至于赞成与否,另当别论。若是材料不足征便妄加揣度,不能阙疑,就会超越史学的界域。也就是说,正因为如何叙述仍有主观,而史学的本质必须客观求真,所以史家应当尽可能限制约束自己将主观直接加入对史事的叙述之中。所谓以俱舍宗治俱舍学,即在前后左右宗的五花八门中把握学的要领,不能得法,以为征引陈述即为史家的意见,便是将宗混同于学,未免误解太深。至于以谬误纠正解的无知无畏,更是不在话下。

但凡讨论已出著述,至少应在已知之上。否则,斜对面立论,真不知从何说起。例如,庚子勤王,牵连众多,各有盘算,不宜简单分类。历史上的人与事,都是单体,没有相同。历史的中心是人及其活动,无名无姓的历史大都不得已而为之,千人一面的历史则是浅人的近视。即使顾及个别,也要力求接近,以免误会曲解。大凡留名史册的人物,都有过人之处,后来者若自以为是,妄加揣度,强作解人,势必混淆颠倒。至于群体研究,因为缺少个性化的连续资料,不得已而做些分类归纳的整理,图个方便而已。若是视为理所应当,则本末倒置。所以治史必须见异,全同之处即无从下笔。或者不察,对于人事的千差万别视而不见,反而寻求等而下之的归类,不但舍近求远,甚至南辕北辙。诸如此类,虽然可以蒙蔽外行于一时,若自以为得计,则不过自曝其短。

平生治学,已经数变。学无止境,只要不自满自得,总有提升进步的空间。不自满就要有所变化,求变并非花样翻新,而是学问精进,不能只是改换题目,于同一水平线上不断重复。根本巩固,则万变不离其宗,不必随波逐流,可以更上层楼。其中乐趣,怡然自得之余,亦可留有以待前贤及来者。

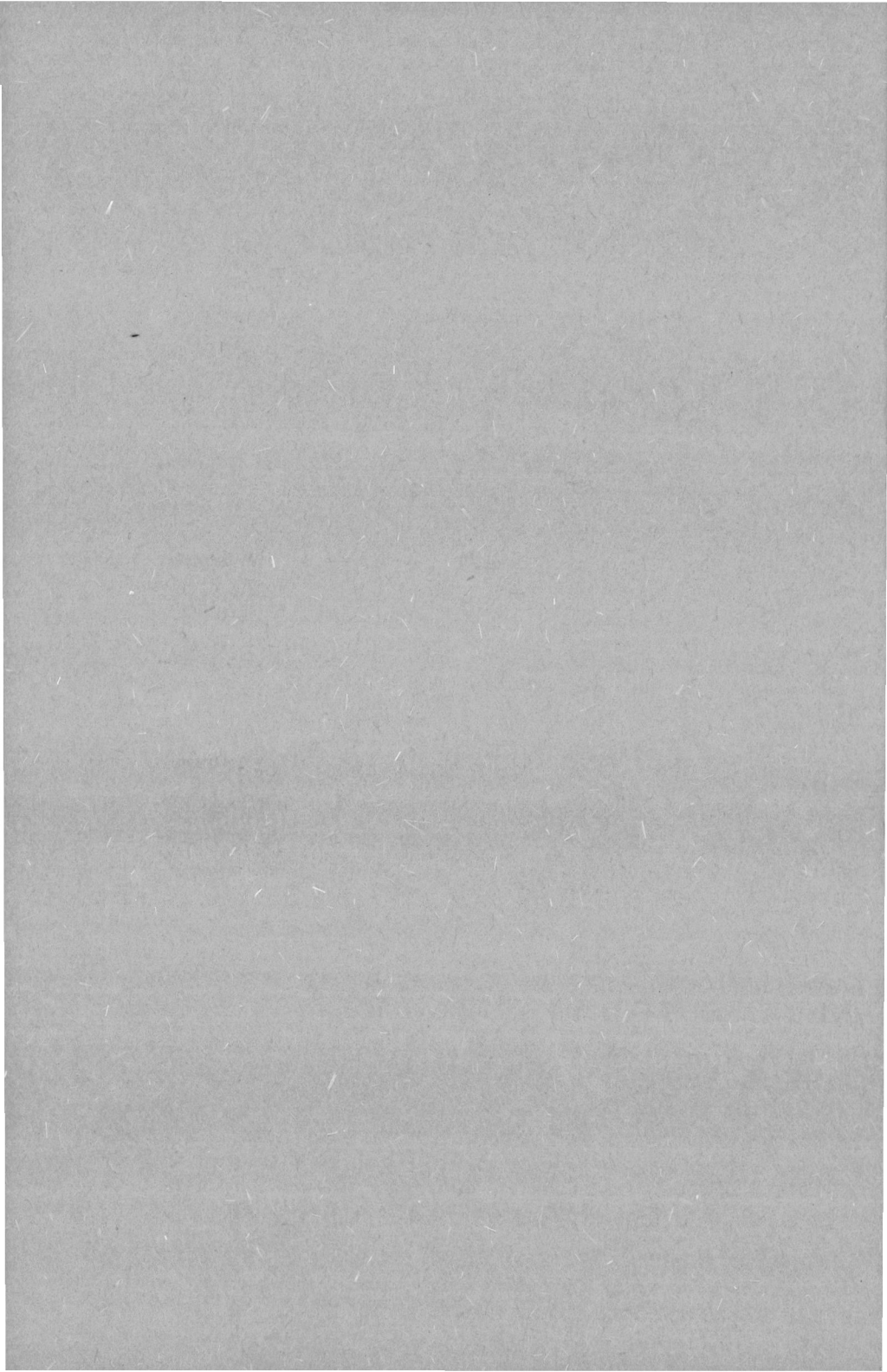